What is 新HSK PT?

▶ 전문적인 커리어를 내세운 "Pro Team"
▶ 완벽한 교육을 의미하는 "Perfect Teaching"
▶ 밀착형 커리큘럼을 의미하는 "Personal Training"

新HSK PT 3단계 코칭 시스템!

1단계 워밍업
본격적인 수업을 위한 준비 학습 **어휘PT**

2단계 집중훈련
두뇌를 불태우는 초집중 학습 **전략PT&실전PT**

3단계 스트레칭
주요 표현을 정리하는 마무리 학습 **마무리PT**

新HSK PT 종합서는 PT 코칭 시스템에 따라 파트 1, 2, 3의 유형별, 부분별 학습에서 영역별 학습으로의 전개, 그리고 실전 모의고사로 이어지는 단계별 학습법을, 그리고 Day별 학습에서는 듣기, 독해, 쓰기 각 영역을 골고루 학습하는 것을 기본으로 하여 먼저 어휘력을 강화하고 전략을 익힌 후, 실전과 복습으로 구성된 20일 Daily 학습법을 담았습니다.

기존의 학습 스타일을 탈피하여 더욱 효과적이고 체계적으로 구성한 커리큘럼으로 新HSK PT와 함께 학습하는 여러분이 꼭 HSK 합격의 목표를 달성하기를 바랍니다.

▶ HSK 목표 달성을 도와줄 20일 완벽 코칭 시스템!
▶ 오프라인 수업을 그대로! 매일매일 강의 영상으로 1:1 개인 과외!

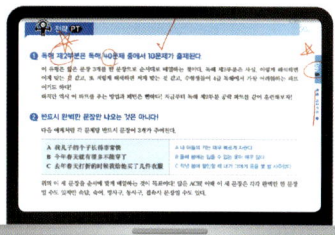

◀ HSK PT의 선생님을 직접 만나보세요!

◀ HSK PT 강의 영상을 지금 바로 확인하세요!

👉 20일간 매일매일 세 영역을 골고루 코칭 영상과 함께 학습!
👉 저자가 직접 꼼꼼하게 짚어주는 전략 포인트와 문제 풀이 해설!
👉 시사중국어사 홈페이지 및 유튜브 등에서 PC와 스마트폰으로 간편하게 시청!

新HSK 20일 PT 코칭 프로그램
데일리 체크

Daily Check

Day 1	Day 2	Day 3	Day 4	Day 5
듣기 ☐ 독해 ☐ 쓰기 ☐	듣기 ☐ 독해 ☐ 쓰기 ☐	듣기 ☐ 독해 ☐ 쓰기 ☐	듣기 ☐ 독해 ☐ 쓰기 ☐	듣기 ☐ 독해 ☐ 쓰기 ☐
Day 6	**Day 7**	**Day 8**	**Day 9**	**Day 10**
듣기 ☐ 독해 ☐ 쓰기 ☐	듣기 ☐ 독해 ☐ 쓰기 ☐	듣기 ☐ 독해 ☐ 쓰기 ☐	듣기 ☐ 독해 ☐ 쓰기 ☐	듣기 ☐ 독해 ☐ 쓰기 ☐
Day 11	**Day 12**	**Day 13**	**Day 14**	**Day 15**
듣기 ☐ 독해 ☐ 쓰기 ☐	듣기 ☐ 독해 ☐ 쓰기 ☐	듣기 ☐ 독해 ☐ 쓰기 ☐	듣기 ☐ 독해 ☐ 쓰기 ☐	듣기 ☐ 독해 ☐ 쓰기 ☐
Day 16	**Day 17**	**Day 18**	**Day 19**	**Day 20**
듣기 ☐ 독해 ☐ 쓰기 ☐	듣기 ☐	독해 ☐	쓰기 ☐	쓰기 ☐

➕ Day	➕ Day
실전 모의고사 1회 ☐ 오답 확인 ☐	실전 모의고사 2회 ☐ 오답 확인 ☐

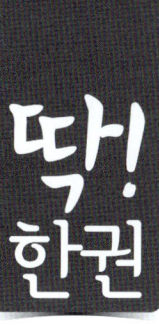

체계적인 20일 코칭 시스템

新 HSK PT
퍼스널 트레이닝

이주희 저

PT 학습서 4급

딱! 한권 新HSK PT 4급

초판발행	2017년 12월 5일
1판 3쇄	2020년 7월 20일
저자	이주희
책임 편집	최미진, 가석빈, 高霞
펴낸이	엄태상
디자인	박경미
조판	이서영
콘텐츠 제작	김선웅, 전진우
마케팅	이승욱, 왕성석, 노원준
전략홍보	전한나, 정지혜, 조인선, 조성민
경영기획	마정인, 최성훈, 정다운, 김다미, 전태준, 오희연
물류	정종진, 윤덕현, 양희은, 신승진
펴낸곳	시사중국어사(시사북스)
주소	서울시 종로구 자하문로 300 시사빌딩
주문 및 교재문의	1588-1582
팩스	0502-989-9592
홈페이지	http://www.sisabooks.com
이메일	book_chinese@sisadream.com
등록일자	1988년 2월 13일
등록번호	제1-657호

ISBN 979-11-5720-088-7 14720
979-11-5720-086-3(set)

* 이 교재의 내용을 사전 허가없이 전재하거나 복제할 경우 법적인 제재를 받게 됨을 알려 드립니다.
* 잘못된 책은 구입하신 서점에서 교환해 드립니다.
* 정가는 표지에 표시되어 있습니다.

머리말

사실 몇 년 전만 해도 新HSK는 중국어 전공자 혹은 필요에 의해서 도전하는 사람이 대부분이었습니다. 하지만 현재는 NEW토익과 함께 취업에 절대 빠질 수 없는 조건 중 하나가 되었으며, 승진을 위해 많은 사람들이 新HSK 시험에 도전하고 있습니다.

이렇듯 중국어 시험이 여러 방면에서 중요한 시험으로 자리잡은 이 시점에 시중에는 출제경향에서 벗어난 학습교재가 많다는 것을 알게 되었습니다. 양은 방대하지만 현재 출제되지 않는 내용이 가득하고, 학습자가 어떤 식으로 공부를 해야 하는지 적극적으로 이끌어주지 못하는 교재들이 많았습니다.

이로써 新HSK 시험의 최근 출제 난이도와 정확한 경향 분석, 꼭 필요한 해설만이 수록된 완벽한 한 권의 新HSK 학습교재가 시급하다는 판단 아래에, 현장 강의의 살아있는 경험에 新HSK 4급 대량 합격자를 배출한 경력과 능력을 기반으로 이 교재를 집필하게 되었습니다. 딱! 한 달! 초 단기간 시험에 출제되는 핵심만을 공부하여 빠른 新HSK 4급 취득을 간절히 바라는 학습자를 위해 가장 필요한 길잡이가 될 수 있도록 최신 기출경향을 완벽히 분석한 책이니 여러분은 즐겁게 따라오시기만 하면 됩니다.

본 교재는 다음과 같은 특징이 있습니다.

첫째, 딱! 20일 완성 학습 프로그램
이 책은 `1일~13일 전 영역 유형 완벽 파악` → `14일~16일 전 영역 핵심 출제 패턴 총정리` → `17일~20일 전 영역 미니 모의고사로 실력 다지기` → `실전 모의고사를 통한 마무리 실력 점검` 이라는 체계적인 단계별 구성으로 20일 동안 개인 트레이닝을 받듯 유형 분석, 전략 학습, 실전 다지기 및 마무리까지 완벽하게 학습할 수 있는 유일무이한 新HSK 4급 학습서입니다.

둘째, 매일 전 영역을 고루 다루는 유일무이 학습 프로그램
시중에 나와있는 모든 新HSK 4급 종합서는 며칠은 듣기 학습만, 또 며칠은 독해 학습만 할 수 있도록 구성되어 있습니다. 하지만 본 저서는 다년간의 新HSK 학습 프로그램 연구를 통해 20일 학습기간 동안 매일 新HSK 4급 듣기, 독해, 쓰기 전 영역의 출제경향과 문제유형을 학습하면서 세 영역이 고루 성장할 수 있도록 구성하였습니다.

셋째, 출제경향에서 벗어나는 유형은 과감하게 삭제! 나오는 것만 풀어낸 학습 프로그램
이 교재는 新HSK 4급 시험에 단 한 번에! 합격할 수 있도록 학습자의 길잡이 역할을 하고자 합니다. 시험은 반드시 출제경향이 있습니다. 이 교재는 욕심을 버리고 다년간 시험에 출제된 유형을 정확히 연구한 新HSK 4급 맞춤 종합서로, 4급의 출제경향과 문제유형을 완벽히 잡을 수 있습니다.

본 저서는 新HSK 4급 합격을 시작으로, 나아가 5급, 6급 고득점 합격의 길을 열어줄 수 있도록 집필되었습니다. 재미있고 신선하며 정확한 유형분석으로 누구나 혼자서도 단기간에 고득점으로 합격할 수 있는 新HSK 4급 시험의 토대가 되길 기원합니다.

본 저서를 집필하는 과정에서 新HSK 시험분석에 대한 아낌없는 지지와 지도편달 해주신 연세대학교 중어중문학과 김현철 교수님께 깊은 감사를 드립니다. 또한 新HSK 시험 연구의 동반자 시사중국어학원 종로캠퍼스 고강민, 서은영, 우선경 선생님께도 눈물 나는 고마움을 느낍니다. 그리고 처음부터 끝까지 이 책이 더욱 멋지게 세상에 나올 수 있게 편집해주신 시사중국어사 중국어편집부 최미진 차장님께 이 자리를 빌어 감사를 전하고 싶습니다. 마지막으로 사랑하는 가족들과 남편 그리고 아들 재하에게 고마운 마음을 전하고 싶습니다.

저자 이수희

이 책의 차례

📖 본책

- 차례 ... 4
- 이 책의 특징 및 활용법 ... 6
- 新HSK 4급 20일 학습법 및 20일 프로그램 ... 10
- 新HSK 시험 소개 ... 12
- 新HSK 4급 Q&A ... 14
- 新HSK 4급 영역별 전략 소개 ... 16

PART 01

Day1	듣기 제1부분 ①	불변의 법칙! 상식문제를 놓치지 말아라!	30
	독해 제1부분 ①	'문장의 화려한 꽃 한 송이' 부사	34
	쓰기 제1·2부분 ①	중국어의 '기본문장성분'을 잡자!	40
Day2	듣기 제1부분 ②	그대로 들려? 그럼 그게 정답이야!	47
	독해 제1부분 ②	문장의 중심 뼈대! 동사	51
	쓰기 제1·2부분 ②	4급 출제빈도 1등! 부사를 잡아라!	58
Day3	듣기 제1부분 ③	온 감각을 집중해 '주제'를 유추해라!	66
	독해 제1부분 ③	동사와 친한 친구! 형용사를 잡아라!	70
	쓰기 제1·2부분 ③	'[전치사+명사] = 전치사구'를 잡아라	77
Day4	듣기 제1부분 ④	긍정이냐? 부정이냐? 그것이 문제로다!	83
	독해 제1부분 ④	네 이름이 뭐니? 명사	87
	쓰기 제1·2부분 ④	문장의 중심 – 동사를 잡아라!	95
Day5	듣기 제2·3부분 ①	너는 누구니? '신분·직업·관계' 파악하기	102
	독해 제2부분 ①	첫 문장만 찾아라! 답은 나와 있다!	108
	쓰기 제1·2부분 ⑤	조동사·형용사를 한 번에 잡자!	112
Day6	듣기 제2·3부분 ②	여기는 어디야? 장소 문제 잡기	119
	독해 제2부분 ②	첫 문장이 헷갈린다!	124
	쓰기 제1·2부분 ⑥	'是……的' 강조구문	128
Day7	듣기 제2·3부분 ③	너 지금 뭐해? 행동 파악 문제	134
	독해 제2부분 ③	대명사를 찾아라!	139
	쓰기 제1·2부분 ⑦	네가 예뻐? 내가 예뻐? 비교문	143
Day8	듣기 제2·3부분 ④	대화의 주제·화제를 파악해라!	150
	독해 제2부분 ④	접속사가 핵심이다	154
	쓰기 제1·2부분 ⑧	술어를 보충하는 보어 1탄!	161
Day9	듣기 제2·3부분 ⑤	일치하는 문장을 골라라!	169
	독해 제2부분 ⑤	문장의 맥락을 찾는 요령은?	173
	쓰기 제1·2부분 ⑨	술어를 보충하는 보어 2탄!	177

Day10	듣기 제2·3부분 ⑥	다양한 내용의 디테일 한 상황을 파악해라!	184
	독해 제2부분 ⑥	빠른 직독직해로 선후관계 파악	188
	쓰기 제1·2부분 ⑩	능동구문 [把자문]	191
Day11	듣기 제3부분 ①	에피소드는 재미있지만 예측 불가!	199
	독해 제3부분 ①	해석하지 마! 숨은 그림 찾기야!	204
	쓰기 제1·2부분 ⑪	피동구문 [被자문]	208
Day12	듣기 제3부분 ②	걱정하지 마! 설명문은 상식이 통하니까	215
	독해 제3부분 ②	주제를 묻는 문제는 앞·뒤만 봐!	220
	쓰기 제1·2부분 ⑫	존재·출현·소실에는 존현문!	225
Day13	듣기 제3부분 ③	자신의 의견이 투입된 논설문	232
	독해 제3부분 ③	한 단락씩 세부내용을 파악해라!	237
	쓰기 제1·2부분 ⑬	술어가 1개가 아니라고? 연동문과 겸어문	242

PART 02

Day14	듣기 제1부분	반드시 정답(✓)이 되는 빈출 20문장!	254
	독해 제1부분	자주 나오는 짝꿍 어휘	259
	쓰기 제1부분	기본에 충실하자! [기분문장성분]	265
Day15	듣기 제2부분	화자의 어투 관련 표현 20개	270
	독해 제2부분	반드시 출제되는 패턴 3가지	273
	쓰기 제1부분	자신만의 고유한 구조가 있다! [특수문장성분]	277
Day16	듣기 제3부분	바꿔 쓰인 정답 표현 20개	284
	독해 제3부분	자주 나오는 주제와 정답 패턴	287
	쓰기 제2부분	작문하기 만능표현 20개	292

PART 03

Day17	듣기	듣기 영역 Final	300
Day18	독해	독해 영역 Final	305
Day19	쓰기	쓰기 영역 제1부분 Final	315
Day20	쓰기	쓰기 영역 제2부분 Final	319

📖 해설서

PART 01 실전 PT 해설	6
PART 02 실전 PT 해설	87
PART 03 실전 PT 해설	121
실전 모의고사 1회 해설	152
실선 모의고사 2회 해설	184

이 책의 특징

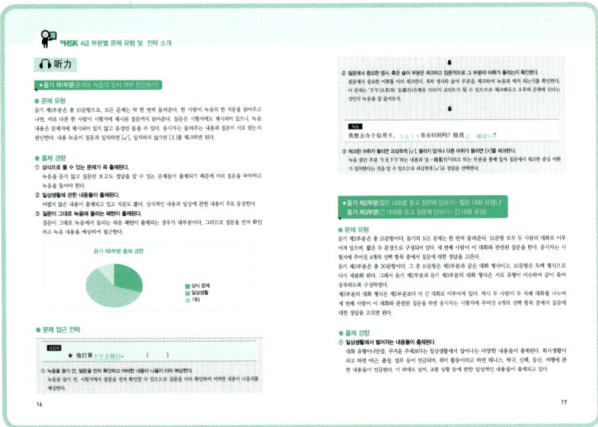

新HSK 4급 영역별 전략 소개

'知彼知己, 百戰百勝!'

4급 시험에 어떤 문제들이 나오는지 각 영역 및 부분별 문제유형을 소개하고 그에 따른 최근 출제경향을 100% 공개하였습니다. 실제 문제를 분석하면서 풀이 전략까지 꼼꼼히 제시하여 20일 학습을 시작하기 전에 워밍업 하기에 좋습니다.

PART 01

외국어 학습의 기본은 어휘! 그날 배울 어휘를 미리 학습해두면 예제도, 문제도 술술~ 풀립니다. 시험 전 어휘PT만 쓱~ 훑어보아도 큰 도움이 됩니다.

시험 필수 전략만을 뽑아 간단명료하게 설명하였습니다. 모범생의 잘 정리된 노트처럼 이해하기 쉽게 예문과 함께 제시하였습니다.

전략PT와 함께 꼭 알아야 할 주제별 추가 어휘 및 표현들을 따로 모아 정리해놓았습니다. 병음 표기 및 예문 추가로 학습의 이해도를 높였습니다.

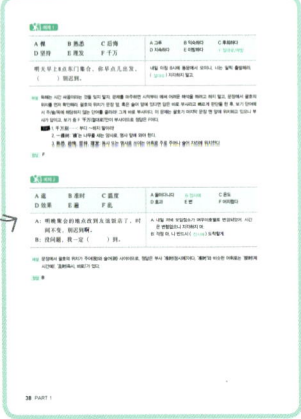

전략PT로 익힌 내용을 그대로 적용하여 예제를 풀어본 후, 상세한 해설로 문제에 좀더 자세히 접근하여 실력을 높여보세요.

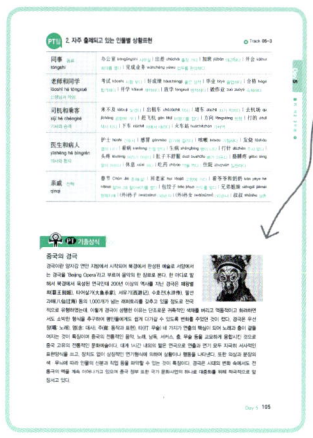

 기출상식 PT

다양한 상식이 의외로 시험에 큰 도움이 될 수 있습니다. 기출문제에 등장했던 내용을 뽑아 놓았으니 가볍게 상식을 늘려보세요.

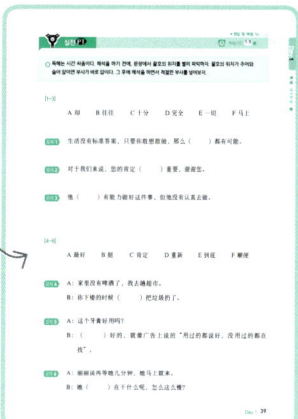

실전 PT

영역별 주어진 학습이 끝났다면 실전 PT로 마무리해보세요. 전략PT에서 학습했던 내용을 적용하여 풀면 문제가 착착 풀립니다.

마무리 PT

하루 학습의 마무리 정리 코너입니다. 하루치 빈출어휘들을 반복 학습하여 확실한 내 실력으로 만들어보세요.

PART 02 ~ 03

 PT★ 시크릿

다년간의 기출문제를 분석하여 빈출하였거나 또는 답이 됐던 어휘와 구문들을 영역별로 정리하였습니다. 新HSK PT 선생님들만의 시크릿 공식으로 최고득점에 도전하세요.

실전 PT 미니 모의고사

영역별·부분별 모든 학습을 끝내고 마무리 실력 점검을 할 수 있습니다. 전략PT와 시크릿PT 등 新HSK PT로 학습했던 내용에 집중해서 미니 모의고사를 풀어보세요.

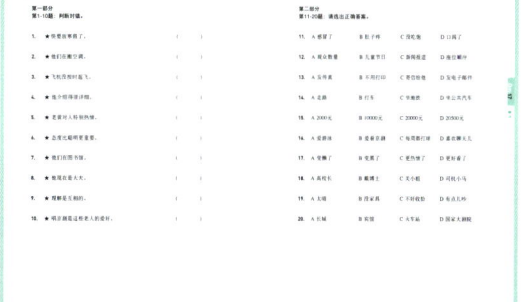

 이 책의 특징

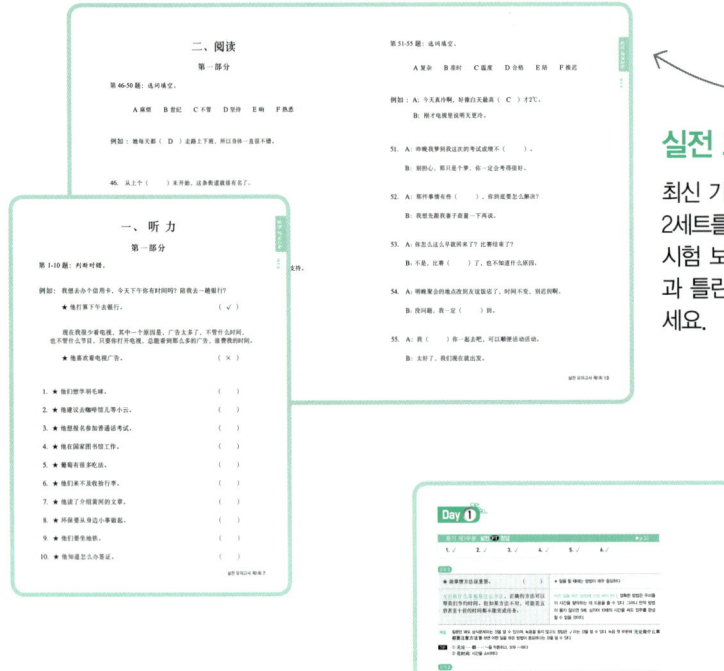

실전 모의고사 2세트(별책)

최신 기출문제를 모아 최고의 실전 모의고사 2세트를 뽑아냈습니다.
시험 보기 전에 꼼꼼히 풀어보고 맞은 부분과 틀린 부분을 체크하여 여러 번 학습해보세요.

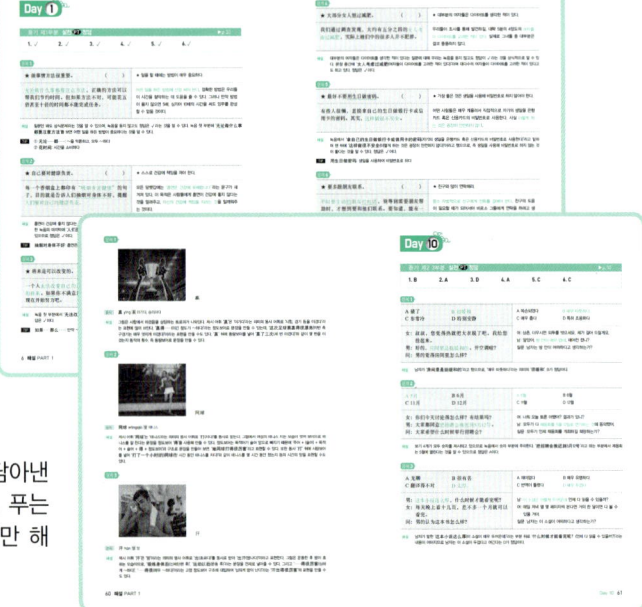

해설서(별책)

이보다 더 상세하고 참신하며 친절할 수 없다!
新HSK PT 선생님들만의 노하우를 그대로 담아낸 해설서! 상세한 해설은 물론 문제를 공략하고 푸는 법이 고스란히 담겨 있습니다. 해설서를 읽기만 해도 실력이 쑥쑥 자랍니다.

PT어휘집(별책)

新HSK 4급 필수어휘 1,200개는 기본! 다년간 빈출했던 주요 어휘들을 모두 모아놓은, 시험 준비에 꼭 필요한 금쪽같은 어휘집으로 시험장으로 가는 발걸음이 가벼워집니다!

 이렇게 활용해보세요!

❶ PT 학습서 학습할 때

+ PT 학습서
+ MP3 파일
+ 20일 코칭 영상
+ 해설서
+ 시사중국어사 온라인 카페에서 스터디 참가!

① PT 학습서로 학습하고!
② 20일 코칭 영상을 보며 복습하고!
③ MP3 파일을 들으며 문제를 풀고!
④ 해설서로 마무리하고!
⑤ 친구들과 같이 공부하고!

❷ 실전 모의고사를 풀 때

+ 실전 모의고사 2세트
+ MP3 파일
+ 해설서

① MP3 파일을 들으며 실전 모의고사 풀고!
② 해설서로 마무리하고!

❹ 시험장에서

+ PT 어휘집
+ MP3 파일

① 시험 전날에도, 시험장에 가는 길에도, 시험장에서도! PT 어휘집으로 최종 확인!
② MP3 파일로 들으면서 시험 준비 끝!

❸ 도서관·지하철에서 스마트폰으로

+ 20일 코칭 영상
+ MP3 파일
+ PT 어휘집

① 20일 코칭 영상을 어디서든 Play!
② MP3 파일을 들으며 귀로 쏙쏙!
③ PT 어휘집으로 단어 외우기!

新HSK 4급 *PT* 학습 20일 코칭 시스템

20일 동안 매일매일 新HSK 4급 듣기/독해/쓰기 전 영역을 모두 다루면서 어느 한 영역에도 치우치지 않게 체계적으로 학습하면 新HSK 4급을 처음 공부하더라도 시험에서 고득점을 노려볼 수 있습니다.

PT 학습법 ❶단계

1일~13일차,
각 영역의 유형별 전략PT 비법을 학습합니다.
최근 시험에 출제되고 있는 출제경향 및 시험의 전망을 완벽히 정리하였습니다.
13일 꾸준하게 학습한다면 시험에 출제되는 모든 비법을 확실하게 마스터 할 수 있습니다. 중요한 것은 매일 '듣기/독해/쓰기1·2부분'을 골고루 학습해야 한다는 것입니다.
본 교재는 매일 전 영역을 고루 학습함으로써 하나의 비법이 듣기에서 쓰기까지 적용되어 좀 더 효율적으로 학습할 수 있도록 하였습니다.

PT 학습법 ❷단계

14일~16일차,
13일 동안 학습한 전략PT 비법들을 가지고 실전 다지기에 돌입합니다.
14일부터 16일 3일간, 앞에서 학습했던 시험 유형과 비법들을 다시 한번 점검하면서, 핵심포인트를 정리하는 시간입니다. 13일간의 학습 비법을 한번에 정리하여 다양한 문제를 통해 그동안 학습한 비법이 실전에 적용되는지 확인하면서 실력을 다질 수 있습니다.

	Day 1	Day 2	Day 3
	유형별 비법학습	유형별 비법학습	유형별 비법학습
1주	듣기 제1부분 ① 독해 제1부분 ① 쓰기 제1·2부분 ①	듣기 제1부분 ② 독해 제1부분 ② 쓰기 제1·2부분 ②	듣기 제1부분 ③ 독해 제1부분 ③ 쓰기 제1·2부분 ③
	Day 6	**Day 7**	**Day 8**
	유형별 비법학습	유형별 비법학습	유형별 비법학습
2주	듣기 제2·3부분 ② 독해 제2부분 ② 쓰기 제1·2부분 ⑥	듣기 제2·3부분 ③ 독해 제2부분 ③ 쓰기 제1·2부분 ⑦	듣기 제2·3부분 ④ 독해 제2부분 ④ 쓰기 제1·2부분 ⑧
	Day 11	**Day 12**	**Day 13**
	유형별 비법학습	유형별 비법학습	유형별 비법학습
3주	듣기 제3부분 ① 독해 제3부분 ① 쓰기 제1·2부분 ⑪	듣기 제3부분 ② 독해 제3부분 ② 쓰기 제1·2부분 ⑫	듣기 제3부분 ③ 독해 제3부분 ③ 쓰기 제1·2부분 ⑬
	Day 16	**Day 17**	**Day 18**
	실전 다지기	영역별 최종점검	영역별 최종점검
4주	듣기 제3부분 독해 제3부분 쓰기 제2부분 ②	듣기 전 영역 최종 정리	독해 전 영역 최종 정리

Day 4	Day 5
유형별 비법학습	유형별 비법학습
듣기 제1부분 ④ 독해 제1부분 ④ 쓰기 제1·2부분 ④	듣기 제2·3부분 ① 독해 제2부분 ① 쓰기 제1·2부분 ⑤
Day 9	**Day 10**
유형별 비법학습	유형별 비법학습
듣기 제2·3부분 ⑤ 독해 제2부분 ⑤ 쓰기 제1·2부분 ⑨	듣기 제2·3부분 ⑥ 독해 제2부분 ⑥ 쓰기 제1·2부분 ⑩
Day 14	**Day 15**
실전 다지기	실전 다지기
듣기 제1부분 독해 제1부분 쓰기 제1부분	듣기 제2부분 독해 제2부분 쓰기 제2부분 ①
Day 19	**Day 20**
영역별 최종점검	영역별 최종점검
쓰기 제1부분 최종 정리	쓰기 제2부분 최종 정리

PT 학습법 ❸ 단계

17일~20일차,

新HSK 4급 듣기/독해/쓰기 전 영역을 최종 점검합니다.
마지막 4일은 영역별로 미니 모의고사 형식의 최종 마무리 학습을 합니다. 그동안 공부한 학습 비법 중에서도 더욱 빈번하게 출제되고 있는 패턴들을 한 눈에 볼 수 있도록 정리해 놓았습니다.
즉 17일은 듣기 전 영역, 18일은 독해 전 영역, 19일은 쓰기 제1부분, 20일은 쓰기 제2부분만을 집중적으로 학습하여 시험에 반드시 출제되는 핵심 중의 핵심만을 쏙쏙! 골라 학습할 수 있습니다. 시험 직전에는 이 부분만을 반복해서 학습하여도 좋은 점수를 받을 수 있습니다.

PT 학습법 ❹ 단계

실전 모의고사 2세트로 실전 테스트를 진행합니다.

20일차 진도를 따라 열심히 공부해 나갔다면, 이제 실제 기출문제를 100% 활용한 실전 모의고사 테스트를 실시하여 실전감각을 익힙니다. 반드시 시간에 맞춰 실전과 똑같이 테스트를 진행한다면 시험에서 당황하지 않게 되어 좋은 점수를 받을 수 있습니다.

 新HSK 소개

新HSK는 제1언어가 중국어가 아닌 사람의 중국어 능력을 평가하기 위해 만들어진 중국 정부 유일의 국제 중국어능력 표준화 시험으로, 생활, 학습, 업무 등 실생활에서의 중국어 운용능력을 중점적으로 평가하는 시험입니다.

1. 시험 구성

新HSK는 국제 중국어능력 표준화 시험으로, 중국어가 모국어가 아닌 학생들이 생활, 학습, 업무 면에서 중국어로 교류하는 능력을 중점적으로 테스트합니다. 新HSK는 필기시험과 구술시험의 두 가지 부분으로 나누어지고, 필기시험과 구술시험은 서로 독립적입니다. 필기시험은 1급, 2급, 3급, 4급, 5급과 6급 시험으로 나누어지고, 구술시험은 초급, 중급, 고급으로 나누어지며 구술시험은 녹음의 형식으로 이루어집니다.

필기 시험	구술 시험
新HSK(1급)	新HSK(초급)
新HSK(2급)	
新HSK(3급)	新HSK(중급)
新HSK(4급)	
新HSK(5급)	新HSK(고급)
新HSK(6급)	

2. 시험 등급

新HSK의 각 등급에 따른 단어 수와 중국어 학습 능력 수준은 아래의 표와 같습니다.

新HSK	단어 수	중국어 학습 능력 수준
1급	150	매우 간단한 중국어 단어와 구문을 이해하고 사용할 수 있으며, 구체적인 의사소통 요구를 만족시키며, 한 걸음 더 나아간 중국어 능력을 구비합니다.
2급	300	익숙한 일상생활을 주제로 하여 중국어로 간단하게 바로 의사소통 할 수 있으며, 초급 중국어의 우수한 수준에 준합니다.
3급	600	중국어로 생활, 학습, 비즈니스 등 방면에서 기본적인 의사소통 임무를 수행할 수 있으며, 중국에서 여행할 때도 대부분의 의사소통을 할 수 있습니다.
4급	1,200	중국어로 비교적 넓은 영역의 주제로 토론을 할 수 있고, 비교적 유창하게 원어민과 대화할 수 있습니다.
5급	2,500	중국어로 신문과 잡지를 읽고, 영화와 텔레비전을 감상할 수 있으며, 중국어로 비교적 높은 수준의 강연을 할 수 있습니다.
6급	5,000이상	중국어로 된 소식을 가볍게 듣고 이해할 수 있고, 구어체나 문어체의 형식으로 자신의 견해를 자유롭게 표현할 수 있습니다.

3. 접수 방법
① 인터넷 접수 : HSK 한국사무국 홈페이지(http://www.hsk.or.kr)에서 접수
② 우편접수 : 구비서류를 동봉하여 등기우편으로 접수
　＊구비서류 : 응시원서(사진 1장 부착) + 사진 1장 + 응시비 입금 영수증
③ 방문접수 : 서울공자아카데미에서 접수

4. 접수 확인 및 수험표 수령 안내
① 접수 확인 : 모든 응시자는 접수를 마친 후 HSK 홈페이지에서 접수 확인 후 수험표를 발급합니다.
② 수험표 수정 :
　수험표는 홈페이지 나의 시험정보 〈접수내역〉 창에서 접수 확인 후 출력 가능합니다.
　우편접수자의 수험표는 홈페이지를 통해 출력 가능하며, 방문접수자의 수험표는 접수 시 방문접수 장소에서 발급해 드립니다.

5. 성적 결과 안내
인터넷 성적 조회는 시험일로부터 1개월 후이며, HSK 성적표는 '성적 조회 가능일로부터 2주 후' 발송됩니다.

6. 주의사항
접수 후에는 응시등급, 시험일자, 시험장소의 변경이 불가능합니다.
고시장은 학교 사정과 정원에 따라 변동 및 조기 마감될 수 있습니다. (변경 시 홈페이지 공지)
천재지변·특수상황 등 이에 준하는 상황 발생시 시험일자의 변경이 가능합니다. (변경 시 홈페이지 공지)
HSK 정기시험은 관련규정에 근거하여 응시 취소신청이 가능합니다.

新HSK 4급 Q&A

Q 新HSK 4급 구성과 시험시간 배점은 어떻게 되나요?

A 新HSK 4급은 총 100문제로 듣기/독해/쓰기 세 영역으로 나뉩니다. 100문항을 약 100분 동안 풀어야 합니다. 각 영역별로 배점은 100점으로 총 300점 만점에 180점 이상이면 新HSK 4급 합격증을 받을 수 있습니다. 듣기 영역이 끝난 후에는 5분의 답안 작성시간이 따로 주어집니다.

시험 내용		문항수 / 배점		시험시간
1 듣기	제1부분	10	45문항 / 100점	약 30분
	제2부분	15		
	제3부분	20		
듣기 영역에 대한 답안 작성시간				5분
2 독해	제1부분	10	40문항 / 100점	40분
	제2부분	10		
	제3부분	20		
3 쓰기	제1부분	10	15문항 / 100점	25분
	제2부분	5		
총계		100 문항 / 300점		약 100분

Q 몇 점이면 합격인가요?

A 新HSK 4급은 듣기/독해/쓰기 세 영역으로 총 100문항, 300점 만점입니다. 여기서 영역별 과락 없이 총점 180점 이상이면 4급 합격증을 취득할 수 있습니다. 하지만 성적표에는 각 영역별로 성적이 모두 표시되고 있어 어떤 영역이 현저히 점수가 좋지 않은 것은 피하는 것이 좋습니다. 또한 요즘에는 180점이 커트라인이라고 하여도 200점 이상을 요구하는 곳이 많으므로 200점은 넘길 수 있도록 목표를 잡고 공부하는 것이 좋습니다.

Q 얼마나 공부하면 新HSK 4급을 취득할 수 있나요?

A 어떤 사람은 중국어를 시작한 지 2달 만에도 新HSK 4급에 도전해 합격하고 있습니다. 당연히 좀 더 많은 시간을 투자하고 공부하여 시험에 취득한 합격생도 있을 것입니다. 하지만 단기간에도 충분히 가능하다는 것입니다. 본인이 공부한 시간이 적다고 두려워하지 말고, 20일 동안 빠지지 않고 정확한 시간을 투자하여 본 교재를 열심히 학습해주시기 바랍니다. 너무 어려운 부분이 있다면 오래 잡고 끙끙거리지 말고 잠깐 넘겨도 좋습니다. 우리는 180점만 넘기면 합격할 수 있습니다. 모든 것을 다 얻으려

고 하면 과부화 현상이 생기므로 이해가 잘 되는 부분은 정확하게 반복하여 숙지하고, 어려운 부분은 체크해 두고 잠시 넘어가면서 꾸준히 20일을 버티는 것이 중요합니다. 그러면 누구나 新HSK 4급을 취득할 수 있습니다.

Q 이 교재 한 권으로 정말 新HSK 4급을 취득할 수 있을까요?

A 이 책에 실린 모든 문제는 실제 기출문제를 가공한 문제들로 이루어져 있어 최근 시험의 출제경향을 100% 담았다고 할 수 있습니다. 또한 20일 만에 4급 합격자를 배출한 경험과 노하우가 모두 담겨 있으므로 이 교재에서 벗어나는 유형은 나오지 않는다고 자부합니다. 학습자 여러분이 20일 커리큘럼을 잘 따라와준다면 여러분도 반드시 新HSK 4급의 합격자가 될 수 있습니다.

Q 新HSK 4급 시험의 난이도는 어떻게 되나요?

A 新HSK의 출제경향과 시험의 난이도는 해마다, 달마다 달라지고 있으며, 다양한 표현과 새로운 유형들이 출제되고 있습니다. 하지만 급수마다 출제되는 어휘가 정해져 있기 때문에 기본에 충실했다면 고득점 취득도 문제 없습니다. 본 교재는 시험에서 반복적으로 빠지지 않고 출제되고 있는 유형과 표현들을 집중적으로 학습시키고자 노력하였으며 기본에 충실했다면 새로운 문제가 나와도 유연하게 대처할 수 있습니다.

Q IBT HSK는 무엇인가요?

A 기존에는 대부분 新HSK 시험방식이 지류시험 방식(PBT)이었습니다. 하지만 최근에는 컴퓨터를 사용하여 문제를 푸는 방식인 IBT 역시 많은 수험생들이 선택하여 시험을 치르고 있습니다. PBT 방식이든, IBT 방식이든 모두 같은 공인급수입니다. IBT의 장점은 듣기는 개개인이 헤드셋을 착용하고 듣기 때문에 좀 더 집중할 수 있고, 쓰기의 경우 워드(Word)를 작성하는 것과 같은 방식으로 진행되기 때문에 워드 정도만 다룰 줄 안다면 글자를 몰라 헤매거나 지우개로 지웠다 썼다 하는 수고를 덜 수 있습니다. 단점은 오로지 모니터로만 지문을 봐야 하기 때문에 독해의 경우 평소에 지류시험에 익숙한 수험생들은 집중력이 떨어지는 경우가 많기 때문에 충분한 연습을 하고 응시해야 합니다. 수험생 여러분에게 맞는 좀 더 편한 방식을 선택하여 시험에 응시하면 됩니다.

Q 시험일자와 접수방법이 어떻게 되나요?

A 기존에는 新HSK 시험이 매달 1회씩, 12회가 실시되었습니다. 하지만 IBT라고 하는 컴퓨터를 사용하여 시험에 응시하는 방식이 생기면서 추가시험이 진행되고 있어 응시 기회가 더 많아졌습니다. 이에 따라 HSK시험을 진행하는 대행사 또한 많아져 접수방식에 조금씩 차이가 있으므로, HSK 한국사무국 (www.hsk.or.kr) 또는 HSK 탕차이니즈(www.hskkorea.co.kr) 등의 대행사 홈페이지를 통해 정확한 일정과 접수방식을 확인하는 것이 좋습니다.

听力

★듣기 제1부분 (문제와 녹음의 일치 여부 판단하기)

● 문제유형

듣기 제1부분은 총 10문항으로, 모든 문제는 딱 한 번씩 들려준다. 한 사람이 녹음의 한 지문을 읽어주고 나면, 바로 다른 한 사람이 시험지에 제시된 질문까지 읽어준다. 질문은 시험지에도 제시되어 있으나, 녹음 내용은 문제지에 제시되어 있지 않고 음성만 들을 수 있다. 응시자는 들려주는 내용과 질문이 서로 맞는지 판단한다. 내용 녹음이 질문과 일치하면 [✓], 일치하지 않으면 [X]를 체크하면 된다.

● 출제경향

① **상식으로 풀 수 있는 문제가 꼭 출제된다.**
   녹음을 듣지 않고 질문만 보고도 정답을 알 수 있는 문제들이 출제되기 때문에 미리 질문을 파악하고 녹음을 들어야 한다.
② **일상생활에 관한 내용들이 출제된다.**
   어렵지 않은 내용이 출제되고 있고 지문도 짧다. 상식적인 내용과 일상에 관한 내용이 주로 등장한다.
③ **질문이 그대로 녹음에 들리는 패턴이 출제된다.**
   질문이 그대로 녹음에서 들리는 쉬운 패턴이 출제되는 경우가 대부분이다. 그러므로 질문을 먼저 확인하고 녹음 내용을 예상하여 접근한다.

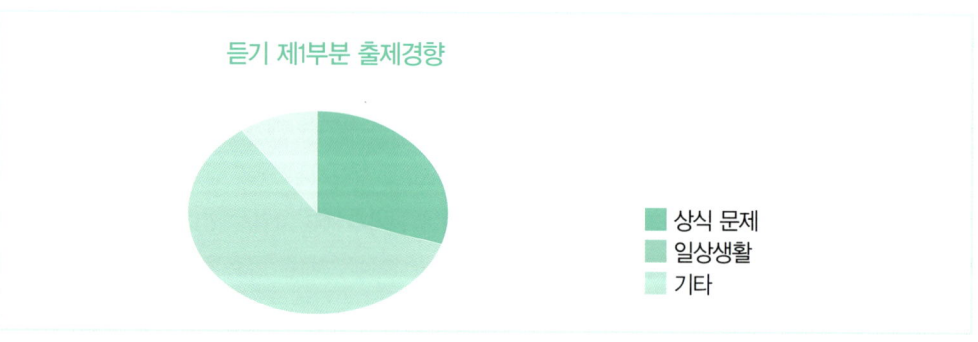

듣기 제1부분 출제경향
- 상식 문제
- 일상생활
- 기타

● 문제 접근 전략

시험지
★ 他打算下午去银行。　　　(✓)

① 녹음을 듣기 전, 질문을 먼저 확인하고 어떠한 내용이 나올지 미리 예상한다.
   녹음을 듣기 전, 시험지에서 질문을 먼저 확인할 수 있으므로 질문을 미리 확인하여 어떠한 내용이 나올지를 예상한다.

② 질문에서 중요한 명사, 혹은 술어 부분은 체크하고 집중적으로 그 부분의 어휘가 들리는지 확인한다.

질문에서 중요한 어휘를 미리 체크한다. 특히 명사와 술어 부분을 체크하여 녹음과 매치 되는지를 확인한다. 이 문제는 '下午(오후)'와 '去银行(은행을 가다)'이 포인트가 될 수 있으므로 체크해두고 오후에 은행에 간다는 것인지 녹음을 잘 들어보자.

녹음

我想去办个信用卡，今天下午你有时间吗？陪我去一趟银行？

③ 체크한 어휘가 들리면 과감하게 [√], 들리지 않거나 다른 어휘가 들리면 [X]를 체크한다.

녹음 중간 부분 '今天下午'라는 내용과 '去一趟银行'이라고 하는 부분을 통해 앞서 질문에서 체크한 중심 어휘가 일치한다는 것을 알 수 있으므로 과감하게 [√]로 정답을 선택한다.

★듣기 제2부분(짧은 대화를 듣고 질문에 답하기- 짧은 대화 유형) / 듣기 제3부분(긴 대화를 듣고 질문에 답하기- 긴 대화 유형)

● **문제유형**

듣기 제2부분은 총 15문항이다. 듣기의 모든 문제는 한 번씩 들려준다. 15문항 모두 두 사람의 대화로 이루어져 있으며, 짧은 두 문장으로 구성되어 있다. 세 번째 사람이 이 대화와 관련된 질문을 한다. 응시자는 시험지에 주어진 4개의 선택 항목 중에서 질문에 대한 정답을 고른다.

듣기 제3부분은 총 20문항이다. 그 중 10문항은 제2부분과 같은 대화 형식이고, 10문항은 독백 형식으로 다시 세분화 된다. 그래서 듣기 제2부분과 듣기 제3부분의 대화 형식은 서로 유형이 비슷하여 같이 묶어 학습하도록 구성하였다.

제3부분의 대화 형식은 제2부분보다 더 긴 대화로 이루어져 있다. 역시 두 사람이 두 차례 대화를 나누며 세 번째 사람이 이 대화와 관련된 질문을 하면 응시자는 시험지에 주어진 4개의 선택 항목 중에서 질문에 대한 정답을 고르면 된다.

● **출제경향**

① **일상생활에서 벌어지는 내용들이 출제된다.**

대화 유형이니만큼, 무거운 주제보다는 일상생활에서 일어나는 다양한 내용들이 출제된다. 회사생활이라고 하면 야근, 출장, 업무 등이 언급되며, 취미 활동이라고 하면 테니스, 탁구, 산책, 등산, 여행에 관한 내용들이 언급된다. 이 외에도 날씨, 교통 상황 등에 관한 일상적인 내용들이 출제되고 있다.

新HSK 4급 부분별 문제유형 및 전략 소개

② 인물·직업·신분 관계를 파악하는 내용들이 출제된다.

특히 대화하고 있는 사람의 직업·신분을 묻는 내용도 많이 출제되고 있다. 대부분 그 사람의 신분을 그대로 녹음에서 들려주는 경우가 많기 때문에, 우선 보기를 보고 인물·직업·신분 관계를 묻는다는 판단이 서면 녹음을 잘 들어보자. 어렵지 않게 정답을 찾을 수 있다.

③ 대화자와 관련된 세부적인 질문이 출제된다.

'女的主要是什么意思? (여자는 무슨 뜻인가?)', '他们在谈论什么? (그들은 무슨 이야기를 하고 있는가?)' 등 대화의 좀 더 세부적인 내용을 묻는 유형이 출제된다.

듣기 제2부분 출제경향
- 일상생활
- 인물·신분관계
- 세부내용 묻기

● 문제 접근 전략

시험지

A 去机场   B 快到了   C 油是满的   D 有加油站

① 녹음을 듣기 전, 제시된 4개의 보기항을 먼저 확인하고 어떤 주제가 나올지 미리 예상한다.

녹음을 듣기 전, 시험지에서 정답이 들어있는 보기항 4개를 먼저 확인할 수 있으므로 보기항을 미리 확인하여 어떠한 내용이 나올지를 예상한다.

↓

② 4개의 보기항에서 눈에 더 잘 들어오는 보기를 체크하고, 아는 어휘 위주로 집중해서 들어본다.

A는 '공항에 가다', B는 '곧 도착한다', C는 '기름이 가득하다', D는 '주유소가 있다'이다. 이중에서 아는 어휘가 있으면 체크하고, 모르는 어휘가 있으면 표시해둔다. 모르는 어휘는 어쩔 수 없기 때문에 녹음에서 우선적으로 체크한 알고 있는 어휘를 집중해서 들어보자.

↓

녹음

女: 该加油了, 去机场的路上有加油站吗?
男: 有, 你放心吧。
问: 男的主要是什么意思?

③ 녹음이 끝나면 질문을 통해 무엇을 묻는 것인지 확인한다.

녹음을 들어보니 여자가 '공항을 가는 길에 주유소가 있냐'고 묻고 있다. 들리는 어휘가 '공항에 가다'와 '주유소가 있다'라는 것을 알 수 있다. 4개의 보기항에서 A와 D가 정답에 가까울 것이라는 것을 추측할 수 있다. 이에 남자는 '있으니 걱정하지 마'라고 하고 있다. 이 문제는 남자의 뜻이 무엇인가를 묻고 있다.

⬇

④ 체크한 보기가 들리면 그것이 정답일 확률이 높다. 보기에서 일치하는 어휘가 없다면, 내가 의미를 몰라 체크하지 못한 어휘 중에 정답일 가능성이 있다.

남자는 공항으로 가는 길에 주유소가 있다는 것을 말하고 있는 것으로 확인되므로 정답은 D가 된다. 또한 남자가 '有'라고 하고 있으므로 무엇인가가 있다는 것을 말하고 있다는 것을 알 수 있다. 어휘를 몰라도 '有'가 있는 D가 정답에 가까울 것이라고 판단한다.

★듣기 제3부분 (단문 듣고 질문에 답하기- 긴 독백 유형)

● 문제유형

듣기 제3부분은 총 20문항이다. 그 중 10문항은 제2부분과 같은 대화 형식이고, 10문항은 긴 독백 형식으로 다시 세분화된다. 그래서 앞에서 듣기 제2부분과 제3부분의 대화 형식은 서로 유형이 비슷하여 같이 묶어 공부하였다.

듣기 제3부분의 긴 독백 유형 10문제는 하나의 긴 독백을 듣고 두 개의 질문에 정답을 고르는 것이다. 즉, 모두 10문항이지만 녹음은 5개이고 각각 2개의 질문을 가진다.

● 출제경향

① **에피소드, 설명문, 논설문 등 다양한 주제가 출제된다.**

에피소드는 예측하기 힘든 재미있는 주제들이 등장하며, 설명문은 어느 정도의 상식이 통하는 내용이고, 논설문은 화자의 생각이 많이 들어가 있는 글이다. 이처럼 제3부분의 마지막 유형인 긴 독백 유형은 다양한 주제들이 출제되고 있다.

② **주제를 묻는 문제보다는 내용의 세부적인 내용을 묻는 문제가 많이 출제된다.**

'화자의 뜻은?', '문장 중에서 '它'가 가리키는 것은?' 등 녹음의 전체적인 내용보다는 좀 더 구체적이고 세부적인 것을 묻는 것이 출제되고 있다.

듣기 제3부분 출제경향

- 에피소드
- 설명문
- 논설문

● 문제 접근 전략

> **시험지**
>
> 1. A 要友好　　B 千万别激动　　C 不能太随便　　**D 别在众人面前**
> 2. A 只说优点　　B 声音要大　　　C 提前通知　　　**D 先表扬后批评**

① 녹음을 듣기 전, 빠르게 2개의 질문에 해당하는 8개의 보기항을 먼저 확인하고 어떤 주제가 나올지 미리 예상한다.
하나의 녹음 원문에 질문은 2개이므로 8개의 보기항을 빠르게 확인하고 눈에 더 잘 띄는 어휘를 체크한다.

> **녹음**
>
> 　　表扬与批评是两门不同的艺术。一般情况下，表扬可在人多的时候，如会议上提出来；而 ¹批评最好在没有其他人的情况下进行，这样可能更容易让人接受。当对一个人 ²既有表扬又有批评时，最好先表扬后批评，效果可能会更好些。
>
> 1. 问：批评别人时要注意什么？
> 2. 问：如果既要表扬又要批评时，最好怎么做？

② 대부분 첫 번째 질문에 대한 답은 앞부분에, 두 번째 질문에 대한 답은 뒷부분에 출제되므로 녹음 앞부분은 첫 번째 질문에 해당하는 보기항에 집중하고, 녹음의 뒷부분은 두 번째 질문에 해당하는 보기항에 집중한다.
질문이 두 개면, 녹음의 순서대로 정답이 언급되는 경우가 많아, 앞부분에서 첫 번째 질문의 답을 찾고, 뒷부분에서 두 번째 보기항에서 언급하는 어휘를 찾아 정답으로 추측한다.

③ 녹음에서 들리는 어휘가 있으면 보기항에 빠르게 체크한다.
내용이 잘 들리지 않더라도 어휘 하나하나에 신경을 써보자. 정답이 되는 보기항의 어휘가 녹음에서 그대로 들릴 확률이 높기 때문에 녹음과 보기항과 일치하는 어휘가 있으면 체크해 놓는다.

④ 녹음이 끝나면 좀 전에 체크했던 어휘를 살펴보면서, 질문을 듣고 정답에 해당하는 것을 찾아 정답을 선택한다.
첫 번째 질문은 '다른 사람을 비판할 때, 주의해야 할 것은 무엇인가?'이다. 녹음의 '批评最好在没有其他人的情况下进行'을 통해 다른 사람이 없을 때 비판을 진행하라는 것을 알 수 있으므로 적절한 정답을 보기항에서 찾으면 '사람들 앞에서 하지 말아라'라는 의미인 D가 정답이다.
두 번째 질문은 '칭찬도 해야 하고 비판도 해야 할 때에는 어떻게 하는 것이 가장 좋은가?'이다. 첫 번째 정답이 나왔던 부분의 아래 부분 '既有表扬又有批评时，最好先表扬后批评'을 통해 먼저 칭찬한 후에 비판해야 한다는 것을 알 수 있다. 그러므로 정답은 D가 된다.

阅读

★독해 제1부분(빈칸 채우기)

● **문제유형**

독해 제1부분은 총 10문항이다. 5문제는 하나의 짧은 단문 형태이고, 5문제는 두 사람의 대화문 형태이다. 이 10개의 문장 중에는 하나의 빈칸이 있어 응시자는 선택 보기항 중, 빈칸에 들어갈 알맞은 단어를 선택한다. 제시된 어휘는 중복으로 빈칸에 들어가지 않으므로 각 어휘들을 적절한 문장 속에 넣어야 한다.

● **출제경향**

① 부사와 접속사 어휘가 가장 많이 출제된다.

부사는 술어 앞 혹은 문장 앞, 접속사는 문장 앞에 놓인다. 빈칸이 술어 앞이나 문장 앞에 위치하고 있다면 부사 혹은 접속사일 가능성이 크다. 4급에서 부사는 무척 중요한 품사이므로 PT 학습서에서 열심히 공부해야 한다.

② 부사 다음으로 동사-명사-형용사 어휘가 출제된다.

문장에 술어가 없으면 빈칸은 동사일 가능성이 크다. 또한 구조조사 '的' 뒤에 빈칸이 있다면 명사일 가능성이 크다. 문장에 술어가 없는데 빈칸이 마지막에 위치하면 형용사일 가능성이 크다. PT 학습서에서 품사의 특징을 열심히 숙지해야 한다.

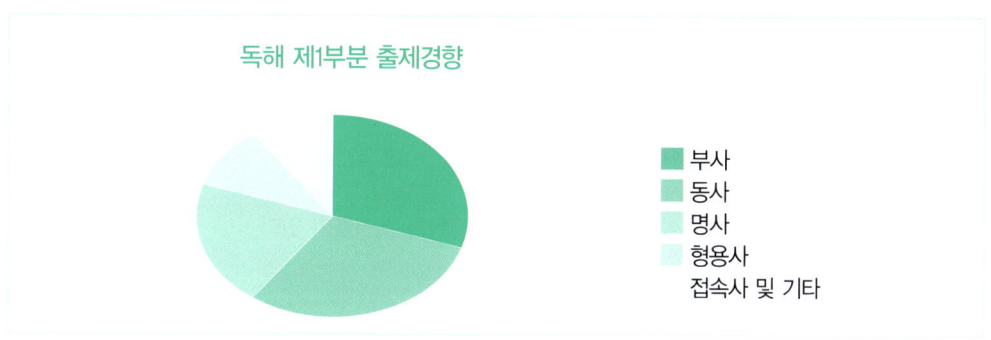

독해 제1부분 출제경향
- 부사
- 동사
- 명사
- 형용사
- 접속사 및 기타

● **문제 접근 전략**

시험지					
A 随着	B 尝	C 意见	D 坚持	E 收拾	F 提醒

小张, 你回去后把今天大家在会上提的（　　）都整理出来。

新HSK 4급 부분별 문제유형 및 전략 소개

① 예시에 들어가 있는 어휘는 빼고, 나머지 보기 5개 어휘의 의미와 품사를 먼저 확인한다.

먼저 6개의 보기 어휘에서 예시에 들어가 있는 D 坚持(유지하다/동사)를 제외한 나머지 어휘의 품사와 의미를 확인한다. A 随着(~에 따라서/전치사), B 尝(맛보다/동사), C 意见(의견/명사), E 收拾(정리하다/동사) F 提醒(일깨우다/동사)이다.

⬇

② 문장의 빈칸의 위치를 살펴 어떠한 품사가 적절한지 확인한다.

빈칸 앞에 구조조사 '的'가 있으므로 빈칸에 들어갈 적절한 어휘는 명사일 가능성이 크다. 보기에서 명사는 C 意见(의견/명사) 하나뿐이므로 정답은 C가 된다.

⬇

③ 빈칸의 위치로 품사를 판단하기 어려울 때에는 의미를 통해 적절한 어휘를 선택한다.

빈칸이 있는 부분의 문장을 살펴보자. '在会上提的(　　)' 부분을 해석해보면 '회의에서 언급한 (　　)'라고 하고 있다. 따라서 의미상 적절한 어휘 역시 C 意见(의견/명사)이다.

★독해 제2부분(순서에 맞게 문장 배열하기)

● **문제유형**

독해 제2부분은 총 10문항이다. 질문이 없이 A, B, C 세 개의 짧은 문장이 바로 주어지고 세 문장은 구, 혹은 문장으로 이루어져 있다. 이 세 문장을 읽고 해석한 후, 완벽한 한 문장으로 순서를 배열하는 것이 핵심이다.

● **출제경향**

① 문장을 해석하지 않고도 문장의 순서를 잡을 수 있는 유형과 포인트가 있다.

오히려 주어진 세 문장을 정석으로 해석하고 순서를 배열하려고 하면 더 어려운 경우가 많다. 첫 문장에 자주 오는 어휘들, 첫 문장에 오지 않는 어휘들, 접속사 등으로 꼭 해석을 하지 않고도 문장의 순서를 파악할 수 있는 요령을 익혀야 주어진 시간 안에 모든 문제에 수월하게 접근할 수 있다.

② 대명사 접근법과 접속사 파악 문제가 자주 출제된다.

접속사로 앞뒤 문장을 파악하여 배열하는 문제, 대명사가 가리키는 대상을 파악해 순서를 잡는 문제가 자주 출제된다.

③ 사건의 발생 순서를 파악하는 문제가 자주 출제된다.

문장의 순서를 잡는 기본패턴으로 일의 진행 순서, 원인과 결과를 정확하게 파악하는 문제가 많이 출제되는데, 이 같은 유형은 어느 정도의 해석이 반드시 필요하기 때문에 독해 실력을 함께 늘려야 문제에 쉽게 다가갈 수 있다. 지금부터 독해 제2부분의 문제 푸는 요령을 함께 알아보자.

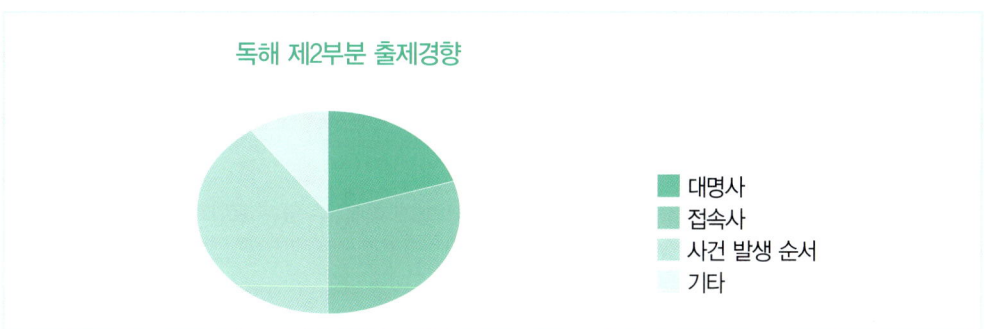

● 문제 접근 전략

> **시험지**
>
> A 可是今天起晚了
> B 平时我骑自行车上下班
> C 所以就打车来公司

① 제시된 3개의 문장을 보고, 첫 문장에 올 단서가 되는 부분을 찾아 첫 문장을 먼저 잡는다.

A의 '可是'는 '그러나'라는 의미의 어휘로 첫 문장이 될 수 없으며, C의 '所以' 역시 '그래서'라는 의미로 첫 문장이 될 수 없기 때문에 첫 문장은 자연스럽게 B가 된다. 그럼 이 문제의 정답은 'B-A-C' 혹은 'B-C-A'로 압축된다.

⬇

② 대명사, 혹은 접속사, 의미의 순서 등의 문장배열 포인트를 찾아 나머지 문장들을 배열한다.

A문장은 '그러나 오늘 늦게 일어났다'이고, C문장은 '그래서 택시를 타고 회사에 갔다'이다. 의미의 순서를 파악해보면 늦게 일어났기 때문에 택시를 타고 회사에 간 것이므로 의미적으로 A문장 다음이 C문장이라는 것을 알 수 있다.

⬇

③ 문장을 완성시킨 후, 확인 차 빠르게 해석을 해보고 정답을 확신한다.

이렇게 정답은 'B-A-C'라는 것을 알 수 있으며, 확인 차 문장을 해석해보면, 'B 평소에 나는 자전거를 타고 출퇴근을 하는데 A 그러나 오늘은 늦게 일어나 C 그래서 택시를 타고 회사에 왔다'라는 완벽한 문장으로 배열된 것을 알 수 있다.

★독해 제3부분(지문 읽고 질문에 답하기)

● 문제유형

독해 제3부분은 총 20문항이다. 이 부분의 문제는 하나의 단문과 그에 따른 1~2개의 질문이 제시된다. 질문을 보고 보기 항목 4개 중에서 그 질문에 해당하는 하나의 정답을 고른다.

新HSK 4급 부분별 문제유형 및 전략 소개

● 출제경향

① **질문을 보면 어떻게 접근해야 하는지 알 수 있는 문제가 많이 출제된다.**
주제를 묻는 문제는 지문의 앞·뒤에서 정답을 찾을 수 있고, 세부적인 내용을 묻는 문제는 지문의 한 단락씩 끊어가면서 찾아내면 시간을 단축시킬 수 있으며, 질문에서의 중요 어휘로 정답이 있는 부분을 찾아가는 방법도 있다. 제3부분의 정답을 빠르고 정확하고 쉽게 찾을 수 있는 요령과 포인트를 배워보자.

② **지문의 전체적인 주제를 묻는 문제가 꼭 출제된다.**
지문의 전체적인 내용을 파악하는 문제가 꼭 출제되기 때문에 주제를 묻는 문제의 접근법을 파악해야 한다.

③ **일상생활, 상식 문제 등 비교적 어렵지 않은 지문이 출제된다.**
다이어트, 중국의 차 문화, 교통, 길 찾기, 회사 생활, 인물의 성격 등 비교적 어렵지 않은 일상생활 속에서 자주 보이는 상황들이 출제된다.

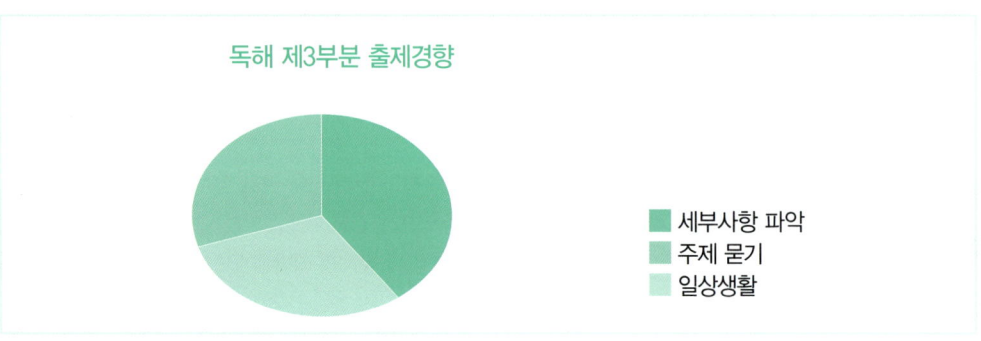

● 문제 접근 전략

> **시험지**
>
> 她很活泼，说话很有趣，总能给我们带来快乐，我们都很喜欢和她在一起。
> ★ 她是个什么样的人?
> A 幽默　　　B 马虎　　　C 骄傲　　　D 害羞

① **반드시 질문을 먼저 확인한 후, 무엇을 묻는 문제인지를 빠르게 파악한다.**
질문을 먼저 확인한 후, 무엇을 묻는 문제인지를 빠르게 파악한다. 특히 질문에 핵심어휘가 있다면 그 어휘를 체크하여 무엇을 묻는 것인지 좀 더 정확하게 파악할 수 있다.

⬇

② **질문에 따른 정답이 있는 부분을 찾아나간다.**
질문을 확인했다면, 정답을 찾아나가야 한다. 주제를 묻는 문제라면 문장의 앞·뒤에서, 세부 내용을 묻는 문제는 단락을 끊어 보기와 대조하면서 정답을 찾아나가야 한다. 질문에 따른 정답 찾는 요령은 이제부터 하나하나 공부해보자.

③ 4개의 보기에서 가장 알맞은 것을 정답으로 선택한다.
　지문에서 정답이 있는 부분을 찾았다면, 이제 4개의 보기에서 정답과 일치하는 것을 찾아 정답으로 체크한다.

书写

★쓰기 제1부분 (제시된 어휘로 문장 완성하기)

● 문제유형

쓰기 제1부분은 총 10문항이다. 모든 문제에는 4~5개의 단어가 제시되어 있다. 응시자는 주어진 4~5개 단어를 조합하여 어법에 맞는 순서로 하나의 완벽한 문장을 만든다.

● 출제경향

① **중국어의 기본문장구조를 정확히 알고 배열하는 문제가 가장 많이 출제된다.**
　10문제 중 기본문장구조를 묻는 문제가 6개 정도 출제되므로 중국어 기본어법구조를 정확히 파악하는 것이 중요하다. 중국어의 주어, 술어, 목적어, 그리고 부사어와 관형어의 위치를 묻는 문제가 출제될 것이다.

② **중국어의 특수문장구조를 파악하는 문제가 출제된다.**
　중국어는 기본구조의 문장을 제외하고 자신만의 고유한 어법적 특징을 가진 특수구문이 있다. 예를 들면 '把자문', '被자문', '让(사역구문)', '比(비교문)' 등 자신만이 가진 고유의 어법 법칙을 정확히 알고 완벽하게 배열할 수 있는지 묻는 문제가 4문제 가량 출제된다.

쓰기 제1부분 출제경향

■ 기본문장구조
■ 특수문장구조

新HSK 4급 부분별 문제유형 및 전략 소개

● 문제 접근 전략

시험지
那座桥　　800年的　　历史　　有　　了

① 제시된 4~5개의 어휘를 보고, 기본문장구조 배열 문제인지, 특수문장구조 배열 문제인지 파악한다.
　제시 어휘를 살펴보면 특이한 특수 문형이 보이지 않기 때문에 기본문장구조에 따라 배열한다.

⬇

② 기본문장구조 배열이면 주어, 술어, 목적어를 잡고, 부사어와 관형어를 차례대로 배치시킨다.
　먼저 '주 + 술 + 목'을 잡으면 주어는 대명사 '那'가 있는 '那座桥(저 다리)'이다. 술어는 '有(있다)'이며, 목적어는 '历史(역사)'가 된다. 남은 어휘를 살펴보면 '800年的(800년의)'로 '800年的历史(800년의 역사)'로 함께 묶을 수 있다. '了'는 문장 끝에 넣어 문장을 마무리한다.

⬇

③ 특수문장구조 배열이면 어떤 어법문제인지 확인하고 그 어법에 맞는 배열 순서에 따라 문장을 완성한다.
　특수문장구조이면 그 어법에 맞는 고유한 순서를 그대로 적용하여 문장을 완성시켜야 한다.

★ 쓰기 제2부분 (제시된 어휘를 넣어 문장 만들기)

● 문제유형
제2부분은 총 5문항이다. 모든 문제에는 한 장의 그림과 하나의 단어가 제시된다. 응시자는 그림을 보고 주어진 단어를 사용하여 하나의 문장을 만든다.

● 출제경향
① **제시 어휘는 동사가 가장 많이 출제되며, 그 다음 형용사-명사 순으로 출제되고 있다.**
　다양한 품사의 어휘가 출제되지만 동사가 가장 많이 출제되며, 형용사와 명사, 양사, 부사 등의 다양한 품사의 어휘들이 고루 출제되고 있다. 출제되었던 어휘들이 반복적으로 나오기 때문에 시험에 나오는 표현들을 PT학습서에서 열심히 공부한다면 어렵지 않게 문장을 만들어낼 수 있을 것이다.

② **사람이 등장하며, 행동을 표현하는 그림이 많이 출제된다.**
　사물보다는 사람이 무엇인가를 하고 있는 동작 형태의 그림이 많이 출제되고 있기 때문에 일상생활, 활동과 관련한 문장들을 다음 장에서 많이 만들어보자.

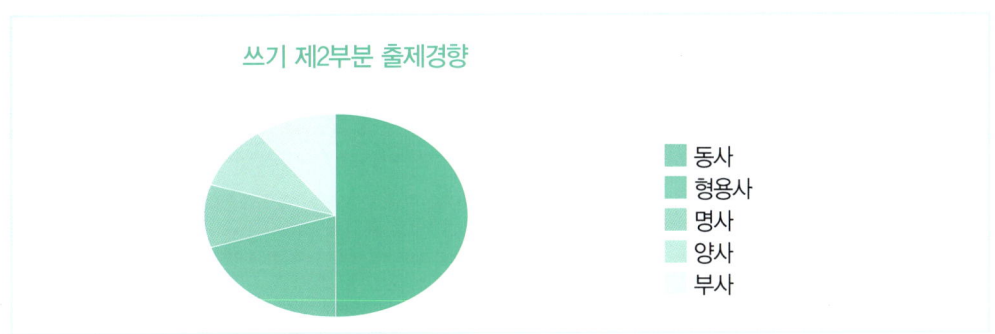

● 문제 접근 전략

乒乓球

① 제시 그림과 어휘를 보고 상황을 빠르게 파악한다.
   여자가 탁구를 하고 있는 그림과 제시 어휘는 '乒乓球(탁구)'라는 의미의 명사 어휘이다.

⬇

② 제시 어휘가 반드시 들어가도록 그림과 매치 되는 관련 어휘와 문장을 떠올린다.
   그림을 보고 관련(키워드) 어휘를 뽑아본다. 예를 들어 '她(그녀)', '女人(여자)', '打乒乓球(탁구를 치다)', '锻炼身体(신체를 단련하다)', '喜欢(좋아하다)', '爱好(취미)' 등 관련 어휘를 뽑을 수 있다.

⬇

③ 문장을 만든 후, 마침표를 찍어준다.
   관련 어휘를 이용하여 문장을 만들어보면, '她很喜欢打乒乓球。(그녀는 탁구 치는 것을 매우 좋아한다.)' 등으로 어렵지 않게 문장을 완성할 수 있다. 문장을 완성한 후에는 반드시 마침표(。), 물음표(？) 등의 문장부호를 함께 써야 한다.

新HSK PT 4급

PART 01
유형별 학습

DAY 1 ~ DAY 13

▼ 어휘PT	예제와 실전PT의 어휘 미리 보기
▼ 전략PT	HSK PT만의 핵심 전략 공개
▼ PT팁	전략을 탄탄히 하는 팁 제공
▼ 예제	맞춤 예제로 실력 키우기
▼ 실전PT	맞춤 기출문제로 실력 확인
▼ 마무리PT	핵심표현 짚어보기로 마무리
▼ 기출상식	시험에 잘 나오는 배경지식 쌓기

Day 1

> **듣기 제1부분 ❶** | 문제와 녹음의 일치 여부 판단하기
> # 불변의 법칙! 상식문제를 놓치지 말아라!

어휘 PT　　Track 01-1　　학습시간 1 0 분

예제 1	失败 shībài 동 실패하다
	成功 chénggōng 동 성공하다
	发现…缺点 fāxiàn…quēdiǎn
	짝꿍 ~의 단점(결점)을 발견하다
	总结 zǒngjié 동 총괄하다
	经验 jīngyàn 명 경험
	积累 jīlěi 동 축척하다, 쌓다
	获得 huòdé 동 획득하다, 얻다
예제 2	遇到…危险 yùdào…wēixiǎn
	짝꿍 ~의 위험에 맞닥뜨리다
	冷静 lěngjìng 동 냉정하다
	解决 jiějué 동 해결하다
	任何 rènhé 대 어떠한, 무슨
	求助 qiúzhù 동 도움을 청하다
	必须 bìxū 부 반드시 ~해야 한다
문제 1	无论…都… wúlùn…dōu…
	짝꿍 ~을 막론하고 ~도 그러하다
	注意 zhùyì 동 주의하다, 조심하다
	节约 jiéyuē 동 절약하다, 아끼다
	花 huā 동 (돈·시간을) 쓰다
	甚至 shènzhì 부 심지어, ~조차도
문제 2	负责 fùzé 명 책임
	香烟盒 xiāngyānhé 명 담배갑, 담배 케이스
	吸烟 xīyān 동 담배를 피우다, 흡연하다
	有害 yǒuhài 동 유해하다
	目的 mùdì 명 목적
	抽烟 chōuyān 동 담배를 피우다, 흡연하다
	提醒人们 tíxǐng rénmen 사람들을 일깨우다
문제 3	将来 jiānglái 부 장래, 미래
	改变 gǎibiàn 동 바꾸다, 변하다
	无法 wúfǎ 동 방법이 없다
	过去 guòqù 명 과거, 예전
	如果…那么就… rúguǒ…nàme jiù…
	접 만약 ~한다면, 그럼 곧 ~하다
	满意 mǎnyì 형 만족하다
문제 4	减肥 jiǎnféi 명 다이어트
	通过 tōngguò 전 ~을 통해서
	调查 diàochá 명동 조사/조사하다
	发现 fāxiàn 동 발견하다
	大约 dàyuē 부 대략, 대개
	考虑 kǎolǜ 동 고려하다, 생각하다
	并 bìng 부 게다가, 결코
	肥胖 féipàng 형 뚱뚱하다, 비만이다
문제 5	用…做… yòng…zuò…
	짝꿍 ~을 사용하여 ~을 하다
	懒 lǎn 형 게으르다
	直接 zhíjiē 부 직접적으로
	或 huò 부 혹은
	这样做 zhèyàng zuò 이렇게 하면
	安全 ānquán 형 안전하다
문제 6	跟(和)…联系 gēn(hé)…liánxì
	짝꿍 ~와 연락하다
	主动 zhǔdòng 부 자발적으로
	给…打电话 gěi…dǎ diànhuà
	짝꿍 ~에게 전화를 걸다
	需要 xūyào 동 필요하다
	帮助 bāngzhù 동 도와주다
	友谊 yǒuyì 명 우정, 정

❶ 들리는 게 바로 정답!

질문에 등장하는 어휘가 그대로 들릴 확률은 80%이다. 유사한 발음, 유사한 어휘가 있다면 곧 정답이다.

❷ 질문을 반드시 먼저 보자. 질문만 보고도 정답을 알 수 있다!

상식문제는 질문만 보고도, 녹음을 힘들게 듣지 않아도 정답인지 아닌지를 판단할 수 있다.

　　多锻炼对身体很有好处。　　(√)　　운동을 많이 하면, 신체에 장점이 많다.

당연히 운동을 많이 하면 건강에 좋을 것이다. 문제만 보고도 정답을 이미 알 수 있다.

　　我打算去云南玩儿。　　(√)　　나는 윈난에 여행을 가고 싶다.

HSK는 중국어능력시험이다. 중국의 '어느' 지역을 가고 싶다, 중국의 '어떤' 요리는 맛있다는 등의 중국에 관련된 좋은 문장은 반드시 정답이 된다!

❸ 자신을 믿어라!

자신의 느낌을 의심하지 말고 믿어야 한다. 정답이 맞는지 틀리는지 고민할 시간이 없다. 딱! 봐도 상식문제다! 생각이 들면 질문만 보고서 과감하게 √를 체크하자.

❹ 시험에 꼭 나오는 상식문제를 확인해보자!

지문만 보고도 정답을 알 수 있는 문제들이 있다. 아래의 예를 확인하자.

★ 环保要从身边小事做起。　　(√)　　환경보호는 주변의 작은 일부터 해야 한다.
★ 他暑假想去云南旅游。　　(√)　　그는 여름방학에 윈난 여행을 가고 싶다.
★ 中国人喜欢数字"6"。　　(√)　　중국인은 숫자 '6'을 좋아한다.
★ 笑使人更健康。　　(√)　　웃음은 사람을 더 건강하게 해준다.
★ 酒后开车自己要负责。　　(√)　　술 마신 뒤, 운전을 하는 것은 본인이 책임져야 한다.
★ 优秀的管理者要做好每件事。　　(√)　　우수한 관리자는 모든 일을 잘 해야 한다.

예제 1

Track 01-2

★ 失败是成功之母。　　(　　　)	★ 실패는 성공의 어머니이다.
为什么说失败是成功之母？因为我们可以从失败中发现自己的缺点，总结出很多经验，有了这些经验的积累，才有可能获得成功。	왜 실패는 성공의 어머니라고 말하는가? 우리는 실패로부터 자신의 잘못을 발견할 수 있기 때문에, 결론적으로 다양한 경험을 하고 그러한 경험이 쌓이게 되면 비로소 성공을 얻을 수 있게 된다.

해설 질문에서 '실패는 성공의 어머니'라고 하였다. 이 문장은 우리가 당연하게 알고 있는 명언 중의 하나로 지문을 듣지 않고도 '실패가 쌓이면 성공에 더 가까워 질 것'이라는 내용이 나올 것이라는 것을 유추할 수 있다. 바로! 질문에서 직접적으로 정답이 √라는 것을 알려주고 있다.

정답 √

예제 2

Track 01-3

★ 遇到危险时要冷静。　　(　　　)	★ 위험을 마주하게 되면 냉정해져라.
遇到危险时，哭不能解决任何问题，你应该想方法向别人求助。但在这之前，你必须先让自己冷静下来。	위험을 마주하게 됐을 때, 우는 것으로는 어떤 문제도 해결할 수가 없다. 당신은 반드시 방법을 찾아 다른 사람에게 도움을 구해야 한다. 그러나 그 전에, 당신은 반드시 스스로 냉정해져야 한다.

해설 질문에서 '위험을 마주하게 되면 냉정해져라'라고 하였다. 호랑이 굴에 들어가도 정신만 바짝 차리면 살 수 있다고 하지 않던가! 역시 질문만 보고도 정답은 √라는 것을 알 수 있다.

정답 √

PT 기출상식

중국의 3대 전통명절 ① 春节 Chūn Jié 춘절

중국 최대의 전통명절은 춘절이며 음력 1월 1일로, 우리나라의 설에 해당한다. 양력 1월 1일은 위안딴(元旦 Yuándàn) 혹은 신년(新年 Xīnnián)이라고 한다. 춘절에는 지역별로 조금씩 다르지만 대체로 온 가족이 모여 가족의 행복과 화목을 빈다는 의미는 비슷하다. 이때 복(福) 자를 거꾸로 붙이는 풍습이 있는데 이는 '복이 내려와라'라는 상징적 의미를 가지고 있다. 또한 춘절 아침에는 쟈오즈(饺子 jiǎozi)라는 물만두를 먹으며, 아이들이 어른에게 새해인사를 하면 새뱃돈인 야수이첸(压岁钱 yāsuìqián)을 빨간 봉투에 담아준다.

실전 PT

Track 01-4   학습시간 10 분

> 질문을 먼저 파악하고, 상식으로도 풀어낼 수 있는 문제인지 확인하라! 상식문제라면! 녹음을 다 듣지 않고 정답으로 체크해도 좋다! 나 자신을 믿어라!

문제 1 ★ 做事情方法很重要。 (   )

문제 2 ★ 自己要对健康负责。 (   )

문제 3 ★ 将来是可以改变的。 (   )

문제 4 ★ 大部分女人想过减肥。 (   )

문제 5 ★ 最好不要用生日做密码。 (   )

문제 6 ★ 要多跟朋友联系。 (   )

독해 제1부분 ❶ | 빈칸 채우기
'문장의 화려한 꽃 한 송이' 부사

어휘 PT
학습시간 **1 0** 분

예제 1
- 棵 kē [양] 그루 [나무를 세는 양사]
- 熟悉 shúxī [형] 익숙하다, 잘 알다
- 坚持 jiānchí [동] 유지하다, 계속하다
- 理发 lǐfà [동] 이발하다, 머리카락을 자르다
- 千万 qiānwàn [부] 절대로, 제발
- 集合 jíhé [동] 집합하다
- 早点儿 zǎodiǎnr [부] 일찍
- 迟到 chídào [동] 늦다, 지각하다

예제 2
- 逛 guàng [동] 돌아다니다, 거닐다
- 准时 zhǔnshí [부] 정시에, 제때에
- 温度 wēndù [명] 온도
- 效果 xiàoguǒ [명] 효과
- 遍 biàn [양] 번, 차례, 회
- 乱 luàn [형] 어지럽다, 어수선하다
- 聚会 jùhuì [명] 모임 [동] 모이다
- 地点 dìdiǎn [명] 장소, 지점
- 友谊饭店 Yǒuyì Fàndiàn [고유] 여우이호텔
- 一定 yídìng [부] 반드시

보기 1
- 却 què [부] 오히려
- 往往 wǎngwǎng [부] 자주, 종종
- 十分 shífēn [부] 매우
- 完全 wánquán [형] 완전하다, 온전하다 [부] 완전히
- 一切 yíqiè [대] 전부, 모든
- 马上 mǎshàng [부] 곧, 바로

문제 1
- 标准 biāozhǔn [형] 표준적이다
- 答案 dá'àn [명] 답안
- 只要…那么… zhǐyào…nàme… [접] ~하기만 하면, 그럼 ~하다
- 敢想敢做 gǎnxiǎng gǎnzuò 대담하게 생각하고 거리낌 없이 행동하다

문제 2
- 对于…来说 duìyú…láishuō [짝꿍] ~에 대해 말하자면
- 肯定 kěndìng [부] 확실히 [형] 분명하다

문제 3
- 做好 zuòhǎo 잘하다
- 认真 rènzhēn [형] 성실하다, 진지하다

보기 2
- 最好 zuìhǎo [부] 가장 좋은 것은
- 挺 tǐng [부] 매우
- 肯定 kěndìng [부] 틀림없이 [형] 확실하다
- 重新 chóngxīn [부] 다시, 재차
- 到底 dàodǐ [부] 도대체
- 顺便 shùnbiàn [부] 겸사겸사, ~하는 김에

문제 1
- 啤酒 píjiǔ [명] 맥주
- 趟 tàng [양] 차례, 번 [왕래한 횟수를 세는 양사]
- 超市 chāoshì [명] 슈퍼마켓
- 垃圾 lājī [명] 쓰레기
- 扔 rēng [동] 버리다

문제 2
- 牙膏 yágāo [명] 치약
- 好用 hǎoyòng [동] 사용하기 좋다
- 挺…的 tǐng…de 아주 ~하다
- 就像 jiùxiàng [부] 마치 ~인 듯

문제 3
- 干什么 gàn shénme 무엇을 하다
- 怎么这么 zěnme zhème 어쩌면 이렇게
- 慢 màn [형] 느리다

  학습시간 20분

❶ HSK 4급 출제빈도 1위 부사!

부사는 HSK 4급에서 가장 많이 출제되고 있다. 따라서 부사에 대해 잘 모른다면 4급 합격은 영원히 멀어질 것이다! 하지만 4급에서 나오는 부사는 어느 정도 정해져 있으므로 시험에 나오는 몇 개의 부사만 잘 암기해 두면 정말 간단하게 문제를 풀어낼 수 있다.

❷ 부사는 말 그대로 '부가적인 어휘'!

부가적인 어휘 부사는 사실 문장에서 있어도 그만, 없어도 그만이다! 하지만 문장에 부사가 있으면 의미가 더 완전하고 풍부하게 변한다.

기본문장	부사가 추가된 문장
她 漂亮。 그녀는 예쁘다. 주어 술어	她 很 漂亮。 그녀는 **매우** 예쁘다. 주어 부사 술어
他 有 能力。 그는 능력이 있다. 주어 술어 목적어	他 完全 有 能力。 그는 **완전** 능력이 있다. 주어 부사 술어 목적어

❸ 부사는 일반적으로 '술어 앞' or '주어 앞'에 위치한다.

부사는 술어 앞에서 술어를 수식하기도 하고, 주어 앞에서 문장 전체를 수식하기도 한다.

> 外面 **突然** 下大雨了。   밖에 **갑자기** 비가 내린다.
> 주어   부사   술어

TIP 주어는 '外面(바깥에서)', 술어는 '下大雨了(비가 내린다)'이다. 이 문장에서 술어 앞에서 비가 '어떻게' 내렸는지 부가적인 설명을 더 하고 있는 단어 '突然(갑자기)'이 바로 술어를 꾸며주는 부사이다.

❹ 문장에서 부사의 완벽한 위치를 파악하자!

부사는 술어 앞에 오지만, 술어 앞에는 부사 이외에도 조동사, 전치사구, '……地(~하게)' 등도 올 수 있다. 이들이 동시에 올 경우 술어 앞에 제일 먼저 위치하는 것이 ① 부사이고, 그 다음이 ② 조동사, 그 다음이 ③ 전치사구, 마지막이 ④ '……地(~하게)'인 것을 잊지 말자!

> 我 **也 想 在中国** 学习 汉语。   나도 중국에서 중국어를 공부하고 싶다.
> 주어 + 부사 / 조동사 / 전치사구 + 술어 + 목적어

❺ 빈칸이 문장의 맨 앞, 혹은 술어 앞에 있다면 그것은 부사일 확률이 99%이다.

4급 독해 제1부분에서는 빈칸 앞뒤로 어떤 품사의 어휘들이 놓여 있는지 잘 파악해야 정답을 고르기 쉬워진다. 문장 맨 앞 or 술어 앞의 빈칸은 대부분 부사의 자리라는 것을 잊지 말자.

> (今天) 我去中国。   (오늘) 나는 중국에 간다.
> 你 (重新) 改一下。   네가 (다시) 좀 고쳐봐라.

시험에 꼭 나오는 부사 어휘 표현

1	肯定 kěndìng 반드시, 확실히, 틀림없이	别担心，他肯定会同意的。 걱정하지 마. 그는 분명 동의할 거야. Bié dānxīn, tā kěndìng huì tóngyì de.
2	确实 quèshí 정말로, 확실히	这个小伙子确实聪明。 이 아이는 정말로 총명하다. Zhè ge xiǎohuǒzi quèshí cōngming.
3	十分 shífēn 매우	今天的天气十分凉快。 오늘 날씨는 매우 시원하다. Jīntiān de tiānqì shífēn liángkuai.
4	挺……的 tǐng……de 굉장히 ~하다	他的性格挺好的。 그의 성격은 굉장히 좋다. Tā de xìnggé tǐng hǎo de.
5	稍微 shāowēi 다소, 약간	那条裤子稍微有点儿脏。 저 바지는 약간 좀 더럽다. Nà tiáo kùzi shāowēi yǒudiǎnr zāng.
6	尤其 yóuqí 특히, 더욱이	多吃水果对身体有好处，尤其是对皮肤。 Duō chī shuǐguǒ duì shēntǐ yǒu hǎochù, yóuqí shì duì pífū. 과일을 많이 먹는 것은 몸에 장점이 있는데, 특히 피부에 좋다.
7	互相 hùxiāng 서로	人们应该互相信任。 사람은 반드시 서로 믿어야 한다. Rénmen yīnggāi hùxiāng xìnrèn.
8	完全 wánquán 완전히	他完全有能力做好这件事。 Tā wánquán yǒu nénglì zuòhǎo zhè jiàn shì. 그는 이 일을 잘할 완전한 능력을 갖추었다.
9	专门 zhuānmén 전문적으로, 오로지	这椅子是专门为老人们提供的。 Zhè yǐzi shì zhuānmén wèi lǎorénmen tígōng de. 이 의자는 오로지 노인들만을 위해 제공된다.
10	按时 ànshí 제때에	我保证按时完成任务。 나는 제때에 임무를 완성할 것을 보증한다. Wǒ bǎozhèng ànshí wánchéng rènwù.
11	及时 jíshí 즉시	发生什么事情，及时跟我联系。 Fāshēng shénme shìqing, jíshí gēn wǒ liánxì. 무슨 일이 생기면, 즉시 나에게 연락해.
12	原来 yuánlái 알고 보니	原来是你呀! 辛苦了。 알고 보니 너였구나! 수고했어. Yuánlái shì nǐ ya! Xīnkǔ le.
13	到底 dàodǐ 도대체	她到底是谁？ Tā dàodǐ shì shuí？ 그녀는 도대체 누구니？
14	究竟 jiūjìng 도대체	究竟问题出在哪里？ 도대체 문제가 어디에서 나온 거야？ Jiūjìng wèntí chū zài nǎ lǐ？
15	难道……吗？ nándào……ma？ 설마 ~하겠는가？	难道你一直不知道这件事吗？ Nándào nǐ yìzhí bù zhīdào zhè jiàn shì ma？ 설마 너 줄곧 이 사건을 몰랐던 거니？
16	千万别…… qiānwàn bié…… 절대 ~하지 말아라	你千万别晚上一个人出去。 Nǐ qiānwàn bié wǎnshang yí ge rén chūqù. 너 절대로 저녁에 혼자 외출하지 말아라.

17	竟然 jìngrán 뜻밖에도	老师竟然把这个机会放弃了。 Lǎoshī jìngrán bǎ zhè ge jīhuì fàngqì le. 선생님은 뜻밖에도 이번 기회를 포기했다.
18	恐怕 kǒngpà 아마도	你的航班恐怕不能按时起飞了。 Nǐ de hángbān kǒngpà bùnéng ànshí qǐfēi le. 당신의 항공편은 아마 제때에 이륙하지 못할 것입니다.
19	也许 yěxǔ 어쩌면, 아마도	她没有联系，也许是她太忙了。 Tā méiyǒu liánxì, yěxǔ shì tā tài máng le. 그녀가 연락이 없는 것 보니, 아마도 그녀는 굉장히 바쁜 것 같다.
20	却 què 오히려	我在工作，你却在这儿休息。 Wǒ zài gōngzuò, nǐ què zài zhèr xiūxi. 나는 일하고 있는데 너는 오히려 여기서 쉬고 있네.
21	实在 shízài 정말로	我实在受不了。 Wǒ shízài shòubuliǎo. 나 정말 못 참겠어.
22	最好 zuìhǎo 가장 좋은 것은	你最好重新换一个密码。 Nǐ zuìhǎo chóngxīn huàn yí ge mìmǎ. 너는 비밀번호를 다시 바꾸는 것이 가장 좋겠다.
23	不得不 bùdébù 어쩔 수 없이	飞机不得不推迟降落。 비행기는 어쩔 수 없이 착륙을 미루었다. Fēijī bùdébù tuīchí jiàngluò.
24	重新 chóngxīn 다시, 재차	你的衣服还脏，你重新洗吧! Nǐ de yīfu hái zāng, nǐ chóngxīn xǐ ba! 네 옷이 여전히 더러우니, 다시 빨아라!
25	往往 wǎngwǎng 자주, 종종	感冒以后往往会咳嗽一段时间。 Gǎnmào yǐhòu wǎngwǎng huì késou yíduàn shíjiān. 감기가 걸린 후에는 한동안 자주 기침을 할 수 있다.
26	偶尔 ǒu'ěr 때때로, 가끔	我偶尔喝一次咖啡。 나는 가끔 한 번씩 커피를 마신다. Wǒ ǒu'ěr hē yí cì kāfēi.
27	大约 dàyuē 대략	加油站离这儿大约有两公里。 Jiāyóuzhàn lí zhèr dàyuē yǒu liǎng gōnglǐ. 주유소는 여기로부터 대략 2킬로미터 정도가 된다.
28	故意 gùyì 고의로, 일부러	对不起，我不是故意迟到的。 미안해. 내가 일부러 늦은 게 아니야. Duìbuqǐ, wǒ búshì gùyì chídào de.
29	好像 hǎoxiàng 마치 ~인 것 같다	我身体不舒服，好像生病了。 Wǒ shēntǐ bù shūfu, hǎoxiàng shēngbìng le. 나 몸이 안 좋아. 병이 난 것 같아.
30	逐渐 zhújiàn 점차	我们将逐渐扩大招聘范围。 Wǒmen jiāng zhújiàn kuòdà zhāopìn fànwéi. 우리는 곧 점차적으로 채용범위를 넓힐 것이다.
31	顺便 shùnbiàn 겸사겸사, ~하는 김에	你顺便买一个西红柿吧! 너는 겸사겸사 토마토 하나를 사라! Nǐ shùnbiàn mǎi yí ge xīhóngshì ba!

예제 1

A 棵	B 熟悉	C 后悔	A 그루	B 익숙하다	C 후회하다
D 坚持	E 理发	F 千万	D 지속하다	E 이발하다	F 절대로/제발

| 明天早上8点东门集合，你早点儿出发，（　　　）别迟到。 | 내일 아침 8시에 동문에서 모이니, 너는 일찍 출발해라. (절대로) 지각하지 말고. |

해설 독해는 시간 싸움이라는 것을 잊지 말자. 문제를 마주하면 시작부터 애써 어려운 해석을 하려고 하지 말고, 문장에서 괄호의 위치를 먼저 확인해라. 괄호의 위치가 문장 앞, 혹은 술어 앞에 있다면 답은 바로 부사라고 빠르게 판단을 한 후, 보기 단어에서 주/술/목에 해당하지 않는 단어를 골라라! 그게 바로 부사이다. 이 문제는 괄호가 마지막 문장 맨 앞에 위치하고 있으니 부사가 답이고, 보기 중 F '千万(절대로)'만이 부사이므로 정답은 F이다.

TIP 1. 千万别……: 부디 ~하지 마라!
2. 一棵树: '棵'는 나무를 세는 양사로, 명사 앞에 와야 한다.
3. 熟悉, 后悔, 坚持, 理发: 동사 또는 명사로 쓰이는 어휘로 주로 주어나 술어 자리에 위치한다.

정답 F

예제 2

A 逛	B 准时	C 温度	A 돌아다니다	B 정시에	C 온도
D 效果	E 遍	F 乱	D 효과	E 번	F 어지럽다

| A: 明晚聚会的地点改到友谊饭店了，时间不变，别迟到啊。
B: 没问题，我一定（　　　）到。 | A: 내일 저녁 모임장소가 여우이호텔로 변경되었어. 시간은 변함없으니 지각하지 마.
B: 걱정 마. 나 반드시 (정시에) 도착할게. |

해설 문장에서 괄호의 위치가 주어(我)와 술어(到) 사이이므로, 정답은 부사 '准时(정시에)'이다. '准时'와 비슷한 어휘로는 '按时(제시간에)', '及时(즉시, 바로)'가 있다.

정답 B

> 독해는 시간 싸움이다. 해석을 하기 전에, 문장에서 괄호의 위치를 빨리 파악하자. 괄호의 위치가 주어와 술어 앞이면 부사가 바로 답이다. 그 후에 해석을 하면서 적절한 부사를 넣어보자.

[1–3]

A 却　　B 往往　　C 十分　　D 完全　　E 一切　　F 马上

문제 1 生活没有标准答案，只要你敢想敢做，那么（　　）都有可能。

문제 2 对于我们来说，您的肯定（　　）重要，谢谢您。

문제 3 他（　　）有能力做好这件事，但他没有认真去做。

[4–6]

A 最好　　B 挺　　C 肯定　　D 重新　　E 到底　　F 顺便

문제 4 A：家里没有啤酒了，我去趟超市。
　　　　B：你下楼的时候（　　）把垃圾扔了。

문제 5 A：这个牙膏好用吗？
　　　　B：（　　）好的，就像广告上说的"用过的都说好，没用过的都在找"。

문제 6 A：丽丽说再等她几分钟，她马上就来。
　　　　B：她（　　）在干什么呢，怎么这么慢？

쓰기 제1·2부분 ❶ | 제시된 어휘로 문장 완성하기
중국어의 '기본문장성분'을 잡자!

   학습시간

제1부분

HSK 4급에는 '기본어법구조(주어 + 술어 + 목적어)' 뿐만 아니라 다양한 어법구조(비교문, 피동문, 연동문 등등)를 묻는 문제가 출제가 된다. 아무리 어려운 어법 문제가 나와도 그 어법에 맞는 기본적인 문장의 뼈대를 정확하게 잘 이해하고 있다면, 단어의 뜻을 몰라도 문제가 술술 풀릴 수 있다. 다양한 어법구조를 숙지하기 위해 중국어 문장의 기본구조를 다져보자.

❶ 중국어의 13개 품사

품사는 공통된 성질을 가진 단어끼리 모아 놓은 단어의 갈래이다. 즉 중국어의 품사가 13개라고 하는 것은 중국어 단어를 공통된 성질을 가진 단어끼리 묶어 놓으면 13개의 묶음이 나온다는 의미이다. 이 품사는 문장을 구성하는 요소가 된다. 중국어의 13개 품사를 살펴보자.

실사	명사	사람과 사물의 명칭이나 이름을 나타내는 단어 计划 jìhuà 계획 | 传真 chuánzhēn 팩스 | 钥匙 yàoshi 열쇠
	대명사	명사를 대신하는 단어 这 zhè 이것 | 什么 shénme 무엇 | 谁 shéi 누구 | 我 wǒ 나 | 咱们 zánmen 우리
	수사	수량이나 숫자를 나타내는 단어 一 yī 일, 1 | 二 èr 이, 2 | 两 liǎng 둘, 2 | 十 shí 십, 10 | 百 bǎi 백, 100 | 千 qiān 천, 1,000
	양사	사물 또는 동작의 단위를 나타내는 단어 个 gè 개 | 件 jiàn 개, 벌 | 条 tiáo 벌 | 台 tái 대 | 本 běn 권 | 双 shuāng 쌍
	동사	동작 행위를 나타내는 단어 来 lái 오다 | 吃 chī 먹다 | 喜欢 xǐhuan 좋아하다 | 安排 ānpái 안배하다 | 学习 xuéxí 공부하다
	조동사	동사의 행동을 도와주는 단어 能 néng ~할 수 있다 | 想 xiǎng ~하고 싶다 | 会 huì ~할 수 있다 | 要 yào ~해야 한다
	형용사	사물의 성질이나 묘사를 나타내는 단어 不错 búcuò 좋다 | 胖 pàng 뚱뚱하다 | 聪明 cōngming 똑똑하다 | 漂亮 piàoliang 예쁘다 | 冷 lěng 춥다
허사	부사	범위, 시간, 정도, 부정을 나타내는 단어 都 dōu 모두 | 已经 yǐjīng 이미 | 非常 fēicháng 매우 | 不 bù 아니다 | 也 yě ~도
	조사	단어 연결, 시제 등을 만들어내는 단어 了 le 완료 | 着 zhe 진행 | 过 guo 과거의 경험 | 吗 ma ~까? | 呢 ne 진행, 의문 | 的 de ~의

	전치사 (개사)	시간, 장소, 대상, 방식 등을 나타내는 단어 从 cóng ~로부터 | 在 zài ~에서 | 给 gěi ~에게 | 向 xiàng ~을 향해 | 把 bǎ ~을 | 被 bèi ~에 의해
	접속사 (연사)	두 개의 단어, 구, 절을 연결해주는 단어 可是 kěshì 그러나 | 如果 rúguǒ 만약에 | 所以 suǒyǐ 그래서 | 和 hé ~와
기타	의성사	사물이나 자연의 소리를 묘사한 단어 汪汪 wāngwāng 멍멍 | 嘀嗒 dīdā 똑똑 | 叮当 dīngdāng 땡그랑
	감탄사	느낌, 놀람, 응답을 나타내는 단어 哎呀 āiyā 아야 | 嗯 èng/éng/ěng 응, 그래

❷ 중국어 기본어순

① 중국어의 기본어순은 다음과 같다.

[주어 + 술어 + 목적어]

朋友　看　电影。　친구는 영화를 본다.

② 술어 뒤에서 술어를 보충해주는 보어 성분이 올 수 있다.

[주어 + 술어 + 보어 + 목적어]

朋友　看　完了　电影。　친구는 영화를 다 봤다.

③ 주어 앞, 목적어 앞에서 각각 주어와 목적어를 수식해주는 관형어가 올 수 있다. HSK 4급에서 관형어의 대부분은 구조조사 '……的'의 형태를 보인다. '……的'의 형태가 보이면 주어 앞, 혹은 목적어 앞에 넣어보자!

[관형어 + 주어 + 술어 + 보어 + 관형어 + 목적어]

我的　朋友　看　完了　有意思的　电影。　나의 친구는 재미있는 영화를 다 봤다.

TIP 관형어가 나오면 99%는 목적어 앞에 오는 관형어가 출제된다.

④ 술어 앞에서 술어의 분위기를 설명해주는 말을 부사어라고 한다. 부사어는 일반적으로 '부사 → 조동사 → 전치사구 → ……地(~하게)'의 순서로 온다.

[관형어 + 주어 + (부사/조동사/전치사구) + 술어 + 보어 + 관형어 + 목적어]

我的　朋友　也　　在家　看　完了　有意思的　电影。
나의 친구도 집에서 재미있는 영화를 다 봤다.

⑤ 문장 맨 앞에 부사어가 올 수 있다.

부사어 + [관형어 + 주어 + (부사/조동사/전치사구) + 술어 + 보어 + 관형어 + 목적어]

昨天　我的　朋友　也　　在家　看　完了　有意思的　电影。
어제 나의 친구도 집에서 재미있는 영화를 다 봤다.

 **예제 1**

| 人与人之间的 | 网络 | 缩短了 | 距离 |

분석 网络 wǎngluò 몡 인터넷 / 缩短 suōduǎn 통 단축하다, 줄이다 / 距离 jùlí 몡 거리

Point 1. 주어, 술어, 목적어를 배치한다.
2. '……的'의 형태가 보이면 관형어. 관형어는 주어 앞, 목적어 앞에 위치한다.
3. 관형어는 90% 이상이 목적어 앞에 위치한다.

해설

| 주어 | 술어 | 관형어 | 목적어 |
| 网络 | 缩短了 | 人与人之间的 | 距离 |

단어 뒤에 '了'가 있어 '缩短了(줄이다)'가 술어라는 것을 짐작할 수 있다. 인터넷이 거리를 줄여주었기에 주어는 '网络(인터넷)', 목적어는 '距离(거리)'가 된다. '人与人之间的(사람과 사람 사이의)'에 보면 구조조사 '的'가 보인다. 즉, 관형어라는 것을 알 수 있으므로 주어 앞 혹은 목적어 앞에 위치해야 한다. 의미적으로 '사람과 사람간의 인터넷'보다는 '사람과 사람간의 거리'가 어울린다. 이 관형어는 목적어 앞에 위치하게 된다.

정답 网络缩短了人与人之间的距离。 인터넷은 사람과 사람 사이의 거리를 줄였다.

예제 2

| 一本 | 现代汉语 | 是 | 工具书 | 词典 |

분석 工具 gōngjù 몡 도구 / 词典 cídiǎn 몡 사전

Point 1. 주어, 술어, 목적어를 배치한다.
2. '……的', '一本(수량사)'의 형태가 보이면 관형어. 관형어의 배치 순서는 '수량사 + ……的 + 명사'가 일반적이다.
3. 관형어는 90% 이상이 목적어 앞에 위치한다.

해설

| 주어 | 술어 | 관형어 | 목적어 |
| 现代汉语 词典 | 是 | 一本 | 工具书 |

'是'는 대표적인 술어이므로, 문장 가운데 술어 자리에 위치시킨다. 주어를 찾기 위해 이 문장의 큰 주제를 찾아라! 바로 '现代汉语词典(현대 중국어 사전)'이다. 목적어는 '工具书(보충교재)'이다. 여기에 '一本(한 권)'은 '工具书(보충교재)'를 꾸며주는 관형어이다.

정답 现代汉语词典是一本工具书。 현대 중국어 사전은 한 권의 보충교재이다.

제2부분

脱 ▶ _____

❶ 제시 어휘와 그림을 확인해라!

제시 어휘는 '脱 tuō (벗다)'이고, 품사는 동사이다. 그림은 남자가 옷을 벗고 있는 모습을 보여주고 있다.

❷ 그림을 보고 키워드 어휘를 뽑아라!

제시 어휘를 확인했다면, 그림과 연상되는 관련 어휘를 생각해보자.

> 衣服 yīfu 옷, 他 tā 그, 运动员 yùndòngyuán 운동선수, 天气很热 tiānqì hěn rè 날씨가 매우 덥다, 散步 sànbù 산책하다, 运动 yùndòng 운동하다 ……

❸ 키워드 어휘를 보면서, 기본문장구조 '주 + 술 + 목' 구조로 쉽게 문장을 만들어보자.

> 运动员 / 脱着 / 衣服。   운동선수가 옷을 벗고 있다.
> 주어   술어   목적어
>
> **TIP** '술어 + 着'는 진행을 나타낸다.
>   예 吃着 먹고 있다 | 看着 보고 있다
>
> 这个运动员 / 脱着 / 一件衣服。   이 운동선수는 한 벌의 옷을 벗고 있다.
>   주어   술어   목적어

❹ 좀 더 확장해볼까?

> 散步后，这个运动员脱着一件衣服。 산책 후, 이 운동선수는 한 벌의 옷을 벗고 있다.
> 天气热的时候，他喜欢脱衣服。 날씨가 더울 때에는, 그는 옷 벗는 것을 좋아한다.

❺ 어렵게 생각하지 말고 기본문장부터 잡아보자. 계속해서 다양한 어법구조를 활용하여 좀 더 멋진 문장을 만들어 나가보도록 하자!

 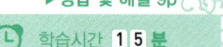

제1부분

> 어휘 배열문제를 어렵게 생각하지 말자. 단지 구조 싸움일 뿐이다! 술어로 중심을 먼저 잡고, 그 앞뒤에 주어와 목적어를 잡는다. '주어 + 술어 + 목적어' 그리고 '……的'의 형태를 보이면 관형어일 가능성이 높으니, 주어 앞 혹은 목적어 앞에 넣어보자. 그리고 '주+술+목'을 제외한 나머지 단어들은 부가적인 성분인 부사어일 가능성이 높다! 부사어는 술어 앞 혹은 문장 맨 앞에 온다!

문제 1   互联网   距离   人与人之间的   拉近了

▶ 답 _____

▶ 해석 _____

문제 2   一个   学校附近   非常漂亮的   有   公园

▶ 답 _____

▶ 해석 _____

문제 3   张老师   发了   给我   传真   两张

▶ 답 _____

▶ 해석 _____

문제 4   他   不得不   原来的   改变   计划

▶ 답 _____

▶ 해석 _____

문제 5   意见和看法   谈了   大家   都   自己的

▶ 답 _____

▶ 해석 _____

제2부분

문제 1

日记

▶ 답 1 _____

▶ 답 2 _____

문제 2

打扮

▶ 답 1 _____

▶ 답 2 _____

문제 3

收拾

▶ 답 1 _____

▶ 답 2 _____

마무리 PT

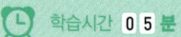

1 失败是成功之母。
Shībài shì chénggōng zhī mǔ.
실패는 성공의 어머니이다.

2 获得成功
huòdé chénggōng
성공을 얻다

3 遇到危险时要冷静。
Yùdào wēixiǎn shí yào lěngjìng.
위험에 맞닥뜨리면 냉정해져야 한다.

* 遇到 yùdào
  맞닥뜨리다

4 最好不要用生日做密码。
Zuìhǎo búyào yòng shēngrì zuò mìmǎ.
가장 좋은 것은 생일을 사용해 비밀번호를 하지 않는 것이다.

* 用…做… yòng…zuò…
  ~을 사용하여 ~을 하다

5 千万别迟到。
Qiānwàn bié chídào.
절대 늦지 말아라.

* 千万别 qiānwàn bié
  절대 ~하지 말아라

6 一棵树
yì kē shù
한 그루의 나무

* 棵 kē
  그루 [나무 세는 양사]

7 敢想敢做
gǎnxiǎng gǎnzuò
대담하게 생각하고 거리낌 없이 행동하다

8 你干什么呢?
Nǐ gàn shénme ne?
너 뭐해?

9 互联网拉近了人与人之间的距离。
Hùliánwǎng lājìn le rén yǔ rén zhījiān de jùlí.
인터넷은 사람과 사람간의 거리를 좁혔다.

* 拉近…距离
  lājìn…jùlí
  ~거리를 좁히다

10 你顺便把垃圾扔了。
Nǐ shùnbiàn bǎ lājī rēng le.
너는 겸사겸사 쓰레기를 버려라.

* 顺便 shùnbiàn
  겸사겸사, ~하는 김에

듣기 제1부분 ❷ | 문제와 녹음의 일치 여부 판단하기

그대로 들려? 그럼 그게 정답이야!

어휘 PT ○ Track 02-1   학습시간 10분

예제 1
- 认为 rènwéi 동 ~라 여기다
- 顺利 shùnlì 형 순조롭다, 일이 잘 되어가다
- 带有 dàiyǒu 동 지니고 있다
- 结婚 jiéhūn 동 결혼하다

예제 2
- 汤 tāng 명 탕, 국
- 咸 xián 형 (맛이) 짜다
- 西红柿 xīhóngshì 명 토마토
- 酸辣汤 suānlàtāng 명 쏸라탕 [시고 매운 중식식 탕]
- 几乎都 jīhū dōu 거의 다
- 点 diǎn 동 주문하다

문제 1
- 妻子 qīzi 명 아내
- 兴趣 xìngqù 명 흥미, 흥취
- 爱好 àihào 명 취미
- 羽毛球 yǔmáoqiú 명 배드민턴
- 当年 dāngnián 명 그 때, 그 당시
- 认识 rènshi 동 알다, 이해하다

문제 2
- 钢琴 gāngqín 명 피아노
- 弹 tán 동 치다
- 记得 jìde 동 기억하고 있다
- 注意 zhùyì 동 주의하다, 조심하다
- 表演 biǎoyǎn 동 공연하다
- 吃惊 chījīng 동 놀라다

문제 3
- 互联网 hùliánwǎng 명 인터넷
- 出门 chūmén 동 외출하다
- 目的地 mùdìdì 명 목적지
- 机票 jīpiào 명 비행기표
- 照相机 zhàoxiàngjī 명 사진기
- 拉 lā 동 끌다, 당기다
- 行李箱 xínglǐxiāng 명 트렁크, 여행용 가방

문제 4
- 迟到 chídào 동 지각하다
- 准时 zhǔnshí 부 정시에, 제때에
- 从来 cónglái 부 여태껏, 지금까지
- 大概 dàgài 부 대략

문제 5
- 互相帮助 hùxiāng bāngzhù 서로 돕다
- 才能 cáinéng 동 (~해야) 비로소 ~할 수 있다
- 共同 gòngtóng 부 함께, 다 같이
- 爬山 páshān 동 산을 오르다, 등산하다
- 拉 lā 동 끌다, 당기다
- 推 tuī 동 밀다

문제 6
- 旁边 pángbiān 명 옆, 곁, 근처
- 附近 fùjìn 명 부근, 근처
- 价格 jiàgé 명 가격
- 普遍 pǔbiàn 형 보편적이다
- 购买 gòumǎi 동 구매하다
- 打八折 dǎ bā zhé 20% 할인
- 生意 shēngyi 명 장사, 사업

❶ 질문을 먼저 보고 내용을 파악하자!

아무리 길고 어려운 녹음이 나와도 절대 겁 먹지 말자! 어차피 질문의 답은 지문과 일치하는지, 일치하지 않는지 둘 중 하나이므로 확률은 50%이다! 질문의 내용이 녹음에 그대로 나오면 √를 체크! 질문 내용과 바뀐 것 같다 싶으면 과감하게 ✕를 체크하면 된다. 여기서 중요한 것은 내 자신을 믿는 것이다!

❷ 명사와 술어 부분이 바뀌치기 되는지 살펴야 한다!

대부분 명사와 술어 부분이 살짝 바뀌어 나올 가능성이 크다! 명사와 술어 부분을 반드시 체크하고 그 단어가 정확히 들리는지 집중해서 들어보자.

[명사 체크]

| 문제 | ★ 他们想学羽毛球。 (✕) | 그들은 배드민턴을 배우고 싶다. |
| 녹음 | 他们想学乒乓球。 | 그들은 탁구를 배우고 싶다. |

문제에서는 배드민턴을 배우고 싶다고 했지만, 녹음에서는 배드민턴이 탁구로 바뀌어 나왔다. 명사 '羽毛球(배드민턴)'를 체크하고 유심히 들었다면 쉽게 정답을 맞출 수 있다.

[술어 체크]

| 문제 | ★ 小张和同事意见不同。 (✕) | 샤오장과 동료의 의견은 다르다. |
| 녹음 | 小张和同事意见相同。 | 샤오장과 동료의 의견은 똑같다. |

문제에서는 샤오장과 동료의 의견이 '不同(다르다)'이라고 했지만 녹음에서는 서로의 의견은 '相同(똑같다)'이라고 하였다. 따라서 술어를 체크하고 유심히 들어야 한다.

❸ 특히 녹음의 시작 부분과 마지막 부분을 잘 들어내자.

녹음 중간중간의 모든 내용은 다 파악하기가 어려우며, 놓치기도 쉽다! 하지만 4급 듣기 제1부분의 경우 녹음의 시작 부분에서 주제를 이야기하는 게 대부분이고, 마지막에 반전이 있는지까지 잘 확인하면 좋다! 즉, 첫 문장과 끝 문장만 잘 들어도 쉽게 전체적인 내용을 파악할 수 있어 정답을 찾기 수월해진다.

❹ 천둥 번개가 쳐도 아랑곳하지 말고 듣기에 온 집중을 다하자!

시험장에 들어가면 가장 먼저 풀어야 하는 게 듣기이다. 우리가 듣기를 어려워하는 이유는 그동안 독해 위주의 공부를 해왔기 때문이다. 듣는 연습이 많이 부족하기에 집중하려고 해도 잘 들리지 않아 가장 어려워하는 영역이기도 하다! 그러니 더욱 아는 어휘 하나도 놓치지 말고 집중하여 들어내도록 하자. 내가 아는, 내게 들리는 그 한 어휘가 정답을 맞출 수 있는 핵심일 수 있으니!

예제 1

Track 02-2

★ 中国人喜欢数字"6"。（　　）	★ 중국인은 숫자 '6'을 좋아한다.
中国人认为，数字"6"代表顺利。所以他们喜欢，在带有六的日子结婚。希望自己的电话号码里有六。	중국인은 숫자 '6'이 순조로움을 대표한다고 여긴다. 그래서 그들은 6이 있는 날에 결혼하는 것을 좋아하며, 자신의 전화번호에 6이 있기를 바란다.

해설 녹음을 듣고 중국인이 숫자 '6'을 좋아하는지를 파악해야 한다. 녹음의 첫 문장에서 중국인은 숫자 '6'을 '代表顺利(순조로움을 대표)'하는 숫자라고 하였고, 마지막에 다시 한번 자신의 전화번호에 '6'이라는 숫자가 들어가 있길 바란다고 했다. 이를 통해 중국인들은 숫자 '6'을 좋아한다는 것을 알 수 있다.

정답 ✓

예제 2

Track 02-3

★ 那个汤非常咸。（　　）	★ 저 탕은 매우 짜다.
这家饭馆儿的西红柿酸辣汤非常有名。来这儿吃饭的人，几乎都会点这个。我们也尝尝吧！	이 식당의 토마토 쏸라탕은 매우 유명하다. 이곳에 와서 식사하는 사람들 거의 모두가 이 탕을 시킨다. 우리도 맛보자!

해설 문제에서는 이 탕이 '非常咸(매우 짜다)'이라고 했으나, 녹음에서는 '西红柿酸辣汤(토마토 쏸라탕)'이 '有名(유명하다)'이라고 했다. 쏸라탕(酸辣汤)은 말 그대로 '酸(시고)', '辣(매운)', '汤(탕)'이다. 지문에서는 '咸(짜다)'이라는 표현이 한 번도 나오지 않았고, 오히려 시고 맵다고 했으므로 정답은 ×이다. 맛에 관련된 문제는 자주 출제되니 맛의 종류를 잘 알아두면 좋다!

정답 ×

PT팁 맛 표현 어휘들

Track 02-4

辣 là [형] 맵다 | 甜 tián [형] 달다 | 酸 suān [형] 시다 | 咸 xián [형] 짜다 | 清淡 qīngdàn [형] 담백하다 | 油腻 yóunì [형] 느끼하다 | 苦 kǔ [형] 쓰다 | 香 xiāng [형] (음식이) 맛있다 | 好吃 hǎochī [형] 맛있다

실전 PT   Track 02-5

> 질문을 먼저 확인하자. 빠르게 질문 내용을 파악한 후, 명사와 술어 부분에 밑줄 쫙! 그어보자. 그리고 녹음의 처음과 끝에 집중하면서 밑줄 친 단어가 정확히 들리는지 확인하여 정답을 과감하게 체크해보자!

문제 1 ★ 他和妻子有相同的兴趣。　　　　　　　(　　　)

문제 2 ★ 白文文钢琴弹得好极了。　　　　　　　(　　　)

문제 3 ★ 互联网使旅行变得更方便。　　　　　　(　　　)

문제 4 ★ 老张经常迟到。　　　　　　　　　　　(　　　)

문제 5 ★ 互相帮助才能共同前进。　　　　　　　(　　　)

문제 6 ★ 学校旁边有一家面包店。　　　　　　　(　　　)

독해 제1부분 ❷ | 빈칸 채우기
문장의 중심 뼈대! 동사

어휘 PT

학습시간 10분

예제 1	失望 shīwàng 동 실망하다	
	坚持 jiānchí 동 유지하다, 계속하다	
	允许 yǔnxǔ 동 허락하다	
	商量 shāngliang 동 상의하다	
	超过 chāoguò 동 초과하다	
	收拾 shōushi 동 정리하다	
	杂志 zázhì 명 잡지	
	文章 wénzhāng 명 문장	
예제 2	表示 biǎoshì 동 표시하다	
	举行 jǔxíng 동 개최하다	
	猜 cāi 동 추측하다	
	提前 tíqián 동 앞당기다	
	符合 fúhé 동 부합하다	
	抱歉 bàoqiàn 동 미안해하다	
	广播 guǎngbō 명 방송	
보기 1	尝 cháng 동 맛보다	
	推迟 tuīchí 동 미루다, 연기하다	
	收拾 shōushi 동 정리하다	
	通知 tōngzhī 동 통지하다	
	无 wú 동 아니다	
	提醒 tíxǐng 동 일깨워주다	
문제 1	集合 jíhé 동 집합하다, 모이다	
	地点 dìdiǎn 명 장소	
	其他人 qítārén 명 다른 사람	
문제 2	饺子 jiǎozi 명 교자	
	香 xiāng 형 맛있다	
문제 3	由于 yóuyú 접 ~때문에	
	乘坐 chéngzuò 동 탑승하다	
	航班 hángbān 명 항공편	
	起飞 qǐfēi 동 이륙하다	
보기 2	赶 gǎn 동 뒤쫓다, 따라가다	
	适应 shìyìng 동 적응하다	
	超过 chāoguò 동 초과하다	
	推 tuī 동 밀다	
	来不及 láibují 동 제시간에 댈 수 없다, 늦다	
	反映 fǎnyìng 동 반영하다	
문제 1	儿童票 értóngpiào 명 어린이표, 소인	
	身高 shēngāo 명 신장	
문제 2	及时 jíshí 부 즉시, 바로	
	会场 huìchǎng 명 회의장	
	担心 dānxīn 동 걱정하다	
	大概 dàgài 부 대략	
문제 3	讨论会 tǎolùnhuì 명 토론회	
	顺利 shùnlì 형 순조롭다	
	管理过程 guǎnlǐ guòchéng 명 관리과정	

 전략 **PT**   학습시간 2 0 분

❶ 무엇인가를 한다, 행동한다, 이게 바로 동사이다!

学习 xuéxí 공부하다 | 看 kàn 보다 | 散步 sànbù 산책하다 | 整理 zhěnglǐ 정리하다 | 说话 shuōhuà 말하다 |
允许 yǔnxǔ 허락하다 | 禁止 jìnzhǐ 금지하다 ……

❷ 동사를 해석하면 '~이다, ~한다'로 문장의 마무리 느낌이 든다.

喜欢 xǐhuan 좋아하다 | 吃 chī 먹다 | 放弃 fàngqì 포기하다 | 买 mǎi 사다 ……

❸ 동사는 '문장의 중간' 술어 자리에 오는 게 일반적이다.

我		学习		汉语。	
주어	[부사어]	술어	[보어]	목적어	← 문장 구조(어순)
[대명사]		[동사]		[명사]	← 문장을 구성하는 품사(어휘)

❹ 동사는 뒤에 대개 목적어가 온다.

这里禁止停车。   여기에는 주차를 금지한다.
我们看电影。   우리는 영화를 본다.
他同意你的意见。   그는 너의 의견에 동의한다.

❺ 동사 뒤에는 시제를 나타내는 동태조사 '了', '着', '过'가 온다.

동태조사	뜻	예문
了	완료 (~했다)	他同意了你的意见。 그는 너의 의견에 동의했다.
着	진행 (~하고 있는 중이다)	我们吃着酸辣汤。 우리는 쏸라탕을 먹고 있다.
过	과거의 경험 (~한 적 있다)	我学过汉语。 나는 중국어를 배워본 적 있다.

❻ 동사 앞에는 조동사가 잘 온다.

조동사(能, 会, 应该, 可以, 想, 要, 肯……) + 동사
我会说汉语。   나는 중국어를 할 수 있다.
我想去中国旅行。   나는 중국여행을 가고 싶다.

시험에 꼭 나오는 동사 어휘 표현

1	存 cún 보관하다, 저장하다	他去银行存钱。 그는 돈을 예금하러 은행에 간다. Tā qù yínháng cúnqián.
2	扔 rēng 던지다, 버리다	我把垃圾扔掉了。 나는 쓰레기를 버렸다. Wǒ bǎ lājī rēngdiào le.
3	丢 diū 잃어버리다	我的信用卡丢了。 내 신용카드가 없어졌다. Wǒ de xìnyòngkǎ diū le.
4	脱 tuō 벗다	脱衣服 tuō yīfu 옷을 벗다	脱袜子 tuō wàzi 양말을 벗다
5	猜 cāi 추측하다	你猜他这么做的原因是什么? Nǐ cāi tā zhème zuò de yuányīn shì shénme? 그가 이렇게 하는 이유가 무엇인지 네가 맞혀봐.
6	寄 jì 부치다	寄东西 jì dōngxi 물건을 부치다	寄信 jì xìn 편지를 부치다
7	留 liú 남기다, 머무르다	她给我留下很好的印象。 그녀는 나에게 매우 좋은 인상을 남겼다. Tā gěi wǒ liúxià hěn hǎo de yìnxiàng.
8	弄 nòng 하다, 행하다	他把衣服弄脏了。 그는 옷을 더럽혔다. Tā bǎ yīfu nòngzāng le.
9	赶 gǎn 서두르다, 뒤쫓다	我赶飞机。 나는 비행기를 타야 한다. Wǒ gǎn fēijī.
10	响 xiǎng 소리가 나다, 울리다	你的电话响了，怎么不接? 네 전화가 울리는데, 어째서 받지 않는 거니? Nǐ de diànhuà xiǎng le, zěnme bù jiē?
11	打印 dǎyìn 인쇄하다	帮我把这张材料打印一下。 저를 도와 이 자료를 인쇄해주세요. Bāng wǒ bǎ zhè zhāng cáiliào dǎyìn yíxià.
12	反映 fǎnyìng 반영하다	反映问题 fǎnyìng wèntí 문제를 반영하다	反映变化 fǎnyìng biànhuà 변화를 반영하다	反映情况 fǎnyìng qíngkuàng 상황을 반영하다
13	复印 fùyìn 복사하다	会议内容已经复印好了。 회의 내용은 이미 다 복사했습니다. Huìyì nèiróng yǐjīng fùyìn hǎo le.
14	放弃 fàngqì 버리다, 포기하다	放弃爱情 fàngqì àiqíng 사랑을 포기하다	放弃理想 fàngqì lǐxiǎng 꿈을 포기하다	放弃计划 fàngqì jìhuà 계획을 포기하다	放弃专业 fàngqì zhuānyè 전공을 포기하다	放弃机会 fàngqì jīhuì 기회를 포기하다	放弃比赛 fàngqì bǐsài 시합을 포기하다
15	符合 fúhé 부합하다	符合要求 fúhé yāoqiú 요구에 부합하다	符合专业 fúhé zhuānyè 전공에 부합하다	符合标准 fúhé biāozhǔn 기준에 부합하다
16	估计 gūjì 예측하다	我估计最近这种洗衣机的价格不会有什么变化。 Wǒ gūjì zuìjìn zhè zhǒng xǐyījī de jiàgé búhuì yǒu shénme biànhuà. 나는 최근 이 세탁기의 가격이 어떠한 변화도 없을 것이라고 예측한다.

17	鼓励 gǔlì 격려하다, 북돋우다	妻子鼓励我学游泳。 아내는 나에게 수영을 배우라고 독려했다. Qīzi gǔlì wǒ xué yóuyǒng.
18	后悔 hòuhuǐ 후회하다	我真后悔没能早点儿认识她。 Wǒ zhēn hòuhuǐ méi néng zǎodiǎnr rènshi tā. 나는 좀 더 일찍 그녀를 알지 못한 것을 정말 후회한다.
19	获得 huòdé 얻다, 획득하다	获得经验 huòdé jīngyàn 경험을 얻다 | 获得技术 huòdé jìshù 기술을 획득하다 | 获得好处 huòdé hǎochù 장점을 얻다 | 获得成功 huòdé chénggōng 성공을 획득하다 | 获得表扬 huòdé biǎoyáng 칭찬을 받다 | 获得机会 huòdé jīhuì 기회를 얻다 | 获得尊重 huòdé zūnzhòng 존중을 받다
20	举办 jǔbàn 개최하다	举办会议 jǔbàn huìyì 회의를 개최하다 | 举办活动 jǔbàn huódòng 행사를 개최하다 | 举办比赛 jǔbàn bǐsài 시합을 개최하다
21	拒绝 jùjué 거절하다	拒绝要求 jùjué yāoqiú 요구를 거절하다 | 拒绝条件 jùjué tiáojiàn 조건을 거절하다 | 拒绝道歉 jùjué dàoqiàn 사과를 거절하다 | 拒绝参加 jùjué cānjiā 참가를 거절하다
22	缺少 quēshǎo 부족하다, 모자르다	缺少感情 quēshǎo gǎnqíng 감정이 부족하다 | 缺少经验 quēshǎo jīngyàn 경험이 부족하다 | 缺少时间 quēshǎo shíjiān 시간이 부족하다 | 缺少能力 quēshǎo nénglì 능력이 부족하다 | 缺少信心 quēshǎo xìnxīn 자신감이 부족하다
23	适合 shìhé 적합하다, 알맞다	这件衬衫颜色很适合你。 이 셔츠 색은 너에게 정말 딱이다. Zhè jiàn chènshān yánsè hěn shìhé nǐ.
24	熟悉 shúxī 익숙하다, 잘 알다	他们互相很熟悉。 그들은 서로 매우 잘 안다. Tāmen hùxiāng hěn shúxī. 他对这里不太熟悉。 그는 이곳에 그다지 익숙하지 않다. Tā duì zhèlǐ bú tài shúxī.
25	提前 tíqián 앞당기다	如果想参加，最好提前半个小时出发。 Rúguǒ xiǎng cānjiā, zuìhǎo tíqián bàn ge xiǎoshí chūfā. 만약 참가하고 싶다면, 30분 앞당겨 출발하는 것이 좋을 거야.
26	推迟 tuīchí 미루다, 연기하다	推迟降落 tuīchí jiàngluò 착륙이 지연되다 | 推迟起飞 tuīchí qǐfēi 이륙이 지연되다 | 推迟毕业 tuīchí bìyè 졸업을 미루다 | 推迟演出 tuīchí yǎnchū 공연이 연기되다 | 推迟出发 tuīchí chūfā 출발을 미루다 | 推迟调查 tuīchí diàochá 조사를 미루다 | 推迟计划 tuīchí jìhuà 계획이 연기되다
27	填 tián 작성하다, 기입하다	填单子 tián dānzi 목록을 작성하다 | 填表 tiánbiǎo 표를 작성하다 | 填申请表 tián shēnqǐngbiǎo 신청서를 작성하다 | 填表格 tián biǎogé 표를 작성하다
28	误会 wùhuì 오해하다	你误会我了，我不是这个意思。 Nǐ wùhuì wǒ le, wǒ búshì zhè ge yìsi. 네가 나를 오해한 거야. 나는 그 뜻이 아니었어.

29	引起 yǐnqǐ 불러 일으키다	引起误会 yǐnqǐ wùhuì 오해를 불러 일으키다 | 引起关注 yǐnqǐ guānzhù 관심을 불러 일으키다 | 引起注意 yǐnqǐ zhùyì 주의를 끌다 | 引起头疼 yǐnqǐ tóuténg 두통을 일으키다
30	允许 yǔnxǔ 허락하다	这里不允许停车。 이곳은 주차를 금지합니다. Zhèlǐ bù yǔnxǔ tíngchē.
31	值得 zhídé ~할 가치가 있다	这个地方不错，值得参观。 이 곳 괜찮네. 참관할 만하다. Zhè ge dìfang búcuò, zhídé cānguān.
32	祝贺 zhùhè 축하하다	祝贺你获得成功。 네가 성공한 것을 축하해. Zhùhè nǐ huòdé chénggōng.
33	占线 zhànxiàn 통화 중이다	电话一直占线。 전화가 계속 통화 중이야. Diànhuà yìzhí zhànxiàn.
34	来得及 láidejí 늦지 않다	别走那么快，我们还来得及。 그렇게 빨리 가지 마, 우리 아직 늦지 않았어. Bié zǒu nàme kuài, wǒmen hái láidejí.
35	来不及 láibují 늦다	快点儿走，演出马上开始了，我们来不及了。 Kuài diǎnr zǒu, yǎnchū mǎshàng kāishǐ le, wǒmen láibují le. 빨리 가자, 공연이 곧 시작해, 우리 늦겠어.
36	继续 jìxù 계속하다	继续努力 jìxù nǔlì 계속 노력하다 | 继续工作 jìxù gōngzuò 계속 일하다 | 继续加班 jìxù jiābān 계속 야근하다 | 继续支持 jìxù zhīchí 계속 지지하다 | 继续学习 jìxù xuéxí 계속 공부하다

예제 1

A 失望	B 坚持	C 允许	A 실망하다	B 유지하다	C 허락하다
D 商量	E 超过	F 收拾	D 상의하다	E 초과하다	F 정리하다

这种杂志上的文章一般都不长，不会（　　　）一万字。	이 잡지의 글은 일반적으로 길지 않다. 1만 글자를 (초과해서는) 안 된다.

해설 문장을 해석하기 전에 괄호의 위치를 빨리 파악해야 한다. 괄호의 위치는 문장의 중간이고, 괄호 앞에 '会'라는 조동사가 있다. 그럼 주어, 술어, 목적어 가운데 술어 부분이 유력하며, 술어 자리에 올 수 있는 것은 동사와 형용사이다! 그런데 괄호 뒤에 목적어가 있고 괄호 앞에 조동사까지 등장하고 있으므로, 괄호에 들어갈 어휘는 무조건 동사라는 것을 알 수 있다. '글자 1만 자를 (　　)해서는 안 된다'고 했으니 의미상으로 E(초과하다)가 정답이다.

TIP 1. 允许: 부정부사(不)와 주로 같이 나온다. → 不允许: 허락하지 않다, 금지하다
　　　　예) 火车上不允许抽烟。　기차에서는 흡연을 금지합니다.
　　2. 超过 + 숫자: '超过' 뒤에 오는 목적어는 일반적으로 숫자 표현이 온다.
　　　　예) 超过了3倍　3배를 초과하다

정답 E

예제 2

A 表示	B 举行	C 猜	A 나타내다	B 개최하다	C 추측하다
D 提前	E 符合	F 抱歉	D 앞당기다	E 부합하다	F 사과하다

A: 刚才广播里说什么？你听清楚了吗？ B: 咱们学校要（　　　）春季运动会。	A: 방금 방송에서 뭐라고 한 거야? 너 정확히 들었니? B: 우리 학교에서 춘계운동회를 (개최한대).

해설 문장에서 괄호의 위치가 문장의 중간 즉, 술어 부분이며, 앞에 조동사 '要'가 있고 괄호 뒤에는 목적어가 나온다. 즉, 괄호에는 동사가 나와야 한다. 내용상 학교에서 '가을운동회를 (개최하다)'라는 표현이 가장 적합하므로 답은 B이다.

정답 B

괄호가 문장 중간에 위치하며, '(　) + 了/一下', '조동사 能/要 + (　)'와 같은 형태를 보인다면 모두 동사 어휘가 와야 한다. 동사가 오는 위치를 확인하고 의미에 맞는 적절한 동사를 넣어보자!

[1-3]

A 尝　　B 推迟　　C 收拾　　D 通知　　E 无　　F 提醒

문제 1　集合地点改到首都饭店门口，你去（　　）一下班里的其他人。

문제 2　这是你做的饺子? 真香! 我先（　　）一个。

문제 3　由于下大雨，他们乘坐的航班（　　）了五个多小时才起飞。

[4-6]

A 赶　　B 适应　　C 超过　　D 推　　E 来不及　　F 反映

문제 4　A: 你好，请问我儿子可以买儿童票吗?
　　　　B: 可以，身高没（　　）一米三就可以买。

문제 5　A: 已经8点半了，我们能及时（　　）到会场吗?
　　　　B: 别担心，大概再有10分钟我们就到了。

문제 6　A: 讨论会开得顺利吗?
　　　　B: 顺利，大家（　　）了不少管理过程中出现的问题，对下一步工作很有帮助。

쓰기 제1·2부분 ❷ | 제시된 어휘로 문장 완성하기
4급 출제빈도 1등! 부사를 잡아라!

 전략 PT　　　　　　　　　　　　　　　　　　　　　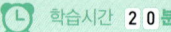 학습시간 20분

제1부분

부사의 위치와 특징

부사는 범위, 시간, 정도, 부정을 나타내는 어휘로, 문장에서 술어 앞에 위치하여 술어를 수식하는 역할을 한다. 간혹 문장 맨 앞에서 문장 전체를 수식하기도 한다. 술어 앞 부사어 자리에 오는 어휘는 '부사 → 조동사 → 전치사구 → ……地'의 순서로 온다.

〈부사어〉 + (수식어 + 的) + **주어** + 〈부사어〉 + **술어** + 〈보어〉 + (수식어 + 的) + **목적어**
　　　　　　　　　　　　　　　부사 → 조동사 → 전치사구 → ……地

❶ 부사는 술어(동사/형용사) 앞에 위치한다.

주어 + 〈부사〉 + 술어(동사/형용사)
我　　今天　　去/中国。　　나는 오늘 중국에 간다. [시간부사]

❷ 술어 앞(부사어 자리)에는 부사 말고도, 조동사나 전치사구, '……地(~하게)'도 올 수 있다.

부사와 조동사, 전치사, '……地(~하게)'가 동시에 나오면 '부사 → 조동사 → 전치사구 → ……地' 순으로 위치시킨다.

주어 + 〈부사/조동사/전치사구/……地〉 + 술어(동사/형용사)
我　　也 / 想 / 在家　　　吃饭。　　나도 집에서 밥을 먹고 싶다.

❸ 일부 부사는 주어 앞, 문장 맨 앞에 오기도 한다.

〈부사〉 + 주어 + 〈부사/조동사/전치사구/……地〉 + 술어(동사/형용사)
难道　　你　　连这个问题 / 都 / 不　　知道?　　설마 너 이 문제조차도 모르는 거니?

주어 앞에 많이 오는 부사로는 다음과 같은 것들이 있다.

难道 nándào 설마 | 其实 qíshí 사실은 | 果然 guǒrán 과연 | 原来 yuánlái 알고 보니 | 从来 cónglái 여태껏 | 大概 dàgài 아마도

④ 부사는 일반적으로 6개의 부사로 분류한다.

즉 어기부사, 시간부사, 빈도부사, 범위부사, 정도부사, 부정부사. 이 6개의 부사가 동시에 나오면, 일반적인 순서는 다음과 같다.

① 어기부사 > ② 시간부사 > ③ 빈도부사 > ④ 범위부사 > ⑤ 정도부사 > ⑥ 부정부사

TIP 쓰기 제1부분에서 부사가 문제에 나왔을 때, 문제풀이 순서는 다음과 같다.
1. 부사와 서술어를 찾아 '부사 + 서술어' 순으로 나열한다.
2. 만약 '부사 + 서술어'가 내용상 맞지 않으면, 주어를 찾아 맨 앞에 놓고 '부사 + 주어'로 나열한다.
3. 조동사나 전치사 등이 있으면, '부사 + 조동사 + 전치사구' 순으로 술어 앞에 위치시킨다.
4. 목적어가 있으면 목적어를 나열한다.

예 다음 어휘들을 어순에 맞게 배열해보자!

从来   去过   没   我   中国   还

① 가장 먼저 '주 + 술 + 목'을 찾자!
　我 / 去过 / 中国　나는 중국에 가본 적 있다

② 남은 단어들은 모두 부사이다. 부사 어휘가 3개이면, 부사들도 순서를 잡아줘야 한다.
　从来(여태껏 : 시간부사) / 没(못했다: 부정부사) / 还(아직: 빈도부사)

③ 남은 부사들을 순서대로 배열해야 한다.
　从来 / 还 / 没

④ 부사는 술어 앞(부사어 자리)에 위치하며, 부사를 순서대로 배열한 것을 술어 앞에 넣고 완성시킨다.
　我 / 从来还没 / 去过中国。　나는 여태껏 중국에 가본 적이 없다.

 기출상식

중국의 3대 전통명절② 端午节 Duānwǔ Jié 단오절

단오절은 음력 5월 5일이며, 2,000년의 역사를 가진 중국 전통명절 중 하나이다. 단오절이 중국인의 사랑을 받는 중요한 명절이 된 것은 굴원(屈原 Qū Yuán)의 전설에서 영향을 받은 바가 큰데, 굴원은 전국시대(战国时代 zhànguó Shídài) 초(楚 Chǔ)의 시인으로 왕에게 부패를 청산하고 국시를 바로잡기를 요구하다 유배를 당했는데, 유배지에서도 늘 백성을 걱정하다가 어느 날, 초나라가 진(秦 Tài)에 의해 함락되었다는 소식을 듣고 비통한 나머지 스스로 목숨을 끊었다. 이 날이 바로 278년 음력 5월 5일로 그의 우국충정을 기리는 날이 된 것이다. 굴원에 대한 애도의 표시로 이날 중국에서는 찹쌀에 돼지고기나 대추, 콩 등의 소를 넣어 대나무 잎 등으로 싼 쫑즈(粽子 zòngzi)를 먹으며 용 모양의 배를 타고 노를 젓는 운동경기인 용선경기(龙舟竞赛 lóngzhōu jìngsài)를 즐기게 되었다.

PT팁 부사의 분류 및 종류

구분		부사의 종류
상태부사	동작/행위의 상태, 혹은 수단/방법을 표현	互相 hùxiāng 서로 | 亲自 qīnzì 직접 | 似乎 sìhū 마치 ~인 것 같다 | 逐渐 zhújiàn 점차 | 渐渐 jiànjiàn 점점
어기부사	동작/행위/사건에 대한 화자의 느낌/태도를 표현	难道 nándào 설마 | 到底 dàodǐ 도대체 | 顺便 shùnbiàn 겸사겸사, ~하는 김에 | 也许 yěxǔ 아마도 | 最好 zuìhǎo 가장 좋은 것은 | 大概 dàgài 대략 | 恐怕 kǒngpà 아마도 | 原来 yuánlái 알고 보니 | 竟然 jìngrán 뜻밖에도 | 好像 hǎoxiàng 마치 ~인 듯 | 差点儿 chàdiǎnr 하마터면 | 不得不 bùdébù 어쩔 수 없이 | 看起来 kànqǐlái ~해 보이다
시간부사	행위/동작/사건이 일어난 시간을 표현	现在 xiànzài 현재 | 最近 zuìjìn 최근 | 刚才 gāngcái 막 | 已经 yǐjīng 이미 | 曾经 céngjīng 일찍이 | 将 jiāng 장차 | 早就 zǎojiù 일찍부터 | (正)在 (zhèng)zài 지금 ~하고 있다 | 马上 mǎshàng 곧 | 一直 yìzhí 줄곧 | 就 jiù 곧 | 从来 cónglái 여태껏
빈도부사	행위/동작의 발생 빈도/중복상황을 표현	再 zài 다시 | 又 yòu 또 | 还 hái 또, 아직 | 也 yě ~도 | 经常 jīngcháng 자주 | 往往 wǎngwǎng 때때로, 가끔 | 重新 chóngxīn 다시, 재차 | 不断 búduàn 끊임없이 | 常常 chángcháng 늘, 항상
범위부사	사건/사물/사람/동작의 범위를 표현	都 dōu 모두 | 全 quán 전부 | 一共 yígòng 합쳐서 | 一起 yìqǐ 같이 | 只 zhǐ 오직 | 只是 zhǐshì 단지 | 一块儿 yíkuàir 함께
정도부사	술어 앞에서 정도의 강함/약함을 표현	很 hěn 매우 | 完全 wánquán 완전히 | 挺……的 tǐng……de 아주 ~하다 | 太……了 tài……le 매우 ~하다 | 非常 fēicháng 너무 | 十分 shífēn 대단히 | 最 zuì 가장 | 更 gèng 더 | 稍微 shāowēi 다소, 약간 | 不太 bútài 그다지 ~하지 않다 | 有点儿 yǒudiǎnr 조금
부정부사	행위/동작/성질/상태에 대한 부정을 표현	不 bù ~이 아니다 | 没(有) méi(yǒu) 아직 ~하지 않았다 | 别 bié ~하지 말아라 | 无 wú 없다

 예제 1

考试   放弃了   这次   不得不   她

분석 考试 kǎoshì 명 시험 / 放弃 fàngqì 동 포기하다 / 不得不 bùdébù 부 어쩔 수 없이, 부득이하게

Point 1. 주어, 술어, 목적어를 배치한다.
2. '……的', '一本(수량사)', '这次(지량사)'의 형태가 보이면 관형어. 관형어는 주어 앞, 목적어 앞에 위치한다.
3. 주어, 술어, 목적어, 관형어가 아닌 단어는 99% 부사일 가능성이 높다. 부사는 술어 앞(부사어 자리)에 온다.

해설 | 주어 | 부사어 | 술어 | 관형어 | 목적어 |
| --- | --- | --- | --- | --- |
| 她 | 不得不 | 放弃了 | 这次 | 考试 |

'放弃了(포기하다)'는 단어 뒤에 '了'가 있으므로 술어가 된다. 그럼, 누가 무엇을 포기했을까? 내용상 바로 '그녀가 이번 시험을 포기한 것'이다. 주어는 '她(그녀)', 목적어는 '这次考试(이번 시험)'이다. 남은 단어 '不得不(어쩔 수 없이)'는 주, 술, 목, 관형어 그 무엇도 아니다. 그럼 부사이다! 부사는 술어 앞, 부사어 자리에 위치한다.

정답 她不得不放弃了这次考试.   그녀는 어쩔 수 없이 이번 시험을 포기했다.

 예제 2

恐怕   电子邮件   他   看过   那个

분석 恐怕 kǒngpà 부 아마도 / 电子邮件 diànzǐyóujiàn 명 이메일

Point 1. 주어, 술어, 목적어를 배치한다.
2. '……的', '一本(수량사)', '这次(지량사)'의 형태가 보이면 관형어. 관형어의 배치 순서는 '수량사 + ……的 + 명사'이다.
3. 주어, 술어, 목적어, 관형어가 아닌 단어는 99% 부사일 가능성이 높다. 부사는 술어 앞(부사어 자리)에 온다.

해설 | 주어 | 부사어 | 술어 | 관형어 | 목적어 |
| --- | --- | --- | --- | --- |
| 他 | 恐怕 | 看过 | 那个 | 电子邮件 |

단어 뒤에 '过'가 있으면 일반적으로 술어이므로 '看过(본 적 있다)'는 문장 가운데 술어 자리에 위치시킨다. 누가 무엇을 본 적이 있을까? 바로, '그가 저 이메일을 본 적이 있을 것'이다. 그러므로 주어는 '他(그)', 목적어는 '那个电子邮件(저 이메일)'이다. 남은 어휘 '恐怕(아마도)'는 주/술/목/관형어 모두 아니다. 바로 술어 앞(부사어 자리)에 위치하는 부사이다.

정답 他恐怕看过那个电子邮件.   그는 아마 저 이메일을 본 적 있을 것이다.

제2부분

幸福 ▶ _____

① 제시 어휘와 그림을 확인해라!

제시 어휘는 '幸福 xìngfú (행복하다)', 품사는 형용사이다. 그림은 여자 세 명이 커피를 마시면서 웃으며 대화를 나누는 모습이다.

② '정도부사 + 형용사' 구조를 기억하자!

형용사 앞에는 정도부사(很, 非常, 十分 등)가 잘 나온다.

> 很幸福 hěn xìngfú 매우 행복하다, 十分浪漫 shífēn làngmàn 매우 낭만적이다, 非常活泼 fēicháng huópō 매우 활발하다, 很热闹 hěn rènao 매우 시끌벅적하다, 很凉快 hěn liángkuai 매우 시원하다, 很兴奋 hěn xīngfèn 매우 흥분하다, 很开心 hěn kāixīn 매우 즐겁다 ……

③ 주어를 잡아보자.

제시 어휘를 확인했다면, 그림과 연상되는 주어를 잡아보자.

> 她们 그녀들은, 三个女人 세 여인은, 朋友们 친구들은 ……

④ 주어와 술어만으로 기본문장을 만들어보자.

> 她们很幸福。 그녀들은 매우 행복하다.

⑤ 기본문장에 부사를 넣어보자!

> 她们 看起来 **很** 幸福。 그녀들은 매우 행복해 보입니다.
>   [어기부사] [정도부사]
> 她们 都 **非常** 幸福。 그녀들은 모두 매우 행복하다.
>   [범위부사] [정도부사]
> 三个女人 现在 **十分** 幸福。 세 여인은 지금 너무나 행복하다.
>   [시간부사] [정도부사]

 실전 PT

▶ 정답 및 해설 15p
학습시간 15분

제1부분

> 빠르게 '주어 + 술어 + 목적어'를 먼저 잡자! 그리고 남은 단어들이 부사인지 확인하고, 부사라면 술어 앞에 넣어주면 된다! 팁! '……的'는 무엇일까? 바로 관형어다! 관형어는 어디에 위치하는가? 바로 주어 앞 혹은 목적어 앞이라는 것도 잊지 말자!

문제 1 ▶ 中国功夫　　主要　　这堂课　　介绍　　向大家

▶ 답

▶ 해석

문제 2 ▶ 不　　公司的　　符合　　这样做　　规定

▶ 답

▶ 해석

문제 3 ▶ 一头牛　　看起来　　那座山　　像

▶ 답

▶ 해석

문제 4 ▶ 马上　　结束了　　就要　　这场足球赛

▶ 답

▶ 해석

문제 5 ▶ 手中的　　他　　工作　　停下　　不得不

▶ 답

▶ 해석

제2부분

문제 1

礼物

▶ 답 1 _____

▶ 답 2 _____

문제 2

锻炼

▶ 답 1 _____

▶ 답 2 _____

문제 3

讨论

▶ 답 1 _____

▶ 답 2 _____

마무리 PT

학습시간 05분

1 中国人认为数字"6"代表顺利。
Zhōngguórén rènwéi shùzi 'liù' dàibiǎo shùnlì.
중국인들은 숫자 '6'이 순조로움을 대표한다고 여긴다.

* 认为 rènwéi
  ~이라고 여기다

2 互联网使旅行变得更方便。
Hùliánwǎng shǐ lǚxíng biàn de gèng fāngbiàn.
인터넷은 여행을 더 편하게 변화시켰다.

* 使…变得
  shǐ…biàn de
  ~을 ~하도록 변화시키다

3 超过一万字
chāoguò yí wàn zì
1만 글자를 초과하다

* 超过 chāoguò
  ~을 초과하다

4 火车上不允许抽烟。
Huǒchē shàng bù yǔnxǔ chōuyān.
기차에서는 담배 피우는 것을 금지한다.

* 不允许 bù yǔnxǔ
  금지하다

5 举行春季运动会
jǔxíng chūnjì yùndònghuì
가을 운동회를 개최하다

* 举行 jǔxíng
  개최하다

6 这个菜真香!
Zhè ge cài zhēn xiāng!
이 요리 정말 맛있다!

* 香 xiāng
  맛있다

7 航班推迟了起飞。
Hángbān tuīchí le qǐfēi.
항공편의 이륙이 연기되었다.

* 推迟 tuīchí
  미루다, 연기하다

8 这样做不符合公司的规定。
Zhèyàng zuò bù fúhé gōngsī de guīdìng.
이렇게 하는 것은 회사의 규정에 부합하지 않는다.

* 这样做 zhèyàng zuò
  이렇게 하는 것은

9 互相帮助
hùxiāng bāngzhù
서로 돕다

10 人们几乎都点这个菜。
Rénmen jīhū dōu diǎn zhè ge cài.
사람들은 거의 모두가 이 요리를 주문한다.

* 几乎都 jīhū dōu
  거의 대부분
* 点菜 diǎncài
  요리를 주문하다

Day 3

듣기 제1부분 ❸
온 감각을 집중해 '주제'를 유추해라!

어휘 PT Track 03-1  학습시간 1 0 분

예제 1	
谈价格	tán jiàgé 가격을 이야기하다
网站	wǎngzhàn 명 웹사이트
科学	kēxué 명 과학
艺术	yìshù 명 예술
知识	zhīshi 명 지식
小笑话	xiǎoxiàohuà 명 재미난 이야기
网址	wǎngzhǐ 명 웹사이트 주소
兴趣	xìngqù 명 흥미, 취미

예제 2	
网上	wǎngshàng 명 온라인, 인터넷
平时	píngshí 명 평소, 평상시
购物	gòuwù 동 물건을 구매하다
逛街	guàngjiē 동 쇼핑하다
直接	zhíjiē 부 직접
选购	xuǎngòu 동 물건을 골라 구매하다
收货	shōuhuò 동 물건을 수령하다

문제 1	
态度	tàidu 명 태도
满意	mǎnyì 형 만족하다, 흡족하다
所有	suǒyǒu 형 모든, 전부의
虽然…但是…	suīrán…dànshì… 접 비록 ~지만, 그러나 ~이다
认真	rènzhēn 형 성실하다, 진지하다
留	liú 동 남기다
印象	yìnxiàng 명 인상

문제 2	
客人	kèrén 명 손님, 방문객
差不多	chàbuduō 형 그런대로 괜찮다
估计	gūjì 동 예측하다
擦	cā 동 닦다
碗筷	wǎnkuài 명 밥그릇과 젓가락

문제 3	
刮风	guāfēng 동 바람이 불다
晴天	qíngtiān 명 맑은 날씨
阳光	yángguāng 명 햇빛
竟然	jìngrán 부 뜻밖에도, 의외로
下雨	xiàyǔ 동 비가 내리다

문제 4	
减肥	jiǎnféi 동 다이어트
成功	chénggōng 형 성공적이다
骑马	qímǎ 동 말을 타다
结果	jiéguǒ 부 결과적으로
竟然	jìngrán 부 뜻밖에도, 의외로
瘦	shòu 형 마르다

문제 5	
凉快	liángkuai 형 상쾌하다, 시원하다
散步	sànbù 동 산책하다
顺便	shùnbiàn 부 겸사겸사, ~하는 김에
报纸	bàozhǐ 명 신문

문제 6	
第一次	dìyīcì 명 최초, 맨 처음
紧张	jǐnzhāng 형 긴장하다
…极了	…jíle 매우 ~하다
脸	liǎn 명 얼굴
耳朵	ěrduo 명 귀
几乎	jīhū 부 거의
不敢	bùgǎn 동 감히 ~하지 못하다
眼睛	yǎnjing 명 눈

 전략 **PT**

🕐 학습시간 **10**분

❶ 질문을 최대한 활용하자!

녹음을 듣기 전에 질문을 빠르게 파악해야 한다. 이때 핵심이 되는 어휘에 밑줄을 긋고 질문 속 핵심을 찾아 녹음에서 그 내용이 들리는지를 집중해서 확인하자.

❷ 잘 안 들려도 단 하나의 어휘라도 들으려고 해보자!

눈 깜빡! 하는 사이에 녹음이 끝나버릴 수 있다. 잘 들리지도 않는데 그나마도 너무 빨리 지나가 버려서 내용 파악을 한다는 것이 너무 어렵다. 당황하지 말고 아는 어휘 딱 하나라도 들어내서 그 어휘가 질문과 연관된 어휘인지, 아니면 전혀 상관이 없는 어휘인지, 이 정도만이라도 접근해보자. 어휘 하나라도 들으려고 노력하다 보면, 나중에는 두 개의 어휘가 들리고 그러면서 녹음의 주 내용이 감각적으로 유추가 될 것이다.

★ 她们每天一起去爬山。　　그녀들은 매일 다 같이 등산을 하러 간다.

위의 문제에서 그녀들은 등산을 간다고 했다. 그렇다면 연관 어휘로 '爬山 páshān(등산하다)', '运动 yùndòng(운동하다)', '锻炼身体 duànliàn shēntǐ(신체단련)' 등이 녹음에서도 나와야 한다.
그러나 녹음에서 내가 들은 어휘가 '看电影 kàn diànyǐng(영화를 보다)', '做菜 zuòcài(요리하다)', '加班 jiābān(야근하다)' 등이었다면 전혀 관련이 없는 어휘이기 때문에 정답이 되지 않을 확률이 크다!
질문을 먼저 확인하고! 녹음에서 단 하나의 어휘라도 들으려고 해보자!

❸ 평소에 듣기 녹음 지문을 큰소리로 읽는 연습을 꼭 하자!

듣기는 내가 큰소리로 읽어본 어휘와 문장만이 들린다! 내가 아무리 잘 아는 어휘라고 해도, 그 어휘를 눈으로만 보고 큰소리로 읽어보지 않았다면 녹음에 그 어휘가 나왔을 때 한 번에 그 어휘가 무슨 뜻인지 떠오르지 않는다!
반드시 지문을 큰 소리로 읽어보고, 특히 녹음은 짧기 때문에 순간적으로 암기해서, 다시 소리내서 말해보는 연습을 반복적으로 하다 보면 나도 모르게 듣기 실력이 늘 것이다!

❹ 평소 어휘 향상에 힘쓰자!

듣기 영역에 있어서는 자신의 어휘량이 즉 성적으로 이어진다고 할 정도로 어휘가 매우 중요하다! 평소 HSK 4급 기출어휘를 학습하여 실제 어휘량을 늘리는 것에 힘써보자! 다만 소리내어 읽으면서 공부해야 내 것이 된다.

 예제 1　　　　　　　　　　　　　　　　　　　　　　　　　　　　Track 03-2

★ 她们在谈价格。　　（　　　）	★ 그들은 가격에 대해 이야기하고 있다.
那个网站上的内容很丰富。不但有科学、艺术方面的知识，还有许多小笑话。我发给你网址，你有兴趣的话，可以上去看看。	저 웹사이트상의 내용은 매우 풍부하다. 과학과 예술 방면의 지식이 있고, 또 웃긴 이야기들도 많다. 내가 너에게 사이트 주소를 보낼 테니, 흥미가 있다면 가서 봐봐라.

해설　질문에서는 가격에 대해 이야기를 나눈다고 했다. 우선 핵심 어휘인 '价格(가격)'에 밑줄 쫙~ 긋고! 녹음에서 가격과 관련한 어휘가 들리는지 확인해보자. 녹음에서 첫 시작부터 웹사이트의 내용이 풍부하다고 하면서 과학, 예술, 웃긴 이야깃거리가 있다고 말하고 있다. 하지만 가격에 관련한 어휘는 하나도 나오지 않았다. 가격과 전혀 상관없는 녹음 내용이었기 때문에 정답은 ×이다.

정답　×

예제 2　　　　　　　　　　　　　　　　　　　　　　　　　　　　Track 03-3

★ 他经常在网上购物。　　（　　　）	★ 그는 자주 인터넷에서 물건을 구매한다.
我平时很少逛街，如果需要什么东西，我一般都会直接在网上选购，然后在家等着收货就可以了。	나는 평소 쇼핑을 매우 적게 한다. 만약 어떤 물건이 필요하면, 나는 보통 직접 인터넷에서 물건을 골라 구매하고 그 후에, 집에서 물건을 받길 기다리면 된다.

해설　쇼핑을 적게 하며, 인터넷으로 물건을 고르고, 집에서 물건을 수령한다고 하였다. 첫 문장에서 '很少逛街(쇼핑을 적게 한다)'가 큰 힌트였으며, 마지막 문장에서 '在家等着收货(집에서 물건을 받길 기다린다)'라고 하였기 때문에 그는 자주 집에서 물건을 구매한다는 것을 알 수 있다.

정답　√

실전 PT Track 03-4

> 질문을 먼저 확인하자. 질문 내용을 빠르게 파악한 후, 핵심 부분에 밑줄을 긋고! 그 어휘와 관련 있는 어휘가 녹음에서 들리는지 확인한다. 단 한 개의 어휘라도 질문과 통한다는 느낌이 있으면 정답이고! 전혀 관련이 없어 보이면 정답이 아닌 것이다. 나 자신의 감각을 믿고 풀어보자!

문제 1 ★ 孙亮的态度让他很满意。　　　　　　（　　　）

문제 2 ★ 一会儿有客人来。　　　　　　　　　（　　　）

문제 3 ★ 早上刮大风了。　　　　　　　　　　（　　　）

문제 4 ★ 妻子减肥很成功。　　　　　　　　　（　　　）

문제 5 ★ 今天外面很凉快。　　　　　　　　　（　　　）

문제 6 ★ 他第一次见女朋友时很紧张。　　　　（　　　）

독해 제1부분 ❸ | 빈칸 채우기
동사와 친한 친구! 형용사를 잡아라!

어휘 PT 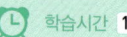 학습시간 1 0 분

예제 1	
合适 héshì	[형] 알맞다, 적합하다
圆 yuán	[형] 둥글다
粗心 cūxīn	[형] 세심하지 못하다
顺利 shùnlì	[형] 순조롭다
凉快 liángkuai	[형] 상쾌하다, 시원하다
标准 biāozhǔn	[형] 표준적이다
月亮 yuèliang	[명] 달
又…又… yòu…yòu…	[접] 또 ~하고, 또 ~하다

예제 2	
脏 zāng	[형] 더럽다
熟悉 shúxī	[형] 익숙하다, 잘 알다
兴奋 xīngfèn	[형] 흥분하다
辛苦 xīnkǔ	[형] 수고하다, 고생하다
正式 zhèngshì	[형] 정식적이다
酸 suān	[형] 시큼하다
瓶 píng	[양] 병 [병 등을 세는 양사]
饮料 yǐnliào	[명] 음료
区别 qūbié	[명] 차이
左边 zuǒbian	[명] 왼쪽
右边 yòubian	[명] 오른쪽
甜 tián	[형] 달다

보기 1-3	
冷静 lěngjìng	[형] 냉정하다
精彩 jīngcǎi	[형] 멋지다, 훌륭하다
困 kùn	[형] 졸리다
合格 hégé	[형] 합격이다
流利 liúlì	[형] 유창하다

문제 1	
交流 jiāoliú	[동] 교류하다
完全 wánquán	[부] 완전히

문제 2	
越…越… yuè…yuè…	[접] ~할수록, ~하다
复杂 fùzá	[형] 복잡하다
千万别… qiānwàn bié…	제발 ~하지 마라
着急 zháojí	[형] 조급하다

문제 3	
躺 tǎng	[동] 눕다
叫 jiào	[동] 부르다, 깨우다

보기 4-6	
正式 zhèngshì	[형] 정식적이다
暖和 nuǎnhuo	[형] 따뜻하다
辛苦 xīnkǔ	[형] 고생하다, 수고하다
乱 luàn	[형] 어지럽다, 어수선하다
抱歉 bàoqiàn	[동] 미안해하다
干净 gānjìng	[형] 깨끗하다

문제 4	
迟到 chídào	[동] 지각하다
表演 biǎoyǎn	[동] 공연하다

문제 5	
房间 fángjiān	[명] 방
打扫 dǎsǎo	[동] 청소하다
整理 zhěnglǐ	[동] 정리하다
原来 yuánlái	[부] 알고 보니

문제 6	
搬家 bānjiā	[동] 이사하다
来得及 láidejí	[동] 늦지 않다, 제시간에 댈 수 있다
收拾 shōushi	[동] 청소하다

❶ 사람과 사물을 '묘사하고 설명'하는 단어는 형용사이다.

她很漂亮。　그녀는 매우 예쁘다.
这个沙发不太贵。　이 소파는 그다지 비싸지 않다.

❷ 형용사는 동사와 마찬가지로 주로 술어 자리에 온다. 그러나 목적어를 동반하지 않는다.

주어 + [부사어] + 술어(형용사) + 목적어
他的房间　很　干净。　그의 방은 매우 깨끗하다.

❸ 형용사는 앞에 정도부사가 많이 온다.

정도부사(完全, 很, 十分, 不太, 特别, 有点儿, 非常, 真……) + 술어(형용사)
很认真　매우 성실하다　　　　　　有点儿紧张　조금 긴장하다
非常顺利　매우 순조롭다　　　　　十分厉害　매우 대단하다
完全不同　완전히 다르다　　　　　不太清楚　그다지 확실하지 않다

❹ 형용사는 뒤에 '……地(~하게)'를 붙여, '형용사 + 地'의 형태로 술어 앞(부사어 자리)에 오기도 한다.

주어 + [형용사 + 地] + 술어 + 목적어
她　认真地　学习　汉语。　그녀는 성실하게 중국어를 공부한다.

이때 형용사는 술어로 쓰인 게 아니라, 술어 앞에서 술어를 꾸며주는 부사어로 쓰였다.

❺ 형용사 한 방에 정리!

① 형용사가 술어 자리에 오면 목적어가 오지 않는다!

주어 + 술어(형용사)

② 형용사는 정도부사를 자주 동반한다.

주어 + 很 + 술어(형용사)

③ 형용사 술어에 관형어 표현이 있을 때 '……的(구조조사)/ 这本(지량사)/ 一个(수량사)' 등은 주어 앞에 온다. 왜? 형용사 술어문에는 목적어가 오지 않기 때문에 관형어를 받을 수 있는 성분은 주어뿐이다.

(관형어) + 주어 + 很 + 술어(형용사)
我的　朋友　很　活泼。　나의 친구는 매우 활발하다.

1. 독해 제1부분에 자주 출제되는 형용사

형용사	병음	뜻	예문
难过 / 难受	nánguò/ nánshòu	괴롭다, 고통스럽다	我的心里很难过。 내 마음이 매우 괴롭다. Wǒ de xīnli hěn nánguò.
丰富	fēngfù	풍부하다	这个网站上的内容很丰富。 Zhè ge wǎngzhàn shàng de nèiróng hěn fēngfù. 이 웹사이트 상의 내용은 매우 풍부하다.
★合适 / 适合	héshì/ shìhé	형 적합하다 / 동 적합하다	时机很合适。 시기가 매우 적합하다. Shíjī hěn héshì. 这个牙膏很适合儿童使用。 Zhè ge yágāo hěn shìhé értóng shǐyòng. 이 치약은 아이들이 사용하기에 매우 적합하다. * 둘 다 의미는 같다. 하지만 품사가 다르다!! '合适'는 형용사이고, '适合'는 동사이다!
流行	liúxíng	유행하다	这件衣服最近很流行。 이 옷은 최근에 매우 유행이다. Zhè jiàn yīfu zuìjìn hěn liúxíng.
流利	liúlì	유창하다	你的汉语说得很流利。 Nǐ de hànyǔ shuō de hěn liúlì. 너는 중국어를 매우 유창하게 한다.
粗心 / 马虎	cūxīn/ mǎhu	부주의하다, 조심성이 없다	做事情不能太粗心了。 Zuò shìqing bù néng tài cūxīn le. 일할 때, 너무 조심성이 없으면 안 된다.
复杂 ↔ 简单	fùzá ↔ jiǎndān	복잡하다 ↔ 간단하다	这个问题很复杂。 이 문제는 매우 복잡하다. Zhè ge wèntí hěn fùzá.
轻松	qīngsōng	수월하다, 홀가분하다	我的心情很轻松。 내 마음이 너무 홀가분하다. Wǒ de xīnqíng hěn qīngsōng.
愉快	yúkuài	유쾌하다	祝你周末愉快。 너의 주말이 매우 즐겁기를 바라. Zhù nǐ zhōumò yúkuài.
舒服	shūfu	편안하다	身体不舒服? 몸이 안 좋니? Shēntǐ bù shūfu?
正式	zhèngshì	정식적이다, 격식 있다	你衣服穿得怎么这么正式? Nǐ yīfu chuān de zěnme zhème zhèngshì? 너는 어쩜 이렇게 격식 있게 옷을 차려입었니?
精彩	jīngcǎi	멋지다, 뛰어나다, 훌륭하다	这次比赛挺精彩的。 이번 시합 너무 멋졌어. Zhècì bǐsài tǐng jīngcǎi de.

★脏	zāng	더럽다	你的手很脏，快洗手吧! Nǐ de shǒu hěn zāng, kuài xǐshǒu ba! 네 손 너무 더러워, 빨리 손 씻어!
★乱	luàn	어지럽다, 어수선하다	你的办公室很乱。 네 사무실이 너무 어수선하다. Nǐ de bàngōngshì hěn luàn.
紧张	jǐnzhāng	긴장하다	明天就考口试了，心里有点儿紧张。 Míngtiān jiù kǎo kǒushì le, xīnli yǒudiǎnr jǐnzhāng. 내일 구술시험이라 마음이 조금 긴장된다.
辛苦	xīnkǔ	고생이다, 수고하다	大家辛苦了。 모두 수고하셨습니다. Dàjiā xīnkǔ le.
无聊	wúliáo	무료하다, 재미가 없다	今天真无聊。 오늘 정말 무료하다. Jīntiān zhēn wúliáo.
幽默	yōumò	유머러스 하다	他们很幽默。 그들은 매우 유머러스 하다. Tāmen hěn yōumò.
凉快 ↔ 暖和	liángkuai ↔ nuǎnhuo	시원하다 ↔ 따뜻하다	今天天气很凉快。 오늘 날씨가 너무 시원하다. Jīntiān tiānqì hěn liángkuai.

 **PT 기출상식**

중국의 3대 전통명절③ 中秋节 Zhōngqiū Jié 중추절

중추절은 음력 8월 15일로 춘절 및 단오절과 더불어 중국 3대 명절의 하나이며, 우리의 추석에 해당한다. 가을인 음력 7,8,9월 중 8월이 가을의 중간이고 15일이 8월의 중간이므로, 가을의 한가운데란 의미에서 중추절이라 부르게 되었다. 농업사회인 중국에서는 오곡이 풍성한 것을 달의 여신(月神 yuèshén)이 부드러운 달빛으로 변하여 인간 세상에 복을 내린  것 때문이라고 믿었다. 그래서 가장 밝고 크고 둥근 8월의 보름달을 향하여 온 가족이 둘러 앉아 월빙(月饼 yuèbǐng)과 각종 과일을 먹으면서 담소를 나눈다.

2. 시험에 꼭 나오는 형용사 어휘 표현

형용사의 분류	형용사의 종류
사람·동물의 성질 / 상태 관련 형용사	笨 bèn 멍청하다 | 成熟 chéngshú 성숙하다 | 诚实 chéngshí 성실하다 | 粗心 cūxīn 세심하지 못하다 | 马虎 mǎhu 덜렁대다 | 活泼 huópō 활발하다 | 幽默 yōumò 유머러스 하다 | 友好 yǒuhǎo 우호적이다 | 主动 zhǔdòng 주동적이다 | 积极 jījí 적극적이다 | 勇敢 yǒnggǎn 용감하다 | 帅 shuài 잘생기다 | 懒 lǎn 게으르다 | 冷静 lěngjìng 냉정하다 | 耐心 nàixīn 인내심이 강하다 | 美丽 měilì 아름답다 | 漂亮 piàoliang 예쁘다 | 聪明 cōngming 똑똑하다
사물의 성질 관련 형용사	危险 wēixiǎn 위험하다 | 穷 qióng 가난하다, 빈곤하다 | 整齐 zhěngqí 단정하다 | 乱 luàn 어지럽다, 어수선하다 | 有趣 yǒuqù 재미있다 | 干净 gānjìng 깨끗하다 | 脏 zāng 더럽다 | 著名 zhùmíng 저명하다 | 确实 quèshí 확실하다 | 正式 zhèngshì 정식적이다 | 丰富 fēngfù 풍부하다 | 复杂 fùzá 복잡하다 | 简单 jiǎndān 간단하다 | 合格 hégé 합격하다 | 合适 héshì 알맞다, 적합하다 | 精彩 jīngcǎi 훌륭하다, 멋지다 | 浪漫 làngmàn 낭만적이다 | 厉害 lìhai 심하다, 대단하다 | 流行 liúxíng 유행이다 | 严重 yánzhòng 위급하다, 심각하다 | 优秀 yōuxiù 우수하다 | 麻烦 máfan 귀찮다, 번거롭다 | 轻 qīng 가볍다 | 重 zhòng 무겁다 | 轻松 qīngsōng 수월하다 | 热闹 rènao 시끌벅적하다 | 深 shēn 깊다, 진하다 | 顺利 shùnlì 순조롭다 | 无聊 wúliáo 무료하다 | 详细 xiángxì 상세하다 | 严格 yángé 엄격하다
감정 관련 형용사	得意 déyì 대단히 만족하다 | 烦恼 fánnǎo 걱정하다, 번뇌하다 | 感动 gǎndòng 감동하다 | 兴奋 xīngfèn 흥분하다 | 愉快 yúkuài 유쾌하다 | 孤单 gūdān 외롭다 | 紧张 jǐnzhāng 긴장하다 | 害羞 hàixiū 수줍어하다, 부끄러워하다 | 激动 jīdòng 흥분하다, 감동하다 | 可怜 kělián 불쌍하다 | 可惜 kěxī 애석하다 | 难受 nánshòu 괴롭다 | 骄傲 jiāo'ào 거만하다, 자랑스러워하다 | 伤心 shāngxīn 상심하다 | 失望 shīwàng 실망하다 | 讨厌 tǎoyàn 미워하다 | 快乐 kuàilè 즐겁다, 유쾌하다 | 幸福 xìngfú 행복하다 | 开心 kāixīn 기쁘다 | 困 kùn 졸리다 | 高兴 gāoxìng 기쁘다 | 辛苦 xīnkǔ 수고하다
음식 관련 형용사	油腻 yóunì 느끼하다 | 清淡 qīngdàn 담백하다 | 酸 suān 시다 | 辣 là 맵다 | 苦 kǔ 쓰다 | 甜 tián 달다 | 咸 xián 짜다 | 香 xiāng 맛있다
기후 관련 형용사	干燥 gānzào 건조하다 | 湿润 shīrùn 축축하다 | 凉快 liángkuai 시원하다 | 暖和 nuǎnhuo 따뜻하다

예제 1

A 合适　　B 圆　　　C 粗心 D 顺利　　E 凉快　　F 标准	A 적합하다　　B 둥글다　　C 부주의하다 D 순조롭다　　E 시원하다　　F 표준적이다
今天晚上的月亮又大又（　　　），真漂亮，咱们出去走走吧。	오늘 저녁의 달은 크고 (둥글다). 너무 예쁘네, 우리 나가서 거닐어 보자.

해설 괄호의 위치를 보면, 문장의 마지막에 위치하며, 앞에 부사 '又'가 있다. 문장에 목적어가 없고, 앞에서 부사가 자주 수식하는 품사는 형용사이다! 6개의 형용사 단어 중에 '오늘 저녁의 달은 크고 (　　)하다'에 해당하는 형용사는 B(둥글다)이다.

TIP 又 + 형용사 + 又 + 형용사: 또 ~하고 또 ~하다
  예) 这个镜子又好看又便宜。　이 거울은 예쁘고 저렴하다.

정답 B

예제 2

A 脏　　　B 熟悉　　C 兴奋 D 辛苦　　E 正式　　F 酸	A 더럽다　　B 익숙하다, 잘 알다　　C 흥분하다 D 고생하다　　E 정식적이다, 격식 있다　　F 시다
A：这两瓶饮料有什么区别吗？ B：左边这瓶有点儿（　　　），右边这瓶是甜的。	A: 이 두 병의 음료에는 어떤 차이가 있니? B: 왼쪽의 이 병은 좀 (시고), 오른쪽의 이 병은 달아.

해설 문장에서 괄호의 위치가 뒤에 있고, 괄호 앞에 '有点儿(조금, 약간)'이라는 정도를 나타내는 정도부사도 있다. '이 음료는 조금 (~하고), 저 음료는 달다'에서 빈칸은 '달다'와 비슷한 느낌의 형용사가 나와야 의미가 어울린다. 정답은 '달다'와 마찬가지로 맛을 나타내는 F(시다)가 된다.

TIP 정도부사 '有点儿(조금, 약간)'은 뒤에 반드시 부정적인 형용사가 온다!
  예) 有点儿紧张 좀 긴장된다 / 有点儿累 좀 피곤하다 / 有点儿酸 좀 시다 / 有点儿粗心 좀 덜렁거리다

정답 F

실전 PT

○ 형용사 문제라는 걸 잊지 말고 형용사의 위치와 특징을 다시 한번 생각하면서 의미에 맞게 적절한 형용사를 넣어보자!

[1–3]

        A 冷静   B 熟悉   C 精彩   D 困   E 合格   F 流利

문제 1 他的中文说得很（　　　），交流起来完全没有问题。

문제 2 问题越是复杂时，你越要（　　　），千万别着急。

문제 3 你（　　　）了就躺一会儿吧，儿子回来我会叫你的。

[4–6]

        A 正式   B 暖和   C 辛苦   D 乱   E 抱歉   F 干净

문제 4 A：真（　　　），我迟到了。
       B：没关系，表演还有5分钟才开始。

문제 5 A：那个房间又脏又乱，星期六我去打扫、整理了一下。
       B：原来是你啊，（　　　）了，谢谢你！

문제 6 A：我刚搬了家，还没来得及收拾，有点儿（　　　）。
       B：我下午没事，帮你收拾吧。

쓰기 제1·2부분 ❸ | 제시된 어휘로 문장 완성하기
'[전치사 + 명사] = 전치사구'를 잡아라

 전략 PT   🕐 학습시간 20분

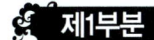 제1부분

전치사란?
전치사는 우리말의 전치사와 같은 역할을 하는 품사로, 문장 안에서 단독으로 쓸 수 없고, 보통 명사와 결합하여 '전치사 + 명사' 형태의 전치사구를 형성하여 문장 안에서 주로 부사어가 되어 술어 앞에 위치한다.

```
(수식어 + 的) + 주어 + 〈부사어〉 + 술어 + 〈보어〉 + (수식어 + 的) + 목적어
 〈관형어 ①〉              전치사구                      〈관형어 ②〉
```

❶ 전치사는 번역하면 '~(물결)'이 붙는다.

전치사는 '往 ~를 향해', '在 ~에서', '给 ~에게', '从 ~로부터'처럼 번역하면 '~(물결)'이 붙는 특징이 있다. 어휘를 번역하여 '~(물결)'이 들어가면 전치사다! 라고 생각하고 뒤에 적절한 명사를 붙여 전치사구를 만들어준다. 그렇게 만든 전치사구는 술어 앞에 두면 된다.

> **TIP** 만약, 술어 앞에 전치사구 말고도, 부사와 조동사도 같이 와서 부사구를 이루게 되면, 순서는 다음과 같다!
> → 주어 + [부사 / 조동사 / 전치사구] + 술어 + 목적어
>   부사어

❷ 전치사는 혼자 쓸 수 없다! '전치사 + 명사 = 전치사구'

예를 들어 '往'은 전치사로, 문장에서 혼자 쓰일 수 없고 뒤에 적절한 짝꿍명사가 붙어야 한다! 뒤에 명사 '前'을 붙여 전치사구 '往 + 前'을 만들어 문장에서 술어 앞, 즉 부사어 자리에 위치해야 한다!

> 전치사 / 구 + 술어
>
> (往 + 前) + 走   앞으로 걸어가다

❸ 잘 나오는 전치사들

시간·장소	~에서, ~로부터	从 cóng, 离 lí, 在 zài, 于 yú, 到 dào
화제	~에 대하여	对 duì, 对于 duìyú, 关于 guānyú
방향	~를 향해서	向 xiàng, 朝 cháo, 往 wǎng
대상	~에 대하여, ~와	对 duì, 给 gěi, 跟 gēn, 和 hé
원인·목적	~때문에, ~을 위해	由于 yóuyú, 为 wèi, 为了 wèile
근거	~에 근거하여	按照 ànzhào, 根据 gēnjù

예제 1

对身体   没有   吸烟   好处

분석 吸烟 xīyān 동 담배를 피우다, 흡연하다 / 好处 hǎochù 명 장점

Point 1. 주어, 술어, 목적어를 배치한다.
2. 술어 앞(부사어)에는 '부사 + 조동사 + 전치사구' 순서대로 온다.
3. 전치사는 혼자 쓰이지 못한다. 대부분 명사가 뒤에 짝꿍처럼 와서 전치사구를 만들어야 한다.
   예) 对这次考试(이번 시험에 대하여), 离这儿(여기로부터), 在中国(중국에서), 为你(너를 위해)

해설

주어	부사어	술어	목적어
吸烟	对身体	没有	好处

술어는 '没有(없다)'로 쉽게 찾을 수 있다. 문장의 주어는 '吸烟(흡연)'이다. 흡연은 무엇이 없을까? 바로 '好处(장점)'이다. 즉, '흡연은 장점이 없다'로 기본문장이 완성된다. 여기에 수식어구의 자리만 잡아주면 되는데, '对身体(몸, 신체에 대해)'는 '对'라는 전치사와 '身体'라는 명사가 합쳐진 '전치사구(전치사 + 명사)'이다. 전치사구는 부사와 마찬가지로 술어 앞에 위치한다.

정답 吸烟对身体没有好处。 흡연은 신체에 장점이 없다.

예제 2

好像   我以前   什么地方   见过他   在

분석 好像 hǎoxiàng 부 마치 ~같다 / 什么地方 shénme dìfang 어느 곳

Point 1. 주어, 술어, 목적어를 배치한다.
2. 주어, 술어, 목적어, 관형어가 아닌 단어들 즉, '부사 + 조동사 + 전치사구'는 술어 앞(부사어)에 온다.
3. 전치사는 혼자 쓰이지 못한다. 대부분 명사가 뒤에 짝꿍처럼 와서 전치사구를 만들어야 한다.
   → 전치사 + 명사 = 전치사구

해설

주어	부사어			술어	목적어
我	以前	好像	在	什么地方	见过他
	↓	↓	↓		
	부사	부사	전치사구		

단어 뒤에 '过'가 있으면 일반적으로 술어이다. '见过他(그를 본 적 있다)'는 목적어 '他'까지 함께 묶어 출제되었다. 한 번에 술어와 목적어를 잡을 수 있다. 그럼 주어는 '我以前(나는 예전에)'으로 이 단어도 부사 '以前(예전)'이 함께 묶어 출제되었다. 남은 어휘는 전치사 '在(~에서)'이다. 전치사는 뒤에 명사를 받아야 하므로 장소 표현인 '什么地方(어떤 곳에서)'을 붙여 전치사구를 만들어준다. 전치사구는 부사어 자리에 온다. '好像(마치 ~같다)'은 부사인데, 부사 역시 부사어 자리에 온다. 따라서 부사어 자리에 위치해야 하는 어휘가 2개이다. 이 경우 부사어의 순서는 부사 '好像' + 조동사 + 전치사구 '在什么地方' 이다.

정답 我以前好像在什么地方见过他。 나는 예전에 어딘가에서 그를 본 적이 있는 것 같다.

제2부분

介绍 ▶ _____

❶ 제시 어휘와 그림을 확인해라!

제시 어휘는 '介绍 jièshào (소개하다)', 품사는 동사이고, 그림은 아름다운 호수의 풍경이다. 그럼 무엇을 소개하는지 그림을 보면서 관련 어휘들을 연상해보자.

> 这座山 이 산, 这里的风景 이곳의 풍경 ……

❷ 주어를 잡아보자.

누가 저 곳을 소개하고 있는지 주어를 만들어보자. 그림에서는 주어가 보이지 않지만, 스스로 자유롭게 주어를 만들어보자!

> 中国朋友 중국친구, 老师 선생님, 妈妈 엄마, 这本书 이 책, 这张画 이 그림 ……

❸ '주어 + 술어 + 목적어'로 기본적인 문장을 만들어보자.

> 中国朋友/介绍/这里的风景。 중국 친구는 이곳의 풍경을 소개한다.
> 这张画/介绍/中国黄山。 이 그림은 중국 황산을 소개한다.

❹ 기본문장에 부사와 전치사구를 넣어보자.

> 这张画/只/介绍/这里的风景。 이 그림은 단지 이곳의 풍경을 소개할 뿐이다.
>   [부사]
> 我们/今天/对这里的风景/进行介绍。 우리는 오늘 이곳의 풍경에 대해 소개를 진행하겠다.
>   [부사]   [전치사구]
> 中国朋友/现在/给我/介绍/这里的风景呢。 중국 친구는 지금 나에게 이곳의 풍경을 소개하고 있다.
>   [부사][전치사구]
>
> **TIP** 문장 끝에 '呢'를 넣어 진행을 표현하기도 한다.

제1부분

전치사가 보이면 빠르게 그 전치사와 어울리는 적절한 명사를 찾아 전치사구를 만들어라! 그리고 나서 '주＋술＋목'을 잡은 후, 전치사구를 술어 앞에 넣어보자!

문제 1   很好的   提供了   大家   阅读环境   图书馆   为

▶ 답 _____

▶ 해석 _____

문제 2   就想   演员   她从小   成为   一名

▶ 답 _____

▶ 해석 _____

문제 3   很有   我   对明天的   信心   表演

▶ 답 _____

▶ 해석 _____

문제 4   大概有   两公里   加油站   离这儿

▶ 답 _____

▶ 해석 _____

문제 5   坚持   对身体   锻炼   有好处

▶ 답 _____

▶ 해석 _____

제2부분

문제 1

满意

▶ 답 1 _____

▶ 답 2 _____

문제 2

图书馆

▶ 답 1 _____

▶ 답 2 _____

문제 3

减肥

▶ 답 1 _____

▶ 답 2 _____

마무리 PT

학습시간 0 5 분

1 留下了很深的印象
liúxià le hěn shēn de yìnxiàng
깊은 인상을 남기다

* 留…印象 liú…yìnxiàng
~한 인상을 남기다

2 刮大风
guā dàfēng
바람이 세게 불다

* 刮…风 guā…fēng
~바람이 불다

3 下起了大雨。
Xiàqǐ le dàyǔ.
비가 많이 내리기 시작했다.

* 下…雨 xià…yǔ
~비가 내리다

4 减肥成功了。
Jiǎnféi chénggōng le.
다이어트에 성공했다.

* 减肥 jiǎnféi
다이어트

5 不敢看女朋友的眼睛
bùgǎn kàn nǚpéngyou de yǎnjing
감히 여자친구의 눈을 쳐다보지 못하다

* 不敢 bùgǎn
감히 ~하지 못하다

6 今天晚上的月亮又大又圆。
Jīntiān wǎnshàng de yuèliang yòu dà yòu yuán.
오늘 저녁의 달은 크고 둥글다.

* 又…又… yòu…yòu…
또 ~하고, 또 ~하다

7 汉语越学越有意思。
Hànyǔ yuè xué yuè yǒu yìsi.
중국어는 배울수록 재미있다.

* 越…越… yuè…yuè…
~할수록 ~하다

8 千万别迟到!
Qiānwàn bié chídào!
절대 지각하지 말아라!

* 千万别… qiānwàn bié…
절대 ~하지 말아라

9 来不及 ↔ 来得及
láibují ↔ láidejí
늦다, 제시간에 댈 수 없다 ↔ 늦지 않다, 제시간에 댈 수 있나

* 来不及 láibují
늦다
= 没来得及 méi láidejí

10 学游泳对人们的健康很有好处。
Xué yóuyǒng duì rénmen de jiànkāng hěn yǒu hǎochù.
수영을 배우는 것은 사람들의 건강에 매우 장점이 있다.

* 对A很有…
duì A hěn yǒu…
A에 대해 매우 ~가 있다

Day 4

듣기 제1부분 ④ | 문제와 녹음의 일치 여부 판단하기
긍정이냐? 부정이냐? 그것이 문제로다!

어휘 PT ● Track 04-1   학습시간 10분

예제 1
- 材料 cáiliào 명 자료
- 打印 dǎyìn 동 인쇄하다
- 客厅 kètīng 명 객실, 응접실
- 果汁 guǒzhī 명 과일주스, 과즙
- 剩 shèng 동 남다
- 页 yè 명 페이지 양 쪽 [페이지를 셀 때 쓰임]
- 弄完 nòngwán 동 다 하다, 다 완성하다

예제 2
- 联系不上 liánxì bu shàng 동 연락이 안 되다
- 从来 cónglái 부 여태껏, 지금까지
- 准时 zhǔnshí 형 정확하다, 제때에 오다
- 说好 shuōhǎo 동 약속하다, 말을 잘 끝내다
- 不但…也… búdàn…yě… 접 ~할 뿐만 아니라, 또 ~하다
- 不接 bùjiē 동 (전화 등을) 받지 않다
- 连…都… lián…dōu… 접 ~조차도, 모두 ~하다
- 发短信 fā duǎnxìn 문자메시지를 보내다

문제 1
- 正式 zhèngshì 형 정식의, 공식의
- 通知 tōngzhī 동 통지하다, 알리다
- 暂时 zànshí 부 잠시, 잠깐
- 消息 xiāoxi 명 소식
- 估计 gūjì 동 ~라 예측하다

문제 2
- 出汗 chūhàn 동 땀이 나다
- 受不了 shòubuliǎo 동 견딜 수 없다, 참을 수 없다

문제 3
- 修理 xiūlǐ 동 수리하다
- 无需 wúxū 동 ~할 필요가 없다
- 付钱 fùqián 동 돈을 지불하다
- 不好意思 bùhǎoyìsi 미안합니다
- 过 guò 동 지나다, 지나치다
- 保修期 bǎoxiūqī 명 수리보증기간
- 免费 miǎnfèi 동 무료로 하다, 공짜이다
- 大概 dàgài 부 아마(도), 대개

문제 4
- 不久 bùjiǔ 형 오래되지 않다
- 却 què 부 오히려
- 长大 zhǎngdà 형 성장하다, 자라다
- 离开 líkāi 동 떠나다
- 因此 yīncǐ 접 이로 인하여, 이로써
- 感情 gǎnqíng 명 감정, 친근감

문제 5
- 与 yǔ 전 ~와, ~과
- 交流 jiāoliú 동 교류하다
- 熟悉 shúxī 형 잘 알다, 익숙하다
- 经历 jīnglì 명 경험, 경력
- 开玩笑 kāiwánxiào 동 농담하다, 웃기다
- 幽默 yōumò 형 유머러스 하다

문제 6
- 总是 zǒngshì 부 늘, 항상, 언제나
- 羡慕 xiànmù 형 부러워하다, 흠모하다
- 忘记 wàngjì 동 잊어버리다, 까먹다
- 发现 fāxiàn 동 발견하다

❶ 긍정인지 부정인지! 질문을 미리 읽어 확인하자.

듣기는 질문만 미리 확인해도 이미 반 이상 문제에 접근한 것이나 마찬가지이다! 그리고 질문에서 너무 벗어난 녹음이 나올 가능성도 사실 거의 없다! 질문을 보고 긍정문인지, 부정문인지 확인하자. 대부분 긍정형을 부정형으로 바꾸어, 부정형을 긍정형으로 바꾸어서 출제되고 있다.

긍정형	부정형
父母对孩子要讲信用。 부모는 아이에게 신용이 있어야 한다.	不要总是羡慕别人。 항상 다른 사람을 부러워하지 말아라.
他希望大家能提些意见。 그는 모두가 의견을 제시하기를 희망한다.	他联系不上小李。 그는 샤오리와 연락이 안 된다.
今天报名还来得及。 오늘 등록은 아직 늦지 않았다.	她对那条裙子不满意。 그녀는 그 치마에 만족하지 않는다.
他决定参加聚会。 그는 모임에 참가하기로 결정했다.	飞机还没起飞。 비행기가 아직 이륙하지 않았다.

❷ 긍정/부정 문제는 어떻게 출제가 될까?

★ 女儿不同意打针。　　(×)

녹음　女儿发烧了，我带她去医院。大夫给她打了一针，三岁的女儿尽管很害怕打针，不过她没有哭。

질문에서는 '딸이 주사 맞는 것에 동의하지 않았다'라고 하고 있다. 녹음에서 '不同意'한 부정적인 상황을 잘 판단해야 하는데, 녹음 중간 부분 '大夫给她打了一针'이라고 하는 부분을 통해 '의사가 그녀에서 주사를 놨다'라는 것을 알 수 있다. 즉 주사 맞는 것에 동의했다는 것을 추측할 수 있다. 질문의 부정적인 상황과 녹음의 긍정적인 상황이 일치하지 않으므로 정답은 ×로 판단한다.

❸ 녹음 듣기가 끝나면 고민하지 말고 바로 정답을 체크하자.

조금 더 생각하고 답을 결정하려고 하면, 다음 문제를 확인할 시간이 없어진다. 잠시라도 머뭇거린다면 다음 문제에 영향을 미칠 수 있다. 정답이 헷갈린다면, 감각으로 정답을 빠르게 체크하고 미련 없이 다음 문제를 풀어내야 한다. 지나간 문제에 연연하지 말자!

❹ 듣기 45문제 중, 듣기 제1부분은 총 10문제이다!

듣기 제1부분의 10문제는 질문만 보고 상식으로 접근할 수 있는 것인지, 핵심 어휘가 일치하는지 불일치하는지, 전체적인 뉘앙스를 얼마나 빨리 확인하는지, 긍정과 부정의 느낌 파악을 얼마나 빨리 하는지가 매우 중요하다!
질문을 먼저 확인한 후에, 감각적으로 들리는 것이 바로 정답이라는 것을 잊지 말고, 정답을 찾아나가보자!

 **예제 1**   Track **04-2**

★ 材料还没打印完。　（　　）	★ 자료가 아직 다 인쇄되지 않았다.
你先在客厅等我一下，喝点儿果汁，我还剩最后几页材料没打印完，弄完咱们马上就出发。	너 먼저 거실에서 나를 기다려줘. 과일주스 좀 마시면서. 나 아직 남아있는 마지막 몇 페이지 자료를 다 인쇄하지 못 했어. 다 하면 우리 바로 출발하자.

해설 기다리라고 하고선, 자료를 아직 다 인쇄하지 못 했다고 하였다. 핵심은 자료들을 인쇄하였는지, 못 했는지를 파악하는 문제인데 문제와 녹음에서 인쇄를 다 하지 못 했다고 했으니 부정적인 상황이 일치한다.

정답 ✓

예제 2   Track **04-3**

★ 他联系不上小李。　（　　）	★ 그는 샤오리와 연락이 안 된다.
小李从来都很准时，今天这是怎么了？本来说好7点见面的，现在不但人没来，打手机也不接，连发短信都不回。	샤오리는 지금까지 시간을 매우 잘 지켰는데, 오늘은 무슨 일이지? 원래 7시에 만나기로 했는데 지금 오지도 않고, 휴대전화도 받지 않고 문자메시지를 보내도 대답이 없다.

해설 처음에는 샤오리가 시간을 잘 지키는 사람이라고 해서 혼동할 수 있으므로 반드시 끝까지 들어야 한다. 그런데 오지도 않고 전화도 안 받고 문자메시지에 회신도 없다 라고 하며 연락이 안 되는 상황을 계속 제시하고 있다. 이중 하나라도 들으면 된다! 정답은 지금 샤오리와 연락이 안 되는 상황이다.

정답 ✓

| 실전 PT | Track 04-4 |

질문을 보고 긍정형 내용인지, 부정형 내용인지 확인하자. 긍정이 부정으로, 부정이 긍정으로 바뀌어 출제되는 경우가 많다! 문제를 미리 확인하고 정확하게 들어내자!

문제 1 ★ 正式通知还没下来。 (   )

문제 2 ★ 他希望快点儿下雪。 (   )

문제 3 ★ 修理电脑无需付钱。 (   )

문제 4 ★ 他刚来这儿不久。 (   )

문제 5 ★ 他不喜欢与人交流。 (   )

문제 6 ★ 不要总是羡慕别人。 (   )

독해 제1부분 ❹ | 빈칸 채우기
네 이름이 뭐니? 명사

어휘 PT

학습시간 1 0 분

예제 1	
饺子 jiǎozi	명 교자 [만두의 일종]
理发 lǐfà	명 이발
方法 fāngfǎ	명 방법
重点 zhòngdiǎn	명 중점
发展 fāzhǎn	명 발전
态度 tàidu	명 태도
过年 guònián	동 설을 쇠다, 명절을 보내다
全家人 quánjiārén	명 온 가족
包 bāo	동 싸다, 싸매다
热闹 rènao	형 시끌벅적하다

예제 2	
杂志 zázhì	명 잡지
座位 zuòwèi	명 좌석
费用 fèiyòng	명 비용
温度 wēndù	명 온도
味道 wèidao	명 맛
短信 duǎnxìn	명 문자메시지
不好意思 bùhǎoyìsi	미안합니다
抱歉 bàoqiàn	동 미안해하다, 죄송하다
以为 yǐwéi	동 ~라 여기다

보기 1-3	
中文 Zhōngwén	명 중국어
交通 jiāotōng	명 교통
公里 gōnglǐ	양 킬로미터
汗 hàn	명 땀
能力 nénglì	명 능력
海洋 hǎiyáng	명 바다

문제 1	
方便 fāngbiàn	형 편리하다
地球 dìqiú	명 지구
好像 hǎoxiàng	부 마치 ~와 같다

문제 2	
离 lí	전 ~로 부터
机场 jīchǎng	명 공항
至少 zhìshǎo	부 최소한, 적어도
一刻 yíkè	명 15분

문제 3	
得 děi	조동 반드시 ~해야 한다
洗澡 xǐzǎo	동 목욕하다, 샤워하다
出汗 chūhàn	동 땀이 나다
特别 tèbié	부 특히
难受 nánshòu	형 괴롭다

보기 4-6	
工具 gōngjù	명 도구
肚子 dùzi	명 배, 복부
经验 jīngyàn	명 경험
广播 guǎngbō	명 방송
作家 zuòjiā	명 작가
出口 chūkǒu	명 출구

문제 4	
就要…了 jiùyào…le	짝꿍 곧, 머지않아 ~이다
起飞 qǐfēi	동 이륙하다
没事 méishì	동 상관없다, 괜찮다
国际航班 guójì hángbān	명 국제 항공편
推迟 tuīchí	동 미루다, 연기하다
逛逛 guàngguang	동 둘러보다, 돌아다니다

문제 5	
语言 yǔyán	명 언어
不够 búgòu	형 충분하지 않다
才 cái	부 비로소

문제 6	
到 dào	동 도달하다, 도착하다
堵车 dǔchē	동 차가 막히다

① 사물/사람의 이름, 바로 명사!

모든 사물과 사람은 자신만의 이름을 가지고 있다. 그 이름을 우리는 '명사'라고 한다. 중국어 명사를 발음해 보면, 우리나라 말과 거의 비슷하게 읽힌다.

> 气候 qìhòu 기후 | 理想 lǐxiǎng 이상, 꿈 | 文章 wénzhāng 문장, 글 | 温度 wēndù 온도 ……

일반적으로 명사는 2음절일 가능성이 높고, 출제빈도도 2음절 명사가 가장 많이 출제가 된다.

② 명사가 놓이는 위치는 바로 주어, 목적어, 전치사구 자리에!

명사는 주로 주어 자리(문장 맨 앞), 목적어 자리(문장 끝), 전치사구(전치사 + 명사) 자리에 온다.

> [관형어] + 주어 + [부사/조동사/전치사구] + 술어 + [보어] + [관형어] + 목적어
>
> 小李　　不　想　跟朋友　吃　　　　　饭。 샤오리는 친구와 밥을 먹고 싶지 않다.
> 　명사　　　　　　명사　　　　　　　　명사

③ 명사는 구조조사(……的) 뒤에 온다.

즉, 명사는 관형어의 수식을 받을 수 있다.

> 구조조사(……的) + 명사
>
> 漂亮　的　女人　예쁜 여인
> 今天　的　新闻　오늘의 뉴스

④ 명사는 '수사/지시사 + 양사' 뒤에 온다.

중국어에서는 명사를 셀 때 반드시 앞에 수사 혹은 지시사와 양사를 함께 써야 한다. 각각의 명사에 어울리는 양사가 따로 있으니 나올 때마다 알아두어야 한다. 뒷페이지의 PT팁 3을 참고하자.

> (수사 + 양사 + 명사)
>
> 一 / 本 / 书　한 권의 책　　　　　　三 / 棵 / 葡萄树　세 그루의 포도나무
>
> (지시사 + 양사 + 명사)
>
> 那 / 件 / 衣服　저 (한 벌의) 옷　　　这 / 双 / 袜子　이 (한 쌍의) 양말

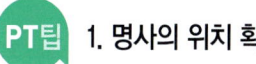 1. 명사의 위치 확인

沙发 소파 shāfā	这个**沙发** / 有点儿重。　이 소파는 조금 무겁다. 　　　주어
网站 웹사이트 wǎngzhàn	很多**网站** / 都对这次**活动** / 进行了 / **报道**。　많은 웹사이트들이 이번 행사에 대해 보도를 진행했다. 　　주어　　　　　전치사구　　　　　　목적어
报道 보도 bàodào	这篇**报道** / 是王教授写的。　이 한 편의 보도는 왕 교수가 쓴 것이다. 　　주어
新闻 뉴스 xīnwén	我 / 在**新闻**上 / 看到了 / 这个**消息**。　나는 뉴스에서 이 소식을 보았다. 　　　전치사구　　　　　　목적어
计划 계획 jìhuà	我 / 不得不放弃 / 今天的**计划**。　나는 어쩔 수 없이 오늘의 계획을 포기했다. 　　　　　　　　　　　목적어
距离 거리 jùlí	**手机** / 拉近了 / 人与人之间的**距离**。　휴대전화는 사람과 사람 사이의 거리를 좁혔다. 　주어　　　　　　　　목적어

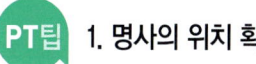 2. 시험에 꼭 나오는 명사 어휘 표현

장소명사	地球 dìqiú 지구 ｜ 入口 rùkǒu 입구 ｜ 出口 chūkǒu 출구 ｜ 森林 sēnlín 삼림 ｜ 老家 lǎojiā 고향 ｜ 海洋 hǎiyáng 바다 ｜ 当地 dāngdì 그 지역 ｜ 超市 chāoshì 슈퍼마켓 ｜ 厨房 chúfáng 주방 ｜ 客厅 kètīng 거실 ｜ 路上 lùshang 길 ｜ 机场 jīchǎng 공항 ｜ 大使馆 dàshǐguǎn 대사관 ｜ 亚洲 Yàzhōu 아시아 ｜ 长城 Chángchéng 만리장성
방향·범위명사	其中 qízhōng 그 중에서 ｜ 范围 fànwéi 범위 ｜ 地址 dìzhǐ 주소 ｜ 方向 fāngxiàng 방향 ｜ 周围 zhōuwéi 주변 ｜ 距离 jùlí 거리
시간명사	放假 fàngjià 방학하다 ｜ 寒假 hánjià 겨울방학 ｜ 暑假 shǔjià 여름방학 ｜ 春节 Chūn Jié 설 ｜ 过年 guònián 명절을 쇠다 ｜ 将来 jiānglái 장래 ｜ 世纪 shìjì 세기 ｜ 季节 jìjié 계절 ｜ 暂时 zànshí 잠시
교통명사	交通 jiāotōng 교통 ｜ 高速公路 gāosùgōnglù 고속도로 ｜ 航班 hángbān 항공편 ｜ 飞机 fēijī 비행기 ｜ 登机牌 dēngjīpái 탑승권
동물 관련 명사	大熊猫 dàxióngmāo 판다 ｜ 猴子 hóuzi 원숭이 ｜ 狮子 shīzi 사자 ｜ 老虎 lǎohǔ 호랑이
직업·인물 관련 명사	大夫 dàifu 의사 ｜ 护士 hùshi 간호사 ｜ 律师 lǜshī 변호사 ｜ 司机 sījī (운전)기사 ｜ 导游 dǎoyóu 가이드 ｜ 教授 jiàoshòu 교수 ｜ 作家 zuòjiā 작가(= 作者 zuòzhě) ｜ 记者 jìzhě 기자 ｜ 警察 jǐngchá 경찰 ｜ 师傅 shīfu 선생님 ｜ 夫妻 fūqī 부부 ｜ 亲戚 qīnqi 친척 ｜ 孙子 sūnzi 손자 ｜ 硕士 shuòshì 석사 ｜ 博士 bóshì 박사 ｜ 顾客 gùkè 고객 ｜ 演员 yǎnyuán 연기자 ｜ 观众 guānzhòng 관중 ｜ 房东 fángdōng 집주인 ｜ 小伙子 xiǎohuǒzi 젊은이, 총각

신체명사	眼睛 yǎnjing 눈 | 腿 tuǐ 다리 | 胳膊 gēbo 팔 | 头 tóu 머리 | 肚子 dùzi 배, 복부 | 皮肤 pífū 피부 | 汗 hàn 땀 | 力气 lìqi 힘 | 生命 shēngmìng 생명 | 年龄 niánlíng 나이 | 样子 yàngzi 생김새
심리활동 명사	爱情 àiqíng 사랑 | 看法 kànfǎ 견해 | 理想 lǐxiǎng 꿈 | 信心 xìnxīn 자신감 | 印象 yìnxiàng 인상 | 意见 yìjiàn 의견 | 态度 tàidu 태도 | 脾气 píqi 성격 | 压力 yālì 스트레스 | 主意 zhǔyi 아이디어
음식 명사	小吃 xiǎochī 간식 | 巧克力 qiǎokèlì 초콜릿 | 饼干 bǐnggān 비스킷 | 面包 miànbāo 빵 | 西红柿 xīhóngshì 토마토 | 葡萄 pútáo 포도 | 盐 yán 소금 | 饮料 yǐnliào 음료 | 果汁 guǒzhī 과일주스 | 糖 táng 설탕 | 汤 tāng 탕, 국 | 饺子 jiǎozi 교자 | 包子 bāozi 만두 | 烤鸭 kǎoyā 오리구이 | 酸辣汤 suānlàtāng 쏸라탕(시고 매운탕) | 矿泉水 kuàngquánshuǐ 광천수
물건·사물 명사	牙膏 yágāo 치약 | 牙刷 yáshuā 칫솔 | 毛巾 máojīn 수건 | 衬衫 chènshān 셔츠 | 镜子 jìngzi 거울 | 钥匙 yàoshi 열쇠 | 盒子 hézi 통, 함 | 塑料袋 sùliàodài 비닐봉투 | 信用卡 xìnyòngkǎ 신용카드 | 现金 xiànjīn 현금 | 零钱 língqián 잔돈 | 杂志 zázhì 잡지 | 材料 cáiliào 자료 | 洗衣机 xǐyījī 세탁기 | 空调 kōngtiáo 에어컨 | 传真机 chuánzhēnjī 팩스기 | 洗碗机 xǐwǎnjī 식기세척기 | 座位 zuòwèi 좌석 | 家具 jiājù 가구 | 沙发 shāfā 소파 | 行李箱 xínglǐxiāng 트렁크, 여행가방 | 行李 xíngli 짐
자연 관련 명사	空气 kōngqì 공기 | 阳光 yángguāng 태양 | 气候 qìhòu 기후 | 温度 wēndù 온도 | (下)雪 (xià)xuě 눈(이 내리다) | (下)雨 (xià)yǔ 비(가 내리다) | 风景 fēngjǐng 풍경 | 四叶草 sìyècǎo 네잎 클로버 | 叶子 yèzi 잎
수량·순서 관련 명사	顺序 shùnxù 순서 | 数量 shùliàng 수량 | 数字 shùzì 숫자 | 号码 hàomǎ 번호 | 密码 mìmǎ 암호, 비밀번호 | 传真号码 chuánzhēn hàomǎ 팩스번호
활동·행사 관련 명사	活动 huódòng 행사 | 京剧 jīngjù 경극 | 比赛 bǐsài 시합, 경기 | 新闻 xīnwén 신문 | 报道 bàodào 보도 | 节日 jiérì 기념일 | 假日 jiàrì 휴일 | 社会活动 shèhuì huódòng 사회활동 | 打折活动 dǎzhé huódòng 할인행사
언어 명사	语言 yǔyán 언어 | 中文 Zhōngwén 중국어 | 语法 yǔfǎ 어법 | 句子 jùzi 문장 | 字 zì 글자 | 词 cí 단어 | 普通话 pǔtōnghuà 표준어
자주 출제되는 기타 명사들	情况 qíngkuàng 상황 | 文章 wénzhāng 문장 | 答案 dá'àn 답안 | 基础 jīchǔ 기초 | 计划 jìhuà 계획 | 经验 jīngyàn 경험 | 经历 jīnglì 경험 | 效果 xiàoguǒ 효과 | 结果 jiéguǒ 결과 | 精神 jīngshén 정신, 활력 | 信息 xìnxī 정보 | 消息 xiāoxi 소식 | 笑话 xiàohua 우스운 이야기 | 网站 wǎngzhàn 웹사이트 | 广播 guǎngbō 방송 | 原因 yuányīn 이유 | 责任 zérèn 책임 | 质量 zhìliàng 품질 | 重点 zhòngdiǎn 중점 | 建议 jiànyì 건의 | 功夫 gōngfu 무술, 재주, 시간 | 工具 gōngjù 도구, 수단 | 方法 fāngfǎ 방법 | 短信 duǎnxìn 문자메시지 | 信封 xìnfēng 편지봉투 | 区别 qūbié 차이 | 费用 fèiyòng 비용

PT팁 3. 명사를 세는 전용 양사 표현

	양사	양사 + 명사 표현 정리
1	场 chǎng 편, 개 공연, 체육활동 등을 세는 단위	一场演出 yì chǎng yǎnchū (하나의) 공연	一场比赛 yì chǎng bǐsài (하나의) 시합	一场电影 yì chǎng diànyǐng (한 편의) 영화
2	个 ge 개 사람, 사물에 두루 사용하는 단위	一个人 yí ge rén (한) 사람	一个答案 yí ge dá'àn (하나의) 답안	一个方法 yí ge fāngfǎ (하나의) 방법	一个消息 yí ge xiāoxi (한 개의) 소식	一个好处 yí ge hǎochù (하나의) 장점
3	位 wèi 분, 명 공경의 뜻으로 사람을 표현하는 단위	一位客人 yí wèi kèrén (한 분의) 손님	一位老师 yí wèi lǎoshī (한 분의) 선생님	一位律师 yí wèi lǜshī (한 분의) 변호사
4	本 běn 권, 부 책을 세는 단위	一本小说 yì běn xiǎoshuō (한 권의) 소설	一本书 yì běn shū (한 권의) 책	一本杂志 yì běn zázhì (한 권의) 잡지	一本词典 yì běn cídiǎn (한 권의) 사전
5	件 jiàn 벌, 개 의류, 가구 등을 세는 단위	一件衣服 yí jiàn yīfu (한 벌의) 옷	一件家具 yí jiàn jiājù (하나의) 가구
6	双 shuāng 짝, 켤레, 쌍 쌍을 이루는 사물을 세는 단위	一双袜子 yì shuāng wàzi (한 쌍의) 양말	一双筷子 yì shuāng kuàizi (한 쌍의) 젓가락
7	朵 duǒ 송이, 개 꽃, 구름 등을 세는 단위	一朵花 yì duǒ huā (한 송이의) 꽃	一朵白云 yì duǒ báiyún (하나의) 흰 구름
8	棵 kē 그루, 개 식물, 나무 등을 세는 단위	一棵树 yì kē shù (한 그루의) 나무	一棵草 yì kē cǎo (하나의) 풀
9	份 fèn 조각, 세트로 된 것을 세는 단위	一份材料 yí fèn cáiliào (하나의) 자료	一份文件 yí fèn wénjiàn (하나의) 문건	一份礼物 yí fèn lǐwù (하나의) 선물
10	台 tái 대, 개 기계 등을 세는 단위	一台电脑 yì tái diànnǎo (한 대의) 컴퓨터	一台照相机 yì tái zhàoxiàngjī (한 대의) 사진기	一台洗衣机 yì tái xǐyījī (한 대의) 세탁기	一台电视 yì tái diànshì (한 대의) 텔레비전
11	只 zhī 마리 동물을 세는 단위	一只老虎 yì zhī lǎohǔ (한 마리의) 호랑이	一只猴子 yì zhī hóuzi (한 마리의) 원숭이	一只狮子 yì zhī shīzi (한 마리의) 사자	一只大熊猫 yì zhī dàxióngmāo 판다

12	**篇 piān** 편 문장, 종이, 글 등을 세는 단위	一篇文章 yì piān wénzhāng (한 편의) 문장 ǀ 一篇小说 yì piān xiǎoshuō (한 편의) 소설 ǀ 一篇纸 yì piān zhǐ (한 편의) 종이
13	**座 zuò** 큰 건물, 산 등 큰 것을 세는 단위	一座山 yí zuò shān (한 개의) 산 ǀ 一座高楼 yí zuò gāolóu (한 개의) 고층건물
14	**群 qún** 무리 무리를 세는 단위	一群人 yì qún rén (한 무리의) 사람들 ǀ 一群孩子 yì qún háizi (한 무리의) 아이들 ǀ 一群狗 yì qún gǒu (한 무리의) 개 들
15	**公里 gōnglǐ** 킬로미터(단위)	200公里 liǎng bǎi gōnglǐ 200킬로미터 ǀ 30公里 sān shí gōnglǐ 30킬로미터
16	**把 bǎ** 우산, 열쇠 등 긴 사물을 세는 단위	一把雨伞 yì bǎ yǔsǎn (한 개의) 우산 ǀ 一把钥匙 yì bǎ yàoshi (한 개의) 열쇠
17	**片 piàn** 조각 조각으로 된 사물을 세는 단위	一片叶子 yí piàn yèzi (한 조각의) 잎사귀
18	**张 zhāng** 장, 개 종이나 종이처럼 평평한 사물을 세는 단위	一张纸 yì zhāng zhǐ (한 장의) 종이 ǀ 一张信用卡 yì zhāng xìnyòngkǎ (한 장의) 신용카드 ǀ 一张表格 yì zhāng biǎogé (한 장의) 표
19	**瓶 píng** 병 유리병 등 병모양의 사물을 세는 단위	一瓶饮料 yì píng yǐnliào (한 병의) 음료 ǀ 一瓶果汁 yì píng guǒzhī (한 병의) 과일주스 ǀ 一瓶矿泉水 yì píng kuàngquánshuǐ (한 병의) 광천수 ǀ 一瓶啤酒 yì píng píjiǔ (한 병의) 맥주
20	**遍 biàn** 번, 차례, 회 [왕복] 동량사로 동작의 횟수를 세는 단위	这本小说我看过一遍。 이 소설을 나는 한 번 본 적이 있다. Zhè běn xiǎoshuō wǒ kànguo yí biàn. * 한 동작의 처음부터 끝까지의 전 과정을 가리킴
21	**趟 tàng** 번, 차례 [왕복] 동량사로 동작의 횟수를 세는 단위	我去了一趟中国。 나는 중국을 한 번 갔다 왔다. Wǒ qù le yí tàng Zhōngguó. * 왕래한 횟수를 세는 데 쓰임

예제 1

A 饺子 B 理想 C 方法 D 重点 E 发展 F 态度	A 교자 B 이상, 꿈 C 방법 D 중점 E 발전 F 태도
我最喜欢过年，全家人在一起包（　　　），热闹极了。	나는 명절을 지내는 게 제일 좋다. 온 가족이 다같이 (교자)도 빚고, 정말 시끌벅적하다.

해설 빈칸의 위치를 보면, 주어 자리에 '全家人(온 가족)', 중간 술어 자리에 '包(싸다, 포장하다)', 그 뒤 목적어 자리에 빈칸이 있다. 이 목적어 자리에 들어갈 어휘의 품사는 명사이다. 제시된 어휘 중에 명절에 가족이 같이 무엇을 싸는 것일까? 생각하면 정답은 A 饺子(교자)이다.

TIP 1. 过年 동 명절을 보내다, 설을 쇠다
　　2. 很 + (형용사) / (형용사) + 极了 매우 (형용사)하다
　　　예 很凉快 / 凉快极了 매우 시원하다

정답 A

예제 2

A 杂志 B 座位 C 费用 D 温度 E 味道 F 短信	A 잡지 B 좌석, 자리 C 비용 D 온도 E 맛 F 문자메시지
A: 不好意思，小姐，这是我的 　　（　　　）。 B: 抱歉，我以为这儿没人呢。	A: 죄송한데, 아가씨, 여기는 제 (자리)입니다. B: 죄송합니다. 여기에 사람이 없다고 생각했어요.

해설 빈칸 앞에 '我的'라는 관형어 형태의 어휘가 보인다. '(관형어 + 的) + 명사' 형태를 잊지 말자. '……的' 뒤에는 반드시 명사가 온다! '여기는 저의 (　　)입니다.'라고 했을 때, 대답으로 '여기에 사람이 없는 줄 알았어요.'라고 했으니 빈칸 안에 들어갈 명사는 B 座位(자리, 좌석)가 가장 어울린다.

정답 B

> 명사가 위치하는 자리는 ① 주어 자리(문장 앞), ② 전치사 + 명사(술어 앞), ③ 목적어 자리(문장 끝), ④ 구조조사(的) + 명사, ⑤ 수사/지시사 + 양사 + 명사이다. 잊지 말자!

[1–3]

        A 中文   B 交通   C 公里   D 汗   E 能力   F 海洋

문제 1 因为现在的（   ）变得更方便了，所以地球好像也变得更小了。

문제 2 这儿离机场还有30多（   ），至少还要一刻钟。

문제 3 对不起，我得先回家洗个澡，刚才运动出了一身（   ），特别难受。

[4–6]

        A 工具   B 肚子   C 经验   D 广播   E 作家   F 出口

문제 4 A：快点儿，咱们的飞机就要起飞了。

        B：没事，（   ）里说，国际航班都推迟起飞了，咱可以再逛逛。

문제 5 A：语言是交流的（   ），只记字典、词典里的字、词是不够的，要多听多说。

        B：对，这才是学习汉语的好方法。

문제 6 A：飞机还有30分钟就要起飞了，你怎么还没到？

        B：路上堵车。我现在在（   ）处，马上就到。

쓰기 제1·2부분 ④ | 제시된 어휘로 문장 완성하기
문장의 중심 - 동사를 잡아라!

 전략 PT

학습시간 2 0 분

제1부분

동사란?

동사는 동작이나 상태를 나타내는 품사로, 문장의 가장 중심이 되는 뼈대라고 생각하면 된다. 문장(주어 + 술어 + 목적어)에서 동사는 가운데 술어 자리에 와서 문장을 이끈다. 동사는 앞에서 부가적인 성분인 부사어(부사/조동사/전치사구)의 수식을 받고 뒤에서는 시제를 나타내는 동태조사(了/着/过), 보어, 목적어를 받는다.

① 동사는 뒤에 목적어를 갖는다.

목적어 자리에는 대부분 명사/대명사가 온다.

주어 + 술어(동사) + 목적어(명사/대명사)

我	爱	你。	나는 너를 사랑한다.
我	学习	汉语。	나는 중국어를 공부한다.
我	看	京剧。	나는 경극을 본다.

② 일부 동사는 동사, 형용사, 문장 등을 목적어로 갖는다.

목적어 자리에는 일반적으로 '명사/대명사'가 온다. 하지만 목적어 자리에 '동사/형용사/문장형태'가 오기도 한다.

주어 + 술어(동사) + 목적어(동사/형용사/문장)

| 哥哥 | 喜欢 | 看电影。 | 오빠는 영화 보는 것을 좋아한다. |
| 我 | 认为 | 他很好。 | 나는 그가 매우 괜찮다고 생각한다. |

③ 동사 앞에는 부사, 조동사, 전치사구 같은 수식성분이 올 수 있다.

이러한 수식성분들을 부사어라고 하며 동시에 올 때 순서는 '부사 → 조동사 → 전치사구'의 순으로 온다.

주어 + (부사/조동사/전치사구) + 술어(동사)

我们	正在		上课呢。	우리들은 수업 중이다.	→ 부사 수식
他		可以	做中国菜。	그는 중국요리를 만들 수 있다.	→ 조동사 수식
我			在北京 学习中文。	나는 베이징에서 중국어를 공부한다.	→ 전치사구 수식

④ 동사 뒤에 시제를 나타내는 동태조사가 올 수 있다.

동태조사는 완료의 '了', 진행을 나타내는 '着', 경험을 나타내는 '过'가 있다.

他说了这个消息。	그가 이 소식을 말했다.	→ 了(완료: ~했다)
我听着中国音乐。	나는 중국 음악을 듣고 있다.	→ 着(진행: ~하고 있는 중이다)
我吃过中国菜。	나는 중국음식을 먹어봤다.	→ 过(과거의 경험: ~한 적이 있다)

⑤ 동사는 중첩할 수 있다.

동사를 중첩하면 문장이 부드러워지고 권유, 청유의 느낌을 준다.

我们再商量商量这件事吧。   우리 다시 이 일을 좀 상의해보자.
你吃过韩国菜吗? 一起去尝尝吧。   너 한국요리 먹어본 적 있니? 같이 맛보러 가보자.
你最好先听听大夫的意见。   너는 먼저 의사의 의견을 들어보는 게 가장 좋을 것 같아.

⑥ 한 단어가 '술어(동사) + 목적어' 형태로 이루어진 이합동사!

이합동사는 한 단어이지만 그 자체가 이미 '술어(동사) + 목적어' 형태로 이루어져 있다. 즉 단어 자체가 목적어 성분을 함께 가지고 있으므로 따로 목적어를 가지지 못한다.

生气 shēng / qì 화(를) 내다	睡觉 shuì / jiào 잠(을) 자다
见面 jiàn / miàn 얼굴(을) 보다, 만나다	毕业 bì / yè 졸업(을) 하다
回家 huí / jiā 집(으로) 돌아가다	帮忙 bāng / máng 바쁜 것(을) 돕다, 도와주다
聊天 liáo / tiān 이야기(를) 나누다	洗澡 xǐ / zǎo 목욕(을) 하다
道歉 dào / qiàn 사과(를) 하다	

만약 목적어가 필요한 경우는 대부분 전치사를 사용하여 이합동사 앞에 위치시킨다.

见面 → 跟她 / 见面 그녀와 만나다	毕业 → 从大学 / 毕业 대학을 졸업하다
聊天 → 跟他 / 聊天 그와 이야기를 나누다	

예제 1

语法   没有   这篇   错误   文章

분석 语法 yǔfǎ 명 어법 / 篇 piān 양 편 [글·문장 등을 세는 양사] / 错误 cuòwù 명 잘못, 착오 / 文章 wénzhāng 명 문장, 글

Point 1. 동사와 형용사는 일반적으로 술어 자리에 위치한다.
2. 주어, 술어, 목적어를 먼저 배치한다.
3. '……的', '一本(수량사)', '这次(지량사)'의 형태가 보이면 관형어다.
4. 명사 2개가 모여 하나의 큰 명사를 만들기도 한다.
   예 '环境(환경)' + '污染(오염)' = '环境污染(환경오염)'
5. 술어 앞(부사어)에는 '부사 → 조동사 → 전치사구'의 순서대로 온다.

해설
관형어	주어	술어	목적어
这篇	文章	没有	语法错误

술어는 '没有(없다)'이다. '这篇(이 한 편의)'은 의미적으로 '文章(문장)'과 어울리므로 '这篇文章(이 한 편의 문장)'으로 묶어 주어가 된다. 이 한 편의 문장에는 무엇(목적어)이 없을까? 목적어는 바로 '语法(어법)'와 '错误(오류)'를 묶은 '语法错误(어법 오류)'가 된다.

정답 这篇文章没有语法错误。   이 한 편의 문장은 어법 오류가 없다.

예제 2

都   原因   教授生气的   不知道   大家

분석 原因 yuányīn 명 이유 / 教授 jiàoshòu 명 교수 / 生气 shēngqì 동 화 내다 / 知道 zhīdào 동 알다

Point 1. 주어, 술어, 목적어를 배치한다.
2. '……的', '一本(수량사)', '这次(지량사)'의 형태가 보이면 관형어다.
3. 주어, 술어, 목적어, 관형어가 아닌 단어들 즉, '부사 → 조동사 → 전치사구'는 술어 앞(부사어)에 온다.
4. 부사의 순서는 '어기 → 시간 → 빈도 → 범위 → 정도 → 부정부사'이다.

해설
주어	부사어	술어	관형어	목적어
大家	都	不知道	教授生气的	原因

술어는 동사 '知道(알다)'이다. 동사 앞에 부정부사 '不'가 묶여 나왔다. 주어는 '大家(모두들)', 목적어는 '原因(이유)'이다. 즉, '모두가 이유를 알지 못한다'가 이 문장의 기본 틀이 된다. 남은 어휘를 살펴보자. '都(모두)'는 부사이므로, 술어 앞(부사어 자리)에 위치한다. '教授生气的(교수님이 화 내시는)'는 관형어이다. 관형어는 주어 혹은 목적어 앞에 위치하는데 의미적으로 '교수님이 화 내시는 이유'가 어울리므로, 목적어 앞에 위치해야 한다.

TIP 이 문제는 부사가 2개이다. 범위부사 '都'와 부정부사 '不'. 부사의 나열 순서대로 범위부사가 먼저 위치한다.

정답 大家都不知道教授生气的原因。   모두가 교수님이 화 내시는 이유를 알지 못한다.

제2부분

弹 ▶ _____

① 작문하기에서 가장 많이 출제되는 품사는 동사이다!

단어를 딱 보고, 동작을 나타내고 있으면 바로 동사라는 것을 짐작할 수 있다. 시험에 자주 나왔던 동사들은 다음과 같다.

> 谈 tán 이야기하다, 商量 shāngliang 상의하다, 猜 cāi 추측하다, 抬 tái 들어 올리다, 整理 zhěnglǐ 정리하다, 收拾 shōushi 정리하다, 敲 qiāo 두드리다 ……

② 제시 어휘와 그림을 확인하자.

제시 어휘는 '弹 tán (치다)'이고 품사는 동사이다. 그림은 누군가가 피아노를 치고 있는 모습니다. 동사 '弹'과 어울리는 목적어는 '钢琴 gāngqín (피아노)'이다. (→ 弹钢琴 피아노를 치다)
이제 주어까지 넣어보자! (→ 他弹钢琴。 그는 피아노를 친다.)

③ '주+술+목'이 만들어졌으면 진행형 문장으로 만들어보자.

> (正)在 + 술어(동사) + 着 + 목적어 + 呢
> 他在弹着钢琴呢。   그는 지금 피아노를 치는 중이다.

④ 조동사를 넣어보자.

> 주어 + 조동사 + 술어 + 목적어
> 他 / 会 / 弹 / 钢琴。   그는 피아노를 칠 수 있다.
>
> **TIP** 조동사 '会 huì'는 '(배워서) 할 수 있다'는 뜻이다.

⑤ 부사와 전치사구도 넣고 문장을 만들어보자.

> 주어 + 부사어 [부사 → 전치사구] + 술어 + 목적어
> 他 / 现在 / 在学校 / 弹 / 钢琴呢。   그는 지금 학교에서 피아노를 치고 있다.
>   　 　부사　 전치사구　 동사　 명사

98 PART 1

실전 PT

제1부분

제일 먼저 동사를 찾아서 문장 중간의 술어 자리에 배치하자. 그리고 문장 앞에는 주어, 문장 맨 뒤에는 목적어를 넣어 자리를 잡아준다. 이렇게 '주+술+목' 기본 뼈대가 완성이 되면, 나머지 단어를 성분에 따라 알맞은 위치에 넣어보자. 부사이면 동사 앞! 구조조사(的)가 있으면 주어 앞이나 목적어 앞에 넣어보자!

문제 1   是   我丈夫   十分浪漫的   一个   人

▶ 답 _____

▶ 해석 _____

문제 2   全球气候   我们   问题   重点讨论了

▶ 답 _____

▶ 해석 _____

문제 3   计划   都   这个   所有的人   反对

▶ 답 _____

▶ 해석 _____

문제 4   果汁   几瓶   买   顺便   吧

▶ 답 _____

▶ 해석 _____

문제 5   大家的   共同努力   保护环境   需要

▶ 답 _____

▶ 해석 _____

제2부분

문제 1

咳嗽

▶ 답 1 _____

▶ 답 2 _____

문제 2

上网

▶ 답 1 _____

▶ 답 2 _____

문제 3

聊天

▶ 답 1 _____

▶ 답 2 _____

 마무리 PT 학습시간 05분

1 连发短信都不回。
Lián fā duǎnxìn dōu bù huí.
문자메시지를 보내도 대답이 없다.

* 连A都B lián A dōu B
  A조차도, 모두 B하다

2 出了一身汗
chū le yìshēn hàn
온몸에 땀이 흐르다

* 出…汗 chū…hàn
  ~땀나다

3 热得受不了
rè de shòubuliǎo
견딜 수 없을 정도로 덥다

* 受不了 shòubuliǎo
  참을 수 없다, 견딜 수 없다

4 不好意思。
Bùhǎoyìsi.
죄송합니다, 미안합니다.

5 过保修期
guò bǎoxiūqī
수리보증기간이 지나다

* 过 guò
  (시간 등이) 경과하다, 지나다

6 免费修理
miǎnfèi xiūlǐ
무료로 수리하다

* 免费 miǎnfèi
  무료

7 语言是交流的工具。
Yǔyán shì jiāoliú de gōngjù.
언어는 교류의 도구이다.

* 工具 gōngjù
  도구, 수단

8 顺便买几瓶果汁吧!
Shùnbiàn mǎi jǐ píng guǒzhī ba!
사는 김에 과일주스도 몇 병 사자!

* 顺便 shùnbiàn
  겸사겸사, ~하는 김에

9 外面热闹极了。
Wàimiàn rènao jíle.
바깥이 너무 떠들썩하다.

* …极了 …jíle
  매우 ~하다

10 国际航班都推迟起飞了。
Guójì hángbān dōu tuīchí qǐfēi le.
국제 항공편 모두 이륙이 연기되었다.

* 推迟 tuīchí
  연기하다, 미루다

Day 5

듣기 제2·3부분 ❶ | 대화 듣고 질문에 답하기

너는 누구니? '신분 직업 관계' 파악하기

어휘 PT ● Track 05-1 ⏰ 학습시간 10분

예제 1
- 叔叔 shūshu 명 삼촌
- 观众 guānzhòng 명 관중
- 巧克力 qiǎokèlì 명 초콜릿
- 味道 wèidao 명 맛
- 带 dài 동 가지다, 휴대하다
- 送 sòng 동 주다, 선물하다

예제 2
- 邻居 línjū 명 이웃, 이웃집
- 护士 hùshi 명 간호사
- 餐厅 cāntīng 명 식당
- 打招呼 dǎzhāohu 동 인사하다
- 晚会 wǎnhuì 명 저녁 모임
- 节目 jiémù 명 프로그램
- 想起来 xiǎngqǐlái 생각나다
- 有机会 yǒu jīhuì 기회가 있다

문제 1
- 大夫 dàifu 명 의사
- 如果 rúguǒ 접 만약에
- 马上 mǎshàng 부 곧
- 通知 tōngzhī 동 통지하다, 알리다
- 联系 liánxì 동 연락하다

문제 2
- 亲戚 qīnqi 명 친척, 친지
- 尝尝 chángchang 동 맛보다
- 辣白菜 làbáicài 명 배추김치
- 挺…的 tǐng…de 아주, 매우 ~하다

문제 3
- 最后一天 zuìhòu yìtiān 마지막 날
- 到底 dàodǐ 부 도대체
- 报名 bàomíng 동 신청하다, 등록하다
- 商量 shāngliang 동 상의하다
- 决定 juédìng 동 결정하다

문제 4
- 经理 jīnglǐ 명 사장님, 책임자, 지배인
- 律师 lǜshī 명 변호사
- 邀请 yāoqǐng 동 초청하다
- 除了 chúle 접 ~을 제외하고
- 准时 zhǔnshí 부 제때에, 정시에

문제 5
- 突然 tūrán 부 갑자기
- 想起 xiǎngqǐ 생각나다
- 惊喜 jīngxǐ 명 서프라이즈 동 놀라고 기쁘다
- 光 guāng 부 단지, 오직
- 裙子 qúnzi 명 치마, 스커트

문제 6
- 警察 jǐngchá 명 경찰
- 演员 yǎnyuán 명 연기자, 배우
- 大概内容 dàgài nèiróng 대략적인 내용
- 关于 guānyú 전 ~에 관하여
- 故事 gùshi 명 이야기

❶ 듣기 제2, 3부분은 대화문이다!

듣기 문제의 두 번째 유형은 대화문으로 이루어져 있다. 제2부분의 15문제는 남녀가 한 번씩 대화하는 짧은 대화 문제이고, 제3부분의 절반인 10문제는 남녀가 서로 2번 이상 대화를 주고 받는 긴 대화문이다.
4급 듣기에서 가장 많은 비중을 차지하는 게 이 대화문 영역이므로 절대 놓치면 안 되는 부분임을 명심해야 한다. 하지만 시험에 나오는 유형은 정해져 있고 유형에서 크게 벗어나지 않기 때문에 지금부터 열심히 출제 유형을 파악해보자!

❷ 듣기는 역시 보기를 미리 파악해야 한다는 것!

대화문은 보기 4개 중에 정답 하나를 고르는 형식이다. 녹음 시작 전에 보기 4개를 미리 살펴보자. 인물의 신분이나 직업 관련 문제가 나오면 인물 파악 문제구나! 생각하고 정답이 되는 단어가 그대로 들리는 경우가 대부분이기 때문에 관련 어휘가 나오는지 집중해서 들어내야 한다. 어렵게 출제되지 않기 때문에 들리는 어휘에 집중하면서 편안하게 들어보자.
그리고 인물 파악 문제에 잘 나오는 단어를 미리 체크해서 학습해두면 문제를 푸는 데 큰 도움이 된다. 다음 페이지의 PT팁 1을 확인해보자!

❸ 앞부분에 나오는 호칭에 귀 기울여보자!

대부분 첫 시작의 호칭에서부터 결정적인 힌트가 제시되기 때문에, 첫 마디 즉 처음부터 집중해서 들어야 한다. 먼저 빠르게 보기를 살피고 호칭이나 직업과 관련된 단어들이 주를 이룰 경우, 시작 부분을 더욱 유의해서 들어야 한다. 시작이 반이다!라는 말을 잊지 말자.

❹ 그 인물과 관계된 관련 어휘 파악도 중요하다.

조금 어렵게 출제가 된다면, 신분이나 직업을 직접적으로 언급하지 않고 그 인물과 관련된 어휘들이 나와 누구인지를 유추하도록 나올 수도 있다. 예를 들어 '毕业 bìyè(졸업)', '同学 tóngxué(학우)', '老师 lǎoshī(선생님)', '成绩 chéngjì(성적)', '专业 zhuānyè(전공)', '考试 kǎoshì(시험)' 등의 어휘가 들린다면 핵심 어휘 '学生(학생)'을 유추할 수 있어야 한다. 이런 경우를 대비해 관련 어휘도 함께 공부하면 좋다. PT팁 2를 참고하자!

❺ 인물의 직업/신분/관계를 묻는 질문 유형을 확인하자.

问: 敲门的人是谁?   노크한 사람은 누구인가?
问: 男的是做什么的?   남자는 무엇을 하는 사람인가?
问: 小王是从事什么工作的?   샤오왕은 어떤 일에 종사하는가?
问: 饼干是谁送的?   비스킷은 누가 준 것인가?
问: 男的最可能是做什么的?   남자가 무엇을 하는 사람일 가능성이 가장 높은가?

1. 인물·직업·다양한 관계 관련 빈출 어휘　　　　　　　　　　Track 05-2

1	가족	妻子 qīzi 부인	丈夫 zhàngfu 남편	夫妻 fūqī 부부 姐妹 jiěmèi 자매	兄弟 xiōngdì 형제	哥哥 gēge 형, 오빠	姐姐 jiějie 누나, 언니	弟弟 dìdi (친)남동생	妹妹 mèimei (친)여동생 孩子 háizi 아이	儿子 érzi 아들	女儿 nǚ'ér 딸
2	친척	家人 jiārén 가족	爷爷 yéye 할아버지	奶奶 nǎinai 할머니	孙子 sūnzi 손자	孙女 sūnnǚ 손녀	叔叔 shūshu 삼촌	亲戚 qīnqi 친척
3	병원	医生 yīshēng 의사(= 大夫 dàifu)	护士 hùshi 간호사	患者 huànzhě 환자(= 病人 bìngrén)
4	상점	职员 zhíyuán 직원	服务员 fúwùyuán 종업원	售货员 shòuhuòyuán 판매원	顾客 gùkè 고객	客人 kèrén 손님
5	학교	校长 xiàozhǎng 교장	老师 lǎoshī 선생님	教授 jiàoshòu 교수	学生 xuésheng 학생	大学生 dàxuéshēng 대학생	硕士 shuòshì 석사(학위)	博士 bóshì 박사(학위)	同学 tóngxué 학우
6	직장	同事 tóngshì 동료	经理 jīnglǐ 사장, 매니저(= 老板 lǎobǎn)	职员 zhíyuán 직원	秘书 mìshū 비서
7	동료	邻居 línjū 이웃	房东 fángdōng 집주인	朋友 péngyou 친구	小伙子 xiǎohuǒzi 젊은이, 총각
8	다양한 직업	厨师 chúshī 요리사	司机 sījī 기사	警察 jǐngchá 경찰	运动员 yùndòngyuán 운동선수	演员 yǎnyuán 연기자, 배우	导游 dǎoyóu 가이드	律师 lǜshī 변호사	观众 guānzhòng 관중	记者 jìzhě 기자	作家 zuòjiā 작가	歌手 gēshǒu 가수	播音员 bōyīnyuán 아나운서	摄影师 shèyǐngshī 사진사	律师 lǜshī 변호사
9	다양한 호칭	师傅 shīfu 사부, 선생님	明星 míngxīng 스타	球迷 qiúmí (구기종목에서의) 팬	影迷 yǐngmí 영화광	空中小姐 kōngzhōng xiǎojiě 승무원

2. 자주 출제되고 있는 인물별 상황표현   Track 05-3

同事 동료 tóngshì	办公室 bàngōngshì 사무실 ǀ 出差 chūchāi 출장 가다 ǀ 加班 jiābān 야근하다 ǀ 开会 kāihuì 회의를 열다 ǀ 完成业务 wánchéng yèwù 업무를 완성하다
老师和同学 lǎoshī hé tóngxué 선생님과 학생	考试 kǎoshì 시험 보다 ǀ 好成绩 hǎochéngjì 좋은 성적 ǀ 毕业 bìyè 졸업하다 ǀ 合格 hégé 합격하다 ǀ 开学 kāixué 개학하다 ǀ 放学 fàngxué 방학하다 ǀ 做作业 zuò zuòyè 숙제하다
司机和乘客 sījī hé chéngkè 기사와 승객	来不及 láibují 늦었다 ǀ 出租车 chūzūchē 택시 ǀ 堵车 dǔchē 차가 막히다 ǀ 去机场 qù jīchǎng 공항에 가다 ǀ 赶飞机 gǎn fēijī 비행기를 잡다 ǀ 方向 fāngxiàng 방향 ǀ 打的 dǎdī 택시 타다 ǀ 下车 xiàchē 차에서 내리다 ǀ 火车站 huǒchēzhàn 기차역
医生和病人 yīshēng hé bìngrén 의사와 환자	护士 hùshi 간호사 ǀ 感冒 gǎnmào 감기에 걸리다 ǀ 咳嗽 késou 기침하다 ǀ 发烧 fāshāo 열이 나다 ǀ 看病 kànbìng 진찰 받다 ǀ 生病 shēngbìng 병이 나다 ǀ 打针 dǎzhēn 주사 맞다 ǀ 头疼 tóuténg 머리가 아프다 ǀ 肚子不舒服 dùzi bùshūfu 배가 아프다 ǀ 胳膊疼 gēbo téng 팔이 아프다 ǀ 休息 xiūxi 쉬다 ǀ 吃药 chīyào 약을 먹다 ǀ 住院 zhùyuàn 입원하다
亲戚 친척 qīnqi	春节 Chūn Jié 춘제(설) ǀ 回老家 huí lǎojiā 고향에 가다 ǀ 看爷爷和奶奶 kàn yéye hé nǎinai 할머니와 할아버지를 뵙다 ǀ 包饺子 bāo jiǎozi 만두를 빚다 ǀ 兄弟姐妹 xiōngdì jiěmèi 형제자매 ǀ (外)孙子 (wài)sūnzi (외)손자 ǀ (外)孙女 (wài)sūnnǚ (외)손녀 ǀ 叔叔 shūshu 삼촌

 **기출상식**

중국의 경극

경극이란 양자강 연안 지방에서 시작되어 북경에서 완성된 예술로 서양에서는 경극을 'Beijing Opera'라고 부르며 음악의 한 장르로 본다. 한 마디로 말해서 북경에서 육성된 연극인데 200년 이상의 역사를 지닌 경극은 패왕별희(霸王别姬), 타어살가(打鱼杀家), 서유기(西游记), 수호전(水浒传), 팔선과해(八仙过海) 등의 1,000개가 넘는 래퍼토리를 갖추고 있을 정도로 전국적으로 유행하였는데, 이렇게 경극이 성행한 이유는 단조로운 귀족적인 색채를 버리고 역동적이고 화려하면서도 소박한 형식을 추구하여 평민들에게도 쉽게 다가갈 수 있도록 변화를 주었던 것이 컸다. 경극은 우선 창(唱: 노래), 염(念: 대사), 주(做: 동작과 표현), 타(打: 무술) 네 가지가 연출의 핵심이 되어 노래와 춤이 곁들여지는 것이 특징이며 중국의 전통적인 음악, 노래, 낭독, 서커스, 춤, 무술 등을 교묘하게 융합시킨 것으로 중국 고유의 전통적인 문화예술이다. 대게 1시간 내외의 짧은 연극으로 연출과 연기 모두 지극히 서사적인 표현양식을 쓰고, 장치도 없이 상징적인 연기형식에 의하여 상황이나 행동을 나타낸다. 또한 의상과 분장의 색·무늬에 따라 인물의 신분과 직업 등을 파악할 수 있는 것이 특징이다. 경극은 시대의 변화 속에서도 전통극의 맥을 계속 이어나가고 있으며 중국 정부 또한 국가 문화사업의 하나로 대중화를 위해 적극적으로 앞장서고 있다.

 **예제 1** 짧은 대화 유형　　　　　　　　　　　　　　　　　　　　　　　　　　Track 05-4

| A 同事 | B 叔叔 | A 동료 | B 삼촌 |
| C 奶奶 | D 观众 | C 할머니 | D 관중 |

| 男：这块巧克力味道不错，你在哪儿买的？
女：不是我买的，是我叔叔从国外带回来的。
问：巧克力是谁送的？ | 남: 이 초콜릿 맛 좋다, 너 어디서 산 거야?
여: 내가 산 게 아니야, 우리 삼촌이 외국에서 가지고 오신 거야.
질문: 초콜릿은 누가 준 것입니까? |

해설 보기만 봐도 인물 관련 문제라는 것을 빠르게 파악할 수 있다. 인물 관련 문제는 녹음에서 그 인물의 호칭이 거의 그대로 언급되기 때문에 들리는 단어를 체크해서 정답을 찾아 나가면 된다. 초콜릿을 삼촌이 사주었다고 했고, 다른 인물은 한 번도 언급되지 않았기 때문에 정답은 B 叔叔이다.

정답 B

예제 2 긴 대화 유형　　　　　　　　　　　　　　　　　　　　　　　　　　Track 05-5

| A 邻居 | B 戴医生 | A 이웃 | B 따이 의사 |
| C 新来的护士 | D 餐厅服务员 | C 새로 온 간호사 | D 식당의 종업원 |

| 男：刚才在餐厅和你打招呼的那个女孩儿是谁？
女：小戴呀，新来的护士，新年晚会上我们俩一起表演节目了。
男：我想起来了，是她呀！
女：下次有机会介绍你们认识一下。
问：他们在说谁？ | 남: 방금 식당에서 너와 인사한 그 여자는 누구야?
여: 샤오따이라고 해, 새로 온 간호사야. 신년모임에서 우리 둘이서 같이 공연을 했었어.
남: 나 생각 났어, 그녀였구나!
여: 다음에 기회 있으면 소개해서 너희끼리 알게 해줄게.
질문: 그들은 누구에 대해 말하고 있는가? |

해설 보기를 보면 인물 파악 문제라는 것을 알 수 있다. 긴 대화문은 녹음을 끝까지 잘 들으려고 노력해야 한다. 중간에 혼동을 주는 어휘가 있기 때문에 정확히 들으려고 노력해보자. 남자가 누구냐고 물었고 여자는 정확하게 '새로운 간호사'라고 대답했다. 보기에 제시된 단어 중에 정확하게 일치하는 것은 C 새로 온 간호사이다.

정답 C

실전 PT

Track 05-6

정답 및 해설 31p

학습시간 10분

○ 인물 관련 문제이다. 4급에서 나오는 인물 관련 어휘는 정해져 있기 때문에 앞의 PT팁에 제시한 인물 관련 어휘를 다시 한번 숙지한 후, 문제에 접근해보자! 녹음에서 들려주는 어휘가 정답일 확률이 높기 때문에 확실하게 듣고, 과감하게 정답을 체크하자.

[짧은 대화문]

문제 1 A 祝医生   B 张大夫   C 高律师   D 王护士

문제 2 A 亲戚   B 邻居   C 同事   D 同学

문제 3 A 大夫   B 老师   C 爷爷奶奶   D 父亲母亲

[긴 대화문]

문제 4 A 王经理   B 王校长   C 王大夫   D 王律师

문제 5 A 妈妈   B 奶奶   C 邻居   D 妹妹

문제 6 A 警察   B 演员   C 护士   D 服务员

독해 제2부분 ❶ | 순서 배열하기
첫 문장만 찾아라! 답은 나와 있다!

어휘 PT

학습시간 1 0 분

예제 1	我觉得 wǒ juéde 내가 생각하기에 优秀 yōuxiù 형 우수하다 吸引 xīyǐn 동 매료시키다, 끌어당기다 原因 yuányīn 명 이유 首先 shǒuxiān 부 먼저 脾气 píqi 명 성격
예제 2	正式 zhèngshì 형 정식의, 공식의 导游 dǎoyóu 명 관광가이드 告诉 gàosu 동 알려주다 消息 xiāoxi 명 소식, 기별 通过 tōngguò 동 통하다, 통과하다
문제 1	长满 zhǎngmǎn 동 온통 생기다, 가득 자라다 墙 qiáng 명 벽, 담장 叶子 yèzi 명 잎, 잎사귀 厚 hòu 형 두껍다 植物 zhíwù 명 식물 季节 jìjié 명 계절, 철, 절기 经过 jīngguò 동 거치다, 지나다
문제 2	兴奋 xīngfèn 형 흥분하다 大熊猫 dàxióngmāo 명 판다 看起来 kànqǐlái 부 보아하니, 보기에 难道 nándào 부 설마

문제 3	出门 chūmén 동 외출하다 并且 bìngqiě 접 게다가 停 tíng 동 멈추다, 정지하다 意思 yìsi 명 뜻, 의미 没想到 méixiǎngdào 생각지 못했다 半路上 bànlùshang 도중에 突然 tūrán 부 갑자기, 문득
문제 4	换工作 huàn gōngzuò 직업을 바꾸다 打算 dǎsuàn 명동 계획/계획하다 陪 péi 동 모시다, 곁에 있다 总 zǒng 부 언제나, 늘, 항상 需要 xūyào 동 필요하다 出差 chūchāi 동 출장 가다
문제 5	交 jiāo 동 건네다, 주다 下礼拜 xiàlǐbài 명 다음 주 情况 qíngkuàng 명 상황, 형편 及时 jíshí 부 즉시, 바로 电子邮件 diànzǐ yóujiàn 명 이메일

❶ 독해 제2부분은 독해 40문제 중에서 10문제가 출제된다.

이 유형은 짧은 문장 3개를 한 문장으로 순서대로 배열하는 것이다. 독해 제2부분은 사실, 이렇게 해석하면 이게 맞는 것 같고, 또 저렇게 해석하면 저게 맞는 것 같기도 해서 수험생들이 4급 독해 파트 중 가장 어려워하는 파트이기도 하다!

하지만 역시 이 파트를 푸는 방법과 패턴은 뻔하다! 지금부터 독해 제2부분 공략법을 같이 훈련해보자!

❷ 반드시 완벽한 문장만 나오는 것은 아니다!

다음 예제처럼 각 문제당 반드시 문장이 3개가 주어진다.

A 我儿子的个子长得非常快	A 내 아들은 키가 매우 빠르게 자란다
B 今年春天就有很多不能穿了	B 올해 봄에는 입을 수 없는 옷이 매우 많다
C 去年春天打折的时候我给他买了几件衣服	C 작년 봄에 할인할 때 내가 그에게 옷을 몇 벌 사주었다

위의 이 세 문장을 순서에 맞게 배열하는 것이 목표이다! 답은 ACB! 이때 이 세 문장은 각각 완벽한 한 문장일 수도 있지만 속담, 숙어, 명사구, 동사구, 접속사 문장일 수도 있다.

❸ 첫 문장을 잡아라! 그럼 정답에 50%는 가까워진다.

A, B, C 문장에서 첫 문장만 잡으면 반은 끝났다.
만약 첫 문장이 A문장이라면 정답은 A B C, 혹은 A C B 둘 중 하나 아니겠는가?
만약 첫 문장이 B문장이라면 정답은 B A C, 혹은 B C A 둘 중 하나 아니겠는가?
만약 첫 문장이 C문장이라면 정답은 C A B, 혹은 C B A 둘 중 하나 아니겠는가?
즉, 첫 문장을 잡아내면 쉽게 문제를 해결할 수 있다.

❹ 첫 문장에 잘 오는 표현은 따로 있다!

① 사람 이름이나 신분 등의 고유명사가 나오면 무조건 첫 문장이다.

| 小李(샤오리), 小黄(샤오황), 老张(라오장), 冰心(빙신) |
| 王教授(왕 교수), 黄师傅(황 선생님), 关医生(관 의사), 我的爷爷(나의 할아버지), 我的同事(나의 동료) |
| 中国人(중국인), 很多人(많은 사람들), 每个人(모든 사람들), 很多学生(많은 학생) …… |

② 명사 말고도 동사 또는 구가 첫 문장의 주제가 될 수 있다.

| 我认为(내가 여기기에), 我觉得(내가 생각하기에), 对于中国人来说(중국인에 대해 말하자면), |
| 环境保护(환경보호), 放弃(포기), 交通(교통), 春节(설날) …… |

❺ 첫 문장을 찾았다면, 나머지 문장의 순서를 잡아라.

첫 문장이 잡히면, 나머지 문장은 접속관계인지, 나열 형식인지, 설명 형식인지, 결론의 문장인지 파악하고 순서에 맞게 배열해야 한다. 계속 공부해 나가면서 나머지 문장에서 잘 나오는 표현을 파악해보자!

 예제 1

A 我觉得他各方面都很优秀 B 这一点是他吸引我的主要原因 C 首先是脾气、性格很好	A 내가 생각하기에 그는 각 방면에서 매우 우수하다 B 이 점이 그가 나를 매료시키는 주된 이유이다 C 먼저 기질, 성격이 매우 좋다

해설 가장 먼저 할 일은, 주어 문장을 빨리 찾는 것이다. A의 '我觉得(내가 생각하기에)'는 '내 생각을 꺼내 보이겠다'라는 표현으로, 이 구문은 문장 시작에 자주 등장한다. 즉 '我觉得'가 들어가 있는 A 문장이 첫 문장이다. 따라서 정답은 A-B-C 혹은 A-C-B가 될 것이다.

다음 문장을 보면 C에서는 성격이 좋다고 하였고, B에서는 이 점이 나를 매료시켰다고 했기 때문에 성격이 좋은 그 부분이 나를 매료시켰구나! 하고 다음 내용을 추측할 수 있다. 정답은 A-C-B이다.

정답 A-C-B

예제 2

A 以后就是一名正式的导游了 B 爷爷，告诉您一个好消息 C 我通过导游考试了	A 이후에 정식 가이드가 되었습니다 B 할아버지, 당신께 좋은 소식 하나를 알려 드릴게요 C 저는 관광가이드 시험에 통과했습니다

해설 제일 먼저 주어를 잡자! B의 '爷爷(할아버지)'와 C의 '我(나)' 둘 중에 하나가 주어가 될 수 있을 것이다. 이때 중요한 팁 하나! 첫 문장에 사람 이름을 부르고 ' , (따옴표)'가 있으면 첫 문장일 가능성이 높다. 할아버지를 부르고 나머지 문장은 할아버지에게 내 이야기를 할 가능성이 높기 때문이다. B가 첫 문장이면 나머지 문장을 확인해보자. A는 이후에 정식 가이드가 되었다고 하였고, C는 가이드 시험에 통과했다고 하였다. 상식적으로 가이드 시험에 통과해야 정식 가이드가 되는 것이기 때문에 정답은 B-C-A이다

정답 B-C-A

> 첫 문장만 잘 찾아내면 정답에 반은 가까워진다. 본인의 감을 믿고 첫 문장에 올 수 있는 문장을 찾아내보자! 그것이 분명 첫 문장에 올 것이다.

문제 1
A 它就长满了这面墙，叶子很厚，绿绿的
B 这种植物在这个季节长得很快
C 经过短短一个星期　　　　　　　　　　　　＿＿＿＿＿＿＿

문제 2
A 还很兴奋
B 大熊猫元元这两天看起来心情不错
C 难道它也知道自己这个周末就要回家了　　　＿＿＿＿＿＿＿

문제 3
A 我们出门的时候，天气还很好
B 并且越下越大，一点儿要停的意思都没有
C 没想到半路上突然就下雨了　　　　　　　　＿＿＿＿＿＿＿

문제 4
A 所以我有换工作的打算
B 陪在丈夫和孩子身边的时间太少了
C 我现在的工作总需要出差　　　　　　　　　＿＿＿＿＿＿＿

문제 5
A 这里的工作就先交给你了
B 小张，我下礼拜要出差
C 有什么情况及时给我发电子邮件　　　　　　＿＿＿＿＿＿＿

쓰기 제1·2부분 ❺ | 제시된 어휘로 문장 완성하기
조동사·형용사를 한 번에 잡자!

 전략 PT 학습시간

제1부분 – 조동사

조동사란?
말 그대로 조동사는 동사를 도와주는 역할을 하는 품사를 말한다. 그래서 조동사는 일반적으로 동사 앞에 온다. 조동사는 바람·소망·가능·능력·허락·당위성 등을 나타낸다.

바람·소망	想 xiǎng	~하고 싶다
	要 yào	~할 것이다. ~할 계획이다
	敢 gǎn	~할 용기가 있다
	肯 kěn	기꺼이 ~한다
가능·능력	能 néng	~할 수 있다
	可以 kěyǐ	~할 수 있다. ~해도 된다 [허락]
	会 huì	~할 수 있다 [능력], ~일 것이다
당위성	应该 yīnggāi	마땅히 ~해야 한다
	要 yào	~해야 한다
	得 děi	반드시 ~해야 한다

❶ 조동사는 술어(동사) 앞에 온다.

조동사는 동사를 돕는 역할을 하는 품사이기 때문에 동사와 가까운 자리에 있어야 한다. 그 자리는 바로 동사 앞이다!

我要喝咖啡。　나는 커피를 마시려고 한다.
我想去中国。　나는 중국에 가고 싶다.

❷ 부정형은 조동사 앞에 '不'를 사용한다.

부정은 조동사 앞에 부정부사 '不'를 붙인다.

我不会说汉语。　나는 중국어를 할 줄 모른다.
我不想去中国。　나는 중국에 가고 싶지 않다.

❸ 부사/전치사구가 조동사와 함께 나오면 '① 부사, ② 조동사, ③ 전치사구' 순서로 배열한다.

> 주어 [부사 / 조동사 / 전치사구] + 술어　목적어
> 我　不　**想**　跟他　打　电话。　나는 그와 연락하고 싶지 않다.

제1부분 – 형용사

형용사란?
사물의 성질이나 상태를 묘사하는 품사를 말하는데, 중국어에서 형용사는 주로 문장에서 술어 역할을 하며, 또한 술어를 수식하는 부사어 역할 및 '的'와 함께 주어나 목적어를 수식하는 관형어 역할을 한다. 이렇듯 형용사의 쓰임은 너무나 다양해서 형용사를 '꾸며주는 놈'이라고 표현하기도 한다.

❶ 정도부사의 수식을 매우 잘 받는다.

정도부사에는 '很', '非常', '十分', '真', '更' 등이 있으며, 대부분의 형용사가 이 정도부사의 수식을 받는다고 생각하면 된다.

> 她**很**漂亮。　그녀는 매우 예쁘다.
> 今天**非常**热。　오늘은 매우 덥다.

❷ 목적어를 수반하지 않는다.

형용사는 문장에서 주로 술어로 쓰이나 동사처럼 목적어와 함께 쓰이지는 않는다. 즉, 형용사가 술어가 되면 목적어가 오지 않는다.

> 주어 + 술어(형용사)
> 孩子很**聪明**。（ ○ ）　　　　　　　**聪明**孩子。（ × ）　아이는 매우 똑똑하다.

❸ '형용사 + 了'는 변화가 일어났음을 의미한다.

동태조사 '了'는 동사 뒤에서는 완료를 나타내고, 형용사 뒤에서는 변화를 나타낸다.

> 天气**冷**了，不要出门。　날씨가 추워졌으니 외출하지 말아라.

TIP 이때에는 정도부사를 쓰지 않는다는 것도 꼭 알아두자!

 예제 1

| 认识 | 对自己 | 有 | 应该 | 我们首先 | 清楚的 |

분석 认识 rènshi 동 알다 / 首先 shǒuxiān 부 먼저 / 清楚 qīngchu 형 알기 쉽다. 명백하다

Point 1. 동사와 형용사는 일반적으로 술어 자리에 위치한다.
2. 주어, 술어, 목적어를 먼저 배치한다.
3. 술어 앞(부사어)에는 '부사 → 조동사 → 전치사구'의 순서대로 온다. [전치사구 = 전치사 + 명사]

해설

주어	부사어			술어	관형어	목적어
我们首先	应该		对自己	有	清楚的	认识

제시어 중 술어는 '有(있다)'이다. 주어는 '我们首先(우리들은 먼저)', 목적어는 '认识(인식)'이다. '清楚的(정확한)'는 관형어로 명사 앞에 놓여야 하는데 '清楚的认识(정확한 인식)'로 목적어와 어울린다. '应该(반드시 ~해야 한다)'는 조동사로 부사어 자리(술어 앞)에 위치한다. '对自己(자신에 대하여)'는 '전치사 + 명사' 형태의 전치사구이다. 전치사구도 부사어 자리에 위치한다. 부사어 자리의 순서는 '부사 → 조동사 → 전치사구'이다. 즉, '应该' 다음에 '对自己'가 위치한다.

정답 我们首先应该对自己有清楚的认识。 우리들은 먼저 반드시 자신에 대하여 정확한 인식을 가져야 한다.

 예제 2

| 饭店的 | 好 | 那家 | 特别 | 服务 |

분석 饭店 fàndiàn 명 호텔 / 家 jiā 양 집·점포·공장 등을 세는 단위 / 特别 tèbié 부 특히, 특별히 / 服务 fúwù 명 서비스

Point 1. 형용사가 술어가 되면 목적어가 없다.
  예 今天天气很热。 오늘 날씨는 매우 덥다.
2. 형용사 술어 앞에 정도부사 '很', '十分', '特别', '完全' 등이 잘 온다.
3. 형용사 술어 문제는 목적어가 없기 때문에, 이때 관형어의 위치는 주어 앞일 수밖에 없다.
4. 관형어 순서는 '这次(지량사) + '……的(구조조사)'이다.
5. 형용사 술어 패턴: 관형어 + 주어 + 정도부사 + 술어(형용사)
  예 这场比赛很精彩。 이번 경기는 너무 멋졌다.

해설

관형어		주어	부사어	술어
那家	饭店的	服务	特别	好

술어는 형용사 '好(좋다)'이므로, 형용사 술어에는 목적어가 오지 않음을 염두에 두자. 주어는 '服务(서비스)'이다. 이 문장의 기본 베이스는 '서비스가 좋다'이다. 서비스인데 어떤 서비스를 말하는 것인지 관형어를 찾아보자. 바로 '那家饭店的(저 호텔의)'이다. 남은 어휘는 정도부사 '特别(특별히)'이다. 부사는 술어 앞에 오기 때문에 '特别好(특히 좋다)'가 되어야 한다.

정답 那家饭店的服务特别好。 저 호텔의 서비스는 특히나 좋다.

제2부분

精彩 ▶ _____

❶ 제시 어휘와 그림을 확인하고, 그림과 관련된 키워드 어휘를 뽑아보자.

제시 어휘는 '精彩 jīngcǎi (멋지다, 훌륭하다)'이고, 품사는 형용사이다. 그림은 남자가 멋지게 수영을 하는 모습이다.

游泳运动员 yóuyǒng yùndòngyuán 수영선수, 比赛 bǐsài 시합, 韩国队 Hánguó duì 한국팀,
中国队 Zhōngguó duì 중국팀, 赢 yíng 이기다, 输 shū 지다 ……

❷ 형용사 술어 문장으로 만들어보자.

这次游泳比赛 / 精彩。   이번 수영경기는 멋지다.
  주어   술어(형용사)

❸ 형용사 술어 앞에는 정도부사가 자주 온다.

这次游泳比赛很精彩。   이번 수영경기는 너무 멋지다.

❹ 형용사 술어는 부사 '看起来 kànqǐlái (~해 보이다)'로 쉽게 문장을 표현할 수 있다.

这次游泳比赛看起来很精彩。   이번 수영경기는 매우 멋져 보였다.

❺ 작문 파트에 자주 등장하는 형용사 어휘를 알아두자.

시험에 자주 출제된 형용사들

合适 héshì 알맞다, 凉快 liángkuai 시원하다, 活泼 huópō 활발하다, 难受 nánshòu 괴롭다,
精彩 jīngcǎi 훌륭하다, 烦恼 fánnǎo 걱정하다, 轻松 qīngsōng 편안하다 ……

 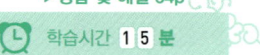

제1부분

> 형용사는 일반적으로 술어 자리에 오며, 목적어를 가지지 않는다. 그래서 형용사술어문은 '주어 + 술어(형용사)' 구조로 만든다. 조동사는 술어(동사) 앞에 오므로, '주어 + 조동사 + 술어 + 목적어'의 문장구조를 만들게 된다. 이 두 구조를 잊지 말고 문제에 접근해보자!

문제 1   爱情   浪漫   他们俩的   非常

▶ 답 _____

▶ 해석 _____

문제 2   不错   这台   质量   洗衣机的

▶ 답 _____

▶ 해석 _____

문제 3   稍微   有点儿   这条   裤子   厚

▶ 답 _____

▶ 해석 _____

문제 4   肯定   他们   不会   同意   我的看法

▶ 답 _____

▶ 해석 _____

문제 5   上午的   吗   顺利   应聘

▶ 답 _____

▶ 해석 _____

제2부분

문제 1

辣

▶ 답 1 _____

▶ 답 2 _____

문제 2

严重

▶ 답 1 _____

▶ 답 2 _____

문제 3

无聊

▶ 답 1 _____

▶ 답 2 _____

마무리 PT 학습시간 05분

1 这个菜挺好吃的。
Zhè ge cài tǐng hǎochī de.
이 요리는 굉장히 맛있다.

* 挺…的 tǐng…de
  굉장히 ~하다

2 我跟她打招呼。
Wǒ gēn tā dǎzhāohu.
나는 그녀와 인사했다.

* 跟…打招呼 gēn…dǎzhāohu
  ~와 인사를 하다

3 最后的一天
zuìhòu de yìtiān
마지막 날

4 脾气很好。 = 性格很好。
Píqi hěn hǎo. = Xìnggé hěn hǎo.
성격이 좋다.

5 这种植物在这个季节长得很快。
Zhè zhǒng zhíwù zài zhè ge jìjié zhǎng de hěn kuài.
이 식물은 이 계절에 매우 빠르게 자란다.

* 长得很快
  zhǎng de hěn kuài
  자라는 정도가 빠르다(빨리 자라다)

6 雨越下越大，一点儿要停的意思都没有。
Yǔ yuè xià yuè dà, yìdiǎnr yào tíng de yìsi dōu méiyǒu.
비가 점점 많이 내려, 조금도 그칠 기미가 없다.

* 越…越… yuè…yuè…
  ~할수록 ~하다

7 没想到半路上突然就下雨了。
Méixiǎngdào bànlùshang tūrán jiù xiàyǔ le.
생각지도 못하게 길 가는데 갑자기 비가 내렸다.

* 没想到 méixiǎngdào
  생각지도 못했다

8 今天的天气稍微有点儿热。
Jīntiān de tiānqì shāowēi yǒudiǎnr rè.
오늘 날씨는 다소 좀 덥다.

* 稍微有点儿
  shāowēi yǒudiǎnr
  다소 좀

9 今天的应聘顺利吗?
Jīntiān de yìngpìn shùnlì ma?
오늘 지원한 거, 순조로웠니?

* 应聘 yìngpìn
  [동] 지원하다, 응시하다

10 我下礼拜要出差。
Wǒ xiàlǐbài yào chūchāi.
나 다음 주에 출장 가야 돼.

* 下礼拜 xiàlǐbài
  다음 주

Day 6

듣기 제2·3부분 ❶ | 대화 듣고 질문에 답하기
여기는 어디야? 장소 문제 잡기

어휘 PT   ● Track 06-1   학습시간 10분

예제 1
- 邮局 yóujú 명 우체국
- 路 lù 명 번 [버스번호를 표현하는 데 쓰임]
- 我这儿 wǒ zhèr 내 쪽, 내가 있는 곳
- 趟 tàng 양 차례, 번 [왕래한 횟수를 세는 데 쓰임]
- 挂 guà 동 (전화 등을) 끊다

예제 2
- 邻居家 línjūjiā 명 이웃집
- 超市 chāoshì 명 슈퍼마켓, 시장
- 药店 yàodiàn 명 약국
- 够 gòu 형 충분하다
- 现金 xiànjīn 명 현금
- 拿 ná 동 들다, 쥐다, 가지다
- 信用卡 xìnyòngkǎ 명 신용카드
- 关门 guānmén 동 문을 닫다
- 购物袋 gòuwùdài 명 구매봉투, 장바구니

문제 1
- 体育馆 tǐyùguǎn 명 체육관
- 洗手间 xǐshǒujiān 명 화장실
- 麻烦你 máfan nǐ 당신이 번거로우시겠지만 ~
- 擦 cā 동 (천·수건 등으로) 닦다
- 毛巾 máojīn 명 수건

문제 2
- 船 chuán 명 배
- 太…了 tài…le 짝꿍 아주 ~하다
- 睡着 shuìzháo 동 잠들다
- 快…了 kuài…le 짝꿍 곧, 머지않아 ~하다
- 估计 gūjì 동 예측하다

문제 3
- 厕所 cèsuǒ 명 변소
- 刷卡机 shuākǎjī 명 카드기
- 坏 huài 형 고장 나다
- 收 shōu 동 받다, 수령하다
- 恐怕 kǒngpà 부 아마도
- 不够 búgòu 형 부족하다, 충분하지 않다
- 取 qǔ 동 가지다, 얻다, 찾다, 취하다

문제 4
- 森林 sēnlín 명 삼림, 숲
- 黄河 Huáng Hé 지명 황허, 황하
- 阳光 yángguāng 명 햇빛
- 一直 yìzhí 부 쭉, 줄곧
- 阴天 yīntiān 명 흐린 날씨
- 终于 zhōngyú 부 마침내, 결국, 끝내
- 晴 qíng 형 하늘이 맑다
- 空气 kōngqì 명 공기
- 确实 quèshí 부 확실히

문제 5
- 机场 jīchǎng 명 공항
- 大使馆 dàshǐguǎn 명 대사관
- 师傅 shīfu 명 기사님, 스승, 선생님
- 赶 gǎn 동 서두르다, 쫓다
- 来得及 láidejí 늦지 않다, 제시간에 대다
- 保证 bǎozhèng 동 보증하다, 책임지다
- 送到 sòngdào 배웅하다

문제 6
- 宾馆 bīnguǎn 명 호텔
- 咖啡馆 kāfēiguǎn 명 커피숍
- 逛街 guàngjiē 동 쇼핑하다
- 聊天儿 liáotiānr 동 수다 떨다, 잡담하다
- 钥匙 yàoshi 명 열쇠
- 丢 diū 동 잃어버리다
- 进不了 jìnbuliǎo 들어갈 수 없다

❶ 뻔한 패턴! 장소 문제를 잡아라!

HSK 4급 듣기 문제는 일상생활뿐만 아니라 회사 관련, 호텔, 식당, 공항 등 어느 특정한 장소에서 벌어지는 대화 문제가 많이 출제된다. 각 장소에서 어떤 이야기를 나누는지 생각해보자.

❷ 보기항이 모두 장소와 관련된 것이면 장소 관련 문제다!

듣기는 보기항을 먼저 빠르게 잘 훑어보는 것이 중요하다고 여러 차례 강조한 바 있다. 장소 관련 문제도 마찬가지인데, 보기항이 모두 장소와 관련된 것이 제시되었으면 장소 관련 문제가 나올 것임을 예상하고 녹음을 들을 준비를 하자.

> 예 A 超市　　B 动物园　　C 机场　　D 高速公路

위의 보기 4개를 보니 모두 장소 어휘라는 것을 알 수 있다. 그렇다면, 장소를 묻는 문제라는 것을 추측하고 녹음에서 장소에 관련된 표현을 들어내려고 집중해야 한다.

❸ 장소를 직접적으로 언급하는 경우가 대부분!

역시 정답이 되는 장소 어휘가 녹음에서 그대로 노출되는 경우가 대부분인데, 그래서 집중해서 듣는 것이 무엇보다 중요하다는 것이다. 혹은 그 장소에서 발생하는 상황을 유추하는 문제들도 나오기 때문에 그 장소에 어울리는 관련 어휘도 같이 숙지하면 백발백중이다!

> 예 我要坐飞机。　나는 비행기를 타야 합니다.　→ 유추 장소는 '机场(공항)'

> 예 A: 我没带现金，你有300块钱吗?　나 현금 안 가지고 왔는데, 300위안 있니?
> B: 我也没带现金，这里没有刷卡机吗?　나도 현금을 안 가지고 왔어, 여기 카드 안 되나?
> '现金(현금)', '刷卡机(카드기)' → 유추 장소 '商店(상점)', '超市(슈퍼마켓)'

❹ 장소를 묻는 질문 유형을 확인하자.

다음의 질문을 통해 장소 문제라는 것을 알 수 있다.

> 问: 他们现在在哪儿?　그들은 지금 어디에 있습니까?
> 问: 这里是什么地方?　여기는 어디입니까?
> 问: 他们要去哪儿?　그들은 어디에 가려고 합니까?

❺ 특히 잘 나오는 장소 어휘를 알아두자.

宾馆 bīnguǎn 호텔(= 饭店 fàndiàn, 酒店 jiǔdiàn) | 餐厅 cāntīng 식당(= 饭馆 fànguǎn, 食堂 shítáng) | 酒吧 jiǔbā 술집, 바 | 网吧 wǎngbā PC방 | 咖啡厅 kāfēitīng 커피숍(= 咖啡馆 kāfēiguǎn) | 火车站 huǒchēzhàn 기차역 | 高速公路 gāosùgōnglù 고속도로 | 邻居家 línjūjiā 이웃집 | 教室 jiàoshì 교실 | 体育馆 tǐyùguǎn 체육관 | 动物园 dòngwùyuán 동물원 | 植物园 zhíwùyuán 식물원 | 洗手间 xǐshǒujiān 화장실(= 厕所 cèsuǒ) | 大使馆 dàshǐguǎn 대사관

시험에 나오는 것만 쏙쏙! 장소 어휘 및 관련 표현 Track 06-2

1	公园 gōngyuán 공원	拍照 pāizhào 사진 찍다 | 散步 sànbù 산책(하다)
2	图书馆 túshūguǎn 도서관	还书 huánshū 책을 돌려주다 | 借书 jièshū 책을 빌리다 | 杂志 zázhì 잡지
3	医院 yīyuàn 병원 / 药店 yàodiàn 약국	医生 yīshēng 의사(= 大夫 dàifu) | 护士 hùshi 간호사 | 看病 kànbìng 진찰 받다 | 感冒 gǎnmào 감기에 걸리다 | 头疼 tóuténg 두통 | 咳嗽 késou 기침하다 | 发烧 fāshāo 열이 나다 | 打针 dǎzhēn 주사 맞다 | 药 yào 약 | 住院 zhùyuàn 입원(하다) | 出院 chūyuàn 퇴원(하다)
4	银行 yínháng 은행	密码 mìmǎ 비밀번호 | 卡 kǎ 카드 | 换钱 huànqián 환전(하다)
5	机场 jīchǎng 공항	飞机 fēijī 비행기 | 回国 huíguó 귀국(하다) | 旅游 lǚyóu 여행(하다) | 签证 qiānzhèng 비자 | 护照 hùzhào 여권 | 机票 jīpiào 비행기 표 | 登机牌 dēngjīpái 탑승권 | 起飞 qǐfēi 이륙(하다) | 降落 jiàngluò 착륙(하다) | 行李箱 xínglǐxiāng 트렁크, 여행가방 | 超重 chāozhòng 무게가 초과하다
6	出租车 chūzūchē 택시	司机 sījī 기사 | 师傅 shīfu 선생님 | 打的 dǎdī 택시 타다(= 打车 dǎchē) | 停车 tíngchē 차를 세우다
7	公共汽车 gōnggòngqìchē 버스	司机 sījī 기사 | 乘客 chéngkè 승객 | 501路车 wǔ líng yāo lù chē 501번 버스 | 高速公路 gāosùgōnglù 고속도로
8	餐厅 cāntīng 식당	食堂 shítáng 식당 | 菜单 càidān 메뉴판 | 服务员 fúwùyuán 종업원 | 点菜 diǎncài 요리를 주문하다 | 味道 wèidao 맛 | 请客 qǐngkè 한턱내다
9	宾馆 bīnguǎn 호텔	饭店 fàndiàn 호텔 | 行李 xíngli 짐
10	商店 shāngdiàn 상점 / 超市 chāoshì 슈퍼마켓	打折 dǎzhé 할인하다 | 付款 fùkuǎn 돈을 지불하다 | 现金 xiànjīn 현금 | 信用卡 xìnyòngkǎ 신용카드 | 质量 zhìliàng 품질 | 价格 jiàgé 가격 | 逛街 guàngjiē 쇼핑(하다) | 购物 gòuwù 구매하다 | 小姐 xiǎojiě 아가씨 | 柜台 guìtái 계산대 | 购物小票 gòuwù xiǎopiào 영수증
11	公司 gōngsī 회사	上班 shàngbān 출근(하다) | 下班 xiàbān 퇴근(하다) | 加班 jiābān 야근(하다) | 老板 lǎobǎn 사장님(= 经理 jīnglǐ) | 同事 tóngshì 동료 | 收入 shōurù 수입 | 工资 gōngzī 월급 | 出差 chūchāi 출장 (가다) | 打印 dǎyìn 인쇄
12	邮局 yóujú 우체국	寄信 jìxìn 편지를 부치다 | 信封 xìnfēng 편지봉투 | 邮票 yóupiào 우표
13	理发店 lǐfàdiàn 이발소	理发 lǐfà 이발(하다) | 剪头 jiǎntóu 머리를 자르다 | 理发师 lǐfàshī 이발사 | 短 duǎn 짧다 | 长 cháng 길다 | 乱 luàn 지저분하다

🏃 예제 1 짧은 대화 유형　　　　　　　　　　　　　　　　　　　　　　🔘 Track 06-3

A 银行　　　　B 邮局	A 은행　　　　B 우체국
C 火车上　　　D 公共汽车站	C 기차　　　　D 버스정류장
男：52路和407路都能到我这儿，你看看有没有这两趟车。 女：52路来了，我先挂了，一会儿见。 问：男的现在最可能在哪儿？	남: 52번과 407번 버스가 모두 이쪽으로 오는 버스이니, 네가 이 두 대의 버스가 있는지 없는지 봐봐. 여: 52번 버스 왔다. 나 먼저 전화 끊을게, 잠시 후에 보자. 질문: 남자는 지금 어디일 가능성이 높은가?

해설　꼭 알아야 할 표현이 나왔다. '52路(52번 버스)', '407路(407번 버스)'라는 표현은 버스번호를 나타내는 것이다! 그래서 직접적으로 여기는 버스정류장이라고 말하고 있지는 않지만, 버스번호를 언급한 것으로 보아 지금 남자는 버스정류장에 있을 가능성이 높다는 것을 유추해야 한다. 정답은 D 버스정류장이다.

정답　D

🏃 예제 2 긴 대화 유형　　　　　　　　　　　　　　　　　　　　　　🔘 Track 06-4

A 邻居家　　　B 医院	A 이웃집　　　B 병원
C 超市　　　　D 药店	C 슈퍼마켓　　D 약국
男：带200块钱够了吧？ 女：不用带现金，我拿信用卡了。 男：好。那咱们快点儿走吧。超市要关门了。 女：等一下。我拿个购物袋。 问：他们要去哪儿？	남: 200위안 챙기면 충분하겠지? 여: 현금 가지고 있을 필요 없어. 내가 신용카드 챙겼어. 남: 좋아. 그럼 우리 빨리 가야겠다. 슈퍼마켓이 곧 문을 닫을 거야. 여: 잠깐만, 나 장바구니 챙기고. 질문: 그들은 어디에 가려고 하는가?

해설　대화에서 현금과 신용카드가 언급이 되었다. 그리고 결정적으로 남자가 '빨리 가자', '슈퍼마켓 곧 문 닫겠어'하면서 정확하게 '超市(슈퍼마켓)'라는 단어가 언급되었다. '그들은 지금 어디에 가려고 하는가?'라는 질문의 정답은 어렵지 않게 C 超市(슈퍼마켓)라는 것을 알 수 있다.

정답　C

실전 PT

Track 06-5 학습시간 15분

장소 관련 문제이다. 4급에 나오는 장소 관련 어휘 역시 정해져 있기 때문에 앞의 PT팁에서 다시 한번 장소 관련 어휘를 숙지한 후, 문제에 접근해보자! 들리는 단어가 정답일 확률이 높기 때문에 과감하게 도전해보자!

[짧은 대화문]

문제 1   A 餐厅   B 动物园   C 体育馆   D 洗手间

문제 2   A 火车上   B 长城上   C 船上   D 高速公路上

문제 3   A 银行   B 厕所   C 教室   D 超市

[긴 대화문]

문제 4   A 海洋公园   B 森林公园   C 黄河边   D 长城

문제 5   A 机场   B 大使馆   C 图书馆   D 森林公园

문제 6   A 宾馆   B 电影院   C 咖啡馆   D 高速公路上

독해 제2부분 ❷ | 순서 배열하기
첫 문장이 헷갈린다!

어휘 PT
학습시간 10분

예제 1
- 出门 chūmén 동 외출하다
- 并且 bìngqiě 접 게다가
- 越…越… yuè…yuè… 짝꿍 ~할수록 ~하다
- 停 tíng 동 멈추다, 정지하다
- 意思 yìsi 명 뜻, 의미
- 没想到 méixiǎngdào 생각지도 못했다
- 半路 bànlù 명 (일의) 도중, 중간

예제 2
- 随着 suízhe 전 ~에 따라서
- 互联网 hùliánwǎng 명 인터넷
- 发展 fāzhǎn 명/동 발전/발전하다
- 不可缺少 bùkě quēshǎo 반드시 필요한, 없어서는 안 되는
- 购物 gòuwù 동 물건을 구매하다
- 越来越… yuèláiyuè… 점점 ~하다
- 普遍 pǔbiàn 형 보편적이다

문제 1
- 躺 tǎng 동 눕다
- 草地 cǎodì 명 잔디밭, 풀밭
- 感觉 gǎnjué 동 느끼다, 생각하다
- 棒 bàng 형 멋지다, 훌륭하다
- 抬头 táitóu 고개를 들다
- 满天 mǎntiān 명 온 하늘
- 星星 xīngxing 명 별

문제 2
- 开 kāi 동 (꽃이) 피다
- 热闹 rènao 형 시끌벅적하다, 떠들썩하다
- 变暖 biànnuǎn 따뜻하게 변하다
- 吸引 xīyǐn 동 매료시키다, 끌어당기다
- 参观 cānguān 동 참관하다

문제 3
- 科学 kēxué 명 과학
- 技术 jìshù 명 기술
- 拉近 lājìn 동 좁히다
- 距离 jùlí 명 거리
- 更加 gèngjiā 부 더욱, 훨씬, 한층 더
- 方便 fāngbiàn 형 편리하다
- 花时间 huā shíjiān 시간을 소비하다

문제 4
- 对于…来说 duìyú…láishuō 짝꿍 ~에 대해 말하자면
- 举行 jǔxíng 동 거행하다, 개최하다
- 各种各样 gèzhǒng gèyàng 각양각색, 가지각색
- 迎 yíng 동 맞이하다, 영접하다
- 新年 xīnnián 명 신년, 새해
- 春节 Chūn Jié 명 춘제, 설
- 节日 jiérì 명 기념일

문제 5
- 不光 bùguāng 접 ~일 뿐만 아니라
- 答案 dá'àn 명 답, 답안
- 只有…才… zhǐyǒu…cái… 접 오직 ~해야만, 비로소 ~하다
- 弄懂 nòngdǒng 동 알다, 이해하다
- 弄清楚 nòngqīngchu 분명히 하다
- 究竟 jiūjìng 부 도대체

❶ 헷갈리는 첫 문장 찾아내기!

DAY5에서 첫 문장을 찾는 비법을 공부했다. 바로! 주어, 사람, 시간의 표현을 찾는 것! 하지만 이 방법 말고도 첫 문장을 찾는 비법은 또 있다. 주어보다 그 전에 나오는 다양한 첫 문장 표현들이다. 이것까지 완벽히 파악한다면, 첫 번째 문장을 찾는 모든 비법을 알고 가는 것이다!

❷ 주어 말고, 시간사를 찾아라!

주어 앞에 시간의 표현이 있다면, 역시나 첫 문장일 가능성이 높다.

去年我们……	작년에 우리들은 ~	这次暑假……	이번 여름방학에 ~
今天晚上……	오늘 저녁에 ~	礼拜天晚上……	일요일 저녁에 ~
去年春节……	작년 설에 ~	我最近……	내가 최근에 ~
这几天……	요 며칠 ~	儿子从来……	아들은 여태껏 ~
我第一次……	나는 처음으로 ~	我们……的时候	우리가 ~할 때

❸ 또 다른 첫 문장 표현!

주어, 사람, 시간사를 제외하고 첫 문장으로 자주 오는 다음의 표현을 확인해보자.

在我的印象中……	나의 기억 속에 ~	我觉得……	내가 생각하기에 ~
调查发现……	조사에서 발견하기를 ~	其实……	사실은 ~
人们常说……	사람들이 항상 말하기를 ~	对我来说……	나에 대해 말하자면 ~
随着……的发展……	~의 발전에 따라서 ~	有人认为……	어떤 사람이 여기기에 ~

❹ 첫 문장이 하나가 아니라 두 개 문장으로 헷갈린다면?

첫 문장 표현이 하나가 아니라 두 개가 보인다면, 이야기의 흐름을 파악해서 순서를 정해야 한다.

A 这让她感到非常失望
B 她明天要出国旅游
C 今天在大使馆却没有拿到签证

세 문장을 보고 있으면 B에도 '明天'이라는 시간 표현이 있고, C에도 '今天'이라는 시간표현이 있다. 두 문장 모두 첫 문장에 올 가능성이 있다. 그렇다면 의미를 파악하여 어떤 문장이 더 먼저 오는지 순서를 잡아야 한다. B는 '내일 여행을 간다'고 하였고, C는 '오늘 대사관에서 비자를 받지 못했다'고 하였다. 비자를 받는 이유는 여행을 가기 위한 것이므로 '여행을 가야 하는데 비자를 받지 못했다'라고 문장의 흐름이 진행되어야 한다. 그러므로 B가 더 먼저 위치해야 함을 알 수 있다.

> **TIP** 정답문장 해석: B 그녀는 내일 외국으로 여행을 가려고 하는데 C 오늘 대사관에서 비자를 받지 못했다 A 이는 그녀를 매우 실망하게 했다. (정답: B-C-A)

❺ 첫 문장에 오지 않는 표현들이 있다.

다음의 표현을 꼭 알아두고 이러한 단어가 있는 문장은 첫 문장에서 배제시키자.

那时······	그때에 ~	但······	그러나 ~
就······	바로, 곧 ~	比如说······	예를 들어 말하자면 ~
它们······	그들은 ~	它······	그것은 ~

예제 1

A 我们出门的时候，天气还很好
B 并且越下越大，一点儿要停的意思都没有
C 没想到半路上突然就下雨了

A 우리들이 외출했을 때, 날씨는 매우 좋았다
B 게다가 내릴수록 심해지고, 조금도 그칠 기미가 없다
C 생각지도 못하게 도중에 갑자기 비가 내렸다

해설 첫 문장 찾기! 시간의 표현이 있는 A(······的时候 ~할 때)가 첫 문장으로 올 확률이 가장 크다. 첫 문장을 잡았다면, 정답을 찾는 길은 매우 쉬워진다. B는 '내릴수록 심해진다', C는 '갑자기 비가 내렸다'이다. 비가 내린 것이 더 먼저인지, 점점 더 많이 내리는게 먼저인지 살펴보면 C가 더 먼저 와야 한다는 것을 알 수 있다. 정답은 A-C-B이다.

정답 A-C-B

예제 2

A 随着互联网的发展
B 它已经成为了人们生活中不可缺少的一部分
C 网上购物变得越来越普遍

A 인터넷의 발전에 따라
B 그것은 이미 사람들의 생활 중에 없어서는 안 될 일부분이 되었다
C 인터넷 쇼핑은 갈수록 보편화 되어간다

해설 A의 '随着······的发展(~의 발전에 따라서)'은 첫 문장에 잘 나오는 표현이다. '인터넷의 발전에 따라 인터넷 쇼핑이 보편화 되어가고 있다'로 이어져야 하기에 두 번째 문장은 C가 되어야 한다. 자연스럽게 그것은 사람들의 생활 속에 일부분이 되었다라는 B가 마지막 문장으로 와야 한다. 그리고 B에 '它(그것)'가 지칭하는 것이 B의 '网上购物'이기에 문장 C 앞에, B가 먼저 와야 한다. 이처럼 무언가를 지칭하는 단어나 대명사가 나올 경우, 그것이 무엇을 지칭하는지 먼저 찾아보자.

정답 A-C-B

> 첫 문장을 찾는 데 주력해보자! 시간사와 그 외 표현을 찾아서 첫 문장으로 잡고, 나머지 문장을 선후관계에 따라 순서에 맞게 배열해보자!

문제 1
A 夏天的晚上，我喜欢躺在草地上
B 那种感觉真是太棒了
C 抬头看着满天的星星 _____

문제 2
A 那儿的花儿都开了，非常漂亮
B 这几天植物园特别热闹，随着天气变暖
C 吸引了很多人前去参观 _____

문제 3
A 科学技术的发展拉近了城市之间的距离
B 人与人之间的交流也因此变得更加方便
C 它使人们花在路上的时间越来越短 _____

문제 4
A 对于中国人来说
B 到那时人们会举行各种各样的迎新年活动
C 春节是一年之中最重要的节日 _____

문제 5
A 学习时，不光要知道答案是什么
B 只有这样，才能把问题真正弄懂
C 还要弄清楚答案究竟是怎么得来的 _____

쓰기 제1·2부분 ❻ | 제시된 어휘로 문장 완성하기
'是……的' 강조구문

 전략 PT　　　　　　　　　　　　　　　　　　 학습시간 1 0 분

제1부분

강조구문이란?
강조구문은 말의 뉘앙스를 좀 더 살려주는 표현이라고 생각하면 된다. 강조구문을 사용하면 일반적인 문장보다 생동감이 느껴진다. 강조구문은 시험에서 매번 꼭 출제되고 있는 어법이고 독특한 생김새를 가졌기에 반드시 마스터 해야 한다.

❶ 문장에 강조하는 느낌을 넣고 싶다? 그럼 '是……的' 강조구문을!

'是……的' 강조구문은 ① 이미 일어난 일을 강조하여 말할 때, 혹은 ② 내 생각과 의견 등을 단정적으로 강조하여 말하고자 할 때 사용한다.

❷ '是……的' 강조구문 형식을 외우자!

시간, 장소, 방법, 행동 등을 강조하여 말하고 싶다면, '是……的' 사이에 넣고 문장을 만든다.

	주어 + 是 + (시간·장소·방법·행동……) + 동사 + 的
긍정형	我是昨天早上到的。　　나는 어제 아침에 도착했다. [시간 강조] 你是从哪儿来的?　너는 어디에서 왔니? [장소 강조] 我们是坐地铁去学校的。　　우리는 지하철을 타고 학교에 갔다. [방법 강조] 房间是我打扫的。　　방은 내가 청소한 것이다. [동작의 행위자를 강조] 我是不会告诉妈妈的。　　나는 엄마에게 알리지 않을 거다. [태도 강조] 这样做是应该的。　　이렇게 하는 것은 당연한 것이다. [생각 강조]
	주어 + 不是 + (시간·장소·방법·행동……) + 동사 + 的
부정형	我不是坐飞机来的。　　나는 비행기를 타고 온 게 아니다. [강한 행동 부정] 我们不是跟朋友一起去的。　　우리들은 친구와 함께 간 것이 아니다. [강한 행동 부정]

TIP 시험에서는 대부분 긍정형의 강조구문이 출제된다!

❸ 어휘 배열 문제에서 '是'와 '的'가 있으면 90%가 '是……的' 강조구문 문제!

어휘 배열 문제에서 '是'와 '的'가 있으면 일반적인 문장 '是 술어구문' 문장이거나, 혹은 '是……的' 강조구문이다.

[是 술어구문]

他**是**我的汉语老师。　　그는 나의 중국어 선생님입니다.

[是……的 강조구문]

这本书**是**在书店买**的**。　이 책은 서점에서 산 것이다.

예제 1

　　　　　是去年三月　　　的　　　这位律师　　招聘进来

분석　律师 lǜshī 명 변호사 / 招聘 zhāopìn 동 초빙하다, 채용하다

Point　1. '是'와 '的'가 있으면 '是……的' 강조구문일 가능성이 높다.
　　　　2. 강조구문의 기본패턴은 '주어 + 是 + 강조내용 + 的'이다.
　　　　3. '是' 앞에는 주어만, '是……的' 사이에 강조하는 내용을 순서대로 넣어준다.

해설　　주어　　　是　　　강조내용　　　的
　　　　这位律师　是去年三月　招聘进来　的

제시어에 '是'와 '的'가 있다. 강조구문을 생각하자. 주어를 찾아보면 '这位律师(저 변호사)'이다. 주어 바로 뒤에 '是'가 위치해야 하므로 '是去年三月(작년 3월)'가 그 다음에 위치한다. 마지막은 당연히 '的'이다. 남은 어휘는 '招聘进来(초빙되어 오다)'이다. 주어와 '是'와 '的'가 잡혔기 때문에 남은 어휘는 '是'와 '的' 사이에 위치시킨다.

정답　这位律师是去年三月招聘进来的。　이 변호사는 작년 3월에 초빙되어 오셨다.

예제 2

　　　　　专为　　　提供的　　　这些菜　　老年人　　是

분석　专 zhuān 부 오직, 오로지 / 提供 tígōng 동 제공하다 / 老年人 lǎoniánrén 명 노인

Point　1. '是'와 '的'가 있으면 '是……的' 강조구문일 가능성이 높다.
　　　　2. 강조구문의 기본패턴은 '주어 + 是 + 강조내용 + 的'이다.
　　　　3. '是' 앞에는 주어만, '是……的' 사이에 강조하는 내용을 순서대로 넣어준다.
　　　　4. '是……的' 사이에서도 부사어 자리의 기본순서 '부사 → 조동사 → 전치사구 → 술어'의 순서를 지킨다.

해설　　주어　　是　　강조내용　　　的
　　　　这些菜　是　专为　老年人　提供的

'是'와 '的'가 있다. 강조구문을 생각하자. 주어를 찾아보면 '这些菜(이런 요리)'이다. 그 다음 '是'를 배치시키고, 마지막은 '的'가 함께 있는 '提供的(제공한 것)'를 배치한다. 남은 어휘는 '专为', '老年人'으로, '是'와 '的' 사이에 위치시켜야 한다. 이중 '为(~을 위해)'는 전치사이므로 뒤에 명사를 넣고 전치사구를 만들어야 한다. 명사는 '老年人(노인)'이다. 즉 '为老年人(노인을 위해)'으로 완성한다.

정답　这些菜是专为老年人提供的。　이런 요리들은 오직 노인들을 위해 제공한다.

제2부분

图书馆 ▶ _____

① 제시 어휘와 그림을 확인해라!

제시 어휘는 어렵지 않은 명사 '图书馆 túshūguǎn (도서관)'이다. 그림은 도서관에 책이 놓여있는 모습이다. 제시 어휘가 어렵지 않기 때문에, 조금 고급스러운 어법을 사용해서 문장을 만들어보자.

② 그림을 보고 관련 어휘를 생각해보자.

> 还书 huánshū 책을 반납하다, 借书 jièshū 책을 빌리다, 这些书 zhè xiē shū 이 책들 ······

③ 먼저, 간단하게 '주 + 술 + 목'으로 문장을 만들어보자.

> 图书馆 / 有 / 很多汉语书。   도서관에는 많은 중국어 책이 있다.
> [주어] [술어]   [목적어]
> 他 / 刚才 / 在学校图书馆 / 借了 / 这些书。   그는 방금 학교 도서관에서 이 책들을 빌렸다.
> [주어] [부사] [전치사구]   [술어] [목적어]
> 他 / 现在 / 要 / 去图书馆 / 借很多书。   그는 지금 도서관에 가서 많은 책을 빌리려고 한다.
> [주어] [부사] [조동사] [술어①]   [술어②]

④ 앞에서 배운 '是……的' 강조구문 사용해보자.

도서관에서 빌렸다는 것을 강조해 문장을 만들어볼까?

> | 주어 | 是 | 시간·장소·방법·행동…… | 동사 | 的 |
> 这些书 是   在图书馆   借   的。 이 책들은 도서관에서 빌린 것이다.
> 这些书 是   昨天在学校图书馆   借   的。 이 책들은 어제 학교 도서관에서 빌린 것이다.
> 这些书 是 我叔叔在北京大学图书馆   借   的。 이 책들은 내 삼촌이 베이징대학 도서관에서 빌린 것이다.

 실전 PT

제1부분

어휘 배열 문제에서 제시된 단어 중 '是'와 '的'가 있다면, 일반적으로 10%는 '是 술어구문', 90%는 '是……的' 강조구문이 출제된다고 생각하면 된다. 강조구문으로 문장을 배열했는데 의미가 이상하다면, 일반 '是 술어구문'으로 다시 만들어보자.

문제 1   著名的   是   她丈夫   京剧演员

▶ 답 _____

▶ 해석 _____

문제 2   环境污染   关注的   应该   是我们

▶ 답 _____

▶ 해석 _____

문제 3   去年秋天   我孙子   出生的   是

▶ 답 _____

▶ 해석 _____

문제 4   专为老年人   提供的   这椅子   是

▶ 답 _____

▶ 해석 _____

문제 5   是   负责的   由李经理   这次调查

▶ 답 _____

▶ 해석 _____

제2부분

문제 1

花

▶ 답 1 _____

▶ 답 2 _____

문제 2

台

▶ 답 1 _____

▶ 답 2 _____

문제 3

自行车

▶ 답 1 _____

▶ 답 2 _____

마무리 PT

1 52路和407路都能到我这儿。
Wǔshí èr lù hé sì líng qī lù dōu néng dào wǒ zhèr.
52번과 407번 (버스) 모두 내 쪽으로 온다.

* 我这儿 wǒ zhèr
나한테, 내 쪽

2 麻烦您再擦一下吧。
Máfan nín zài cā yíxià ba.
번거롭겠지만, 당신이 다시 한번 닦으세요.

* 麻烦您… máfan nín…
실례지만 당신께서 ~해주시길 바랍니다

3 我刚才太困了，都睡着了。
Wǒ gāngcái tài kùn le, dōu shuìzháo le.
나 방금 너무 졸려서 잠이 들었다.

* 太…了 tài…le
대단히 ~하다
* 睡着 shuìzháo
잠이 들다

4 保证一点之前就把你送到。
Bǎozhèng yì diǎn zhīqián jiù bǎ nǐ sòngdào.
1시 전에 너를 바래다 주겠다는 것을 보증한다.

* 保证 bǎozhèng
동 보증하다

5 钥匙丢了，进不了门。
Yàoshi diū le, jìnbuliǎo mén.
열쇠를 잃어버려서 들어갈 수가 없다.

* 丢 diū
동 잃어버리다

6 网上购物变得越来越普遍。
Wǎngshàng gòuwù biàn de yuèláiyuè pǔbiàn.
인터넷 쇼핑은 점점 보편화 되어간다.

* 越来越 yuèláiyuè
점점, 갈수록

7 植物园吸引了很多人前去参观。
Zhíwùyuán xīyǐn le hěn duō rén qiánqù cānguān.
식물원은 많은 사람들이 앞으로 가 참관하도록 매료시켰다.

* 吸引 xīyǐn
끌어당기다, 매료시키다

8 科学技术的发展拉近了城市之间的距离。
Kēxué jìshù de fāzhǎn lājìn le chéngshì zhījiān de jùlí.
과학기술의 발전은 도시간의 거리를 좁혔다.

* 拉近…距离 lājìn…jùlí
~의 거리를 좁히다

9 花(时间/钱)
huā (shíjiān/qián)
(시간, 돈 등을) 쓰다, 소비하다

10 对于中国人来说，春节是一年之中最重要的节日。
Duìyú Zhōngguórén láishuō, Chūn Jié shì yìnián zhīzhōng zuì zhòngyào de jiérì.
중국인에게 있어서, 설은 1년 중 가장 중요한 명절이다.

* 对于…来说
duìyú…láishuō
~에 대해 말하자면

Day 7

> 듣기 제2·3부분 ❸ | 대화 듣고 질문에 답하기
> # 너 지금 뭐해? 행동 파악 문제

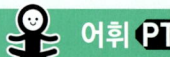 ● Track 07-1　　　　　　　 학습시간 1 0 분

예제 1	袜子 wàzi 명 양말, 스타킹 毛巾 máojīn 명 수건 打网球 dǎ wǎngqiú 테니스를 치다 擦 cā 동 닦다 厉害 lìhai 형 대단하다, 심하다			稍微 shāowēi 부 다소, 좀 大桥 dàqiáo 명 다리, 교량
예제 2	功夫 gōngfu 명 무술 厨房 chúfáng 명 주방, 부엌 跑步 pǎobù 동 달리다 双 shuāng 양 쌍 [짝이 되는 사물을 세는 양사] 鞋 xié 명 신발 冰箱 bīngxiāng 명 냉장고 饮料 yǐnliào 명 음료		문제 4	单子 dānzi 명 목록, 리스트 倒 dào 동 뒤집히다, 쏟다, 버리다 应聘 yìngpìn 동 지원하다, 응시하다 仔细 zǐxì 형 세심하다, 자세하다 数量 shùliàng 명 수량 写反 xiěfǎn 반대로 쓰다 写错 xiěcuò 잘못 작성하다 重新 chóngxīn 부 다시, 재차 接下来 jiēxiàlái 다음으로, 이어서 [뒤에 나오는 　　　　　　　내용을 소개할 때 쓰는 말]
문제 1	请客 qǐngkè 동 초대하다, 한턱 내다 扔垃圾 rēng lājī 쓰레기를 버리다 抬 tái 동 (두 사람 이상이) 맞들다, 함께 들다 沙发 shāfā 명 소파 阿姨 āyí 명 아주머니, 아줌마		문제 5	签证 qiānzhèng 명 비자 成绩 chéngjì 명 성적 收入 shōurù 명 수입 证明 zhèngmíng 동 증명하다 申请 shēnqǐng 동 신청하다 材料 cáiliào 명 자료 办 bàn 동 처리하다, 수속하다 恐怕 kǒngpà 부 아마도 最好 zuìhǎo 부 가장 좋은 것은
문제 2	填表 tián biǎo 표를 채우다 寄 jì 동 부치다, 보내다 菜单 càidān 명 메뉴판, 목록 表格 biǎogé 명 표, 도표, 양식 年龄 niánlíng 명 나이, 연령 必须 bìxū 부 반드시 ~해야 한다		문제 6	教 jiāo 동 가르치다 画画儿 huàhuàr 그림을 그리다 弹钢琴 tán gāngqín 피아노를 치다 寒假 hánjià 명 겨울방학 打算 dǎsuàn 동 ~할 계획이다 好主意 hǎo zhǔyi 좋은 아이디어 (이다) 放松 fàngsōng 동 긴장을 풀다 愉快 yúkuài 형 즐겁다
문제 3	照相 zhàoxiàng 동 사진을 찍다, 촬영을 하다 推车 tuīchē 자전거를 밀다 关 guān 동 닫다 窗户 chuānghu 명 창문 景色 jǐngsè 명 풍경, 경치			

❶ 행동 파악 문제란?

말하고 있는 사람이 지금 무엇을 하고 있는지, 어떤 행동을 하려고 하는지를 파악하는 문제이다. 대부분 지금 무엇을 하고 있는지 직접적으로 언급하지만, 관련 어휘로 유추를 해야 하는 문제가 나올 수도 있다. 어려워하지 말고 집중해서 아는 어휘 하나하나에 신경을 곤두세워 보자.

❷ 정답의 팁은 역시 보기 속에 있다!

녹음을 듣기 전, 미리 예측할 수 있는 4개의 보기를 잘 살펴보자. 그중에 하나는 꼭 정답일 것이고, 정답이 되는 어휘는 똑같이, 혹은 비슷한 느낌의 어휘로 녹음에서 들릴 것이다. 어려워하지 말고 4개의 보기 중에서 들리는 어휘가 있다면 과감하게 정답으로 선택하자.

❸ 동작 문제와 관련된 어휘를 알아두자.

행동 관련 문제는 대부분 일생생활에서 일어나는 행동이 출제된다.

> 打网球 dǎ wǎngqiú 테니스 치다, 洗衣服 xǐ yīfu 옷을 빨다, 扔垃圾 rēng lājī 쓰레기를 버리다, 收拾行李 shōushi xíngli 짐을 정리하다, 抬沙发 tái shāfā 쇼파를 들다 ……

시험에 자주 나왔던 행동 관련 어휘를 PT팁에서 좀 더 자세히 학습해보자.

❹ 행동을 묻는 질문 유형을 보자.

특히 여자의 행동을 묻는 문제인지, 남자의 행동을 묻는 문제인지 반드시 확인하자. 처음부터 메모하는 습관을 들여보자. 보기를 먼저 보고 어떤 행동을 취할지 파악한 후에, 남자의 행동, 여자의 행동을 각각 체크하고 질문에서 여자의 행동을 묻는지, 남자의 행동을 묻는지 파악한다면 100% 정답이다.

여자의 행동을 묻는 문제
问：女的最可能在做什么?   여자는 무엇을 하고 있었을 가능성이 큰가?

남자의 행동을 묻는 문제
问：男的刚才在做什么?   남자는 좀 전에 무엇을 하였는가?

PT팁 시험에서 반복적으로 출제된 행동 관련 어휘   ○ Track 07-2

1	일상 생활	休息 xiūxi 휴식(하다) | 穿衣服 chuān yīfu 옷을 입다 | 脱衣服 tuō yīfu 옷을 벗다 | 戴帽子 dài màozi 모자를 쓰다 | 找袜子 zhǎo wàzi 양말을 찾다 | 洗衣服 xǐ yīfu 옷을 빨다 | 理发 lǐfà 이발하다 | 请客 qǐngkè 한턱 쏘다 | 洗澡 xǐzǎo 샤워하다 | 看电视 kàn diànshì 텔레비전을 보다 | 喝矿泉水 hē kuàngquánshuǐ 광천수를 마시다
2	일·청소	打扫房间 dǎsǎo fángjiān 방을 청소하다 | 收拾厨房 shōushi chúfáng 주방을 정리하다 | 擦黑板 cā hēibǎn 칠판을 닦다 | 擦桌子 cā zhuōzi 책상을 닦다 | 扔垃圾 rēng lājī 쓰레기를 버리다
3	해외·여행	出差 chūchāi 출장 (가다) | 出国 chūguó 출국(하다) | 申请留学 shēnqǐng liúxué 유학을 신청하다 | 去旅行 qù lǚxíng 여행을 가다 | 结婚 jiéhūn 결혼하다 | 照相 zhàoxiàng 사진 찍다 | 收拾行李 shōushi xíngli 짐을 정리하다
4	배움·학습	复习 fùxí 복습(하다) | 预习 yùxí 예습(하다) | 学游泳 xué yóuyǒng 수영을 배우다 | 学语法 xué yǔfǎ 어법을 공부하다 | 学弹钢琴 xué tán gāngqín 피아노 치는 것을 배우다 | 学功夫 xué gōngfu 무술을 배우다
5	집·직장을 구하다	租房子 zū fángzi 집을 임대하다 | 找房子 zhǎo fángzi 집을 구하다 | 找工作 zhǎo gōngzuò 일을 구하다 | 面试 miànshì 면접 (보다) | 应聘 yìngpìn 지원·응시하다 | 招聘 zhāopìn 초빙·모집하다
6	정리·수리	抬箱子 tái xiāngzi 상자를 들다 | 抬沙发 tái shāfā 소파를 (들어) 옮기다 | 修电脑 xiū diànnǎo 컴퓨터를 수리하다 | 修理家具 xiūlǐ jiājù 가구를 수리하다
7	운동	运动 yùndòng 운동(하다) | 打球 dǎqiú 구기운동을 하다 | 打篮球 dǎ lánqiú 농구하다 | 打网球 dǎ wǎngqiú 테니스를 치다 | 锻炼身体 duànliàn shēntǐ 신체를 단련하다 | 跑步 pǎobù 달리기 하다 | 散步 sànbù 산책하다 | 爬山 páshān 등산하다 | 减肥 jiǎnféi 다이어트(하다) | 跳舞 tiàowǔ 춤 추다 | 体育馆 tǐyùguǎn 체육관
8	처리·예약	办签证 bàn qiānzhèng 비자를 발급 받다 | 取签证 qǔ qiānzhèng 비자를 수령하다 | 订机票 dìng jīpiào 비행기표를 예약하다 | 填表 tiánbiǎo 표를 작성하다 | 办收入证明 bàn shōurù zhèngmíng 수입증명을 발급하다 | 交申请材料 jiāo shēnqǐng cáiliào 신청자료를 제출하다 | 寄信 jìxìn 편지를 부치다 | 寄东西 jì dōngxi 물건을 부치다
9	구매	买东西 mǎi dōngxi 물건을 사다 | 买果汁 mǎi guǒzhī 과일주스를 사다 | 买西红柿 mǎi xīhóngshì 토마토를 사다 | 逛街 guàngjiē 쇼핑하다 | 网上购物 wǎngshàng gòuwù 인터넷 쇼핑 | 买沙发 mǎi shāfā 소파를 사다 | 买铅笔 mǎi qiānbǐ 연필을 사다
10	행동	去饭店 qù fàndiàn 식당에 가다 | 去长城 qù Chángchéng 만리장성에 오르다
11	회사·직장	上班 shàngbān 출근하다 | 下班 xiàbān 퇴근하다 | 加班 jiābān 야근하다
12	병원	看病 kànbìng 진찰 받다 | 打针 dǎzhēn 주사 맞다 | 吃药 chīyào 약을 먹다 | 住院 zhùyuàn 입원하다 | 身体不舒服 shēntǐ bùshūfu 몸이 불편하다 | 肚子疼 dùzi téng 배가 아프다 | 胳膊疼 gēbo téng 팔이 아프다 | 牙疼 yá téng 이가 아프다

예제 1   짧은 대화 유형   ● Track 07-3

A 打网球	B 擦桌子	A 테니스를 치다	B 책상을 닦다
C 洗衣服	D 找袜子	C 옷을 빨다	D 양말을 찾다

女：用毛巾擦擦脸上的汗，你们俩网球打得都不错呀!
男：我这是第一次跟老李打球，没想到他这么厉害。
问：男的刚才在做什么?

여: 수건으로 얼굴의 땀 좀 닦아. 너희 둘 다 테니스 정말 잘 친다!
남: 나 이거 처음으로 라오리랑 친 건데, 그가 이렇게 잘 할 줄은 생각도 못했어.
질문: 남자는 방금 무엇을 하고 있었는가?

해설 여자가 '너희 둘 테니스를 잘 친다'고 했고, 남자가 대답으로 '처음 친 건데'라고 말하는 것으로 봐서 지금 남자는 테니스를 치고 있었던 것으로 보인다. 책상, 옷, 양말 관련 어휘는 아예 언급되지 않기에 정답은 어렵지 않게 A(테니스 치다)이다.

정답 A

예제 2   긴 대화 유형   ● Track 07-4

A 买果汁	B 学功夫	A 과일주스를 사다	B 무술을 배우다
C 打扫厨房	D 陪她跑步	C 주방을 청소하다	D 그녀와 달리다

女：爸，你要去哪儿?
男：我换双鞋就出门，你有事儿吗?
女：你买点儿果汁回来吧，冰箱里没饮料了。
男：好，要什么样的?
女：苹果汁，就是咱家经常喝的那种。
问：女的让男的做什么?

여: 아빠, 어디 가세요?
남: 신발을 교환하러 외출하려고, 무슨 일 있니?
여: 과일주스 좀 사 와주세요. 냉장고 안에 음료가 없어요.
남: 알았다, 어떤 걸로?
여: 사과주스요, 우리가 자주 마시는 그걸로요.
질문: 여자는 남자에게 무엇을 하게 했는가?

해설 녹음에서 나온 이야기의 맥락은 남자가 신발을 교환하러 외출한다고 하자, 여자가 그럼 과일주스를 사다 달라고 하였다는 것이다. 핵심어휘가 '换鞋(신발을 바꾸다)'와 '买果汁吧(과일주스를 사자)'이므로 이와 관련된 보기는 A(과일주스를 사다)이다. 신발 바꾸러 간다는 남자의 말은 함정일 뿐이다. 게다가 보기항에는 신발과 관련된 말도 없다.
이렇게 여러 개의 행동이 나오면, 보기를 체크해서 보기에 제시된 것이 어떤 것인지를 파악하고 정답을 찾아나가 보자. 여자가 남자에게 무엇을 하게 했느냐에 대한 정답은 과일주스를 사오라고 한 A가 된다.

정답 A

 실전 PT Track 07-5  정답 및 해설 42p 학습시간 20 분

> 행동 파악 문제는 다양하게 출제되기 때문에 보기를 먼저 읽어 내용을 파악하고, 녹음에 어떤 내용들이 나올 수 있는지를 추측하여 문제에 접근해 보자.

[짧은 대화문]

문제 1 A 请客   B 扔垃圾   C 抬沙发   D 收拾行李

문제 2 A 填表   B 寄东西   C 买铅笔   D 打印菜单

문제 3 A 照相   B 推车   C 关窗户   D 填表格

[긴 대화문]

문제 4 A 填单子   B 擦桌子   C 倒垃圾   D 去应聘

문제 5 A 取签证   B 查成绩   C 办收入证明   D 交申请材料

문제 6 A 教人画画儿 B 学弹钢琴   C 出国旅行   D 学游泳

독해 제2부분 ❸ | 순서 배열하기
대명사를 찾아라!

어휘 PT

학습시간 1 0 분

예제 1
- 科学家 kēxuéjiā 명 과학자
- 老虎 lǎohǔ 명 호랑이
- 其实 qíshí 부 사실
- 高手 gāoshǒu 명 고수
- 甚至 shènzhì 접 심지어
- 那么 nàme 대 그렇게, 그런
- 以为 yǐwéi 동 ~라고 여기다

예제 2
- 一…就… yī…jiù… 접 ~하자마자 바로 ~하다
- 哭 kū 동 (소리내어) 울다
- 没想到 méixiǎngdào 생각지도 못했다
- 竟然 jìngrán 부 뜻밖에도, 의외로
- 成为 chéngwéi 동 되다, 이루다
- 护士 hùshi 명 간호사
- 特别 tèbié 부 특히, 특별히
- 害怕 hàipà 동 겁내다, 두려워하다

문제 1
- 要是…就… yàoshi…jiù… 접 만약 ~한다면, 곧 ~하겠다
- 西安 Xī'ān 지명 시안 [산시(陕西)성의 도시]
- 尝 cháng 동 맛보다, 시식하다
- 小吃 xiǎochī 명 간식
- 小吃街 xiǎochījiē 명 먹자골목
- 有名 yǒumíng 형 유명하다

문제 2
- 包 bāo 명 (싸거나 포장된) 보따리, 꾸러미
- 放 fàng 동 놓다
- 专门 zhuānmén 부 전문적으로
- 存包 cúnbāo 가방을 보관하다
- 抱歉 bàoqiàn 동 죄송합니다
- 带入 dàirù 가지고 들어가다

문제 3
- 学期 xuéqī 명 학기
- 合格 hégé 형 합격이다, 규격에 맞다
- 得 dé 동 얻다, 획득하다
- 优秀 yōuxiù 형 우수하다
- 发短信 fā duǎnxìn 문자메시지를 보내다
- 回国 huíguó 귀국하다

문제 4
- 平时 píngshí 명 평소, 평상시
- 锻炼 duànliàn 동 (몸을) 단련하다
- 关系 guānxì 명 (사물 사이의) 관계
- 看上去 kànshàngqù 동 보아하니 ~하다
- 实际 shíjì 명 실제
- 年龄 niánlíng 명 나이, 연령

문제 5
- 并且 bìngqiě 부 게다가
- 邀请 yāoqǐng 동 초청하다
- 有空儿 yǒukòngr 시간이 있다
- 留 liú 동 남기다
- 地址 dìzhǐ 명 주소
- 认识 rènshi 동 알다
- 谈得来 tándelái 동 말이 서로 통하다
- 律师 lǜshī 명 변호사

전략 PT

학습시간 20분

1. 대명사는 첫 문장에 오지 않는 것이 원칙이다!

대명사는 말 그대로 명사를 대신하는 품사이다. 대명사가 있다면 그 대명사가 어떤 명사를 대신하여 표현됐는지가 앞에 미리 제시되었어야 한다.

예를 들어, 문장에 '那儿(거기)'이 등장했다면, 이 '那儿'이 어느 곳을 말하는 것인지 분명히 앞에 제시되어 있을 것이다. 그것을 찾아내라! 바로 그 단어가 먼저 와야 한다!

즉! '那儿'이 속해 있는 문장과 '植物园'이 있는 문장이 있다면, 누가 먼저 와야 하는가? 당연히 '植物园'이 속해있는 문장이다.

시험에서 매번 출제되는 대명사	
인칭대명사	他 → 老王 (라오왕), 他们 → 这对新人 (이 한 쌍의 신혼부부)
지시대명사	那时 → 春节 (설날), 它 → 老虎 (호랑이), 它们 → 很多大熊猫 (많은 판다들), 其中 → 很多少数民族 (많은 소수민족들), 那儿 → 小吃街 (먹자골목)

2. 그러나 대명사가 첫 문장에 아예 못 오는 것은 아니다!

문장에 대명사가 있는데 그 대명사를 지칭하는 정확한 명사가 없다면 대명사가 첫 문장에 올 수도 있다.

예를 들어, A문장에 '他'가 있으면 그 '他'가 누구를 말하는 것인지 찾아야 한다. 그러나 어디에도 '他'를 지칭하는 정확한 명사가 없으면 '他' 스스로가 첫 문장에 올 가능성이 크다.

특히, '他(그)', '她(그녀)', '他们(그들)', '她们(그녀들)'은 사람을 대신 지칭하는 대명사이므로, 주어로서 첫 문장에 올 수도 있다. 하지만 다른 문장에 이들을 지칭하는 정확한 명사가 있다면, 대명사는 두 번째 이하의 문장에 오는 것이 원칙임을 잊지 말자!

 기출상식

중국의 표준어

중국 대륙 현지에서는 공식적인 표준어를 보통화(普通话 pǔtōnghuà, 푸통화)라고 한다. 중국에서는 각 지역마다 고유의 방언을 사용하고 있으나, 보통화가 표준중국어의 지위를 갖고 있다. 중국은 땅이 큰 만큼 그 지역마다 고유한 특징과 문화를 지니고 있으며 그 중 일상생활에서 쓰는 언어 또한 지역마다 달라 통계에 따르면 중국에서는 총 130여 개의 언어를 사용하고 있다고 한다. 일부 소수민족의 경우는 언어는 있으나 문자가 없는 경우도 있다. 즉, 중국어의 방언들은 거의 서로 다른 언어이다시피 해서 중국 전체를 통치하려면 언어를 통합하는 게 절실하였다. 따라서 근대 이후 중국 대륙에 세워진 국가들은 베이징어를 표준화하고 보급하는 데 힘썼다. 현재도 각 지역마다 특색 있는 방언을 모어(母语 mǔyǔ)로 쓰는 젊은이들이 상당히 많지만, 표준중국어의 적극적인 보급으로 인해 가정생활에서나 같은 고향 사람들끼리는 모어인 방언을 쓰고, 타지 사람과 대화할 때나 인터넷 상, 대외활동에서는 대부분 표준중국어를 사용한다. 대부분의 중국인들은 모어인 방언과 사무언어인 표준중국어를 쓰는 이중언어 사회에 익숙해져 있다. 지금 우리가 배우는 중국어는 표준중국어이다.

예제 1

A 但科学家发现，老虎其实是游泳高手
B 它们甚至能游数十公里那么远
C 很多人以为老虎不会游泳

A 그러나 과학자가 호랑이는 사실 수영의 고수라는 것을 발견하였다
B 그들은 심지어 수십 킬로미터 그렇게 먼 곳까지 수영할 수 있다
C 많은 사람들은 호랑이가 수영을 하지 못한다고 여긴다

해설 B에 대명사 '它们'이 있다. 그러면 바로 '它们'이 지칭하고 있는 구체적 단어가 있는지 찾아야 한다! A와 C에 '老虎(호랑이)'가 있다. 그러나! A는 접속사 '但(그러나)'이 있어서 첫 문장에 올 수 없다. 그래서 첫 문장은 C가 된다. C는 '호랑이가 수영을 못한다'고 하였는데, A는 '그러나 호랑이는 수영을 잘한다'라는 내용이다. A 앞에는 A와 의미가 반대가 되는 C가 나와야 한다. 그리고 마지막 B는 심지어 수영을 너무 잘한다는 내용이므로 앞 문장에는 '수영을 할 수 있다'는 문장이 나와야 한다. 그 문장은 A이다. 그리하여 정답은 C-A-B이다.

정답 C-A-B

예제 2

A 一看见医生就哭，他怎么都没想到
B 我长大后竟然会成为一名护士
C 爸爸说我小时候特别害怕打针

A 의사만 보면 울어서, 그는 생각도 하지 못했다
B 내가 성장한 후, 뜻밖에도 간호사가 되었다
C 아빠가 말하기를 내가 어렸을 때에 특히 주사 맞는 걸 두려워했다고 했다

해설 A에 대명사 '他'가 있다. 그러면 바로 '他'가 지칭하는 사람은 누구일까? C에 '아빠'가 있으므로, A 앞에는 C가 먼저 와야 한다. C를 첫 문장으로 잡았다면, 나머지 문장은 의미 순서대로 배치해야 한다. A에서 '의사만 보면 울어서, 생각도 하지 못했다'고 했는데 무엇을 생각지도 못한 것인지가 나와야 하는데, 바로 B의 '간호사가 될 것'이라는 것을 의미하는 것을 알 수 있다. 정리해보면 C에서 내가 주사 맞는 것을 무서워해서, A에서는 의사만 보면 울었다고 보충 설명을 하고 있다. 이러한 이유 때문에 아빠는 내가 B에서 간호사가 될 것이라는 것을 생각지도 못했다 라고 문장이 이어진다. 따라서 정답은 C-A-B이다.

정답 C-A-B

● 대명사를 찾아라! 대명사가 있는 그 문장을 제외한 다른 문장에서 대명사를 지칭하는 정확한 명사를 찾아 그 앞에 위치시킨다. 그리고 나머지 문장을 의미의 선후관계에 따라 순서에 맞게 배열해보자!

문제 1   A 要是去了西安而没有去那儿尝尝小吃

　　　　B 那条小吃街在西安很有名，很多人都说

　　　　C 就不能说自己到过西安　　　　　　　　　　　　_____

문제 2   A 您可以把包放在那儿

　　　　B 入口处有专门存包的地方

　　　　C 抱歉，小姐，您的包不能带入馆内　　　　　　　_____

문제 3   A 说他这学期的课都合格了，有几门还得了优秀

　　　　B 我孙子给我发短信了

　　　　C 一放寒假就可以回国了　　　　　　　　　　　　_____

문제 4   A 王大夫今年已经60多岁了

　　　　B 这跟他平时经常锻炼身体有很大关系

　　　　C 可看上去要比他的实际年龄小很多　　　　　　　_____

문제 5   A 并且还邀请我有空儿去他那儿玩儿

　　　　B 他给我留了电话号码和地址

　　　　C 我在飞机上认识了一个特别谈得来的律师　　　　_____

쓰기 제1·2부분 ❼ | 제시된 어휘로 문장 완성하기

네가 예뻐? 내가 예뻐? 비교문!

 전략 PT   학습시간 20분

🐵 제1부분

비교문이란?

A와 B 두 사람 중에 누가 더 예쁜지, 누가 더 똑똑한지 등을 비교하는 문장을 비교문이라고 한다. 비교문은 매번 빠지지 않고 꼭 출제되는 유형이기 때문에 반드시 비교문의 구조를 숙지하는 게 중요하다. HSK 4급에서 출제되는 비교문은 다음과 같다!

❶ 比 비교문 (~보다)

긍정	A 比 B + 부사(更, 还, 都) + 술어	A는 B보다 더 ~하다
	我比他都大。	나는 그보다 더 나이가 많다.
	弟弟比我更高。	남동생이 나보다 더 (키가) 크다.
부정	A 不比 B + 술어	A는 B보다 ~하지 않다
	弟弟的个子不比我高。	남동생의 키는 나보다 크지 않다.
	今天的天气不比昨天热。	오늘의 날씨는 어제보다 덥지 않다.
확장표현	A 比 B + 술어 + [一点儿/ 一些]	A는 B보다 약간 ~하다
	我比她漂亮一点儿。	나는 그녀보다 약간 예쁘다.
	今年的收入比去年高一些。	올해의 수입이 작년보다 약간 높다.
	A 比 B + 술어 + [多了/ 得多]	A는 B보다 훨씬 ~하다
	我比他大得多。	나는 그보다 훨씬 나이가 많다.
	我比姐姐高多了。	나는 언니보다 훨씬 (키가) 크다.
	A 比 B + 술어 + 구체적 수치(수량사)	A는 B보다 얼마(수치) ~하다
	我比你大三岁。	나는 너보다 세 살이 많다.
	我比妹妹高五厘米。	나는 여동생보다 키가 5cm 크다.
	今年的房租比去年高了一倍。	올해의 임대료는 작년보다 두 배가 올랐다.

TIP 비교문에서 정도부사의 사용은 제한적이다. '更', '还', '再', '都' 등 상대적인 정도를 나타내는 부사는 사용 가능하지만, '很', '非常', '完全' 등 절대적인 정도를 나타내는 부사는 사용할 수 없다.
예) 我比他很大。(×) → 我比他更大。(○) 나는 그보다 나이가 더 많다.

② 跟 비교문 (~와)

긍정	**A 跟 B + 一样/ 差不多 (+ 술어)** A와 B는 똑같다/비슷하다 (똑같이 ~하다/비슷하게 ~하다)
	我的衣服跟你的一样。 나의 옷은 너의 옷과 똑같다.
	我跟你差不多喜欢吃中国菜。 나는 너와 비슷하게 중국요리 먹는 것을 좋아한다.
부정	**A 跟 B + 不一样 (+ 술어)** A와 B는 다르다 (똑같이 ~않다/다르게 ~하다)
	我跟你不一样。 나는 너와 다르다.

③ 有 비교문 (~만큼)

긍정	**A 有 B (+ 这么, 这样 / 那么, 那样) + 술어** A는 B만큼 (이렇게/저렇게) ~하다
	这部电影有那部那么有意思。 이 영화는 저 영화만큼 그렇게 재미있다.
부정	**A 没有 B (+ 这么, 这样 / 那么, 那样) + 술어** A는 B만큼 (이렇게/저렇게) ~하지 않다
	他没有我妹妹那么高。 그는 내 여동생만큼 그렇게 (키가) 크지 않다.

PT 기출상식

56개 민족의 어울림 중국의 소수민족

단일민족인 한국에게 '소수민족'이라는 단어가 매우 낯설게 느껴지지만 중국은 56개의 민족으로 이루어진 다민족 국가이다. 중국은 인구의 94%가 한족이며 나머지 6% 정도의 55개 소수민족이 있다. 한족에 비해 인구가 소수인 까닭에 소수민족이라 부르고 있으나 이들은 대륙 곳곳에 분포하고 있을 뿐 아니라 각기 고유한 특색과 문화, 정체성을 가지고 살아가고 있다. 소수민족들은 주로 내몽골(内蒙古 Nèiměnggǔ 네이멍구), 신강(新疆 Xīnjiāng 신쟝), 녕하(宁夏 Níngxià 닝샤), 광서(广西 Guǎngxī 광시), 티베트(西藏 Xīzàng 시짱), 운남(云南 Yúnnán 윈난), 귀주(贵州 Guìzhōu 구어저우), 청해(青海 Qīnghǎi 칭하이), 사천(四川 Sìchuān 쓰촨), 감숙(甘肃 Gānsù 깐수), 요녕(辽宁 Liáoníng 랴오닝), 길림(吉林 Jílín 지리), 후남(湖南 Húnán 후난), 호북(湖北 Húběi 후베이), 해남(海南 Hǎinán 하이난), 대만(台湾 Táiwān 타이완) 등 성과 자치구 국경지 또는 내륙에 거주하고 있다. 그 중 운남성에만 25개의 민족이 거주하여 가장 다양한 민족들이 거주하고 있는 지역으로 뽑힌다. 중국헌법에는 전국의 여러 소수민족은 모두 평등하며 정치·경제·문화생활에서 한족과 동등한 대우와 권리를 향유할 수 있다고 규정되어 있다. 이 같은 헌법의 보장과 정책적 배려 하에 실시되고 있는 중국의 소수민족 정책을 요약해보면, 대체로 소수민족에 대한 평등정책 시행, 소수민족지역의 자치 시행, 소수민족 간부 양성, 소수민족이 자신들의 언어와 문자사용 허용, 소수민족의 풍속습관과 종교 신앙의 자유 보장 등이 있다.

 **예제 1**

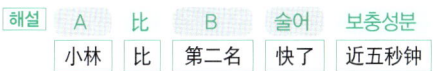

분석 快 kuài 형 빠르다 / 第二名 dì èr míng 명 이등, 2등 / 秒 miǎo 명 초(시간)

Point 1. '比', '跟', '(没)有'가 있으면 비교문이다.
2. '比'자 비교문의 패턴은 'A 比 B 술어 + 보충성분'이다.

해설
A	比	B	술어	보충성분
小林	比	第二名	快了	近五秒钟

'比'자가 있으므로, 이 문장은 비교문이다. 'A 比 B 술어'의 기본패턴을 잡으면, '小林比第二名快了(샤오린이 2등보다 빨랐다)'이다. 남은 어휘 '近五秒钟(근 5초)'는 보충성분으로 마지막에 위치한다.

정답 小林比第二名快了近五秒钟。   샤오린은 2등보다 근 5초가량 빨랐다./
第二名比小林快了近五秒钟。   2등이 샤오린보다 근 5초가량 빨랐다.

 **예제 2**

분석 苏州 Sūzhōu 지명 쑤저우 [장쑤(江苏)성의 도시 이름] / 公园 gōngyuán 명 공원

Point 1. '比', '跟', '(没)有'가 있으면 비교문이다.
2. '(没)有' 비교문의 패턴은 'A (没)有 B + 술어'이다.

해설
A	(没)有	B	술어
上海的公园	没有	苏州的	漂亮

'(没)有' 비교문이다. '(没)有'자 비교문의 기본패턴은 'A (没)有 B + 술어'이다. 여기에서 술어는 '漂亮(예쁘다)'이다. 그리고 두 비교대상을 '没(有)' 사이에 위치시킨다.

정답 上海的公园没有苏州的漂亮。   상하이의 공원은 쑤저우(의 공원)만큼 예쁘지는 않다.

제2부분

凉快　▶　_____

❶ 제시 어휘와 그림을 확인해라!

제시 어휘는 '凉快 liángkuai (시원하다)', 품사는 형용사이다. 그림에는 탁 트인 바닷가에 앉아 시원한 바람을 맞고 있는 여자의 모습이 보인다.

❷ 제시된 형용사 어휘로 간단하게 기본문장을 만들어보자.

주어 + 술어(동사/형용사)
今天的天气很凉快。　오늘 날씨는 매우 시원하다.
我喜欢凉快的天气。　나는 시원한 날씨를 좋아한다.

❸ 오늘 배운 비교문으로 문장을 만들어보자.

① '比 비교문'을 사용해보자.

今天的天气比昨天更凉快。　오늘 날씨는 어제보다 더 시원하다.
今天的天气比昨天凉快一点儿。　오늘 날씨는 어제보다 약간 시원하다.

② '跟 비교문'을 사용해보자.

这里跟韩国一样凉快。　이곳은 한국과 똑같이 시원하다.
公园跟我家不一样凉快。　공원은 우리집과는 다르게 시원하다.

③ '有 비교문'을 사용해보자.

今年的春天有去年的凉快。　올해의 봄은 작년(의 봄)만큼 시원하다.
这里有中国这么凉快。　이곳은 중국만큼 이렇게나 시원하다.

 실전 PT

제1부분

비교문은 자신만의 독특한 어법구조가 있다. 4급에서 매번 출제되고 있는 '比', '跟', '有' 등의 비교문이 등장하면, 각각이 가진 비교문 구조 공식을 그대로 대입하여 문제를 풀어보자.

문제 1   收入   增加了   比去年   今年公司的   一倍

▶ 답 _____

▶ 해석 _____

문제 2   我的   跟   一样   看法   老师的   不

▶ 답 _____

▶ 해석 _____

문제 3   餐厅的   比   生意   过去   好多了

▶ 답 _____

▶ 해석 _____

문제 4   没有   我的   她   那么   性格   活泼

▶ 답 _____

▶ 해석 _____

문제 5   稍微深   比那双   颜色   这双皮鞋的   一些

▶ 답 _____

▶ 해석 _____

제2부분

문제 1

房租

▶ 답 1 _____

▶ 답 2 _____

문제 2

考试

▶ 답 1 _____

▶ 답 2 _____

문제 3

头疼

▶ 답 1 _____

▶ 답 2 _____

마무리 PT

학습시간 05분

1 你们俩网球打得都不错。
Nǐmen liǎ wǎngqiú dǎ de dōu búcuò.
너희 둘 다 테니스 잘 치네.

* 打得都不错
dǎ de dōu búcuò
치는 정도가 괜찮다(잘 친다)

2 请您先填一下这张表格。
Qǐng nín xiān tián yíxià zhè zhāng biǎogé.
당신은 먼저 이 표를 좀 작성해 주시기를 부탁 드립니다.

* 填…表格 tián…biǎogé
~표를 작성하다

3 好主意!
Hǎo zhǔyi!
좋은 아이디어야!

4 祝你寒假愉快。
Zhù nǐ hánjià yúkuài.
너의 겨울방학이 즐겁기를 바라.

* 祝 zhù
~하기를 바라다, ~을 축원하다

5 孩子们一看见医生就哭。
Háizimen yí kànjiàn yīshēng jiù kū.
아이들은 의사를 보기만 하면 바로 울어버린다.

* 一…就… yī…jiù…
~하자마자, 곧 ~하다

6 我一放寒假就可以回国了。
Wǒ yí fàng hánjià jiù kěyǐ huíguó le.
나는 겨울방학만 하면 바로 귀국할 수 있다.

7 有空儿去他那儿玩儿。
Yǒu kòngr qù tā nàr wánr.
시간이 있으면 그에게 놀러 가자.

* 有空儿 yǒu kòngr
시간이 있다

8 我留了电话号码和地址。
Wǒ liú le diànhuàhàomǎ hé dìzhǐ.
나는 전화번호와 주소를 남겨두었다.

* 留电话号码
liú diànhuàhàomǎ
전화번호를 남기다

9 谈得来
tándelái
말이 서로 통하다

10 今天的天气比昨天凉快一点儿。
Jīntiān de tiānqì bǐ zuótiān liángkuai yìdiǎnr.
오늘 날씨는 어제보다 조금 상쾌하다.

* A比B + 술어 + 一点儿
A bǐ B…yìdiǎnr
A는 B보다 조금 (술어)하다

Day 8

듣기 제2·3부분 ④ | 대화 듣고 질문에 답하기
대화의 주제 · 화제를 파악해라!

어휘 PT　　Track 08-1　　학습시간 10분

예제 1
- 暂时 zànshí [명] 잠시, 잠깐
- 上网 shàngwǎng [동] 인터넷을 하다
- 借 jiè [동] 빌리다, 빌려주다
- 商量 shāngliang [동] 상의하다
- 笔记本电脑 bǐjìběn diànnǎo [명] 노트북
- 清楚 qīngchu [형] 분명하다, 정확하다
- 比较 bǐjiào [동] 비교하다
- 决定 juédìng [동] 결정하다

예제 2
- 跳舞 tiàowǔ [동] 춤을 추다
- 广播 guǎngbō [명] 방송
- 京剧演员 jīngjù yǎnyuán [명] 경극배우
- 年轻 niánqīng [형] 젊다, 어리다
- 确实受到 quèshí shòudào 확실히 받다
- 影响 yǐngxiǎng [명] 영향
- 演出 yǎnchū [명] 공연

문제 1
- 成熟 chéngshú [형] 성숙하다
- 勇敢 yǒnggǎn [형] 용감하다
- 遇事 yùshì [동] 일이 생기다
- 冷静 lěngjìng [형] 냉정하다, 침착하다
- 翻译 fānyì [동] 번역하다
- 访问 fǎngwèn [동] 방문하다
- 合适 héshì [형] 적합하다, 알맞다
- 专业 zhuānyè [명] 전공
- 经验 jīngyàn [명] 경험

문제 2
- 牙疼 yáténg [동] 이가 아프다
- 困 kùn [동] 졸리다
- 不舒服 bùshūfu [형] 불편하다
- 稍微 shāowēi [부] 다소, 약간
- 不敢 bùgǎn [동] 감히 ~하지 못하다

문제 3
- 哭 kū [형] 울다
- 睡醒 shuìxǐng [동] 잠에서 깨다
- 敲门 qiāomén [동] 노크하다, 문을 두드리다
- 忘 wàng [동] (지난 일을) 잊다, 망각하다
- 正好 zhènghǎo [부] 마침, 딱
- 矿泉水 kuàngquánshuǐ [명] 광천수

문제 4
- 网速 wǎngsù 인터넷 속도
- 占线 zhànxiàn [동] 통화 중이다
- 网址 wǎngzhǐ [명] 웹사이트 주소
- 密码 mìmǎ [명] 비밀번호
- 错误 cuòwù [명] 잘못, 착오
- 试 shì [동] 시도하다
- 打不开 dǎbukāi 열리지 않다, 안 열리다

문제 5
- 迷路 mílù [동] 길을 잃다
- 护照 hùzhào [명] 여권
- 登机牌 dēngjīpái [명] 비행기 탑승권
- 行李箱 xínglǐxiāng [명] 트렁크, 캐리어
- 着急 zháojí [동] 초급하다, 초조하다
- 仔细 zǐxì [형] 세심하다, 자세하다

문제 6
- 博士 bóshì [명] 박사
- 看不出来 kàn bu chūlái 알아보지 못 하다
- 硕士 shuòshì [명] 석사
- 直接 zhíjiē [부] 직접, 직접적으로
- 读 dú [동] 공부하다
- 医学 yīxué [명] 의학
- 主要 zhǔyào [부] 주로
- 研究 yánjiū [동] 연구하다

 전략 PT

① 대화의 전체적인 주제와 의미를 파악해라!

대화의 중심내용을 파악하는 문제 유형은 두 가지로 나뉘는데, 전체적인 내용을 묻는 문제 유형과 여자 혹은 남자의 생각을 정확하게 묻는 문제 유형이 있다. 이 경우에는 특정 어휘보다는 문장 전체의 분위기와 내용에 집중을 해야 한다.

② 내용이 광범위하다.

특정 부분에 집중하지 말고, 들리는 어휘를 모두 체크하여 그 어휘와 관련된 내용을 상상하면서 들어보자. 광범위하지만 들리는 어휘 하나하나에 집중해야 큰 그림을 그릴 수 있다.

③ 녹음을 들으면서 제시된 보기 옆에 메모하는 습관을 들이자!

문장의 전체적인 내용을 들어내야 하기 때문에 들리는 어휘를 놓치지 말고 메모하는 연습을 해보자. 그래야 지나간 내용도 까먹지 않고 기억해낼 수 있다. 이렇게 메모하는 연습을 하다 보면, 메모된 어휘와 일치되는 보기가 있을 수 있다. 그러면 대부분 이런 경우에 정답이 되므로, 쉽게 정답을 찾을 수도 있다.
들리는 어휘를 한자로든, 한국어로든, 발음으로든 내가 빠르게 메모하기 편하고 다시 보고 알아보기 좋은 것으로 메모하는 연습을 하자.

> 中国 Zhōngguó 중국, 茶 chá 차, 历史 lìshǐ 역사, 长 cháng 길다, 药 yào 약 ……

위의 예시처럼 메모를 해두면, 메모된 어휘만으로 '중국의 차는 역사가 길고, 약으로도 쓰인다'라는 녹음 내용의 전반적인 의미 파악에 큰 도움이 된다.

④ 전체적인 의미를 파악해야 하는 문제의 질문 유형을 알자.

问: 他们在谈论什么?　　그들은 무슨 이야기를 하고 있는가?
问: 关于男的可以知道什么?　　남자에 관해 알 수 있는 것은 무엇인가?
问: 关于女的可以知道什么?　　여자에 관해 알 수 있는 것은 무엇인가?
问: 根据对话可以知道什么?　　대화를 통해 알 수 있는 것은 무엇인가?
问: 男的主要是什么意思?　　남자는 무슨 뜻인가?
问: 男的怎么了?　　남자는 어떤가?

예제 1 짧은 대화 유형 Track 08-2

A 暂时别卖	B 上网看看	A 잠시 팔지 마라	B 인터넷으로 봐라
C 先借一个用	D 找朋友商量	C 먼저 하나 빌려 사용해라	D 친구를 찾아 상의해라

女：我想换台笔记本电脑，你知道哪种好吗？ 男：我也不太清楚，你先上网看看吧，多比较比较然后再做决定。 问：男的是什么意思？	여: 나 노트북 컴퓨터를 바꾸고 싶은데, 너 어떤 것이 좋은지 알아? 남: 나도 잘 모르겠어, 네가 먼저 인터넷으로 좀 보고 많이 비교해 본 후에 다시 결정해. 질문: 남자는 어떤 의미인가?

해설 이 문제는 대화 속에서 남자가 한 말의 뜻을 묻는 문제이므로, 남자의 말에 집중해야 한다. 여자가 노트북을 바꾸고 싶은데 뭐가 좋을지 물어봤고, 이에 남자가 인터넷으로 좀 보고 비교한 후에 다시 결정하는 게 좋겠다고 대답했다. 남자의 말을 체크하면, '不太清楚(잘 모르겠다)', '上网看看(인터넷으로 좀 봐)', '比较比较(비교 좀 해봐)' 이 정도의 어휘를 확인할 수 있다. 남자가 말한 핵심어휘로 보았을 때, 정답은 B(인터넷으로 봐라)가 된다.

정답 B

예제 2 긴 대화 유형 Track 08-3

A 爱跳舞	B 爱听广播	A 춤추는 것을 좋아한다	B 방송 듣기를 좋아한다
C 会唱京剧	D 是数学老师	C 경극을 할 줄 안다	D 수학선생님이다

女：小高，你父亲以前是京剧演员？ 男：对，他年轻时在我们那儿很有名。 女：这么说你喜欢听京剧，确实受到了你父亲的影响。 男：是。我小时候经常去看他的演出。 问：关于小高的父亲，可以知道什么？	여: 샤오까오, 너희 아버지께서는 예전에 경극 배우셨지? 남: 맞아, 그는 젊었을 때 여기에서 매우 유명했어. 여: 이렇게 말하는 거 보니 너 경극 듣는 거 좋아하는구나. 분명 아빠의 영향을 받았을 거야. 남: 맞아. 나는 어렸을 때 자주 아빠의 공연을 보러 갔었어. 질문: 샤오까오의 아버지에 관해 알 수 있는 것은 무엇인가?

해설 이 문제는 샤오까오의 아버지에 대해 묻는 문제로, 샤오까오의 아버지에 대해 집중해야 한다. 처음에 여자가 샤오까오를 부르며 '너희 아버지 경극 배우셨지?'라고 물었다. 여기에서 남자의 아버지에 대해 묻는 것임을 알 수 있고, 그 다음 말에서 아버지가 경극 배우라는 것을 확인하면 된다. 대답으로 남자가 맞다고 하면서 '유명하셨어'라고 하였다. 앞부분 두 번의 대화만으로 샤오까오의 아버지가 경극 배우로 유명했다는 것을 알 수 있다. 이와 관련된 정답으로는 C(경극을 할 줄 안다)가 적합하다.

정답 C

실전 PT

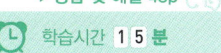

> 대화의 전체적인 내용을 묻는 문제는 내용이 광범위하므로, 보기를 먼저 파악하고, 녹음에서 들린 어휘를 꼼꼼하게 메모한 후 그 내용을 보기와 대조하여 문제를 풀어보자.

[짧은 대화문]

문제 1   A 很成熟   B 很勇敢   C 遇事冷静   D 可以做翻译

문제 2   A 牙疼   B 困了   C 胖了   D 肚子不舒服

문제 3   A 哭了   B 没睡醒   C 没带钥匙   D 敲错门了

[긴 대화문]

문제 4   A 网速慢   B 电话占线   C 网址没错   D 密码错误

문제 5   A 迷路了   B 丢了护照   C 没换登机牌   D 打不开行李箱

문제 6   A 个子很高   B 是位教授   C 博士毕业了   D 刚留学回来

독해 제2부분 ❹ | 순서 배열하기
접속사가 핵심이다!

어휘 PT

학습시간 1 0 분

예제 1
- 世界 shìjiè 명 세계
- 虽然…但… suīrán…dàn… 접 비록 ~지만, 그러나 ~하다
- 例如 lìrú 동 예를 들면
- 生命 shēngmìng 명 생명
- 友谊 yǒuyì 명 우의, 우정

예제 2
- 懂得 dǒngde 동 알다, 이해하다
- 互相信任 hùxiāng xìnrèn 서로 신임하다
- 尊重 zūnzhòng 동 존중하다
- 既然…那么… jìrán…nàme… 접 이왕 ~된 바에야 그렇다면 ~하자
- 共同生活 gòngtóng shēnghuó 함께 살다
- 新鲜感 xīnxiāngǎn 명 신선함, 설렘
- 不够 búgòu 형 부족하다

문제 1
- 招聘会 zhāopìnhuì 채용 박람회
- 由…来负责 yóu…lái fùzé 짝꿍 ~가 책임을 지다
- 既然…就… jìrán…jiù… 접 기왕 ~했으니 ~하다
- 合适 héshì 형 적당하다, 알맞다
- 今后 jīnhòu 명 이후, 앞으로
- 支持 zhīchí 동 지지하다

문제 2
- 肯定 kěndìng 부 분명히, 확실히
- 尽管…但… jǐnguǎn…dàn… 접 설령 ~일지라도, 그러나 ~이다
- 因为 yīnwèi 접 왜냐하면
- 声音 shēngyīn 명 목소리

문제 3
- 生意 shēngyì 명 사업, 장사
- 一直 yìzhí 부 줄곧, 쭉
- 亲戚 qīnqi 명 친척
- 饭馆 fànguǎn 명 식당
- 火车站 huǒchēzhàn 명 기차역
- 交通 jiāotōng 명 교통

문제 4
- 最好 zuìhǎo 부 가장 좋은 것은
- 办 bàn 동 발급하다, 개설하다
- 会员卡 huìyuánkǎ 명 회원카드
- 如果…那… rúguǒ…nà… 접 만약 ~한다면, 그러면 ~하다
- 理发 lǐfà 동 이발하다
- 节约 jiéyuē 동 절약하다
- 不少钱 bùshǎo qián 적지 않은 돈

문제 5
- 不但…还… búdàn…hái… 접 ~일 뿐만 아니라, 게다가 ~이다
- 河 hé 명 강
- 游来游去 yóulái yóuqù 이리저리 헤엄치다
- 河底 hédǐ 강바닥
- 水草 shuǐcǎo 명 수초
- 干净 gānjìng 형 깨끗하다

❶ 접속사만 잘 찾으면 앞·뒤 문장이 한 번에 보인다!

첫 문장 찾기에 자신감이 붙었으면 이제, 좀 더 핵심! 접속사를 공략해보자. 접속사는 단어와 단어의 연결, 혹은 문장과 문장을 연결해 문장을 계속 이어주는 역할을 한다. 접속사의 호응만으로 앞·뒤 문장을 일일이 해석하지 않고도 쉽게 순서를 찾을 수가 있다.

예를 들어, 접속사 짝꿍 중 하나인 '因为……, 所以……(~하기 때문에, 그래서 ~하다)'가 보기에 등장했다고 하자. 그럼 '因为'가 들어간 문장이 먼저 올 것인가? 아니면 '所以'가 들어간 문장이 먼저 올 것인가? 당연히 '因为'가 들어간 문장이 먼저 오고 '所以'가 있는 문장이 뒤에 오는 게 자연스러울 것이다.

이렇게 문장을 어렵게 해석하지 않고도, 접속사의 호응관계만으로 우리는 앞·뒤 문장의 순서를 잡을 수 있다!

❷ 접속사지만, 첫 문장에는 절대 올 수 없는 접속사는?

접속사 중에 첫 문장에는 올 수 없는 접속사는 다음과 같다.

결과	所以 suǒyǐ 그래서 │ 因此 yīncǐ 이로 인하여 │ 于是 yúshì 그래서 │ 结果 jiéguǒ 결과적으로 │ 否则 fǒuzé 그렇지 않으면
선후	首先 shǒuxiān 먼저 │ 然后 ránhòu 그 후에 │ 最后 zuìhòu 최후에 │ 后来 hòulái 후에, 나중에
예시	比如说 bǐrú shuō 예를 들어 말하자면 │ 例如说 lìrú shuō 예를 들어 말하자면
반대(역접)	然而 rán'ér 그러나 │ 但是 dànshì 그러나 │ 可是 kěshì 그러나 │ 可 kě 그러나 │ 不过 búguò 그러나 │ 相反 xiāngfǎn 반대로
점층	而且 érqiě 게다가 │ 甚至 shènzhì 심지어 │ 还 hái 여전히, 또 │ 也 yě 도 │ 并且 bìngqiě 게다가

❸ 첫 문장에 올 수 없는 접속사 표현 정리

다음의 표현들은 첫 문장에 오지 못하니 꼭 알아두자!

> 并 bìng 게다가 │ 却 què 오히려 │ 还 hái 또 │ 都 dōu 모두 │ 再 zài 다시 │ 也 yě 도 │ 就是 jiùshì 곧, 바로 │ 而 ér 그러나, 그래서 │ 才 cái 비로소 │ 没想到 méixiǎngdào 생각지도 못했다 │ 其中 qízhōng 중에 │ 这样 zhèyàng 이렇다면, 이러면 │ 于是 yúshì 그래서 │ 终于 zhōngyú 마침내, 결국 │ 所以 suǒyǐ 그래서 │ 后来 hòulái 나중에, 후에 │ 甚至 shènzhì 심지어 │ 而且 érqiě 게다가 │ 不过 búguò 하지만 │ 就 jiù 곧, 바로 │ 但 dàn 그러나 │ 可(是) kě(shì) 그러나 │ 那么 nàme 그렇다면 │ 它(们) tā(men) 그것(들) │ 他 tā 그 │ 然而 rán'ér 그러나 │ 因此 yīncǐ 이로 인하여 │ 更 gèng 더, 더욱

접속사가 핵심이다! 꼭 체크하고 숙지하자!

인과 관계	因为 A, 所以 B A 때문에 (그래서) B하다	这家饭馆儿因为离火车站很近，交通方便，所以生意一直很不错。 Zhè jiā fànguǎnr yīnwèi lí huǒchēzhàn hěn jìn, jiāotōng fāngbiàn, suǒyǐ shēngyì yìzhí hěn búcuò. 이 식당은 기차역으로부터 매우 가깝고 교통도 편리해서 장사가 줄곧 매우 잘 된다. 因为生了重病，所以不能继续上班了。 Yīnwèi shēng le zhòngbìng, suǒyǐ bùnéng jìxù shàngbān le. 심한 병에 걸려서 계속 출근할 수가 없다.
	由于 A, 因此(因而/ 所以) B A 때문에 그러므로(그래서) B하다	由于跟他相处了多年，因此很了解他。 Yóuyú gēn tā xiāngchǔ le duō nián, yīncǐ hěn liǎojiě tā. 그와 오랜 시간 함께 했기 때문에 그를 잘 알고 있다. 由于他的参与，所以我们队赢得了比赛。 Yóuyú tā de cānyù, suǒyǐ wǒmen duì yíngdé le bǐsài. 그의 참여로 우리 팀이 경기에서 이겼다.
	既然 A, 就(那/ 那么) B 기왕 A한 바에야, 그럼 B하다	既然大家都觉得小高合适，这次的招聘会就由他来负责。 Jìrán dàjiā dōu juéde Xiǎo Gāo héshì, zhè cì de zhāopìnhuì jiù yóu tā lái fùzé. 이왕 모두 샤오까오가 적합하다고 생각한다면, 이번 채용설명회는 그럼 그가 책임지도록 하겠다. 既然说干，那就干吧。 기왕 한다고 말했으니, 그럼 해라. Jìrán shuō gàn, nà jiù gàn ba.
전환 관계	虽然(尽管) A, 但是(却/ 可是/ 然而) B 비록 A하지만, 그러나(오히려) B하다	钱虽然能买到很多东西，但世界上还有很多钱买不到、也换不来的。 Qián suīrán néng mǎidào hěn duō dōngxi, dàn shìjiè shàng háiyǒu hěn duō qián mǎibudào、yě huànbulái de. 돈은 비록 많은 것들을 살 수 있지만, 그러나 세상에는 아직 돈으로도 살 수 없고, 바꿀 수도 없는 것들이 많다. 虽然外面下着暴风雨，但是他还坚持上班。 Suīrán wàimiàn xiàzhe bàofēngyǔ, dànshì tā hái jiānchí shàngbān. 비록 밖은 폭풍우가 내리고 있지만 그는 여전히 출근을 유지한다.
	尽管 A, 可是 B 비록 A하지만 그러나 B하다	尽管有时候整理东西很麻烦，可是我还是觉得它能带给我很多快乐。 Jǐnguǎn yǒushíhòu zhěnglǐ dōngxi hěn máfan, kěshì wǒ háishi juéde tā néng dàigěi wǒ hěn duō kuàilè. 비록 가끔은 물건을 정리하는 것이 매우 귀찮지만, 그러나 나는 그것이 나에게 많은 즐거움을 가져다 준다는 것도 안다.
	A, 可是(但是/ 不过/ 然而) B A이다. 그러나 B하다	这种花很美，可是没有花香。 이 꽃은 매우 예쁘지만, 향기가 없다. Zhè zhǒng huā hěn měi, kěshì méiyǒu huāxiāng.
	否则 그렇지 않으면, 아니면	你应该努力学习，否则考不上大学。 Nǐ yīnggāi nǔlì xuéxí, fǒuzé kǎobushàng dàxué. 너는 반드시 열심히 공부해야 한다. 그렇지 않으면 대학시험에 합격할 수 없다. 你应该多穿一点儿，否则会感冒的。 Nǐ yīnggāi duō chuān yìdiǎnr, fǒuzé huì gǎnmào de. 너는 반드시 옷을 좀 많이 입어야 한다. 그렇지 않으면 감기에 걸릴 것이다.

분류	문형	예문
가설 관계	如果(要是) A, 就(那么) B 만약 A라면 곧 B하다	如果大家都同意，明天就不休息了。 Rúguǒ dàjiā dōu tóngyì, míngtiān jiù bù xiūxi le. 만약 모두가 다 동의한다면 내일은 쉬지 않을 것이다. 要是有机会的话，我想去欧洲旅行。 Yàoshì yǒu jīhuì de huà, wǒ xiǎng qù Ōuzhōu lǚxíng. 만약 기회가 있다면 나는 유럽 여행을 가고 싶다.
	即使(就算) A, 也 B 설령 A라 할지라도 B하다	做自己喜欢的事，即使再困难，也不会觉得辛苦。 Zuò zìjǐ xǐhuan de shì, jíshǐ zài kùnnan, yě búhuì juéde xīnkǔ. 자신이 좋아하는 일을 하면, 설령 더 힘들어도 고생이라고 생각되지 않을 것이다. 即使没考上名牌大学，也不要太失望。 Jíshǐ méi kǎoshàng míngpái dàxué, yě búyào tài shīwàng. 설령 명문대학에 합격하지 않더라도, 너무 실망하지 말아라.
조건 관계	只要 A, 就 B A하기만 하면 곧 B하다	只要努力学习，就能取得好成绩。 Zhǐyào nǔlì xuéxí, jiù néng qǔdé hǎo chéngjī. 열심히 공부하면, 곧 좋은 성적을 얻을 수 있다. 只要你努力，就能学好汉语。 Zhǐyào nǐ nǔlì, jiù néng xuéhǎo Hànyǔ. 네가 노력하기만 하면 중국어를 잘 배울 수 있다.
	只有 A, 才 B 오직 A해야만 비로소 B하다	人只有把酸、甜、苦、辣都经历一遍，才会真正成熟起来。 Rén zhǐyǒu bǎ suān、tián、kǔ、là dōu jīnglì yí biàn, cái huì zhēnzhèng chéngshúqǐlái. 사람은 오직 시고, 달고, 쓰고, 매운 것을 모두 한 번은 경험해 봐야만 비로소 진정으로 성숙해질 수 있다. 只有多听、多说，才能学好汉语。 Zhǐyǒu duō tīng、duō shuō, cáinéng xuéhǎo Hànyǔ. 오직 많이 듣고 많이 말해야 비로소 중국어를 잘 배울 수 있다.
	无论(不管) A, 也(都) B A를 막론하고(A든지 상관없이) B하다	不管做任何事，都应该考虑清楚再下判断、做决定。 Bùguǎn zuò rènhé shì, dōu yīnggāi kǎolǜ qīngchu zài xià pànduàn、zuò juédìng. 어떤 일을 하든 상관없이, 반드시 확실하게 생각한 후에 다시 판단하고 결정을 내려야 한다. 不管遇到多大的困难，我都不会放弃的。 Bùguǎn yùdào duōdà de kùnnan, wǒ dōu búhuì fàngqì de. 아무리 힘든 어려움을 만난다 할지라도 나는 포기하지 않을 것이다.
	除了 A, 都 B A를 제외하고 모두 B하다	除了中国以外，都不想去。 중국 말고는 가고 싶지 않다. Chúle Zhōngguó yǐwài, dōu bùxiǎng qù.
점층 관계	不但(不仅) A, 而且(也/还) B A할 뿐만 아니라 게다가 B하다	他不但努力学习，而且还积极参加社会活动。 Tā búdàn nǔlì xuéxí, érqiě hái jījí cānjiā shèhuì huódòng. 그는 열심히 공부할 뿐만 아니라 게다가 적극적으로 사회활동에도 참여한다. 黄山不但景色很美，空气也特别好。 Huángshān búdàn jǐngsè hěn měi, kōngqì yě tèbié hǎo. 황산은 경치가 매우 아름다울 뿐만 아니라, 공기 또한 특히 좋다.

	문형	예문
점층 관계	连 A, 都(也) B A조차도 모두 B하다	难道你连这个规定都不知道。 설마 넌 이런 규정조차 모르는 거니. Nándào nǐ lián zhè ge guīdìng dōu bù zhīdào. 这个问题连小学生都能回答。 Zhè ge wèntí lián xiǎoxuéshēng dōu néng huídá. 이 질문은 초등학생조차도 모두 대답할 수 있다.
	A, 而且(并且) B A이고 게다가(또한) B하다	他会说英语, 并且也会说汉语。 Tā huì shuō Yīngyǔ, bìngqiě yě huì shuō Hànyǔ. 그는 영어를 할 수 있고, 게다가 중국어도 할 수 있다.
	甚至 심지어, ~조차도	老虎其实是游泳高手, 它们甚至能游数十公里那么远。 Lǎohǔ qíshí shì yóuyǒng gāoshǒu, tāmen shènzhì néng yóu shùshí gōnglǐ nàme yuǎn. 호랑이는 사실 수영의 고수로, 그들은 심지어 수십 킬로미터 그렇게 먼 곳까지 수영할 수 있다.
	一 A, 就 B A하자마자 곧 B하다	一看见她就知道她是谁。 Yí kànjiàn tā jiù zhīdào tā shì shéi. 그녀를 한 번 보자마자 곧 그녀가 누구인지 알았다.
	越来越 A 점점(갈수록) A하다	越来越多的人喜欢在网上写日记。 Yuèláiyuè duō de rén xǐhuan zài wǎngshàng xiě rìjì. 점점 더 많은 사람들이 인터넷 상에서 일기를 쓰는 것을 좋아한다.
병렬 관계	又(既) A, 又(也) B A하고 또 B하다	这台机器又便宜又好用。 이 기계는 저렴하고 또 쓸모 있다. Zhè tái jīqì yòu piányi yòu hǎoyòng. 我既要学习汉语, 又要学习英语。 Wǒ jì yào xuéxí Hànyǔ, yòu yào xuéxí Yīngyǔ. 나는 중국어도 배워야 하고, 또 영어도 배워야 한다.
	不是 A, 而是 B A가 아니라 B이다	我不是老师, 而是学生。 나는 선생님이 아니라 학생이다. Wǒ búshì lǎoshī, érshì xuésheng.
	一边(一面) A, 一边(一面) B 하면서 B하다	我一边吃饭一边看电视。 나는 밥 먹으면서 영화를 본다. Wǒ yìbiān chīfàn yìbiān kàn diànshì.
	一方面 A, (另)一方面 B 한편으로는 A하고, (다른) 한편으로는 B하다	一方面他是我的老师, 另一方面他是我的好朋友。 Yì fāngmiàn tā shì wǒ de lǎoshī, lìng yì fāngmiàn tā shì wǒ de hǎo péngyǒu. 한편으로 그는 나의 선생님이고, 다른 한편으로 그는 나의 좋은 친구이다.
선택 관계	A 还是 B A 아니면 B [의문문]	咱们明天去长城还是后天去长城? Zánmen míngtiān qù Chángchéng háishi hòutiān qù Chángchéng? 우리 내일 만리장성에 가는 거니 아니면 모레 만리장성에 가는 거니?
	A 或(者) B A 혹은 B [평서문]	英语或汉语都可以。 영어 혹은 중국이 모두 가능하다. Yīngyǔ huò Hànyǔ dōu kěyǐ.
	不是 A, 就是 B A가 아니면 바로 B이다	他不是老师, 就是医生。 그는 선생님이 아니면 의사이다. Tā búshì lǎoshī, jiùshì yīshēng. 他不是教授就是副教授, 总之他不是普通的讲师。 Tā búshì jiàoshòu jiùshì fùjiàoshòu, zǒngzhī tā búshì pǔtōng de jiǎngshī. 그는 교수가 아니면 부교수일 것이다. 결론적으로 그는 평범한 강사는 아니다.

 예제 1

A <u>但</u>世界上还有很多是钱买不到、也换不来的 B 钱<u>虽然</u>能买到很多东西 C <u>例如</u>生命、爱情、友谊和时间	A <u>그러나</u> 세상에는 돈으로는 살 수 없고, 바꿀 수도 없는 것이 여전히 많다 B <u>돈은</u> 비록 많은 것들을 살 수 있다 C <u>예를 들어</u> 생명, 사랑, 우정, 그리고 시간이 있다

해설 세 문장을 보고 먼저 첫 문장을 찾아보자. A는 '但(그러나)'으로 시작하기에, 첫 문장에 올 수 없다. B의 '钱(돈)'은 문장의 주제가 될 수 있다. C는 첫머리에 '例如(예를 들어)'가 있어 첫 문장에 올 수 없다. 따라서 첫 문장은 B이다. 그럼 정답은 B-A-C 혹은 B-C-A이다.
이번엔 접속사를 찾아보자. B의 '虽然(비록 ~지만)'과 어울리는 짝꿍을 찾아보자. 바로 '但是', '可是', '然而(그러나)' 등의 짝꿍이 와야 한다. 바로 A에 '但是'의 줄임 표현 '但(그러나)'이 있다. 따라서 B 다음에는 A가 와야 한다. 그래서 정답은 B-A-C가 된다. 해석을 하지 않고 첫 문장과 그 다음 문장 고르기! 접속사만으로도 정답을 찾을 수 있었던 문제였다.

  TIP 虽然(비록 ~지만)……但是/可是/然而(그러나)……

정답 B-A-C

예제 2

A 懂得互相信任和尊重<u>才</u>是最重要的 B <u>两个人既然</u>决定共同生活 C <u>那么</u>，只有浪漫和新鲜感是不够的	A 서로 신임하고 존중할 줄 아는 게 <u>비로소</u> 가장 중요한 것이다 B <u>두 사람이 이왕</u> 같이 살기로 결정했다면 C <u>그렇다면</u>, 오직 낭만과 설렘만으로는 부족하다

해설 역시 첫 문장을 찾아보자. C의 '那么(그렇다면)'는 첫 문장이 될 수 없다. A를 보면 중간에 부사 '才(비로소)'가 있어, 이 역시 첫 문장에 올 수 없다. 그럼 첫 문장은 주어의 느낌이 있는 '两个人(두 사람)'이 첫 문장에 가장 유력하다. 그 다음, 첫 문장 B를 다시 보면 '既然(이왕 ~된 바에는)'이라는 접속사가 있다. 여기서 바로 호응관계를 찾아야 한다. 바로 C의 '那么'가 '既然'의 짝꿍이다. 그래서 첫 문장은 B, 호응관계로 보아 두 번째 문장은 C가 된다. 자연스럽게 마지막에 위치할 문장은 A가 된다. 정답은 B-C-A이다.

  TIP 1. 既然(이왕 ~된 바에야)……那么(그렇다면)……
      2. '才(비로소)'는 첫 문장에 잘 오지 않는 부사 중 하나이다.

정답 B-C-A

> 첫 문장을 찾아보자. 찾았다면 그 다음 접속사 호응관계에 따라 앞·뒤 문장을 배치해보자. 그리고 해석을 통해 부드럽게 문장이 이어지는지 확인하자.

문제 1 A 这次的招聘会就由他来负责

B 既然大家都觉得小高合适

C 希望大家在今后的工作中也多多支持他 _____

문제 2 A 但我知道肯定是哥哥来了

B 尽管还没有看到人

C 因为我在房间里已经听到了他的声音 _____

문제 3 A 所以生意一直很不错

B 我亲戚开的那个饭馆虽然地方不大

C 但因为离火车站很近，交通方便 _____

문제 4 A 那您最好办一张会员卡

B 如果您经常来我们这儿理发

C 这样，一年下来可以节约不少钱 _____

문제 5 A 不但能看到小鱼在河里游来游去

B 还能看到河底绿绿的水草

C 这儿的河水非常干净，站在河边 _____

쓰기 제1·2부분 ❽ | 제시된 어휘로 문장 완성하기
술어를 보충하는 보어 1탄

 전략 PT 학습시간 20분

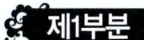 제1부분

보어란?
보어는 술어(동사/형용사) 뒤에서 술어를 보충해주는 역할을 하는 성분이다.

> 주어 + 술어 + **보어** + 목적어

보어는 ① 결과보어 ② 방향보어 ③ 가능보어 ④ 정도보어 ⑤ 동량보어 ⑥ 시량보어로 나뉜다. 시험에서 제일 잘 나오는 보어는 단언컨대 ④ 정도보어이다. 이중 DAY8에는 ①~③을 배워보자.

① 결과보어

① 결과보어는 술어의 뒤에서 술어의 결과를 보충해준다. 위치는 술어 뒤에 위치하며 동태조사 '了', '过'는 결과보어 뒤에 올 수 있다.

> 주어 + 술어 + 결과보어(+ 了/过) + 목적어
> 我住在北京。　나는 베이징에 산다.
> 我穿好了袜子。　나는 양말을 신었다.
> 我卖光了这些衣服。　나는 이 옷들을 싹 다 팔았다.
> 我听懂了老师说的话。　나는 선생님께서 하신 말씀을 듣고 이해했다.

② 결과보어로는 동사, 형용사, 전치사가 올 수 있다. 자주 쓰이는 결과보어를 보면 다음과 같다.

자주 쓰이는 결과보어	
동사	完 (완성, 완료), 到 (도달), 成 (이루다), 懂 (이해하다)
형용사	好 (잘하다), 掉 = 光 (빈틈 없이 싹 다하다), 清楚 (확실하다), 干净 (깨끗하다), 错 (잘못되다), 对 (맞다)
전치사	在······ (~에서/장소), 给······ (~에게/대상), 往······ (~로/방향)

③ 그동안 4급 시험에 나왔던 '술어 + 결과보어' 표현에는 다음의 것들이 있다. 꼭 알아두자.

시험에 반드시 나오는 [술어 + 결과보어] 표현	
发生/在······ fāshēng/zài······ ~에서 발생하다	出生/在······ chūshēng/zài······ ~에서 태어나다
翻译/成······ fānyì/chéng······ ~로 번역하다	来/自······ lái/zì······ ~에서 오다
整理/好 zhěnglǐ/hǎo 잘 정리하다	考虑/清楚 kǎolǜ/qīngchu 확실하게 생각하다

❷ 방향보어

① 방향보어는 술어 뒤에서 술어의 구체적인 방향이나 발전 방향을 보충해준다.

방향보어에는 술어 뒤에 '来'와 '去'를 붙여 만들거나 방향을 나타내는 동사 '上', '下', '进', '出', '回', '过', '起'를 붙여 만드는 단순방향보어가 있고, 술어 뒤에서 방향을 나타내는 동사와 '来'와 '去'를 각각 조합하여 만드는 복합방향보어가 있다. 동태조사 '了'는 방향보어 뒤에 온다.

단순방향보어	주어 + 술어 + 来/去(+ 了) + 목적어 주어 + 술어 + 上/下/进/出/回/过/起 + 목적어
	妈妈买来了一瓶果汁。　엄마가 과일주스 한 병을 사 오셨다. 网络带来了很多方便。　인터넷은 많은 편리함을 가지고 왔다. 朋友拿走了一把钥匙。　친구가 열쇠 하나를 가지고 갔다.
복합방향보어	술어 + 上, 下, 进, 出, 回, 过, 起 + 来/去 + 목적어
	小李拿出来一张照片。　샤오리는 사진 한 장을 가지고 나왔다. 他跑下来了。　그는 뛰어 내려왔다. 她爬上去了。　그녀가 (산 등을) 올라갔다. 王大夫走进来了。　왕 의사가 걸어 들어왔다. 她没有猜出来答案。　그녀는 답을 알아맞히지 못했다.

TIP '起'는 '来'하고만 결합한다는 것을 꼭 알아두자. 즉 '起来(일어서다/동작의 시작)'는 있어도, '起去'는 없다!
　예 想起来 xiǎngqǐlái 생각이 나다, 站起来 zhànqǐlái 일어서다

② 그동안 4급 시험에 나왔던 '술어 + 방향보어' 표현에는 다음의 것들이 있다. 꼭 알아두자.

시험에 반드시 나오는 [술어 + 방향보어] 표현		
算/出 suàn/chū 계산하다	商量/出 shāngliang/chū 상의하다	猜/出 cāi/chū 추측해내다
寄/过来 jì/guòlái 부치다	脱/下来 tuō/xiàlái 벗어내다	越/过去 yuè/guòqù 건너가다
坚持/下去 jiānchí/xiàqù 버티다	讨论/出来 tǎolùn/chūlái 토론해내다	

❸ 가능보어

① 가능보어는 술어의 뒤에서 술어의 가능성의 여부(실현 가능한지, 가능하지 않은지)를 나타낸다. 술어와 앞에서 배웠던 결과보어 혹은 방향보어 사이에 긍정은 '得'를, 부정은 '不'를 넣어 가능보어를 만든다.

> 술어 + 得/不 + 결과/방향보어
>
> 我吃得完。 나는 다 먹을 수 있다.
> 我看得出来。 나는 보고 알아차렸다.(알아봤다)
> 我听不懂。 나는 듣고 이해할 수 없다.(못 알아 듣겠다)
> 我看不出来。 나는 보고 알아차리지 못한다.(못 알아 보겠다)

② 고정표현으로 굳어져 쓰이는 가능보어도 있다. 반드시 외워야 하는 표현이다.

자주 쓰이는 고정 가능보어	
吃	吃不下 chībuxià 배불러 먹을 수 없다, 吃得了 chīdeliǎo (양으로) 다 먹을 수 있다
说	说不出 shuōbuchū 말을 꺼낼 수 없다, 说得来 shuōdelái 마음이 서로 통한다
看	看不起 kànbuqǐ (금전상의 이유로) 볼 수 없다/경멸하다, 看不清楚 kàn bu qīngchu 정확히 볼 수 없다, 看得清楚 kàn de qīngchu 분명히 볼 수 있다, 看得懂 kàndedǒng 읽을 수 있다(보고 이해할 수 있다)
来	来不及 láibují 시간적으로 늦다, 来得及 láidejí 시간적으로 늦지 않다
想	想不起来 xiǎng bu qǐlái 생각이 나지 않다, 想不出 xiǎngbuchū 생각이 떠오르지 않다
听	听不出来 tīng bu chūlái 말소리를 못 알아 듣다, 听不懂 tīngbudǒng 듣고 이해하지 못하다, 听得见 tīngdejiàn 들리다
그 외	睡不好 shuìbuhǎo 잠을 잘 못 이루다, 睡不着 shuìbuzháo 잠들 수 없다, 找不到 zhǎobudào 찾을 수 없다, 忘不了 wàngbuliǎo 잊을 수 없다, 坐不下 zuòbuxià 앉을 수 없다(수용 공간의 부족)

③ 술어 뒤에 '得了/不了'를 붙여 가능과 불가능의 가능보어를 나타낼 수도 있다.

> 주어 + 술어 + 得/不 + 了(liǎo)
>
> 我吃得了。 나는 먹을 수 있다.
> 我吃不了。 나는 (양이 많아) 다 먹을 수 없다.
> 我去不了。 나는 갈 수 없다.

④ 그동안 4급 시험에 나왔던 '술어 + 가능보어' 표현에는 다음의 것들이 있다. 꼭 알아두자.

시험에 반드시 나오는 [술어 + 가능보어] 표현	
看不清楚 kàn bu qīngchu 정확히 볼 수 없다	猜不出来 cāi bu chūlái 못 알아 보겠다
坐不下 zuòbuxià (좁아서) 모두 앉을 수 없다	离不开 líbukāi 없어서는 안 된다
来得及 láidejí 제시간에 댈 수 있다(늦지 않다)	来不及 láibují 제시간에 댈 수 없다(늦다)

 **예제 1**

| 五十个人 | 肯定 | 这间 | 坐不下 | 教室 |

분석 肯定 kěndìng 분 확실히, 틀림없이 / 坐不下 zuòbuxià 동 (장소가 좁아서) 모두 앉을 수 없다

Point 1. 술어 뒤에 목적어가 아닌, 다른 성분이 딱! 달라붙어 있다면 그것이 바로 보어이다!
2. 보어는 '주어 + 술어 + 보어 + 목적어'의 형식으로 술어 뒤에 위치한다.

해설 관형어   주어   부사어   술어   보어   목적어
         这间   教室   肯定   坐不下   五十个人

동사 '坐(앉다)'가 있다. 술어이다. 술어 뒤에 어떤 성분이 철썩! 붙어있다면 보어이다. '술어 + 不下(~할 수 없다)'는 가능보어이다. 주어는 '这间教室(이 교실)', 목적어는 '五十个人(50명)'이다. 이 문장의 기본구조는 '이 교실에는 50명이 앉을 수 없다'이다. 남은 어휘로는 부사 '肯定(확실히)'이 있다. 부사는 술어 앞, 부사어 자리에 위치한다.

정답 这间教室肯定坐不下五十个人。   이 교실에는 확실히 50명은 앉을 수 없다.

예제 2

| 好像 | 了 | 错 | 这个句子 | 翻译 |

분석 好像 hǎoxiàng 분 마치 ~같다 / 错 cuò 동 틀리다, 맞지 않다 / 翻译 fānyì 동 번역하다, 통역하다

Point 1. 술어 뒤에 목적어가 아닌, 다른 성분이 딱! 달라붙어 있다면 그것이 바로 보어이다!
2. 보어는 '주어 + 술어 + 보어 + 목적어'의 형식으로 술어 뒤에 위치한다.

해설 주어   부사어   술어   결과보어
         这个句子 好像   翻译   错 了

술어는 동사 '翻译(번역하다)'이다. 주어는 '这个句子(이 문장)'이다. 남아있는 어휘 중에 '好像(마치 ~같다)'은 부사로 술어 앞에 자리한다. 남은 어휘 '错(틀리다)'가 있으므로 무엇이 틀렸다는 것인지 생각해보자. 바로 '번역이 틀렸다'는 것이다. 술어를 보충하는 결과보어 중의 하나이다. 결과보어는 '술어 + 결과보어' 뒤에 습관적으로 了가 온다.

정답 这个句子好像翻译错了。   이 문장은 번역이 잘못된 것 같다.

제2부분

猜 ▶ _____

❶ 제시 어휘와 그림을 확인해라!

제시 어휘는 '猜 cāi (추측하다)', 품사는 동사이다. 그림에는 선물 포장이 된 상자가 보인다.

❷ 제시된 동사 어휘로 간단하게 기본문장을 만들어보자.

> 주어 + 술어(동사) + 목적어
> 你猜猜这是什么?　　너 이게 무엇인지 한번 맞혀볼래?
> 你猜猜这个里面有什么?　　너 이 안에 무엇이 있는지 한번 맞혀볼래?

❸ 오늘 배운 결과보어/방향보어/가능보어로 문장을 만들어보자.

① 결과보어를 사용해보자.

　我猜对了这个里面有什么。　　나는 이 안에 무엇이 있는지 알아맞혔다.
　我猜错了这是谁的。　　나는 이게 누구의 것인지 잘못 알아맞혔다.

② 방향보어를 사용해보자.

　你能猜出来这个里面有什么吗?　　너 이 안에 무엇이 있는지 알아맞힐 수 있어?
　我没有猜出来期末考试的答案。　　나는 기말고사의 답을 알아맞히지 못했다.

③ 가능보어를 사용해보자.

　我们猜不出来这个箱子是什么。　　우리들은 이 상자가 무엇인지 추측해낼 수 없다.
　我猜不对这个箱子是谁的。　　나는 이 상자가 누구의 것인지 알아맞히지 못했다.

제1부분

> 보어는 술어 뒤에서 술어를 보충해주는 성분이다. 보어 역시 자신만의 독특한 어법구조가 있다. 시험에서 보어가 출제되면, 각각이 가진 보어 구조 공식을 그대로 대입하여 문제를 풀어보자.

문제 1 能   数量   算出   准确地   他

▶ 답 _____

▶ 해석 _____

문제 2 好了   客厅   把   我   收拾

▶ 답 _____

▶ 해석 _____

문제 3 方法了吗   商量出   你们   解决问题的

▶ 답 _____

▶ 해석 _____

문제 4 发生在   这个故事   上世纪末

▶ 답 _____

▶ 해석 _____

문제 5 答案   实在   我   猜不出

▶ 답 _____

▶ 해석 _____

제2부분

문제 1

密码

▶ 답 1 _____

▶ 답 2 _____

문제 2

朵

▶ 답 1 _____

▶ 답 2 _____

문제 3

小吃

▶ 답 1 _____

▶ 답 2 _____

마무리 PT

1 不太清楚
bú tài qīngchu
그다지 정확하지 않다, 잘 모르겠다

* 清楚 qīngchu
  [형] 정확하다, 분명하다

2 受了你父亲的影响
shòu le nǐ fùqīn de yīngxiǎng
네 아버지의 영향을 받았다

* 受…影响 shòu…yīngxiǎng
  ~영향을 받다

3 遇事冷静
yùshì lěngjìng
(뜻밖의) 일이 생기면 냉정하다

4 连饼干这种稍微有点儿甜的东西都不敢吃。
Lián bǐnggān zhè zhǒng shāowēi yǒudiǎnr tián de dōngxi dōu bùgǎn chī.
비스킷 같은 이런 약간 좀 단 음식조차도 먹을 수 없다.

* 连…都… lián…dōu…
  ~조차도 모두 ~하다

5 你把网址发过来，我试一下。
Nǐ bǎ wǎngzhǐ fāguòlái, wǒ shì yíxià.
너는 웹사이트 주소를 보내봐, 내가 한번 해볼게.

* 试一下 shì yíxià
  시도해 보다

6 看不出来，你这么年轻就博士毕业了?
Kàn bu chūlái, nǐ zhème niánqīng jiù bóshì bìyè le?
못 알아보겠어, 너 이렇게 젊은데 박사를 졸업했다는 거야?

* 看不出来 kàn bu chūlái
  못 알아보겠다

7 读(博士、硕士)
dú (bóshì、shuòshì)
(박사, 석사를) 공부하다

8 互相信任
hùxiāng xìnrèn
서로 믿다

9 可以节约不少钱
kěyǐ jiéyuē bùshǎo qián
적지 않은 돈을 절약할 수 있다

* 节约 jiéyuē
  [동] 절약하다

10 小鱼游来游去。
Xiǎo yú yóulái yóuqù.
물고기가 이리저리 헤엄친다.

* 游来游去 yóulái yóuqù
  이리저리 헤엄치다

Day 9

듣기 제2·3부분 ❺ | 대화 듣고 질문에 답하기
일치하는 문장을 골라라!

어휘 PT ● Track 09-1   학습시간 1 0 분

예제 1
- 请假 qǐngjià 동 휴가를 신청하다
- 办 bàn 동 처리하다, 수속하다
- 护照 hùzhào 명 여권
- 出差 chūchāi 동 출장 가다
- 签证 qiānzhèng 명 비자
- 留学 liúxué 동 유학하다

예제 2
- 灯 dēng 명 등
- 亮 liàng 형 밝다, 환하다
- 冰箱 bīngxiāng 명 냉장고
- 坏 huài 형 고장 나다, 나쁘다
- 迟到 chídào 동 늦다, 지각하다
- 暖和 nuǎnhuo 형 따뜻하다
- 停电 tíngdiàn 동 정전되다, 단전되다
- 邻居家 línjūjiā 명 이웃집

문제 1
- 借钱 jièqián 동 돈을 빌리다
- 刷卡 shuākǎ 동 카드를 긁다
- 付 fù 동 지급하다
- 现金 xiànjīn 명 현금
- 零钱 língqián 명 잔돈, 용돈
- 不够 búgòu 형 부족하다, 충분하지 않다

문제 2
- 破 pò 형 깨지다
- 旧 jiù 형 오래되다, 낡다
- 空 kōng 형 비다, 없다
- 盘子 pánzi 명 쟁반
- 盒子 hézi 명 통, 함
- 勺子 sháozi 명 수저, 주걱
- 小心 xiǎoxīn 동 조심하다

문제 3
- 口渴 kǒukě 형 목이 마르다
- 睡醒 shuìxǐng 동 잠에서 깨다
- 空调 kōngtiáo 명 에어컨
- 受不了 shòubuliǎo 형 견딜 수 없다, 참을 수 없다
- 脱 tuō 동 벗다

문제 4
- 起床 qǐchuáng 동 일어나다
- 做题 zuòtí 동 문제를 풀다
- 戴 dài 동 착용하다, 쓰다
- 距离 jùlí 명 거리
- 公里 gōnglǐ 양 킬로미터
- 着急 zháojí 형 조급하다, 초조하다
- 讲 jiǎng 동 설명하다, 말하다
- 遍 biàn 양 번, 차례, 회 [한 동작의 처음부터 끝까지의 과정을 나타냄]

문제 5
- 赶 gǎn 동 서두르다, 쫓다
- 聚会 jùhuì 명 모임
- 登机牌 dēngjīpái 명 탑승권
- 师傅 shīfu 명 기사님, 스승, 선생님
- 麻烦您… máfan nín… 번거롭겠지만 당신께서 ~해주시기 바랍니다
- 按照 ànzhào 전 ~에 따라서
- 肯定 kěndìng 부 분명히, 확실히
- 放心 fàngxīn 동 마음을 놓다, 안심하다

문제 6
- 得意 déyì 형 만족하다, 마음에 꼭 들다
- 缺少 quēshǎo 동 부족하다, 모자라다
- 弄脏 nòngzāng 동 더럽히다
- 稍微 shāowēi 부 다소, 좀
- 力气 lìqi 명 힘
- 好久 hǎojiǔ 형 (시간 등이) 오래되다

❶ 전체적인 내용을 파악하는 동시에, 소거 작업을 해야 한다.

전체 녹음 내용을 들으며, 손으로는 반사적으로 보기와 일치하는 것을 골라내야 한다. 대부분 들리는 어휘가 그대로 정답이 되는 경우가 많기 때문에 들리는 어휘 하나하나에 집중하는 게 중요하다.

❷ 소거 작업은 필수!

이제 보기를 먼저 읽으며 녹음에서 어떤 내용이 나올지, 무엇을 물어볼지 대략적으로 유추할 수 있을 것이다. 들리는 어휘와 같은 내용이 보기에 있으면 체크 해두고, 한 번도 들리지 않았던 내용은 소거해야 한다.

❸ 디테일 하게 긍정과 부정까지 확인하자!

일치하는 문장을 찾아내야 하는 문제는 어휘 앞이나 문장에 부정이나 긍정을 넣어서 혼동을 주는 경우가 많이 출제된다. 보기에 '同意你的意见(너의 의견에 동의한다)'이 있다. 그런데 녹음에서는 '不同意你的意见(너의 의견에 동의하지 않는다)'이라고 하였다. 집중해서 듣지 않으면 그대로 놓칠 수 있다!
예를 들어 컴퓨터를 수리한다는 것인지, 수리하지 않고 새로 산다는 것인지, 끝까지 집중해서 디테일 하게 들어내야 한다!

❹ 듣기에 대한 내공이 쌓이면, 메모하는 습관을 들여보자!

보기를 먼저 파악하고 녹음을 들으면서 스스로 알아보기 쉽게 표시하고 또 메모하는 습관을 들이자!
듣기는 단 한 번만 들려준다. 즉 한번 놓치면 다시는 들을 수 있는 기회가 없다는 것이다. 녹음이 끝나고 무슨 내용이었지? 어떤 어휘가 들렸더라? 방금 뭐라고 했는데? 하면 순간 생각이 나지 않을 수 있다. 시험에서는 워낙 긴장을 하기 때문에 들리는 단어, 내용, 분위기를 습관적으로 체크하고 메모하는 습관을 기르자.

❺ 일치하는 문장을 찾아내는 문제의 질문 유형을 알아두자.

问：关于男的下列哪个正确?　　남자에 관해 보기에서 어떤 것이 정확한가?
问：关于女的下列哪个正确?　　여자에 관해 보기에서 어떤 것이 정확한가?
问：根据对话下列哪个正确?　　대화에 따르면 보기에서 어떤 것이 정확한가?

예제 1 짧은 대화 유형   Track 09-2

| A 想请假   B 在办护照 | A 휴가를 신청하고 싶다   B 여권을 발급 중이다 |
| C 下周出差 D 拿到签证了 | C 다음 주에 출장 간다   D 비자를 받았다 |

女：听说你要出国留学？	여: 듣자 하니, 너 해외로 유학 가려고 한다며?
男：是的，签证刚刚办好，这个月底走。	남: 맞아, 비자가 막 처리되어서, 이번 달 말에 떠나.
问：关于男的下列哪个正确？	질문: 남자에 관해 보기에서 어떤 것이 정확한가?

해설 이 문제 유형은 녹음 내용과 일치하는 보기를 찾는 것이다. 질문에서 남자에 관해 물어봤으므로, 먼저 남자의 말을 통해 남자의 말 뜻을 이해하는 것이 중요하다. 여자가 유학 가냐고 물어봤으나, 남자는 이에 유학에 대해서는 구체적으로 언급하진 않았지만 유학을 가는 것인지는 예측할 수 있다. 유학 가려면 비자가 처리되어야 하므로, 방금 비자 처리가 끝나서 이번 달 말에 출발한다고 하였다. 보기를 살펴보면, 보기 A 휴가를 신청하고 싶다는 정답이 될 수 없으며, 보기 B 여권을 발급 중이다 역시 정답이 될 수 없다. 또한 출장이 아니라 유학을 간다고 하였으므로 보기 C 다음 주에 출장 간다는 답이 아니다. 정답은 보기 D(비자를 받았다)이다. 휴가, 여권, 출장은 녹음에서 언급된 적이 없다. '签证'이라는 어휘 하나로 정답을 찾을 수 있다.

정답 D

예제 2 긴 대화 유형   Track 09-3

| A 灯不亮了   B 冰箱坏了 | A 등이 밝지 않다   B 냉장고가 고장 났다 |
| C 女的迟到了 D 房间很暖和 | C 여자는 지각했다   D 방이 매우 따뜻하다 |

女：怎么回事？你怎么不开灯？	여: 무슨 일이야? 너 어째서 등을 안 켰니?
男：我也是刚进门，刚发现灯不亮。是不是停电了？	남: 나도 막 들어와서, 등이 밝지 않다는 것을 막 발견했어. 전기가 나갔나?
女：应该不会，邻居家的灯都亮着呢。	여: 아마 그렇진 않을 거야. 이웃집 등이 모두 켜져 있잖아.
男：那就是灯坏了。	남: 그렇다면, 등이 고장 난 거네.
问：根据对话下列哪个正确？	질문: 대화에 따르면 보기에서 어떤 것이 정확한가?

해설 이 문제 또한 대화의 내용이 보기와 일치하는지를 찾아내는 문제이므로, 대화의 전체적인 내용을 잘 파악해야 한다. 처음에 여자가 '등을 왜 안 켰니?'라고 물었고 남자는 본인도 막 발견했다고 전기가 나간 것이 아닌지 의심된다고 했다. 내용이 등이 밝지 않은 상황에서 대화가 이루어지고 있다는 것을 알 수 있다. 계속해서 이웃집은 불이 켜져 있다고 하면서 본인의 등이 고장 난 것이라고 말하고 있다. 전체적인 내용이 '灯(등)'과 관련 있다. 등이 고장 난 것이지 보기 B 냉장고가 고장 난 것은 아니다. 그리하여 정답은 A(등이 밝지 않다)가 된다.

정답 A

 실전 PT　　Track 09-4　　

> 일치하는 문장을 찾는 문제는 전체 내용의 파악이 중요하다. 보기를 먼저 보고 녹음을 들으며 한 번이라도 들렸던 어휘를 체크해두고, 나오지 않았던 어휘는 제거하면서 정답에 다가가보자.

[짧은 대화문]

문제 1　　A 他们在客厅　　B 女的在借钱　　C 男的没带钱　　D 男的想刷卡

문제 2　　A 破了　　B 很旧　　C 是空的　　D 里面有盘子

문제 3　　A 口渴了　　B 没睡醒　　C 觉得很热　　D 想关空调

[긴 대화문]

문제 4　　A 没起床　　B 写完作业了　　C 在做题　　D 戴着眼镜

문제 5　　A 签证有问题　　B 要赶飞机　　C 要去聚会　　D 登机牌丢了

문제 6　　A 很得意　　B 缺少锻炼　　C 想吃西瓜　　D 把裤子弄脏了

독해 제2부분 ❺ | 순서 배열하기
문장의 맥락을 찾는 요령은?

어휘 PT

학습시간 1 0 분

예제 1
- 月球 yuèqiú 명 달
- 地球 dìqiú 명 지구
- 太阳 tàiyáng 명 태양
- 却 què 부 오히려
- 感觉 gǎnjué 동 느끼다, 생각하다
- 大小 dàxiǎo 명 크기
- 差不多 chàbuduō 형 (시간·정도·거리 등이) 비슷하다, 큰 차이가 없다

예제 2
- 死去 sǐqù 동 죽다
- 电影 diànyǐng 명 영화
- 勇敢 yǒnggǎn 형 용감하다
- 精彩 jīngcǎi 형 멋지다, 훌륭하다
- 一句话 yí jù huà 한 마디, 하나의 문장
- 真正 zhēnzhèng 형 진정한, 진짜의
- 活 huó 동 살다

문제 1
- 相反 xiāngfǎn 동 반대되다
- 即使…也… jíshǐ…yě… 접 설령 ~하더라도, ~하다
- 简单 jiǎndān 형 간단하다
- 困难 kùnnan 형 어렵다
- 辛苦 xīnkǔ 형 고생스럽다, 수고롭다

문제 2
- 带来 dàilái 동 가지고 오다
- 笑话 xiàohua 명 재미있는 이야기
- 也许 yěxǔ 부 아마도
- 烦恼 fánnǎo 형 번뇌하다, 걱정하다

문제 3
- 基础 jīchǔ 명 기초
- 增加 zēngjiā 동 증가하다
- 根据 gēnjù 전 ~에 근거하여
- 要求 yāoqiú 동 요구하다, 요망하다
- 篇 piān 양 편, 장 [문장·종이 등을 세는 단위]
- 报道 bàodào 명 (뉴스 등의) 보도
- 改 gǎi 동 고치다, 바꾸다

문제 4
- 开玩笑 kāiwánxiào 동 농담하다
- 起飞 qǐfēi 동 이륙하다
- 一直 yìzhí 부 줄곧, 쭉
- 抱 bào 동 안다, 껴안다
- 椅子 yǐzi 명 의자
- 放 fàng 동 놓아주다, 풀어주다, 놓다
- 乘坐 chéngzuò 동 탑승하다
- 害怕 hàipà 형 무섭다, 두렵다
- …极了 …jíle 매우 ~하다

문제 5
- 容易 róngyì 형 쉽다
- 梦 mèng 동 꿈 꾸다
- 例如 lìrú 동 예를 들다, 예컨대
- 梦见 mèngjiàn 동 꿈에 보다, 꿈 꾸다
- 行走 xíngzǒu 동 길을 가다
- 睡觉 shuìjiào 동 잠자다

❶ 문장의 맥락을 잘 찾으려면 독해 능력이 필요하다.

지금까지는 첫 문장에 잘 오는 패턴, 접속사의 호응 관계, 대명사 등의 전략적인 요령을 가지고 문제에 접근해 보았다. 하지만 이런 요령이 통하지 않는 문제가 있다. 바로! 오로지 세 문장의 내용만을 파악하여 내용에 따른 순서를 잡아야 하는 문제이다! 이런 문제는 다양한 내용이 출제되기 때문에 전체적인 독해 능력을 기르는 것이 중요하다고 할 수 있다.

❷ 그래도 여전히 첫 문장 찾기! 대명사, 접속사 찾기는 중요하다!

문장의 맥락으로 순서를 파악하는 문제에서는 독해 능력이 가장 중요한 부분이지만 그 속에도 여전히 접속사 호응, 대명사 등의 중요한 포인트가 있을 것이므로 앞에서 배웠던 요령과 독해 실력 두 가지를 동시에 활용하여 문제에 접근해야 한다.

❸ 문장의 흐름은 '큰 개념에서 ▶ 작은 개념으로', 즉 '포괄적에서 ▶ 구체적으로' 접근한다.

- 2017年 (2017년) ▶ 韩国 (한국) ▶ 首尔 (서울) ▶ 明东饭店 (밍동호텔)
- 窗户旁边 (창가 옆) ▶ 那个座位 (그 자리)

❹ 동작의 발생 및 시간의 순서대로 나열한다.

- 去年 (작년) ▶ 今年 (올해) ▶ 明年 (내년)
- 首先 (먼저) ▶ 然后 (그 후에)
- 小时候 (어렸을 때) ▶ 长大后 (성장한 후)

❺ 문장이 비슷하거나, 주어가 똑같이 시작하는 문장이 있다면 나란히 배열될 가능성이 있다.

문장이 해석이 잘 되지 않는다. 그런데 딱 보기에 비슷한 패턴으로 이루어진 문장이 있거나 혹은 단어가 비슷하게 계속 나오고 있다. 그렇다면 그 문장은 서로 앞뒤로 나란히 배열될 가능성이 있다. 문제 접근이 힘들 때, 유용하게 사용할 수 있는 중요한 요령이다!

A 而月球只有地球的1/49
B 太阳有地球的130万倍那么大
C 但我们从地球上看却感觉它们大小差不多

이 문장을 살펴보자. 해석하기 전에 문장 두 개가 비슷한 느낌이 있다는 것이 느껴지는가?
바로 A문장과 B문장이다. A문장은 '地球的130万倍(지구의 130만 배)', B문장은 '地球的1/49(지구의 49분의 1)'로, 두 문장의 패턴이 비슷하다는 것을 알 수 있다. 이 문장은 A-B이든 B-A이든, 나란히 배열될 가능성이 크다. 이 문제는 예제에서 다시 다뤄보자.

예제 1

A 而月球只有地球的1/49 B 太阳有地球的130万倍那么大 C 但我们从地球上看却感觉它们大小差不多	A 그러나 달은 오직 지구의 49분의 1이다 B 태양은 지구의 130만 배만큼 그렇게 크다 C 그러나 우리들이 지구상에서 보면 오히려 그것들의 크기가 비슷하다고 느껴진다

해설 먼저 첫 문장을 찾는다. A는 '而(그러나)'로 시작하므로, 첫 문장에 올 수 없다. C도 '但(그러나)'으로 시작하기에 첫 문장에 올 수 없다. 따라서 첫 문장은 B이다. 그런데 자세히 살펴보면 첫 문장 B와 비슷한 패턴을 보이는 문장이 있다. 바로 A이다. A의 '地球的130万倍(지구의 130만 배)', B의 '地球的1/49(지구의 49분의 1)'. 두 문장의 패턴이 비슷하다는 것을 알 수 있다. 그럼 두 문장은 나란히 배열될 가능성이 크다. 누가 더 먼저일까? 당연히 첫 문장이 B이기 때문에 B 다음으로 연이어 A가 올 것이다. 그럼 마지막 문장은 자연스럽게 C가 된다.

C를 보면 중간에 대명사 '它们(그것들)'이 있다. 여기서 '它们'이 가리키는 게 무엇일까? 바로 A의 '月球(달)'와 B의 '太阳(태양)'을 가리킨다는 것을 알 수 있다. 정답은 B-A-C이다.

TIP 1. 大阳有地球的130万倍那么大 → 비교문 A 有 B + 那么 + 형용사: A는 B만큼 그렇게 (형용사)하다
2. '而(그러나)', '但(그러나)'과 같은 전환의 접속사는 첫 문장에 올 수 없다.

정답 B-A-C

예제 2

A 每个人都会死去 B 是电影《勇敢的心》里面很精彩的一句话 C 但不是每个人都真正活过	A 모든 사람들은 다 죽을 것이다 B 영화《용감한 마음》안의 매우 멋진 한 구절이다 C 그러나 모든 사람들이 모두 진정으로 살고 있는 것은 아니다

해설 딱 보고 첫 문장이 눈에 들어와야 한다. B는 '是(~이다)'로 시작한다. 주어도 없이 술어가 문장 처음에 오는 패턴은 보편적이지 않다. C도 '但(그러나)'으로 시작하므로, 역시 첫 문장에 오지 못한다. 자연스럽게 첫 문장은 주어 '每个人'이 있는 A가 된다. 그런데 A와 주어(每个人)가 비슷하게 흘러가는 문장이 있다. 바로 C이다. 단어가 비슷하게 흘러가는 문장 패턴은 나란히 나열될 가능성이 크다. 해석해보면, A '모든 사람들은 모두 죽는다', C '그러나 모든 사람들이 모두 진정으로 살고 있는 것은 아니다', B '이는 영화 《용감한 마음》에 나왔던 매우 멋진 한 구절이다'. 즉 A와 C가 하나의 명언인 것이고, 이 명언이 영화에 나왔다는 내용이다. 따라서 보기 전체 내용을 해석하지 않고도 정답은 A-C-B가 된다.

정답 A-C-B

> 동작 및 사건의 발생 순서대로, 큰 개념에서 작은 개념으로, 비슷한 문장과 단어가 있다면 연달아 나열되어 배치된다는 유형을 생각하고 문제에 접근해보자!

문제 1　A 相反，做自己不喜欢的事

　　　　B 即使再简单也会觉得很累

　　　　C 做自己喜欢的事，即使再困难，也不会觉得辛苦　　　　_____

문제 2　A 带来一天的好心情

　　　　B 一个笑话

　　　　C 也许就能带走我们的烦恼　　　　_____

문제 3　A 在原有的基础上，增加了一部分文化交流的内容

　　　　B 王校长，根据您的要求

　　　　C 我把这篇报道稍微改了一下　　　　_____

문제 4　A 后来这成了一个笑话，大家经常拿来开玩笑

　　　　B 飞机起飞时，我一直抱着前面的椅子不放

　　　　C 我第一次乘坐飞机的时候心里害怕极了　　　　_____

문제 5　A 人就容易梦到什么内容

　　　　B 例如，一个人脚冷时就可能会梦见在雪地里行走

　　　　C 晚上睡觉时，身体感觉到什么　　　　_____

쓰기 제1·2부분 ❾ | 제시된 어휘로 문장 완성하기
술어를 보충하는 보어 2탄!

전략 PT

학습시간 20분

제1부분

보어는!

보어는 술어(동사/형용사) 뒤에서 술어를 보충해주는 역할을 하는 품사라고 DAY 8에서 학습하였다.
보어는 ① 결과보어 ② 방향보어 ③ 가능보어 ④ 정도보어 ⑤ 동량보어 ⑥ 시량보어로 나뉜다. 시험에서 제일 잘 나오는 보어는 단언컨대 ④ 정도보어이다. DAY 9에는 나머지 ④~⑥을 배워보자.

❶ 정도보어

① 정도보어는 술어 뒤에서 술어의 정도를 보충해주는 성분을 말한다. 정도보어는 술어와 정도보어 사이에 구조조사 '得'를 넣어 만든다.

기본형	**주어 + 술어 + 得 + 정도보어** 我困得很厉害。　　나는 졸린 정도가 심하다. (나는 너무 졸리다) 他跑得出汗。　　그는 뛴 정도가 땀을 흘릴 정도. (그는 뛰어서 땀이 흘렀다)
확장형	**주어 + (술어) + 목적어 + 술어 + 得 + 정도보어** 你(说)汉语说得很好。　　너는 중국어를 말하는 정도가 아주 잘한다. 　　　　　　　　　　　　(너는 중국어를 아주 잘한다) 弟弟(弹)钢琴弹得真棒。　　남동생은 피아노를 치는 정도가 매우 멋지다. 　　　　　　　　　　　　(남동생은 피아노를 멋지게 잘 친다) **TIP** '술어 + 목적어' 형태에서 술어의 정도보어 표현은 술어를 2번 써주되 앞의 술어는 생략이 가능하다.
고정격식	**술어 + 得 + 很, 不得了, 要命, 要死** → 정도가 매우 높고 심함을 의미 我饿得不得了。　　나는 배고픈 정도가 매우 심하다. (배고파 죽겠다) 我困得要命。　　나는 졸린 정도가 매우 심하다. (졸려 죽겠다) **술어 + 极了, 多了, 死了** → 정도가 매우 높음을 의미 教室里安静极了。　　교실 안이 매우 조용하다. 我累死了。　　나는 피곤해 죽겠다. **TIP** 정도보어는 술어 뒤에 '得'가 필요하다. 하지만 이 고정격식은 술어 뒤 '得'가 없이 쓰이는 형식이다.

② 그동안 4급 시험에 나왔던 '정도보어' 표현에는 다음의 것들이 있다. 꼭 알아두자.

시험에 반복적으로 출제된 정도보어 표현	
……得很厉害 ~한 정도가 매우 심하다	他咳嗽得很厉害。　그는 기침하는 정도가 매우 심하다. (기침을 심하게 한다)
……得出了一身汗 ~한 정도가 온몸에 땀이 흐를 정도이다	弟弟紧张得出了一身汗。 남동생은 긴장한 정도가 온몸에 땀이 흐를 정도이다. (땀이 날 정도로 매우 긴장했다)
……得很详细 ~한 정도가 매우 상세하다	这篇报道写得很详细。　이 보도는 쓰여진 정도가 매우 상세하다. (보도가 매우 상세하다)
……得很顺利 ~한 정도가 매우 순조롭다	张教授的签证办得很顺利。 장 교수님의 비자는 처리된 정도가 매우 순조롭다.(비자가 잘 처리되었다)
……得十分标准 ~한 정도가 굉장히 표준적이다	他的动作做得十分标准。 그의 동작은 하는 정도가 굉장히 표준적이다.(동작이 매우 표준적이다)
……得睡不着觉 ~한 정도가 잠을 못 잘 정도이다	她热得睡不着觉。　그녀는 더운 정도가 잠을 못 잘 정도이다. (잠을 못 잘 정도로 덥다)

❷ 동량보어

동량보어는 술어 뒤에서 동작의 진행 횟수를 나타내준다. 즉 동작의 양(횟수)을 보충해준다.

> 주어 + 술어(+ 了/过) + 동량보어 + 목적어
> 我去过三次上海。　나는 상하이에 세 번 간 적이 있다.
> 我吃过几次中国菜。　나는 중국요리를 몇 번 먹어본 적이 있다.
> 我看过一遍那部电影。　나는 그 영화를 한 번 보았다.
> 她又重新检查了一遍。　그녀는 또 다시 한 차례 조사했다.
> 你帮我查一下这趟航班的信息。　당신이 나를 도와 이 항공편의 정보를 한번 검색해주세요.

❸ 시량보어

시량보어는 술어의 뒤에서 동작이 얼마 동안 지속되었는지를 표현해준다.

> 주어 + 술어(+ 了) + 시량보어 + (的) + 목적어
> 我们看了两个小时电影。　나는 영화를 두 시간 동안 보았다.
> 我学了两年汉语。　나는 중국어를 2년 동안 배웠다.
> 我等了两个小时公共汽车。　나는 버스를 두 시간 동안 기다렸다.

예제 1

哥哥　　得　　睡不着觉　　兴奋

분석 睡不着觉 shuì bu zháojiào 동 잠을 이루지 못하다 / 兴奋 xīngfèn 형 흥분하다

Point 1. '得'가 있으면 99% 정도보어 문제이다. 보어는 술어 뒤!
2. 정도보어의 패턴은 '주어 + 목적어 + 술어 + 得 + 정도보어'이다.
3. 정도보어는 목적어가 없는 패턴이 많이 출제된다.

해설 주어 | 술어 | 得 | 정도보어
哥哥 | 兴奋 | 得 | 睡不着觉

'得(~한 정도가)'가 있으면 정도보어 문장을 생각하고, 술어 뒤에 붙여준다. → '兴奋得(흥분한 정도가)' 그리고 문장 앞에는 주어 '哥哥(오빠)'를 배치한다. 남은 어휘는 당연히 '得' 뒤에 위치시킨다. 정도보어이지만 목적어가 없는 문장이 출제되었다.

정답 哥哥兴奋得睡不着觉。　오빠는 잠들지 못할 정도로 흥분했다.

예제 2

舒服地　　休息　　了　　我们　　三天

분석 舒服 shūfu 형 편안하다

Point 1. 시간의 양을 나타내는 단어가 있으면 시량보어이다. 보어는 술어 뒤!
예) 一个星期(일주일), 五个小时(5시간)
2. 시량보어의 패턴은 '주어 + 술어(+ 了) + 시량보어 + 목적어'이다.
3. '……地(~하게)'는 술어를 보충해주는 부사어로 술어 앞에 와서 '……地 + 술어'의 패턴을 만든다.

해설 주어 | 부사어 | 술어 | 보어
我们 | 舒服地 | 休息 | 了 | 三天

제시어 중 '三天(3일)'이라는 시량보어가 보이므로 술어 뒤에 위치시켜 '休息了三天(3일 동안 쉬었다)'이 된다. 주어는 '我们(우리들)'이고, '舒服地(편안하게)'는 단어 뒤에 '地(~하게)'가 있는 것으로 보아 술어 앞에서 술어를 꾸며주는 부사어라는 것을 알 수 있다. 즉! '舒服地休息了(편안하게 휴식했다)'가 된다.

정답 我们舒服地休息了三天。　우리들은 편안하게 3일 동안 휴식을 취했다.

제2부분

演员 ▶ _____

❶ 제시 어휘와 그림을 확인해라!

제시 어휘는 '演员 yǎnyuán', '연기자'라는 의미의 명사 어휘로 다양한 어법구조로 문장을 만들 수 있다.

❷ 그림을 보고 생각나는 키워드 어휘를 모두 꺼내보자.

> 京剧演员 jīngjùyǎnyuán 경극배우, 表演 biǎoyǎn 공연하다, 受欢迎 Shòuhuānyíng 인기가 많다, 真棒 zhēnbàng 매우 훌륭하다, 电影 diànyǐng 영화, 厉害 lìhai 굉장하다, 有名 yǒumíng 유명하다, 著名 zhùmíng 저명하다

❸ 제시 어휘를 사용해 기본문장을 만들어보자.

> 那位演员很受欢迎。   저 연기자는 매우 인기가 많다.
> 他是一个著名的京剧演员。   그는 저명한 경극배우이다.
> 我从小就想成为一名演员。   나는 어렸을 적부터 연기자가 되고 싶었다.
> 那位演员在我们那儿很有名。   저 연기자는 우리한테서 매우 유명하다.

❹ 오늘 배운 정도보어/동량보어/시량보어로 문장을 만들어보자.

① 정도보어를 사용해보자.

> 那位著名的京剧演员演得很厉害。   저 저명한 경극배우의 연기는 굉장히 훌륭하다.

② 동량보어를 사용해보자.

> 我看了一遍那部电影，我也想成为有名的演员。   저 영화를 한번 보니, 나도 유명한 연기자가 되고 싶다.

③ 시량보어를 사용해보자.

> 那位演员演出了十几年了。   저 연기자는 몇 년 째 연기를 하고 있다.

제1부분

보어는 술어 뒤에서 술어를 보충해주는 성분이다. 보어 역시 자신만의 독특한 어법 구조가 있다. 시험에서 보어가 출제되면, 각각이 가진 보어 구조 공식을 그대로 대입하여 문제를 풀어보자.

문제 1 普通话   他的   不太标准   说得

▶ 답 _____

▶ 해석 _____

문제 2 调查   这次   三个月左右   进行了

▶ 답 _____

▶ 해석 _____

문제 3 得   她   十分   咳嗽   厉害

▶ 답 _____

▶ 해석 _____

문제 4 把   我   回国的时间   两个半小时   推迟了

▶ 답 _____

▶ 해석 _____

문제 5 很标准   动作   做   他的   得

▶ 답 _____

▶ 해석 _____

제2부분

문제 1

赢

▶ 답 1 _____

▶ 답 2 _____

문제 2

网球

▶ 답 1 _____

▶ 답 2 _____

문제 3

汗

▶ 답 1 _____

▶ 답 2 _____

 마무리 PT 학습시간 05분

1 办(签证、信用卡)
bàn(qiānzhèng、xìnyòngkǎ)
(비자, 신용카드 등을) 개설하다, 신청하다

* 办 bàn
  동 수속하다, 신청하다

2 刷卡
shuākǎ
카드를 긁다

3 太阳有地球的130万倍那么大。
Tàiyáng yǒu dìqiú de yìbǎi sānshí wàn bèi nàme dà.
태양은 지구의 130만 배 만큼 그렇게 크다.

* A有B那么 + 술어
  A yǒu B nàme…
  A는 B만큼 그렇게 (술어)하다

4 做自己喜欢的事，即使再困难，也不会觉得辛苦。
Zuò zìjǐ xǐhuan de shì, jíshǐ zài kùnnan, yě búhuì juéde xīnkǔ.
자기가 좋아하는 일을 하면, 설령 더 어려울지라도 고생스럽다고 느껴지지 않는다.

* 即使…，也…
  jíshǐ…, yě…
  설령 ~일 지라도, ~한다

5 心里害怕极了。
Xīnli hàipà jíle.
마음이 너무 두렵다.

* …极了 …jíle
  매우 ~하다

6 我困得很厉害。
Wǒ kùn de hěn lìhai.
나는 졸린 정도가 매우 심하다. (나는 너무 졸리다.)

* A得… A de…
  A한 정도가 ~하다

7 我看过一遍那部电影。
Wǒ kànguo yí biàn nà bù diànyǐng.
나는 저 영화를 한 번 본 적이 있다.

* 동사 + 一遍 … yí biàn
  한 번 (동사)하다

8 我等了两个小时公共汽车。
Wǒ děng le liǎng ge xiǎoshí gōnggòngqìchē.
나는 버스를 두 시간 동안 기다렸다.

* 동사 + 两个小时
  … liǎng ge xiǎoshí
  두 시간 동안 (동사)하다

9 赶飞机
gǎn fēijī
비행기를 따라잡다

* 赶 gǎn
  쫓다, 따라잡다

10 赚了很多钱
zhuàn le hěn duō qián
많은 돈을 벌다

* 赚…钱 zhuàn…qián
  ~돈을 벌다

Day 10

듣기 제2·3부분 ❻ | 대화 듣고 질문에 답하기
다양한 내용의 디테일 한 상황을 파악해라!

어휘 PT ● Track 10-1 학습시간 10분

예제 1
- 洗澡 xǐzǎo [동] 목욕하다
- 空调 kōngtiáo [명] 에어컨
- 窗户 chuānghu [명] 창문
- 挺…的 tǐng…de [짝꿍] 매우 ~하다
- 凉快 liángkuai [형] 시원하다

예제 2
- 严格 yángé [형] 엄격하다
- 面试 miànshì [명] 면접시험
- 顺利 shùnlì [형] 순조롭다
- 当时 dāngshí [명] 당시, 그 때
- 紧张 jǐnzhāng [형] 긴장하다
- 结果 jiéguǒ [명] 결과
- 通知 tōngzhī [동] 통지하다

문제 1
- 破 pò [동] 파손되다, 찢어지다
- 暖和 nuǎnhuo [형] 따뜻하다
- 安静 ānjìng [형] 조용하다
- 大衣 dàyī [명] 외투
- 脱 tuō [동] (몸에서 옷 등을) 벗다
- 挂 guà [동] 걸다

문제 2
- 讨论 tǎolùn [동] 토론하다
- 同意 tóngyì [동] 동의하다
- 招聘会 zhāopìnhuì [명] 채용회
- 推迟 tuīchí [동] 뒤로 미루다, 연기하다
- 举行 jǔxíng [동] 거행하다

문제 3
- 无聊 wúliáo [형] 재미없다, 무료하다
- 翻译 fānyì [동] 번역하다
- 厚 hòu [형] 두껍다
- 小说 xiǎoshuō [명] 소설
- 页 yè [명] 페이지, 쪽

문제 4
- 空气 kōngqì [명] 공기
- 湿润 shīrùn [형] 축축하다
- 适合 shìhé [동] 적합하다, 알맞다
- 经济发展 jīngjì fāzhǎn [명] 경제 발전
- 丽江 Lìjiāng [지명] 리쟝 [윈난(云南)성의 도시명]
- 自然风景 zìrán fēngjǐng [명] 자연풍경
- 其实 qíshí [부] 사실
- 季节 jìjié [명] 계절
- 春天 chūntiān [명] 봄
- 秋天 qiūtiān [명] 가을

문제 5
- 月底 yuèdǐ [명] 월말
- 有空 yǒukòng 시간이 있다
- 逛街 guàngjiē [동] 쇼핑하다, 구경하다
- 咱家 zánjiā [명] 우리집
- 制冷 zhìlěng [동] 냉각시키다
- 效果 xiàoguǒ [명] 효과
- 商场 shāngchǎng [명] 상점

문제 6
- 可爱 kě'ài [형] 귀엽다
- 该 gāi [조동] 반드시 ~해야 한다
- 颜色 yánsè [명] 색
- 厨房 chúfáng [명] 주방, 부엌
- 暗 àn [형] 어둡다
- 确实 quèshí [부] 확실히
- 顺便 shùnbiàn [부] 검사검사, ~하는 김에
- 超市 chāoshì [명] 슈퍼마켓

전략 PT

❶ 무엇을 물어볼지 모른다. 다양한 내용을 숙지하고 있어야 한다!

일반적으로 듣기에 잘 나오는 유형들을 앞에서 열심히 공부하였다. 하지만 앞에서 언급한 유형들 말고도 요즘 HSK 4급 듣기에서는 다양한 내용이 출제되어 지금 처한 상황이나 현장의 분위기 등 다양한 질문에 대한 완벽한 정답을 묻고 있다. 그래서 여러 유형들을 맛보고 대비할 필요가 있다.

❷ 어쨌든, 4개의 보기에 모든 힌트가 있다!

듣기의 불변의 법칙이 있다. 그것은 바로! 제시된 4개의 보기를 잘만 활용하면 너무나 쉽게 정답을 찾아낼 수 있다는 것이다!
보기만 잘 봐두면 대부분은 정답이 그대로 들리게 된다. 내용이 아무리 다양하고 질문이 매우 디테일 하더라도, 보기를 잘 확인하여 그 내용을 미리 파악하고, 제시된 보기를 미리 숙지하고 녹음을 들어낸다면 아무리 질문이 어려워도 정답을 쉽게 찾아낼 수 있을 것이다.

❸ 평소 녹음 스크립트를 큰 소리로 읽어라! 그렇게 연습해야 문장이 통째로 들린다.

듣기 시험에서 어떤 내용이 나오든 정확히 다 들어내고 싶다면, 먼저 기본적인 HSK 4급 어휘의 숙지가 중요한데, 어휘를 그저 눈으로만 보지 말고, 소리내서 큰소리로 자꾸 읽어보는 연습을 하자.
듣기 공부를 할 때에도 스크립트를 눈으로만 보지 말고 매번 큰 소리로 읽으면서 내용과 어휘를 파악하는 연습을 해보자. '본인이 큰소리로 읽어본 어휘만이 내 귀로 들리게 된다!'는 기본 원칙을 기억하자. 큰 소리로 어휘를 읽는 연습을 하다 보면, 금방 녹음의 통 문장이 들리게 될 것이다.
처음에는 녹음을 들을 때, 어휘 한두 개 밖에 들리지 않을 것이다. 그러나 계속 스크립트를 읽으면서 공부하다 보면, 문장 한 줄이 통째로 들리게 될 것이다. 믿고 열심히 노력해보자!

❹ 다양한 내용의 디테일한 상황을 파악해야 하는 질문 유형을 알아두자.

아래 질문들을 보면 질문에서 공통적인 느낌이 전혀 들지 않을 것이다. 즉, 다양한 상황에서 다양한 질문을 하므로, 아래 질문 유형을 잘 알아두고 그에 맞게 녹음을 들을 준비를 해보자.

问：手表是送给谁的?　　손목시계는 누구에게 주는 것인가?
问：男的为什么道歉?　　남자는 왜 사과를 하는가?
问：女的为什么来医院?　여자는 왜 병원에 왔는가?
问：男的觉得饺子怎么样?　남자는 교자가 어떻다고 생각하는가?
问：他们在说谁?　　그들은 누구를 말하고 있는 것인가?
问：葡萄是谁送的?　　포도는 누가 준 것인가?
问：男的怎么了?　　남자는 어떠한가?
问：男的为什么要去二楼?　남자는 왜 2층으로 가려고 하는가?

예제 1 짧은 대화 유형   Track 10-2

A 下雨了	B 刚洗完澡	A 비가 내려서	B 막 샤워를 마쳐서
C 开空调了	D 开着窗户	C 에어컨을 켜서	D 창문이 열려있어서

女：哥，昨天晚上睡得好吗? 热不热? 男：挺好的，房间里开了空调，很凉快。 问：男的为什么觉得很凉快?	여: 오빠, 어제 저녁에 잘 잤어? 덥지 않았어? 남: 너무 좋았어. 방 안에 에어컨이 켜져 있어서 매우 시원했어. 질문: 남자는 왜 매우 시원하다고 느꼈나?

해설 이 문제의 질문은 '남자는 왜 시원하다고 느꼈을까'이다. 녹음의 상황을 잘 파악해야 한다. 여자가 덥지 않았냐고 물었고 남자는 방에 에어컨이 켜져 있어서 시원했다고 하였다. 따라서 남자가 시원했던 이유는 '방에 에어컨이 켜져 있어서'였다. 따라서 정확하게 보기 C에서 '에어컨을 켰다'가 정답이 된다. 녹음에서 '开(켜다, 열다)'가 들렸다고 해서 같은 어휘가 있는 보기 D로 착각하지 않게 주의하자!

정답 C

예제 2 긴 대화 유형   Track 10-3

A 不难	B 问题太多	A 어렵지 않았다	B 문제가 매우 많았다
C 很严格	D 时间短	C 매우 엄격했다	D 시간이 짧았다

男：下午的面试怎么样? 顺利吗? 女：还行，他们问的问题都挺容易的，就是当时有点儿紧张。 男：什么时候可以知道结果? 女：明天或者后天吧，他们会打电话通知。 问：女的觉得面试怎么样?	남: 오후의 면접 어땠어? 순조로웠어? 여: 괜찮았어, 그들이 묻는 질문이 모두 굉장히 쉬웠는데 당시에는 조금 긴장했었어. 남: 결과는 언제 알 수 있는 거야? 여: 내일이나 모레. 그들이 전화로 알려줄 거야. 질문: 여자는 면접이 어땠다고 생각하는가?

해설 남자가 면접이 순조로웠냐고 물어봤고, 여자는 문제는 쉬웠으나 조금 긴장했었다고 했다. 처음 두 번의 남녀 대화에서 면접은 '挺容易的(매우 쉬웠다)', '有点儿紧张(조금 긴장하다)'이라는 표현이 들렸다. 그리고 결과는 내일이나 모레 알려준다고 하였다. 따라서 '여자는 면접이 어떻다고 느꼈는가'라는 질문에 대해 '쉬웠다' 혹은 '긴장했다' 정도로 정답을 압축할 수 있다. '挺容易的(매우 쉬웠다) = 不难(어렵지 않다)'은 같은 의미이므로 정답은 A가 된다.

정답 A

실전 PT ◎ Track 10-4 ▶정답 및 해설 61p 학습시간 20분

◎ 질문이 다양한 문제들이다. 하지만 듣기는 보기만 잘 파악해도 정답을 어렵지 않게 찾아낼 수 있다. 주어진 보기 4개를 미리 확인하고 녹음 내용을 들으면서 일치하는 정답을 찾아나가 보자.

[짧은 대화문]

문제 1 A 破了   B 很暖和   C 非常冷   D 特别安静

문제 2 A 5月   B 6月   C 11月   D 12月

문제 3 A 无聊   B 很有名   C 翻译得不对   D 太厚

[긴 대화문]

문제 4 A 空气湿润   B 冬天最美   C 适合爬山   D 经济发展快

문제 5 A 今天   B 月底   C 星期六   D 明天早上

문제 6 A 可爱   B 不漂亮   C 该换了   D 颜色不好

독해 제2부분 ❺ | 순서 배열하기
빠른 직독직해로 선후관계 파악

어휘 PT

학습시간 1 0 분

예제 1
- 这样 zhèyàng 이렇게 하면, 이렇다면
- 及时 jíshí 부 즉시
- 了解 liǎojiě 동 이해하다
- 新闻 xīnwén 명 뉴스
- 报 bào 명 보도
- 服务 fúwù 명 서비스
- 经济 jīngjì 명 경제
- 短信 duǎnxìn 명 문자메시지

예제 2
- 基础 jīchǔ 명 기초
- 增加 zēngjiā 동 증가하다
- 根据 gēnjù 전 ~에 의거하여
- 要求 yāoqiú 동 요구하다
- 报道 bàodào 명 보도
- 稍微 shāowēi 부 다소, 조금
- 改 gǎi 동 고치다

문제 1
- 看起来 kànqǐlái 부 보아하니
- 成熟 chéngshú 형 성숙하다
- 调查 diàochá 동 조사하다
- 结婚 jiéhūn 동 결혼하다
- 获得 huòdé 동 얻다, 획득하다

문제 2
- 以为 yǐwéi 동 ~라 여기다
- 反对 fǎnduì 동 반대하다
- 读博士 dú bóshì 박사 공부를 하다
- 没想到 méixiǎngdào 생각지도 못했다
- 竟然 jìngrán 부 뜻밖에도, 의외로
- 支持 zhīchí 동 지지하다
- 吃惊 chījīng 동 놀라다

문제 3
- 不得不 bùdébù 부 어쩔 수 없이
- 放弃 fàngqì 동 포기하다
- 计划 jìhuà 명 계획
- 超过 chāoguò 동 초과하다
- 半数 bànshù 명 절반
- 表示 biǎoshì 동 표시하다, 나타내다

문제 4
- 查收 cháshōu 동 확인하고 받다
- 喂 wéi 감탄 (전화상에서) 여보세요
- 律师 lǜshī 명 변호사
- 证明 zhèngmíng 동 증명하다
- 材料 cáiliào 명 자료
- 传真 chuánzhēn 명 팩스

문제 5
- 兴奋 xīngfèn 형 흥분하다
- 从来 cónglái 부 지금까지, 여태껏
- 听说 tīngshuō 동 듣자 하니
- 海南 Hǎinán 지명 하이난 [중국 남쪽의 휴양지로 유명한 섬]

❶ 해석이 핵심이다!

짧은 세 문장을 배열하는 독해 제2부분에서는 요령도 중요하지만, 최근에는 해석을 요구하는 문제가 더 다양하게 출제되고 있는 추세로, 사실은 해석이 핵심이라고 할 수 있다. 세 문장을 다 확인한 후, 내용의 선후 관계에 따라 배열을 해야 하는데 이때 해석이 되지 않으면 문제를 풀 수가 없다. 문장이 어렵지 않기 때문에 앞에서 배운 중요한 요령들을 기억하면서 해석에도 집중해서 문제를 풀어보자.

❷ 포괄적인 것이 먼저 오고 점점 구체적이고 세부적인 내용이 온다.

중국어의 문장 표현 방식은 먼저, 포괄적이고 큰 주제를 먼저 제시한다. 그 다음 세부적인 내용을 서술한다.

> 앞문장 나는 문장을 고쳤다 → 뒷문장 3번과 5번 문제에 환경보호 내용을 추가했다
>   포괄적인 내용 서술   세부적·구체적인 내용 서술
>
> 앞문장 나는 꿈을 꾸었다 → 뒷문장 바닷속을 헤엄치는 꿈이었다
>   포괄적인 내용 서술   세부적·구체적인 내용 서술

❸ 시간 흐름의 순서는 '과거 ▶ 현재 ▶ 미래'의 순서이다.

문장의 시간 흐름은 당연히 과거가 먼저 제시되고, 그 다음이 현재 상황, 마지막으로 미래가 제시된다. 이처럼 시간상 선후관계를 잘 파악하여 시간의 흐름에 따라 문장을 배열하는 것이다.

- 去年 (작년) ▶ 今年 (올해) ▶ 明年 (내년)
- 以前 (예전에) ▶ 最近 (최근에)
- 她年轻时 (그녀가 젊었을 때) ▶ 她结婚以后 (그녀가 결혼한 후에)
- 我小时候 (내가 어렸을 때) ▶ 我9岁时 (내가 9살 때) ▶ 我大学毕业时 (내가 대학을 졸업할 때)
- 我女儿刚出生时 (내 딸이 막 태어났을 때) ▶ 她上大学时 (그녀가 대학에 다닐 때)

❹ 원인이 먼저 오고 결과가 나중에!

내용의 발생 순서는 동작이 발생한 원인이 먼저 오고 그에 대한 결과가 나중에 위치한다. 이는 우리말에서도 마찬가지이므로 잘 알 수 있을 것이다.

- 参加了足球比赛 (축구시합에 참가했다) ▶ 得了第一名 (1등을 했다) ▶ 觉得很高兴 (너무 기뻤다)
- 下大雨了 (큰 비가 내렸다) ▶ 国际航班都推迟了起飞 (국제 항공편 모두가 이륙이 연기됐다)
- 听到那个消息 (그 소식을 들었다) ▶ 兴奋极了 (너무 흥분했다)
- 随着科学发展 (과학 발전에 따라) ▶ 在网上购买的人越来越多 (인터넷으로 물건을 사는 사람이 점점 많아지고 있다)

예제 1

A 这样我就可以及时了解国内外发生的大事了 B 我办了新闻手机报服务 C 每天都能收到经济、社会和国际等方面的新闻短信	A 이렇게 하면 나는 국내외에서 발생한 큰일들을 바로 이해할 수 있다 B 나는 뉴스 휴대전화 보도 서비스를 신청했다 C 매일 경제, 사회, 국제 등 방면의 뉴스 문자메시지를 받아볼 수 있다

[해설] 먼저 A의 '这样(이러면, 이렇게 하면)'은 첫 문장에 올 수 없다. B는 서비스를 신청했다, C는 매일 경제, 사회, 국제 등 방면의 문자메시지를 받아볼 수 있다고 하였다. 문맥상 B와 C 중 어떤 문장이 먼저 올 것인가? 여기서 B가 원인이고, C는 그에 대한 결과로 볼 수 있다. 따라서 B 뒤에 C가 와야 한다. 그럼 A는 어디에 위치할까? A는 이렇게 하면 국내외에서 발생한 큰일을 이해할 수 있다고 했는데, 그러려면 C가 먼저 와야 한다. 매일 경제, 사회, 국제 등 방면의 문자메시지를 받아봐야 국내외 큰일들을 이해할 수 있기 때문이다. 그래서 이 문장의 자연스러운 배열 순서는 B-C-A이다.

TIP 1. 这样(이러면, 이렇게 하면) = 这样做
     2. 办……服务: ~서비스를 신청하다

[정답] **B-C-A**

예제 2

A 在原有的基础上，增加了一部分文化交流的内容 B 王校长，根据您的要求 C 我把这篇报道稍微改了一下	A 원래 있던 기초 위에 일부 문화교류의 내용을 추가했습니다 B 왕 교장선생님, 당신의 요구에 근거하여 C 저는 이 한 편의 보도를 약간 좀 고쳐봤습니다

[해설] 앞서 배운 요령을 잘 숙지했다면 첫 문장은 쉽게 찾을 수 있다. 바로 B이다. 주어 '王校长(왕 교장선생님)'이 정확하게 제시되고 있다. 그럼 다음 문장의 선후관계를 파악해보자. A는 구체적으로 문화교류의 내용을 추가했다는 내용이고, C는 포괄적으로 내가 보도를 고쳐보았다는 문장이다. 문장의 배열순서는 포괄적인 내용에서 구체적인 순으로 서술된다. 그래서 C 다음에 A가 와야 하고, 첫 문장은 B이기 때문에 이 문제의 정답은 B-C-A이다.

[정답] **B-C-A**

> 동작 및 사건의 발생 순서대로, 큰 개념에서 작은 개념으로, 시간의 흐름에 따라, 비슷한 문장과 단어가 있다면 연달아 나열되어 배치된다는 유형을 생각하고 문제에 접근해보자!

문제 1 A 因为他们看起来更成熟
B 调查结果告诉我们
C 结了婚的人更容易获得好工作   _____

문제 2 A 我本来以为我妹妹会反对我读博士
B 没想到她竟然支持我
C 这真的让我很吃惊   _____

문제 3 A 昨天下午的会议上
B 马教授他们不得不放弃了这个计划
C 超过半数的代表都表示反对   _____

문제 4 A 请您查收一下
B 喂，蓝律师，您好
C 您要的那些证明材料，我已经给您传真过去了 _____

문제 5 A 他兴奋极了
B 儿子从来没去过南方
C 所以当听说我们下学期要去海南后   _____

쓰기 제1·2부분 ⑩ | 제시된 어휘로 문장 완성하기
능동구문 [把자문]

 전략 PT  학습시간 20분

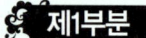

'把자문'이란?

'把자문'은 '무엇을 어떻게 처리했다'라는 것을 강조하는 문장이다. '把 + 명사'의 형식으로 주어와 술어 사이에 강조하고자 하는 것을 위치시키면 된다. 즉, 목적어를 술어 앞으로 위치시켜 강조하는 문장을 말한다. 4급에서 매달 단 한 번도 빠지지 않고 1문제씩은 꼭 출제되고 있는 어법이다. 시험에 잘 나오는 '把자문' 유형은 정해져 있기 때문에 구조를 잘 숙지하면 어렵지 않게 정답을 맞출 수 있다.

❶ '把'는 전치사라는 것을 잊지 말자!

따라서 '把(~을/를)'는 혼자 쓰일 수 없고, 뒤에 명사(해당 문장의 목적어)가 꼭 붙어서 '把 + 명사'의 전치사구 형태를 만들어야 한다. 전치사구는 어디에 위치하는지 기억하는가? 바로 술어 앞이다. 다시 말해, 전치사구 '把 + 명사' 뒤에는 술어가 와야 한다.

> 주어 + [把 + 명사] + 술어 + 기타성분
>   전치사구
>
> 小王 把那杯奶茶 喝 了。　샤오왕은 저 밀크티를 마셨다.
> 我 把这部电影 看了 三遍。　나는 이 영화를 세 번 보았다.

❷ '把자문'은 처치를 강조한다!

'把자문'은 '무엇을 어떻게 처리했다'는 처치를 강조하기 위해 술어 뒤에 반드시 기타성분이 와야 완성이 된다. '把자문'에서 술어 뒤의 기타성분으로 쓰일 수 있는 것은 다음과 같다.

1	술어 + 了(완료), 着(진행)	**주어 + [把 + 명사] + 술어 + 了/着** 我把那两件衣服洗了。　나는 저 두 벌의 옷을 빨았다. 老张把这本书拿着。　라오장은 이 책을 들고 있다. **TIP** '把자문'의 기타성분으로 '술어 + 过(과거 경험)'는 쓸 수 없다.
2	술어 + 보어	**주어 + [把 + 명사] + 술어 + 보어** 她把这件衣服洗得很干净。　그녀는 이 옷을 매우 깨끗하게 빨았다. [정도보어] 丽丽把钥匙拿出来了。　리리는 열쇠를 가지고 나왔다. [방향보어] **TIP** '把자문'의 기타성분으로 '술어 + 가능보어'는 쓸 수 없다.

3	술어 + 동사 중첩	주어 + [把 + 명사] + 술어1 + 술어1
		你把你的意见说说。 네 의견을 좀 말해 봐.

❸ 시험에서 '把자문'의 90%는 술어 뒤에 결과보어가 오는 패턴으로 나온다!

결과보어 중에서도 특히 '在', '到', '给', '成'이 온다!

주어 + [把 + 명사] + 술어 + 결과보어[在+(장소)/ 到+(장소)/ 给+(사람)/ 成+(무엇)] (+ 목적어)
我   把这本书 翻译   成汉语。   나는 이 책을 중국어로 번역했다.
我   把毛巾   掉   在地上了。 나는 수건을 바닥에 떨어뜨렸다.

❹ '把자문'에서 부사와 조동사는 일반적으로 '把 + 명사' 앞에 온다.

주어 + 부사/조동사 + [把 + 명사] + 술어 + 기타성분 (+ 목적어)
妈妈   刚才   把饼干   放在桌子上了。   엄마가 방금 비스킷을 책상 위에 올려 놓았다. [부사]
我   能   把这本书   翻译成汉语。   나는 이 책을 중국어로 번역할 수 있다. [조동사]

 기출상식

중국의 거대한 국토와 자원

중화인민공화국(中华人民共和国)은 아시아 대륙의 동쪽, 태평양의 서쪽에 있는 공화국으로 줄여서 중국(中国)이라고 한다. 수도는 베이징(北京)이고, 최대도시는 상하이(上海)이다. 육지의 면적은 약 960만㎢로 한반도의 약 44배에 달하며, 세계 육지 총면적의 6.5%를 차지한다. 러시아, 캐나다에 이어 세계에서 세 번째로 큰 나라이다. 세계 최대의 인구와 넓은 국토 때문에 그 영토를 '중국대륙'이라고 부르기도 한다.

중국은 전통적으로 농경사회를 기반으로 한 농경문화가 그 중심을 이루고 있어 경작지에 대한 애착이 강하고 각종 희귀자원들이 중국의 자부심이 되고 있다. 또한 중국의 지하자원은 그 매장량에 있어 세계적인 규모를 자랑하는데 광물자원만 놓고 볼 때, 세상에 알려진 광산물은 거의 모두 매장되어 있다고 해도 과언이 아니다. 석탄, 구리, 알루미늄, 철 등의 주요 광물의 매장량은 세계에서 1, 2위를 다툰다. 이에 그치지 않고 중국은 자국의 자원개발을 위해 석유와 천연가스 등의 에너지 자원 확보에도 계속 열을 올리고 있다.

 **예제 1**

| 我的 | 我 | 弄坏了 | 把 | 花瓶 |

분석 弄坏 nònghuài 동 망가뜨리다, 부수다 / 花瓶 huāpíng 명 화병, 꽃병

Point 1. '把'가 있으면 '把자문'이다.
2. '把'자 뒤에는 '把 + 목적어' 형태로 반드시 목적어 자리에는 명사가 와야 한다.
3. '把자문'의 기본어순은 '주어 + [把 + 목적어] + 술어 + 기타성분'이다.

해설

| 주어 | 把 | 목적어 | 술어 | 기타성분 |
| 我 | 把 | 我的花瓶 | 弄坏了 | |

제시 어휘에 '把(~을)'가 있으면 '把자문'으로 문장을 배열한다. '把'자 뒤에 오는 목적어를 먼저 잡자! 바로 '把我的花瓶(나의 꽃병을)'이다. '把 + 목적어' 뒤에는 술어가 오기 때문에 그 뒤에 술어 '弄坏了(망가뜨리다)'를 위치시킨다. 남은 어휘 '我(나)'는 문장의 주어가 된다.

정답 我把我的花瓶弄坏了。 나는 나의 꽃병을 망가뜨렸다.

 **예제 2**

| 放弃了 | 竟然 | 把 | 招聘的机会 | 小张 |

분석 放弃 fàngqì 동 포기하다 / 竟然 jìngrán 부 뜻밖에 / 招聘 zhāopìn 동 채용하다 / 机会 jīhuì 명 기회

Point 1. '把'가 있으면 '把자문'이다.
2. '把'자 뒤에는 '把 + 목적어' 형태로 반드시 목적어 자리에는 명사가 와야 한다.
3. '把자문'에서 '부사/조동사'의 위치는 술어 앞이 아니다! 일반적으로 '把 + 목적어'의 앞이다.
4. 따라서 '把자문'의 기본어순은 '주어 + 부사/조동사 + [把 + 목적어] + 술어 + 기타성분'이다.

해설

| 주어 | 부사/조동사 | 把 | 목적어 | 술어 | 기타성분 |
| 小张 | 竟然 | 把 | 招聘的机会 | 放弃了 | |

제시 어휘에 '把(~을)'가 있으면 '把자문'으로 문장을 배열한다. '把'자 뒤에 오는 목적어를 먼저 잡자! 바로 '把招聘的机会(채용의 기회를)'이다. '把 + 목적어' 뒤에는 술어가 오기 때문에 그 뒤에 술어 '放弃了(포기했다)'를 위치시킨다. '小张(샤오장)'은 문장의 주어이고, 남은 어휘로 부사 '竟然(뜻밖에도)'이 보인다. 중국어의 기본어순에 따라 '把자문'에서도 부사와 조동사는 전치사구 '把 + 목적어' 앞에 온다는 것을 잊지 말자.

정답 小张竟然把招聘的机会放弃了。 샤오장은 뜻밖에도 채용의 기회를 포기했다.

제2부분

人民币 ▶ _____

❶ 제시 어휘와 그림을 확인해라!

제시 어휘는 '人民币 rénmínbì (인민폐, 중국화폐)', 품사는 명사이다. 그림은 여자가 양손에 돈이 들어 있음 직한 보따리를 들고 있는 모습이다. 그림을 보고 키워드 어휘를 뽑아보면 다음과 같다.

> 银行 yínháng 은행, 换钱 huànqián 환전하다, 在中国 zài Zhōngguó 중국에서, 旅行 lǚxíng 여행하다 ……

❷ 제시된 명사 어휘로 간단하게 기본문장을 만들어보자.

> 주어 + 술어 + 목적어
>
> 她为中国旅行准备了人民币。 그녀는 중국여행을 위해 인민폐를 준비했다.
> 她的手里有很多人民币。 그녀의 수중에는 많은 인민폐가 있다.

❸ 오늘 공부한 '把자문'으로 문장을 만들어보자.

① '把자문' 기본구조로 문장을 만들어보자.

> 주어 + [把 + 목적어] + 술어 + 기타성분
>
> 她把人民币换成韩币。 그녀는 인민폐를 한화(한국돈)로 바꾸었다.
> 她在中国银行把人民币换了。 그녀는 인민폐를 중국은행에서 바꾸었다.

② 부사/조동사를 넣어보자.

> 주어 + 부사/조동사 + [把 + 목적어] + 술어 + 기타성분
>
> 她刚才把人民币换成韩币了。 그녀는 방금 인민폐를 한화로 바꾸었다.
> 她自己能把人民币换成韩币。 그녀 스스로 인민폐를 한화로 바꿀 수 있다.

제1부분

> 제시 어휘에 '把'자가 나오면, '아! 이 문제는 把자문이구나!' 생각한다. 그 다음 '把자문'의 구조를 머리 속으로 그려본다. 바로 '주어 + [把 + 명사] + 술어 + 기타성분'! 만약, 제시 어휘에 부사/조동사도 출현했다면, 부사와 조동사는 '把 + 명사' 앞이라는 것도 잊지 말자.

문제 1 这次机会   把   教授   竟然   放弃了

▶ 답 _____

▶ 해석 _____

문제 2 我手机上   能   详细地址   把   发到   吗

▶ 답 _____

▶ 해석 _____

문제 3 搬下去   先   客厅里的家具   你们   把   吧

▶ 답 _____

▶ 해석 _____

문제 4 吃光了   那盒饼干   把   儿子

▶ 답 _____

▶ 해석 _____

문제 5 不小心   地上了   掉在   眼镜   她   把

▶ 답 _____

▶ 해석 _____

제2부분

문제 1

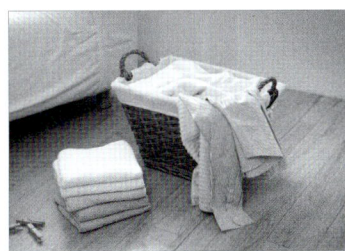

毛巾

▶ 답 1 _____

▶ 답 2 _____

문제 2

扔

▶ 답 1 _____

▶ 답 2 _____

문제 3

翻译

▶ 답 1 _____

▶ 답 2 _____

마무리 PT

1 睡得好
shuì de hǎo
잠을 잘 잤다

* …得… …de…
~한 정도가 ~하다

2 他们问的问题都挺容易的。
Tāmen wèn de wèntí dōu tǐng róngyì de.
그들이 물어본 질문은 모두 굉장히 쉽다.

* 挺…的 tǐng…de
굉장히 ~하다

3 适合爬山
shìhé páshān
등산하는 것에 적합하다

* 适合 shìhé
동 적합하다, 알맞다

4 办服务
bàn fúwù
서비스를 신청하다

* 办 bàn
동 신청하다

5 获得好工作
huòdé hǎo gōngzuò
좋은 직업을 얻다

* 获得 huòdé
동 얻다, 획득하다

6 他们不得不放弃了这个计划。
Tāmen bùdébù fàngqì le zhè ge jìhuà.
그들은 어쩔 수 없이 이 계획을 포기했다.

* 放弃…计划
fàngqì…jìhuà
~계획을 포기하다

7 我能把这本书翻译成汉语。
Wǒ néng bǎ zhè běn shū fānyì chéng Hànyǔ.
나는 이 책을 중국어로 번역할 수 있다.

* 把A成B
bǎ A chéng B
A를 B가 되게 하다

8 无聊
wúliáo
무료하다, 재미가 없다

9 儿子从来没去过南方。
Érzi cónglái méi qùguo nánfāng.
아들은 지금까지 남방에 가본 적이 없다.

* 从来没 + 동사 + 过
cónglái méi…guo
(동사)해본 적이 없다

10 能把详细地址发到我手机上吗?
Néng bǎ xiángxì dìzhǐ fādào wǒ shǒujī shàng ma?
자세한 주소를 내 휴대전화로 보내줄 수 있니?

* 把A + 술어到 + 목적어
bǎ A …dào…
A를 (목적어)로 (술어)하다

Day 11

듣기 제3부분 ❶ | 단문 듣고 질문에 답하기

에피소드는 재미있지만 예측 불가!

어휘 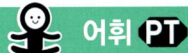　　Track 11-1　　학습시간 1 0 분

예제 1-2	
表演 biǎoyǎn	동 공연하다
法律 fǎlǜ	명 법률
新闻 xīnwén	명 뉴스
踢 tī	동 (축구 등에서 공을 발로) 차다
遇上 yùshang	만나다
进球 jìnqiú	동 골을 넣다
赢 yíng	동 이기다, 승리하다
印象 yìnxiàng	명 인상
深 shēn	형 깊다, 진하다
熟悉 shúxī	동 잘 알다, 익숙하다

예제 3-4	
司机 sījī	명 기사, 운전사
导游 dǎoyóu	명 가이드
售货员 shòuhuòyuán	명 판매원
始发 shǐfā	동 시발하다, 시작하다
公交车 gōngjiāochē	명 (대중교통) 버스
吃惊 chījīng	동 놀라다
最后一站 zuìhòu yízhàn	마지막 정거장
猴子 hóuzi	명 원숭이
将来 jiānglái	명 장래, 미래

문제 1-2	
饿 è	형 배고프다
自信 zìxìn	명 자신
适合 shìhé	동 적합하다, 알맞다
养成 yǎngchéng	동 양성하다, 기르다
面包 miànbāo	명 빵
于是 yúshì	접 그래서
难受 nánshòu	형 괴롭다, 불편하다
得到 dédào	동 얻다
好处 hǎochù	명 장점, 좋은 점
记住 jìzhù	동 확실히 기억하다

문제 3-4	
感动 gǎndòng	동 감동하다
原谅 yuánliàng	동 이해하다, 용서하다
不允许 bùyǔnxǔ	금지하다
约好 yuēhǎo	약속하다
接 jiē	동 맞이하다, 마중하다
抱歉 bàoqiàn	동 미안해하다
解释 jiěshì	동 설명하다
恐怕 kǒngpà	부 아마도
否则 fǒuzé	접 만약 그렇지 않으면

문제 5-6	
支持 zhīchí	동 지지하다
赢得 yíngdé	동 얻다, 획득하다
奖金 jiǎngjīn	명 상금, 보너스
有趣 yǒuqù	형 재미있다, 흥미가 있다
值得 zhíde	동 ~할 가치가 있다
同情 tóngqíng	동 동정하다
长跑 chángpǎo	명 장거리 경주
失败 shībài	동 실패하다
肯定 kěndìng	부 분명히, 확실히
目的 mùdì	명 목적
成绩 chéngjì	명 성적
成功 chénggōng	동 성공하다

① 에피소드 유형은 대부분 인물에 관한 내용일 가능성이 크다.

'他(그)', '她(그녀)', '小王(샤오왕)', '哥哥(형/오빠)', '儿子(아들)', '妈妈(엄마)', '奶奶(할머니)' 등등 인칭대명사나 인물이 나오면 에피소드 이야기 유형이라고 보면 된다.

② 내용은 재미있다, 하지만 어떤 내용이 이어질지 예측하기가 어렵다!

에피소드 유형은 우리가 상식으로, 감각으로 내용을 파악하기가 힘들다. 어떤 축구선수에 대한 재미있는 일화나 면접 때 벌어진 황당한 일 등 다양한 이야기들이 문제로 출제되기 때문이다. 따라서 처음부터 이야기의 흐름을 잘 파악하면서 문제에 접근해야 한다.

③ 하나의 녹음에 문제는 2개, 보기는 8개이다.

듣기 제3부분에서는 녹음을 듣기 전에 제시된 보기를 8개나 확인해야 한다. 듣는 보기에서 많은 힌트를 얻을 수 있기 때문에 반드시 녹음 전에 빠른 속도로 8개의 보기를 다 살펴보고 녹음을 들을 수 있도록 한다. 보기를 확인할 때, 잘 모르는 어휘는 일단 제쳐 두고, 눈에 잘 들어오는 어휘 위주로 빠르게 파악해 나가보자.

④ 주어진 보기가 사람의 직업 혹은 상태나 상황을 묘사하는 내용이면 에피소드 내용이다.

보기를 살펴보는데, 사람의 직업이나 사람의 현재 상황 등을 묘사하고 있으면 재미있는 내용을 담은 에피소드 유형일 가능성이 크다. 처음부터 끝까지 집중해서 세부적인 내용을 파악해야 한다.

⑤ 에피소드 유형의 문제는 어렵지 않은 무난한 내용이 출제된다.

어떤 내용이 나올지 미리 예측하기는 어렵지만, 내용 자체는 어렵지 않게 흘러갈 것이다. 에피소드 유형 문제의 내용은 기본적인 어휘들로 재미있는 내용을 풀어나가는 것이 특징이기 때문에 어휘 하나하나에 집중하면서 이야기의 흐름을 따라가자.

⑥ 에피소드 글의 질문 유형을 알아두자.

问: 弟弟为什么很骄傲?　　남동생은 왜 자랑스러운가?
问: 她男朋友是学什么专业的?　　그녀의 남자친구는 어떤 전공인가?
问: 她吃什么?　　그녀는 무엇을 먹었는가?
问: 妈妈说的话说明了什么?　　엄마가 말한 말은 무엇을 의미하는가?
问: 关于司机, 可以知道什么?　　기사에 관해 무엇을 알 수 있는가?
问: 老张的话是什么意思?　　라오장의 말은 무슨 뜻인가?

 **예제 1-2**

Track 11-2

1. A 音乐 B 表演
   C 法律 D 新闻
	1. A 음악 B 연기
	   C 법률 D 뉴스

2. A 人数不够
   B 踢了半小时
   C 遇上了下雪
   D 男朋友进球了
	2. A 인원이 적다
	   B 반나절 동안 축구를 했다
	   C 눈이 왔다
	   D 남자친구가 골을 넣었다

当时，1.D 他学的是新闻，我学的是法律，我和他不是一个班的。我们是在一次足球比赛中认识的。他们班跟我们班比赛，2.D 最后他们赢了，他一个人踢进两个球，所以对他印象很深。后来就慢慢熟悉了，然后，他就成为我的男朋友了。

1. 问：她男朋友是学什么专业的?
2. 问：关于那场足球比赛，可以知道什么?

당시, 1.D 그의 전공은 뉴스(신문방송학과)였고, 나의 전공은 법률이어서, 나와 그는 한 반이 아니었다. 우리는 첫 축구시합 중에 알게 되었는데 그의 반과 우리 반이 시합을 했고 2.D 최후에 그들이 이겼다. 그가 혼자서 두 골을 넣었고, 그래서 그에 대한 인상이 매우 깊었다. 후에 천천히 알게 되었고, 나중에 그가 바로 내 남자친구가 되었다.

1. 질문: 그녀의 남자친구는 어떤 전공을 공부하였는가?
2. 질문: 그 축구시합에 관해 알 수 있는 것은 무엇인가?

해설 1. 보기를 보아하니, 사람의 직업이나 상태를 묘사하고 있어 에피소드 유형으로 인물에 관한 내용이 중심이 될 것이다. 녹음 첫 부분에 그가 공부한 것은 '新闻(뉴스)', 내가 공부한 것은 '法律(법률)'라고 하였다. 전공, 즉 공부한 것이 서로 달랐다. 질문 1에서 그녀의 남자친구의 전공이 무엇인지 물어봤기 때문에 내가 아닌 상대방의 전공을 확인해야 한다. 바로 D 新闻(뉴스)이다.

2. 중간에 축구시합에 관한 이야기가 나온다. 결국 그들(남자 쪽)이 이겼다고 했고, 그가 '进两个球(두 골을 넣다)'라고 했다. 그리고 마지막에 내 남자친구가 되었다고 하였다. 질문 2에서 축구시합에 관해 알 수 있는 것은 무엇인지 물어봤고, 보기 A '인원이 부족했다'는 정답이 될 수 없다. 보기 B는 '반나절 동안 축구를 했다'로, 역시 정답은 아니고, 보기 C는 '눈이 내렸다'로, 역시 정답이 아니다. 정답은 보기 D '남자친구가 골을 넣었다'가 된다. 보기 D 내용이 직접 언급된 게 아니므로 전체적인 내용 파악을 하면서 들어야 한다.

정답 1. D 2. D

 예제 3-4  Track 11-3

3. A 司机　　　B 导游 　 C 警察　　　D 售货员 4. A 很旧 　 B 速度快 　 C 能到动物园 　 D 从火车站始发	3. A 운전기사　　　B 가이드 　 C 경찰　　　　　D 판매원 4. A 오래되었다 　 B 속도가 매우 빠르다 　 C 동물원에 갈 수 있다 　 D 기차역에서부터 출발한다
儿子告诉我 3.A 他长大后想做204路公交车的司机，我听了很吃惊就问他"当司机也不错，可为什么一定是204路呢？""因为 4.C 204路车的最后一站是动物园，这样我就可以天天到动物园看老虎和猴子了。" 3. 问: 儿子将来想做什么? 4. 问: 关于204路公交车可以知道什么?	아들이 나에게 3.A 자신은 커서 204번 버스의 기사가 되고 싶다고 말했다. 나는 듣고 매우 놀라 그에게 물었다. "(버스)기사가 되는 것도 좋지. 그런데 왜 꼭 204번 버스인 거니?" "왜냐하면 4.C 204번 버스의 마지막 정거장이 동물원이거든요. 이러면 저는 매일매일 동물원에서 호랑이와 원숭이를 볼 수 있으니까요." 3. 질문: 아들은 장래에 무엇이 되고 싶어하나? 4. 질문: 204번 버스에 관하여 알 수 있는 것은 무엇인가?

해설　3. 보기 전체가 사람의 직업을 묘사하고 있는 것으로 보아 에피소드 유형으로 인물에 관한 내용이다. 아들이 204번 버스기사가 되고 싶다고 했고, 부모는 버스기사가 되는 것도 좋지만 왜 꼭 204번 버스여야 하는지 묻고 있다. 이 부분에서 아들은 204번 버스기사가 되고 싶다는 것을 알 수 있다. 정답은 A 司机(기사)가 정답이다.

　　　4. 아들은 204번 버스기사가 되고 싶고, 이 이유를 마지막에 204번 버스의 마지막 정거장이 동물원이고, 204번 버스기사가 되면 매일 동물원에서 호랑이와 원숭이를 볼 수 있다고 언급하고 있다. 이로써 204번 버스가 동물원에 간다는 것을 알 수 있다. 문제 4. 204번 버스에 대해 알 수 있는 것이 무엇인지 묻는 문제의 정답은 바로 C이다.

정답　3. A　4. C

실전 PT

Track 11-4

> 인물 관련, 일상생활 내용이 나오면 에피소드 유형일 가능성이 크다. 중심내용의 흐름을 잘 파악하면서 녹음을 들어보자.

[1-2]

문제 1　A 哭了　　B 困了　　C 还很饿　　D 肚子不舒服

문제 2　A 自信　　B 不放弃　　C 适合自己　　D 养成好习惯

[3-4]

문제 3　A 很感动　　　　　　B 买了辆新车
　　　　　C 得到了老张的原谅　D 应该7点前到

문제 4　A 刮风了　　B 下雨了　　C 开车要小心　　D 不允许再迟到

[5-6]

문제 5　A 想当导游　　B 支持同学　　C 赢得奖金　　D 锻炼身体

문제 6　A 可怜　　B 有趣　　C 都成功了　　D 值得同情

독해 제3부분 ❶ | 지문 읽고 질문에 답하기
해석하지 마! 숨은 그림 찾기야!

어휘 PT

학습시간 1 0 분

예제 1
- 改变 gǎibiàn 동 바꾸다
- 范围 fànwéi 명 범위
- 气候 qìhòu 명 기후
- 夏季 xiàjì 명 여름, 여름철
- 周围 zhōuwéi 명 주위, 주변
- 低 dī 형 낮다
- 寒冷 hánlěng 형 한랭하다, 춥고 차다
- 冬季 dōngjì 명 겨울, 겨울철
- 降低 jiàngdī 동 내리다, 낮추다
- 提高 tígāo 동 높이다, 향상시키다
- 风向 fēngxiàng 명 풍향
- 雨量 yǔliàng 명 강수량
- 湿润 shīrùn 형 촉촉하다, 축축하다

예제 2-3
- 顾客 gùkè 명 고객
- 推出 tuīchū 동 (신상품 등을) 내놓다, 출시하다
- 满 mǎn 형 가득하다, 꽉 차다
- 打折 dǎzhé 동 할인하다, 세일하다
- 7.5折 qī diǎn wǔ zhé 25% 할인하다
- 购物 gòuwù 동 구매하다, 물건을 사다
- 愉快 yúkuài 형 유쾌하다
- 半价 bànjià 명 반값, 반액
- 生意 shēngyi 명 장사, 사업

문제 1
- 选择 xuǎnzé 동 선택하다
- 职业 zhíyè 명 직업
- 不仅…还… bùjǐn…hái… 접 ~할 뿐만 아니라, 또 ~하다
- 根据 gēnjù 전 ~에 근거하여
- 爱好 àihào 명 취미
- 判断 pànduàn 동 판단하다
- 才 cái 부 비로소

문제 2
- 满意 mǎnyì 형 대단히 만족하다
- 调查 diàochá 동 조사하다
- 打基础 dǎjīchǔ 동 기초를 다지다
- 总结 zǒngjié 동 총정리 하다, 총괄하다
- 认清 rènqīng 확실히 인식하다
- 节食 jiéshí 동 음식을 절제하다
- 减肥 jiǎnféi 동 다이어트 하다
- 有效 yǒuxiào 동 효과가 있다
- 受不了 shòubuliǎo 동 견딜 수 없다
- 看起来 kànqǐlái 부 보아하니
- 精神 jīngshen 형 활기차다, 생기발랄하다
- 电子游戏 diànzǐ yóuxì 명 전자오락

문제 3
- 语言 yǔyán 명 언어
- 工具 gōngjù 명 도구, 수단
- 表达 biǎodá 동 나타내다, 표현하다
- 比起来 bǐqǐlái 비교해보다
- 听懂 tīngdǒng 동 이해하다, 알아듣다
- 难过 nánguò 형 괴롭다
- 理解 lǐjiě 동 알다, 이해하다

문제 4-5
- 必须 bìxū 부 반드시 ~해야 한다
- 注意 zhùyì 동 주의하다, 조심하다
- 精彩 jīngcǎi 형 멋지다, 훌륭하다
- 相信 xiāngxìn 동 믿다, 신임하다
- 阅读 yuèdú 동 독서하다
- 变富 biàn fù 부자가 되다
- 增长 zēngzhǎng 동 증가하다, 늘어나다
- 耐心 nàixīn 명 인내심
- 礼貌 lǐmào 명 예의, 예절
- 笔记 bǐjì 명 필기, 기록
- 看法 kànfǎ 견해, 부정적인 의견
- 失败者 shībàizhě 명 실패자

 전략 **PT**

❶ 시간이 부족하다. 바로 정답이 있는 부분을 찾아내야 한다!

독해 제3부분은 전형적인 독해 문제이다. 질문을 보고 질문에서 요구하는 문제를 본문에서 찾아 정답을 맞혀야 한다. 모든 문제를 다 해석하고 문제를 풀 시간이 없다. 독해 제3부분은 60% 이상이 본문을 다 해석하지 않고 정답을 찾을 수 있기 때문에 빠른 시간 안에 정답을 빠르게 찾아내는 것이 중요하다.

❷ 무조건 질문을 먼저 봐라!

문제에 접근할 때, 본문을 먼저 보면 안 된다. 제시된 4개의 보기도 먼저 보면 안 된다. 반드시 질문을 먼저 보고 질문에서 핵심이 될 만한 어휘를 뽑아라.

- ★ 夏季，森林可以： 여름, 숲은 ~이 가능하다.
- ★ 他觉得小城市： 그는 작은 도시를 ~하다고 여기는가?

위의 질문을 보고 중요한 어휘를 뽑아보자.

- ★ 夏季，森林可以： → '可以'가 중요해 보이는가? 아니다. '夏季', '森林'이 중요하다!
- ★ 他觉得小城市： → '他觉得'가 중요해 보이는가? 아니다. '小城市'가 중요하다!

❸ 숨은 그림 찾기! 질문에서 뽑은 핵심어휘를 위의 본문에서 찾아보자.

질문에서 내가 중요하다고 생각하고 체크했던 어휘를 본문에서 그대로 찾아보자! 마치 숨은 그림 찾기를 하듯! 그 핵심어휘를 찾았다면 그 문장에 밑줄을 쭉~ 치자!!

❹ 핵심어휘가 들어간 밑줄 친 문장을 빠르게 해석한다. 그 부분에 정답 문장이 들어있다!

핵심어휘가 들어간 문장에 밑줄을 쳤다면, 그 부분을 빠르게 해석하면서 의미를 파악한다! 바로 그 문장에서 정답을 찾으면 된다. 그 문장에 보기에 제시된 단어와 같은 단어가 있으면, 그것이 정답이 될 것이다. 혹은 유의어가 있을 수 있기 때문에 정확하게 문장을 파악해보자.

예제 1

森林有改变小范围气候的作用。在高温的 夏季，森林内的温度会比周围低3到5℃； 而在寒冷多风的冬季，森林能起到降低风速、提高气温的作用。

★ 夏季，森林可以：
　A 降低气温　　B 改变风向
　C 增加雨量　　D 使皮肤湿润

숲은 작은 범위의 기후를 바꾸는 작용을 가진다. 고온의 여름에 숲 내부의 온도는 주변보다 3에서 5도 가량 낮다. 그러나 춥고 바람이 많이 부는 겨울에 숲은 바람의 속도를 낮추고, 기온을 올려주는 작용을 일으킨다.

★ 여름, 숲이 가능하게 하는 것은:
　A 기온을 낮춰준다　　B 풍향을 바꾼다
　C 강수량을 높여준다　D 피부를 촉촉하게 해준다

[해설] 질문에서 핵심어휘를 찾아보자. '夏季(여름)', '森林(숲)'이다. 그럼 이 핵심어휘가 있는 문장을 찾아 줄을 그어보자. '夏季, 森林内的温度会比周围低3到5℃(여름, 숲 내부의 온도는 주변보다 3에서 5도 가량 낮다)'라고 하였다. 즉, 여름에 숲은 온도가 낮다는 것을 알 수 있다. 정답은 A 降低气温(기온이 낮다)이다.

[정답] A

예제 2-3

顾客朋友们，本店现推出"购书送好礼"活动，2.B 购书满100元即可获得日记本一个，满200元可获得字典一部。另外，3.C 部分图书还有打折活动，其中，小说7.5折，杂志8折，研究生入学考试用书等6折。欢迎选购！祝您购物愉快！

★ 购书满100元能获得什么礼物？
　A 词典　　　B 日记本
　C 故事书　　D 汉语书

★ 根据这段话，可以知道：
　A 小说半价　　B 放寒假了
　C 有些书打折　D 书店生意很好

고객 여러분, 본 매장은 현재 '도서 구매 시, 선물 증정' 행사를 열고 있습니다. 2.B 도서를 100위안어치 구매하시면, 일기장 한 권을 얻을 수 있고, 200위안어치 구매하시면, 자전 한 권을 얻을 수 있습니다. 이 외에도 3.C 몇몇 도서들은 계속 할인행사를 하고 있습니다. 그중 소설은 25% 할인, 잡지는 20% 할인, 대학원 입학시험용 도서 등은 40% 할인합니다. 골라 구매하세요! 당신의 즐거운 구매가 되길 바랍니다!

★ 도서를 100위안어치 구매하면 어떤 선물을 얻을 수 있나요?
　A 사전　　　　B 일기장
　C 스토리북　　D 중국어책

★ 이 문장에 근거하여 알 수 있는 것은:
　A 소설은 50% 할인한다　　B 겨울방학을 했다
　C 몇몇 도서는 할인을 한다　D 서점은 장사가 잘 된다

[해설] 2. 문제의 질문을 보면 눈에 들어오는 것이 있다. 바로 숫자! '100元'이다. 숫자는 본문에서 찾기가 쉽다. 숫자가 그대로 표현된 부분을 찾아 줄을 긋자. '购书满100元即可获得日记本一个(도서를 100위안어치 구매하시면, 일기장 한 권을 얻을 수 있다)'라고 했으므로, 문제 2의 정답은 B 日记本(일기장)이다.

3. '可以知道(알 수 있는 것은)'가 나오는 이런 문제는 본문의 내용을 전체적으로 파악해야 한다. 무엇을 묻는지 구체적이지 않기 때문이다. 본문 중간에 '部分图书还有打折活动(몇몇 도서들은 할인행사를 한다)'이라고 하면서, 그리고 어떤 책들이 얼마나 할인을 하는지 이어서 이야기하고 있으므로 우리가 이 본문에서 알 수 있는 것은 C 有些书打折(몇몇 도서는 할인을 한다)이다.

[정답] 2. B　3. C

 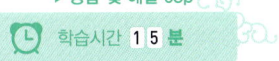

> 문제를 먼저 확인한 후, 문제의 핵심어구가 그대로 표현된 부분을 본문에서 찾아 줄을 긋고 그 문장을 주의 깊게 살펴보자. 정답은 밑줄 친 그 부분에 있다.

문제 1 选择职业时,我们首先应该对自己有清楚的认识,不仅要知道自己想做什么,还要根据自己的性格、爱好去判断什么样的工作适合自己,这样才能找到满意的工作。

★ 选择职业时,应该:
A 多调查　　　B 打好基础　　　C 及时总结　　　D 先认清自己

문제 2 有些人通过节食的方法来减肥,虽然有效,但是时间长了身体会受不了。真正健康的减肥方法应该是多锻炼,这样做既对身体好,还能让自己看起来更有精神。

★ 想要健康减肥,应该:
A 多运动　　　B 少吃米饭　　　C 经常站着　　　D 多玩儿电子游戏

문제 3 语言是人们交流的工具,音乐也是一种语言,人们可以用它来表达自己的感情,而且和其他语言比起来,音乐表达的感情有时更容易让人听懂。

★ 根据这段话,音乐表达的感情:
A 复杂多变　　　B 让人难过　　　C 更容易理解　　　D 让人印象更深

문제 4-5 关于读书,有两点必须要注意:第一,书不可不读。读书会让你的知识更丰富,生活更精彩。第二,不能读死书。读书的时候,如果没有一点儿自己的想法和判断,完全相信书本上的内容,那么读书对自己什么帮助都没有。

★ 阅读可以使人:
A 很快变富　　　B 增长知识　　　C 更有耐心　　　D 变得有礼貌

★ 根据这段话,读书要:
A 相信作者　　　B 多做笔记　　　C 有自己的看法　　　D 向失败者学习

쓰기 제1·2부분 ⑪ | 제시된 어휘로 문장 완성하기
피동구문 [被자문]

 학습시간 2 0 분

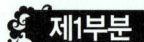

'被자문'이란?
'被자문'은 피동문으로 'A가 B에 의해 술어를 당했다'라는 의미를 만든다. 행위의 주체가 문장 앞에 오는 것이 아니라 '被'자 뒤에 위치하는 것이 특징이다. '把자문'과 비슷한 형태를 보이지만, 의미가 다르기 때문에 '把자문'과 비교하면서 공부해보자. 쓰기 시험에서 제시어 '被'가 있으면 '被자문' 유형에 따라 문장을 완성하면 된다.

❶ '被(~에 의해 ~을 당하다)'는 전치사이다.

'被'자는 전치사로 '~에 의해 ~을 당하다'라는 의미를 가진다. 그래서 '被'는 혼자 쓸 수 없고, 뒤에 '~에 의해'에 해당하는 '행위의 주체'가 꼭 붙어서 '被 + 행위의 주체(명사)'라는 전치사구를 만들어야 한다. 전치사구는 어디에 위치하는지 기억하는가? 역시 바로 술어 앞이다. 즉, '被 + 행위의 주체(명사)' 뒤에는 술어가 와야 한다. '被자문'에서 앞에 오는 '주어'는 행위의 대상이 된다. 지금부터는 간편하게 '주어'로 표현한다.

> 주어 + [被 + 행위의 주체] + 술어 + 기타성분
>   전치사구
> 我的钱包 被   她   弄 丢了。   나의 지갑은 그녀에 의해 잃어버려졌다.
>   [→ 잃어버린 주체는 그녀/잃어버린 대상은 나의 지갑]

❷ '被자문'의 술어 뒤에는 기타성분이 반드시 함께 나와야 한다.

'被자문'은 '주어가 행위의 주체에 의해 ~을 당했다'라는 것을 강조하기 위해 술어 뒤에 반드시 기타성분이 와야 문장이 완성된다.
기타성분으로 올 수 있는 것들은 다음과 같다.

		주어 + [被 + 행위의 주체] + 술어 + 了/过
1	술어 + 了(완료), 过(과거경험)	他被那篇文章感动了。 그는 저 문장에 의해 감동 받았다. [→ 감동을 준 주체는 문장] 我被我的男朋友骗过。 나는 내 남자친구에 의해 속임을 당한 적이 있다. (남자친구에게 속은 적이 있다) [→ 속인 주체는 남자친구]
		TIP '被자문'에서는 술어 뒤에 기타성분으로 동태조사 '着(진행)'는 쓸 수 없다!

208 PART 1

2	술어 + 보어	주어 + [被 + 행위의 주체] + 술어 + 보어
		我的自行车被教授弄坏了。 내 자전거는 교수님에 의해 망가졌다. (교수님이 망가뜨렸다) [결과보어 → 망가뜨린 주체는 교수]
		我的笔记本电脑被同学借走了。 내 노트북은 친구에 의해 빌려가졌다. (친구가 빌려갔다) [방향보어 → 빌려간 주체는 친구]
		客厅被妈妈打扫得很干净。 거실이 엄마에 의해 깨끗이 청소됐다. (엄마가 청소했다) [정도보어 → 깨끗이 청소한 주체는 엄마]

TIP '被자문'에서 기타성분으로 '술어 + 가능보어'는 쓸 수 없!

❸ 시험에서 '被자문'의 70%는 '被' 뒤에 행위의 주체가 사람이 오는 패턴을 보인다.

주어 + [被 + 행위의 주체(사람)] + 술어 + 기타성분

旧杂志被丽丽拿走了。   옛날 잡지는 리리에 의해 가져가졌다. (리리가 가져갔다)
[→ 가져간 주체는 리리]

这个消息被同学们说出去了。   이 소식은 친구들에 의해 발설됐다. (친구들이 발설했다)
[→ 발설한 주체는 친구들]

❹ '被자문'의 '被 + 행위의 주체'에서 '행위의 주체'는 생략이 가능하다.

행위의 주체는 누가 했는지 알 수 없거나, 누가 했는지 알 필요가 없을 때에 생략이 가능하다.

那个苹果汁被喝光了。   그 사과주스는 (그녀의 의해) 남김없이 마셔졌다. (다 마시고 없다)
→ 那个苹果汁被(她)喝光了。

那本小说被翻译成多种语言。   그 소설은 (많은 사람들에 의해) 많은 언어로 번역되었다.
→ 那本小说被(很多人)翻译成多种语言。

我们被批评过。   우리는 (선생님에 의해) 비평을 받은 적이 있다.
→ 我们被(老师)批评过。

❺ '被자문'에서 부사와 조동사는 일반적으로 '被 + 행위의 주체' 앞에 온다.

주어 + 부사/조동사 + [被 + 행위자 주체] + 술어 + 기타성분

这个洗衣机已经被他弄坏了。   이 세탁기는 이미 그에 의해 망가뜨려졌다. [부사]
(그가 이미 망가뜨렸다 → 망가뜨린 주체는 그)

你会被公司派到上海去吗?   너는 회사에 의해 상하이로 파견될 수 있니? [조동사]
(회사가 파견할 수 있다 → 파견하는 주체는 회사)

 **예제 1**

분석 感动 gǎndòng 동 감동하다 / 深 shēn 형 깊다

Point 1. '被'가 있으면 '被자문'이다.
2. '被자문'의 기본어순은 '주어 + [被 + 행위의 주체] + 술어 + 기타성분'이다.
3. '被'자 뒤의 행위의 주체는 자주 생략된다.

해설

주어	被	행위자	부사어	술어	기타성분
我	被	생략	深深地	感动	了

제시어에 '被(~에 의해 ~당하다)'가 있으면 '被자문' 어순에 따라 문장을 배열한다. '被'자 뒤에 오는 행위의 주체는 생략할 수 있다. 그러므로 먼저 술어를 찾아보면 '感动了(감동했다)'라는 걸 알 수 있다. 그렇다면, 무엇이 무엇에 의해 감동 당했을까? 바로! '내가 ~에 의해 감동을 당했을 것'이다. 주어 '我(나)'를 먼저 잡는다. '我' 외에 또 다른 명사가 없으므로 이 문장은 내가 무엇에 의해 감동을 받았는지에 대한 행위의 주체가 생략된 것을 알 수 있다. 그리고 남은 어휘 '深深地(깊이)'는 술어 앞에서 술어를 꾸며주는 부사어이므로, 술어 앞에 위치시킨다.

정답 我被深深地感动了。　 나는 깊이 감동 받았다.

예제 2

분석 吵醒 chǎoxǐng 동 시끄러워 (잠에서) 깨다 / 观众 guānzhòng 명 관중 / 刚才 gāngcái 명 지금 막, 방금

Point 1. '被'가 있으면 '被자문'이다.
2. '被자문'에서 '부사/조동사'의 위치는 술어 앞이 아니다! 일반적으로 '被 + 행위의 주체'의 앞이다.
3. '被자문'의 기본어순은 '주어 + 부사/조동사 + [被 + 행위의 주체] + 술어 + 기타성분'이다.

해설

주어	부사/조동사	被	행위자	술어	기타성분
她	刚才	被	观众的声音	吵醒	了

제시어에 '被(~에 의해 ~당하다)'가 있으면 '被자문'으로 문장을 배열한다. 먼저 술어를 찾아 의미를 파악해보자. '吵醒了(시끄러워 깨어났다)'가 술어이다. 그렇다면 무엇이 무엇에 의해 시끄러워 깨어나게 되었을까? 제시된 어휘들을 조합해 유추해 보면 '그녀가 관중들의 소리에 깨어났다'라는 것을 알 수 있다. 또한 '被자문'에서도 부사는 일반적으로 '被 + 명사' 앞이다.

정답 她刚才被观众的声音吵醒了。　 그녀는 방금 관중들의 소리에 의해 시끄러워 깨어났다.

제2부분

观众 ▶ _____

❶ 제시 어휘와 그림을 확인해라!

제시 어휘는 '观众 guānzhòng (관중)', 품사는 명사이다. 그림은 영화를 보고 있는 커플이 깜짝 놀라고 있는 모습이다. 그림을 보고 키워드 어휘를 뽑아보면 다음과 같다.

> 观众 guānzhòng 관중, 看电影 kàn diànyǐng 영화를 보다, 吃惊 chījīng 놀라다,
> 很多人 hěn duō rén 많은 사람들, 在电影院 zài diànyǐngyuàn 영화관에서 ……

❷ 위의 키워드 어휘로 간단하게 기본문장을 만들어보자.

> 观众看中国电影。 관중들이 중국영화를 본다.
> 观众们正在电影院看中国电影。 관중들은 지금 영화관에서 중국영화를 보고 있다.
> 那么多观众看起来很有意思。 저렇게 많은 관중들은 매우 재미있어 보인다.

❸ 오늘 공부한 '被자문'으로 문장을 만들어보자.

① '被자문' 기본구조로 문장을 만들어보자.

> 주어 + [被 + 행위의 주체] + 술어 + 기타성분
> 观众们被那部电影震惊了。 관중들이 그 영화에 의해 놀랐다.
> 那部电影被观众们看完了。 그 영화가 관중들에 의해 다 보아졌다.

② 부사/조동사를 넣어보자.

> 주어 + 부사/조동사 + [被 + 행위의 주체] + 술어 + 기타성분
> 观众们**都**被那部电影震惊了。 관중들은 모두 그 영화에 의해 놀랐다.
>   [부사]
> 那部电影**今天**被观众们看完了。 그 영화는 오늘 관중들에 의해 다 보아졌다.
>   [부사]

 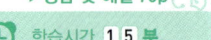

제1부분

'被'자가 나오면, 아! 이 문제는 '被자문'이구나! 생각한다. 그 다음 '被자문'의 구조를 머리 속으로 그려본다. '주어 + [被 + 행위의 주체] + 술어 + 기타성분'! 만약, 제시 어휘에 부사/조동사도 같이 출현했다면, 부사와 조동사는 일반적으로 [被 + 행위의 주체] 앞이라는 것도 잊지 말자.

문제 1   亲戚朋友们   很快就被   这个消息   知道了

▶ 답 _____

▶ 해석 _____

문제 2   妈妈   吃光了   被   那个饼干   已经

▶ 답 _____

▶ 해석 _____

문제 3   老师   推走了   我的自行车   被

▶ 답 _____

▶ 해석 _____

문제 4   写错了   办公室的   被   详细地址   老板

▶ 답 _____

▶ 해석 _____

문제 5   今天   感动了   我   被   那部电影

▶ 답 _____

▶ 해석 _____

제2부분

문제 1

批评

▶ 답 1 _____

▶ 답 2 _____

문제 2

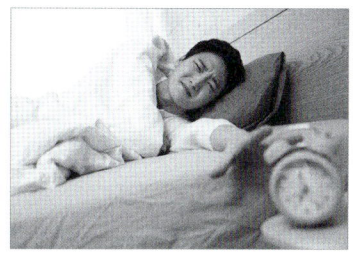

吵醒

▶ 답 1 _____

▶ 답 2 _____

문제 3

感动

▶ 답 1 _____

▶ 답 2 _____

마무리 PT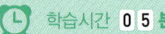

1 足球比赛中，他一个人踢进两个球，所以对他印象很深。
Zúqiú bǐsài zhōng, tā yí ge rén tījìn liǎng ge qiú, suǒyǐ duì tā yìnxiàng hěn shēn.
축구시합 중, 그 사람 혼자 두 골을 넣어서, 그에 대한 인상이 매우 깊다.

* 对…很… duì…hěn…
~에 대해 매우 ~하다

2 重要的不是得到多少，而是适合自己。
Zhòngyào de búshì dédào duōshǎo, érshì shìhé zìjǐ.
중요한 것은 얼마나 얻느냐가 아니라, 자신에게 알맞느냐이다.

* 不是…而是…
búshì…érshì…
~이 아니라, 바로 ~이다

3 森林能起到降低风速、提高气温的作用。
Sēnlín néng qǐdào jiàngdī fēngsù、tígāo qìwēn de zuòyòng.
숲은 바람의 속도를 낮추고, 기온을 높여주는 작용을 일으킬 수 있다.

* 起到…作用
qǐdào…zuòyòng
~한 작용을 일으키다

4 部分图书有打折活动，其中，小说7.5折，杂志8折。
Bùfen túshū yǒu dǎzhé huódòng, qízhōng, xiǎoshuō qī diǎn wǔ zhé, zázhì bā zhé.
몇몇 도서는 할인행사를 하는데, 그 중에 소설은 25%, 잡지는 20% 할인한다.

* 8折 8 zhé
20% 할인

5 打好基础
dǎhǎo jīchǔ
기초를 잘 다지다

6 语言是人们交流的工具。
Yǔyán shì rénmen jiāoliú de gōngjù.
언어는 사람이 교류하는 수단이다.

* 工具 gōngjù
명 도구, 수단

7 客厅被妈妈打扫得很干净。
Kètīng bèi māma dǎsǎo de hěn gānjìng.
거실이 엄마에 의해 매우 깨끗하게 청소되었다.

* 被… + 술어 bèi…
~에 의해 (술어)를 당하다

8 输赢
shūyíng
승패

9 这个洗衣机已经被他弄坏了。
Zhè ge xǐyījī yǐjīng bèi tā nònghuài le.
이 세탁기는 이미 그에 의해 고장이 났다.

* 被… + 술어 bèi…
~에 의해 (술어)를 당하다

10 购书送好礼。
Gòu shū sòng hǎolǐ.
책을 구매하면 좋은 선물을 드립니다.

Day 12

듣기 제3부분 ❷ | 단문 듣고 질문에 답하기

걱정하지 마! 설명문은 상식이 통하니까

어휘 PT ● Track 12-1 ⏰ 학습시간 **1 0** 분

예제 1-2
- 药 yào 명 약
- 草 cǎo 명 풀
- 食品 shípǐn 명 식품
- 饮料 yǐnliào 명 음료
- 酸 suān 형 (맛이) 시다
- 怕 pà 동 두렵다
- 阳光 yángguāng 명 햇빛
- 历史 lìshǐ 명 역사
- 流行 liúxíng 동 유행하다, 성행하다
- 数千年 shù qiān nián 수천 년
- 常见 chángjiàn 자주 보다
- 随着 suízhe 동 ~에 따라서
- 加深 jiāshēn 동 깊어지다
- 解渴 jiěkě 동 갈증을 해소하다
- 逐渐 zhújiàn 부 점차, 점점
- 当 dāng 동 담당하다, 맡다

예제 3-4
- 鼻子 bízi 명 코
- 勇敢 yǒnggǎn 형 용감하다
- 葡萄 pútáo 명 포도
- 积累 jīlěi 동 (조금씩) 쌓이다, 축적되다
- 熟悉 shúxī 형 잘 알다, 익숙하다
- 环境 huánjìng 명 환경
- 友好 yǒuhǎo 형 우호적이다
- 增加 zēngjiā 동 증가하다
- 收入 shōurù 명 수입, 소득
- 大熊猫 dàxióngmāo 명 판다
- 样子 yàngzi 명 모양새, 모습
- 喜爱 xǐ'ài 동 좋아하다
- 送给 sònggěi 동 주다

문제 1-2
- 质量 zhìliàng 명 품질
- 景色 jǐngsè 명 풍경, 경치
- 研究 yánjiū 동 연구하다
- 大小 dàxiǎo 명 크기
- 影响 yǐngxiǎng 동 영향을 끼치다
- 认真 rènzhēn 형 성실하다, 진지하다
- 座位 zuòwèi 명 좌석

문제 3-4
- 无聊 wúliáo 형 무료하다, 재미없다
- 功夫 gōngfu 명 무술, 재주
- 棒 bàng 형 (성적이) 좋다, (수준이) 높다
- 受欢迎 shòu huānyíng 인기가 있다
- 难学 nánxué 배우기 어렵다
- 京剧 jīngjù 명 경극
- 特有 tèyǒu 동 특유하다, 고유하다
- 厉害 lìhai 형 심하다, 대단하다
- 困难 kùnnan 형 곤란하다, 어렵다

문제 5-6
- 学会 xuéhuì 동 배우다, 익히다
- 尊重 zūnzhòng 동 존중하다
- 友谊 yǒuyì 명 우정, 정
- 批评 pīpíng 동 비판하다, 질책하다, 꾸짖다
- 缺点 quēdiǎn 명 결점, 단점
- 教育 jiàoyù 명 교육
- 鼓励 gǔlì 동 격려하다, 독려하다
- 表扬 biǎoyáng 동 칭찬하다
- 支持 zhīchí 동 지지하다
- 重新 chóngxīn 부 다시, 재차, 새롭게
- 取得 qǔdé 동 취득하다, 얻다
- 成绩 chéngjì 명 성적

전략 PT

① 그래도 상식을 적용해보자.

특정한 제품을 소개하거나 과학 지식, 중국문화 등과 관련한 다양한 내용이 출제되는데, 대부분 이미 어느 정도 익숙하게 알고 있는 내용이 나온다. 기존에 알고 있던 상식을 적용하여 풀어도 되는 경우가 많으니 평소 본인의 상식을 넓히는 것에도 신경을 쓰자.

② 녹음 첫 부분에서 대주제를 파악한다.

대부분 녹음의 첫 부분에서 지구환경에 관한 내용인지, 환경보호에 관한 내용인지, 중국음식에 관한 내용인지 파악할 수 있다. 대부분 녹음 첫 부분에서 이 문장의 대주제가 드러난다. 그러므로 첫 부분에서 대주제를 파악한 후, 점차 세부적인 내용을 들을 수 있도록 노력해보자.

③ 잘 나오는 주제들을 알고 시험에 임하자!

다양한 분야의 주제들이 나오지만, 그래도 시험에 잘 나오는 것은 어느 정도 범위가 정해져 있기 나름! 현대인들의 인터넷 발전 상황, 중국의 차 문화, 환경보호 중시, 운동을 통한 신체건강, 흡연의 나쁜 점, 중국의 판다(大熊猫) 등이 최근 시험에서 자주 나오고 있는 설명문의 주제들이다. 설명문은 어느 정도의 상식이 통하기 때문에 기본지식을 믿고 문제에 접근해본다.

녹음의 앞부분에서 설명문이라는 것을 판단했다면 어느 정도의 상식을 접목시킬 수 있기 때문에 조금은 수월하게 문제에 접근할 수 있다.

자주 나오는 설명문 지문 예시	
중국의 차 역사에 관한 내용	茶在中国有数千年的历史，是中国最常见的饮料。……。 차는 중국에서 수천 년의 역사를 지니며 중국에서 가장 자주 볼 수 있는 음료이기도 하다.
판다에 관한 내용	大熊猫样子非常可爱，深受人们欢迎。……。 판다의 생김새는 굉장히 귀여워 사람들에게 인기가 있다.
인터넷 기술 발전에 관한 내용	随着电脑和互联网技术的发展，……。 컴퓨터와 인터넷 기술의 발전에 따라 ~.
칭찬과 비판의 기술에 관한 내용	表扬与批评是两门不同的艺术。……。 칭찬과 비판은 두 개의 다른 예술이다.
중국 경극에 관한 내용	京剧是中国特有的一种表演艺术。……。 경극은 중국의 고유한 공연예술이다.
환경보호에 관한 내용	我们生活的环境需要我们大家来保护。……。 우리 삶의 환경은 우리 모두가 보호해야 할 필요가 있다.

④ 설명문의 질문 유형을 알아두자.

问：关于大熊猫可以知道什么？　　판다에 관해 알 수 있는 것은 무엇인가?
问：根据这段话，网上购物有什么特点？　　이 단락에 근거하여, 인터넷 쇼핑은 어떤 장점이 있는가?
问：随着年龄的增长，人们会发现生活怎么样？　　나이의 증가에 따라, 사람들의 생활은 어떻게 발전하는가?
问：获得表扬时应该怎么样？　　칭찬을 받으려면 어떻게 해야 하는가?
问：笔记本电脑为什么变得很流行？　　노트북은 왜 매우 유행하게 되었는가?

예제 1-2　　　　　　　　　　　　　　　　　　　　　　　　　　　○ Track 12-2

1.	A 药	B 草
	C 食品	D 饮料

1.	A 약	B 풀
	C 식품	D 음료

2.	A 是酸的	B 怕阳光
	C 历史很长	D 红茶最近流行

2.	A 시다	B 햇볕을 두려워한다
	C 역사가 길다	D 홍차가 최근 유행이다

²·ᶜ 茶在中国有数千年的历史，是中国最常见的饮料。¹·ᴬ 最早的时候茶只是被当做一种药而不是饮料。后来随着人们对茶的认识的加深慢慢开始将它当做解渴的饮料。这才逐渐有了中国的茶文化。

1. 问：茶最早被当做什么？
2. 问：关于茶可以知道什么？

²·ᶜ 차는 중국에서 수천 년의 역사를 가지고 있으며 중국에서 자주 볼 수 있는 음료이다. ¹·ᴬ 최초의 차는 오직 일종의 약이었지 음료는 아니었다. 나중에 사람들의 차에 대한 인식이 깊어지면서 점차 차는 갈증을 해소해주는 음료가 되었다. 이러면서 비로소 점차적으로 중국의 차 문화가 생기게 되었다.

질문 1. 차는 최초에 무엇으로 여겨졌는가?
질문 2. 차에 관하여 알 수 있는 것은 무엇인가?

해설 1. 녹음의 첫 부분에서 '茶在中国有数千年的历史(차는 중국에서 수천 년의 역사를 가지고 있다)'라고 하였으므로 이 본문의 전체적인 내용은 중국의 차에 관한 내용일 것임을 짐작할 수 있다. 질문에서 차는 최초에 무엇으로 여겨졌는지를 묻고 있다. '最早的时候茶只是被当做一种药而不是饮料(최초의 차는 오직 일종의 약이었지 음료는 아니었다)'라고 정확하게 언급하고 있다. 정답은 A 药(약)이다. D 饮料(음료)와 헷갈리지 않도록 녹음과 질문을 집중해서 들어야 한다.
2. 질문에서 차에 관해 알 수 있는 것이 무엇인지 물었다. 중국의 차에 대한 상식을 끌어올려 보자. 녹음의 첫 부분에서 우리는 쉽게 '차는 중국에서 수천 년의 역사를 가지고 있으며, 지금은 음료이지만 최초에는 약으로 사용되었다'는 것을 알 수 있었다. 정답은 C 历史很长(역사가 매우 길다)이다.

정답 1. A　2. C

 예제 3-4

Track 12-3

3. A 鼻子长
   B 数量少
   C 很勇敢
   D 爱吃葡萄

4. A 为积累经验　　B 为熟悉环境
   C 为表示友好　　D 为增加收入

3. A 코가 길다
   B 수량이 적다
   C 용감하다
   D 포도를 먹는 것을 좋아한다

4. A 경험을 쌓으라고　　B 환경에 적응하라고
   C 우정을 표하기 위해　　D 수입을 증가시키려고

大熊猫样子非常可爱，深受人们喜爱。3.B 但它数量不多，全世界一共才有1000多只。以前只有在中国有大熊猫。4.C 为了表示友好，从1957年开始，中国把大熊猫送给其他一些国家。现在很多国家都能看到大熊猫了。

3. 问：关于大熊猫可以知道什么？
4. 问：中国为什么要送大熊猫出国？

판다의 생김새는 정말 귀여워서 사람들의 사랑을 깊이 받는다. 3.B 그러나 그것(판다)은 수량이 많지 않아 전세계적으로 합쳐서 겨우 1천여 마리 정도만이 있다. 예전에는 오직 중국에만 판다가 있었다. 4.C 우정을 표하기 위해 1957년부터 시작하여 중국은 판다를 다른 몇몇 나라에 보내주었다. 지금은 많은 국가에서 판다를 볼 수 있게 되었다.

질문 3. 판다에 관하여 알 수 있는 것은 무엇인가?
질문 4. 중국은 왜 판다를 해외로 보냈는가?

해설 3. 판다에 관한 문제는 매달 빠지지 않고 출제되고 있다. 녹음의 첫 부분에서 중국의 판다에 관한 내용이라는 것을 알 수 있다. 녹음에서 판다에 대해 생김새가 귀엽고 사람들의 사랑을 많이 받지만, 그 수가 매우 적다는 것을 알 수 있다. 판다에 관해 알 수 있는 것은 정답 B 数量少(수량이 적다)이다.

4. 녹음 중간 부분에 '为了表示友好，从1957年开始，中国把大熊猫送给其他一些国家(우정을 표하기 위해 1957년부터 시작하여 중국은 판다를 다른 몇몇 나라에 보내주었다)'라고 하였다. 질문에서 왜 판다를 해외로 보내는가에 대한 정답은 C 为表示友好(우정을 표시하기 위해)이다.

정답 3. B　4. C

실전 PT

Track 12-4

▶정답 및 해설 72p

학습시간 15분

상식이 통하는 설명문 문제는 수험생 본인의 상식과 제시된 보기들, 그리고 자신의 듣기 실력을 총 동원하여 풀어보자.

[1-2]

문제 1 A 睡觉时长   B 健康   C 生活质量   D 心情

문제 2 A 到室外去   B 多看外面景色   C 多运动   D 离窗户近些

[3-4]

문제 3 A 很失望   B 很无聊   C 演得很自然   D 演员功夫棒

문제 4 A 很受欢迎   B 观众在减少   C 很难学   D 出现于20世纪

[5-6]

문제 5 A 更聪明   B 更自信   C 养成好习惯   D 学会尊重人

문제 6 A 教育   B 友谊   C 批评的作用   D 孩子的缺点

독해 제3부분 ❷ | 지문 읽고 질문에 답하기
주제를 묻는 문제는 앞·뒤만 봐!

어휘 PT

학습시간 10분

예제 1
- 丰富 fēngfù [형] 풍부하다
- 经历 jīnglì [명] 경력
- 认识 rènshi [동] 알다, 인식하다
- 看法 kànfǎ [명] 생각, 견해
- 自信 zìxìn [명] 자신
- 艺术 yìshù [명] 예술

예제 2-3
- 开心 kāixīn [형] 기쁘다, 즐겁다
- 富人 fùrén [명] 부자
- 年轻 niánqīng [형] 젊다, 어리다
- 愿意 yuànyì [동] 원하다
- 原来 yuánlái [부] 알고 보니
- 穷 qióng [형] 가난하다
- 相反 xiāngfǎn [접] 반대로, 거꾸로
- 买不到 mǎibudào [동] 살 수 없다, 손에 넣을 수 없다
- 理想 lǐxiǎng [명] 꿈, 이상
- 骗人 piànrén [동] 사람을 속이다
- 节约 jiéyuē [동] 절약하다

문제 1
- 盐 yán [명] 소금
- 离不开 líbukāi [동] 없어서는 안 되다, 뗄 수 없다
- 除了…以外 chúle…yǐwài [짝꿍] ~을 빼고는, ~말고는
- 用处 yòngchu [명] 용도
- 比如 bǐrú [접] 예를 들어
- 洗脸 xǐliǎn 얼굴을 씻다
- 皮肤 pífū [명] 피부
- 刷牙 shuāyá [동] 양치질 하다

문제 2
- 无论…都… wúlùn…dōu… [접] ~을 막론하고, ~하다
- 提前 tíqián [동] 앞당기다
- 浪费 làngfèi [동] 낭비하다

- 最终 zuìzhōng [형] 최후의, 최종의
- 赶不上 gǎnbushàng [동] 따라잡지 못하다, 쫓아가지 못하다
- 因此 yīncǐ [접] 이로써, 그래서
- 一切 yíqiè [대] 전부, 모든
- 白费 báifèi [동] 헛되이 낭비하다
- 严格 yángé [형] 엄격하다

문제 3
- 总结 zǒngjié [동] 총결산하다, 총정리하다
- 积累 jīlěi [동] 축척하다, 쌓다
- 回忆 huíyì [명] 추억
- 经验 jīngyàn [명] 경험
- 记下 jìxià [동] 확실히 기억해 두다
- 也许 yěxǔ [부] 아마도
- 职业 zhíyè [명] 직업

문제 4-5
- 保护 bǎohù [동] 보호하다
- 并 bìng [부] 게다가
- 实际上 shíjìshang [부] 사실상, 실제로
- 注意 zhùyì [동] 주의하다, 조심하다
- 例如 lìrú [동] 예를 들다, 예를 들어
- 骑车 qíchē 자전거를 타다
- 降低 jiàngdī [동] 내리다, 낮추다
- 污染 wūrǎn [명] 오염
- 自备 zìbèi 스스로 준비하다
- 购物袋 gòuwùdài 장바구니
- 塑料袋 sùliàodài 비닐봉투
- 实实在在 shíshizàizài [부] 실제로
- 效果 xiàoguǒ [명] 효과
- 一次性 yícìxìng [형] 일회용
- 筷子 kuàizi [명] 젓가락
- 责任 zérèn [명] 책임
- 浪费 làngfèi [동] 낭비하다, 허비하다

 전략 **PT**

❶ 주제를 묻는 문제는 본문의 앞·뒤만 잘 살펴도 답을 찾을 수 있다.

세부적인 내용을 묻는 것이 아니라 본문의 주제를 묻는 문제는 본문의 앞과 뒤만 잘 살펴도 쉽게 정답을 찾을 수 있다. 중국어 문장은 대체로 첫 줄에 대주제를 먼저 언급하고, 그 다음 부분에서 그 주제에 대한 세부 내용들을 이야기한 후, 마지막에 다시 한번 중심내용을 언급하고 마무리하는 패턴을 보인다. 그리하여 문장의 앞·뒤만 읽고서도 우리는 본문의 전체 내용에 따른 큰 주제를 파악할 수 있다.

❷ 마지막 문장이 더 핵심이다.

주제를 묻는 문제는 문장의 앞·뒤가 생명이다. 하지만 그 중에서도 80% 이상은 마지막 줄에 더 확실하게 주제를 말해주고 있다. 그래서 이러한 유형의 문제가 나오면 먼저 마지막 문장을 읽고 정답을 찾자. 마지막 문장이 조금 헷갈린다면 그때 다시 첫 문장을 확인하고 정답을 찾아내자.

❸ 어휘 하나도 소홀히 하지 말자!

대부분 본문과 보기는 거의 일치하는 어휘가 그대로 나온다. 하지만 간혹 어렵게 문제가 출제될 때면 동의어 등으로 파악해야 하는 경우가 있다.

본문		보기
演出 공연하다	→	表演 공연하다
经验不足 경험이 부족하다	→	缺少经验 경험이 부족하다
保护环境 환경을 보호하다	→	环保 환경보호
旅游的好处 여행의 장점	→	旅行的好处 여행의 장점
没有钱 돈이 없다	→	很穷 매우 가난하다
历史很长 역사가 매우 길다	→	历史很久 역사가 매우 오래되다
有经验 경험이 있다	→	有经历 경험이 있다

이럴 때 당황하지 말자. 동의어 등 다른 어휘로 바뀌어 제시되더라도, 한 글자라도 같은 어휘가 있으면 그 보기가 정답일 확률이 높다. 어차피 같은 의미를 살짝 다르게 표현한 것뿐이라 어휘가 중복될 가능성이 있기 때문이다.

❹ 주제를 묻는 패턴의 질문 유형을 알아두자.

★ 这段话主要谈的是什么？ 이 단락에서 주로 말하고자 하는 것은 무엇인가?
★ 这段话主要想告诉我们要： 이 단락에서 주로 우리에게 알려주고자 하는 것은:
★ 这段话主要谈： 이 단락에서 주로 말하는 것은:

 예제 1

| 人一定要旅行，旅行能丰富你的经历，不仅会让你对很多事情有新的认识和看法，还能让你变得更自信。

★ 这段话主要谈的是：
　A 旅游的好处　　B 说话的艺术
　C 阅读的作用　　D 知识的重要性 | 사람은 반드시 여행을 해야 한다. 여행은 당신의 경험을 풍부하게 해줄 수 있고, 또한 당신이 많은 일들에 대해 새로운 인식과 생각을 가질 수 있도록 해줄 뿐만 아니라, 당신이 더욱 자신 있게 변하도록 만들어준다.

★ 이 단락에서 주로 말하고 있는 것은:
　A 여행의 장점　　B 대화의 예술
　C 독서의 작용　　D 지식의 중요성 |

해설 먼저 질문을 보면, 주제를 묻는 문제라는 것을 알 수 있다. 주제를 묻는다면 정답은 어디에서 찾을 수 있을까? 바로 본문의 앞부분과 끝부분이다. 즉, 이 문제는 앞·뒤 부분의 문장을 보고 정답을 찾을 수 있다. 첫 문장에서 '人一定要旅行，旅行能丰富你的经历(사람은 반드시 여행을 해야 한다. 여행은 당신의 경험을 풍부하게 해줄 수 있다)'라고 하였다. 이 본문의 중심내용은 여행의 중요성을 말하고 있으므로, 정답은 A 旅游的好处(여행의 장점)이다.

정답 A

 기출상식

중국 4대 요리 ①

중국 요리는 세계적으로 유명하다. 중국은 땅이 워낙 넓고 기후대도 다양하며 인구가 많아 지방별로 특색이 확실한 다양한 요리가 있는 데다가 기예 수준의 복잡한 조리를 요구하는 음식도 있다. 역사도 오래되었는데, 춘추전국시대부터 이미 주방장의 지휘 아래 분업으로 작업하는 현대식 주방의 형태를 갖추고 있었다. 흔히 중국요리를 이야기할 때 중국인들은 자동차, 기차, 책상 다리만 빼고 세상의 모든 것들을, 별의 별 것까지 식재료로 사용한다고 잘 알려져 있다. 식재료는 다양하지만 그 조리법에는 나름의 규칙이 있는데 식재료는 반드시 어떤 방식으로든 열을 가해서 조리해서 먹는 게 정상이고, 날 것으로 먹는 문화는 그다지 발달하지 않은 편이다.

중국요리라고 하면 4대 중국요리 즉 베이징요리(北京菜), 상하이요리(上海菜), 광둥요리(广东菜), 쓰촨요리(四川菜)가 대표적이다. 앞의 두 가지 요리를 일단 보자.

1. 베이징요리(北京菜): 대표적인 중국음식으로 궁중음식에서 전승되어 매우 세련되고 화려한 것이 특징이다. 베이징을 중심으로 산둥(山东) · 타이위안(太原)까지의 지역에서 발달한 요리로 추운 날씨를 견디기 위해 열량이 높은 육류 위주이며 짜고 기름진 특징이 있다. 특히 면이나 만두 요리가 유명하며 가장 대표적인 음식으론 한국인에게도 잘 알려져 있는 베이징카오야(北京烤鸭)가 있다.

2. 상하이요리(上海菜): 난징(南京) · 상하이 · 양저우 · (扬州) · 쑤저우(苏州) 지역의 요리를 말하며 바다 주변인 만큼 해산물 위주 음식이 많고 맛은 대체로 달고 신 편이다. 화려한 색감을 자랑하는 요리가 많으며 외국인이 많이 살고 있기 때문에 다른 지방에 비해 토마토 및 토마토 케첩, 파인애플, 우유 등을 사용하는 것이 많다.

예제 2-3

2.A 有个年轻人觉得自己什么都没有，总是很不开心。一天，他的父亲对他说：" 孩子，其实你是个富人啊！" " 为什么？我既没车也没房子，钱也很少。" 父亲笑着说："如果有人出100万买你的健康，再出100万买你的年轻，你愿意卖吗？" 年轻人这才明白，原来自己一点儿都不穷，相反，3.D 自己有很多用钱也买不到的东西。

★ 一开始，年轻人觉得自己：
　A 很穷　　　　B 很聪明
　C 很幸福　　　D 很厉害

★ 这段话主要想告诉我们：
　A 要有理想
　B 不要骗人
　C 要懂得节约
　D 钱不是最重要的

2.A 한 젊은이는 본인이 아무것도 가진 것이 없다고 여겨 항상 기분이 매우 좋지 않았다. 하루는 그의 아버지가 그에게 말했다. "얘야, 사실 너는 부자란다!" "왜죠? 저는 차도 집도 없고, 돈도 매우 적은데요." 아버지는 웃으면서 말했다. "만약에 어떤 사람이 100만 위안을 내고 너의 건강을 산다면, 다시 100만 위안을 내고 너의 젊음을 산다고 하면, 너는 팔길 원하니?" 젊은이는 이제야 비로소 알게 되었다. 알고 보니 자신은 조금도 가난하지 않다는 것을, 반대로 3.D 자신에게는 돈으로도 살 수 없는 것들이 많이 있다는 것을 말이다.

★ 처음에, 젊은이는 자신을 어떠하다고 생각했는가:
　A 매우 가난하다　　B 매우 똑똑하다
　C 매우 행복하다　　D 매우 대단하다

★ 이 단락이 주로 우리에게 말하고자 하는 것은:
　A 꿈이 있어야 한다
　B 사람을 속이면 안 된다
　C 절약할 줄 알아야 한다
　D 돈이 가장 중요한 것은 아니다

해설　2. 질문에서 핵심어휘를 체크하고, 그 부분이 들어가 있는 문장을 찾아 줄을 긋자. '젊은이는 자신을 어떻게 생각하는가'라고 물었다. 첫 부분에 질문이 그대로 있으므로, 바로 이 부분에 답이 있을 것이다. '有个年轻人觉得……'라는 부분을 보면 '自己什么都没有，总是很不开心(본인이 아무것도 가진 것이 없어서 항상 기분이 매우 좋지 않았다)'이라고 했다. '什么都没有(아무 것도 없다)'와 관련된 어휘를 보기에서 찾아야 한다. 따라서 보기 B 很聪明(매우 똑똑하다), C 很幸福(매우 행복하다)는 확실히 답이 아니고 보기 D 很厉害(매우 대단하다)도 될 수 없다. 정답은 A 很穷(매우 가난하다)이다.

3. 질문에 '主要(주로)'가 있다. 이것은 주제를 묻는 문제로 정답은 본문의 앞과 뒷부분에서 쉽게 찾을 수 있다. 첫 문장은 2번 문제를 풀기 위해 확인했으므로, 바로 마지막 문장으로 가보자. '自己有很多用钱也买不到的东西(자신에게는 돈으로도 살 수 없는 것들이 많이 있다)'라고 하였다. 즉, '돈보다 더 중요한 것이 있다', '돈이 가장 중요한 것은 아니다' 정도의 정답을 찾아보자. 정답은 D 钱不是最重要的(돈이 가장 중요한 것은 아니다)이다.

정답　2. A　3. D

> 문제를 먼저 확인한 후, 주제를 묻는 핵심어휘 '主要(주로)', '告诉(알려주다)', '谈(말하다)' 등이 있다면 본문의 맨 앞과 맨 뒷부분에서 정답을 찾을 수 있다. 처음보다 마지막 문장에 정답이 있을 확률이 80% 이상으로 더 높다!

문제 1 盐在我们生活中十分重要，谁也离不开它。其实，盐除了可以吃以外，还有很多用处，比如可以用来洗脸。用盐水洗脸洗得更干净，同时还可以使皮肤更白。

★ 这段话主要谈的是：

　　A 盐水洗脸的好处　　B 盐的发现　　C 每日用盐量　　D 盐水刷牙

문제 2 无论做什么事情，都应该选好方向再出发。有的人提前上路，却因为没有目的，浪费了许多时间，最终还赶不上后出发的人。因此，对于没有方向的人来说，一切努力都是白费。

★ 这段话告诉我们要：

　　A 选好方向　　B 学会安排时间　　C 多听意见　　D 对自己严格

문제 3 日记是对每天的总结，它积累的不仅有回忆，也有经验。你现在记下的一句话，也许会对你将来做的事情有很大的帮助。

★ 这段话主要谈的是：

　　A 职业　　B 写日记的好处　　C 怎样写总结　　D 阅读方法

문제 4-5 保护地球环境，并不是离我们很远、很难做到的事情。实际上，我们只需注意一下身边的小事就可以。例如，出门时记得关空调和电脑，节约用电；少开车，多骑车或者坐公共汽车，降低空气污染；买菜时自备购物袋，少用塑料袋，减少白色污染……这些虽然都是小事，却有实实在在的效果。

★ 为了减少白色污染，我们应该：

　　A 少说多做　　B 节约用水　　C 少用塑料袋　　D 少用一次性筷子

★ 这段话主要谈什么？

　　A 社会责任　　B 环境保护　　C 节约与浪费　　D 经济的发展

쓰기 제1·2부분 ⑫ | 제시된 어휘로 문장 완성하기
존재 · 출현 · 소실에는 존현문!

 전략 PT   학습시간 15분

제1부분

존현문이란?

존현문은 어떤 대상이 존재 또는 출현하거나, 소실된다는 의미를 나타내는 문장이다. 일반적인 문장에서는 주어 자리에 사람이 자주 오는데, 존현문은 특이하게 주어 자리에 장소 혹은 시간이 온다. 그래서 시험에서 많이 실수하는 어법이다.

존현문은 HSK 4급에서 단골로 출제되고 있으므로 반드시 확실하게 이해해두자.

❶ 장소는 있는데 '在'가 없으면 존현문이다.

대체로 '北京(베이징)', '中国(중국)', '医院里(병원 안)' 등의 장소명사는 앞에는 '在(~에서)', '离(~에서)', '从(~로 부터)', '到(~까지)' 등의 전치사가 와야 한다. 예를 들어 '在北京(베이징에서)'처럼 말이다. 그러나 장소명사가 있는데 적절한 전치사가 없다면, 이는 주어가 바로 장소가 되는 존현문이다.

존현문의 기본구조	주어(장소/시간) + 술어 + 목적어(사람/사물)			
존재	墙上 房间里	贴着 有	一幅画。 两张床。	벽 위에 한 폭의 그림이 붙어있다. 방 안에 두 개의 침대가 있다.
출현	家里 这里	来了 发生了	一位客人。 什么事情?	집에 한 분의 손님이 오셨다. 이곳에 무슨 일이 일어난 것인가?
소실	昨天 对面	死了 开走了	一位老人。 一辆车。	어제 한 분의 노인이 돌아가셨다. 맞은편에 한 대의 자동차가 떠났다.

❷ 존현문은 주어 자리에 시간 혹은 장소가 온다!

教室里有一台钢琴。   교실 안에 한 대의 피아노가 있다. [장소 주어]
昨天来了一位作家。   어제 한 분의 작가가 오셨다. [시간 주어]

③ 명사 + 방위사 = 장소!

일반명사 뒤에 방위사가 오면 장소가 된다. 방위사는 위(上), 아래(下), 안(里), 밖(外), 왼쪽(左), 오른쪽(右) 등의 방위를 나타내는 단어를 가리킨다.

명사 + 방위사 =	장소	
↓ ↓	↓	
桌子 上 =	桌子上	책상 위
心 里 =	心里	마음 속
冰箱 里 =	冰箱里	냉장고 안

④ 술어 뒤에는 '了', '着', '过'가 온다.

존현문에서는 술어를 쉽게 찾을 수 있는데, 바로 단어 뒤에 동태조사 '了', '着', '过'가 있다면 그게 술어이다.

주어(장소/시간) + 술어 + (了/着/过) + 목적어(사람/사물)			
桌子上	放着	一把钥匙。	책상 위에 한 개의 열쇠가 놓여있다.
今天	来了	很多客人。	오늘 많은 손님들이 오셨다.

PT 기출상식

만리장성 万里长城 Wànlǐ Chángchéng

중국의 역대 왕조가 변경 방위를 목적으로 쌓은 긴 성벽으로, 전국시대 조(趙)나라, 연(燕)나라 등이 쌓은 것을 진(秦)나라의 시황제(始皇帝)가 흉노의 침략에 대비하여 크게 증축하여 지금의 이 이름으로 불렀다. 이후 청나라 때 와서는 군사적인 의의를 상실하고 단지 중국 본토와 만주, 몽고를 구분 짓는 정치적, 행정적인 경계선 역할을 담당하게 되었다. 현존하는 것은 길이 약 2,400km로, 서쪽 자위관(嘉峪关 Jiāyùguān 가욕관)에서 동쪽 산하이관(山海关 Shānhǎiguān 산해관)에 달한다.

예제 1

| 许多 | 放着 | 书上 | 零钱 |

분석 许多 xǔduō 형 매우 많다 / 放 fàng 동 놓다 / 零钱 língqián 명 잔돈, 용돈

Point 1. 존현문은 주어가 '장소/시간'이다.
2. 존현문의 기본어순은 '주어(장소/시간) + 술어 + 목적어(사람/사물)'이다.

해설 주어   술어   목적어
       书上   放着   许多零钱

제시 어휘 중 '放着(놓여 있다)'는 술어이다. 그렇다면 어디에 무엇이 놓여 있는지에 대한 문장을 만들어야 한다. 존현문이므로 주어는 장소가 된다. 바로 '书上(책상 위)'이 주어이고, 목적어는 유일한 명사인 '零钱(잔돈)'이다. 남은 어휘 '许多(매우 많은)'는 '零钱(잔돈)'과 어울린다. 그래서 '许多零钱(매우 많은 잔돈)'으로 묶을 수 있다.

정답 书上放着许多零钱。 책상 위에 많은 잔돈이 놓여 있다.

예제 2

| 一些 | 有 | 冰箱里 | 饺子 |

분석 冰箱 bīngxiāng 명 냉장고 / 饺子 jiǎozi 명 교자

Point 1. '有' 존현문이다.
2. 존현문의 기본어순은 '주어(장소/시간) + 술어 + 목적어(사람/사물)'이다.

해설 주어   술어   목적어
       冰箱里 有   一些 饺子

존현문이다. 존현문 어순에 그대로 대입해보자. 주어는 장소인 '冰箱里(냉장고 안)'이고, 목적어는 명사인 '饺子(교자)'이다. 술어는 '有(있다)'이다. '一些(몇 개의)'와 어울리는 어휘는 '饺子(교자)'이므로 '一些饺子(몇 개의 교자)'로 묶을 수 있다.

정답 冰箱里有一些饺子。 냉장고 안에는 몇 개의 교자가 있다.

제2부분

葡萄 ▶ _____

① 제시 어휘와 그림을 확인해라!

제시 어휘는 '葡萄 pútao (포도)', 품사는 명사이다. 그림에는 탐스러운 포도가 주렁주렁 열려있다.
과일은 뒤에 '树(나무)'를 붙여 자주 쓰인다. 나무의 종류를 중국어로 생각해보자.

> 葡萄树 pútaoshù 포도나무, 苹果树 píngguǒshù 사과나무 ……

② 나무를 세는 양사도 같이 기억하자.

> 棵 kē 그루 [나무 세는 양사], 串 chuàn 꿰미, 송이 [꿴 물건, 포도 등을 세는 단위]

양사의 특징은 '수사/지시사 + 양사 + 명사'가 세트로 움직인다.

> 수사/지시사 + 양사 + 명사
> 一　　棵　　树　　한 그루의 나무
> 两　　张　　床　　두 개의 침대
> 这　　篇　　文章　이 한 편의 문장

③ 그림을 보고 생각나는 키워드 어휘를 뽑아보자.

> 葡萄 pútao 포도, 公园里 gōngyuán lǐ 공원 안, 院子里 yuànzi lǐ 정원 안, 酸 suān 시다, 甜 tián 달다,
> 好吃 hǎochī 맛있다, 想吃 xiǎngchī 먹고 싶다, 买 mǎi 사다 ……

④ 위의 키워드 어휘로 간단하게 '주 + 술 + 목' 기본문장을 만들어보자.

> 주어 + 술어(형용사/동사) + 목적어
> 我想吃两串葡萄。　　나는 두 송이의 포도를 먹고 싶다.
> 这串葡萄看起来很好吃。　이 포도는 매우 맛있어 보인다.
> 这串葡萄很甜。　　이 포도는 매우 달다.

⑤ 오늘 공부한 '존현문'으로 문장을 만들어보자.

> 주어(장소/시간) + 술어 + 목적어(사람/사물)
> 院子里　　有　　很多葡萄树。　　정원 안에는 많은 포도나무가 있다.
> 那里　　　有　　三棵葡萄树。　　저 곳에 세 그루의 포도나무가 있다.
> 我的故乡　有　　很甜的葡萄树。　나의 고향에는 매우 달콤한 포도나무가 있다.
> 桌子上　　放着　很多葡萄。　　　탁자 위에는 많은 포도가 놓여 있다.

제1부분

장소명사가 있는데 '在', '从', '到' 등의 전치사가 없다면! 그럼 존현문이다. 존현문은 주어 자리에 '장소/시간'이 오는 게 특징이다. 오히려 존현문은 목적어 자리에 '사람/사물'이 온다.

문제 1 着   一对   沙发上   坐   恋人

▶ 답 _____

▶ 해석 _____

문제 2 里   有两棵   张教授家的院子   苹果树

▶ 답 _____

▶ 해석 _____

문제 3 一张   挂着   客厅里   地图

▶ 답 _____

▶ 해석 _____

문제 4 许多   生活   云南省   着   少数民族

▶ 답 _____

▶ 해석 _____

문제 5 汽车   停着   一辆   外边

▶ 답 _____

▶ 해석 _____

제2부분

문제 1

冰箱

▶ 답 1 _____

▶ 답 2 _____

문제 2

放

▶ 답 1 _____

▶ 답 2 _____

문제 3

客人

▶ 답 1 _____

▶ 답 2 _____

마무리 PT

학습시간 05분

1 茶在中国有数千年的历史。
Chá zài Zhōngguó yǒu shù qiān nián de lìshǐ.
차는 중국에서 수천 년의 역사를 가진다.

* 数千年 shù qiān nián
  수천 년

2 大熊猫样子非常可爱，深受人们喜爱。
Dàxióngmāo yàngzi fēicháng kě'ài, shēnshòu rénmen xǐ'ài.
판다의 생김새는 매우 귀여워, 사람들의 사랑을 깊이 받는다.

* 深受⋯喜爱
  shēnshòu⋯xǐ'ài
  ~의 사랑을 깊이 받다

3 窗户的大小能影响人的心情。
Chuānghu de dàxiǎo néng yǐngxiǎng rén de xīnqíng.
창문의 크기는 사람의 마음에 영향을 끼칠 수 있다.

* 影响⋯心情
  yǐngxiǎng⋯xīnqíng
  ~의 마음에 영향을 끼치다

4 受欢迎
shòu huānyíng
인기가 많다, 환영 받다

5 批评 - 表扬
pīpíng - biǎoyáng
비판하다 – 칭찬하다

6 无论做什么事情，都应该选好方向再出发。
Wúlùn zuò shénme shìqing, dōu yīnggāi xuǎnhǎo fāngxiàng zài chūfā.
어떤 일을 하든지를 막론하고, 반드시 방향을 잘 찾아 출발해야 한다.

* 无论⋯都⋯
  wúlùn⋯dōu⋯
  ~를 막론하고, 모두 ~하다

7 买菜时自备购物袋
Mǎi cài shí zìbèi gòuwùdài.
음식을 살 때(장 볼 때), 스스로 장바구니를 준비한다.

* 购物袋 gòuwùdài
  장바구니

8 这里发生了什么事情？
Zhè lǐ fāshēng le shénme shìqing?
이 곳에 무슨 일이 발생한 것인가?

* 发生⋯事情
  fāshēng⋯shìqing
  ~한 일이 벌어지다

9 白费
báifèi
헛되이 낭비하다

10 节约用电
jiéyuē yòngdiàn
전기사용을 절약하다(절전하다)

* 节约 jiéyuē
  절약하다

Day 13

듣기 제3부분 ❸ | 단문 듣고 질문에 답하기
자신의 의견이 투입된 논설문

어휘 PT   ● Track 13-1   학습시간 1 0 분

예제 1-2
- 浪漫 làngmàn 형 낭만적이다
- 顺利 shùnlì 형 순조롭다
- 正式 zhèngshì 형 정식적이다
- 讲 jiǎng 동 이야기하다
- 杂志 zázhì 명 잡지
- 吸引 xīyǐn 동 매료시키다, 끌어당기다
- 感兴趣 gǎn xìngqù 흥미를 느끼다
- 尤其 yóuqí 부 더욱이, 특히
- 举办 jǔbàn 동 거행하다, 개최하다
- 报名 bàomíng 동 등록하다
- 参加 cānjiā 동 참가하다, 가입하다

- 如果…就… rúguǒ…jiù… 접 만약 ~한다면, 곧 ~하다
- 取得 qǔdé 동 취득하다
- 效果 xiàoguǒ 명 효과
- 不管…也… bùguǎn…yě… 접 ~을 막론하고, ~하다
- 另外 lìngwài 부 그밖에, 별도로
- 提醒 tíxǐng 동 일깨우다
- 有效 yǒuxiào 동 효과가 있다
- 不一定 bùyídìng 부 (반드시) ~할 필요는 없다, ~한 것은 아니다

예제 3-4
- 戴 dài 동 착용하다, 쓰다
- 手表 shǒubiǎo 명 손목시계
- 检查 jiǎnchá 동 검사하다
- 体检 tǐjiǎn 동 신체검사하다
- 限制 xiànzhì 동 제한하다, 규제하다
- 禁食 jìnshí 동 단식하다, 금식하다
- 辣 là 형 맵다
- 咸 xián 형 짜다, 소금기가 있다
- 准时 zhǔnshí 부 정시에, 제때에
- 集合 jíhé 동 집합하다
- 当天 dàngtiān 명 당일, 그 날

문제 3-4
- 伞 sǎn 명 우산
- 凉鞋 liángxié 명 샌들
- 短裤 duǎnkù 명 짧은 바지, 반바지
- 打扮 dǎban 동 화장하다
- 皮肤 pífū 명 피부
- 汗水 hànshuǐ 명 땀
- 留在 liúzài 계속 있다
- 白天 báitiān 명 대낮
- 户外 hùwài 명 집 밖, 야외

문제 1-2
- 失望 shīwàng 형 실망하다
- 得不到 débudào 얻을 수 없다
- 支持 zhīchí 동 지지하다
- 适合 shìhé 동 적합하다, 알맞다
- 关键 guānjiàn 명 관건
- 感谢 gǎnxiè 동 감사하다

문제 5-6
- 堵车 dǔchē 동 차가 막히다
- 舒服 shūfu 형 편안하다
- 风景 fēngjǐng 명 풍경, 경치
- 打扰 dǎrǎo 동 방해하다
- 免费 miǎnfèi 동 무료로 하다, 공짜이다
- 热情 rèqíng 형 열정적이다, 친절하다
- 也许 yěxǔ 부 아마도
- 到处 dàochù 명 도처, 곳곳

❶ 화자의 의견과 생각을 중시해라!

논설문은 Day 12의 설명문과 달리 일반적인 상식이 통하지 않으며 화자의 생각을 파악하는 게 중요하다. 논설문은 주로 화자의 의견과 견해를 제시하는 형태로 출제된다.

❷ 녹음의 앞·뒤 부분을 주의 깊게 듣자!

화자는 대체로 첫 부분에서 본인이 하고자 하는 말을 먼저 언급하고, 그에 대한 부연설명을 이어서 이야기한다. 그래서 녹음의 앞부분을 놓치지 말고 들어낸다면 화자가 말하고자 하는 바를 이해할 수 있다. 그리고 화자는 마지막 부분에서 정답을 확정지을 수 있도록 한 번 더 확실하게 자신의 의견을 정리해준다! 따라서 녹음의 앞뒤를 잘 살펴 정답을 놓치지 않도록 하자.

❸ 보기 파악은 언제나 필수!

듣기는 질문도 먼저 알 수가 없다. 본문의 녹음이 다 끝나야 질문이 나오기 때문이다. 녹음을 듣기 전에 우리가 확인할 수 있는 것은 미리 주어진 보기뿐이다! 따라서 반드시 보기를 먼저 보고 어떠한 내용이 나올지를 미리 유추해야 한다. 그리고 보기 어휘 중에 녹음에서 그 어휘가 들리는 경우 70% 이상은 정답이다.

❹ 논설문 패턴의 질문 유형을 알아두자!

问：面试前我们要注意什么？　　면접 전, 우리가 주의해야 할 것은 무엇인가?
问：批评别人时要注意什么？　　다른 사람을 비판할 때, 주의해야 할 것은 무엇인가?
问：说话人认为这次活动怎么样？　　화자는 이번 활동이 어떻다고 생각하는가?
问：这段话中"免费的午餐"指的是什么？　　이 단락에서 '무료 점심'이 가리키는 것은 무엇인가?

 예제 1-2　　　　　　　　　　　　　　　　　　　　　　　　　　Track 13-2

1.	A 很不错	B 很浪漫
	C 不顺利	D 不正式
2.	A 讲笑话	B 讲故事
	C 弹钢琴	D 看杂志

1.	A 매우 괜찮다	B 매우 낭만적이다
	C 순조롭지 않다	D 공식적이지 않다
2.	A 우스갯소리를 하다	B 이야기를 하다
	C 피아노를 치다	D 잡지를 보다

1.A 这次的讨论活动办得很不错。讨论的问题很吸引人，大家都很感兴趣。尤其是，2.B 王老师的那个小故事，让讨论变得更有意思了，我想，如果我们下次再举办这样的活动，一定会有更多同学报名参加。

1. 问：说话人认为这次活动怎么样？
2. 问：王老师在活动中做了什么？

1.A 이번 토론활동은 매우 잘 진행되었다. 토론의 문제도 사람들을 끌어당겼으며, 모두가 매우 흥미로워했다. 특히, 2.B 왕 선생님의 그 이야기는 토론을 더 재미있게 바꾸었다. 내가 생각하기에, 만약 우리들이 다음 번에 다시 이런 활동을 개최한다면, 분명 더 많은 친구들이 참가신청을 할 것 같다.

질문 1. 화자는 이번 활동이 어떠하다고 생각하는가?
질문 2. 왕 선생님은 활동에서 무엇을 하였는가?

해설　1. 녹음의 첫 부분을 절대 놓쳐서는 안 된다. 첫 부분의 '这次的讨论活动办得很不错。……很吸引人'에서 이번 토론활동은 매우 잘 진행되었고 사람들이 흥미를 많이 보였다고 하였다. 녹음의 처음 부분만 들어도 토론활동이 성공적이고, 순조로웠다는 것을 알 수 있다. 이번 활동이 어떠했는지에 대한 정답은 A 很不错(매우 괜찮다)이다.

2. 녹음의 중간에 왕 선생님에 대해 나온다. 왕 선생님은 우리에게 '那个小故事(그 이야기)'를 해주셨으며, '更有意思(더욱 재미있다)'라고 하였다. 왕 선생님이 활동에서 무엇을 하였는가에 대한 정답은 B 讲故事(이야기를 하다)이다.

정답　1. A　2. B

예제 3-4

3. A 不能吃鱼
   B 不能喝果汁
   C 饭后要散步
   D 不能吃辣的

4. A 别吃早饭
   B 多吃水果
   C 要有好心情
   D 不能戴手表

3. A 생선을 못 먹는다
   B 과일주스를 못 마신다
   C 식사를 한 후 산책을 해야 한다
   D 매운 것을 못 먹는다

4. A 아침밥을 먹지 말아라
   B 과일을 많이 먹어라
   C 좋은 마음씨를 가져야 한다
   D 시계를 차지 말아야 한다

明天检查身体，体检前十二小时内不吃东西就可以，不用现在就限制禁食，3.D 今天晚饭可以少吃一些，别吃太辣、太咸的，不要喝酒。4.A 明天早上别吃饭别喝水，我们明天八点准时在公司门口集合。

3. 问：体检前一天晚上要注意什么？
4. 问：关于体检当天下列哪个正确？

내일은 신체검사다. 신체검사 전 12시간 안에는 음식을 먹지 않는 것이 좋다. 지금부터 금식하기를 제한할 필요는 없지만 3.D 오늘 저녁밥은 조금 적게 먹는 것이 좋다. 너무 맵거나 너무 짠 것은 먹지 말고, 술도 마시면 안 된다. 4.A 내일 아침은 밥과 물도 먹고 마시면 안 된다. 우리는 내일 8시 정시에 회사 입구에서 모인다.

질문 3. 신체검사 하루 전날 저녁에는 무엇을 주의해야 하는가?
질문 4. 신체검사 당일에 관하여 아래에서 어떤 것이 정확한가?

해설 3. 녹음의 첫 부분에, '明天检查身体(내일이 신체검사)'라고 하였다. 시간이 나오면 시간에 절대 집중하자! '내일'이라고 하였으니, 그럼 지금 시간은 오늘인 것이다. '今天晚饭可以少吃一些，别吃太辣、太咸的，不要喝酒(오늘 저녁밥은 조금 적게 먹고, 매운 것, 짠 것 및 술은 하지 말라)'라고 하였다. 신체검사 하루 전 즉, 오늘 저녁에는 무엇을 주의해야 하는가에 대한 정답으로는 D 不能吃辣的(매운 것은 먹을 수 없다)이다.

4. 내일은 신체검사 당일이다. 내일 아침, 즉 신체검사 당일에는 '明天早上别吃饭别喝水(내일 아침 밥과 물도 먹고 마시면 안 된다)'라고 하였다. 질문 4의 신체검사 당일에 관한 것으로 정확한 것을 찾는다면, 아무것도 먹으면 안 된다고 했기 때문에 A 别吃早饭(아침밥을 먹지 말아라)가 정답이다.

정답 3. D 4. A

Track 13-4

> 녹음의 앞·뒤 부분을 집중해서 들어내자. 그러면 조금 더 쉽게 정답을 찾을 수 있다. 세부내용을 들으면서 화자의 생각과 의견이 어떠한지 파악해본다. 또한 언제나 말하지만 듣기는 보기를 미리 확인하는 것만으로도 정답을 찾기가 훨씬 쉬워진다! 보기를 미리 빠르게 확인하고 녹음을 듣는 연습을 많이 해보자.

[1-2]

문제 1 A 是最好的   B 让人失望   C 得不到支持   D 不一定适合我

문제 2 A 方法是关键 B 什么是友谊 C 要互相关心   D 要懂得感谢

[3-4]

문제 3 A 拿上伞   B 多喝水   C 穿凉鞋   D 穿短裤

문제 4 A 怎样打扮   B 太阳与月亮 C 要保护皮肤   D 刷牙的好处

[5-6]

문제 5 A 不堵车   B 座位舒服   C 可以看风景   D 不会被打扰

문제 6 A 坐火车免费 B 北京人热情 C 北方春季热   D 南北气候不同

독해 제3부분 ❸ | 지문 읽고 질문에 답하기
한 단락씩! 세부내용을 파악해라!

어휘 PT

학습시간 10분

예제 1
- 少数民族 shǎoshùmínzú 명 소수민족 [중국의 '汉族(한족)' 이외의 기타 민족]
- 景色 jǐngsè 명 풍경
- 优美 yōuměi 형 아름답다
- 矮 ǎi 형 작다
- 亚洲 Yàzhōu 지명 아시아

예제 2-3
- 选择 xuǎnzé 동 선택하다
- 研究 yánjiū 동 연구하다
- 巧克力 qiǎokèlì 명 초콜릿
- 结果 jiéguǒ 명 결과
- 后悔 hòuhuǐ 동 후회하다
- 无法 wúfǎ 방법이 없다
- 管理者 guǎnlǐzhě 명 관리자
- 决定 juédìng 동 결정하다
- 粗心 cūxīn 형 세심하지 못하다
- 假话 jiǎhuà 명 거짓말

문제 1
- 失败 shībài 동 실패하다
- 压力 yālì 명 스트레스
- 鼓励 gǔlì 동 독려하다, 격려하다
- 瘦 shòu 형 마르다, 여위다
- 禁止 jìnzhǐ 동 금지하다
- 参赛 cānsài 시합에 참가하다
- 适应 shìyìng 동 적응하다
- 输 shū 동 패하다, 지다

문제 2
- 本来 běnlái 부 본래, 원래
- 一切 yíqiè 대명 전부, 모든
- 聪明 cōngming 형 똑똑하다
- 打扮 dǎban 동 화장하다, 치장하다, 꾸미다
- 变瘦 biànshòu 동 살이 빠지다
- 开玩笑 kāiwánxiào 농담하다

문제 3
- 一段时间 yíduàn shíjiān 얼마동안
- 练习 liànxí 동 연습하다, 익히다

문제 4-5
- 总结 zǒngjié 명 총결산, 최종평가
- 尤其 yóuqí 부 특히
- 详细 xiángxì 형 상세하다
- 改 gǎi 동 고치다
- 排列 páiliè 동 배열하다, 정렬하다
- 顺序 shùnxù 명 순서
- 一般 yìbān 형 보통이다, 일반적이다
- 缺少 quēshǎo 동 부족하다, 모자라다
- 重点 zhòngdiǎn 명 중점
- 准确 zhǔnquè 형 확실하다, 틀림없다
- 重写 chóngxiě 동 다시 쓰다
- 按时 ànshí 부 제때에, 시간에 맞추어

① 한 단락씩 끊어서 보기와 접목시켜라.

세부적인 내용을 묻는 질문은 사실 어디에 정답이 있는지 확실하지 않다. 무엇을 묻고 있는지도 명확하지 않기 때문이다. 그래서 디테일한 부분을 묻는 문제는 한 단락씩 끊어서 보기와 대조해보는 방법이 가장 빠르고 정확하다.

② 독해는 시간 싸움!

다시 한번 말하지만 독해는 정해진 시간 안에 정확한 정답을 찾아야 한다. 본문을 다 해석하고 난 후, 보기에서 정답을 찾으려고 하면 시간이 너무 오래 걸려 반도 다 풀지 못할 것이다. 세부적인 내용을 묻는 문제는 전반적인 해석을 하려고 하기보다는 한 단락씩 끊어서 중심내용을 파악하고 보기를 살펴보자. 정답이 안 보이면 또 그 다음 단락을 확인한다.

③ 지문을 다 해석하다 보면 지나간 앞의 내용을 잊는다.

본문을 다 해석하면 안 되는 이유는 우리의 기억력이 그렇게 오래가지 않는 이유 때문이기도 하다. 이미 다음 단락으로 넘어오면 그 전 단락의 내용은 잊게 마련이다. 그래서 반드시 한 단락을 확인하고 바로 보기와 대조해보는 연습을 하자.

④ '可以知道什么?' 이런 질문 유형은 절대 주제를 묻는 문제가 아니다.

'可以知道什么? (알 수 있는 것은 무엇인가?)'라는 이런 종류의 질문은 정확히 무엇을 묻는지 알 수가 없다. 그의 나이를 묻는 것인지, 그가 언제 졸업했냐는 것인지, 누구와 같이 갔는지, 왜 안 먹었는지, 즉 무엇을 물어보는지 알 수 없는 문제다!
단지 보기 4개 중에 본문과 일치하는 것을 고르는 것이다. 그래서 이런 질문의 유형은 본문의 내용을 반드시 다 파악해야 정답을 찾을 수 있다. 그럼 우리는 정말 본문을 다 봐야 하는가? 아니다! 반드시 한 단락씩 끊어서 보기와 대조해보자! 대부분 처음과 두 번째 줄 쯤에 정답이 될 만한 것이 나온다.

⑤ 세부내용을 묻는 패턴의 질문 유형을 알아두자.

★ 根据这段话，可以知道什么?　이 단락에서 알 수 있는 것은 무엇인가?
★ 关于那个小伙子，可以知道什么?　저 젊은이에 관하여 알 수 있는 것은 무엇인가?
★ 张律师：　장 변호사는:
★ 这双鞋：　이 신발은:

 예제 1

云南是中国少数民族最多的省，中国的56个民族中，云南就有52个，其中，人数在5000以上的民族有26个。	윈난은 중국에서 소수민족이 가장 많은 도시로 중국의 56개 민족 중, 윈난에만 52개 민족이 있다. 그 중 인구수가 5천 명 이상인 민족은 26개 민족이다.
★ 关于云南，可以知道： 　A 景色优美　　　B 房子很矮 　C 少数民族多　　D 在亚洲东北部	★ 윈난에 관해 알 수 있는 것은: 　A 풍경이 아름답다　　B 집이 매우 작다 　C 소수민족이 많다　　D 아시아 동북부에 위치한다

해설 윈난에 관해 알 수 있는 것은 무엇인지 묻고 있다. 질문의 범위가 크다. 본문을 다 확인하고 윈난에 관해 일치하는 것이 무엇인지를 보기에서 찾아야 한다. 한 단락씩 끊어서 답을 확인해보자. 첫 단락에 '云南是中国少数民族最多的省(윈난은 소수민족이 가장 많은 성)'이라고 언급되어 있다. 보기와 맞춰보면, 윈난에 관해 알 수 있는 것은 정답 C 少数民族多(소수민족이 많다)이다. 만약 정답이 첫 부분에 없었다면 또 그 다음 문장을 보고 확인해야 정확한 답을 얻을 수 있다.

정답 C

 PT 기출상식

중국 4대 요리 ②

중국의 4대 요리 중 베이징요리(北京菜), 상하이요리(上海菜)는 앞에서 알아보았고, 여기에서는 나머지 광둥요리(广东菜), 쓰촨요리(四川菜)를 알아보자.

3. 광둥요리(广东菜): 광저우(广州)·차오저우(潮州)·둥장(东江) 지방의 요리를 말하며 이 지역은 기후가 온화해 식재료가 풍부한 데다 지리적 위치상 해외와 교류가 잦아 서양 요리와 접목된 음식이 많다. 우리가 '한국화' 과정을 거쳐 널리 먹고 있는 탕수육이나 팔보채, 딤섬 등이 모두 광둥요리에 해당한다. 예전부터 외국으로 이민을 간 인구가 많아 중국 이외의 해외에서 중국요리라 하면 대개 광둥식인 경우가 많다. 광둥요리는 요리재료로 뱀, 쥐, 고양이, 거북이, 원숭이 등 매우 다양한 재료를 사용하며 주로 튀기는 방법을 주 조리법으로 사용한다. 광둥요리는 '오자(五滋: 향, 폭신함과 부드러움, 기름지고 짙음)와 육미(六味: 시고, 달고, 쓰고, 맵고, 짜고, 신선함)'를 특히 중요시 한다.

4. 쓰촨요리(四川菜): 산악지대인 쓰촨·윈난(云南)·구이저우(贵州) 지방의 요리로 향신료를 많이 사용하고 오래 저장하기 위해 절이거나 건조시키는 방식이 주로 사용된다. 이 지역은 여름에 습도가 높고, 겨울과 기온 차가 큰 기후 때문에 중국의 다른 지방 요리와 비교해서 향신료를 많이 쓰는 편이다. 그리하여 잘 알고 있듯이 맵고 강한 맛이 특징이며 바로 그 때문에 한국인에게 많은 사랑을 받는 요리이기도 하다. 마파두부가 대표적인 쓰촨요리 중 하나이다.

예제 2-3

3.D 选择越多越好吗？有大学做了一个研究：让 2.B 前20名学生在6种巧克力中选择一种，后20名学生在30种巧克力中选择。结果发现，后20名学生中有更多的人觉得所选的巧克力不好吃，后悔当时的选择。太多的东西容易让人无法选择，同样，对管理者来说，3.D 太多的意见也会让他们很难做出决定。

★ 关于那些学生，可以知道：
　A 很粗心
　B 共40名
　C 更爱吃糖
　D 有人说假话

★ 这段话主要想告诉我们什么？
　A 不要浪费
　B 过程很重要
　C 要重视管理
　D 选择多不一定好

3.D 선택할 것이 많을수록 좋을까? 어떤 대학에서 하나의 연구를 진행하였다. 2.B 앞의 20명 학생에게는 6개의 초콜릿 중 하나를 선택하게 하였고, 뒤의 20명 학생에게는 30개의 초콜릿 중 하나를 선택하게 하였다. 결과에서 발견하기를, 뒤의 20명의 학생 중 대부분이 (자신들이) 선택한 초콜릿이 맛이 없다고 느꼈고, 당시의 선택을 후회했다. 너무 많아도 쉽게 사람이 선택할 방법이 없도록 만든다. 똑같이 관리자의 입장에서 말하자면, 3.D 너무 많은 의견도 그들이 결정을 내리기 힘들게 할 수 있다.

★ 그 학생들에 관하여 알 수 있는 것은:
　A 매우 부주의하다
　B 모두 40명이다
　C 사탕 먹는 것을 더 좋아한다
　D 어떤 사람은 거짓말을 한다

★ 이 단락은 주로 우리에게 무엇을 말하고자 하는가?
　A 낭비하지 말아라
　B 과정이 매우 중요하다
　C 관리를 중시해야 한다
　D 선택할 것이 많다고 반드시 좋은 것은 아니다

해설 2. 질문에서 본문의 세부적인 내용을 묻고 있다는 것을 알 수 있다. 그중에서도 학생에 관해 알 수 있는 것을 묻고 있으니 학생이 나오는 부분을 찾아 그 부분의 단락을 잘 살펴봐야 한다. 첫 문단을 보면 '让前20名学生在6种巧克力中选择一种，后20名学生在30种巧克力中选择(앞의 20명 학생에게는 6개의 초콜릿 중 하나를 선택하게 하였고, 뒤의 20명 학생에게는 30개의 초콜릿 중 하나를 선택하게 하였다)'라고 나와있다. 학생에 관해 알 수 있는 것은 앞의 20명, 뒤에 20명 총 40명이며, 그 40명의 학생이 초콜릿을 고르고 있다는 것을 알 수 있다. 이에 정답이 되는 것은 B 共40名(모두 40명)이다.

3. 질문에 '主要(주로)'가 있다. 질문은 바로 주제를 묻는 것으로 정답은 본문의 앞과 뒷부분에서 있다. 문장 처음에 '选择越多越好吗? (선택할 것이 많을수록 좋을까?)'라고 하였다. 첫 문장의 내용으로 보아 선택에 관한 내용이 나올 것이라는 것을 알 수 있다. 마지막 문장을 보자. '太多的意见也会让他们很难做出决定(너무 많은 의견도 그들이 결정을 내리기 힘들게 할 수 있다)'이라고 하였다. 즉 이 두 문장, '선택할 것이 많다고 좋은 것일까?', '너무 많은 것도 선택하기가 힘들다'가 이 본문의 전체 주제이다. 정답은 D 选择多不一定好(선택할 것이 많다고 반드시 좋은 것은 아니다)가 된다.

정답 2. B　3. D

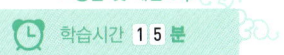

> 문제를 먼저 확인해 본문의 세부내용을 묻는 문제가 나왔다면, 본문을 전체적으로 확인할 필요가 있다. 대신, 한 번에 본문을 다 해석하지 말자! 한 단락씩 끊어서! 해석해보면서 보기와 대조하는 방식으로 문제에 접근해 간다면 조금 더 쉽고 빠르게 정답을 찾을 수 있다.

문제 1 小孙最近心情不太好，可能是上次比赛失败，受了影响。你最好找个时间跟他谈一下，让他不要有压力，鼓励他好好准备下次比赛。

★ 小孙：

　A 瘦了许多　　B 被禁止参赛　　C 不适应新学校　D 上次比赛输了

문제 2 我本来很爱吃巧克力，但三个月之后我就要结婚了，我希望那时候的自己是最美丽的，所以我决定从现在开始减肥，不再吃糖、巧克力等一切甜的东西。

★ 她：

　A 很聪明　　B 喜欢打扮　　C 想变瘦些　　D 爱开玩笑

문제 3 我来南京以前，已经学过一段时间汉语。所以对我来说，一年级的汉语课，听和说很容易，只是写汉字有点儿难，需要多练习几遍。

★ 关于他，可以知道什么？

　A 是北京人　　B 学过汉语　　C 是历史老师　　D 不会说中文

문제 4-5 小周，你这个总结写得不错，尤其是公司这一年的发展情况和取得的成绩这两部分，内容很详细。但是还有几个地方需要改一下，比如一些大事的排列顺序等等。我都帮你画出来了，你改完再发我一份。

★ 关于这份总结，可以知道：

　A 有点儿短　　B 写得一般　　C 缺少重点　　D 有不准确之处

★ 他希望小周：

　A 再改改　　B 全部重写　　C 减少字数　　D 按时完成

쓰기 제1·2부분 ⑬ | 제시된 어휘로 문장 완성하기
술어가 1개가 아니라고? 연동문과 겸어문

 전략 PT 학습시간 20분

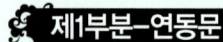 제1부분–연동문

연동문이란?
연동문은 말 그대로 동사가 연달아 오는 문장을 의미한다. 즉, 술어가 하나가 아니라 두 개 이상인 문장을 말하며, 연동문에서는 하나의 주어가 두 가지의 술어를 가진다.

> 주어 + **술어①** [+ 목적어①] + **술어②** + [+ 목적어②]
> 我   去   中国   吃过   中国菜。 나는 중국에 가서 중국요리를 먹어본 적 있다.

❶ 술어가 2개이면 연동문으로, 순서에 맞게 술어를 배치해야 한다.

술어가 2개인 연동문의 핵심은 술어 2개의 순서를 어떻게 잡느냐! 이다. 술어의 순서는 다음과 같이 잡자!

① 행위의 진행 순서대로 술어를 잡아라.

> 我去商店买了衣服。   나는 상점에 가서 옷을 샀다.
> **TIP** 가서, 샀다 → 행위의 순서대로 자리 잡는다.

② 목적이 되는 술어가 술어②로 온다.

> 他用电脑做作业。   그는 컴퓨터를 사용해 숙제를 한다.
> **TIP** 그는 컴퓨터를 사용하는 게 목적이 아니라 숙제가 목적이므로, 목적이 되는 술어가 술어②로 온다.

③ 술어①을 했더니, 그 결과 술어②가 되었다.

> 我听到这个消息很吃惊了。   나는 이 소식을 듣고 매우 놀랐다.
> **TIP** 듣고, 놀라다 → 결과가 술어②로 온다.

④ 2개의 술어 중, 하나의 술어가 '有' 혹은 '没有'이면, '有/没有'가 술어①에 온다.

> 我有时间学习汉语。   나는 중국어를 공부할 시간이 있다.
> 我没有钱买衣服。   나는 옷을 살 돈이 없다.
> 我没有时间去看电影。   나는 영화를 보러 갈 시간이 없다.
> **TIP** 이때 해석은 술어②부터 한다.

❷ **연동문에서 부사/조동사는 일반적으로 술어①의 앞이다.**

주어 + 부사/조동사 + 술어① [+ 목적어①] + 술어② + [+ 목적어②]

| 我 | 去年 | 去 | 中国 | 吃过 | 中国菜。 | 나는 작년에 중국에 가서 중국요리를 먹어본 적이 있다. [부사] |
| 他 | 要 | 用 | 电脑 | 做 | 作业。 | 그는 컴퓨터를 사용해 숙제를 하려고 한다. [조동사] |

❸ **연동문에서 '了(완료)', '着(진행)', '过(과거 경험)'의 위치는 각기 다르다.**

'了(완료)'와 '过(과거 경험)'는 술어② 뒤에 온다. '着(진행)'는 술어① 뒤에 온다.

주어 + 술어① + 着 [+ 목적어①] + 술어② + 了/过 + [+ 목적어②]

| 我 | 吃 | 着 | 饭 | 看 | | 电视。 | 나는 밥 먹으면서 텔레비전을 본다. |
| 我 | 去 | | 电影院 | 看 | 了 | 电影。 | 나는 영화관에 가서 영화를 봤다. |

제1부분-겸어문

겸어문이란?

겸어문은 한 문장에 두 개 이상의 술어가 등장하며, 첫 번째 술어의 목적어가 다시 두 번째 술어의 주어를 겸하는 문장을 말한다.

HSK 4급 시험에 나오는 겸어문은 '사역문('시키다'라는 의미를 가진 문장)'을 만드는 겸어문이 출제되며, 일반적으로 '~에게 ~을 하게 하다(시키다)'라는 의미로 해석된다. 꼭 한 문제씩 출제되고 있으니 반드시 숙지하자!

❶ 겸어문의 기본형식

주어 + 술어① + <u>술어①의 목적어 / 술어②의 주어</u> + 술어② + 목적어
                          겸어

| 妈妈 | 让 | 我 | 学习 | 汉语。 | 엄마는 내가 중국어를 공부하도록 시키신다. |

이 문장을 분석해보자!

주어 + 술어① + (술어①의) 목적어
妈妈 让 我。 → '엄마가 나에게 시킨다'라고 하는 문장이 하나 완성된다.
(술어②의) 주어 + 술어② + 목적어
我 学习 汉语。 → '나는 중국어를 공부한다'라고 하는 문장이 하나 완성된다.

즉, 한 문장에 두 개의 서로 다른 문장이 만들어지는데 이때, '我'라는 성분은 첫 번째 문장에서는 목적어로, 두 번째 문장에서는 주어로 사용되고 있는 걸 알 수 있다. 바로 이 '我'가 양쪽 문장을 다 겸하고 있는 '겸어'이다.

❷ '让', '使', '叫', '请'이 보이면 겸어문이다!

'让 ràng', '使 shǐ', '叫 jiào', '请 qǐng' 등은 '~을 시키다'라는 의미를 가진 사역동사이다. 이 단어들이 나오면 겸어문으로 접근해야 한다.

❸ 겸어문에서 사역동사 '让', '使', '叫', '请'이 나오면 술어① 자리에 온다.

주어 + 술어① + 겸어 + 술어② + 목적어
[让, 使, 叫, 请]

我妈妈	请	我男朋友	吃	饭。	우리 엄마가 내 남자친구에게 밥을 먹으라고 했다.
他的话	使	我	非常感动。		그의 말은 나를 매우 감동시켰다.
他	叫	我	带来	一本书。	그는 나에게 책을 한 권 가지고 오라고 했다.
老板	让	我	准备	报道材料。	사장님이 나에게 보도자료를 준비하게 했다.

❹ 사역동사가 아닌 비사역동사 겸어구문도 알아두자!

시험에선 겸어문이 출제되면 90%가 사역동사가 쓰인 사역 겸어구문이 출제된다. 그러나 간혹 비사역동사 겸어구문도 등장하곤 하니 알아두자!

① 첫 번째 술어에 '有/没有'가 오는 겸어구문

주어 + 술어① + [겸어] + 술어② + 목적어

| 没有 | 人 | 反对 | 这样做。 | 이렇게 하는 것을 반대하는 사람은 없다. |
| 有 | 人 | 知道 | 我是谁。 | 내가 누구인지 아는 사람이 있다. |

TIP 술어①에 '有/没有'가 오면 해석은 뒤에서부터 한다.

② 첫 번째 술어에 '(사역동사가 아닌) 일반동사'가 오는 겸어구문

주어 + 술어① + [겸어] + 술어② + 목적어

| 他 | 邀请 | 我 | 吃 | 饭。 | 그는 나에게 밥 먹으라고 하였다. |
| 老师 | 通知 | 我 | 参加 | 足球比赛。 | 선생님은 나에게 축구시합에 참가하라고 통지하였다. |

③ '겸어구문' 술어①에 잘나오는 일반동사들

通知 tōngzhī 통지하다, 劝 quàn 권하다, 羡慕 xiànmù 부러워하다, 提醒 tíxǐng 일깨우다, 邀请 yāoqǐng 초대하다, 建议 jiànyì 건의하다, 要求 yāoqiú 요구하다, 喜欢 xǐhuan 좋아하다, 讨厌 tǎoyàn 미워하다

5 부정부사, 조동사는 술어① 앞에 온다.

부정부사 '不/没'와 조동사 '要/能'은 사역동사(술어①) 앞에 온다.

> 주어 + 부정부사/조동사 +술어① + 겸어 + 술어② + 목적어
>
> 妈妈　　不　　　　　让　我　弹　钢琴。　　엄마는 내가 피아노를 치지 못하게 하셨다.
> 　　　　　　　　　　　　　　　　　　　　　　　[부정부사]
>
> 这个信息　　　能　　让　我们　感到愉快。　이 정보는 우리가 유쾌함을 느끼게 할 수 있다.
> 　　　　　　　　　　　　　　　　　　　　　　　[조동사]

6 그 외 부사들은 의미적으로 술어① 앞인지, 술어② 앞인지 직접 파악해야 한다.

일반적으로 정도부사(很, 非常, 十分)는 술어② 앞이다. 그러나 그 외의 부사는 내용으로 위치를 파악해야 한다.

> 주어 + (부사) + 술어① + [겸어] + (부사) + 술어② + 목적어
>
> 我妈妈　　　请　我男朋友　　吃　饭。

위의 문장에 부사 '快点儿(빨리)'를 넣어보자! 의미가 어울리는 곳에 넣어야 한다는 것을 명심해야 한다.

① 먼저 술어① 앞에 넣어보자!

> 我妈妈/快点儿/请/我男朋友/吃/饭。　　우리 엄마가 내 남자친구에게 밥 먹으라고 빨리 부탁했다.

② 그 다음 술어② 앞에 넣어보자!

> 我妈妈/请/我男朋友/快点儿/吃/饭。　　우리 엄마가 내 남자친구에게 빨리 밥 먹으라고 부탁했다.

③ 위의 예문으로 보아, 부사 '快点儿'의 위치는 어디가 더 어울릴까? '빨리 부탁했다?', '빨리 먹어라?' ① 부탁을 빨리 하는 것보다는 ② 빨리 밥을 먹으라고 하는 게 의미적으로 더 어울린다. 그러므로 부사 '快点儿'은 술어② 앞에 넣어주어야 의미가 부드럽게 성립한다.

 예제 1

| 你可以 | 用 | 进行 | 调查 | 互联网 |

[분석] 可以 kěyǐ [조동] ~할 수 있다, 가능하다 / 进行 jìnxíng [동] 진행하다 / 调查 diàochá [동] 조사하다 / 互联网 hùliánwǎng [명] 인터넷

[Point] 1. 술어가 두 개이면 연동문 혹은 겸어문이다. 그러나 제시된 어휘에 겸어문으로 쓰일 만한 술어가 없기 때문에 연동문임을 알 수 있다.
2. 연동문의 기본어순은 '주어 + 술어① + 목적어① + 술어② + 목적어②'이다.
3. 연동문에서 '부사/조동사'는 일반적으로 첫 번째 술어 앞에 온다.

[해설]
| 주어 | 조동사 | 술어① | 목적어 | 술어② | 목적어 |
| 你 | 可以 | 用 | 互联网 | 进行 | 调查 |

술어가 두 개 보인다. '用(사용하다)'과 '进行(진행하다)'으로 연동문인 것을 알 수 있다. 그 다음 각 술어에 어울리는 목적어를 잡아준다. → '用 + 互联网(인터넷을 사용하다)', '进行 + 调查(조사를 진행하다)'
마지막으로 어떤 술어가 더 먼저 오는지 잡아야 한다. '인터넷을 사용해서 조사를 진행하다'인지, 아니면 '조사를 진행해서 인터넷을 사용하다'인지, 전자가 의미적으로 어울리므로 '用互联网进行调查(인터넷을 사용하여 조사를 진행하다)'로 배열해 준다. 부사나 조동사는 술어① 앞에 넣어야 한다.

[정답] 你可以用互联网进行调查。   당신은 인터넷을 사용하여 조사를 진행할 수 있다.

 예제 2

| 去 | 妈妈 | 不让 | 我 | 公园 |

[분석] 不让 búràng ~하지 못하게 하다 / 公园 gōngyuán [명] 공원

[Point] 1. 사역동사 '让', '使', '叫', '请'이 보이면 겸어문으로 접근한다.
2. 겸어문의 기본어순은 '주어 + 술어① + 겸어 + 술어② + 목적어'이다.
3. 부정부사나 조동사는 술어① 앞에 온다.

[해설]
| 주어 | 부정부사 | 사역동사 | 겸어 | 술어② | 목적어 |
| 妈妈 | 不 | 让 | 我 | 去 | 公园 |

사역동사가 있으면 '겸어문'으로 접근한다. 이때 사역동사가 첫 번째 술어 자리에 오고, 두 번째 술어를 찾아 뒤에 위치하게 만든다. 두 번째 술어가 '去(가다)'이고 어울리는 목적어는 '公园(공원)'이다. 그럼 '누가 누구에게 공원을 가지 못하게 했는지'를 생각해보면, '엄마가 나에게 공원에 가지 말라고 한 것'이 의미적으로 어울린다. 이때 '부정부사 + 술어①'을 기억하자.

[정답] 妈妈不让我去公园。   엄마는 나에게 공원에 가지 못하게 하였다.

제2부분

调查 ▶ _____

❶ 제시 어휘와 그림을 확인해라!

제시 어휘는 '调查 diàochá (조사하다)', 품사는 동사이다. 그림은 사무실로 보이는 듯 한 곳에서 누군가가 계산기 등을 가지고 조사한 내용을 적고 있는 모습이다.

그림을 보고 생각나는 키워드 어휘를 뽑아보자.

> 在办公室 zài bàngōngshì 사무실에서, 进行调查 jìnxíng diàochá 조사를 진행하다, 对这件事情 duì zhè jiàn shìqing, 积极地 jījí de 적극적으로, 成功 chénggōng 성공하다 ······

❷ 위의 키워드 어휘로 간단하게 '주 + 술 + 목' 기본문장을 만들어보자.

> 주어 + 술어(형용사/동사) + 목적어
>
> 他正在办公室进行调查。　그는 사무실에서 조사를 진행하고 있다.
> 他对这件事情进行调查。　그는 이 일에 대해 조사를 진행했다.
> 这次调查挺成功的。　이번 조사는 굉장히 성공적이다.

❸ 오늘 공부한 '연동문 · 겸어문'으로 문장을 만들어보자.

① 연동문을 만들어보자.

> 他刚才去办公室进行了调查。　그는 방금 사무실에 가서 조사를 진행했다.
> 　　　　술어①　　　　술어②
> 他听到这次调查结果，很伤心。　그는 이번 조사결과를 듣고 매우 상심했다.
> 　술어①　　　　　　　　술어②

② 겸어문을 만들어보자.

> 这次调查结果让我十分兴奋。　이번 조사결과는 나를 매우 흥분시켰다.
> 　　　　　　사역동사　　술어②
> 请大家进行一下调查。　여러분이 조사를 좀 진행해주시기 바랍니다.
> 사역동사　술어②

 실전 PT

 정답 및 해설 82p
학습시간 2 0 분

제1부분 – 연동문

> 주어는 하나인데, 술어가 2개이면 연동문이다! 연동문은 술어가 2개이기 때문에 제일 먼저 술어의 위치를 순서에 맞게 잡는다. 그 다음 부사 혹은 조동사가 출현하면 첫 번째 술어 앞에 놓아준다. '了(완료)', '着(진행)', '过(과거 경험)' 역시 위치에 맞게 배치한다.

문제 1   方法   有   这样的问题   解决   爷爷

▶ 답 _____

▶ 해석 _____

문제 2   总是   看红叶   父亲   领着我们   去香山

▶ 답 _____

▶ 해석 _____

문제 3   用手机   信用卡   不要   办

▶ 답 _____

▶ 해석 _____

문제 4   看到   我   很感动   这部电影

▶ 답 _____

▶ 해석 _____

문제 5   你应该   好好谈谈   找   律师   情况

▶ 답 _____

▶ 해석 _____

제1부분 – 겸어문

사역동사 '让', '使', '叫', '请'이 보이면 겸어문의 사역구문을 만들어야 한다. 사역동사가 나오면 겸어문의 첫 번째 술어 자리에 놓아 사역구문을 만들어준다. 겸어문의 구조는 '주어 + 술어① + 겸어 + 술어② + 목적어'이고 사역동사는 술어① 자리에 온다는 것을 잊지 말자!

문제 1 菜   使我们   十分   他做的   满意

▶ 답 _____

▶ 해석 _____

문제 2 查   让我   妈妈   成绩了

▶ 답 _____

▶ 해석 _____

문제 3 翻到   页   请大家   第189

▶ 답 _____

▶ 해석 _____

문제 4 记忆力   的   让人   这个孩子   很吃惊

▶ 답 _____

▶ 해석 _____

문제 5 让我   收拾   妈妈   一下   房间

▶ 답 _____

▶ 해석 _____

제2부분 - 연동문

문제 1

长城

▶ 답 1 _____

▶ 답 2 _____

문제 2

难受

▶ 답 1 _____

▶ 답 2 _____

문제 3

台

▶ 답 1 _____

▶ 답 2 _____

제2부분 – 겸어문

문제 1

汗

▶ 답 1 _____

▶ 답 2 _____

문제 2

孤单

▶ 답 1 _____

▶ 답 2 _____

문제 3

肚子

▶ 답 1 _____

▶ 답 2 _____

 마무리 PT　　　　　　　　　　　　　학습시간 0 5 분

1 大家都很感兴趣。
Dàjiā dōu hěn gǎn xìngqù.
모두가 매우 흥미를 느낀다.

* 感兴趣 gǎn xìngqù
  흥미를 느끼다

2 要互相关心
yào hùxiāng guānxīn
서로 관심을 가져야 한다

* 互相关心 hùxiāng guānxīn
  서로 관심을 가지다

3 太多的意见会让我们很难做出决定。
Tài duō de yìjiàn huì ràng wǒmen hěn nán zuòchū juédìng.
너무 많은 의견은 우리가 결정을 내리기 매우 어렵게 할 수 있다.

* 做…决定 zuò…juédìng
  ~한 결정을 내리다

4 受了影响
shòu le yǐngxiǎng
영향을 받았다

* 受…影响
  shòu…yǐngxiǎng
  ~영향을 받다

5 我决定从现在开始减肥。
Wǒ juédìng cóng xiànzài kāishǐ jiǎnféi.
나는 지금부터 다이어트를 시작하기로 결정했다.

* 从…开始…
  cóng…kāishǐ…
  ~부터 ~을 시작하다

6 取得好成绩
qǔdé hǎo chéngjì
좋은 성적을 취득하다

* 取得成绩 qǔdé chéngjì
  성적을 취득하다

7 他的话使我非常感动。
Tā de huà shǐ wǒ fēicháng gǎndòng.
그의 말은 나를 매우 감동시켰다.

* 使…感动 shǐ…gǎndòng
  ~를 감동시키다

8 我听到这个消息很吃惊了。
Wǒ tīngdào zhè ge xiāoxi hěn chījīng le.
나는 이 소식을 듣고 매우 놀랐다.

* 听到…吃惊
  tīngdào…chījīng
  ~을 듣고 놀라다

9 你这个总结写得不错。
Nǐ zhè ge zǒngjié xiě de búcuò.
너 이 결론 매우 잘 썼다.

* 总结 zǒngjié
  총결산, 결론

10 压力很大。
Yālì hěn dà.
스트레스가 매우 심하다.

* 压力 yālì
  스트레스

PART 02
부분별 강화

DAY 14 ~ DAY 16

- **어휘PT** — 예제와 실전PT의 어휘 미리 보기
- **전략PT** — HSK PT만의 핵심 전략 정리
- **PT시크릿** — 기출 핵심 어휘 제시
- **실전PT** — 다양한 문제로 실력 다지기

Day 14

듣기 제1부분 | 문제와 녹음의 일치 여부 판단하기
반드시 정답(√)이 되는 빈출 20문장!

어휘 PT Track 14-1   학습시간 10분

문제 1
- 及时 jíshí 〔부〕 즉시, 바로
- 道歉 dàoqiàn 〔동〕 사과하다
- 不仅…也… bùjǐn…yě… 〔접〕 ~할 뿐만 아니라, 또 ~하다
- 尊重 zūnzhòng 〔동〕 존중하다
- 负责 fùzé 〔동〕 책임지다

문제 2
- 邮件 yóujiàn 〔명〕 이메일
- 通知 tōngzhī 〔동〕 통지하다, 알리다
- 应聘 yìngpìn 〔동〕 지원하다, 응시하다
- 暂时 zànshí 〔명〕 잠깐, 잠시
- 消息 xiāoxi 〔명〕 소식

문제 3
- 新闻专业 xīnwén zhuānyè 〔명〕 신문방송학 전공
- 理想 lǐxiǎng 〔명〕 이상, 꿈
- 能够 nénggòu 〔동〕 ~할 수 있다
- 选择 xuǎnzé 〔동〕 선택하다
- 法律专业 fǎlǜ zhuānyè 〔명〕 법학 전공

문제 4
- 毕业 bìyè 〔동〕 졸업하다
- 暑假 shǔjià 〔명〕 여름방학
- 提前 tíqián 〔동〕 앞당기다
- 计划 jìhuà 〔명〕 계획

문제 5
- 无论…都… wúlùn…dōu… 〔접〕 ~을 막론하고, 모두 ~하다
- 注意 zhùyì 〔동〕 조심하다
- 正确 zhèngquè 〔형〕 정확하다
- 节约 jiéyuē 〔동〕 절약하다
- 甚至 shènzhì 〔부〕 심지어
- 任务 rènwu 〔명〕 임무

문제 6
- 加班 jiābān 〔동〕 야근하다
- 约会 yuēhuì 〔명〕 약속

문제 7
- 地图 dìtú 〔명〕 지도
- 表示 biǎoshì 〔동〕 의미하다, 가리키다
- 海洋 hǎiyáng 〔명〕 바다
- 颜色 yánsè 〔명〕 색
- 森林 sēnlín 〔명〕 삼림, 숲
- 像 xiàng 〔동〕 ~와 같다

문제 8
- 复印机 fùyìnjī 〔명〕 복사기
- 坏 huài 〔형〕 고장 나다
- 传真机 chuánzhēnjī 〔명〕 팩시밀리
- 修理 xiūlǐ 〔동〕 수리하다
- 可能 kěnéng 〔부〕 아마도
- 材料 cáiliào 〔명〕 자료

문제 9
- 饺子 jiǎozi 〔명〕 교자
- 便宜 piányi 〔형〕 (값이) 싸다
- 小吃店 xiǎochīdiàn 〔명〕 간이식당, 스낵바
- 鸡蛋汤 jīdàntāng 〔명〕 계란탕
- 价格 jiàgé 〔명〕 가격
- 早餐 zǎocān 〔명〕 아침밥

문제 10
- 师傅 shīfu 〔명〕 선생님
- 热情 rèqíng 〔형〕 친절하다, 열정적이다
- 不但…而且… búdàn…érqiě… 〔접〕 ~일 뿐만 아니라, 게다가 ~하다
- 修车 xiūchē 자전거를 수리하다
- 技术 jìshù 〔명〕 기술

 전략 **PT**

학습시간 **2 0** 분

듣기 제1부분은 총 10문제 ▶ 주어진 보기가 녹음과 일치하면 (√), 불일치 하면 (×) ▶ 모 아니면 도!

▶ 보기를 미리 확인하자!
▶ 눈에 들어오는 핵심어휘를 표시하자.
▶ 녹음을 집중해서 듣는다.
▶ 자신을 믿고 정답을 고르자!

 시험에 반복적으로 나왔던, **무조건** √가 되는 상식 보기 문장 20개  Track 14-2

① **做错事要及时道歉。**　Zuòcuò shì yào jíshí dàoqiàn. 일에 실수가 있으면, 바로 사과해야 한다.

→ 做错/ 事 / 要 / 及时道歉。

TIP 做错 + 목적어 : ~을 잘못하다

② **互联网使旅行变得更方便。**　인터넷은 여행을 더 편리하게 변화시켰다.

Hùliánwǎng shǐ lǚxíng biàn de gèng fāngbiàn.

→ 互联网 / 使旅行 / 变得更方便。

TIP A 使(让) B 变得…… : A가 B를 ~하도록 변화시키다

③ **互相帮助才能共同前进。**　서로 도와야지만 비로소 함께 앞으로 나아갈 수가 있다.

Hùxiāng bāngzhù cáinéng gòngtóng qiánjìn.

→ 互相帮助 / 才能 / 共同前进。

TIP 互相帮助 서로 돕다 / 互相信任 서로 믿다 / 互相理解 서로 이해하다

④ **失败是成功之母。**　Shībài shì chénggōng zhī mǔ.　실패는 성공의 어머니이다.

→ 失败 / 是 / 成功之母。

TIP 失败 실패 ↔ 成功 성공 / 输 지다 ↔ 赢 이기다

⑤ **笑使人更健康。**　Xiào shǐ rén gèng jiànkāng. 웃음은 사람을 더 건강하게 만들어준다.

→ 笑 / 使人 / 更健康。

TIP A 使 B 更…… : A가 B를 더 ~하게 하다

⑥ **环保要从身边小事做起。**　환경보호는 주변의 작은 일부터 해나가는 것이다.

Huánbǎo yào cóng shēnbiān xiǎoshì zuòqǐ.

→ 环保 / 要 / 从身边小事 / 做起。

TIP 环境保护 : 환경보호 → 环保 / 从……做起 : ~부터 해나가다

7 酒后不开车是对自己负责。 술 마신 뒤 운전하지 않는 것은 자신에 대해 책임지는 것이다.
Jiǔ hòu bù kāichē shì duì zìjǐ fùzé.

→ 酒后不开车 / 是 / 对自己 / 负责。

TIP 开车 동 운전하다 / 对……负责 : ~에 대해 책임지다

8 茶在中国有数千年的历史。 차는 중국에서 수천 년의 역사를 지닌다.
Chá zài Zhōngguó yǒu shù qiān nián de lìshǐ.

→ 茶 / 在中国 / 有 / 数千年的历史。

TIP 在 A 有 B : A에 B가 있다
전치사구 술어

9 地图上蓝色表示海洋。 Dìtú shang lánsè biǎoshì hǎiyáng. 지도에서의 파란색은 바다를 나타낸다.

→ 地图上蓝色 / 表示 / 海洋。

TIP 地图上绿色 / 表示 / 森林。 지도에서의 녹색은 숲을 나타낸다.

10 态度比聪明更重要。 Tàidù bǐ cōngming gèng zhòngyào. 태도는 총명함보다 더 중요하다.

→ 态度 / 比 / 聪明 / 更重要。

TIP A 比 B 更(还/再/都)…… : A는 B보다 더 중요하다

11 多运动对身体有好处。 Duō yùndòng duì shēntǐ yǒu hǎochù. 운동을 많이 하면 몸에 좋은 점이 있다.

→ 多运动 / 对身体 / 有好处。

TIP 对 A 有 B : A에 대하여 B가 있다
전치사구 술어

12 人们可以通过音乐交流感情。 사람들은 음악을 통해 감정을 교류할 수 있다.
Rénmen kěyǐ tōngguò yīnyuè jiāoliú gǎnqíng.

→ 人们 / 可以 / 通过音乐 / 交流感情。

TIP 通过 A 술어 B : ~을 통해서 ~를 (술어)하다
전치사구

13 父母对孩子要讲信用。 Fùmǔ duì háizi yào jiǎng xìnyòng. 부모는 아이에게 신용을 지켜야 한다.

→ 父母 / 对孩子 / 要讲信用。

TIP 对……讲信用 : ~에게 신용을 지키다

14 人们的性格各不相同。 Rénmen de xìnggé gè bù xiāngtóng. 사람들의 성격은 각각 다르다.

→ 人们的性格 / 各 / 不相同。

TIP 各 부 각각 / 相同 형 같다, 똑같다

15 成功能增加信心。 Chénggōng néng zēngjiā xìnxīn. 성공은 자신감을 높여줄 수 있다.

→ 成功 / 能 / 增加 / 信心。

TIP 增加…… : ~을 높이다

16 网上银行让生活变得更方便。 인터넷뱅킹은 생활을 더 편리하게 변화시켰다.
Wǎngshàng yínháng ràng shēnghuó biàn de gèng fāngbiàn.

→ 网上银行 / 让生活 / 变得更方便。

TIP 网上银行 인터넷뱅킹 / A 让(使) B 变得…… : A가 B를 ~하도록 변화시키다

17 我们要重视身体健康。 Wǒmen yào zhòngshì shēntǐ jiànkāng. 우리들은 신체 건강을 중시해야 한다.

→ 我们 / 要重视 / 身体健康。

TIP 重视……健康 : 건강을 중시하다

18 开空调对皮肤不好。 Kāi kōngtiáo duì pífū bùhǎo. 에어컨을 켜는 것은 피부에 좋지 않다.

→ 开空调 / 对皮肤 / 不好。

TIP A 对 B 不好 : A는 B에 좋지 않다

19 做事情方法很重要。 Zuò shìqing fāngfǎ hěn zhòngyào. 일할 때 방법은 매우 중요하다.

→ 做事情 / 方法 / 很重要。

TIP ……很重要 : ~은 매우 중요하다

20 理解是相互的。 Lǐjiě shì xiānghù de. 이해는 상호간의 것이다.

→ 理解 / 是相互的。

TIP 相互 뮌 상호간, 서로

문제		
문제 1	★ 做错事要及时道歉。	( )
문제 2	★ 他会发邮件通知大家。	( )
문제 3	★ 他读的是新闻专业。	( )
문제 4	★ 他大学刚刚毕业。	( )
문제 5	★ 做事情方法很重要。	( )
문제 6	★ 女儿晚上要加班。	( )
문제 7	★ 地图上蓝色表示海洋。	( )
문제 8	★ 复印机坏了。	( )
문제 9	★ 那儿的饺子很便宜。	( )
문제 10	★ 张师傅对人很热情。	( )

독해 제1부분 | 빈칸 채우기
자주 나오는 짝꿍 어휘

어휘 PT

학습시간 10분

보기 1-5		보기 6-10	
重点 zhòngdiǎn	몡 휑 중점/중요한	顺便 shùnbiàn	튀 겸사겸사, ~하는 김에
航班 hángbān	몡 항공편	页 yè	몡 페이지
打扰 dǎrǎo	동 폐를 끼치다, 방해하다	袜子 wàzi	몡 양말
坚持 jiānchí	동 유지하다, 계속하다	温度 wēndù	몡 온도
引起 yǐnqǐ	동 불러 일으키다	辛苦 xīnkǔ	휑 고생하다, 수고하다
份 fèn	얭 부 [전체 중 일부를 세는 양사]	乱 luàn	휑 어지럽다, 어수선하다

문제 1		문제 6	
讲话 jiǎnghuà	동 이야기하다	打印 dǎyìn	동 인쇄하다
了解 liǎojiě	동 이해하다	申请表 shēnqǐngbiǎo	몡 신청표
表达 biǎodá	동 나타내다, 표현하다		
意思 yìsi	몡 뜻, 의미		

문제 2		문제 7	
填 tián	동 기입하다, 써 넣다	脏 zāng	휑 더럽다, 지저분하다
表格 biǎogé	몡 표, 양식, 도표	打扫 dǎsǎo	동 청소하다, 깨끗이 정리하다
		整理 zhěnglǐ	동 정리하다

문제 3		문제 8	
之间 zhījiān	몡 ~사이, ~지간	啤酒 píjiǔ	몡 맥주
缺少 quēshǎo	동 부족하다, 모자라다	趟 tàng	얭 차례, 번 [왕래한 횟수를 세는 양사]
交流 jiāoliú	동 서로 소통하다, 교류하다	超市 chāoshì	몡 슈퍼마켓
误会 wùhuì	몡 오해	下楼 xiàlóu	계단을 내려가다
		垃圾 lājī	몡 쓰레기
		扔 rēng	동 버리다

문제 4		문제 9	
阿姨 āyí	몡 아주머니, 이모	怎么 zěnme	대 어째서
乘坐 chéngzuò	동 탑승하다	商场 shāngchǎng	몡 상점
左右 zuǒyòu	몡 가량, 쯤	做活动 zuò huódòng	행사를 하다
降落 jiàngluò	동 착륙하다		

문제 5		문제 10	
大家 dàjiā	몡 모두, 다들	搬家 bānjiā	동 이사가다
通知 tōngzhī	동 통지하다	没来得及 méi láidejí	제시간에 도달하지 못하다
		收拾 shōushi	동 정리하다

 전략 **PT**　　　　　　　　　　　　　　 학습시간 2 0 분

독해 제1부분은 총 10문제 〉 5문제는 단문 형식, 5문제는 대화 형식 〉 빈칸에 알맞은 어휘 채워넣기

▶ 제시 어휘를 5개를 빠르게 확인하자!
▶ 아는 어휘는 표시해둔다.
▶ 문제를 하나씩 보면서 알맞은 어휘를 넣는다.
▶ 아는 어휘의 위치를 먼저 채워두면 나머지 문제 풀기가 조금 더 수월하다!

 시험에 반복적으로 나왔던 품사별 짝꿍 어휘

▶동사 어휘

1	超过 chāoguò 초과하다	→	超过5倍 chāoguò wǔ bèi 5배를 초과하다
2	安排 ānpái 준비·안배하다	→	安排计划 ānpái jìhuà 계획을 짜다
3	放弃 fàngqì 포기하다	→	放弃机会 fàngqì jīhuì 기회를 포기하다
4	反对 fǎnduì 반대하다	→	反对意见 fǎnduì yìjiàn 의견에 반대하다
5	符合 fúhé 부합하다	→	符合专业 fúhé zhuānyè 전공에 부합하다
6	负责 fùzé 책임지다	→	负责工作 fùzé gōngzuò 일을 책임지다
7	改变 gǎibiàn 바꾸다	→	改变主意 gǎibiàn zhǔyi 생각을 바꾸다
8	积累 jīlěi 쌓다	→	积累经验 jīlěi jīngyàn 경험을 쌓다
9	拒绝 jùjué 거절하다	→	拒绝要求 jùjué yāoqiú 요구를 거절하다
10	适应 shìyìng 적응하다	→	适应环境 shìyìng huánjìng 환경에 적응하다
11	举行 jǔxíng 개최하다	→	举行运动会 jǔxíng yùndònghuì 운동회를 개최하다
12	增加 zēngjiā 증가하다	→	增加数量 zēngjiā shùliàng 수량이 증가하다
13	相信 xiāngxìn 믿다	→	相信他们 xiāngxìn tāmen 그들을 믿다
14	拉近 lājìn 좁히다	→	拉近距离 lājìn jùlí 거리를 좁히다
15	整理 zhěnglǐ 정리하다	→	整理行李 zhěnglǐ xíngli 짐을 정리하다
16	租 zū 세내다	→	租房子 zū fángzi 방을 구하다
17	商量 shāngliang 상의하다	→	商量意见 shāngliang yìjiàn 의견을 상의하다
18	引起 yǐnqǐ 일으키다	→	引起误会 yǐnqǐ wùhuì 오해를 불러 일으키다

260　PART 2

▶명사 어휘

1	座位 zuòwèi 좌석	→	座位号 zuòwèihào 좌석번호
2	签证 qiānzhèng 비자	→	办签证 bàn qiānzhèng 비자를 수속하다
3	脾气 píqi 성질, 기질	→	发脾气 fā píqi 화 내다, 성질 내다
4	小伙子 xiǎohuǒzi 젊은이	→	一位小伙子 yí wèi xiǎohuǒzi 한 분의 젊은이
5	重点 zhòngdiǎn 중점	→	重点讨论 zhòngdiǎn tǎolùn 중점토론
6	页 yè 페이지	→	150页 yì bǎi wǔshí yè 150 페이지
7	博士 bóshì 박사	→	读博士 dú bóshì 박사공부를 하다
8	顺序 shùnxù 순서	→	按照顺序排好队 ànzhào shùnxù páihǎo duì 순서에 따라 줄을 잘 서다
9	性格 xìnggé 성격	→	性格活泼 xìnggé huópo 성격이 활발하다
10	印象 yìnxiàng 인상	→	对我留下很好的印象 duì wǒ liúxià hěn hǎo de yìnxiàng 나에게 매우 좋은 인상을 남기다
11	航班 hángbān 항공편	→	国际航班 guójì hángbān 국제 항공편
12	基础 jīchǔ 기초	→	打基础 dǎjīchǔ 기초를 다지다
13	饺子 jiǎozi 교자	→	包饺子 bāo jiǎozi 교자를 빚다
14	密码 mìmǎ 비밀번호	→	忘记密码 wàngjì mìmǎ 비밀번호를 잊어버리다
15	友谊 yǒuyì 우정	→	影响友谊 yǐngxiǎng yǒuyì 우정에 영향을 끼치다

▶부사 어휘

1	一切 yíqiè 모든, 전부	→	一切顺利 yíqiè shùnlì 모든 게 순조롭다
2	准时 zhǔnshí 정시에	→	准时到达 zhǔnshí dàodá 제때에 도착하다
3	完全 wánquán 완전히	→	完全有能力 wánquán yǒu nénglì 완전히 능력 있다
4	看样子 kàn yàngzi / 看起来 kànqǐlái 보아하니	→	他看起来很幸福。 Tā kànqǐlái hěn xìngfú. 그는 매우 행복해 보인다.
5	竟然 jìngrán 뜻밖에도	→	竟然没来 jìngrán méilái 뜻밖에도 오지 않는다
6	好像 hǎoxiàng ~인 것 같다	→	他好像回家了。 Tā hǎoxiàng huíjiā le. 그는 집으로 돌아간 듯 하다.
7	顺便 ~하는 김에, 겸사겸사 shùnbiàn	→	顺便买苹果汁。 Shùnbiàn mǎi píngguǒzhī. 사는 김에 사과 주스도 산다.
8	实在 shízài 정말로	→	实在受不了。 Shízài shòubuliǎo. 정말 견딜 수 없다.

9	往往 wǎngwǎng 종종	→	往往有那种事。 Wǎngwǎng yǒu nà zhǒng shì. 그런 일은 종종 있다.
10	互相 hùxiāng 서로	→	互相信任 hùxiāng xìnrèn 서로 믿다

▶형용사 어휘

1	顺利 shùnlì 순조롭다	→	应聘顺利吗？ Yìngpìn shùnlì ma? 지원은 순조로웠니?
2	凉快 liángkuai 시원하다	→	外面很凉快。 Wàimiàn hěn liángkuai. 바깥은 매우 시원하다.
3	暖和 nuǎnhuo 따뜻하다	→	今天很暖和。 Jīntiān hěn nuǎnhuo. 오늘 매우 따뜻하다.
4	所有 suǒyǒu 모든	→	所有的事 suǒyǒu de shì 모든 일
5	精彩 jīngcǎi 훌륭하다	→	比赛很精彩。 Bǐsài hěn jīngcǎi. 경기가 매우 멋졌다.
6	合适 héshì 알맞다	→	这件衣服对我很合适。 이 옷은 나에게 딱 맞는다. Zhè jiàn yīfu duì wǒ hěn héshì.
7	热闹 rènao 시끌벅적하다	→	大城市很热闹。 대도시는 매우 시끌벅적하다. Dàchéngshì hěn rènao.
8	骄傲 jiāo'ào 거만하다	→	他很骄傲。 Tā hěn jiāo'ào. 그는 아주 거만하다.
9	轻松 qīngsōng 홀가분하다	→	我心里很轻松。 Wǒ xīnlǐ hěn qīngsōng. 내 마음이 매우 홀가분하다.
10	标准 biāozhǔn 표준적이다	→	动作很标准。 Dòngzuò hěn biāozhǔn. 동작이 매우 표준적이다.
11	详细 xiángxì 상세하다	→	详细内容 xiángxì nèiróng 상세한 내용
12	正常 정상적이다 zhèngcháng	→	很正常 매우 정상이다 hěn zhèngcháng
13	著名 zhùmíng 유명하다	→	著名的演员 zhùmíng de yǎnyuán 유명한 연기자
14	危险 wēixiǎn 위험하다	→	这里很危险。 Zhè lǐ hěn wēixiǎn. 이곳은 매우 위험하다.
15	礼貌 lǐmào 예의 바르다	→	不礼貌 bù lǐmào 예의가 없다
16	乱 luàn 무질서하다	→	头发很乱。 Tóufa hěn luàn. 머리카락이 매우 지저분하다.

▶양사 어휘

1	棵 kē 그루 [나무를 세는 단위]	→	一棵树 yì kē shù 한 그루의 나무
2	篇 piān 편 [문장·글을 세는 단위]	→	一篇文章 yì piān wénzhāng 한 편의 문장
3	门 mén 개 [수업·과목 등을 세는 단위]	→	一门课 yì mén kè 한 과목
4	份 fèn 부 [표·양식 등을 세는 단위]	→	一份表格 yí fèn biǎogé 한 부의 표
5	节 jié 개 [수업 등을 세는 단위]	→	一节课 yì jié kè 한 개의 수업

[1-5]

A 重点　　B 航班　　C 打扰　　D 坚持　　E 引起　　F 份

문제 1 讲话应先讲（　　　），这样才能使别人更快地了解你想表达的意思。

문제 2 先生，请您先在入口处填一（　　　）表格。

문제 3 人与人之间如果缺少交流，可能就会（　　　）误会。

문제 4 万阿姨乘坐的（　　　）还有半个小时左右才会降落。

문제 5 （　　　）一下，大家都在，那我通知一件事情。

[6–10]

A 顺便　　B 页　　C 袜子　　D 温度　　E 辛苦　　F 乱

문제 6　A：我现在去打印申请表，要不要顺便帮你打印出来？
　　　　B：不用了，我才填到第二（　　），我一会儿自己去就行。

문제 7　A：那个房间又脏又乱，星期六我去打扫，整理了一下。
　　　　B：原来是你啊，（　　）了，谢谢你！

문제 8　A：家里没有啤酒了，我去趟超市。
　　　　B：你下楼的时候（　　）把垃圾扔了。

문제 9　A：你怎么买了这么多（　　）？
　　　　B：商场在做活动，10块钱3双，我就多买了些。

문제 10　A：我刚搬了家，还没来得及收拾，有点儿（　　）。
　　　　B：我下午没事，帮你收拾吧。

쓰기 제1부분 | 제시된 어휘로 문장 완성하기
기본에 충실하자! [기분문장성분]

 전략 PT

 학습시간 2 0 분

쓰기 제1부분은 HSK 4급에서 배점이 높은 파트 중 하나이다. 한 문제도 놓쳐서는 안 된다!
쓰기 제1부분은 총 10문제 ❯ 한 문제당 배점 6점 ❯ 10문제 모두 맞추면 60점!

▶ 제시된 어휘를 보고 기본문장성분 배열[주어 + 술어 + 목적어]을 묻는 문제인지 혹은 특수문장성분 배열[把자문, 被자문, 比자문(비교문), 得(정도보어)]을 묻는 문제인지 빨리 파악해라!
▶ 그 문제에서 요구하는 어법을 그대로 대입해 문장을 완벽하게 배열한다.
▶ 배열이 끝나면, 마지막으로 해석을 해보고 정답을 확신해라!

 기본문장성분 배열 순서잡기 방법

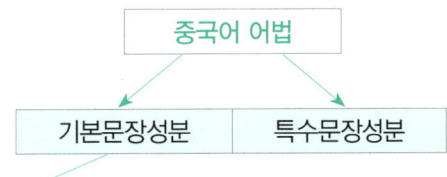

▶**다시 한번 다지는 기본문장성분**

① 술어를 찾아 문장 가운데에 배치해라.

제시된 단어를 보고, 먼저 문장의 가장 중심인 술어를 찾아 문장의 가운데에 먼저 배치한다.

② 술어 앞·뒤로, 주어와 목적어를 배치한다.

[주어 + 술어 + 목적어]
술어를 기준으로 앞·뒤에 주어와 목적어를 배치한다.

> **TIP** 시험에서는 주어가 없는 '무주어문'이 자주 등장한다! 주어와 목적어를 찾아 배치하려고 하는데, 주어나 목적어가 다 보이지 않고 하나만 보인다면, 대부분 목적어일 것이다!

예 무주어문 문장을 살펴보자!

吧   买   顺便   苹果汁

① 술어를 먼저 배치한다. → 술어 '买'

② 술어 '买' 앞·뒤로 '주어'와 '목적어'를 배치한다. 명사는 '苹果汁(사과주스)' 하나로 주어 혹은 목적어 자리에 와야 하는데 '사과주스(를) 사다'가 의미상 어울리므로 목적어로 배치한다. → '买苹果汁'
③ '吧'는 문장 끝에서 '~하자'라는 청유형 문장을 만든다. → '买苹果汁吧'
④ '顺便'은 '겸사겸사, ~하는 김에'라는 의미의 부사로 술어 앞에 위치한다. → '顺便买苹果汁吧。'
⑤ 주어가 없는 무주어문이다. 정답은 '顺便买苹果汁吧。 사는 김에 사과주스도 사자.'

❸ 남은 어휘들은 90% 부사어일 확률이 높다! 부사어는 어디에 위치하는가? 바로 술어 앞이다!

[주어 + 부사어 + 술어 + 목적어]

주어, 술어, 목적어 배열이 끝나고, 남은 어휘가 있다면 거의 대부분 부사어일 것이다! 부사어는 술어 앞에서 술어를 수식해주는 성분으로 부사어 자리에는 [부사 → 조동사 → 전치사구 → ……地(~하게)] 등의 성분들이 차례로 온다.

[주어 + **부사어** + 술어 + 목적어]
[부사 → 조동사 → 전치사구 → ……地]

❹ 문장부호를 반드시 써준다.

어법에 맞게 어휘들의 배치가 끝났다면, 완성된 문장 끝에 반드시 마침표(。), 물음표(？) 등의 문장부호를 써주어야 한다.

	중국어 문장부호	예문
1	마침표 [。] 句号 jùhào 문장 끝에서 문장이 끝났음을 표시한다.	我们要注意身体健康。 우리는 신체건강에 주의해야 한다.
2	물음표 [？] 问号 wènhào 문장 끝에서 의문을 표시한다.	这里到底发生了什么事情？ 이곳에 도대체 무슨 일이 벌어진 거니?
3	느낌표 [！] 叹号 tànhào 문장 끝에서 감탄의 감정을 표시한다.	这里的风景真美啊！ 이 곳의 풍경은 정말 아름답구나!
4	작은 쉼표 [、] 顿号 dùnhào 병렬관계인 단어나 구의 나열을 표시한다.	我喜欢苹果、葡萄、西红柿。 나는 사과, 포도, 토마토를 좋아한다.
5	쉼표 [，] 逗号 dòuhào 문장 중간에서 문장이 끝나지 않았음을 표시한다.	我下班以后，跟朋友们一起去看电影。 나는 퇴근한 후, 친구와 함께 영화 보러 간다.

❺ 중국어 기본어순!

부사어	관형어	주어	부사어	술어	보어	관형어	목적어	
刚才	我的	中国朋友	在家	吃	完了	我做的	韩国菜	。
방금	나의	중국친구는	집에서		먹었다	다	내가 만든	한국요리를

방금 나의 중국친구는 집에서 내가 만든 중국요리를 다 먹었다.

문제 1 好处   水果   有   对皮肤   多吃

문제 2 是   我妻子   十分浪漫的   一个   人

문제 3 警察的   他的   引起了   话   怀疑

문제 4 饭后   对   散步   身体   有好处

문제 5 保护皮肤   注意   夏季外出时   要

문제 6 他   很有礼貌的   是一个   小伙子

문제 7 都   这样做   所有的人   反对

문제 8　　是过年时　　这盒　　送给妈妈的　　饼干　　爸爸

_____

문제 9　　发生了　　什么　　到底　　这里　　事情

_____

문제 10　　猜出来　　所有的人　　答案　　没有　　都

_____

문제 11　　不允许　　医院　　抽烟　　里

_____

문제 12　　西红柿　　还　　冰箱　　剩了　　里　　两个

_____

문제 13　　对今天的　　观众　　演讲　　十分失望

_____

문제 14　　幸福　　你俩　　祝　　永远

_____

문제 15 不同   姐妹俩的   完全   性格

_____

문제 16 降落   飞机   提前   不得不

_____

문제 17 亚洲   船上的   几乎都   来自   乘客

_____

문제 18 这双袜子   给我的   是   父亲

_____

문제 19 不得不   主意   改变   我们最后

_____

문제 20 景色   那个   很美   地方的

_____

Day 15

듣기 제2부분 | 대화 듣고 질문에 답하기
화자의 어투 관련 표현 20개

어휘 PT Track 15-1   학습시간 10분

문제 1
- 帽子 màozi 명 모자
- 办公室 bàngōngshì 명 사무실, 오피스
- 放心 fàngxīn 동 안심하다, 마음을 놓다
- 照顾 zhàogù 동 돌보다, 보살피다
- 护士 hùshi 명 간호사

문제 2
- 热闹 rènao 형 시끌벅적하다
- 房东 fángdōng 명 집주인
- 亲戚 qīnqi 명 친척
- 聚会 jùhuì 명 모임
- 离开 líkāi 동 떠나다
- 突然 tūrán 부 갑자기

문제 3
- 网址 wǎngzhǐ 명 웹사이트 주소
- 国籍信息 guójí xìnxī 명 국적 정보
- 航班号 hángbānhào 명 항공편 번호
- 购物 gòuwù 동 물건을 사다, 구매하다
- 网站 wǎngzhàn 명 웹사이트

문제 4
- 烤鸭 kǎoyā 명 카오야, 오리구이
- 拿主意 ná zhǔyi 동 생각을 정하다
- 趟 tàng 양 차례, 번 [왕래한 횟수를 세는 양사]
- 洗手间 xǐshǒujiān 명 화장실

문제 5
- 住 zhù 동 살다
- 签证 qiānzhèng 명 비자
- 办 bàn 동 발급받다, 수속하다

문제 6
- 电梯 diàntī 명 엘리베이터
- 楼层 lóucéng 명 층, 층수
- 低 dī 형 낮다
- 价格 jiàgé 명 가격
- 旧 jiù 형 오래되다
- 郊区 jiāoqū 명 외각, 변두리

문제 7
- 房价 fángjià 명 집값
- 可能 kěnéng 부 아마도
- 周围 zhōuwéi 명 주위, 주변
- 地铁站 dìtiězhàn 명 지하철 역

문제 7
- 打折 dǎzhé 동 할인하다
- 售货员 shòuhuòyuán 명 판매원, 점원
- 顾客 gùkè 명 고객
- 服务 fúwù 명 서비스
- 排队 páiduì 동 줄을 서다
- 打五折 dǎ wǔ zhé 50% 할인하다

문제 8
- 擦 cā 동 닦다
- 黑板 hēibǎn 명 칠판
- 申请 shēnqǐng 동 신청하다
- 翻译 fānyì 동 번역하다
- 寄信 jìxìn 동 편지를 부치다
- 教授 jiàoshòu 명 교수님
- 弄完 nòngwán 다 하다
- 差不多 chàbuduō 형 그런대로 괜찮다

문제 9
- 上个礼拜 shàng ge lǐbài 명 지난주
- 出差 chūchāi 동 출장 가다
- 估计 gūjì 동 ~라 예측하다
- 急事 jíshì 명 급한 일
- 着急 zháojí 동 초조해하다, 안달하다
- 打扰 dǎrǎo 동 방해하다

문제 10
- 勺子 sháozi 명 수저, 국자
- 茶杯 chábēi 명 찻잔
- 家具城 jiājùchéng 명 가구점
- 竟然 jìngrán 부 뜻밖에도, 의외로
- 合适 héshì 형 적합하다, 알맞다

 전략 **PT** 학습시간 2 0 분

듣기 제2부분은 총 15문제 〉 두 사람의 짧은 대화문 〉 4개의 보기 항목 중 녹음과 질문을 듣고 정답 하나를 선택

▶ 보기 4개를 반드시 먼저 확인하자!
▶ 어떤 내용의 대화문인지 미리 예상한다.
▶ 녹음을 집중해서 듣는다.
▶ 들리는 어휘가 그대로 정답이 될 확률이 80% 이상이다!

시험에 반복적으로 나왔던 어투 관련 표현! 30개   ◎ Track 15-2

① 别着急 bié zháojí 조급해하지 말아라
② 没想到 méixiǎngdào 생각지도 못했어
③ 没问题 méi wèntí 문제 없어, 걱정 마
④ 别提了 bié tí le 말도 꺼내지 마
⑤ 不怎么样 bù zěnmeyàng 별로 좋지 않아
⑥ 谁说的 shéi shuō de 누가 그래?, 말도 안 돼
⑦ 别开玩笑 bié kāiwánxiào 농담하지 마
⑧ 不行 bùxíng 안 돼, 허락하지 않아
⑨ 算了吧 suàn le ba 됐어!
⑩ 随便吧 suíbiàn ba 마음대로 해, 좋을 대로 해
⑪ 非常感谢你 fēicháng gǎnxiè nǐ 네게 정말 감사해
⑫ 真的吗 zhēn de ma 정말이야?
⑬ 挺好的 tǐng hǎo de 너무 좋아
⑭ 不好意思 bùhǎoyìsi 미안해
⑮ 应该不会 yīnggāi búhuì 아마 아닐거야, 그렇지 않아

⑯ 有可能 yǒu kěnéng 가능성이 있어, 그럴지도 몰라
⑰ 真抱歉 zhēn bàoqiàn 정말 미안해
⑱ 没关系 méiguānxi 괜찮아, 걱정 마
⑲ 是的 shì de 알았어
⑳ 没事 méishì 괜찮아, 상관 없어
㉑ 确实是 quèshí shì 맞는 말이야!
㉒ 不用 búyòng 필요 없어!
㉓ 当然 dāngrán 당연하지!
㉔ 差不多了 chàbuduō le 그런대로 꽤 괜찮아!
㉕ 我也是 wǒ yěshì 나도 그래!
㉖ 好的 hǎo de 좋아!
㉗ 你怎么了？ Nǐ zěnme le? 너 어쩐 일이니?
㉘ 您放心吧！ Nín fàngxīn ba! 걱정하지 마! 안심해!
㉙ 明白 míngbai 이해했어!
㉚ 好主意 hǎo zhǔyi 좋은 생각이다!

실전 PT Track 15-3

문제 1 A 多休息   B 戴帽子   C 多穿衣服   D 打扫客厅

문제 2 A 不爱热闹   B 要去见房东   C 亲戚找他   D 心情不好

문제 3 A 网址   B 答案   C 国籍信息   D 航班号

문제 4 A 宾馆   B 餐厅   C 邮局   D 医院

문제 5 A 姐姐   B 阿姨   C 妈妈   D 女儿

문제 6 A 没电梯   B 楼层低   C 价格高   D 比较旧

문제 7 A 在打折   B 售货员不多   C 顾客少   D 服务好

문제 8 A 擦黑板   B 申请留学   C 翻译材料   D 寄信

문제 9 A 15号   B 10号   C 30号   D 1号

문제 10 A 勺子   B 传真机   C 茶杯   D 沙发

독해 제2부분 | 순서 배열하기
반드시 출제되는 패턴 3가지

어휘 PT
학습시간 10분

문제 1
- 否则 fǒuzé 접 그렇지 않으면
- 味道 wèidao 명 맛
- 及时 jíshí 부 즉시, 곧바로
- 倒 dào 동 뒤집히다, 엎어지다, 버리다, 쏟다
- 汗 hàn 명 땀
- 换洗 huànxǐ 동 갈아입고 빨다, 세탁하다

문제 2
- 广播 guǎngbō 동 방송하다
- 周围 zhōuwéi 명 주위, 주변
- 聊聊天儿 liáoliáotiānr 동 수다 떨다, 잡담하다

문제 3
- 快速 kuàisù 형 신속하다, 빠르다
- 入睡 rùshuì 동 잠 들다
- 散步 sànbù 동 산보하다, 산책하다
- 锻炼 duànliàn 동 (몸을) 단련하다
- 起…作用 qǐ…zuòyòng 짝꿍 ~의 작용을 일으키다

문제 4
- 不管…都… bùguǎn…dōu… 접 ~에 관계없이, 모두 ~하다
- 任何事 rènhé shì 어떤 일
- 考虑 kǎolǜ 동 고려하다, 생각하다
- 判断 pànduàn 동 판단하다
- 后悔 hòuhuǐ 동 후회하다

문제 5
- 连…都… lián…dōu… 짝꿍 ~조차도 ~하다
- 直接 zhíjiē 부 직접적으로
- 出发 chūfā 동 출발하다
- 结果 jiéguǒ 명 결과
- 却 què 부 오히려
- 来不及 láibují 동 제시간에 오지 못하다, 지각하다

문제 6
- 差点儿 chàdiǎnr 부 하마터면
- 连着 liánzhe 동 연속하다
- 降温 jiàngwēn 동 기온이 떨어지다
- 感冒 gǎnmào 동 감기에 걸리다
- 突然 tūrán 부 갑자기

문제 7
- 举办 jǔbàn 동 거행하다, 개최하다
- 提 tí 동 언급하다, 제기하다
- 意见 yìjiàn 명 의견
- 继续 jìxù 동 계속하다

문제 8
- 熟悉 shúxī 동 익숙하다
- 到处 dàochù 명 도처, 곳곳
- 接 jiē 동 마중나오다
- 加油站 jiāyóuzhàn 명 주유소

문제 9
- 房东 fángdōng 명 집주인
- 交 jiāo 동 내다, 주다
- 房租 fángzū 명 집세, 임대료

문제 10
- 下礼拜 xià lǐbài 명 다음 주
- 出差 chūchāi 동 (외지로) 출장 가다
- 情况 qíngkuàng 명 상황, 정황
- 电子邮件 diànzǐyóujiàn 명 이메일

Day 15 독해 제2부분

 전략 **PT**   학습시간 **10분**

독해 제2부분은 총 10문제 〉짧은 3개의 문장을 의미의 순서대로 배열하기 〉완벽한 한 문장 만들기

▶ 첫 문장을 찾아낸다.
▶ 남은 두 문장의 의미 순서를 파악한다.
▶ 완벽한 한 문장을 만들어낸다.
▶ 대명사 표현, 접속사 표현, 첫 문장에 오지 않는 표현 등 배웠던 유형을 적용해본다.

 시험에 반복적으로 나왔던 패턴

① 시험직전! 이것만은 알고 가자- [접속사]

1	尽管……, 但是(可是)…… jǐnguǎn……, dànshì(kěshì)…… 비록 ~이지만, 그러나 ~하다	
	예 尽管很累, 但是我很幸福。 비록 너무 피곤하지만, 나는 매우 행복하다.	
2	既然……, 就…… jìrán……, jiù…… 이왕 ~된 이상, 그럼 ~하자	
	예 既然决心上大学, 就应该努力学习。 이왕 대학에 다니기로 결심한 이상, 반드시 열심히 공부하겠다.	
3	不仅……, 也(而且, 还)…… bùjǐn……, yě(érqiě, hái)…… ~할 뿐만 아니라, 또한 ~이다	
	예 她不仅脾气很好, 还长得很漂亮。 그녀는 성격이 좋을 뿐만 아니라, 생김새도 너무 예쁘다.	
4	不管……, 都…… bùguǎn……, dōu…… ~에 상관없이, 모두 ~하다	
	예 不管你说什么, 我每天都要喝咖啡。 네가 뭐라고 말하든 상관없이 나는 매일 커피를 마시겠다.	
5	即使……, 也…… jíshǐ……, yě…… 설령 ~일지라도, ~하다	
	예 即使你原谅我, 我也不会原谅我自己。 설령 네가 나를 용서했을지라도, 내가 내 자신을 용서할 수 없다.	
6	只要……, 就…… zhǐyào……, jiù…… ~하기만 하면, ~이다	
	예 只要你说得慢, 我就听得懂。 네가 천천히 말해준다면, 나는 알아들을 수 있어.	

② 시험직전! 이것만은 알고 가자- [첫 문장에 오지 않는 연결표현]

可 kě 그러나 | 却 què 오히려 | 而 ér 그래서, 그러나 | 也 yě ~도 | 甚至 shènzhì 심지어 | 否则 fǒuzé 그렇지 않으면 | 都 dōu 모두 | 就 jiù 곧, 바로 | 因此 yīncǐ 이로써

③ 문장 논리에 따른 순서 배열

① 시간의 순서로! 예 去年 (작년) → 今年 (올해) → 明年 (내년)
② 원인에서 결과로! 예 路上堵车 (길이 막히다) → 迟到了 (지각하다)
③ 포괄적에서 구체적(세부적)으로!
   예 去动物园 (동물원에 가다) → 看老虎和猴子 (호랑이와 원숭이를 보다)

문제 1 A 否则很容易有味道

B 夏天天气热

C 垃圾要及时倒，有汗的衣服也要马上换洗 _____

문제 2 A 老师建议我平时多听听汉语广播

B 我的中文不太好

C 没事就和周围的中国朋友聊聊天儿 _____

문제 3 A 还能帮助你快速入睡

B 晚饭后散散步

C 不仅可以起到锻炼身体的作用 _____

문제 4 A 不管做任何事

B 都应该考虑清楚再下判断、做决定

C 不要等到将来再后悔 _____

문제 5 A 连东西都没整理完就直接出发了

B 结果我却是第一个到的

C 我原以为来不及了 _____

问题6　A 差点儿忘了跟你说，北京这几天连着降温

　　　B 你来的时候穿厚点儿，别感冒了

　　　C 突然冷了很多　　　　　　　　　　　　_____

问题7　A 有些方面做得还不够好

　　　B 这是我们第一次举办这么大的活动

　　　C 欢迎大家多提意见，我们会继续努力的　_____

问题8　A 喂，我对这儿不太熟悉，到处找

　　　B 麻烦你过来接我吧

　　　C 也没看到你说的加油站　　　　　　　　_____

问题9　A 一共是4050元

　　　B 小秋，早上房东打电话了

　　　C 让我们交7月和8月的房租　　　　　　　_____

问题10　A 这里的工作就先交给你了

　　　B 小张，我下礼拜要出差

　　　C 有什么情况及时给我发电子邮件　　　　_____

쓰기 제1부분 | 제시된 어휘로 문장 완성하기
자신만의 고유한 구조가 있다! [특수문장성분]

 전략 PT

 학습시간 2 0 분

쓰기 제1부분은 HSK 4급에서 배점이 높은 파트 중 하나이다. 한 문제도 놓쳐서는 안 된다!
쓰기 제1부분은 총 10문제 ▶ 한 문제당 배점 6점 ▶ 10문제 모두 맞추면 60점!

▶ 제시된 어휘를 보고 기본문장성분 배열[주어 + 술어 + 목적어]을 묻는 문제인지 혹은 특수문장성분 배열[把자문, 被자문, 比자문(비교문), 得(정도보어)] 등을 묻는 문제인지 빨리 파악해라!
▶ 그 문제에서 요구하는 어법을 그대로 대입해 문장을 완벽하게 배열한다.
▶ 배열이 끝나면, 마지막으로 해석을 해보고 정답을 확신해라!

특수문장성분 배열 순서잡기 방법

▶ 다시 한번 다지는 특수문장성분

❶ 어떤 어법구조가 출제된 문제인지 확인해라.

'比'가 있다면 비교문! '得'가 있다면 정도보어 문장! '把'가 있다면 '把'자문! '被'가 있다면 '被'자문, '让'이 있다면 겸어문(의 사역구문)이다!

❷ 특수문장성분들은 [주어 + 술어 + 목적어] 형태로 배열할 수 없다.

특수문장성분들은 말 그대로 특수한 어법이다. 우리가 알고 있는 기본문장성분 구조가 통하지 않는다. 반드시 문제를 보고 어떤 특수문장을 묻는 것인지 확인하고, 그 어법에 맞는 구조에 맞게 순서를 배열해야 한다.

❸ 잘 나오는 특수문장 패턴 몇 개만 외우자.

시험에서 나오는 특수문장 패턴은 딱 8개 정도이다. 그것만 숙지하고 가도 시험에서 당황하지 않을 것이다. 지금부터 시험에 단골로 출제되는 특수문장 패턴을 다시 한번 정리해보자.

비교문   A와 B를 서로 비교하는 문장

*比자 비교문 : ~보다 (~하다)

기본형 [A + 比 + B + 술어 + 부가성분]
　　　　　今年　比　去年　暖和　多了。　올해가 작년보다 훨씬 따뜻하다.

확장형 [A + 比 + B + 부사 + 술어]
　　　　　　　　　　　　　[更/再/还/都]
　　　　　今年　比　去年　更　　暖和。　올해가 작년보다 더 따뜻하다.

TIP 비교문에서 부사 자리에는 오직 '更', '再', '还', '都'만이 올 수 있다. '很', '非常' 등 다른 부사는 올 수 없다.

*有/没有 비교문 : ~만큼 (~하다)

기본형 [A + 有 + B + 술어]
　　　　　他　有　老师　聪明。　그는 선생님만큼 똑똑하다.

　　　　　[A + 没有 + B + 술어]
　　　　　他　没有　老师　聪明。　그는 선생님만큼 똑똑하지 않다.

확장형 [A + 有/没有 + B + 这么/那么/这样/那样 + 술어]
　　　　　他　没有　老师　那么　聪明。
　　　　　그는 선생님만큼 그렇게 똑똑하지 않다.

정도보어 술어 뒤에서 술어를 보충해주는 성분
　　　　　　보어 중 단연 시험에서 제일 잘 나온다. 다른 보어는 몰라도 정도보어는 꼭 알고 가자!

기본형 [주어 + 술어 + 得 + 정도표현]
　　　　　她　说得　很流利。　그녀는 말하는 정도가 매우 유창하다. (유창하게 말한다)
　　　　　小李　弹得　不太好。　샤오리는 치는 정도가 그다지 좋지 않다. (잘 못 친다)

확장형 [주어 + 목적어 + 술어 + 得 + 정도표현]
　　　　　她　汉语　说得　很流利。　그녀는 중국어를 말하는 정도가 매우 유창하다.
　　　　　　　　　　　　　　　　　(유창하게 말한다)
　　　　　小李　钢琴　弹得　不太好。　샤오리는 피아노를 치는 정도가 그다지 좋지 않다.
　　　　　　　　　　　　　　　　　(잘 못 친다)

TIP 목적어가 있는 표현에서는 주로 앞의 술어를 생략한다.
→ 주어 + (술어) + 목적어 + 술어 + 得 + 정도표현

把자문 목적어를 강조하고자 목적어를 술어 앞에 배치하는 문장

기본형 [주어 + 把 + 목적어 + 술어 + 기타성분]

她　　把衣服　　洗　　了。　그녀는 옷을 빨았다.

확장형 [주어 + 把 + 목적어 + 술어 + 在(+ 장소) / 到(+ 장소) / 给(+ 사람) / 成(+ 무엇)]

她　　把衣服　　挂　　在那里。　그녀는 옷을 저기에 걸어놨다.
我　　把文件　　交　　给小高了。　나는 문건을 샤오까오에게 건넸다.

TIP '부사/조동사'의 자리는 일반적으로 [把 + 목적어] 앞이다.
　예) 她刚才把衣服挂在那里。　그녀는 옷을 저기에 걸어놨다.

被자문 '주어가 행위자에게 술어를 당했다'라는 의미를 가지는 문장

기본형 [주어 + 被 + 행위자 + 술어 + 기타성분]

那瓶果汁　　被她　　喝　　光了。　저 과일주스는 그녀에 의해 싹 다 마셔졌다.
　　　　　　　　　　　　　　　　　(그녀가 마셨다)

这个消息　　被同学　　知道　　了。　이 소식은 친구들에 의해 알려졌다. (친구들이 알렸다)
房间　　被妈妈　　打扫　　得很干净。　[정도보어]
방은 엄마에 의해 매우 깨끗하게 청소되었다. (엄마가 청소했다)

TIP '부사/조동사'의 위치는 일반적으로 [被 + 행위자] 앞이다.
　예) 那瓶果汁已经被她喝光了。　저 과일주스는 이미 그녀에 의해 싹 다 마셔졌다.

연동문 한 문장에 동사가 2개 등장하여 '주어가 술어①하고, 술어②하다'라는 의미를 가진 문장

기본형 [주어 + 술어① [+ 목적어 ①] + 술어② +[+ 목적어 ②]]

咱们　　去　　电影院　　看　　电影。　우리들은 영화관에 가서 영화를 본다.
我们　　坐　　飞机　　去　　西安。　우리는 비행기를 타고 시안에 간다.
我　　有　　时间　　学习　　汉语。　나는 중국어를 공부할 시간이 있다.

확장형 [주어 + 부사/조동사 + 술어①(着) + 목적어① + 술어② 了/过 + 목적어②]

那位服务员　　现在　　笑着　　　　说。　저 종업원은 지금 웃으면서 말했다.
我　　去年　　去　　中国　　买了　　汉语书。
나는 작년에 중국에 가서 중국어 책을 샀다.

TIP '부사/조동사'의 위치는 첫 번째 술어 앞, '着(진행)'는 첫 번째 술어 뒤, '了(완료)', '过(과거의 경험)'는 두 번째 술어 뒤에 온다.

겸어문 앞 동사(술어①)의 목적어가 뒷 동사(술어②)의 주어를 겸하는 문장
4급 시험에서는 겸어문 중 하나인 사역구문이 가장 많이 출제된다.
사역구문은 겸어문의 첫 번째 술어가 '사역동사(让/使/叫/请)'로 이루어진 것이다.

기본형 [주어 + 술어① + 겸어 + 술어② + 목적어]
    这个消息 让 我 非常感动。 이 소식은 나를 매우 감동시켰다.
    他的话 使 我 非常生气。 그의 말은 나를 매우 화 나게 했다.

TIP '부사/조동사'는 의미에 따라 첫 번째 술어 앞인지, 두 번째 술어 앞인지 자연스럽게 해석되는 곳에 배치한다.

존현문 '어디어디에 무엇이 존재한다'라는 의미를 가진 문장

有 기본형 [장소 + 有 + 사람/사물]
    办公室里 有 两个人。 사무실 안에는 두 사람이 있다.
    桌子上 有 汉语书。 책상 위에는 중국어 책이 있다.

在 기본형 [사람/사물 + 在 + 장소]
    我 在 家里。 나는 집에 있다.
    我的手机 在 桌子上。 내 휴대전화는 책상 위에 있다.

확장형 [장소 + 동사 + 着 + 사람/사물]
    桌子上 放着 一本词典。 책상 위에 한 권의 사전이 놓여있다.
    墙上 挂着 一个空调。 벽 위에 하나의 에어컨이 걸려있다.

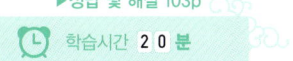

문제 1 信封　　只有　　里　　纸　　三张

_____

문제 2 商店的　　比　　生意　　过去　　好多了

_____

문제 3 不太　　这个　　用得　　词　　准确

_____

문제 4 这个　　让　　结果　　很吃惊　　张律师

_____

문제 5 把　　我　　地上了　　掉在　　眼镜　　不小心

_____

문제 6 不要　　挂在　　手巾　　把　　那里

_____

문제 7 推走了　　教授　　自行车　　被

_____

问题 8 谁   打破了   邻居家的   把   窗户
_____

问题 9 一身汗   紧张   出了   得   弟弟
_____

问题 10 我打算   去长城   陪叔叔   看看
_____

问题 11 复习笔记   整理   儿子的   得   很详细
_____

问题 12 请假休息   重感冒   让他   不得不
_____

问题 13 感动   他做的   使   那些事   我
_____

问题 14 这封信   张律师   麻烦您把   交给
_____

문제 15 她   西红柿汤   被   喝光了

_____

문제 16 吗   杂志   寄过来   还没

_____

문제 17 比市区   郊区的   得多   空气   好

_____

문제 18 饺子   以前的   那家的   没有   好了

_____

문제 19 弟弟   弄脏了   把   裤子

_____

문제 20 得   活动   非常   举办   成功

_____

Day 16

듣기 제3부분 | 단문 듣고 질문에 답하기
바꿔 쓰인 정답 표현 20개

어휘 PT Track 16-1 학습시간 10분

문제 1
- 厚 hòu [형] 두껍다
- 脏 zāng [형] 더럽다, 지저분하다
- 皮鞋 píxié [명] 가죽신발
- 质量 zhìliàng [명] 품질
- 放心 fàngxīn [동] 마음을 놓다, 안심하다
- 保证 bǎozhèng [동] 보증하다
- 照 zhào [동] (거울 등에) 비추다, 비치다

문제 2
- 约会 yuēhuì [명] 약속
- 体检 tǐjiǎn [명] 신체검사
- 免费 miǎnfèi [동] 무료로 하다
- 提供 tígōng [동] 제공하다
- 检查 jiǎnchá [동] 검사하다

문제 3
- 节目 jiémù [명] 프로그램
- 电子游戏 diànzǐ yóuxì [명] 전자오락 게임
- 赢 yíng [동] 이기다
- 停电 tíngdiàn [동] 정전되다
- 可惜 kěxī [형] 애석하다, 섭섭하다
- 精彩 jīngcǎi [형] 훌륭하다, 멋지다

문제 4
- 瓶 píng [양] 병 [병을 세는 양사]
- 口渴 kǒukě [형] 목 마르다
- 方便 fāngbiàn [형] 편리하다
- 季节 jìjié [명] 계절
- 塑料瓶 sùliàopíng [명] 플라스틱 병

문제 5
- 街道 jiēdào [명] 거리, 길거리
- 海洋馆 hǎiyángguǎn [명] 해양관
- 使馆 shǐguǎn [명] 대사관
- 导游 dǎoyóu [명] 관광가이드
- 卫生间 wèishēngjiān [명] 화장실
- 占线 zhànxiàn [동] 통화 중이다

문제 6
- 肚子 dùzi [명] 배, 복부
- 打针 dǎzhēn [동] 주사 맞다
- 胳膊 gēbo [명] 팔
- 辣 là [형] 맵다
- 难受 nánshòu [형] 괴롭다
- 严重 yánzhòng [형] 심각하다, 위급하다
- 躺 tǎng [동] 눕다

문제 7-8
- 手巾 shǒujīn [명] 수건
- 国画 guóhuà [명] 중국화
- 流行 liúxíng [동] 유행하다
- 样子 yàngzi [명] 모양, 생김새
- 破 pò [동] 찢어지다
- 穿 chuān [동] (옷을) 입다
- 裙子 qúnzi [명] 치마, 스커트
- 礼物 lǐwù [명] 선물

문제 9-10
- 月亮 yuèliang [명] 달
- 船 chuán [명] 배, 선박
- 奇怪 qíguài [형] 이상하다, 괴이하다
- 糖人 tángrén [명] 물엿으로 사람·동물의 형상을 만드는 중국 전통 공예
- 师傅 shīfu [명] 선생님, 스승, 사부
- 例如 lìrú [동] 예를 들다
- 价格 jiàgé [명] 가격
- 吸引 xīyǐn [동] 매료시키다, 끌어당기다
- 即使…也… jíshǐ…yě… [접] 설령 ~하더라도, ~하다
- 围着 wéizhe [동] 둘러싸다
- 观看 guānkàn [동] 관람하다
- 过程 guòchéng [명] 과정

 전략 PT  학습시간 2 0 분

듣기 제3부분은 총 20문제 〉 남녀의 긴 대화 10문제 / 혼자 말하는 긴 독백형 10문제

▶ 녹음 지문이 길어진다.
▶ 더욱 보기를 미리 확인하자!
▶ 눈에 들어오는 핵심어휘를 표시하자!
▶ 녹음을 집중해서 듣는다.
▶ 자신을 믿고 정답을 고르자!

 시험에 반복적으로 나왔던 바꿔 쓰인 정답 표현 20 ● Track 16-2

1	那儿菜不错。 그곳은 요리가 맛있다. Nàr cài búcuò.	→	那儿菜很好吃。 그곳은 요리가 매우 맛있다. Nàr cài hěn hǎochī.
2	坐出租车 zuò chūzūchē 택시 타다	→	打的 dǎdī 택시 타다, 잡다
3	客人很多。 손님이 매우 많다. Kèrén hěn duō.	→	生意很好。 장사가 잘 된다. Shēngyi hěn hǎo.
4	迟到了 chídào le 지각하다	→	来不及 láibují 늦다
5	地点变了 dìdiǎn biàn le 장소가 변경되다	→	地点改了 dìdiǎn gǎi le 장소가 바뀌다
6	换了个新号 새로운 번호로 바꾸다 huàn le ge xīnhào	→	换号码了 번호가 바뀌다 huàn hàomǎ le
7	灯坏了。 Dēng huài le. 등이 고장 났다.	→	灯不亮了。 Dēng bú liàng le. 등이 밝지 않다.
8	空气很新鲜。 공기가 신선하다. Kōngqì hěn xīnxiān.	→	空气很好。 공기가 매우 좋다. Kōngqì hěn hǎo.
9	引起误会 yǐnqǐ wùhuì 오해를 불러 일으키다	→	发生误会 fāshēng wùhuì 오해가 발생하다
10	轻松 qīngsōng 정신적으로 긴장을 풀다	→	放松 fàngsōng 마음을 놓다, 편안하다
11	表演 biǎoyǎn 연기, 공연하다	→	演出 yǎnchū 연기, 공연하다
12	没有意思 méiyǒuyìsi 재미없다	→	无聊 wúliáo 재미없다, 심심하다
13	有意思 yǒuyìsi 재미있다	→	有趣 yǒuqù 재미있다
14	不认识路 bú rènshi lù 길을 알지 못하다	→	迷路 mílù 길을 잃다
15	读硕士 dú shuòshì 석사공부를 하다	→	研究生 yánjiūshēng 대학원생, 연구생
16	没有钱 méiyǒu qián 돈이 없다	→	很穷 hěn qióng 매우 가난하다
17	粗心 cūxīn 세심하지 못하다	→	马虎 mǎhu 덜렁대다, 조심성이 없다
18	多锻炼 duō duànliàn 많이 운동하다	→	多运动 duō yùndòng 많이 운동하다
19	身体不舒服 shēntǐ bùshūfu 몸이 불편하다	→	病危 bìngwēi 매우 위중하다
20	葡萄很好吃。 포도는 매우 맛있다 Pútao hěn hǎochī.	→	葡萄很香。 포도는 매우 맛있다. Pútao hěn xiāng.

실전 PT   Track 16-3

문제 1 　A 很暖和　　B 太厚了　　C 很便宜　　D 容易脏

문제 2 　A 约会　　　B 爬山　　　C 体检　　　D 看电影

문제 3 　A 电视新闻　B 音乐节目　C 电子游戏　D 网球比赛

문제 4 　A 啤酒　　　B 矿泉水　　C 巧克力　　D 果汁

문제 5 　A 公园入口　B 街道对面　C 海洋馆　　D 使馆门前

문제 6 　A 肚子不舒服　B 有点儿咳嗽　C 不想打针　D 胳膊疼

문제 7 　A 地图　　　B 照片　　　C 毛巾　　　D 国画

문제 8 　A 是红色的　B 在当时很流行　C 样子简单　D 破了

문제 9 　A 动物　　　B 月亮　　　C 太阳　　　D 船

문제 10　A 十分可爱　B 特别甜　　C 很香　　　D 颜色奇怪

독해 제3부분 | 지문 읽고 질문에 답하기
자주 나오는 주제와 정답 패턴

어휘 PT

학습시간 10분

문제	어휘
문제 1	仔细 zǐxì [형] 자세하다 考虑 kǎolǜ [동] 고려하다, 생각하다 意见 yìjiàn [명] 견해, 의견 会议 huìyì [명] 회의 接着 jiēzhe [부] 이어서, 잇따라 解决 jiějué [동] 해결하다, 풀다 请假 qǐngjià [동] (휴가·조퇴 등을) 신청하다 无聊 wúliáo [형] 무료하다, 따분하다
문제 2	乘务员 chéngwùyuán [명] 승무원 桌板 zhuōbǎn 상판, 테이블 是否 shìfǒu [부] ~인지 아닌지 关机 guānjī [동] 휴대전화를 끄다
문제 3	口口声声 kǒukoushēngshēng [성] 말끝마다 难以 nányǐ [부] ~하기 어렵다 拒绝 jùjué [동] 거절하다 美味 měiwèi [명] 맛있는 음식 有力气 yǒu lìqi 힘이 있다 后悔 hòuhuǐ [동] 후회하다 诚实 chéngshí [형] 성실하다 既…又… jì…yòu… [접] ~할 뿐만 아니라, 또 ~하다
문제 4	生活态度 shēnghuó tàidu [명] 생활태도 千万 qiānwàn [부] 절대로, 제발 活 huó [동] 살다 不必 búbì [부] ~할 필요 없다 和…比较 hé…bǐjiào [짝꿍] ~와 비교하다 只要 zhǐyào [접] ~하기만 하면 开心 kāixīn [형] 기쁘다 敢于 gǎnyú [동] ~할 용기가 있다 竞争 jìngzhēng [동] 경쟁하다 来之不易 láizhī búyì [성] 아주 어렵게 이루어졌다
문제 5	至少 zhìshǎo [부] 적어도, 최소한 工资 gōngzī [명] 월급 正好 zhènghǎo [부] 마침, 딱 条件 tiáojiàn [명] 조건 广告 guǎnggào [명] 광고 硕士 shuòshì [명] 석사 超过 chāoguò [동] 초과하다
문제 6	市区 shìqū [명] 도시, 시내 打车 dǎchē [동] 택시 타다 总是 zǒngshì [부] 언제나, 늘 堵车 dǔchē [동] 교통이 꽉 막히다, 체증되다
문제 7-8	讨厌 tǎoyàn [동] 미워하다 死 sǐ [동] 죽다 读音 dúyīn [명] 독음, 글자의 발음 像 xiàng [동] ~와 같다 指 zhǐ [동] (손가락으로) 가리키다 顺利 shùnlì [형] 순조롭다, 일이 잘 되어가다 赚钱 zhuànqián [동] 돈을 벌다 精彩 jīngcǎi [형] 멋지다, 훌륭하다 穷 qióng [형] 빈곤하다, 가난하다 加减法 jiājiǎnfǎ [명] 가감법, 덧셈과 뺄셈 密码 mìmǎ [명] 비밀번호
문제 9-10	普遍 pǔbiàn [형] 보편적인, 일반적인 拒绝 jùjué [동] 거절하다, 거부하다 从何而来 cónghé érlái 어디에서 오다 第一步 dì yī bù [명] 첫 걸음 下一步 xià yí bù [명] 다음 발걸음, 다음 단계 假 jiǎ [형] 거짓의, 가짜의 冷静 lěngjìng [형] 냉정하다, 침착하다 懂得 dǒngde [동] (뜻·방법 등을) 알다, 이해하다 原谅 yuánliàng [동] 용서하다, 이해하다 批评 pīpíng [동] 비평하다, 비판하다

 전략 **PT**　　　　　　　　　　　　　 학습시간 **2 0** 분

독해 제3부분은 총 20문제 〉 14문제는 지문 하나에 질문 1개 〉 6문제는 지문 하나에 질문 2개

▶ 반드시 질문을 가장 먼저 확인한다!
▶ 주제를 묻는 문제인지, 세부사항을 묻는 문제인지, 질문의 유형을 파악해라.
▶ 독해 제3부분은 숨은 그림 찾기이다.
▶ 정답은 무조건 본문에 있다!
▶ 본문에서 나온 어휘가 보기에 보이면 정답일 가능성이 크다!

 시험에 반복적으로 출제된 **질문과 정답** 20패턴

1	질문	想要健康减肥应该： Xiǎng yào jiànkāng jiǎnféi yīnggāi: 건강하게 다이어트 하고 싶다면:
	정답	多运动 duō yùndòng 많이 운동하다 | 多锻炼 duō duànliàn 많이 단련하다 | 节食 jiéshí 절식하다 | 别吃甜的 bié chī tián de 단 것을 먹지 말아라
2	질문	他觉得小城市： Tā juéde xiǎo chéngshì: 그는 작은 도시를 어떻게 생각하는가:
	정답	生活压力少 shēnghuó yālì shǎo 생활의 스트레스가 적다 | 生活轻松 shēnghuó qīngsōng 생활이 편안하다
3	질문	关于环境保护，可以知道： Guānyú huánjìngbǎohù, kěyǐ zhīdào: 환경보호에 관해 알 수 있는 것은:
	정답	出门时关空调和电脑 chūmén shí guān kōngtiáo hé diànnǎo 외출할 때에는 에어컨과 컴퓨터를 끄다 | 少用塑料袋 shǎo yòng sùliàodài 비닐봉투를 사용을 줄이다 | 空气污染 kōngqì wūrǎn 공기오염 | 节约用电 jiéyuē yòngdiàn 전기 사용을 줄이다
4	질문	关于云南，可以知道： Guānyú Yúnnán, kěyǐ zhīdào: 윈난에 관해 알 수 있는 것은:
	정답	少数民族很多 shǎoshùmínzú hěn duō 소수민족이 매우 많다 | 空气新鲜 kōngqì xīnxiān 공기가 신선하다 | 景色很美 jǐngsè hěn měi 풍경이 매우 아름답다
5	질문	教育孩子时应该： Jiàoyù háizi shí yīnggāi: 아이를 교육할 때에는 반드시:
	정답	多表扬 duō biǎoyáng 많이 칭찬해라 | 别批评 bié pīpíng 비판하지 말아라 | 父母自己先做好 fùmǔ zìjǐ xiān zuòhǎo 부모 스스로가 먼저 잘 해라
6	질문	交流时，了解他国文化，可以： Jiāoliú shí, liǎojiě tāguó wénhuà, kěyǐ: 교류할 때, 타국의 문화를 이해한다면:
	정답	减少误会 jiǎnshǎo wùhuì 오해를 줄이다
7	질문	阅读可以使人： Yuèdú kěyǐ shǐ rén: 독서는 사람을 어떻게 만들어주는가:
	정답	增长知识 zēngzhǎng zhīshi 지식을 향상시키다 | 生活精彩 shēnghuó jīngcǎi 생활이 멋지다
8	질문	飞机乘客应该： Fēijī chéngkè yīnggāi: 비행기 탑승객은 반드시:
	정답	关(手)机 guān (shǒu)jī 휴대전화를 끄다 | 系安全带 xì ānquándài 안전띠를 착용하다

9	질문	应聘时应该： Yìngpìn shí yīnggāi: (회사 등에) 지원할 때, 반드시:
	정답	不能紧张 bùnéng jǐnzhāng 긴장하지 말아라 | 详细介绍 xiángxì jièshào 자세히 소개하다 | 声音很大 shēngyīn hěn dà 목소리는 매우 크게 하다 | 别迟到 bié chídào 지각하지 말아라
10	질문	对于中国人来说，数字'6'表示： Duìyú Zhōngguórén láishuō, shùzì '6' biǎoshì: 중국인에게 있어서 숫자 '6'은 무엇을 의미하는가:
	정답	顺利 shùnlì 순조롭다
11	질문	关于中国的茶，可以知道： Guānyú Zhōngguó de chá, kěyǐ zhīdào: 중국의 차에 관해 알 수 있는 것은:
	정답	历史很长 lìshǐ hěn cháng 역사가 매우 길다 | 一种饮料 yì zhǒng yǐnliào 일종의 음료 | 作为药 zuòwéi yào 약으로 사용하다
12	질문	他为什么在网上购物： Tā wèishénme zài wǎngshàng gòuwù: 그는 왜 인터넷에서 쇼핑을 하는가:
	정답	很方便 hěn fāngbiàn 매우 편리하다 | 可以免费送货上门 kěyǐ miǎnfèi sònghuò shàngmén 집앞까지 무료배송이 가능하다 | 没有时间逛街 méiyǒu shíjiān guàngjiē 쇼핑할 시간이 없다
13	질문	成功的关键是什么？ Chénggōng de guānjiàn shì shénme? 성공의 관건은 무엇인가?
	정답	做适合自己的事 zuò shìhé zìjǐ de shì 자기에게 알맞은 일을 하다 | 继续努力 jìxù nǔlì 끊임없이 노력하다 | 勇敢地做起 yǒnggǎn de zuòqǐ 용감하게 해나가다
14	질문	大多数同学毕业后都： Dàduōshù tóngxué bìyè hòu dōu: 대다수의 학생들은 졸업 후에:
	정답	上班了 shàngbān le 직장을 다닌다 | 直接参加工作 zhíjiē cānjiā gōngzuò 바로 일에 참가하다
15	질문	关于"外号"，可以知道： Guānyú "wàihào", kěyǐ zhīdào: '별명'에 관하여 알 수 있는 것은:
	정답	不太正式 bú tài zhèngshì 그다지 정식적이지 않다 | 有开玩笑的意思 yǒu kāiwánxiào de yìsi 재미있는 뜻을 가지고 있다
16	질문	遇到不懂的词语，最好先： Yùdào bùdǒng de cíyǔ, zuìhǎo xiān: 모르는 단어를 맞닥뜨리면 가장 좋은 것은 먼저:
	정답	猜词意 cāi cíyì 단어의 의미를 추측하다 | 不要马上查词典 búyào mǎshàng chá cídiǎn 바로 사전을 찾지 마라
17	질문	遇到危险时，应该： Yùdào wēixiǎn shí, yīnggāi: 위험에 맞닥뜨리면 반드시:
	정답	冷静下来 lěngjìng xiàlái 냉정해져라
18	질문	心情不好时，应该： Xīnqíng bùhǎo shí, yīnggāi: 마음이 좋지 않을 때에는 반드시:
	정답	和朋友们聊聊天儿 hé péngyǒumen liáoliao tiānr 친구들과 수다를 떤다
19	질문	巧克力的害处是容易： Qiǎokèlì de hàichù shì róngyì: 초콜릿의 해로운 점은 쉽게:
	정답	使牙变坏 shǐ yá biànhuài 이를 안 좋게 변화시키다
20	질문	幽默： Yōumò: 유머는:
	정답	成功者的特点 chénggōngzhě de tèdiǎn 성공한 사람의 특징 | 交流的大门 jiāoliú de dàmén 교류의 큰 문 | 就是开玩笑 jiùshì kāiwánxiào 농담거리일 뿐이다

문제 1 今天的会就先开到这里，大家回去再仔细考虑一下这几个问题，有什么意见咱们下次会议上接着讨论。

★ 根据这段话，可以知道：

A 问题还没解决　　B 有人请假　　C 会议刚开始　　D 会议很无聊

문제 2 飞机很快就要起飞了，乘务员正在进行安全检查。请您收起小桌板，并再次检查您的手机是否已关机。

★ 说话人希望乘客：

A 站起来　　B 关上手机　　C 填写表格　　D 关上窗户

문제 3 妹妹口口声声说要减肥，可是又难以拒绝美味的小吃。刚才我们路过一家饺子馆儿，她拉着我就往里走，还一边走一边说："吃饱了才有力气减肥啊！"真拿她没办法，我知道她吃完肯定又会后悔的。

★ 说话人认为妹妹：

A 很诚实　　B 不用减肥　　C 应该多吃水果　　D 既想吃又想变瘦

문제 4 有两种生活态度千万不能要：一种是活给别人看；一种是看别人生活。要知道，生活是自己的，你不需要向别人证明什么，也不必和别人比较，只要自己过得开心就好。

★ 这段话主要想告诉我们：

A 为自己而活　　B 要敢于竞争　　C 幸福来之不易　　D 要积极

문제 5 这家公司正在招聘，要求中文专业，年龄在30岁以下，至少有两年工作经验，月工资5000到7000元。你正好符合条件，要不要试试？

★ 那家公司要招聘什么样的人？

A 广告专业　　B 数学水平高　　C 硕士毕业　　D 不超过30岁

문제 6 这地方离市区远，本来就不好打车，现在又下这么大的雨，更叫不到出租车了。咱们还是先在这儿坐一会儿，等雨小了再走吧。

★ 那个地方：
A 很难打到车 B 经常下雪 C 没有公共汽车 D 总是堵车

문제 7-8

中国人喜欢数字"6"和"8"，却讨厌"4"。这是为什么呢？原来，在汉语中，"4"与"死"的读音很像，让人听了很不舒服。而"6"有"顺"的意思，指事情进行得很顺利；"8"跟"发"的读音很像，"发"有赚钱多的意思。这些都是能让人高兴的事。

★ "6"有什么意思：
A 愉快 B 顺利 C 精彩 D 穷

★ 这段话主要谈的是什么：
A 加减法 B 密码与性格 C 中国人的生活习惯 D 数字文化

문제 9-10

这部小说讲的是一个女孩儿到大城市工作的故事，书中写了她在工作、生活和爱情等方面的经历。小说也指出了当时一个普遍的社会问题：许多年轻人一直拒绝长大，他们害怕走出去了解这个世界，但又不知道这种感觉从何而来。作者说："我只想告诉他们，只要你愿意走出第一步，自然就知道下一步怎么走。"作者希望自己的小说能帮助这些年轻人勇敢地"走出第一步"。

★ 关于书的内容，可以知道：
A 很浪漫 B 不吸引人 C 与社会问题有关 D 有点儿假

★ 作者想告诉年轻人，应该：
A 学会冷静 B 懂得原谅 C 勇敢走出第一步 D 接受批评

작문하기 만능표현 20개

쓰기 제2부분 | 제시된 어휘로 그림에 맞게 작문하기

 전략 PT   학습시간 20분

쓰기 제2부분은 총 5문제 > 그림을 보고 제시 어휘를 사용해 짧은 문장을 만들어라 >
쓰기 제2부분 5문제는 각각 배점 8점 > 4급에서 가장 배점이 높은 유형 > 절대 빈칸은 안 된다! >
뭐라도 쓰자! 기본점수가 있다!

▶ 그림과 제시 어휘를 확인한다.
▶ 만능표현을 암기하여 빠르게 대입하는 능력을 기른다!
▶ 모르는 제시어가 나와도 긴장하지 말고 그림을 보고 유추해본다.
▶ 자신을 믿고 제시어가 반드시 들어가도록 짧은 문장을 만들어낸다.
▶ 어떤 문장이든 만들어내기만 해도 기본점수가 있다!

PT 시크릿 | 작문에서 만능으로 사용할 수 있는 **만능표현 20패턴**

1 看起来 kànqǐlái ~해 보이다
- ▶ 他们**看起来**很凉快。Tāmen kànqǐlái hěn liángkuai. 그들은 매우 시원해 보인다.
- ▶ 他**看起来**十分活泼。Tā kànqǐlái shífēn huópo. 그는 매우 활발해 보인다.

2 一边……一边…… yìbiān……yìbiān…… ~하면서 ~하다
- ▶ 他**一边**喝啤酒**一边**看电视。Tā yìbiān hē píjiǔ yìbiān kàn diànshì. 그는 맥주를 마시면서 티비를 본다.
- ▶ 她**一边**吃饼干**一边**聊天儿。Tā yìbiān chī bǐnggān yìbiān liáotiānr. 그녀는 비스킷을 먹으면서 수다를 떤다.

3 对……(没)有好处 duì……(méi)yǒu hǎochù ~에 장점이 있다(없다)
- ▶ 抽烟**对**身体**没有好处**。Chōuyān duì shēntǐ méiyǒu hǎochù. 흡연은 신체에 장점이 없다.
- ▶ 多喝果汁**对**皮肤**有好处**。Duō hē guǒzhī duì pífū yǒu hǎochù. 과일주스를 많이 마시는 것은 피부에 장점이 있다.

4 对……很感兴趣 duì…… hěn gǎn xìngqù ~에 매우 흥미를 느끼다
- ▶ 我**对**汉语**很感兴趣**。Wǒ duì Hànyǔ hěn gǎn xìngqù. 나는 중국어에 매우 흥미를 느낀다.
- ▶ 我**对**京剧**很感兴趣**。Wǒ duì jīngjù hěn gǎn xìngqù. 나는 경극에 매우 흥미를 느낀다.

❺ 听到(看到)……很…… tīngdào(kàndào)……hěn……　~을 듣고(보고) 매우 ~하다
- ▶ 我**听到**这个事情**很**吃惊。　Wǒ tīngdào zhè ge shìqing hěn chījīng.　나는 이 일을 듣고 매우 놀랐다.
- ▶ 我**看到**这次比赛**很**感动。　Wǒ kàndào zhè cì bǐsài hěn gǎndòng.　나는 이번 시합을 보고 매우 감동했다.

❻ 让……很…… ràng……hěn……　~로 하여금 매우 ~시키다
- ▶ 这个消息**让**我们**很**失望。　Zhè ge xiāoxi ràng wǒmen hěn shīwàng.　이 소식은 우리들을 매우 실망시켰다.
- ▶ 她自己做的中国菜**让**我们**很**开心。　그녀가 직접 만든 중국요리는 우리들을 매우 기쁘게 했다.
  Tā zìjǐ zuò de Zhōngguócài ràng wǒmen hěn kāixīn.

❼ 比……更…… bǐ……gèng……　~보다 더 ~하다
- ▶ 他**比**我**更**粗心。　Tā bǐ wǒ gèng cūxīn.　그는 나보다 더 세심하지 못하다
- ▶ 这里的工资**比**那里的**更**高。　Zhèlǐ de gōngzī bǐ nàlǐ de gèng gāo.　이곳의 월급이 저곳보다 더 높다.

❽ ……得很厉害 ……de hěn lìhai　~한 정도가 매우 심하다
- ▶ 我咳嗽**得很厉害**。　Wǒ késou de hěn lìhai.　나는 기침하는 정도가 매우 심하다. (기침을 심하게 한다)
- ▶ 今天困**得很厉害**。　Jīntiān kùn de hěn lìhai.　오늘 졸린 정도가 매우 심하다. (매우 졸리다)

❾ 挺……的 tǐng……de　굉장히 ~하다
- ▶ 这个牙膏**挺**好**的**。　Zhè ge yágāo tǐng hǎo de.　이 치약은 굉장히 좋다.
- ▶ 这个行李箱**挺**重**的**。　Zhè ge xínglǐxiāng tǐng zhòng de.　이 트렁크(여행가방)는 굉장히 무겁다.

❿ 把……弄坏了 bǎ……nònghuài le　~을 고장 내다
- ▶ 我**把**洗衣机**弄坏了**。　Wǒ bǎ xǐyījī nònghuài le.　나는 세탁기를 고장 냈다.
- ▶ 我**把**笔记本电脑**弄坏了**。　Wǒ bǎ bǐjìběn diànnǎo nònghuài le.　나는 노트북을 고장 냈다.

⓫ 觉得…… juéde……　생각하기에 ~인 듯 하다
- ▶ 我**觉得**今天的天气很凉快。　내가 생각하기에 오늘 날씨는 매우 시원한 것 같다.
  Wǒ juéde jīntiān de tiānqì hěn liángkuai.
- ▶ 我**觉得**这个节目很有趣。　내가 생각하기에 이 프로그램은 매우 재미있는 것 같다.
  Wǒ juéde zhè ge jiémù hěn yǒuqù.

⓬ 图片上有…… túpiàn shang yǒu……　그림 속에는 ~이 있다
- ▶ **图片上有**许多汉语书。　Túpiàn shang yǒu xǔduō Hànyǔ shū.　그림 속에 많은 중국어 교재가 있다.
- ▶ **图片上有**很多杂志。　Túpiàn shang yǒu hěn duō zázhì.　그림 속에 많은 잡지들이 있다.

⓭ 打算…… dǎsuàn……　~할 계획이다
- ▶ 他们**打算**去中国旅行。　Tāmen dǎsuàn qù Zhōngguó lǚxíng.　그들은 중국 여행을 갈 계획이다.
- ▶ 他**打算**准备毕业考试。　Tā dǎsuàn zhǔnbèi bìyè kǎoshì.　그는 졸업시험을 준비할 계획이다.

⑭ 估计······ gūjì······ ~라 예측하다
- ▶ 他**估计**现在出发也来得及。 그는 지금 출발해도 늦지 않을 것이라고 예측한다.
  Tā gūjì xiànzài chūfā yě láidejí.
- ▶ 我**估计**他快要到了。 Wǒ gūjì tā kuàiyào dào le. 나는 그가 곧 도착할 것이라고 예측한다.

⑮ 又······又······ yòu······yòu······ 또 ~하고, 또 ~하다
- ▶ 他**又**唱歌**又**跳舞。 Tā yòu chànggē yòu tiàowǔ. 그는 노래도 부르고 또 춤도 춘다.
- ▶ 月亮**又**大**又**圆。 Yuèliang yòu dà yòu yuán. 달이 크고 둥글다.

⑯ ······啊! ······a! 와! [문장 끝에 쓰여 감탄을 나타냄]
- ▶ 风景真美**啊**! Fēngjǐng zhēn měi a! 풍경이 정말 아름답구나!
- ▶ 你的裙子多漂亮**啊**! Nǐ de qúnzi duō piàoliang a! 네 치마는 정말 예쁘구나!

⑰ 还在······呢 hái zài······ne 아직 ~하고 있는 중이다
- ▶ 他**还在**洗澡**呢**。 Tā hái zài xǐzǎo ne. 그는 아직 목욕하고 있는 중이다.
- ▶ 他们**还在**聊天儿**呢**。 Tāmen hái zài liáotiānr ne. 그들은 아직 수다를 떨고 있다.

⑱ 跟······一起······ gēn······yìqǐ······ ~와 함께 ~하다
- ▶ 他**跟**朋友们**一起**去散步。 Tā gēn péngyǒumen yìqǐ qù sànbù. 그는 친구들과 함께 산책한다.
- ▶ 你**跟**我**一起**吃饭吧? Nǐ gēn wǒ yìqǐ chīfàn ba? 너 나와 함께 밥 먹을래?

⑲ 对······很合适 duì······hěn héshì······ ~에 매우 적합하다
- ▶ 这件衣服**对**她**很合适**。 Zhè jiàn yīfu duì tā hěn héshì. 이 옷은 그녀에게 매우 적합하다.
- ▶ 这公司**对我很合适**。 Zhè gōngsī duì wǒ hěn héshì. 이 회사는 나에게 매우 적합하다.

⑳ 猜猜······ cāicāi······ 맞혀봐, 추측해봐
- ▶ 你**猜猜**这是什么? Nǐ cāicāi zhè shì shénme? 너는 이것이 무엇인지 맞혀볼래?
- ▶ 你**猜猜**我今年多大? Nǐ cāicāi wǒ jīnnián duō dà? 너는 내가 올해 몇 살인지 맞혀볼래?

문제 1  顺利

문제 2  取得

문제 3  不管

문제 4  鼓励

문제 5  衬衫

문제 6  信封

문제 7  糖

문제 8  香

문제 9  擦

문제 10  挂

문제 11

破

문제 12

镜子

문제 13

零钱

문제 14

感冒

문제 15

毕业

新HSK PT 4급

PART 03

영역별 마무리 학습

DAY 17 ~ DAY 20

- 영역별 Final : 영역별 학습 전략 총정리
- PT시크릿 : 답으로 출제되었던 超중요 표현 모음
- 실전PT : 미니 모의고사로 실력 굳히기

Day 17

듣기 영역 Final 전략 PT

1. 듣기 영역만을 학습하여 듣기에만 집중해서 공부하기
2. 듣기에 자주 정답으로 나오는 관련 표현 함께 체크하기
3. 기출 표현을 미리 공부하여 정답을 빠르게 유추하는 비법 습득하기
4. 실제시험 60%의 문제로 미니 모의고사 체험하기

PT★시크릿 ● Track 17-1   학습시간 20분

▶듣기 영역에서 반복적으로 출제되고 있는 반의어·동의어·유의어 패턴 30개

제1부분 – 일치(√), 불일치(×) 선택 유형

① [반의] 放暑假 fàng shǔjià 여름방학을 하다 ↔ 放寒假 fàng hánjià 겨울방학을 하다

② [유의] 抬沙发 tái shāfā 소파를 들다 / 搬家具 bān jiājù 가구를 옮기다

③ [동의] 飞机 fēijī 비행기 / 航班 hángbān 항공편

④ [유의] 飞机没按时起飞 fēijī méi ànshí qǐfēi 비행기가 제시간에 이륙하지 못했다 /
飞机推迟了起飞 fēijī tuīchí le qǐfēi 비행기의 이륙이 늦춰졌다

⑤ [반의] 起飞 qǐfēi 이륙하다 ↔ 降落 jiàngluò 착륙하다

⑥ [반의] 介绍得很详细 jièshào de hěn xiángxì 소개가 매우 상세하다 ↔
介绍得很简单 jièshào de hěn jiǎndān 소개가 매우 간단하다

⑦ [유의] 热情 rèqíng 열정적이다, 친절하다 / 不怕麻烦 búpà máfan 번거로움을 싫어하지 않다(귀찮은 것을 받아들이다)

⑧ [유의] 积极 jījí 적극적이다 / 努力 nǔlì 열심히 하다

⑨ [동의] 大夫 dàifu 의사 / 医生 yīshēng 의사

⑩ [유의] 不太容易 bútài róngyì 그다지 쉽지 않다 / 很难 hěn nán 매우 어렵다

제2부분 – 남녀의 짧은 대화 유형

① [유의] 肚子疼 dùzi téng 배가 아프다 / 坏肚子 huài dùzi 배가 아프다 / 身体不舒服 shēntǐ bùshūfu 몸이 안 좋다

② [유의] 寄给您吗? Jìgěi nín ma? 당신에게 부쳐줄까요? → 장소: 邮局 yóujú 우체국
传真给您吗? Chuánzhēn gěi nín ma? 당신에게 팩스를 보낼까요? → 기계: 传真机 chuánzhēnjī 팩스기

③ [동의] 坐出租车 zuò chūzūchē = 打车 dǎchē = 打的 dǎdī 택시 타다

④ [유의] 打羽毛球 dǎ yǔmáoqiú 배드민턴 치다 / 打乒乓球 dǎ pīngpāngqiú 탁구 치다 / 打网球 dǎ wǎngqiú 테니스 치다 / 打球 dǎqiú 구기운동을 하다

⑤ [반의] 爱开玩笑 ài kāiwánxiào 농담을 좋아하다 ↔ 别开玩笑 bié kāiwánxiào 농담하지 말아라

⑥ [유의] 年轻 niánqīng 어리다, 젊다 / 漂亮 piàoliang = 好看 hǎokàn 예쁘다

⑦ [반의] 有点儿吵 yǒudiǎnr chǎo 조금 시끄럽다 ↔ 挺安静的 tǐng ānjìng de 아주 조용하다

⑧ [동의] 脾气很好 píqi hěn hǎo = 性格很好 xìnggé hěn hǎo 성격이 매우 좋다

⑨ [유의] 生气 shēngqì 화 내다 / 发脾气 fā píqi 화 내다, 성질 부리다 / 性格不好 xìnggé bùhǎo 성격이 안 좋다

⑩ [유의] 感冒了 gǎnmào le 감기에 걸렸다 / 胳膊疼 gēbo téng 팔이 아프다 / 嗓子疼 sǎngzi téng 목이 아프다 / 咳嗽 késou 기침하다 / 头疼 tóuténg 머리가 아프다, 두통 / 病危 bìngwēi 매우 위중하다

제3부분 – 남녀의 긴 대화 유형 & 독백 유형

① [유의] 去打篮球 qù dǎ lánqiú 농구하러 가다 / 去体育场 qù tǐyùchǎng 체육관에 가다

② [유의] 别扔垃圾 bié rēng lājī 쓰레기 버리지 말아라 / 把垃圾扔在垃圾桶 bǎ lājī rēngzài lājītǒng 쓰레기는 쓰레기통에 버리다

③ [유의] 肚子疼 dùzi téng 배가 아프다 / 肚子不舒服 dùzi bùshūfu 배가 불편하다 / 肚子难受 dùzi nánshòu 배가 괴롭다

④ [반의] 寒假 hánjià 겨울방학 ↔ 暑假 shǔjià 여름방학 / [유의] 放假 fàngjià 방학하다 / 请假 qǐngjià 휴가를 신청하다

⑤ [유의] 去看长城 qù kàn Chángchéng 만리장성을 보러 가다 / 参观长城 cānguān Chángchéng 만리장성을 참관하다

⑥ [유의] 看京剧 kàn jīngjù 경극을 보다 / 听京剧 tīng jīngjù 경극을 듣다

⑦ [유의] 京剧演员 jīngjù yǎnyuán 경극배우 / 会唱京剧 huì chàng jīngjù 경극을 부를 수 있다

⑧ [동의] 困得受不了 kùn de shòubuliǎo 참을 수 없이 졸리다 / 太困了 tài kùn le 너무 졸리다 / 挺困的 tǐng kùn de 아주 졸리다

⑨ [유의] 照相机 zhàoxiàngjī 카메라 / 洗衣机 xǐyījī 세탁기 / 复印机 fùyìnjī 복사기 / 打印机 dǎyìnjī 프린터 / 洗碗机 xǐwǎnjī 식기세척기

⑩ [반의] 替孩子做 tì háizi zuò 아이를 대신해서 해주다 ↔ 孩子自己做 háizi zìjǐ zuò 아이가 스스로 하다 / 自己的事情自己做 zìjǐ de shìqing zìjǐ zuò 자기의 일은 스스로 하다 / 主动做 zhǔdòng zuò 주동적으로 하다

第一部分
第1-10题：判断对错。

1. ★ 快要放寒假了。　　　　　　　　　　　（　　　）

2. ★ 他们在搬空调。　　　　　　　　　　　（　　　）

3. ★ 飞机没按时起飞。　　　　　　　　　　（　　　）

4. ★ 他介绍得很详细。　　　　　　　　　　（　　　）

5. ★ 老黄对人特别热情。　　　　　　　　　（　　　）

6. ★ 态度比聪明更重要。　　　　　　　　　（　　　）

7. ★ 他们在图书馆。　　　　　　　　　　　（　　　）

8. ★ 他现在是大夫。　　　　　　　　　　　（　　　）

9. ★ 理解是互相的。　　　　　　　　　　　（　　　）

10. ★ 唱京剧是这些老人的爱好。　　　　　（　　　）

第二部分

第11-20题：请选出正确答案。

11. A 感冒了　　　B 肚子疼　　　C 没吃饱　　　D 口渴了

12. A 观众数量　　B 儿童节目　　C 新闻报道　　D 座位顺序

13. A 发传真　　　B 不用打印　　C 寄信给他　　D 发电子邮件

14. A 走路　　　　B 打车　　　　C 坐地铁　　　D 坐公共汽车

15. A 2000元　　　B 10000元　　　C 20000元　　　D 20500元

16. A 爱游泳　　　B 爱看京剧　　C 每周都打球　D 喜欢聊天儿

17. A 变懒了　　　B 变黑了　　　C 更热情了　　D 更好看了

18. A 高校长　　　B 戴博士　　　C 关小姐　　　D 司机小马

19. A 太暗　　　　B 没家具　　　C 不好收拾　　D 有点儿吵

20. A 长城　　　　B 宾馆　　　　C 火车站　　　D 国家大剧院

第三部分

第21-30题：请选出正确答案。

21. A 医院   B 体育场   C 饭馆儿   D 办公室

22. A 发烧了   B 感冒了   C 口渴了   D 肚子难受

23. A 寒假   B 月底   C 明天   D 下午

24. A 很粗心   B 放假了   C 在看电影   D 小说还没看完

25. A 看京剧   B 打乒乓球   C 参观长城   D 打扫街道

26. A 男的困了 B 他们刚起床 C 今天星期日 D 现在是早上

27. A 照相机   B 洗衣机   C 复印机   D 洗碗机

28. A 箱子上   B 说明书上   C 合格证上   D 保修卡上

29. A 发脾气   B 替孩子做   C 说孩子懒   D 故意咳嗽

30. A 仔细   B 多阅读   C 主动预习   D 会安排时间

Day 18

독해 영역 *Final* 전략 **PT**

1. 독해 영역만을 학습하여 독해에만 집중해서 공부하기
2. 독해에 자주 정답으로 나오는 관련 표현 함께 체크하기
3. 기출 표현을 미리 공부하여 정답을 빠르게 유추하는 비법 습득하기
4. 실제시험 60%의 문제로 미니 모의고사 체험하기

PT★ 시크릿　　　　　　　　　　🕐 학습시간 **2 0** 분

🎋 제1부분

❶ 돌아가면서 매번! 반드시! 출제되는 접속사 패턴 6개!

① 既……，还(也、又、更)……　～할 뿐만 아니라, 게다가(또) ～하다
jì……, hái (yě、yòu、gèng)……

> 예) 他**既**能弹钢琴，**还**会唱京剧。　그는 피아노를 칠 수 있을 뿐만 아니라, 경극도 할 줄 안다.
> Tā jì néng tán gāngqín, hái huì chàng jīngjù.

② 由于……，因此(因而、所以)……　～때문에, 그래서 ～하다
yóuyú……, yīncǐ (yīn'ér、suǒyǐ)……

> 예) **由于**他平时太粗心，**因此**同学们都不喜欢他。
> Yóuyú tā píngshí tài cūxīn, yīncǐ tóngxuémen dōu bù xǐhuan tā.
> 그는 평소 매우 부주의해서, 친구들 모두가 그를 싫어한다.

③ 尽管……，但是(却、可是)……　비록 ～지만, 그러나 ～이다
jǐnguǎn……, dànshì (què、kěshì)……

> 예) **尽管**这次考试失败了，**但是**我并不能放弃。
> Jǐnguǎn zhècì kǎoshì shībài le, dànshì wǒ bìng bùnéng fàngqì.
> 비록 이번 시험에서 실패했지만, 나는 결코 포기할 수 없다.

④ 要是……，就(那么)……　만약 ～한다면, 곧(그러면) ～하겠다
yàoshi……, jiù (nàme)……

> 예) **要是**你不努力学习汉语，**那么**一定考不上名牌大学。
> Yàoshi nǐ bù nǔlì xuéxí Hànyǔ, nàme yídìng kǎobushàng míngpái dàxué.
> 만약 네가 열심히 중국어를 공부하지 않는다면, 그러면 분명 명문대학에 합격하지 못할 것이다.

⑤ 不管(无论)……, 都(总)…… ～에 관계없이, 모두 ～하다
bùguǎn (wúlùn)……, dōu (zǒng)……

> 不管天气怎么样，我们每天都要坚持锻炼身体。
> Bùguǎn tiānqì zěnmeyàng, wǒmen měitiān dōu yào jiānchí duànliàn shēntǐ.
> 날씨가 어떻든 관계없이, 우리는 매일 신체단련을 계속한다.

⑥ 既然……, 就…… 이왕 ～된 바에, 곧 ～하겠다
jìrán……, jiù……

> 既然决定共同生活，就需要互相信任。 이왕 같이 살기로 결정한 이상, 서로 믿는 것이 필요하다.
> Jìrán juédìng gòngtóng shēnghuó, jiù xūyào hùxiāng xìnrèn.

❷ 반드시 출제되는 핵심어휘 및 핵심패턴 8개

① 后悔 hòuhuǐ 동 후회하다

> 听到结果了就不要后悔。 Tīngdào jiéguǒ le jiù búyào hòuhuǐ. 결과를 듣고 나서는 후회하지 말아라.

② 头发 tóufa 명 머리 / 理发 lǐfà 동 이발하다

> 头发有点儿长。 Tóufa yǒudiǎnr cháng. 머리가 좀 길어.
> 头发有点儿乱。 Tóufa yǒudiǎnr luàn. 머리가 좀 지저분해.
> 要去理发。 Yào qù lǐfà. 이발하러 가야 해.

③ 误会 wùhuì 동 오해하다

> 你不要误会我的意思。 Nǐ búyào wùhuì wǒ de yìsi. 너는 내 뜻을 오해하지 말아라.

④ 猜 cāi 동 추측하다

> 你猜猜我是谁吧! Nǐ cāicāi wǒ shì shéi ba! 너 내가 누군지 맞혀봐!
> 你猜这个东西是什么? Nǐ cāi zhè ge dōngxi shì shénme? 너 이것이 무엇인지 맞혀봐!

⑤ 随便 suíbiàn 부 마음대로

> 你随便买什么都可以。 Nǐ suíbiàn mǎi shénme dōu kěyǐ. 네가 사고 싶은 거 사면 돼.
> 你随便吧! Nǐ suíbiàn ba! 네 마음대로 해라!

⑥ 到底 dàodǐ 부 도대체

> 这里到底发生了什么事情? 이곳에 도대체 무슨 일이 벌어진 것이지?
> Zhèlǐ dàodǐ fāshēng le shénme shìqing?
> 你到底干什么? Nǐ dàodǐ gàn shénme? 너 도대체 뭐 하는 거니?

⑦ 出差 chūchāi 동 출장 가다

> 他去上海出差。 Tā qù Shànghǎi chūchāi. 그는 상하이로 출장을 간다.

⑧ 都……了 dōu……le 벌써 ~이다

> 예) 都5点了。Dōu wǔ diǎn le. 벌써 다섯 시입니다.

제2부분

❶ 첫 문장에 올 수 없는 어휘들!

> 否则 fǒuzé 그렇지 않으면 / 因此 yīncǐ 이로써 / 就 jiù 곧 / 可是 kěshì 그러나 / 其中 qízhōng 그 중에서 / 它 tā 그것은 / 他们 tāmen 그들은 / 才 cái 비로소

❷ 첫 문장에 잘 오는 어휘들!

> 叔叔 shūshu 삼촌 / 小朋友 xiǎopéngyǒu 어린이, 꼬마(친구) / 朋友们 péngyǒumen 친구들 / 困难 kùnnan 어려움이란 / 幸福 xìngfú 행복이란 / 中国 Zhōngguó 중국은

❸ 문장의 내용으로 선후관계 파악하기!

① 出现误会 / 及时解释 / 否则，误会越来越深
chūxiàn wùhuì / jíshí jiěshì / fǒuzé, wùhuì yuèláiyuè shēn
오해가 생기면 → 즉시 해결해라 → 그렇지 않으면 오해는 점점 깊어진다

② 困难是暂时的 / 勇敢地向前走 / 看到希望
kùnnan shì zànshí de / yǒnggǎn de xiàng qián zǒu / kàndào xīwàng
어려움은 잠시뿐이다 → 용감하게 앞을 향해 걸어가라 → 희망을 볼 것이다

③ 来北方好几年了 / 可是不太适应 / 觉得不舒服
lái běifāng hǎo jǐ nián le / kěshì bú tài shìyīng / juéde bùshūfu
북방에 온 지 몇 년이 되었다 → 그러나 아직 적응하지 못했다 → 불편함을 느낀다

④ 中国是多民族的国家 / 56个民族 / 汉族人数最多
Zhōngguó shì duō mínzú de guójiā / wǔshíliù ge mínzú / Hànzú rénshù zuì duō
중국은 다민족 국가이다 → 56개 민족 → 한족의 수가 가장 많다

⑤ 日记是生活的总结 / 帮我记住了让我感动的 / 值得回忆的事
rìjì shì shēnghuó de zǒngjié / bāng wǒ jìzhù le ràng wǒ gǎndòng de / zhídé huíyì de shì
일기는 생활의 총결이다 → 나를 감동시킨 것, 기억할 만한 일을 기억하도록 도와준다

⑥ 把酸、甜、苦、辣都经历 / 成熟起来 / 优秀的人
bǎ suān、tián、kǔ、là dōu jīnglì / chéngshúqǐlái / yōuxiù de rén
시고, 달고, 쓰고, 매운 것을 모두 경험하다 → 성숙해진다 → 우수한 사람이 된다

⑦ 很想去武汉 / 由于种种原因 / 没去看过
hěn xiǎng qù Wǔhàn / yóuyú zhǒngzhǒng yuányīn / méi qù kànguo
우한에 매우 가고 싶다 → 몇몇 이유 때문에 → 가보지 못했다

⑧ 吃好了吗 / 扔垃圾桶里 / 不要到处乱扔
chīhǎo le ma / rēng lājītǒng lǐ / búyào dàochù luàn rēng
잘 먹었나요? → 쓰레기통에 버리세요 → 도처에 함부로 버리지 마세요

⑨ 爱情是远远不够的 / 互相接受 / 接受他的缺点
àiqíng shì yuǎnyuǎn búgòu de / hùxiāng jiēshòu / jiēshòu tā de quēdiǎn
사랑으로는 많이 부족하다 → 서로 받아들이다 → 그의 단점도 받아들이다

제3부분

▶동의 표현으로 바뀌어 나온 정답 표현 패턴 10개

1	到今年9月20日，正好满一岁。 Dào jīnnián jiǔ yuè èrshí rì, zhènghǎo mǎn yísuì. 올해 9월 20일이 되면, 딱 만 1세가 된다.	→	快一岁了。 곧 한 살이 된다. Kuài yí suì le.
2	中国最大的动物园，可以看到大熊猫。 Zhōngguó zuìdà de dòngwùyuán, kěyǐ kàndào dàxióngmāo. 중국 최대의 동물원에서는 판다를 볼 수 있다.	→	值得去看。 가볼 만 하다. Zhídé qù kàn.
3	每天花半个小时来读书，差不多就是一本书了。 Měitiān huā bàn ge xiǎoshí lái dúshū, chàbuduō jiùshì yì běn shū le. 매일 30분을 써서 책을 읽으면, 거의 한 권의 책을 읽게 된다.	→	要坚持读书。 Yào jiānchí dúshū. 책 읽는 것을 계속해라.
4	因为机会永远都不是等来的。 Yīnwèi jīhuì yǒngyuǎn dōu búshì děnglái de. 기회는 영원히 기다려 주지 않기 때문이다.	→	自己去找机会。 Zìjǐ qù zhǎo jīhuì. 자기 스스로 기회를 찾아라.
5	永远都不会改变的。 영원히 바뀌지 않는다. Yǒngyuǎn dōu búhuì gǎibiàn de.	→	是不变的。 변하지 않는 것이다. Shì bú biàn de.
6	许多有趣的故事。 재미있는 이야기가 매우 많다. Xǔduō yǒuqù de gùshi.	→	很有意思。 너무 재미있다. Hěn yǒu yìsi.
7	生活就会变得简单而快乐。 Shēnghuó jiù huì biàn de jiǎndān ér kuàilè. 생활이 간단하고 재미있게 변할 수 있다.	→	更快乐。 더욱 즐겁다. Gèng kuàilè.
8	性格也很好。 성격도 매우 좋다. Xìnggé yě hěn hǎo.	→	脾气好。 성격이 좋다. Píqi hǎo.
9	不放弃努力，会找到路，通往成功的目的地。 Bú fàngqì nǔlì, huì zhǎodào lù, tōngwǎng chénggōng de mùdìdì. 포기하지 말고 노력하면, 길 그리고 성공과 통하는 목적지를 찾을 수 있다.	→	成功需要坚持。 Chénggōng xūyào jiānchí. 성공은 계속 해나가는 것이 필요하다.
10	那个公司今天就通知我下周来上班。 Nà ge gōngsī jīntiān jiù tōngzhī wǒ xiàzhōu lái shàngbān. 저 회사가 오늘 나에게 다음 주에 출근하라고 통지했다.	→	通过了面试。 면접에 통과했다. Tōngguò le miànshì.

第一部分
第1-5题：选词填空。

A 后悔　　B 熟悉　　C 理发　　D 坚持　　E 既　　F 误会

1. 什么时候结束不重要，重要的是结束了就不要（　　）。

2. 儿子，你的头发有点儿长了，该去（　　）了。

3. 你（　　）儿子了，他其实不是那个意思。

4. 发展教育，（　　）要关心数量，更要关心质量。

5. 这个事你最好先问一下白教授，这方面他肯定比我（　　）。

第6-10题：选词填空。

A 猜　　B 随便　　C 温度　　D 既然　　E 到底　　F 出差

6. A：外面风刮得这么大，你弟弟会来吗？
   B：放心吧，（　　）说好了，就一定会来的。

7. A：我们后天就出发了，你（　　）去不去？
   B：你让我再考虑考虑，晚上我给你打电话。

8. A：最近怎么没看见您女儿过来？
   B：她（　　）了，这个月25号才回来。

9. A：你（　　）我给你带什么礼物了。
   B：是巧克力吗？谢谢爷爷！

10. A：都6点半了，今天晚上想吃什么？
    B：我不是很饿，咱们（　　）吃点儿就可以。

第二部分
第11-20题：排列顺序。

11. A 否则，误会就可能越来越深
    B 两个人在一起，总会出现误会
    C 这种情况下，就需要及时解释　　　　_____

12. A 就能看到希望
    B 因此，只要勇敢地向前走
    C 困难只是暂时的　　　　_____

13. A 可是还是不太适应这儿的气候
    B 一到冬季，就觉得皮肤特别干燥，不舒服
    C 张阿姨来北方好几年了　　　　_____

14. A 中国是一个多民族的国家
    B 其中汉族人数最多
    C 共有56个民族　　　　_____

15. A 这几本日记是对我近些年生活的总结
    B 值得回忆的事
    C 它们帮我记住了很多让我感动的　　　　_____

16. A 就要懂得互相信任和尊重
    B 两个人既然已经决定共同生活
    C 不能乱发脾气   _____

17. A 才会真正成熟起来
    B 人只有把酸、甜、苦、辣都经历一遍
    C 成为一个优秀的人   _____

18. A 可是由于种种原因
    B 叔叔一直很想去武汉看看长江大桥
    C 直到今天，他还没去看过   _____

19. A 一定不要到处乱扔
    B 小朋友，你们都吃好了吗
    C 吃好了就把盒子、饮料瓶子、塑料袋都扔垃圾桶里 _____

20. A 它更需要两个人互相理解和接受
    B 结婚？我认为只有爱情是远远不够的
    C 不但要接受他的优点，还要接受他的缺点   _____

第三部分
第21-30题：请选出正确答案。

21. 我孙女儿是去年秋天出生的，到今年9月20日，正好满一岁。到时候，我们准备请亲戚朋友们到家里来吃顿饭，算是给她过生日，希望她能健康快乐地长大。

    ★ 他孙女儿：

    A 很粗心　　　B 喜欢音乐　　　C 快一岁了　　　D 会弹钢琴

22. 北京动物园是中国最大的动物园，那里有450多种动物，你在那儿不但可以看到大熊猫，还可以去海洋馆参观海底世界。

    ★ 北京动物园：

    A 值得去看　　B 门票免费　　　C 离海边近　　　D 有450多只熊猫

23. 如果3分钟读一页书，半个小时就可以读10页；每天花半个小时来读书，一个月就可以读300页，差不多就是一本书了。

    ★ 这段话主要想告诉我们什么？

    A 要诚实　　　B 要坚持读书　　C 要有同情心　　D 阅读要有选择

24. 人们常说"机会只留给有准备的人"，这句话虽然不假，然而光有准备是不够的，你还要主动去找机会，因为机会永远都不是等来的。

    ★ 这段话主要告诉我们，应该：

    A 有耐心　　　B 节约时间　　　C 多鼓励别人　　D 自己去找机会

25. 人一生最幸福的事情是有父亲母亲的爱和保护，这种爱和保护是没有任何条件的，也是永远都不会改变的。

    ★ 父母对孩子的爱：

    A 很复杂　　　B 需要证明　　　C 是不变的　　　D 受环境影响

26. 这本小说的作者是医院的一位护士,她通过这本小说告诉我们发生在医院里的许多有趣的故事,让我们对护士、医生这些职业有了更多的了解。

★ 关于这本小说,可以知道:

A 比较贵　　　B 卖光了　　　C 很有意思　　　D 作者很有名

27. 人之所以会累,就是因为常常停留在坚持和放弃之间,难以选择。改变能改变的,接受不能改变的,这样,生活就会变得简单而快乐。

★ 学会放弃,你会变得:

A 更快乐　　　B 更准时　　　C 更有信心　　　D 越来越后悔

28. 那个男孩子不但长得帅,而且性格也很好,我从来没见他和谁发过脾气。如果你不反对,这个周末我就介绍你们俩认识好不好?

★ 那个男孩子:

A 脾气好　　　B 个子高　　　C 结婚了　　　D 在读研究生

29-30.

目的地也许只有一个,但是通往目的地的道路却有很多条。所以,当一条路走不通时,我们可以换另外一条试试。只要我们不放弃努力,总会找到一条合适的路,通往成功的目的地。

★ 当一条路走不通时,我们应该:

A 看地址　　　B 试试别的路　　　C 向当地人问路　　　D 给朋友打电话

★ 这段话主要想告诉我们:

A 要有理想　　　B 工作要积极　　　C 成功需要坚持　　　D 做事要有计划

 쓰기 제1부분 *Final* 전략 **PT**

1. 쓰기 제1부분만을 학습하여 완벽한 문장 만들기에 집중해서 공부하기
2. 다양한 어법 문장을 배열해보기
3. 기출문장으로 좋은 문장 맛보기
4. 한 해 동안 출제된 기출문제 한 번에 풀어보기

                                                        학습시간 **2 0** 분

▶쓰기 제1부분 시험에 반복적으로 나오는 기출 문장패턴 25개!

① **我们保证按时完成任务。**   우리들은 제시간에 임무를 완성할 것을 확신한다.
   Wǒmen bǎozhèng ànshí wánchéng rènwu.

② **我对今天的考试很有信心。**   나는 오늘의 시험에 대해 매우 자신이 있다.
   Wǒ duì jīntiān de kǎoshì hěn yǒu xìnxīn.

③ **他感冒得很厉害。** Tā gǎnmào de hěn lìhai.   그는 감기가 매우 심하다.

④ **我把衣服弄脏了。** Wǒ bǎ yīfu nòngzāng le.   내가 옷을 더럽혔다.

⑤ **这个消息让我很伤心。** Zhè ge xiāoxi ràng wǒ hěn shāngxīn.   이 소식은 나를 매우 상심하게 했다.

⑥ **喝水对皮肤很有好处。** Hē shuǐ duì pífū hěn yǒu hǎochù.   물을 마시는 것은 피부에 매우 장점이 있다.

⑦ **医院里不允许抽烟。** Yīyuàn lǐ bù yǔnxǔ chōuyān.   병원에서는 흡연을 금지한다.

⑧ **餐厅的收入比去年增加了两倍。**   식당의 수입은 작년보다 두 배가 증가했다.
   Cāntīng de shōurù bǐ qùnián zēngjiā le liǎng bèi.

⑨ **这个广告的效果很不错。** Zhè ge guǎnggào de xiàoguǒ hěn búcuò.   이 광고의 효과는 매우 괜찮다.

⑩ **这是一个有趣的故事。** Zhè shì yí ge yǒuqù de gùshi.   이것은 하나의 매우 재미있는 이야기이다.

⑪ **他从来还没去过中国。** Tā cónglái hái méi qùguo Zhōngguó.   그는 여태껏 아직도 중국에 가본 적이 없다.

⑫ **很多人都重视保护环境。** Hěn duō rén dōu zhòngshì bǎohù huánjìng.   많은 사람들이 모두 환경보호를 중시한다.

⑬ **这个职业不适合她的性格。** Zhè ge zhíyè bú shìhé tā de xìnggé.   이 직업은 그녀의 성격에 맞지 않다.

⑭ **这里到底发生了什么事情?** Zhèlǐ dàodǐ fāshēng le shénme shìqing?   여기에 도대체 무슨 일이 벌어진 걸까?

⑮ 我们要养成每天写日记的好习惯。 우리들은 매일 일기 쓰는 좋은 습관을 길러야 한다.
Wǒmen yào yǎngchéng měitiān xiě rìjì de hǎo xíguàn.

⑯ 不要用生日做银行卡的密码。 생일을 사용해서 은행카드의 비밀번호로 하지 말아라.
Búyào yòng shēngrì zuò yínhángkǎ de mìmǎ.

⑰ 这次结果使我很激动。 Zhè cì jiéguǒ shǐ wǒ hěn jīdòng. 이번 결과는 나를 매우 흥분시켰다.

⑱ 这篇文章是由李教授写的。 Zhè piān wénzhāng shì yóu Lǐ jiàoshòu xiě de. 이 문장은 리 교수님이 쓴 것이다.

⑲ 信封里有一张申请表。 Xìnfēng lǐ yǒu yì zhāng shēnqǐngbiǎo. 편지봉투 안에는 한 장의 신청표가 있다.

⑳ 这个专业非常受欢迎。 Zhè ge zhuānyè fēicháng shòu huānyíng. 이 전공은 매우 인기가 많다.

㉑ 朋友之间应该互相帮助。 Péngyou zhījiān yīnggāi hùxiāng bāngzhù. 친구 사이에는 반드시 서로 도와야 한다.

㉒ 他邀请我一起去参观长城。 그는 나를 초대해 같이 만리장성을 참관하러 갔다.
Tā yāoqǐng wǒ yìqǐ qù cānguān Chángchéng.

㉓ 祝你这次访问一切顺利。 Zhù nǐ zhè cì fǎngwèn yíqiè shùnlì. 너의 이번 방문이 모든 게 순조롭기를 바라.

㉔ 我把这份材料复印了3份。 Wǒ bǎ zhè fèn cáiliào fùyìn le sān fèn. 나는 이 자료를 세 부 복사했다.

㉕ 她钢琴弹得真棒。 Tā gāngqín tán de zhēn bàng. 그녀는 피아노를 치는 정도가 아주 멋지다.

 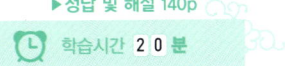

第一部分
第1-20题：完成句子。

1. 我们　　完成任务　　保证　　按时

2. 欢迎　　那个　　法律节目　　很　　受

3. 真　　及时　　下得　　这场雨

4. 翻译　　得　　不对　　这个句子

5. 每个人　　别人的尊重　　都　　希望获得

6. 饮料　　火车上　　不提供　　免费的

7. 弄脏了　　小孩子　　把　　裙子

8. 地球是　　共同的　　家　　我们

9. 这个消息　　大吃一惊　　让　　都　　所有人

10. 提高　　表达能力　　坚持写日记　　对　　有好处

11. 水   瓶子里   的   满了

12. 我们将   扩大   逐渐   招聘范围

13. 不   入口处   停车   允许

14. 密码   你把   信用卡的   改了

15. 考生的数量   增长了   5倍   比去年

16. 应该   夫妻   相互   信任

17. 比较   我弟弟的   性格   活泼

18. 那个座位   窗户旁边   吗   有人

19. 历史教授   著名的   是位   这本书的作者

20. 很多网站   进行了   报道   都对这次活动

Day 20

 쓰기 제2부분 *Final* 전략 **PT**

1. 쓰기 제2부분만을 학습하여 작문에만 집중해서 공부하기
2. 빠르게, 다양한 문장을 많이 만들어 보기
3. 기출문제 모범문장으로 실제 정답 문장을 맛보기
4. 시험에 매번 출제되는 기출 어휘로 다양한 문장 맛보기

PT★ 시크릿　　　　　　　　　　　　　　　　　　학습시간 **2 0** 분

▶쓰기 제2부분 시험에 반복적으로 출제되고 있는 작문 어휘 모범답안 50문장!

1	 起飞 qǐfēi 동 이륙하다 飞机已经起飞了。　비행기가 이미 이륙했다.	2	 躺 tǎng 동 눕다 躺着看书对眼睛不好。 누워서 책을 보는 것은 눈에 좋지 않다.
3	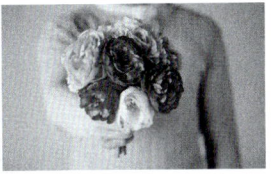 花 huā 명 꽃 这朵花好看啊!　이 꽃 예쁘다!	4	 讨论 tǎolùn 동 토론하다 他们在讨论明天的事情。 그들은 내일의 일을 토론하고 있다.
5	 公里 gōnglǐ 양 킬로미터(km) 她每天早上都要跑两公里。 그녀는 매일 아침마다 2킬로미터를 뛰려고 한다.	6	 暖和 nuǎnhuo 형 따뜻하다 怎么样，现在暖和了吧? 어때, 지금 따뜻하지?

Day 20　319

7	响 xiǎng [동] 소리가 나다, 울리다, 소리를 내다 你的手机响了。 네 휴대전화가 울리네.	8	脏 zāng [형] 더럽다 衣服脏了，脱下来洗洗吧。 옷이 더럽네, 벗어서 좀 빨자.
9	聊 liáo [동] 잡담하다 他们聊得很愉快呢。 그들은 매우 재미있게 수다를 떨고 있다.	10	只 zhī [양] 마리 [동물을 세는 양사] 山上有一只老虎。 산 위에 한 마리의 호랑이가 있다.
11	尝 cháng [동] 맛보다 来，尝一尝我做的蛋糕！ 자, 내가 만든 케이크를 맛 좀 봐!	12	算 suàn [동] 계산하다, 셈하다 我来算一下一共花了多少钱。 내가 다 합해서 얼마를 썼는지 계산 좀 해볼게.
13	伤心 shāngxīn [동] 상심하다, 슬퍼하다 她今天看上去很伤心。 그녀는 오늘 매우 상심해 보인다.	14	难受 nánshòu [형] (마음이) 슬프다, 괴롭다 他觉得有点儿难受。 그는 조금 괴로운 것 같다.
15	饼干 bǐnggān [명] 비스킷 你要不要吃饼干？ 너 과자 먹을 거야 안 먹을 거야?	16	弹 tán [동] (악기를) 타다, 치다, 연주하다 你女儿钢琴弹得怎么样？ 네 딸은 피아노 치는 것 어때?

17 办 bàn 동 처리하다
事情没办成，我让她很失望。
일을 다 처리하지 못해, 내가 그녀를 매우 실망시켰다.

18 号码 hàomǎ 명 번호
他在找王教授的电话号码。
그는 왕 교수님의 전화번호를 찾고 있다.

19 瓶子 píngzi 명 병
把瓶子扔到垃圾桶里去。
병을 쓰레기통에 버려라.

20 困 kùn 형 졸리다
我困了，我们明天再聊吧。
나 졸려, 우리 내일 다시 얘기하자.

21 值得 zhídé 동 ~할 만하다, ~할 만한 가치가 있다
这本书写得不错，值得一读。
이 책은 매우 잘 쓰여져서 읽을 만하다.

22 复印 fùyìn 동 복사하다
请你把这份材料再复印两份。
이 자료를 다시 두 장 복사해주시기 바랍니다.

23 苦 kǔ 형 쓰다
该吃药了，这个药不苦。
약을 먹어야 해. 이 약은 안 써.

24 个子 gèzi 명 키
哥哥的个子比妹妹更高。
오빠의 키는 여동생보다 더 크다.

25 敲 qiāo 동 두드리다
敲门的那个小伙子是我男朋友。
문을 두드리는(노크하는) 저 젊은이는 내 남자친구이다.

26 材料 cáiliào 명 자료
这份材料写得很详细。
이 자료는 매우 상세하게 쓰였다.

27 主意 zhǔyi 명 아이디어, 생각
他让我想想有什么好主意。
그는 나에게 어떤 좋은 아이디어를 생각해내도록 했다.

28 禁止 jìnzhǐ 동 금지하다
加油站禁止打电话。
주유소에서는 전화하는 것을 금지한다.

29 猜 cāi 동 추측하다
你猜我手里是什么?
너 내 손 안에 무엇이 있는지 맞혀볼래?

30 兴奋 xīngfèn 형 흥분하다
听到这个好消息,他们非常兴奋。
이 좋은 소식을 듣고, 그들은 매우 흥분했다.

31 告诉 gàosu 동 알려주다
来,我告诉你个好消息。
봐, 내가 너에게 좋은 소식을 알려줄게.

32 误会 wùhuì 동 오해하다
我想我们俩之间有一些误会。
나는 우리 둘 사이에 약간의 오해가 있다고 생각한다.

33 沙发 shāfā 명 소파
我们把沙发抬到外面去吧!
우리 소파를 바깥쪽으로 옮기자!

34 打针 dǎzhēn 주사 맞다
她感冒了,所以需要打一针。
그녀는 감기에 걸려서 주사를 한 대 맞을 필요가 있다.

35 遍 biàn 양 회, 번 [한 동작의 전 과정을 세는 양사]
这本书她读过很多遍了。
이 책은 그녀가 여러 번 읽어본 적 있다.

36 打扮 dǎban 동 화장하다
她正在对着镜子打扮。
그녀는 거울을 마주하고 화장하고 있다.

37
记 jì 동 기억하다
你把重点内容记下了吗?
너 중요한 내용을 기억하고 있니?

38
答案 dá'àn 명 답안
这道题的答案在这儿。
이 문제의 답은 여기에 있다.

39
汗 hàn 명 땀
你先擦擦汗, 喝水吗?
너 먼저 땀 좀 닦아, 물 마실래?

40
钥匙 yàoshi 명 열쇠
钥匙应该就在包里呀。
열쇠는 반드시 가방 안에 있어야 해.

41
到底 dàodǐ 부 도대체
这件事到底该怎么办?
이 일을 도대체 어떻게 처리해야 하는 거야?

42
激动 jīdòng 형 격분하다
那个消息让他们很激动。
그 소식은 그들을 매우 격분하게 했다.

43
吃惊 chījīng 형 놀라다
那个消息让她十分吃惊。
그 소식은 그녀를 매우 놀라게 했다.

44
聊天儿 liáotiānr 동 수다 떨다
他们一边喝茶一边聊天儿。
그들은 차를 마시면서 수다를 떨고 있다.

45
轻 qīng 형 가볍다
没关系, 这个箱子很轻。
괜찮아, 이 상자 매우 가벼워.

46
双 shuāng 양 쌍, 짝 [쌍으로 된 사물을 세는 양사]
这双袜子是新买的。
이 양말은 새로 산 것이다.

47
加班 jiābān 동 야근하다
姐姐最近经常加班。
언니는 최근에 자주 야근을 한다.

48
估计 gūjì 동 예측하다
我现在就过去，估计半个小时后到。
나 지금 건너갈게, 30분 뒤에 도착할 거라고 예측해.

49
洗澡 xǐzǎo 동 샤워하다
怎么弄得这么脏？快去洗个澡吧。
어째서 이렇게 더러워? 빨리 가서 샤워해.

50
看法 kànfǎ 명 생각, 견해
对于这件事，您有什么看法？
이 일에 대해 너는 무슨 생각이 있니?

第二部分
第1-15题：看图，用词造句。

1.

饼干

2.

复印

3.

脏

4.

短信

5.

激动

6.  暖和

7.  公里

8.  苦

9.  扔

10.  打扮

11.  故意

12. 胳膊

13.  果汁

14.  赢

15.  来不及

 **PT 기출상식**

중국은 차의 종주국

중국인은 4천 여 년 전부터 차를 마시기 시작했다. 차는 중국인의 일상생활에 없어서는 안 될 음료이다. 중국인들은 옛날부터 생활을 영위하는 7가지의 기본 물건으로 땔나무, 쌀, 기름, 소금, 간장, 식초, 차를 뽑았을 정도로 중국인에게 있어서 차가 얼마나 중요한지 알 수 있다. 중국인들이 차를 마시게 된 것은, 중국의 자연조건과 밀접한 관계가 있다. 중국은 물이 적은 대륙적 특성과 사막의 모래바람으로 인해 물속에 석회질과 중금속이 많이 함유되어 있어서, 배탈이 나지 않기 위해서는 물을 반드시 끓여 마셔야 했는데 그러다 어느 순간부터 차를 넣어 즐기게 됐다. 현재 중국에서는 차를 녹차, 백차, 황차, 우롱차, 홍차, 흑차, 화차로 분류하는 7대 분류법을 사용하거나, 불(不)발효차(차를 만드는 과정에서 열처리를 통해 산화효소를 불활성화 시킨 것으로, 다시 말하면 발효가 전혀 일어나지 않은 차)와 반(半)발효차(찻잎을 햇빛이나 실내에서 말린 후 비비거나 상처를 내어 찻잎 속의 성분을 산화시키는 것으로 우롱차가 그 대표적인 예임), 그리고 발효차(찻잎의 산화처리를 통해 만들어진 차를 말하며 홍차, 흑차 등이 있음) 등으로 분류하는 발효분류법을 사용하고 있다.

■ 중국인이 좋아하는 4가지 차!

롱징차(龙井茶): 녹차 가운데서도 최고급품으로 여겨지는 것이 롱징차로 차를 찌는 것이 아니라, 가마에서 볶아 발효를 멈춘다. 독특한 구수함과 단맛이 나는 것이 특징으로 항저우 룽징 지역에서 재배된다.

우롱차(乌龙茶): 중국 남부의 복건성과 광동성, 그리고 대만에서만 생산되고 있는 중국 전통차로 모양이 용(龙)같이 구부러진 데서 이름이 지어졌다. 녹차와 홍차의 중간으로 발효 정도가 20~65% 사이의 차를 말하며 반발효차로 분류된다. 차에서 우러나오는 단맛에 중국인들이 즐겨 마신다.

푸얼차(普洱茶): 윈난성의 특산차로 차의 성질이 따뜻하여 환절기에 끓는 물에 뜨겁게 우려내 겨울에 마시면 몸을 따뜻하게 할 수 있다. 오래 숙성시킬수록 품질이 좋으며 지방 분해 및 콜레스테롤 감소가 뛰어나 일명 '감비차(減肥茶)'로도 알려져 있으며, 혈압을 내리고, 동맥경화 예방, 흡연자에게도 효과적인 것으로 알려져 있다.

쥐화차(菊花茶): 중국 서민들이 가장 많이 즐기는 차로 중국에서는 80~85°C에서 1분 정도 우려 각설탕을 넣어 달게 마신다. 1590년 ≪본초강목(本草纲目)≫에 오랫동안 복용하면 혈기에 좋고 몸을 가볍게 하여 늙지 않으며 감기, 두통, 현기증, 위장보호에 효과가 좋다고 기록되어 있다.

교재 후기 올리고, 외식 상품권 받자!
딱! 한권 新 HSK PT 합격후기 공모 이벤트

딱! 한권 新 HSK PT 로 공부하고, 합격의 기쁨을 누린 당신!

생생한 학습 후기를 HSK를 준비하는 수험생 여러분과 함께 공유해 주세요.

우수 후기를 선발하여 맛있는 애슐리 식사권 또는 스타벅스 커피 를 드립니다.

애슐리 식사권
(1인 2매, 주말 사용 가능)
〈급수별 1명 (총 3명)〉

커피 모바일쿠폰
〈급수별 10명 (총 30명)〉

HSK 독학 카페(cafe.naver.com/chinasisastudy)에
딱! 한권 新 HSK PT 로 공부한 **합격 후기**를 올려주세요.
열.공.한 증거 사진과 **합격증**을 함께 올려주셔야 당첨 확률이 높아져요!

[연 2회] **1차** 6월 말 / **2차** 12월 말 발표 예정

*이벤트 관련 자세한 내용은 HSK 독학 카페(cafe.naver.com/chinasisastudy)에서 확인하세요.

혼자 공부하기 힘들 땐 카페로 모여라!

HSK합격에서 고득점 만렙까지 찍자!

▶ HSK 외 중국어와 관련된 다양한 정보와 학습 자료를 얻고, 카페 회원들과 자유롭게 정보도 주고 받는 시사중국어사의 공식 커뮤니티!

▶ 시사중국어사에서 나온 따끈한 신간 소식과 푸짐한 이벤트 소식을 얻어 가세요.

시사중국어사 중국어 독학 스터디 카페 http://cafe.naver.com/chinasisastudy

딱! 한권 新HSK PT 3급 4급 5급 6급

- 3급 김혜연 | 값 22,000원   4급 이주희 | 값 23,000원   5급 우선경 | 값 24,000원   6급 고강민 | 값 25,000원
- 구성 PT학습서 + 해설서 + 실전 모의고사 2세트 + PT어휘집 + MP3 무료 다운로드 + 20일 코칭 영상 무료제공

新HSK 대표강사의 정확한 경향 분석과 핵심 전략!
20일 완성으로 깔끔하게 끝내는 新HSK 합격의 길잡이!

★ 매일 듣기·독해·쓰기 모든 영역을 균형 있게 학습! ★
★ 어휘PT-전략PT-실전PT-마무리PT로 이어지는 탄탄한 학습 시스템! ★
★ 1:1 개인 트레이닝! 20일 코칭 강의 영상 무료 제공! ★

착! 붙는 新HSK 실전 모의고사 시리즈

북경어언대 출제 모의고사 시리즈!

- **1급** 신한미(해설) | 값 15,000원
  본책(실전 모의고사 3세트)+해설집+MP3CD 1장+MP3무료다운
- **2급** 김미숙(해설) | 값 16,000원
  본책(실전 모의고사 3세트)+해설집+MP3CD 1장+MP3무료다운
- **3급** 김미숙(해설) | 값 20,000원
  본책(실전 모의고사 6세트)+해설집+MP3CD 1장+MP3무료다운

新HSK 베테랑 강사의 날카로운 적중 문제!

- **4급** 유효정 | 값 15,500원
  문제집(실전 모의고사 6세트)+해석집+MP3CD 1장+MP3무료다운
- **5급** 최선화 | 값 16,000원
  문제집(실전 모의고사 6세트)+해석집+MP3CD 1장+MP3무료다운
- **6급** 최명진·쉬시에시에 | 값 16,500원
  문제집(실전 모의고사 6세트)+해석집+MP3CD 1장+MP3무료다운

체계적인 20일 코칭 시스템

新 HSK

퍼스널 트레이닝

이주희 저

실전 모의고사 4급

실전 모의고사

제 1 회

新汉语水平考试
HSK（四级）
模拟试题（一）

注意

一、　HSK（四级）分三部分：

　　　1. 听力（45题，约30分钟）

　　　2. 阅读（40题，40分钟）

　　　3. 书写（15题，25分钟）

二、　听力结束后，有5分钟填写答题卡。

三、　全部考试约105分钟（含考生填写个人信息时间5分钟）。

一、听 力

第一部分

第 1-10 题：判断对错。

例如： 我想去办个信用卡，今天下午你有时间吗？陪我去一趟银行？

★ 他打算下午去银行。 (✓)

现在我很少看电视，其中一个原因是，广告太多了，不管什么时间，也不管什么节目，只要你打开电视，总能看到那么多的广告，浪费我的时间。

★ 他喜欢看电视广告。 (✗)

1. ★ 他们想学羽毛球。 (   )

2. ★ 他建议去咖啡馆儿等小云。 (   )

3. ★ 他想报名参加普通话考试。 (   )

4. ★ 他在国家图书馆工作。 (   )

5. ★ 葡萄有很多吃法。 (   )

6. ★ 他们来不及收拾行李。 (   )

7. ★ 他读了介绍黄河的文章。 (   )

8. ★ 环保要从身边小事做起。 (   )

9. ★ 他们要坐地铁。 (   )

10. ★ 他知道怎么办签证。 (   )

第二部分

第 11-25 题：请选出正确答案。

例如：女：该加油了，去机场的路上有加油站吗？
男：有，你放心吧。
问：男的主要是什么意思？
A 去机场　　　B 快到了　　　C 油是满的　　　D 有加油站 ✓

11. A 舞跳得很好　　B 外语流利　　C 很浪漫　　　D 很聪明

12. A 出差了　　　　B 水果难吃　　C 肚子不舒服　D 刚刷完牙

13. A 用牙膏刷鞋　　B 穿皮鞋　　　C 别用水洗　　D 把鞋扔掉

14. A 李大夫　　　　B 李校长　　　C 高律师　　　D 高教授

15. A 该换护照了　　B 有新安排　　C 女儿要结婚　D 工作很顺利

16. A 照顾好爸妈　　B 打一针　　　C 多喝牛奶　　D 按时吃药

17. A 书被弄脏了　　B 书没复印完　C 女的生气了　D 男的很笨

18. A 招聘要求　　　B 怎么开证明　C 怎么填表格　D 数学作业

19. A 邮局关门了　　B 没有信封了　C 地址要详细　D 字要写清楚

20. A 厕所　　　　　B 银行　　　　C 宾馆　　　　D 火车站

21.　A 网站上　　　B 电视上　　　C 杂志上　　　D 报纸上

22.　A 商店　　　　B 电影院　　　C 理发店　　　D 照相馆

23.　A 推车　　　　B 扔垃圾　　　C 关窗户　　　D 照相

24.　A 已经毕业了　B 准备留学　　C 要去应聘　　D 正在报名

25.　A 送杂志　　　B 谈广告的事　C 道歉　　　　D 打针

第三部分

第 26-45 题：请选出正确答案。

例如：男：把这个文件复印五份，一会儿拿到会议室发给大家。
　　　女：好的。会议是下午3点吗?
　　　男：改了。三点半，推迟了半个小时。
　　　女：好，602会议室没变吧?
　　　男：对，没变。
　　　问：会议几点开始?
　　　A 两点　　　B 3点　　　C 3:30 ✓　　　D 6点

26. A 污染严重　　B 交通不便　　C 很热闹　　D 很富

27. A 新闻　　　　B 证明　　　　C 通知　　　D 总结

28. A 要加班　　　B 很瘦　　　　C 有行李　　D 在船上

29. A 镜子　　　　B 啤酒　　　　C 椅子　　　D 洗衣机

30. A 做汤　　　　B 做蛋糕　　　C 儿童音乐　D 民族文化

31. A 护照　　　　B 钥匙　　　　C 登机牌　　D 照相机

32. A 没功夫吃　　B 懒得做　　　C 想减肥　　D 中午吃多了

33. A 可以分期　　B 打折　　　　C 不用排队　D 更快

34. A 教室　　　　B 饭店　　　　C 游泳馆　　D 银行

35. A 少吃水果   B 多洗几遍   C 少买些   D 不要乱放

36. A 很干净   B 以汤为主   C 不贵   D 数量多

37. A 很热闹   B 上过新闻   C 历史久   D 非常老旧

38. A 引起误会   B 浪费时间   C 增加压力   D 影响判断

39. A 要学会放弃   B 要有理想   C 能力最重要   D 遇事要冷静

40. A 担心堵车   B 车内太冷   C 不允许带行李   D 车内很黑

41. A 票价低   B 座位多   C 有电梯   D 速度快

42. A 很害怕   B 很困难   C 非常得意   D 很有意思

43. A 边听边写   B 要特别仔细   C 多练习   D 要坚持

44. A 研究普通话   B 听京剧   C 做生意   D 写小说

45. A 成为一名导游   B 长高了   C 出名了   D 考上博士了

二、阅读

第一部分

第46-50题：选词填空。

A 麻烦　　B 世纪　　C 不管　　D 坚持　　E 响　　F 熟悉

例如：她每天都（ D ）走路上下班，所以身体一直很不错。

46. 从上个（　　）末开始，这条街道就很有名了。

47. 手机早上7:05就（　　）了，可是她一直躺到8点半才起床。

48. （　　）出现什么问题，请及时与我们联系。

49. 很抱歉给大家带来了（　　），同时也非常感谢各位的理解与支持。

50. 我俩是邻居，从小一起长大，互相都很（　　）。

第51-55题：选词填空。

A 复杂　　B 准时　　C 温度　　D 合格　　E 陪　　F 推迟

例如：A: 今天真冷啊，好像白天最高（ C ）才2℃。

B: 刚才电视里说明天更冷。

51. A: 昨晚我梦到我这次的考试成绩不（　　）。

B: 别担心，那只是个梦，你一定会考得很好。

52. A: 那件事情有些（　　），你到底要怎么解决？

B: 我想先跟我妻子商量一下再说。

53. A: 你怎么这么早就回来了？比赛结束了？

B: 不是，比赛（　　）了，也不知道什么原因。

54. A: 明晚聚会的地点改到友谊饭店了，时间不变，别迟到啊。

B: 没问题，我一定（　　）到。

55. A: 我（　　）你一起去吧，可以顺便活动活动。

B: 太好了，我们现在就出发。

第二部分

第 56-65 题：排列顺序。

比如： A 可是今天起晚了

B 平时我骑自行车上下班

C 所以就打车来公司   <u>B   A   C</u>

56. A 这些家具很多都是他帮忙抬上来的

B 力气却大得很

C 别看小黄个子不高，人也瘦   _____

57. A 我家离北京很近

B 所以周末和节假日我一般都会回家

C 只有100多公里，开车的话大约一个小时就到了   _____

58. A 后来就交给我来做了

B 由于他突然生病住院了

C 这次招聘会本来是由小李负责的   _____

59. A 让我们一起举杯祝贺这对新人

B 一切顺利，永远幸福

C 希望他们在今后的生活中   _____

60. A 估计是用电脑时间过长引起的
    B 同事建议我没事多在办公室走走，少看电脑
    C 我最近眼睛疼得厉害

61. A 这种植物叶子很大
    B 所以我就买了两棵回来
    C 听说放在室内，能起到让空气质量变好的作用

62. A 您的年龄超过了活动规定的35岁
    B 很抱歉，我刚才看了您的报名表
    C 因此我们不能接受您的报名

63. A 打好基础的同时，还要找到学习的重点
    B 要想取得好成绩
    C 这样才能收到好的效果

64. A 就不会有这么大的误会
    B 事情也不会变得这么复杂了
    C 要是你俩早点儿解释清楚

65. A 直到自己满意了，她才会出发
    B 每次出门前大约都要花一个小时的时间来打扮
    C 妹妹非常爱美

第三部分

第66-85题：请选出正确答案。

例如：她很活泼，说话很有趣，总能给我们带来快乐，我们都很喜欢和她在一起。

★ 她是个什么样的人？

A 幽默 ✓　　B 马虎　　C 骄傲　　D 害羞

66. 他本来有机会出国演出的，但由于身体原因不得不放弃了。虽然这有点儿可惜，但健康最重要，而且机会以后还会再有。

★ 根据这段话，可以知道什么：

A 没有观众　　B 没报上名　　C 放弃演出　　D 没爬长城

67. 我从小就爱写日记，遇到开心的事我会写下来，不开心的事我也会记下来。日记里有我的快乐和烦恼。现在回头再看，还挺有趣的。

★ 说话人觉得写日记：

A 让人伤心　　B 不用太详细　　C 很有意思　　D 不值得表扬

68. 在中国，虽然法律允许大学生结婚，但实际上选择在读书时结婚的人非常少。大多数人表示，应该先找到一份好工作，有份不错的收入，然后再考虑结婚、生孩子的事情。

★ 多数人坚持什么想法？

A 去北京读书　　B 先工作后结婚　　C 读博士　　D 冬天不结婚

69. 夏月这段舞跳得真棒，每个动作都很标准，看来她课后没少下功夫，我们也应该像她那样，多加练习。

★ 说话人觉得夏月：

A 练习很努力　　B 很懒　　C 不热情　　D 不够聪明

70. 保护环境不能只是一句空话，我们每个人都要从身边的小事做起，不浪费水、电，少使用空调，多乘坐公共交通，养成节约的好习惯。

　　★ 为了保护环境，我们要：

　　　A 少用纸袋　　　B 不抽烟　　　C 节约用电　　　D 偶尔跑步上班

71. 研究证明，3到12岁是儿童学习语言的关键期。如果父母能在此时让孩子学一门外语，他们将来可能会比同龄的孩子说得更流利。

　　★ 孩子在12岁之前学外语，有什么好处？

　　　A 更自信　　　B 会的词语多　　　C 说得更流利　　　D 学语法更快

72. 这篇课文的内容和语法知识全部讲完了，接下来我们做几个练习题，请同学们看第65页。

　　★ 说话人：

　　　A 是老师　　　B 在和人讨论　　　C 在发通知　　　D 让大家预习

73. 他是当时中国最有名的男演员之一，演的每部电影都非常受欢迎。即使现在他已不再演电影了，但仍然有许多观众喜欢他。

　　★ 那位男演员：

　　　A 演技一般　　　B 很有礼貌　　　C 当过作家　　　D 很受欢迎

74. 我爸妈是第一次出国旅游，他们又不懂外语，所以我请朋友帮忙联系了一个中文流利，又比较幽默的导游。

　　★ 关于导游，可以知道：

　　　A 汉语很好　　　B 不爱开玩笑　　　C 会三种语言　　　D 很有责任心

75. 小夏，按照你现在的速度，体育恐怕很难合格。你必须在9秒内跑完50米。接下来这几个月，你要多多练习。

　　★ 说话人希望小夏：

　　　A 熟悉动作　　　B 偶尔跑跑步　　　C 加快速度　　　D 别怕辛苦

76. 我开车时习惯听交通广播，这主要是为了能及时了解道路情况，提前知道前方是否堵车，然后选择比较好走的路，以节约时间。

    ★ 他开车听广播，是想知道：

    A 国际新闻　　　B 天气情况　　　C 加油地点　　　D 道路信息

77. 他们俩来自不同的国家，由于相同的爱好和理想走到了一起，文化上的不同并没有让他们觉得不合适，这也说明爱情是不分国籍的。

    ★ 根据这段话可以知道，他们俩：

    A 国籍不同　　　B 都是亚洲人　　C 感情不太好　　D 性格相反

78. 机场离我们要住的宾馆很远，我查过了，乘坐地铁的话，中间要转两次。我们带了这么多行李，很不方便，还是找辆出租车吧。

    ★ 说话人建议：

    A 去公共汽车站　B 提前出发　　　C 坐出租车　　　D 乘飞机

79. 有竞争才会有发展。竞争不仅能提高科学技术水平，推动社会与经济的发展，还能推动人的发展。有能力的人往往都是通过竞争才被发现和肯定的。因此，我们要学会在竞争中赢得发展。

    ★ 这段话主要想告诉我们：

    A 要敢于怀疑　　B 要学会判断　　C 过程很重要　　D 要适应竞争

80-81.

每年的5月31日是"世界无烟日"。一般来说，各个国家都会在那天举行像"远离烟草，关爱生命"这样的禁烟活动。举办这些活动的目的是为了提醒人们，抽烟不仅对自己和周围人的健康没有好处，而且还会污染环境。

　　★ 无烟日那天，各个国家会：

　　A 调查抽烟人数　B 不卖烟　　　　C 举办禁烟活动　D 放假一天

　　★ 根据这段话，抽烟会：

　　A 让人变笨　　　B 减少烦恼　　　C 污染环境　　　D 引起大火

82-83.

一个小伙子到理发店理发,坐下之后就拿出手机开始看小说。10分钟后,他停下来抬头照了照镜子,什么也没说,又继续低下头玩儿手机。理发师见小伙子一直不说话,就开口问他:"什么小说这么吸引你啊?"理发师一边说,一边看小伙子的手机,结果发现小伙子打开了一个购物网站,上面的关键词写着——帽子。

★ 理发师以为小伙子在做什么?

A 打游戏　　　B 看小说　　　C 发短信　　　D 看电视

★ 小伙子可能要买什么?

A 衬衫　　　B 裤子　　　C 帽子　　　D 皮鞋

84-85.

有这样一种人,他们习惯把一些事情分成几个时间段去做,有些事情甚至被专门留到多少岁以后去做。其实,很多事情并没有一定的先后顺序,都是可以同时进行的。而且,那些被安排到将来去做的事情,往往也不会像希望的那样,在规定的时间内完成。因此,只要条件允许,就应该放手去做,不要等到以后。

★ 根据这段话,那些人有什么特点?

A 做事冷静　　　　　　　B 准时
C 严格要求自己　　　　　D 按时间顺序做事

★ 根据这段话,有些事情:

A 别推到以后做　B 有危险　　　C 很无聊　　　D 发生得很突然

三、书写

第一部分

第86-95题：完成句子。

例如：那座桥　　800年的　　历史　　有　　了

　　　<u>那座桥有800年的历史了。</u>

86. 被　　那个瓶子　　儿子　　打破了

87. 方向　　重要　　更　　比速度

88. 她　　去打网球　　一块儿　　邀请我

89. 你　　祝　　顺利　　一切

90. 您乘坐的　　马上就要　　航班　　起飞了

91. 他在农村　　一段时间　　生活　　过

92. 材料　　我已经　　把　　整理好了

93. 传真　　是　　你们公司的　　号码　　多少

94. 很有效　　这种药　　对　　头疼

95. 内容　　那本杂志的　　十分　　丰富

第二部分

第96-100题：看图，用词造句。

例如：  乒乓球　　　他很喜欢打乒乓球。

96.  肚子　　97.  误会

98.  禁止　　99.  风景

100.  愉快

*실전 모의고사 1회 정답 및 해설은 해설서 152p에 있습니다.

실전 모의고사

제 2 회

新汉语水平考试
HSK（四级）
模拟试题（二）

注意

一、 HSK（四级）分三部分：

    1. 听力（45题，约30分钟）

    2. 阅读（40题，40分钟）

    3. 书写（15题，25分钟）

二、 听力结束后，有5分钟填写答题卡。

三、 全部考试约105分钟（含考生填写个人信息时间5分钟）。

一、听力

第一部分

第 1-10 题：判断对错。

例如： 我想去办个信用卡，今天下午你有时间吗？陪我去一趟银行？

★ 他打算下午去银行。 （ ✓ ）

现在我很少看电视，其中一个原因是，广告太多了，不管什么时间，也不管什么节目，只要你打开电视，总能看到那么多的广告，浪费我的时间。

★ 他喜欢看电视广告。 （ × ）

1. ★ 睡太久对身体不好。 （　　）

2. ★ 他希望大家能提些意见。 （　　）

3. ★ 在入口处换礼物。 （　　）

4. ★ 他认为输赢并不重要。 （　　）

5. ★ 舞会将在这个礼拜天举行。 （　　）

6. ★ 九江市历史很短。 （　　）

7. ★ 有误会要及时解释清楚。 （　　）

8. ★ 那份工作要求有留学经历。 （　　）

9. ★ 小云以前很活泼。 （　　）

10. ★ 他们参加比赛是为了增进友谊。 （　　）

第二部分

第 11-25 题：请选出正确答案。

例如：女：该加油了，去机场的路上有加油站吗？
　　　男：有，你放心吧。
　　　问：男的主要是什么意思？
　　　A 去机场　　　B 快到了　　　C 油是满的　　　D 有加油站 ✓

11. A 奖金少　　　B 来不及了　　　C 专业不符　　　D 要经常加班

12. A 堵车了　　　B 马上出发　　　C 手机坏了　　　D 没到时间

13. A 很聪明　　　B 太紧张　　　　C 不热情　　　　D 很积极

14. A 房东　　　　B 叔叔　　　　　C 妹妹　　　　　D 邻居

15. A 没预习　　　B 没考好　　　　C 填空题难　　　D 复习得不错

16. A 非常冷　　　B 热极了　　　　C 很凉快　　　　D 十分暖和

17. A 体育馆　　　B 家具店　　　　C 图书馆　　　　D 洗手间

18. A 饿了　　　　B 胳膊疼　　　　C 没休息好　　　D 咳嗽得厉害

19. A 以前是长发　B 更漂亮了　　　C 变化不大　　　D 变胖了

20. A 要学做生意　B 要复习　　　　C 租到房子了　　D 要去调研

21. A 有礼貌　　　B 很可怜　　　C 很厉害　　　D 非常帅

22. A 脾气好　　　B 成绩好　　　C 爱讲笑话　　D 喜欢阅读

23. A 不想参观　　B 迟到了　　　C 迷路了　　　D 没睡醒

24. A 植物园　　　B 动物园　　　C 海洋馆　　　D 大使馆

25. A 没吃饱　　　B 担心浪费　　C 把菜倒掉　　D 小吃太辣

第三部分

第 26-45 题：请选出正确答案。

例如：男：把这个文件复印五份，一会儿拿到会议室发给大家。
　　　女：好的。会议是下午3点吗？
　　　男：改了。三点半，推迟了半个小时。
　　　女：好，602会议室没变吧？
　　　男：对，没变。
　　　问：会议几点开始？
　　　A 两点　　　　B 3点　　　　C 3:30 ✓　　　D 6点

26. A 衬衫破了　　B 男的感冒了　　C 药店关门了　　D 女的现金不够

27. A 郊区　　　　B 医院后面　　　C 火车站右边　　D 高速公路旁

28. A 很值得　　　B 十分精彩　　　C 让人难受　　　D 比较无聊

29. A 很爱笑　　　B 比较胖　　　　C 刚出生不久　　D 今天过生日

30. A 毛巾　　　　B 帽子　　　　　C 眼镜盒　　　　D 塑料袋

31. A 抬箱子　　　B 挂衣服　　　　C 取报纸　　　　D 扔盒子

32. A 个子　　　　B 力气　　　　　C 性格　　　　　D 声音

33. A 邮局没开门　B 没带零钱　　　C 没拿信封　　　D 地址忘家了

34. A 邻居家　　　B 超市　　　　　C 医院　　　　　D 药店

35.	A 沙发	B 镜子	C 塑料桶	D 皮鞋
36.	A 很漂亮	B 很正式	C 有点儿大	D 稍微瘦了点儿
37.	A 很吃惊	B 正在减肥	C 不爱打扮	D 要去约会
38.	A 冰箱	B 空调	C 照相机	D 传真机
39.	A 很复杂	B 用处大	C 语言简单	D 不太准确
40.	A 吃烤鸭	B 唱京剧	C 打羽毛球	D 修理自行车
41.	A 教课	B 爬长城	C 办演出	D 收拾房子
42.	A 能见到名人	B 干净卫生	C 啤酒免费	D 广告做得好
43.	A 无需排队	B 卖烤鸭	C 饭菜贵	D 在郊区
44.	A 很无聊	B 更有趣	C 让人变懒	D 很辛苦
45.	A 包饺子	B 包包子	C 洗碗筷	D 擦窗户

二、阅读

第一部分

第46-50题：选词填空。

A 脏　　B 公里　　C 文章　　D 坚持　　E 精彩　　F 往往

例如：她每天都（ D ）走路上下班，所以身体一直很不错。

46. 这篇（　　）是由李教授和他的学生一起写的。

47. 这种飞机的速度一般在每小时700到1000（　　）之间。

48. 人们常说："最危险的地方（　　）也是最安全的地方。"

49. 抱歉，把你的衣服弄（　　）了，我不是故意的。

50. 这场足球赛太（　　）了，不管是大人还是小孩子都喜欢看。

第 51-55 题：选词填空。

A 正常　　B 暖和　　C 温度　　D 作者　　E 适应　　F 最好

例如：A：今天真冷啊，好像白天最高（ C ）才2℃。

B：刚才电视里说明天更冷。

51. A：那篇文章的（　　）是谁？

B：我忘了他叫什么名字了，只记得他姓王。

52. A：你是南方人，能（　　）山东生活吗？

B：没问题，我已经在山东上了4年大学了。

53. A：咱们把沙发往窗户那儿抬一下，这样看电视更舒服些。

B：别开玩笑了，我们俩抬不动，（　　）等你爸爸回来再弄。

54. A：收到我寄给你的礼物了吗？

B：收到了，谢谢你！帽子非常漂亮，戴着很（　　）。

55. A：这个学期专业课真多。

B：很（　　），第一年基础课多，第二年主要就是专业课了。

第二部分

第56-65题：排列顺序。

比如：A 可是今天起晚了
　　　B 平时我骑自行车上下班
　　　C 所以就打车来公司　　　　　　　　　　　B　A　C

56. A 你是否也有这样的特点呢
　　 B 比如说，做事努力、对自己要求严格等
　　 C 调查发现，优秀的人都有一些共同点　　　_____

57. A 没有人是十全十美的，有缺点很正常
　　 B 也要试着原谅自己
　　 C 因此我们既要学会原谅别人　　　　　　　_____

58. A 然而，直到最近几年它才引起人们的普遍关注
　　 B 早在上个世纪末就开始了
　　 C 其实，对这种技术的研究　　　　　　　　_____

59. A 进去后按照票上的座位号入座，谢谢
　　 B 同学们，演出马上就要开始了
　　 C 请大家排好队　　　　　　　　　　　　　_____

60. A 意思是无论多远的路，都要从脚下这一步开始
    B 人们常说"千里之行，始于足下"
    C 也就是说，一切成功都是慢慢积累起来的 _____

61. A 如果给您带来了不便，还请原谅
    B 这台取款机正在修理中
    C 暂时无法使用 _____

62. A 不仅仅是由于作者的语言幽默有趣
    B 这本小说之所以卖得这么好
    C 更主要的是因为故事内容非常精彩 _____

63. A 海洋里生活着大量的动植物
    B 但仍有很大一部分还在等着人们去发现和了解
    C 其中很多已经被人们认识和熟悉 _____

64. A 昨天我和同事去逛街
    B 可惜没有我穿的号了
    C 我看上了一双挺漂亮的鞋，还打折 _____

65. A 茶不仅是一种饮料
    B 它在中国有着几千年的历史
    C 而且还是一种文化 _____

第三部分

第 66-85 题：请选出正确答案。

例如：她很活泼，说话很有趣，总能给我们带来快乐，我们都很喜欢和她在一起。

★ 她是个什么样的人？

A 幽默 ✓   B 马虎   C 骄傲   D 害羞

66. 王月，我有个朋友想报考你那个专业的硕士，他有些问题想问你，我能把你的手机号给他吗？

★ 说话人的朋友想：

A 换班级   B 考硕士   C 读博士   D 问价格

67. 一般三岁左右的孩子就可以学习自己刷牙了。在正式教刷牙前，父母可以让孩子自己选择喜欢的杯子、牙刷和牙膏，这样更能引起他们刷牙的兴趣。

★ 让孩子选牙刷，能使他们：

A 学会管钱   B 养成好习惯   C 动作更标准   D 对刷牙感兴趣

68. 在自助餐厅里，如果你只坐在那儿等，那你什么都吃不到。你必须站起来自己去拿，才能吃饱。生活也一样，什么都不做也就什么都得不到。

★ 在生活中，我们要：

A 尊重他人   B 注意节约   C 自己多努力   D 多照顾别人

69. 冰心是著名的翻译家，也是深受儿童喜爱的作家。她的《寄小读者》和《再寄小读者》不仅深得中国小朋友的喜爱，在国外读者中也很受欢迎。

★ 根据这段话，可以知道冰心：

A 脾气很好   B 爱开玩笑   C 喜欢浪漫   D 很受儿童欢迎

70. 这里面挺大的，光出口就有好几个。你先去售票窗口排队买票吧，我去那边看看有没有卖地图的。

★ 说话人要去做什么？

A 买地图　　　　B 上厕所　　　　C 买照相机　　　D 买饮料

71. 我的孩子再过几天就要出生了，虽然不知道是儿子还是女儿，但我和我丈夫都非常激动，同时又有点儿紧张。医生建议我多走走，放松心情。

★ 夫妻俩为什么很激动？

A 受到邀请了　　B 孩子要出生了　C 存够钱了　　　D 工资提高了

72. 同学们，请把不要的东西都收拾一下，放进这几个垃圾袋里，一会儿咱们离开的时候把所有垃圾都带走，别污染了环境。

★ 说话人让同学们做什么？

A 带走垃圾　　　B 打扫房间　　　C 节约用水　　　D 随便参观

73. 这种新材料的质量与过去使用的材料差不多，但价格更低。因此，它一出现，就受到了各大公司的欢迎。

★ 那种新材料：

A 颜色丰富　　　B 更便宜　　　　C 和以前的有区别　D 不符合标准

74. 喂，这个公园有东、西两个入口，你千万别从东边的入口进，那附近有个学校，现在是上学时间，路上车多、学生多，堵得厉害，你从西门开车进来。

★ 说话人是什么意思？

A 查看地图　　　B 乘坐公共交通　C 从西口进　　　D 把车停在南门

75. 每个人都有自己感兴趣和适合做的事情，不用羡慕他人，更不需要跟着别人选择，只要你认为值得，那就为之努力吧。

★ 这段话告诉我们要：

A 多总结经验　　　　　　　　　B 相信别人

C 积极一些　　　　　　　　　　D 坚持自己的选择

76. 文化是民族的，各民族文化都有自己的特点；同时文化也是世界的，各国文化在发展过程中相互影响、相互学习，也会有一些相同的地方。

    ★ "文化也是世界的"是指各国文化：

    A 区别大　　　B 都很流行　　　C 有共同之处　　　D 与科学无关

77. 对不起，先生，您的行李箱超重了。按照规定，您只能免费带20公斤的行李，超重的部分每公斤加收全部票价的1.5%。

    ★ 根据这段话，超过20公斤的行李：

    A 要收费　　　B 不允许登机　　　C 需专门存放　　　D 要开箱检查

78. 有的人总是不好意思拒绝朋友的要求，害怕这样会影响两个人的感情。但实际上，真正的友谊不会因为你的一次拒绝就受到影响。

    ★ 有的人不愿拒绝朋友，是担心会：

    A 后悔　　　B 影响友情　　　C 被人笑话　　　D 遇到麻烦

79. 今天下出租车时，由于着急赶时间，我不小心把照相机忘在了出租车上。司机师傅发现后马上叫住我，把照相机还给了我。

    ★ 司机叫住他，是为了：

    A 停车　　　B 还他照相机　　　C 找他零钱　　　D 和他聊天儿

80-81.

很多人都羡慕导游，觉得他们能到处玩儿。其实，做导游并不像人们想的那样轻松。首先，导游要对景点非常地了解，而且讲解时还要想办法引起游客的兴趣。其次，导游每天都要走很多路，只有能吃苦，才能坚持下来。另外，旅行中会出现各种各样的问题，导游必须能够冷静地解决问题。

    ★ 很多人羡慕导游，是因为导游：

    A 工资高　　　B 假期长　　　C 知识丰富　　　D 能去各地玩儿

    ★ 根据这段话，可以知道什么？

    A 门票很贵　　　B 游客没耐心　　　C 信心很关键　　　D 导游工作辛苦

82-83.

　　幸福是什么？有人说，能帮助别人就是一种幸福。也有人说，健康才是最大的幸福。还有人说，小时候幸福是一件东西，比如一本书、一块儿巧克力，得到了就很幸福；长大后幸福是一种态度，是生活的态度决定了我们幸福感的高低。不管你认为幸福是什么，只要你用心去找，就一定能发现它。

　　★ 有人觉得小时候幸福是：

　　　A 获得重视　　B 能玩儿游戏　　C 取得好成绩　　D 得到一件东西

　　★ 最后一句的"它"指的是：

　　　A 幸福　　　　B 回忆　　　　　C 性格　　　　　D 态度

84-85.

　　多数情况下，对于不太熟悉的人，我们往往会根据周围人对他的看法来做出判断，但这样并不一定正确。要想真正了解一个人，不能光听别人说，而应该多与他交流，时间久了，自然就会了解这个人。

　　★ 人们一般根据什么来判断不熟悉的人？

　　　A 自己的经历　B 别人的看法　　C 他人的爱好　　D 老人的经验

　　★ 想真正了解一个人，应该：

　　　A 相信他　　　B 同情他　　　　C 多与他交流　　D 少提反对意见

三、书写

第一部分

第86-95题：完成句子。

例如：那座桥   800年的   历史   有   了

<u>那座桥有800年的历史了。</u>

86. 我   适应了这里的   已经   气候

87. 都   完成了   今年所有的   任务

88. 您女儿   真   棒   钢琴   弹得

89. 那些   旧杂志   你   把   整理一下

90. 自己的   有   每个人   优点和缺点   都

91. 不打算   留学   我暂时   还

92. 降落在   飞机   首都机场   将于15分钟后

93. 你最好   一个手机号码   重新   换

94. 情况   的   这里   一切正常

95. 这道题   好像错了   答案   的

第二部分

第96-100题：看图，用词造句。

例如：  乒乓球　　他很喜欢打乒乓球。

96.  降落　　97.  钥匙

98.  只　　99.  紧张

100.  无聊

*실전 모의고사 2회 정답 및 해설은 해설서 184p에 있습니다.

汉语水平考试 HSK（四级）答题卡

——请填写考生信息——

按照考试证件上的姓名填写：

姓名

如果有中文姓名，请填写：

中文姓名

考生序号 [0][1][2][3][4][5][6][7][8][9]
[0][1][2][3][4][5][6][7][8][9]
[0][1][2][3][4][5][6][7][8][9]
[0][1][2][3][4][5][6][7][8][9]
[0][1][2][3][4][5][6][7][8][9]

——请填写考点信息——

考点代码 [0][1][2][3][4][5][6][7][8][9]
[0][1][2][3][4][5][6][7][8][9]
[0][1][2][3][4][5][6][7][8][9]
[0][1][2][3][4][5][6][7][8][9]
[0][1][2][3][4][5][6][7][8][9]
[0][1][2][3][4][5][6][7][8][9]

国籍 [0][1][2][3][4][5][6][7][8][9]
[0][1][2][3][4][5][6][7][8][9]
[0][1][2][3][4][5][6][7][8][9]

年龄 [0][1][2][3][4][5][6][7][8][9]
[0][1][2][3][4][5][6][7][8][9]

性别　男 [1]　　女 [2]

注意　请用2B铅笔这样写：■

一、听力

1. [√][×]　　6. [√][×]　　11. [A][B][C][D]　16. [A][B][C][D]　21. [A][B][C][D]
2. [√][×]　　7. [√][×]　　12. [A][B][C][D]　17. [A][B][C][D]　22. [A][B][C][D]
3. [√][×]　　8. [√][×]　　13. [A][B][C][D]　18. [A][B][C][D]　23. [A][B][C][D]
4. [√][×]　　9. [√][×]　　14. [A][B][C][D]　19. [A][B][C][D]　24. [A][B][C][D]
5. [√][×]　　10. [√][×]　　15. [A][B][C][D]　20. [A][B][C][D]　25. [A][B][C][D]

26. [A][B][C][D]　31. [A][B][C][D]　36. [A][B][C][D]　41. [A][B][C][D]
27. [A][B][C][D]　32. [A][B][C][D]　37. [A][B][C][D]　42. [A][B][C][D]
28. [A][B][C][D]　33. [A][B][C][D]　38. [A][B][C][D]　43. [A][B][C][D]
29. [A][B][C][D]　34. [A][B][C][D]　39. [A][B][C][D]　44. [A][B][C][D]
30. [A][B][C][D]　35. [A][B][C][D]　40. [A][B][C][D]　45. [A][B][C][D]

二、阅读

46. [A][B][C][D][E][F]　51. [A][B][C][D][E][F]
47. [A][B][C][D][E][F]　52. [A][B][C][D][E][F]
48. [A][B][C][D][E][F]　53. [A][B][C][D][E][F]
49. [A][B][C][D][E][F]　54. [A][B][C][D][E][F]
50. [A][B][C][D][E][F]　55. [A][B][C][D][E][F]

56. _____　58. _____　60. _____　62. _____　64. _____

57. _____　59. _____　61. _____　63. _____　65. _____

66. [A][B][C][D]　71. [A][B][C][D]　76. [A][B][C][D]　81. [A][B][C][D]
67. [A][B][C][D]　72. [A][B][C][D]　77. [A][B][C][D]　82. [A][B][C][D]
68. [A][B][C][D]　73. [A][B][C][D]　78. [A][B][C][D]　83. [A][B][C][D]
69. [A][B][C][D]　74. [A][B][C][D]　79. [A][B][C][D]　84. [A][B][C][D]
70. [A][B][C][D]　75. [A][B][C][D]　80. [A][B][C][D]　85. [A][B][C][D]

86-100题接背面

汉语水平考试 HSK（四级）答题卡

三、书写

86. _____

87. _____

88. _____

89. _____

90. _____

91. _____

92. _____

93. _____

94. _____

95. _____

96. _____

97. _____

98. _____

99. _____

100. _____

不要写到框线以外！

汉 语 水 平 考 试 HSK（四级）答 题 卡

——— 请填写考生信息 ———

按照考试证件上的姓名填写：

姓名

如果有中文姓名，请填写：

中文姓名

考生序号
[0] [1] [2] [3] [4] [5] [6] [7] [8] [9]
[0] [1] [2] [3] [4] [5] [6] [7] [8] [9]
[0] [1] [2] [3] [4] [5] [6] [7] [8] [9]
[0] [1] [2] [3] [4] [5] [6] [7] [8] [9]

——— 请填写考点信息 ———

考点代码
[0] [1] [2] [3] [4] [5] [6] [7] [8] [9]
[0] [1] [2] [3] [4] [5] [6] [7] [8] [9]
[0] [1] [2] [3] [4] [5] [6] [7] [8] [9]
[0] [1] [2] [3] [4] [5] [6] [7] [8] [9]
[0] [1] [2] [3] [4] [5] [6] [7] [8] [9]
[0] [1] [2] [3] [4] [5] [6] [7] [8] [9]

国籍
[0] [1] [2] [3] [4] [5] [6] [7] [8] [9]
[0] [1] [2] [3] [4] [5] [6] [7] [8] [9]
[0] [1] [2] [3] [4] [5] [6] [7] [8] [9]

年龄
[0] [1] [2] [3] [4] [5] [6] [7] [8] [9]
[0] [1] [2] [3] [4] [5] [6] [7] [8] [9]

性别　　男 [1]　　　女 [2]

注意　请用2B铅笔这样写：■

一、听力

1. [√] [×]　　6. [√] [×]　　11. [A] [B] [C] [D]　16. [A] [B] [C] [D]　21. [A] [B] [C] [D]
2. [√] [×]　　7. [√] [×]　　12. [A] [B] [C] [D]　17. [A] [B] [C] [D]　22. [A] [B] [C] [D]
3. [√] [×]　　8. [√] [×]　　13. [A] [B] [C] [D]　18. [A] [B] [C] [D]　23. [A] [B] [C] [D]
4. [√] [×]　　9. [√] [×]　　14. [A] [B] [C] [D]　19. [A] [B] [C] [D]　24. [A] [B] [C] [D]
5. [√] [×]　　10. [√] [×]　　15. [A] [B] [C] [D]　20. [A] [B] [C] [D]　25. [A] [B] [C] [D]

26. [A] [B] [C] [D]　31. [A] [B] [C] [D]　36. [A] [B] [C] [D]　41. [A] [B] [C] [D]
27. [A] [B] [C] [D]　32. [A] [B] [C] [D]　37. [A] [B] [C] [D]　42. [A] [B] [C] [D]
28. [A] [B] [C] [D]　33. [A] [B] [C] [D]　38. [A] [B] [C] [D]　43. [A] [B] [C] [D]
29. [A] [B] [C] [D]　34. [A] [B] [C] [D]　39. [A] [B] [C] [D]　44. [A] [B] [C] [D]
30. [A] [B] [C] [D]　35. [A] [B] [C] [D]　40. [A] [B] [C] [D]　45. [A] [B] [C] [D]

二、阅读

46. [A] [B] [C] [D] [E] [F]　　51. [A] [B] [C] [D] [E] [F]
47. [A] [B] [C] [D] [E] [F]　　52. [A] [B] [C] [D] [E] [F]
48. [A] [B] [C] [D] [E] [F]　　53. [A] [B] [C] [D] [E] [F]
49. [A] [B] [C] [D] [E] [F]　　54. [A] [B] [C] [D] [E] [F]
50. [A] [B] [C] [D] [E] [F]　　55. [A] [B] [C] [D] [E] [F]

56. _____　58. _____　60. _____　62. _____　64. _____

57. _____　59. _____　61. _____　63. _____　65. _____

66. [A] [B] [C] [D]　71. [A] [B] [C] [D]　76. [A] [B] [C] [D]　81. [A] [B] [C] [D]
67. [A] [B] [C] [D]　72. [A] [B] [C] [D]　77. [A] [B] [C] [D]　82. [A] [B] [C] [D]
68. [A] [B] [C] [D]　73. [A] [B] [C] [D]　78. [A] [B] [C] [D]　83. [A] [B] [C] [D]
69. [A] [B] [C] [D]　74. [A] [B] [C] [D]　79. [A] [B] [C] [D]　84. [A] [B] [C] [D]
70. [A] [B] [C] [D]　75. [A] [B] [C] [D]　80. [A] [B] [C] [D]　85. [A] [B] [C] [D]

86-100题接背面

汉语水平考试 HSK（四级）答题卡

三、书写

86.

87.

88.

89.

90.

91.

92.

93.

94.

95.

96.

97.

98.

99.

100.

不要写到框线以外！

孔子学院总部/国家汉办
Confucius Institute Headquarters(Hanban)

汉语水平考试
Chinese Proficiency Test

HSK（四级）成绩报告
HSK (Level 4) Examination Score Report

姓名：_____
Name

性别：_____ 国籍：_____
Gender   Nationality

考试时间：_____ 年 _____ 月 _____ 日
Examination Date   Year   Month   Day

编号：_____
No.

准考证号：_____
Admission Ticket Number

	满分 Full Score	你的分数 Your Score
听力 Listening	100	
阅读 Reading	100	
书写 Writing	100	
总分 Total Score	300	

听力 Listening	阅读 Reading	书写 Writing	总分 Total Score	百分等级 Percentile Rank
100	99	94	287	99%
93	92	83	262	90%
88	88	76	247	80%
83	82	72	235	70%
80	78	67	222	60%
76	71	64	209	50%
70	65	59	195	40%
64	58	55	179	30%
58	50	50	162	20%
50	40	43	139	10%

总分180分为合格 (Passing Score: 180)

主任 _____   国家汉办
Director   Hanban
                     HANBAN

中国 · 北京   成绩自考试日起2年内有效
Beijing · China

딱! 한권

체계적인 20일 코칭 시스템

新 HSK PT

퍼스널 트레이닝

이주희 저

해설서　**4급**

시사중국어사

해설서 목차

1. PT학습서 – 정답 및 해설

- DAY 1 ······ 6
- DAY 2 ······ 12
- DAY 3 ······ 18
- DAY 4 ······ 24
- DAY 5 ······ 31
- DAY 6 ······ 36
- DAY 7 ······ 42
- DAY 8 ······ 48
- DAY 9 ······ 54
- DAY 10 ······ 61
- DAY 11 ······ 66
- DAY 12 ······ 72
- DAY 13 ······ 79
- DAY 14 ······ 87
- DAY 15 ······ 98
- DAY 16 ······ 108
- DAY 17 ······ 121
- DAY 18 ······ 131
- DAY 19 ······ 140
- DAY 20 ······ 145

2. 실전 모의고사 – 정답 및 해설

- 실전 모의고사 1회 ······ 152
- 실전 모의고사 2회 ······ 184

新HSK PT 4급

PT 학습서
정답 및 해설

Day 1

듣기 제1부분 실전 PT 정답 ▶p.33

| 1. √ | 2. √ | 3. √ | 4. √ | 5. √ | 6. √ |

문제 1

★ 做事情方法很重要。 （　）	★ 일을 할 때에는 방법이 매우 중요하다.
无论做什么事都要注意方法，正确的方法可以帮我们节约时间。但如果方法不对，可能花五倍甚至十倍的时间都不能完成任务。	어떤 일을 하든 방법에 신경 써야 한다. 정확한 방법은 우리들이 시간을 절약하는 데 도움을 줄 수 있다. 그러나 만약 방법이 옳지 않으면 5배, 심지어 10배의 시간을 써도 임무를 완성할 수 없을 것이다.

해설 질문만 봐도 상식문제라는 것을 알 수 있으며, 녹음을 듣지 않고도 정답은 √라는 것을 알 수 있다. 녹음 첫 부분에 '无论做什么事都要注意方法'를 보면 어떤 일을 하든 방법이 중요하다는 것을 알 수 있다.

TIP
① 无论……都……: ~을 막론하고, 모두 ~하다
② 花时间: 시간을 소비하다

문제 2

★ 自己要对健康负责。 （　）	★ 스스로 건강에 책임을 져야 한다.
每一个香烟盒上都印有"吸烟有害健康"的句子，目的就是告诉人们抽烟对身体不好，提醒人们要对自己的健康负责。	모든 담뱃갑에는 "흡연은 건강에 유해합니다"라는 문구가 새겨져 있다. 이 목적은 사람들에게 흡연이 건강에 좋지 않다는 것을 알려주고, 자신의 건강에 책임을 지라는 것을 일깨워주는 것이다.

해설 흡연이 건강에 좋지 않다는 것은 당연한 이야기이다. 내용에서도 '吸烟有害健康(흡연은 건강에 유해하다)'이라고 언급하고 있다. 또한 녹음의 마지막에 '人们要对自己的健康负责(사람들은 자신의 건강에 책임을 가져야 한다)'라고 질문의 내용을 그대로 말하고 있으므로 정답은 √이다.

TIP 抽烟对身体不好: 흡연은 건강에 좋지 않다

문제 3

★ 将来是可以改变的。 （　）	★ 미래는 바꿀 수 있다.
一个人无法改变自己的过去，但可以改变自己的将来。如果你不满意现在的生活，那么就从现在开始努力吧。	사람은 자신의 과거를 바꿀 수는 없지만 자기의 미래는 바꿀 수 있다. 만약 당신이 지금의 생활에 만족스럽지 않다면, 그러면 지금부터 노력을 시작해라.

해설 녹음 첫 부분에서 '无法改变自己的过去(과거는 바꿀 수 없지만)', '可以改变自己的将来(미래는 바꿀 수 있다)'라고 하였다. 정답은 √이다.

TIP 如果……那么……: 만약 ~한다면, 그럼 ~하다

문제 4

★ 大部分女人想过减肥。　　　（　　）	★ 대부분의 여자들은 다이어트를 생각한 적이 있다.
我们通过调查发现，大约有五分之四的女人考虑过减肥，实际上她们中的很多人并不肥胖。	우리들이 조사를 통해 발견하길, 대략 5분의 4정도의 여자들이 다이어트를 고려한 적이 있다. 실제로 그녀들 중 대부분은 결코 뚱뚱하지 않다.

해설　대부분의 여자들은 다이어트를 생각한 적이 있다는 질문에 대해 우리는 녹음을 듣지 않고도 정답이 √라는 것을 상식적으로 알 수 있다. 문장 중간에 '女人考虑过减肥(여자들이 다이어트를 고려한 적이 있다)'라며 대다수의 여자들이 다이어트를 고려한 적이 있다고도 하고 있다. 정답은 √이다.

문제 5

★ 最好不要用生日做密码。　　　（　　）	★ 가장 좋은 것은 생일을 사용해 비밀번호로 하지 말아야 한다.
有些人很懒，直接拿自己的生日做银行卡或信用卡的密码。其实，这样做很不安全。	어떤 사람들은 매우 게을러서 직접적으로 자기의 생일을 은행카드 혹은 신용카드의 비밀번호로 사용한다. 사실 이렇게 하는 것은 굉장히 안전하지 않다.

해설　녹음에서 '拿自己的生日做银行卡或信用卡的密码(자기의 생일을 은행카드 혹은 신용카드의 비밀번호로 사용한다)'라고 말하며 맨 뒤에 '这样做很不安全(이렇게 하는 것은 굉장히 안전하지 않다)'이라고 했으므로, 즉 생일을 사용해 비밀번호로 하지 않는 것이 좋다는 것을 알 수 있다. 정답은 √이다.

TIP　用生日做密码: 생일을 사용하여 비밀번호로 하다

문제 6

★ 要多跟朋友联系。　　　（　　）	★ 친구와 많이 연락해라.
平时要主动给朋友打电话，别等到需要朋友帮助时，才想到要和他们联系。要知道，能有一个真正的朋友，有一段真正的友谊，是多么不容易！	평소 자발적으로 친구에게 전화를 걸어야 한다. 친구의 도움이 필요할 때가 되어서야 비로소 그들에게 연락을 하려고 생각해서는 안 된다. 알아야 하는 것은 진정한 친구를 가지고, 진정한 우정을 가질 수 있는 것은 그렇게 쉽지 않은 것이다!

해설　녹음 첫 부분에 '平时要主动给朋友打电话(평소 자발적으로 친구에게 전화를 걸어야 한다)'라고 말하고 있다. 친구와 많이 연락하라는 질문의 내용과 일치하는 것을 알 수 있다. 정답은 √이다.

TIP　给……打电话: ~에게 전화를 걸다

독해 제1부분 실전 PT 정답

1. E	2. C	3. D	4. F	5. B	6. E

문제 1-3

A 却	B 往往	C 十分	D 完全	E 一切	F 马上
A 오히려	B 종종	C 매우	D 완전히	E 모든, 전부	F 곧, 바로

문제 1

生活没有标准答案，只要你敢想敢做，那么（　　　）都有可能。	생활에는 표준적인 답이 없다. 오직 네가 용감하게 생각하고 해나간다면, 그러면 (전부) 다 가능해질 것이다.

해설 빈칸의 위치는 '都(모두, 다)'라는 부사 앞이다. 그러므로 빈칸에는 부사 혹은 주어가 올 수 있다. 앞의 문장을 해석해보면 '네가 용감하게 생각하고 해나간다면 (　) 다 가능할 것이다'라고 했기 때문에 정답은 '(전부) 가능할 것이다'라고 하는 부사 E '一切'가 적절하다.

TIP
① 접속사 + 주어 + 부사 + 술어
② 只要……那么……: 오직 ~해야만 ~하다

문제 2

对于我们来说，您的肯定（　　　）重要，谢谢您。	우리에게 있어서 당신의 확신은 (매우) 중요합니다. 당신에게 감사합니다.

해설 빈칸의 위치를 보면 '肯定'이라는 주어와 '重要'라는 술어 사이이다. 주어와 술어 사이면 부사가 위치할 가능성이 크다. 당신의 확신이 어떻게 중요하다는 것인지 살펴보면 '(매우) 중요하다'가 의미적으로 가장 알맞다. 정답은 부사 C '十分'이다.

TIP
① ……的(관형어) + 주어 + 부사 + 술어
② 对于……来说: ~에 대해 말하자면

문제 3

他（　　　）有能力做好这件事，但他没有认真去做。	그는 이 일을 잘할 능력이 (완전히) 있으나 성실하게 하려고 하지 않는다.

해설 빈칸의 위치를 보면 '他'라는 주어와 '有'라는 술어 사이이다. 주어와 술어 사이면 부사가 온다. '그는 이 일을 잘할 능력이 (　) 있다'고 말하고 있다. 능력이 어떻게 있는지 적절한 부사를 대입해보면 정답은 D '完全'이다. '完全有能力(능력이 완전히 있다)'를 함께 기억하자!

TIP
① 주어 + 부사 + 술어
② 完全有能力: 능력이 완전히 있다

문제 4-6

A 最好	B 挺	C 肯定	D 重新	E 到底	F 顺便
A 가장 좋은 것은	B 굉장히	C 틀림없이	D 다시, 재차	E 도대체	F 겸사겸사, ~하는 김에

문제 4

A: 家里没有啤酒了，我去趟超市。 B: 你下楼的时候（　　　）把垃圾扔了。	A: 집에 맥주가 없어, 내가 슈퍼마켓에 갔다 올게. B: 너 내려갈 때 (겸사겸사) 쓰레기를 버려줘.

해설 빈칸의 위치를 보면 전치사구 '把垃圾(쓰레기를)'와 술어 '扔了(버리다)' 앞이다. 전치사구는 술어 앞이고 전치사구보다 더 먼저 위치하는 품사는 부사이다. 대화를 보면 집에 맥주가 없어서 슈퍼에 갔다 온다 하였더니 대답으로 내려가면서 쓰레기도 버려달라고 말하고 있다. 즉, 맥주를 사러 가는 길에 겸사겸사 쓰레기도 버려달라고 해야 자연스러운 문장이 완성되므로 정답은 F '顺便'이다.

TIP 주어 + 부사/조동사/전치사구 + 술어 → 顺便 + 把垃圾 + 扔了: 겸사겸사 쓰레기를 버리다

문제 5

A: 这个牙膏好用吗? B: (　　) 好的，就像广告上说的 "用过的 都说好，没用过的都在找"。	A: 이 치약 사용하기 괜찮아? B: (굉장히) 좋아. 광고에서 말하는 "사용한 적 있는 사람은 모두 좋다고 말하고, 사용한 적 없는 사람들도 모두 찾고 있다"는 것과 같아.

해설 빈칸의 위치를 보면 뒤에 '好'라는 형용사가 있다. 형용사는 앞에 정도부사(很, 十分, 挺……)가 많이 온다. '好' 뒤에 '的'가 있는데, '的'와 함께 사용되는 정도부사를 찾아야 한다. '挺……的(굉장히 ~하다)'는 함께 자주 쓰이는 짝꿍어휘이므로 절대 잊어서는 안 된다. 따라서 정답은 B '挺'이다.

TIP 挺……的: 굉장히 ~하다
　　예) 挺好的 굉장히 좋다 / 挺重的 굉장히 무겁다

문제 6

A: 丽丽说再等她几分钟，她马上就来。 B: 她 (　　) 在干什么呢，怎么这么慢?	A: 리리가 말하길, 그녀를 몇 분 더 기다리면 곧 도착할 거래. B: 그녀는 (도대체) 뭐 하는 거야? 어쩌면 이렇게 늦는 거야?

해설 빈칸의 위치는 '她'라는 주어와 부사 '正在(하고 있다)'에서 '正'이 생략된 '在' 앞, 즉 주어와 부사 사이이다. 그러나 주어와 부사 사이에 오는 품사는 부사 말고는 없다. 그렇다면 부사가 중복될 가능성이 있다. 부사 앞에 빈칸이 있다면, 또 다른 부사가 올 가능성이 크다. 문장을 해석해보면, '그녀는 무엇을 하고 있길래 이렇게 늦는 거야?'라고 하였을 때 적절한 부사는 E '到底'이다.

TIP 주어 + 부사/부사 + 술어 → 술어 앞에는 여러 개의 부사가 나올 수 있다.

쓰기 제1부분 실전 PT 정답 　　　　　　　　▶p.44

1. 互联网拉近了人与人之间的距离。　인터넷은 사람과 사람 간의 거리를 좁혔다.
2. 学校附近有一个非常漂亮的公园。　학교 근처에 하나의 매우 아름다운 공원이 있다.
3. 张老师给我发了两张传真。　장 선생님이 나에게 두 장의 팩스를 보냈다.
4. 他不得不改变原来的计划。　그는 어쩔 수 없이 원래의 계획을 바꾸었다.
5. 大家都谈了自己的意见和看法。　모두가 자기의 의견과 생각을 말했다.

문제 1

互联网　　距离　　人与人之间的　　拉近了

분석 互联网 hùliánwǎng 명 인터넷 | 距离 jùlí 명 거리 | 拉近 lājìn 동 가까이 끌어당기다, 친한 체하다

해설 '拉近了'는 술어이므로 문장 중간에 위치한다. '人与人之间的'는 구조조사 '……的'의 형태로 관형어이며 명사 앞에 기본적으로 놓이는데, 대부분이 주어 혹은 목적어 앞에 위치한다. 우선 남은 어휘를 주어와 목적어에 배치하면, 주어는 '互联网(인터넷)', 술어는 '拉近了(좁혔다)', 목적어는 '距离(거리)'이다. 남은 관형어를 주어 앞과 목적어 앞 중 어디에 놓는 게 적절한지 위치를 살펴보면 '사람과 사람 간의 인터넷'과 '사람과 사람 간의 거리' 중 적절한 것은 후자이다. 그래서 이 문장의 관형어는 목적어 앞이 적절하다.

TIP 주어 + 술어 + 관형어 + 목적어

문제 2

一个　　学校附近　　非常漂亮的　　有　　公园

| 분석 | 附近 fùjìn [형][명] 가까운, 인접한/부근, 근처 |

| 해설 | 주어는 '学校附近'이고 술어는 '有', 목적어는 '公园'이다. 남은 어휘는 수량사 '一个'와 구조조사 '……的'의 형태로 이루어진 관형어 '非常漂亮的'이다. 남은 어휘는 '수량사 + ……的'의 순서로 배치하여 '一个非常漂亮的'로 만들어준다. |

TIP 수량사 + (……的) + 명사

문제 3

| 张老师 | 发了 | 给我 | 传真 | 两张 |

| 분석 | 发 fā [동] 보내다 | 传真 chuánzhēn [명] 팩스 |

| 해설 | 주어는 '张老师'이고 술어는 '发了', 목적어는 명사인 '传真'이다. '两张(두 장)'과 어울리는 어휘는 '传真'이므로 두 어휘를 묶어 '两张传真(두 장의 팩스)'으로 만든다. '给我'는 전치사구로 술어 앞에 두면 된다. |

TIP 주어 + 전치사구 + 술어 + 목적어

문제 4

| 他 | 不得不 | 原来的 | 改变 | 计划 |

| 분석 | 不得不 bùdébù [부] 어쩔 수 없이, 부득이 | 改变 gǎibiàn [동] 변하다, 바꾸다, 고치다 | 计划 jìhuà [명][동] 계획, 작정/계획하다, 기획하다 |

| 해설 | 주어는 '他'이고 술어는 동사인 '改变'이 와야 한다. 목적어는 명사인 '计划'이다. '原来的'는 관형어의 형태를 보이고 있으므로 명사 앞, 대부분 주어 혹은 목적어 앞에 와야 한다. '원래의 그'와 '원래의 계획' 중 후자가 더 어울리므로 '관형어 + 목적어' 형태로 만들어준다. '不得不'는 부사이므로 술어 앞에 놓인다. |

TIP 주어 + 부사 + 술어 + 관형어(……的) + 목적어

문제 5

| 意见和看法 | 谈了 | 大家 | 都 | 自己的 |

| 분석 | 看法 kànfǎ [명] 견해, 의견 | 谈 tán [동] 이야기하다, 말하다 |

| 해설 | 주어는 대명사인 '大家'이고 술어는 동사인 '谈了'이다. 목적어는 명사인 '意见和看法'이다. '自己的'는 관형어의 형태를 보이고 있으므로 명사 앞, 대부분 주어 혹은 목적어 앞에 와야 한다. '자신의 의견과 견해'가 어울리므로 '관형어 + 목적어' 형태로 만들어준다. '都'는 부사이므로 술어 앞에 놓인다. |

TIP 주어 + 부사 + 술어 + 관형어(……的) + 목적어

쓰기 제2부분 실전 PT 정답 ▶p.45

1. 他每天在自己的房间写当天的日记。 그는 매일 자신의 방에서 그날의 일기를 쓴다.
   他们在一起写着日记。 그들은 함께 일기를 쓰고 있다.

2. 她每天照着镜子打扮。 그녀는 매일 거울을 보며 화장을 한다.
   她打扮得很好看。 그녀는 예쁘게 꾸몄다.

3. 妈妈每天收拾客厅。 엄마는 매일 거실을 청소하신다.
   她刚才收拾好了。 그녀는 방금 정리를 끝마쳤다.

문제 1

日记

분석 日记 rìjì 명 일기

해설 아들이 일기를 쓰고 있고 옆에서 엄마가 도와주고 있는 모습이며, 제시 어휘는 '日记'라는 명사 어휘이다. 명사 어휘에 살을 붙여 '今天的日记(오늘의 일기)'로 만들 수 있고, '写(쓰다)'라는 동사를 사용해 '写今天的日记'로 문장을 만들어낼 수 있다.

문제 2

打扮

분석 打扮 dǎban 동 화장하다, 꾸미다

해설 여자가 거울을 보면서 화장을 하고 있는 모습이며, 제시 어휘는 '打扮(꾸미다)'이라는 동사 어휘이다. '照镜子(거울을 보다)'와 제시 어휘를 묶어 '照着镜子打扮(거울을 보며 화장을 한다)'이라는 문장을 만들 수 있다. 정도보어를 활용하여 문장을 만들 수도 있는데, '打扮 + 得 + 정도표현'의 형태를 기초로 하여 '打扮得很好看'이라는 문장을 구성하여 '예쁘게 꾸몄다'라고 할 수도 있다.

문제 3

收拾

분석 收拾 shōushi 동 정리하다, 치우다

해설 엄마가 청소를 하고 있는 그림이며, 제시 어휘는 '收拾(정리하다)'로 동사 어휘이다. 이 동사의 목적어로는 '房间(방)', '客厅(거실)'이 자주 나온다. 또한 동사 뒤에 '……好了'를 사용하면 '동사를 다 했다'라는 의미를 만들어준다.

듣기 제1부분 실전 PT 정답

▶ p.50

1. √ 2. √ 3. √ 4. X 5. √ 6. X

문제 1

★ 他和妻子有相同的兴趣。（　　）	★ 그와 아내는 같은 흥미가 있다.
我和妻子有个共同的爱好，那就是打羽毛球。我们俩当年，就是在学校的羽毛球课上认识的。	나와 아내는 공통의 취미가 있는데 그것은 바로 배드민턴을 치는 것이다. 우리 둘은 그 당시 학교의 배드민턴 수업에서 알게 되었다.

해설 녹음에서 들리는 그대로를 믿고 가야 한다. 녹음 첫 부분에 '我和妻子有个共同的爱好(나와 아내는 공통의 취미가 있다)'라고 하였다. 질문은 '爱好' 대신에 동의어인 '兴趣'로 바뀌어 나왔다. 이 두 단어는 뜻이 같기 때문에 정답은 √이다.

TIP
① 在……上认识: ~에서 알게 되다
② 爱好(취미) = 兴趣(흥미)

문제 2

★ 白文文钢琴弹得好极了。（　　）	★ 바이원원은 피아노를 매우 잘 친다.
我记得白文文平时很少说话，班里同学都不怎么注意她。但在一次新年晚会上，她表演了弹钢琴。而且弹得特别好，同学们都很吃惊。	나는 바이원원이 평소에 말수가 적어 반 친구들 모두가 그녀를 그렇게 신경 쓰지 않았다고 기억한다. 그러나 한 번은 신년 모임에서 그녀가 피아노를 연주했는데, 피아노를 치는 정도가 특히 뛰어나 친구들 모두가 무척 놀랐다.

해설 녹음 첫 부분에서 말수가 적어 눈에 띄지 않았다고 하였지만, 뒷부분에서 '弹得特别好(치는 정도가 특히나 뛰어나다)'라고 하였다. 질문과 정확하게 일치하기 때문에 정답은 √이다. 앞부분만 듣고 성급히 추측해서는 안 된다. 끝까지 집중해서 듣는 연습을 해야 한다.

TIP 不怎么注意: 그다지 신경 쓰지 않다

문제 3

★ 互联网使旅行变得更方便。（　　）	★ 인터넷은 여행을 더 편리하게 변화시켰다.
有了互联网后，出门旅行就变得方便多了。我们只要选好目的地，在网上买好机票或者火车票，带上照相机，拉起行李箱就可以出发了。	인터넷이 생겨난 후로 밖으로 여행 가는 것이 매우 편리하게 변했다. 우리가 목적지만 고르면 인터넷에서 비행기표 혹은 기차표를 구해 사진기를 챙겨 트렁크를 끌고 출발할 수 있다.

해설 녹음 첫 부분에서 정확하게 '有了互联网后，出门旅行就变得方便多了(인터넷이 생겨난 후로 밖으로 여행 가는 것이 매우 편리하게 변했다)'라고 말하고 있다. 질문과 완벽하게 일치한다. 따라서 앞부분만 잘 들어도 뒤에 나올 내용은 듣지 않아도 된다는 것을 알 수 있다.

TIP ……变得方便多了: ~이 더 편리하게 변하다

문제 4

★ 老张经常迟到。　　　　　　（　　）	★ 라오장은 자주 지각을 한다.
老张这个人一直很准时，开会<u>从来不迟到</u>。今天到现在还没来，大概是<u>有什么事情</u>，你打个电话问问他吧。	라오장 이 사람은 줄곧 굉장히 정확한 사람이라, 회의를 하면 <u>지금까지 지각한 적이 없었다</u>. 오늘은 지금까지도 오지 않고 있는데, 아마 무슨 일이 있는 것인지 네가 그에게 전화를 걸어 물어보아라.

해설 녹음에서는 라오장은 '从来不迟到(지금까지 지각한 적이 없다)'라고 하였지만 질문에서는 라오장이 '经常迟到(자주 지각한다)'고 말하고 있다. 녹음 내용과 질문이 일치하지 않는다는 것을 알 수 있다. 정답은 X이다.

TIP 有什么事情: 무슨 일이 있다

문제 5

★ 互相帮助才能共同前进。　　（　　）	★ 서로 도와야지만 비로소 함께 전진할 수 있다.
我们爬山时，经常是前面的人拉着后面的，后面的人推着前面的一起向上爬。因为大家都知道，<u>只有互相帮助，才能共同向前</u>。	우리가 등산할 때에는 항상 앞사람이 뒷사람을 끌어주고, 뒷사람은 앞사람을 밀어주며 같이 위를 향해 등반한다. 왜냐하면 모두가 <u>서로 도와야만 비로소 함께 앞으로 나아갈 수 있다</u>는 것을 알기 때문이다.

해설 사실 질문만 보고도 정답은 √라는 것을 알 수 있다. 어느 정도 상식으로 풀 수 있는 문제이다. 그리고 녹음의 마지막 부분에서 정확하게 '只有互相帮助，才能共同向前(서로 도와야만 비로소 함께 앞으로 나아갈 수 있다)'이라고 말하고 있다. 질문과 완벽하게 일치하므로 정답은 √이다. 듣기는 처음과 마지막을 주의 깊게 들으면 조금 더 수월하게 정답을 맞출 수 있다.

TIP 只有 A 才能 B : 오직 A해야만 비로소 B할 수 있다

문제 6

★ 学校旁边有一家面包店。　　（　　）	★ 학교 근처에 빵 가게가 하나 있다.
<u>学校附近新开了一家卖手表的商店</u>。手表价格普遍都很便宜。而且学生购买还能<u>打八折</u>。所以，他家的生意非常好。	<u>학교 근처에 손목시계를 파는 상점이 하나 오픈 했는데</u>, 손목시계 가격은 보편적으로 매우 저렴하고, 게다가 학생이 구매하면 20% 할인을 해준다. 그래서 그곳은 장사가 매우 잘 된다.

해설 녹음 첫 부분에 '学校附近新开了一家卖手表的商店(학교 근처에 손목시계를 파는 상점이 하나 오픈 했다)'이라고 하였다. 또한 녹음 중에 '手表'라는 어휘도 여러 번 들려주고 있다. '손목시계 상점'과 '빵 가게'는 전혀 일치하지 않기 때문에 정답은 X이다.

TIP 打八折: 20% 세일하다

독해 제1부분 실전 PT 정답

▶p.57

1. D **2.** A **3.** B **4.** C **5.** A **6.** F

문제 1-3

A 尝	B 推迟	C 收拾	D 通知	E 无	F 提醒
A 맛보다	B 미루다, 연기하다	C 정리하다	D 통지하다	E 없다	F 일깨워주다

문제 1

集合地点改到首都饭店门口，你去（　　）一下班里的其他人。	모임 장소가 서우두 호텔 입구로 변경되었으니, 네가 가서 반의 다른 사람들에게 좀 (통지해라).

해설 빈칸의 위치를 살펴보면 뒤에 '一下(한번 ~해보다, 좀 ~하다)'가 있다. 이 어휘는 앞에 동사가 붙어 '한번 ~해보다'라는 의미를 만들어준다. 예를 들면 '尝一下(맛 좀 보다)', '看一下(한번 보다)', '说一下(한번 말해보다)'와 같이 쓰인다. 그러므로 빈칸에는 동사가 와야 한다. 의미상 가장 적절한 동사 D '通知'를 넣어 '장소가 변경되었으니 반 친구들에게 통지 한번 해라'라는 문장이 된다.

TIP 주어 + 술어 + 一下 + 목적어

문제 2

这是你做的饺子？真香! 我先（　　）一个。	이것이 네가 만든 교자니? 정말 맛있겠다! 내가 먼저 한 개 (맛볼게).

해설 빈칸의 앞뒤 부분을 해석해보면, '내가 먼저 한 개를 (　　)하다'라고 하고 있다. 문장을 분석해보면 술어가 없다는 것을 알 수 있다. 따라서 빈칸은 술어 자리로 '동사/형용사'가 와야 한다. 문장을 전체적으로 보면 '교자가 정말 맛있겠다'라고 한 후 '내가 먼저 맛볼게'가 나와야 한다. 음식, 요리 등의 어휘가 나오면 A '尝'이 관련 어휘로 자주 출제된다. 참고로 '香'은 '향기롭다'는 뜻으로도 쓰이지만, 음식이 '맛있다'라는 표현으로도 자주 쓰인다는 것을 잊지 말자.

TIP 주어 + 술어 + 목적어

문제 3

由于下大雨，他们乘坐的航班（　　）了五个多小时才起飞。	큰 비가 내려 그들이 탑승한 항공편이 5시간이 넘게 (연착되었다가) 비로소 이륙했다.

해설 '了'만 보고도 빈칸은 동사 혹은 형용사 어휘가 오는 술어 자리라는 것을 알 수 있다. '由于'는 원인을 나타내기 때문에 그 뒤엔 결과가 와야 한다. 즉 '비가 내려 항공편이 5시간이 넘게 (　　)했다'에 어울리는 어휘는 B '推迟'이다. '推迟'는 '推迟起飞(이륙이 연기되다)', '推迟降落(착륙이 지연되다)'로 함께 많이 쓰인다. 기억해두자!

TIP 주어 + 술어 + 了 + 목적어

문제 4-6

A 赶	B 适应	C 超过	D 推	E 来不及	F 反映
A 쫓다, 따라잡다	B 적응하다	C 초과하다	D 밀다	E 늦다	F 반영하다

문제 4

A: 你好，请问我儿子可以买儿童票吗?
B: 可以，身高没（　　　）一米三就可以买。

A: 안녕하세요, 저희 아들이 어린이 표를 살 수 있나요?
B: 가능합니다. 신장이 130센티미터를 (초과하지) 않으면 살 수 있습니다.

해설 빈칸 앞을 보면 '没'가 있다. '没'와 '不'는 부정부사로 술어 앞에 오기 때문에 빈칸의 위치는 술어 자리라는 것을 알 수 있다. '키가 130센티미터를 (　　)하지 않으면 살 수 있다'라고 하는 것으로 보아 '키가 130센티미터를 (넘지) 않아야 한다'는 것을 알 수 있다. 따라서 '超过'가 적절한 답이다. '超过'는 뒤에 수량이 자주 붙어 '超过 + 수량'의 형태로 많이 출제된다.

TIP 超过 + 수량

문제 5

A: 已经8点半了，我们能及时（　　　）到会场吗?
B: 别担心，大概再有10分钟我们就到了。

A: 이미 8시 반인데 우리 제때 회의장에 (갈) 수 있을까?
B: 걱정하지 마, 대략 10분이면 우리 곧 도착해.

해설 빈칸 앞을 보면 부사 '及时'가 있고 빈칸 뒤에는 '到会场(회의장까지)'이 있다. 술어가 없으므로 빈칸은 술어 자리이다. '이미 8시 반인데, 제때 회의장에 (　　)할 수 있을까?'에 어울리는 동사는 '도착하다' 혹은 '가다' 등의 어휘가 나와야 한다. 어휘로는 A '赶'이 있다. '赶'은 시간에 쫓겨 서둘러 가야 하는 상황을 뜻한다.

TIP 주어 + 부사 + 술어 + 목적어

문제 6

A: 讨论会开得顺利吗?
B: 顺利，大家（　　　）了不少管理过程中出现的问题，对下一步工作很有帮助。

A: 토론회가 순조롭게 열렸니?
B: 순조로웠어, 모두가 많은 관리과정 중에 발생한 문제들을 (반영했으니) 다음 업무에 매우 도움이 될 거야.

해설 빈칸 뒤에 '了'가 있는 것을 보아 빈칸은 술어 자리라는 것을 알 수 있다. '모두가 관리과정에서 발생한 문제를 (　　)했다'에서 제시된 어휘 중 가장 적절한 것은 F '反映'이다.

TIP 주어 + 술어 + 了 + 목적어

쓰기 제1부분 실전 PT 정답　　　▶p.63

1. 这堂课主要向大家介绍中国功夫。　이 수업은 주로 모두에게 중국무술을 소개한다.
2. 这样做不符合公司的规定。　이렇게 하는 것은 회사의 규정에 부합하지 않는다.
3. 那座山看起来像一头牛。　저 산은 한 마리의 소를 닮아 보인다.
4. 这场足球赛马上就要结束了。　이 축구시합은 곧 끝난다.
5. 他不得不停下手中的工作。　그는 어쩔 수 없이 수중의 일을 멈췄다.

문제 1

中国功夫　　主要　　这堂课　　介绍　　向大家

분석 中国功夫 Zhōngguó gōngfu 명 중국무술 | 主要 zhǔyào 부 주로

해설 주어 자리에는 '명사/대명사'가 많이 오는데, 지시대명사 '这/那'의 경우도 주어 자리에 자주 오는 어휘이다. 따라서 '这堂课'가 주어가 되고 술어는 '介绍'이다. 무엇을 소개하는지 목적어를 찾아보면 명사 '中国功夫'가 적합함을 알 수 있다. 기본문장구조인 '주 + 술 + 목'이 완성되면 남은 어휘는 술어 앞 '부사어 자리'에 오는 성분일 가능성이 크다. '主要'는 부사이고, '向大家'는 전치사구이다. 부사와 전치사구는 모두 부사어 자리에 온다. 순서는 부사가 먼저, 그 다음에 전치사구가 위치한다.

TIP 주어 + [부사/전치사구] + 술어 + 목적어

문제 2

| 不 | 公司的 | 符合 | 这样做 | 规定 |

분석 符合 fúhé 동 부합하다 | 这样做 zhèyàng zuò 이렇게 하는 것은 | 规定 guīdìng 명 동 규정/규정하다

해설 주어는 '这样做'이고, 술어는 '符合' 혹은 '规定'으로 압축된다. 이 중에 '规定'은 동사와 명사 모두 쓰일 수 있지만 '符合'가 동사로만 쓰이므로, 술어는 '符合'이고 '规定'이 명사로 쓰여 목적어가 된다. 부정부사 '不'는 술어 앞에 위치하고, '公司的'는 관형어의 형태로 주어 혹은 목적어 앞에 온다. 의미적으로 '회사의 규정'이 어울리므로 목적어 앞에 와야 한다.

TIP 주어 + [부사] + 술어 + 관형어(……的) + 목적어

문제 3

| 一头牛 | 看起来 | 那座山 | 像 |

분석 一头牛 yì tóu niú 한 마리의 소 | 看起来 kànqǐlái 부 보아하니 | 座 zuò 양 산을 세는 단위 | 像 xiàng 동 닮다

해설 주어는 '那座山'이고, 술어는 '像'이다. '看起来'를 술어로 많이 혼동하는데 '看起来'는 '~해 보인다'라고 하는 부사로 술어 앞에 와야 한다. 절대 술어로 착각하지 말자. 저 산이 무엇을 닮았을까? 목적어는 바로 '一头牛(한 마리의 소)'이다.

TIP 주어 + [부사] + 술어 + 목적어

문제 4

| 马上 | 结束了 | 就要 | 这场足球赛 |

분석 结束 jiéshù 동 끝나다 | 场 chǎng 양 회, 번, 차례 [문예·오락·체육활동 등을 세는 단위]

해설 주어는 대명사가 있는 '这场足球赛'이고, 술어는 해석하지 않고도 '了'가 붙은 걸로 보아 '结束了'가 된다. '马上'은 부사로 술어 앞에 위치하고, '就要'에서 '要'는 조동사이다. 조동사도 술어 앞이다. 부사와 조동사는 술어 앞에서 부사가 먼저, 그 다음에 조동사가 위치한다. 사실 이 문장은 숙어 표현으로, '马上就要……了(곧 ~한다)'는 중국어에서 임박한 상황을 나타내는 '임박태'를 표현한다. '马上就要毕业了(곧 졸업이다)', '马上就要结婚了(곧 결혼이다)'처럼 통으로 암기하고 적용해보자.

TIP 马上就要……了: 곧 ~한다

문제 5

| 手中的 | 他 | 工作 | 停下 | 不得不 |

분석 工作 gōngzuò 명 일 | 停 tíng 동 멈추다 | 不得不 bùdébù 부 어쩔 수 없이

해설 주어는 '他', 술어는 '停下'이다. 그가 무엇을 멈추었을까? 목적어는 남아 있는 유일한 명사 '工作'이다. 즉, '그는 일을 멈췄다'로 기본 문장을 만든다. 그 다음 '手中的'가 어떤 명사를 꾸미는 게 어울리는지 살펴보면 '手中的工作'처럼 주어 '他'가 아닌 목적어 '工作' 앞에서 꾸며주는 것이 적합하다. '不得不'는 부사로 술어 앞에 위치한다.

TIP 주어 + [부사] + 술어 + 관형어(……的) + 목적어

쓰기 제2부분 실전 PT 정답

▶p.64

1. 你顺便买送给妈妈的礼物。 너 겸사겸사 엄마에게 드릴 선물도 사라.
   他竟然给我一个礼物。 그는 뜻밖에도 나에게 선물 하나를 주었다.

2. 她从今天开始锻炼身体。 그녀는 오늘부터 신체단련을 시작했다.
   她一个人经常在学校公园锻炼身体。 그녀 혼자서 자주 학교공원에서 신체를 단련한다.

3. 他们正在办公室讨论呢。 그들은 사무실에서 토론을 하고 있는 중이다.
   他们刚才对环保讨论了。 그들은 방금 환경보호에 대해 토론을 하였다.

문제 1

礼物

분석 礼物 lǐwù 명 선물

해설 그림에는 화려한 선물이 하나 있다. 제시 어휘는 '礼物(선물)'라는 의미를 가진 명사 어휘로 '送给……的礼物(~에게 줄 선물)'라는 표현으로 자주 사용한다. 명사 어휘로 자주 목적어 자리에 등장하고 어렵지 않게 문장을 만들 수 있다. 기본문장 '주 + 술 + 목'을 만들고, 부사도 추가하여 좀 더 확장형 문장을 만들어보자.

문제 2

锻炼

분석 锻炼 duànliàn 동 단련하다

해설 그림에는 한 여자가 운동을 하고 있다. 제시 어휘는 '锻炼(단련하다, 운동하다)'이라는 의미를 가진 동사 어휘로, 동사이기 때문에 문장의 중간 위치인 술어 자리에 위치하며 뒤에 목적어 '身体'가 자주 붙는다. 술어 앞에 장소를 추가하여 어디에서 신체단련을 하는지 만들 수 있다. 또한 '从……开始锻炼身体(~부터 신체단련을 시작했다)'라는 표현으로도 자주 쓰인다.

Day 2 17

문제 3

讨论

분석   讨论 tǎolùn 동 토론하다

해설   그림에는 몇 명의 사람이 모여서 이야기하는 모습이다. 제시 어휘 '讨论(토론하다)'은 시험에서 자주 출제되고 있는 동사 어휘로, 진행형 '正在……呢(~하고 있는 중이다)'로 많이 표현한다. 혹은 '对……讨论(~에 대해 토론하다)'처럼 전치사구로도 문장을 만들 수 있다. 자주 나오는 어휘이기 때문에 문장의 틀을 꼭 암기하자.

듣기 제1부분 실전 PT 정답   ▶p.69

| 1. √ | 2. √ | 3. X | 4. X | 5. √ | 6. √ |

문제 1

★ 孙亮的态度让他很满意。　　　(　　)	★ 순량의 태도가 그를 매우 만족시켰다.
在所有前来应聘的人中，孙亮的条件虽然不是最好的，但态度却是最认真的。给我留下了很深的印象。	와서 응시한 모든 사람들 중에 순량의 조건이 비록 가장 좋은 것은 아니지만, 태도는 오히려 가장 성실하여 나에게 깊은 인상을 남겼다.

해설   녹음의 내용이 잘 들리지 않아도 당황하지 말고 아는 어휘 하나라도 집중해서 들으려고 해야 한다. 마지막에 '态度最认真，给我留下了很深的印象'이라고 하였기에 태도가 굉장히 만족스러웠다는 것을 알 수 있다. 질문과 정확하게 일치하는 대목이다.

TIP   ① 虽然……但……: 비록 ~지만, 그러나 ~하다
② 给……留下了很深的印象: ~에게 깊은 인상을 남겼다

문제 2

★ 一会儿有客人来。　　　(　　)	★ 곧 손님이 온다.
菜做得差不多了。估计客人也要到了。你帮我把桌子擦一下，再把碗筷放上去。	요리가 거의 다 되어가. 손님들도 곧 도착할 것 같아. 네가 나를 도와 식탁을 좀 닦고, 밥그릇과 젓가락도 놓아줘.

해설 '差不多'는 형용사로 '비슷하다'의 의미로 쓰이지만, 부사로 '거의'라는 의미로도 쓰인다. 요리도 거의 다 되어가고 손님도 도착할 거라고 말하는 것으로 보아 곧 손님이 올 것이라는 것을 알 수 있다. 따라서 '곧 손님이 온다'는 질문과 일치한다. '客人到了(손님이 도착하다)'와 '客人来了(손님이 오다)'는 같은 의미이다.

TIP ① ……得差不多了: ~한 정도가 거의 다 되어간다
② 把……擦一下: ~을 좀 닦다

문제 3

★ 早上刮大风了。　　　　（　　）	★ 아침에 큰 바람이 불었다.
今天上午还是晴天，阳光也不错。谁知道，下午竟然下起了大雨。这个季节的天气，真是多变！	오늘 오전엔 날씨도 맑고 햇빛도 매우 좋았는데 누가 알았겠어, 오후에 뜻밖에도 큰 비가 내릴 줄을. 이 계절의 날씨는 정말 많이도 바뀌네!

해설 녹음에서는 '오늘 오전에는 날씨가 좋았는데, 오후에 비가 내렸다'고 말하고 있다. 날씨에 관한 표현으로는 '晴天', '阳光', '下起了大雨'가 나왔다. 하지만 질문에서는 아침에 '刮大风了(큰 바람이 불었다)'라고 하였다. 녹음에서 오전과 오후 내내 바람이 불었다는 표현은 단 한 번도 나오지 않았고 심지어 오전에는 맑았다고 하였다. 따라서 답은 X이다. 날씨 표현이 나오면 나오는 어휘가 정해져 있기 때문에 들리는 단어를 체크하고 질문과 대입해봐야 한다.

TIP ① 谁知道: 누가 알겠는가
② 下起大雨: 큰 비가 내리다, 비가 많이 내리다

문제 4

★ 妻子减肥很成功。　　　　（　　）	★ 아내의 다이어트는 매우 성공적이다.
我妻子想减肥，所以她每天早上都去骑马，结果马竟然在一个月之内瘦了二十斤。	내 아내는 다이어트를 하고 싶어한다. 그래서 그녀는 매일 아침마다 말을 타는데 그 결과 뜻밖에도 말이 한 달 사이에 20근(12kg)이나 빠졌다.

해설 아내는 다이어트를 하고 싶어 말을 탄다고 했다. 하지만 녹음 마지막 부분에 '马竟然在一个月之内瘦了二十斤(말이 뜻밖에도 한 달 사이에 20근(12kg)이나 빠졌다)'이라고 하였다. 주어가 '妻子'가 아니라 '马'이고, '竟然'이라는 어휘로 뜻밖의 상황이 벌어졌다는 것을 알 수 있다. 살이 빠진 것은 아내가 아니라 뜻밖에도 '말'이다. '竟然'은 예상치 못한 상황이 벌어졌다는 것을 의미하기 때문에 예상에 벗어난 상황이 올 것이라는 것을 알 수 있다.

TIP 瘦了二十斤: 20근(12kg)이 빠지다

문제 5

★ 今天外面很凉快。　　　　（　　）	★ 오늘 바깥이 매우 시원하다.
今天天气不错，外面很凉快，吃完饭我们去公园散散步吧，我顺便买一份儿报纸。	오늘은 날씨도 좋고 바깥도 매우 시원하니 밥 다 먹고 우리 공원 가서 산책하자. 내가 겸사겸사 신문도 한 부 사게.

해설 녹음을 들으면서 들리는 어휘 하나하나에 집중해야 한다. 첫 부분에 '今天天气不错，外面很凉快(오늘은 날씨도 좋고 바깥도 매우 시원하다)'라고 하고 있으며 '去公园散散步(공원 가서 산책하자)'라고 하고 있다. 날씨가 산책하기 좋은 시원한 날씨라는 것을 알 수 있다. 녹음과 질문의 '凉快'라는 어휘가 정확하게 일치한다.

TIP 顺便买……: 겸사겸사 ~을 사다

문제 6

★ 他第一次见女朋友时很紧张。（　　）	★ 그는 처음 여자친구와 만났을 때 매우 긴장했었다.
第一次跟女朋友见面的时候，他紧张<u>极了</u>，他的脸和耳朵都红了，几乎<u>不敢看</u>女朋友的眼睛。	처음 여자친구와 만났을 때, 그는 매우 긴장했다. 그의 얼굴과 귀가 모두 빨개졌고 거의 여자친구의 눈을 감히 볼 수조차 없었다.

해설 녹음 첫 부분에 '여자친구를 만났을 때 그는 매우 긴장했다'라고 말하고 있다. 어렵지 않게 들을 수 있는 내용이다. 특히 '紧张'은 듣기에서 매번 중요하게 나오는 어휘이니 나오면 집중해서 체크한다. 질문에서도 '여자친구를 처음 만났을 때 매우 긴장했다'고 하고 있기 때문에 정확하게 일치한다는 것을 알 수 있다.

TIP
① ……极了: 매우 ~하다
② 不敢看: 감히 볼 수조차 없다

독해 제1부분 실전 PT 정답 ▶p.76

1. F　　**2.** A　　**3.** D　　**4.** E　　**5.** C　　**6.** D

문제 1-3

A 冷静	B 熟悉	C 精彩	D 困	E 合格	F 流利
A 냉정하다	B 익숙하다	C 멋지다	D 졸리다	E 합격이다	F 유창하다

문제 1

他的中文说得很（　　），交流起来完全没有问题。	그는 중국어를 매우 (유창하게) 해서, 교류하는 데 전혀 문제 없다.

해설 빈칸의 위치는 문장의 마지막에 위치하고, 앞에는 정도부사 '很'이 있다. 문장 끝에 오면서 앞에서 정도부사의 수식을 받는 어휘는 '형용사'이다. 따라서 빈칸은 형용사 어휘가 들어가야 한다. 해석해보면 '그의 중국어는 말하는 정도가 매우 (　　)하다'라고 하고 있으므로 '중국어를 잘한다' 혹은 '중국어를 못한다'라는 느낌의 형용사가 와야 한다. 문맥상 정답은 F '流利'가 가장 적절하다. '你的汉语说得很流利(너의 중국어는 매우 유창하다)'는 자주 출제되고 있는 문장이므로 반드시 기억하자.

TIP 你的汉语说得很流利。　너의 중국어는 매우 유창하다.

문제 2

问题<u>越</u>是复杂时，你<u>越</u>要（　　），<u>千万别</u>着急。	문제가 복잡할수록 너는 (냉정해) 져야 한다. 절대로 긴장해서는 안 된다.

해설 빈칸 앞에는 조동사 '要'가 있고 그 뒤에 빈칸이 있다. 빈칸 뒤에는 아무 것도 보이지 않는다. 술어가 보이지 않는 상황에서, 문장 끝에 위치하는 어휘는 술어가 될 수 있는 형용사이다. 형용사 술어는 목적어를 받지 않기 때문에 문장 끝에 위치하는 모습을 보인다. '越……，越……'는 '~할수록 ~이다'라는 의미로 앞문장에서 '복잡할수록 (　　)해야 한다, 조급해하지 말아라'라고 하고 있다. 복잡할수록 우리는 어떻게 해야 할까? 적절한 어휘를 찾아 보면 정답은 A '冷静'이다.

TIP
① 越……，越……: ~할수록 ~하다
② 千万别……: 절대로 ~하지 말아라

문제 3

你（　　）了就躺一会儿吧，儿子回来我会叫你的。	너 (졸리면) 잠시 누워있어. 아들이 돌아오면 내가 너를 불러 줄게.

해설 빈칸 뒤에 '了'가 있으므로 빈칸은 술어 부분이라는 것을 알 수 있다. 빈칸 뒷부분 문장을 보면 '躺一会儿(좀 누워라)'이라고 하고 있다. 어떤 상황이기에 좀 누워있으라고 하는 것인지, 누워야 하는 상황에 어울리는 어휘를 찾아보자. '졸리면 좀 누워있어'가 가장 적절하기 때문에 빈칸에 들어갈 어휘는 D '困'이다.

TIP 困了就躺一会儿: 졸리면 잠시 누워라

문제 4-6

A 正式	B 暖和	C 辛苦	D 乱	E 抱歉	F 干净
A 정식적이다	B 따뜻하다	C 고생하다	D 어수선하다	E 미안하다	F 깨끗하다

문제 4

A: 真（　　），我迟到了。 B: 没关系，表演还有5分钟才开始。	A: 정말 (미안해), 내가 늦었어. B: 괜찮아, 공연은 아직 5분 있어야 시작해.

해설 빈칸의 위치는 문장의 맨 끝이고, 앞에 정도부사 '真'이 있다. '정도부사 + 형용사' 패턴을 잊지 말자. '정말 (　　)해, 내가 늦었어'에서 지각한 상황은 미안한 상황이기 때문에 여기에 들어가야 할 적절한 어휘는 어렵지 않게 E '抱歉'이라는 것을 알 수 있다.

TIP 주어 + 정도부사 + 형용사 술어

문제 5

A: 那个房间又脏又乱，星期六我去打扫、整理了一下。 B: 原来是你啊，（　　）了，谢谢你！	A: 저 방이 더럽고 어수선해서 토요일에 내가 청소하고 정리 좀 했어. B: 알고 보니 너였구나. (수고했어), 고마워!

해설 빈칸 뒤에 '了'가 있으므로 빈칸은 술어 자리이다. 술어 자리에 오는 어휘는 동사 혹은 형용사이다. 앞에서 '청소하고, 정리했다'라고 말하고 있고 대답으로 '(　　)했어 고마워'라고 말하고 있다. 청소를 해주어서 고맙다는 상황에 적절한 어휘는 C '辛苦'이다.

TIP 大家辛苦了!: 모두 수고했습니다!

문제 6

A: 我刚搬了家，还没来得及收拾，有点儿（　　）。 B: 我下午没事，帮你收拾吧。	A: 나 막 이사해서 아직 정리가 되지 않았어, 좀 (어수선해). B: 나 오후에 별일 없으니까 정리하는 걸 도와줄게.

해설 '有点儿(　　)'는 시험에서 단골로 나오는 패턴 중 하나이다. '有点儿'은 정도부사로 뒤에 반드시 형용사가 온다. 형용사도 특이하게 부정적인 느낌의 형용사가 온다. 예를 들어 '有点儿紧张(좀 긴장되다)', '有点儿累(좀 피곤하다)'와 같은 조합이 자주 출제된다. 또한 '来得及'는 '늦지 않았다'는 뜻이다. 이 어휘에 부정의 '没'가 왔기 때문에 '没来得及'는 '늦지 않은 것이 아니다' 즉 '늦었다'는 의미이다. '이사를 해서 정리가 늦어 좀 (　　)하다'라는 상황에 추측할 수 있는 어휘는 '脏(더럽다)', '乱(어수선하다)' 등이 있다. 정답은 D '乱'이다.

TIP 有点儿 + (부정적 뉘앙스의 형용사)

쓰기 제1부분 실전 PT 정답 ▶p.80

1. 图书馆为大家提供了很好的阅读环境。 도서관은 모두를 위해 아주 좋은 독서환경을 제공했다.
2. 她从小就想成为一名演员。 그녀는 어렸을 때부터 한 명의 연기자가 되고 싶었다.
3. 我对明天的表演很有信心。 나는 내일의 공연에 대해 매우 자신이 있다.
4. 加油站离这儿大概有两公里。 주유소는 여기로부터 대략 2킬로미터가 된다.
5. 坚持锻炼对身体有好处。 운동을 계속하는 것은 신체에 장점이 있다.

문제 1

很好的   提供了   大家   阅读环境   图书馆   为

분석 提供 tígōng 동 제공하다 | 阅读环境 yuèdú huánjìng 명 독서환경 | 为 wèi 전 ~을 위하여

해설 제시 어휘가 많다. 눈에 띄는 어휘 먼저 위치에 맞게 배열해보자. 먼저 '提供了'는 술어 자리에 배치할 수 있다. '为(~을 위해)'는 전치사로 뒤에 명사가 붙어 '为 + 명사'인 전치사구를 만들어 술어 앞에 위치시켜야 한다. 주어와 목적어, 전치사구를 잡아야 하는데 명사가 세 개 보인다. '图书馆', '大家', '阅读环境'. 술어를 기준으로 주어와 목적어 그리고 전치사구를 적절하게 잡아보자. '누가 누구를 위해 무엇을 제공했을까?'에 맞춰 어휘를 적절하게 넣어보자. 주어는 '图书馆'이, 목적어는 '阅读环境'이 의미상 적절하다. 이제 전치사 '为'와 남아 있는 명사 '大家'로 전치사구를 만들면 '为大家'이다. 그래서 '도서관이 모두를 위해 독서환경을 제공했다'로 문장을 배열한다. 마지막 남은 어휘는 관형어 형태인 '很好的'이다. 사실 '……的'의 형태가 보이면 90%는 목적어 앞에 쓰인다. 따라서 먼저 목적어 앞에 넣어 의미상 적절한지 확인해보고, 어색할 경우 주어 앞에 넣어 확인해본다.

TIP 주어 + [전치사구] + 술어 + [관형어] + 목적어

문제 2

就想   演员   她从小   成为   一名

분석 演员 yǎnyuán 명 연기자, 배우 | 从小 cóngxiǎo 어렸을 때부터 | 成为 chéngwéi 동 되다, 이루다

해설 주어는 '她从小', 술어는 '成为', 목적어는 '演员'이다. '就想'에서 조동사 '想'이 보인다. 조동사는 술어 앞이다. '一名'은 '수량사'로 사람 앞에서 '한 명'을 뜻하기 때문에 목적어인 '演员' 앞에 올 수 있다. 이 문장은 시험에서 자주 출제되는 단골 문장이다. '我从小就想成为一名医生(나는 어렸을 때부터 한 명의 의사가 되고 싶었다)', '我从小就想成为一名律师(나는 어렸을 때부터 한 명의 변호사가 되고 싶었다)' 등의 문장을 통으로 암기하자. 또한 '从……就……'는 '~부터 곧 ~하다'라는 의미로 쓰인다.

TIP 我从小就想成为一名(　　)。 나는 어렸을 때부터 한 명의 ~가 되고 싶었다.

문제 3

很有   我   对明天的   信心   表演

분석 信心 xìnxīn 명 자신, 믿음 | 表演 biǎoyǎn 명 동 공연/공연하다

해설 '对'라는 전치사는 시험에서 반드시 한 문제씩 출제되고 있다. 전치사 뒤에 명사를 붙여 '전치사구'를 먼저 만든다. [→ 对明天的表演] 전치사구 뒤에 술어가 와야 하므로 술어인 '很有'가 바로 뒤에 위치하고, 주어 자리에는 '我'가 목적어 자리에는 '信心'이 와야 한다. '对A很有……(A에 대해 매우 ~가 있다)' 구조를 암기하자.

TIP 주어 + 对A很有…… : 주어는 A에 대해 매우 ~가 있다

문제 4

| 大概有 | 两公里 | 加油站 | 离这儿 |

분석 大概 dàgài 부 대략 | 公里 gōnglǐ 양 킬로미터 | 加油站 jiāyóuzhàn 명 주유소

해설 '离'는 전치사로 뒤에 적절한 명사를 붙여 '전치사구' 형태를 만들어 술어 앞에 위치시킨다. 전치사구가 이미 만들어져 제시되었기 때문에 술어만 찾으면 쉽게 문제를 해결할 수 있다. 술어는 '有'가 있는 '大概有'가 된다.

TIP 주어 + 离…… + 술어

문제 5

| 坚持 | 对身体 | 锻炼 | 有好处 |

분석 坚持 jiānchí 동 계속하다, 유지하다 | 锻炼 duànliàn 동 단련하다, 운동하다 | 好处 hǎochu 명 장점, 좋은 점

해설 '对'라는 전치사가 있다. 전치사구를 만들어줘야 하지만 이미 전치사구 형태로 출제되었다. 전치사구 뒤에는 술어가 와야 하므로 '有好处(장점이 있다)'가 위치한다. 그 다음 무엇이 신체에 장점이 있는지 주어를 잡아야 하는데 주어를 잡을 때, 어휘가 2개가 있다면 이 두 어휘도 '주 + 술 + 목' 구조에 맞게 배열해야 한다. 예를 들어 주어가 '물을 마시는 것은'이라면 '水喝'가 아니라 '喝水'이다. '坚持(계속하다)'와 '锻炼(단련하다)'도 '주 + 술 + 목' 구조에 맞춰 배열하면 '坚持锻炼(운동을 계속하다)'으로 이를 주어 자리에 위치시킨다.

TIP 주어 + 对……有好处: 주어는 ~에 대해 장점이 있다

쓰기 제2부분 실전 PT 정답 ▶p.81

1. 我对这件衣服很满意。 나는 이 옷에 매우 만족한다.
   她们今天买了满意的衣服。 그녀는 오늘 만족스러운 옷을 샀다.

2. 图书馆为我们提供了很好的阅读环境。 도서관은 우리들을 위해 매우 좋은 독서환경을 제공했다.
   这个图书馆给我们留下了很好的印象。 이 도서관은 우리들에게 매우 좋은 인상을 남겼다.

3. 她从小就想减肥。 그녀는 어렸을 때부터 다이어트를 하고 싶어 했다.
   她从今天开始减肥。 그녀는 오늘부터 다이어트를 시작했다.

문제 1

满意

분석 满意 mǎnyì 형 만족하다, 흡족하다

해설 두 여자가 옷을 보고 있는 그림이다. 제시 어휘 '满意'는 '만족하다'라는 의미의 형용사 어휘이다. 형용사는 앞에 있는 정도부사(很, 十分, 非常 등)의 수식을 잘 받는다. 앞에 전치사구를 넣어 '对……很满意(~에 대해 매우 만족한다)'라고 표현할 수 있다.

문제 2

 图书馆

분석   图书馆 túshūguǎn 명 도서관

해설   사람들이 앉아서 공부하는 그림이다. 제시 어휘 '图书馆'은 '도서관'이라는 명사 어휘로 자주 출제된다. 자주 쓰이는 전치사구를 기억해 어렵지 않게 문장을 만들 수 있다. 예를 들면 '给……留下了很好的印象(~에게 매우 좋은 인상을 남겼다)'이라는 문장으로 '도서관이 나에게 좋은 인상을 남겼다'라고 만들어볼 수 있다.

문제 3

 减肥

분석   减肥 jiǎnféi 명 동 다이어트/다이어트 하다

해설   다이어트를 연상시키는 그림이다. 제시 어휘 '减肥'는 '다이어트'라는 뜻의 동사 어휘이다. 함께 표현할 수 있는 어휘를 살펴보면 '想减肥(다이어트 하고 싶다)', '开始减肥(다이어트를 시작했다)', '减肥成功了(다이어트에 성공했다)' 등으로 문장 앞에 주어만 넣어 간단하게 문장을 만들 수 있다.

듣기 제1부분 실전 PT 정답 ▶p.86

| 1. ✓ | 2. X | 3. X | 4. X | 5. X | 6. ✓ |

문제 1

★ 正式通知还没下来。　　(　　)	★ 정식통지가 아직 내려오지 않았다.
你说的这个事情，我知道。学校那边暂时还没有消息，估计过两天就会正式下通知。	네가 말한 그 일은 내가 알고 있어. 학교 측에선 아직 소식이 없는데 이틀이 지나면 정식으로 통지할 거라고 예상해.

| 해설 | 녹음을 들을 때에는 문장의 내용이 긍정적인지, 부정적인지 그 뉘앙스를 집중해서 들어보자. 녹음 중간에 '**还没有消息**'라고 하면서 부정형의 색채를 띠고 있다. 마지막에는 '**过两天就会正式下通知**(이틀이 지나면 정식으로 통지할 거다)'라고 하면서 아직 통지하지 않은 상황이라는 것을 알 수 있다. 내용 전반이 부정형의 느낌을 주고 있는데, 질문에서도 '**通知还没下来**'라고 했기 때문에 부정적인 상황이 일치한다. 정답은 √이다.

문제 2

★ 他希望快点儿下雪。　　　　(　　)	★ 그는 빨리 눈이 내리길 희망한다.
今年夏天真热! 我从空调房里出来还不到10分钟, 就出了一身汗。热得受不了! 真希望马上下场大雨, 凉快一下。	올해 여름은 정말 덥네! 내가 에어컨이 있는 방에서 나온 지 10분도 안 되었는데 온몸에서 땀이 흘러. 참을 수 없이 덥다! 빨리 큰 비가 내려 좀 시원해졌으면 정말 좋겠다.

해설　녹음 첫 부분에서 날씨에 관한 내용이 나오고 있어 어떤 내용들이 나올지 예상할 수 있다. '夏天真热', '出了一身汗'이라고 하면서 상황이 '덥다'라는 것을 알 수 있다. 그러면서 마지막에 '真希望马上下场大雨(큰 비가 내리길 희망한다)'라고 하고 있다. 질문에서는 '눈이 내리길 희망한다'라고 하고 있기 때문에 내용과 질문이 일치하지 않는다.

TIP　① 出了一身汗: 온몸에 땀이 흐른다
　　② ……得受不了: ~한 정도가 견딜 수 없을 정도다

문제 3

★ 修理电脑无需付钱。　　　　(　　)	★ 컴퓨터를 수리할 때, 돈을 낼 필요가 없다.
不好意思! 您这台电脑已经过保修期了, 所以不能免费修理。这次的修理费大概要七百元。您修吗?	죄송합니다! 당신의 이 컴퓨터는 이미 수리보증기간이 지났습니다. 그래서 무료 수리가 안 됩니다. 이번 수리비용은 대략 700위안 정도 할 것 같은데 수리하시겠습니까?

해설　녹음 첫 부분에서 '不好意思'라고 하였다. 이 문장의 전체적인 내용이 미안한 상황, 즉 부정적인 느낌이라는 것을 알 수 있다. '过保修期(수리보증기간이 지나다)', '不能免费修理(무료 수리가 안 된다)'라고 하면서 계속 부정적인 상황이 나오고 있으며 마지막에 '**大概要七百元**'처럼 돈을 지불해야 하는 상황이라는 것을 알 수 있다. 질문을 살펴보면 '无需付钱'이라고 하였는데 '无'는 '没有'라는 의미이고, '需'는 '需要(필요하다)'라는 의미이다. 그래서 '无需付钱'은 '돈을 지불할 필요가 없다'인데 돈을 내지 않아도 된다는 것은 긍정적인 의미이다. 녹음의 전반적인 느낌은 '미안하다'라고 하면서 부정적인 상황이 이어지기 때문에 녹음과 질문이 일치하지 않는 분위기라는 것을 알 수 있다.

TIP　过保修期: 수리보증기간이 지나다

문제 4

★ 他刚来这儿不久。　　　　(　　)	★ 그는 막 이곳에 온 지 오래되지 않았다.
他虽然不是在这儿出生的, 但却是在这儿长大的。他三岁跟父亲母亲一起来到这儿, 就再也没离开过。因此, 他对这个地方感情很深。	그는 비록 이곳에서 태어난 것은 아니지만 그러나 이곳에서 자랐다. 그가 3살 때 엄마 아빠와 이곳에 와서 다시는 떠나지 않았다. 이에 그는 이곳에 대한 감정이 매우 깊다.

해설　녹음 중간에 '他三岁跟父亲母亲一起来到这儿, 就再也没离开过'라고 하면서 세 살부터 이곳을 떠나지 않고 살고 있다는 것을 알 수 있다. 질문에서는 '이곳에 온 지 오래되지 않았다'라고 하는 것으로 보아 녹음과 일치하지 않는다는 것을 알 수 있다. 즉 이곳에 와서 '没离开(떠나지 않았다)'와 '来这儿不久(이곳에 온 지 오래되지 않았다)'는 서로 일치하지 않는다. 정답은 X이다.

TIP　① 虽然……但……: 비록 ~지만, 그러나 ~이다
　　② 不是……是……: ~이 아니라, ~이다

문제 5

★ 他不喜欢与人交流。	★ 그는 사람과 교류하는 것을 싫어한다.
熟悉他的人都知道他经历丰富，爱开玩笑，非常幽默，喜欢和人聊天儿。可以说，跟他聊天儿是一件快乐的事情。	그를 잘 아는 사람은 그가 경험이 풍부하며, 농담도 좋아하고, 굉장히 유머스 하며, 사람들과 잡담하는 것을 좋아한다는 것을 안다. 그와 이야기하는 것은 유쾌한 일이라 할 수 있다.

해설 녹음에서는 그가 유머러스 하고, 농담도 좋아하며, 사람들과 수다 떠는 것을 좋아한다고 하고 있다. 그는 사람들과 어울리는 것을 좋아한다는 것을 쉽게 알 수 있다. 녹음에서는 긍정적인 내용들만 나오는데, 질문에서는 부정형으로 '不喜欢与人交流'라고 말하고 있으므로 녹음과 질문이 일치하지 않는다.

TIP
① 与……交流: ~와 교류하다
② 和……聊天儿: ~와 잡담하다

문제 6

★ 不要总是羡慕别人。	★ 항상 다른 사람을 부러워하지 말아라.
我们总是羡慕别人有份好工作、有个好妻子，却常常忘记了自己已有的幸福。其实，我们在别人眼中，也是幸福的，只是我们没有发现。	우리는 늘 다른 사람이 좋은 직장이 있거나, 좋은 아내가 있는 것을 부러워하면서 오히려 본인이 이미 가지고 있는 행복은 잊는다. 사실 다른 사람의 눈에는 우리도 행복한 사람인데 오직 우리만이 발견하지 못하는 것이다.

해설 녹음 첫 부분에서 '我们总是羡慕别人(우리들은 늘 다른 사람을 부러워한다)'이라고 말하고 있다. 하지만 중간에 '其实'이 나왔는데 이는 앞문장에 대해 다른 입장을 말하려는 패턴으로 뒷부분에 집중해야 한다. 후반부에 '사실 우리도 행복한데 우리만 알지 못한다'라고 말하고 있는 것으로 보아 '다른 사람을 너무 부러워하지 말고 나 자신도 행복하다는 것을 알아라'라고 하는 것을 알 수 있다. 질문에서는 '다른 사람을 늘 부러워하지 말아라'라고 하였는데 이는 녹음과 질문이 일치하고 있다는 것을 알 수 있다.

TIP 在……中: ~에서

독해 제1부분 실전 PT 정답 ▶p.94

1. B	2. C	3. D	4. D	5. A	6. F

문제 1-3

A 中文	B 交通	C 公里	D 汗	E 能力	F 海洋
A 중국어	B 교통	C 킬로미터	D 땀	E 능력	F 바다

문제 1

因为现在的（　　　）变得更方便了，所以地球好像也变得更小了。	지금의 (교통)이 더 편리하게 변함으로 인해, 지구도 마치 더 작게 변한 것 같다.

해설 빈칸의 위치는 '现在的' 뒤이다. '……的'는 관형어를 이끄는 구조조사로 뒤에 명사가 온다. 의미적으로 보면 '지금의 교통이 편리해져서, 지구의 여러 곳을 쉽게 갈 수 있으니 지구도 작아졌다고 느껴진다'는 것이 가장 적절하므로 정답은 B '交通'이다.

TIP ……的 + (명사)

문제 2

| 这儿离机场还有30多（　　　），至少还要一刻钟。 | 여기서 공항까지 아직 30여 (킬로미터)가 남았다. 적어도 15분은 더 가야 한다. |

해설 빈칸 앞에 수량을 나타내는 단어가 있다. 따라서 뒤에는 수량 뒤에 올 수 있는 어휘가 와야 한다. 제시된 6개의 어휘를 살펴보면 단위를 나타내는 어휘로 '公里'가 있다. '公里'는 반드시 앞에 수량이 와서 '수량 + 公里'의 패턴을 만들어야 한다. 빈칸 앞에 '30多'라는 수량이 있는 것으로 보아 C '公里'가 와야 한다.

TIP 수량 + 公里

문제 3

| 对不起，我得先回家洗个澡，刚才运动出了一身（　　　），特别难受。 | 미안해, 나 먼저 집으로 돌아가 샤워를 해야겠어. 방금 운동했더니 온몸에 (땀)이 흘러 정말 괴로워. |

해설 빈칸이 있는 중간 문장을 살펴보면 '운동해서 온몸에 (　　)이 나왔다'라고 하고 있다. 운동하면 나오는 게 무엇인지 관련된 어휘를 살펴보면 D '汗'이 가장 적절하다. 또한 빈칸이 술어 '出了' 뒤에 있는 것으로 보아 목적어일 가능성이 크고 목적어로는 명사가 자주 온다.

TIP 술어 + 목적어 = 出了一身汗: 온몸에 땀이 흐르다

문제 4-6

A 工具	B 肚子	C 经验	D 广播	E 作家	F 出口
A 도구, 수단	B 배, 복부	C 경험	D 방송	E 작가	F 출구

문제 4

| A：快点儿，咱们的飞机就要起飞了。
B：没事，（　　　）里说，国际航班都推迟起飞了，咱可以再逛逛。 | A：빨리, 우리 비행기 곧 이륙해.
B：괜찮아. (방송)에서 말하길, 국제항공편 모두 이륙이 연기되었다고 했어. 우리 더 둘러볼 수 있어. |

해설 빈칸을 보면 '(　　)에서 말하다'라고 하면서 '국제항공편의 이륙이 연기되었다'는 상황을 알리고 있는 것으로 보인다. 비행기의 이륙이 지연된다는 소식을 말해주는 것이 무엇인지 살펴보면 D '广播'가 가장 적절하다.

TIP ① (명사) + 里
② 就要……了: 곧 ~하다

문제 5

| A：语言是交流的（　　　），只记字典、词典里的字、词是不够的，要多听多说。
B：对，这才是学习汉语的好方法。 | A：언어는 교류의 (수단)으로 단지 자전, 사전에 기록하는 글자, 어휘로만 보기에는 부족해. 많이 듣고 많이 말해야 해.
B：맞아, 이것이 비로소 중국어를 공부하는 좋은 방법이야. |

해설 '交流的' 뒤에 빈칸이 있다. '……的'는 뒤에 명사가 온다. 언어는 교류의 무엇일까? 보기 중 의미상 적절한 명사는 A '工具'이다. '语言是交流的工具'는 시험에서 자주 출제되는 문장이므로 통으로 암기하고 기억하자.

TIP ① ……的 + (명사)
② 语言是交流的工具, 언어는 교류의 수단이다

문제 6

A: 飞机还有30分钟就要起飞了，你怎么还没到？ B: 路上堵车。我现在在（　　）处，马上就到。	A: 비행기가 30분이면 곧 이륙하는데 너 어째서 아직 도착하지 않는 거야? B: 길이 막혔어. 나 지금 (출구) 쪽에 있어서 곧 도착해.

해설 빈칸 앞을 보면 '在'가 있다. '在'는 '~에서'라는 뜻의 전치사로 뒤에 장소 어휘를 받는다. 정답은 F '出口'이다. 장소 어휘로 '出口(출구)', '入口(입구)'가 자주 출제된다.

TIP 在 + (장소)

쓰기 제1부분 실전 PT 정답 ▶p.99

1. 我丈夫是一个十分浪漫的人。 나의 남편은 한 명의 매우 낭만적인 사람이다.
2. 我们重点讨论了全球气候问题。 우리들은 중점적으로 전세계 기후문제를 토론했다.
3. 所有的人都反对这个计划。 모든 사람들이 다 이 계획을 반대했다.
4. 顺便买几瓶果汁吧。 사는 김에 과일주스도 몇 병 사자.
5. 保护环境需要大家的共同努力。 환경을 보호하는 것은 모두의 공동노력이 필요하다.

문제 1

是	我丈夫	十分浪漫的	一个	人

분석 丈夫 zhàngfu 명 남편 | 十分 shífēn 부 매우, 아주 | 浪漫 làngmàn 형 낭만적이다

해설 기본문장성분인 '주 + 술 + 목' 구조를 먼저 만든다. 중심에 놓아야 하는 술어는 '是'로 쉽게 찾을 수 있는데, 이 문제에서 중요한 것은 수량사 '一个'와 구조조사 형태인 '十分浪漫的'의 순서를 잡는 것이다. 두 어휘 모두 명사를 꾸며주는 관형어의 위치로, 구조조사 '的'가 명사를 바로 꾸며주기 때문에 '수량사'가 먼저 오고 '……的'가 그 다음으로 명사 바로 앞에 와야 한다. 의미상 주어 자리에는 '我丈夫'가 목적어 자리에는 '一个十分浪漫的'의 수식을 받아 '人'이 와야 한다.

TIP 수량사 + ……的 + 명사

문제 2

全球气候	我们	问题	重点讨论了

분석 全球气候 quánqiú qìhòu 전세계 기후 | 重点 zhòngdiǎn 부 중점적으로 | 讨论 tǎolùn 동 토론하다

해설 기본문장성분인 '주 + 술 + 목' 구조를 먼저 만든다. 주어는 '我们'이고 술어는 '重点讨论了'이다. 목적어를 잡아야 하는데 '우리가 ~을 토론했는지' 의미적으로 살펴보면 '全球气候'와 '问题'를 하나의 큰 명사로 묶어 '全球气候问题'라고 해야 의미가 성립한다. 지금과 같이 명사 두 개가 붙어 하나의 큰 명사를 만들 수도 있다는 것을 기억한다.

TIP 명사 + 명사 = 하나의 큰 명사

문제 3

| 计划 | 都 | 这个 | 所有的人 | 反对 |

분석 所有 suǒyǒu 형 모든, 전부의 | 反对 fǎnduì 동 반대하다

해설 '주 + 술 + 목' 구조를 만들 때 술어를 먼저 잡으면 주어와 목적어가 쉽게 풀린다. 술어는 '反对'이다. 술어를 기준으로 주어는 '所有的人'이고 반대한 것이 무엇인지에 대한 목적어를 잡으면 '这个计划'이다. '都'는 부사로 술어 앞에 위치한다.

TIP 주어 + (부사) + 술어 + 목적어

문제 4

| 果汁 | 几瓶 | 买 | 顺便 | 吧 |

분석 几瓶 jǐ píng 몇 병 | 顺便 shùnbiàn 부 겸사겸사, ~하는 김에

해설 술어는 '买'이고 술어에 해당하는 목적어는 '果汁'이다. '买果汁'까지 문장을 만든 후에, 남은 어휘를 순서에 맞게 배열한다. '几瓶'은 '몇 병'이라는 뜻으로 뒤에 어울리는 명사가 와서 '수량사 + 양사 + 명사' 형태를 만들어야 한다. 바로 '几瓶果汁'이다. '顺便'은 자주 나오는 부사로 술어 앞에 위치한다. 이 문장은 특이하게 주어가 없다. 주어가 없는 문장을 '무주어문'이라고 하며 문장에 주어가 없을 수도 있다는 것을 잊지 말자. 주어가 없으므로 문장이 완벽하지 않다고 생각하여 '买'라는 술어 앞에 '果汁'를 주어로 잡는 실수를 많이 하는데 '과일주스가 ~을 산 것'이 아니라 '~가 과일주스를 산 것'이기 때문에 '果汁'는 '买' 뒤에서 목적어로 위치해야 한다.

TIP 顺便 + 술어 + 목적어

문제 5

| 大家的 | 共同努力 | 保护环境 | 需要 |

분석 保护环境 bǎohù huánjìng 환경을 보호하다 | 需要 xūyào 동 필요하다

해설 주어는 문장의 가장 주체가 되는 성분이다. 그러므로 '保护环境'이 주어가 되며 '需要'는 술어이다. 목적어는 '共同努力'이고 '……的'는 관형어로 명사 앞, 대부분 주어 혹은 목적어 앞에 위치하며 80% 이상 목적어 앞에 온다. '……的'가 있으면 먼저 목적어 앞에 넣어본다. 그리고 의미가 어울리면 맞는 위치인 것이고, 의미가 어울리지 않으면 다시 주어 앞에 넣어 보자.

TIP 주어 + 술어 + (관형어) + 목적어

쓰기 제2부분 실전 PT 정답 ▶p.100

1. 我女儿咳嗽得很厉害。 내 딸은 감기에 걸린 정도가 매우 심하다.
   我觉得她感冒好了,却还在咳嗽呢? 나는 그녀가 감기가 좋아졌다고 생각했는데 왜 아직도 기침을 하는 거지?

2. 她每天上网玩儿电子游戏。 그녀는 매일 인터넷으로 전자게임을 즐긴다.
   她现在用电脑上网。 그녀는 지금 컴퓨터를 사용해 인터넷을 한다.

3. 他们喜欢跟朋友们一起聊天儿。 그들은 친구들과 함께 잡담하는 것을 좋아한다.
   他们喝着咖啡聊天儿。 그들은 커피를 마시면서 잡담하고 있다.

문제 1

咳嗽

분석 咳嗽 késou 동 기침하다

해설 제시 어휘 '咳嗽'는 '기침하다'라는 의미의 동사 어휘이다. '기침하다'와 함께 자주 등장하는 어휘는 '感冒(감기 걸리다)', '打针(주사 맞다)', '身体不好(몸이 안 좋다)' 등이다. 문장 앞에 내 생각을 말하는 표현인 '我觉得'를 사용하여 '我觉得她咳嗽得很严重(내가 생각하기에 그녀는 기침이 매우 심한 것 같아)'이라고 표현할 수 있다.

문제 2

上网

분석 上网 shàngwǎng 동 인터넷 하다

해설 제시 어휘 '上网'은 '인터넷을 하다'라는 의미의 동사 어휘이다. 인터넷으로 무엇을 하는지에 따라 다양한 목적어를 가질 수 있다. 예를 들어 '上网' 뒤에 '查成绩(성적을 검색하다)', '看电影(영화를 보다)', '做工作(일을 하다)', '找房子(집을 구하다)' 등의 여러 문장으로 표현할 수 있다.

문제 3

聊天

분석 聊天 liáotiān 동 수다 떨다, 잡담하다

해설 제시 어휘 '聊天'은 '잡담하다'라는 뜻의 동사 어휘로, HSK에 단골로 출제되고 있는 어휘이다. '跟……一起聊天儿(~와 함께 잡담하다)', '喝着……聊天儿(~을 마시면서 잡담하고 있다)' 등의 표현으로 간단하게 문장을 만들 수 있다.

듣기 제2·3부분 실전 PT 정답 ▶p.107

1. B   **2.** C   **3.** D   **4.** D   **5.** A   **6.** B

문제 1

A 祝医生	B 张大夫
C 高律师	D 王护士

A 쭈 의사	B 장 의사
C 까오 변호사	D 왕 간호사

男：如果张大夫回来，请你马上通知我。
女：好的，他一回来我就跟您联系。
问：男的在找谁？

남：만약 장 의사가 돌아오면 나에게 바로 통지해 줘.
여：알았어, 그가 돌아오면 내가 바로 너에게 연락할게.
질문：남자는 누구를 찾고 있는가？

해설 보기를 보면 인물관계를 묻는 문제라는 것을 알 수 있다. 남자가 '장 의사가 오면 내게 통지해줘'라고 말하고 있으므로 남자가 찾는 사람은 B '张大夫'라는 것을 알 수 있다. 보기를 통해 직책이나 호칭이 나오는 문제임을 미리 파악하고, 그 부분을 집중해서 들어야 한다.

문제 2

A 亲戚	B 邻居
C 同事	D 同学

A 친척	B 이웃
C 동료	D 친구

女：爸，您尝尝这个，这是我同事上午送我的辣白菜。
男：我刚吃了，味道不错，挺好吃的。
问：辣白菜是谁送的？

여：아빠, 이것 좀 드셔보세요. 이건 제 동료가 오전에 제게 준 배추김치예요.
남：내가 방금 먹었다. 맛이 좋더구나, 무척 맛있어.
질문：배추김치는 누가 준 것인가？

해설 인물관계를 묻는 문제이다. 녹음에서 등장한 인물은 '爸'와 '同事' 두 사람이다. 보기에서 '爸'는 언급되지 않았기 때문에 정답은 C '同事'일 가능성이 크다. 그리고 남자가 정확하게 '我同事上午送我的辣白菜(제 동료가 오전에 제게 준 배추김치예요)'라고 말하였으므로 배추김치를 준 사람은 '同事'이다.

문제 3

A 大夫	B 老师
C 爷爷奶奶	D 父亲母亲

A 의사	B 선생님
C 할아버지와 할머니	D 아빠와 엄마

男：明天就是最后一天了，你到底想不想报名？
女：我当然想报名，今天晚上我和我爸我妈商量商量再做决定吧。
问：女的想和谁商量？

남：내일이 바로 마지막 날인데 넌 도대체 등록을 할 생각이니 아니니？
여：당연히 등록하고 싶지, 오늘 저녁에 아빠 엄마와 상의 좀 하고 다시 결정할게.
질문：여자는 누구와 상의한다고 하였는가？

해설 인물관계를 묻는 문제이다. 녹음에 나오는 인물을 들으려고 집중해보자. 여자가 '我爸我妈'와 상의하겠다고 정확하게 말하고 있다. 보기에 나온 다른 어휘들은 언급조차 없었으니 누구와 상의하는지 묻는 질문에 대한 정답은 D '父亲母亲'이라는 것을 어렵지 않게 찾을 수 있다.

문제 4

| A 王经理 | B 王校长 | A 왕 사장 | B 왕 교장 |
| C 王大夫 | D 王律师 | C 왕 의사 | D 왕 변호사 |

男：被邀请的人都到了吗？
女：除了王律师，其他人都到了。
男：你跟他联系了吗？
女：已经打过电话了。他说能准时到。
问：谁还没有来？

남：초청받은 사람들 모두 도착했어?
여：왕 변호사를 제외하고 다른 사람은 모두 도착했어.
남：너 그와 연락해봤어?
여：이미 연락했지. 정시에 도착할 수 있다고 했어.
질문：누가 아직 오지 않았는가?

해설　인물관계를 묻는 문제이다. 보기에 나오는 인물을 먼저 확인하고 녹음을 듣는다. 녹음에서 들리는 인물이 정답일 가능성이 크다. '除了······'는 '~을 제외하고'라는 의미로 '除了王律师，其他人都到了(왕 변호사를 제외하고 다른 사람은 모두 도착했다)'라고 말하고 있다. 따라서 누가 아직 오지 않았는가에 대한 정답은 D '王律师'이다.

문제 5

| A 妈妈 | B 奶奶 | A 엄마 | B 할머니 |
| C 邻居 | D 妹妹 | C 이웃 | D 여동생 |

男：怎么突然想起买花啦？
女：明天是我妈的生日，我想给她一个惊喜。
男：光送花，没有别的礼物？
女：当然有，我还给她买了一条裙子。
问：谁要过生日了？

남：어떻게 갑자기 꽃을 살 생각을 한 거야?
여：내일이 우리 엄마의 생신이거든, 내가 엄마에게 깜짝 선물을 해주고 싶어.
남：단지 꽃만 드릴 거야? 다른 선물은 없어?
여：당연히 있지, 엄마에게 드릴 치마도 한 벌 샀어.
질문：누가 생일인가?

해설　여자가 '明天是我妈的生日(내일은 우리 엄마의 생신이다)'라고 정확하게 말하고 있다. 보기 중 다른 어휘들에 대한 언급이 없으니 누구의 생일인지 묻는 질문에 대한 정답은 A '妈妈'임을 쉽게 알 수 있다.

문제 6

| A 警察 | B 演员 | A 경찰 | B 연기자 |
| C 护士 | D 服务员 | C 간호사 | D 종업원 |

女：您最近有什么计划吗？
男：最近在为一部电影做准备工作。
女：什么电影？能谈谈电影的大概内容吗？
男：是关于警察的故事，我在里面演一位老警察。
问：男的最可能是做什么的？

여：당신은 최근에 무슨 계획이 있습니까?
남：최근에 한 영화를 위해 준비 작업을 하고 있습니다.
여：어떤 영화인가요? 영화의 대략적인 내용을 말해줄 수 있나요?
남：경찰에 관한 이야기로, 저는 그 안에서 나이 든 경찰을 연기합니다.
질문：남자는 무엇을 하는 사람일 가능성이 높은가?

해설　남자는 '为一部电影做准备工作(한 영화를 위해 작업을 준비하고 있다)'라고 말하고 있다. 따라서 '영화'와 관련된 일을 할 가능성이 크다. 영화는 어떤 내용인지 물었더니 '关于警察的故事(경찰에 관한 이야기)'이라고 하면서 '在里面演一位老警察(그 안에서 나이 든 경찰을 연기한다)'라고 말하고 있다. 영화를 위해 준비 작업을 하는데 영화는 바로 경찰에 관한 내용이고, '在里面'은 '영화 속'이라는 뜻으로 영화에서 경찰을 연기한다고 하고 있다. 남자는 무엇을 하는 사람인가에 관한 정답으로는 B '演员'이 가장 적합하다. 경찰 역할을 한다고 해서 이 사람이 경찰은 아니다. 혼동하지 않도록 주의하자.

독해 제2부분 실전 PT 정답 ▶p.111

1. B–C–A   **2.** B–A–C   **3.** A–C–B   **4.** C–B–A   **5.** B–A–C

문제 1

A 它就长满了这面墙，叶子很厚，绿绿的 B 这种植物在这个季节长得很快 C 经过短短一个星期	B 이 식물은 이 계절에 매우 빠르게 자라는데 C 짧은 일주일이 지나면 A 그것은 이 담장에 가득 자라고, 잎사귀도 두꺼우며 푸른색을 띈다.

해설 A는 '它'로 시작하므로 첫 문장에 올 수 없고 '它'가 지칭하는 것은 B의 '这种植物'이다. 그러므로 B가 먼저 와야 하며 첫 문장도 어렵지 않게 B가 된다. C에서 일주일을 지나 어떻게 되었는지 뒤에 보충성분이 와야 하기 때문에 C 뒤에는 A가 와야 한다.

문제 2

A 还很兴奋 B 大熊猫元元这两天看起来心情不错 C 难道它也知道自己这个周末就要回家了	B 판다 위안위안은 요 며칠 기분도 좋고 A 또 매우 흥분돼 보이던데 C 설마 그도 자기가 이번 주에 집으로 돌아갈 것을 아는 것 같다.

해설 B의 명사 '大熊猫'는 주어 자리에 올 수 있기 때문에 첫 문장에 올 수 있다. A는 '还'로 시작하므로 첫 문장에 올 수 없다. C 역시 '它'가 있으므로 '它'를 지칭하는 것이 더 먼저 와야 하는데 그것은 B의 '大熊猫'이다. 따라서 첫 문장은 B이다. A에서 '또 매우 흥분했다'라고 말하는 것으로 보아 앞문장에서 흥분한 상황과 비슷한 상황이 있어야 하는데 B에서 '기분이 좋다'라고 말하고 있으므로 '기분도 좋고 또 매우 흥분하다'가 연이어 이어질 가능성이 크다.

문제 3

A 我们出门的时候，天气还很好 B 并且越下越大，一点儿要停的意思都没有 C 没想到半路上突然就下雨了	A 우리들이 외출했을 때는 날씨가 매우 좋았는데 C 생각지도 못하게 도중에 갑자기 큰 비가 내렸고 B 게다가 내릴수록 심해지는 게 조금도 그칠 기미가 없다.

해설 첫 문장은 주어 '我们'이 있는 A이고 날씨가 좋다고 했는데 B에서 갑자기 '并且越下越大(게다가 내릴수록 심해진다)'라고 하는 것으로 보아 무엇이 내리는지 앞문장에서 제시되어야 한다. 그런데 C에서 '突然就下雨了'라고 하였으므로 C 다음이 B라는 것을 알 수 있다.

문제 4

A 所以我有换工作的打算 B 陪在丈夫和孩子身边的时间太少了 C 我现在的工作总需要出差	C 내 지금의 일은 늘 출장이 필요한 일이라 B 남편과 아이들 곁에 있을 시간이 무척 적다. A 그래서 나는 일을 바꿀 계획이 있다.

해설 A는 '所以'로 첫 문장에 올 수 없다. C는 출장이 필요한 직업이라고 말하고 있고, B는 아이들과 같이 보내는 시간이 적다고 하고 있으므로 C가 먼저 위치해야 자연스럽다. A에서는 그래서 일을 바꿀 계획이라고 말하고 있으므로 일을 바꾸려고 하는 원인이 아이들 곁에 있는 시간이 적다는 것이기 때문에 C는 B의 원인이고, B는 A의 원인이 된다. 따라서 문장의 순서는 C-B-A이 된다.

문제 5

A 这里的工作就先交给你了 B 小张，我下礼拜要出差 C 有什么情况及时给我发电子邮件	B 샤오장, 내가 다음주에 출장을 가야 해서 A 이곳의 업무를 먼저 너에게 줄 테니 C 어떤 상황이 발생하거든 즉시 나에게 이 메일을 보내.

해설 첫 문장은 '小张'이 있는 B이다. A 중간에 '先'이 있는데 이는 '먼저'라는 의미로 '先' 다음엔 '后'의 느낌이 와서 '선후관계'를 나타낸다. 그래서 '先'이 있는 문장은 마지막 문장으로 잘 오지 않는다. 의미적으로 '업무를 먼저 줄 테니 무슨 일이 있으면 이메일을 보내'로 선후관계를 잡아야 하기 때문에 A 다음에 C가 와야 한다.

쓰기 제1부분 실전 PT 정답 ▶p.116

1. 他们俩的爱情非常浪漫。 그들 둘의 사랑은 매우 낭만적이다.
2. 这台洗衣机的质量不错。 이 세탁기의 품질은 좋다.
3. 这条裤子稍微有点儿厚。 이 바지는 다소 조금 두껍다.
4. 他们肯定不会同意我的看法。 그들은 분명 내 생각에 동의하지 않을 것이다.
5. 上午的应聘顺利吗？ 오전에 지원한 것은 순조로웠니?

문제 1

爱情　　浪漫　　他们俩的　　非常

분석 爱情 àiqíng 명 사랑 | 浪漫 làngmàn 형 낭만적이다 | 他们俩 tāmen liǎ 명 그들 둘

해설 형용사 '浪漫'을 술어 자리에 배치하고, 무엇이 낭만적인지 주어를 잡으면 '爱情'이 적절하다. 형용사 술어는 목적어가 필요 없기 때문에 '……的'의 구조조사는 관형어의 위치로 목적어 앞이 아닌, 주어 앞이 적합하다. 부사는 술어 앞이다.

TIP ……的 + 주어 + 술어(형용사 술어)

문제 2

不错　　这台　　质量　　洗衣机的

분석 台 tái 양 대 [가전제품 등을 세는 양사] | 质量 zhìliàng 명 품질 | 洗衣机 xǐyījī 명 세탁기

해설 형용사 '不错'를 술어 자리에 배치하고, 주어를 잡으면 '质量'이 적절하니 '质量不错'로 기본문장을 완성한다. '洗衣机的'는 구조조사가 있어 관형어 자리에 오므로 '质量' 앞에 와야 한다. '这台'에서 '台'는 가전이나 전자제품을 세는 양사로 뒤에 전자제품 등을 표현하는 명사 어휘가 있어야 하므로 '这台洗衣机'로 만든다.

TIP ……的 + 주어 + 술어(형용사 술어)

문제 3

稍微　　有点儿　　这条　　裤子　　厚

분석 稍微 shāowēi 부 다소, 약간 | 裤子 kùzi 명 바지 | 厚 hòu 형 두껍다

해설 이 문제의 핵심은 '有点儿'이란 의미의 부사로, 뒤에 부정적인 형용사가 와야 한다. 여기서 형용사는 '厚'이기 때문에 '有点儿厚'를 먼저 만들어준다. '稍微'는 '다소'라는 의미의 부사로 술어 앞에 와야 하는데 이미 술어 앞에는 '有点儿'이 있으므로 그보다 더 앞에 와야 한다. '稍微有点儿'은 부정적인 의미로 자주 쓰이는 짝꿍이다. 이 문장에 '바지가 두껍다'는 것은 날씨가 너무 더운데 바지가 두꺼워서 좋지 않다는 부정적인 상황을 말하고 있다.

TIP 稍微 + 有点儿 + (부정적인 형용사 술어)

문제 4

| 肯定 | 他们 | 不会 | 同意 | 我的看法 |

- **분석**: 肯定 kěndìng 뷔 분명히, 확실히 | 同意 tóngyì 동 동의하다 | 看法 kànfǎ 명 생각, 견해
- **해설**: 기본문장성분 '주 + 술 + 목'의 '他们 + 同意 + 我的看法'를 먼저 잡는다. '肯定'은 부사, '会'는 조동사로 모두 술어 앞인 부사어 자리에 온다. 부사어의 순서는 '부사 + 조동사 + 전치사구 + ……地'이다.
- **TIP**: 주어 + [부사 + 조동사 + 전치사구 + ……地] + 술어

문제 5

| 上午的 | 吗 | 顺利 | 应聘 |

- **분석**: 顺利 shùnlì 형 순조롭다 | 应聘 yìngpìn 동 응시하다, 지원하다
- **해설**: 주어는 명사 '应聘', 술어는 '顺利'이다. 형용사 술어는 목적어가 필요 없으므로 구조조사를 포함하고 있는 '上午的'는 관형어 자리인 주어 앞에 위치한다.
- **TIP**: ……的 + 주어 + 술어(형용사 술어)

쓰기 제2부분 실전 PT 정답

1. 我可以吃辣的菜。 나는 매운 요리를 먹을 수 있다.
   妈妈做的这个菜十分辣。 엄마가 만든 이 요리는 정말 맵다.

2. 我觉得她的身体病得很严重。 나는 그녀의 몸이 매우 위중하다고 생각해.
   医生说，我的感冒很严重。 의사가 나의 감기가 매우 심각하다고 말했다.

3. 他们看起来很无聊。 그들은 매우 무료해 보인다.
   他们的生活十分无聊。 그들의 생활은 굉장히 무료하다.

문제 1

辣

- **분석**: 辣 là 형 맵다
- **해설**: 매워보이는 음식이 있는 그림이며, 제시 어휘 '辣'는 '맵다'라는 의미의 형용사 어휘이다. 형용사가 나오면 '……的 + 주어 + (형용사 술어)'의 구조로 문장을 만들면 어렵지 않게 완벽한 문장을 만들 수 있다. 그림은 '方便面(라면)'으로 보이고, '라면'이라는 어휘가 생각나지 않는다면 '菜(요리)' 혹은 '东西(물건)' 등의 어휘로 대체할 수 있다.

문제 2

严重

분석 严重 yánzhòng [형] 위급하다, 심하다

해설 감기가 심하게 걸린 듯한 여자가 있는 그림이며, 제시 어휘 '严重'은 '위중하다, 심각하다'라는 의미의 형용사 어휘이다. 제시된 그림을 보면서 '身体(몸)', '感冒(감기)', '没上班了(출근하지 못했다)' 등의 관련 어휘를 이용해 '她的身体病得很严重, 所以今天没上班了(그녀의 몸이 매우 위중해서 오늘 출근하지 못했다)' 등의 문장을 만들 수 있다.

문제 3

无聊

분석 无聊 wúliáo [형] 무료하다, 지루하다

해설 제시 어휘 '无聊'는 '무료하다, 심심하다'라는 의미의 형용사 어휘이다. 그림을 보면 두 남녀가 매우 심심해 보인다. 따라서 문장 앞에 '看起来(~해 보인다)'를 사용하여 '他们看起来非常无聊'라는 문장을 어렵지 않게 만들 수 있다.

듣기 제2·3부분 실전 PT 정답						▶p.123
1. A	2. D	3. A	4. B	5. A	6. C	

문제 1

A 餐厅	B 动物园	A 식당	B 동물원
C 体育馆	D 洗手间	C 체육관	D 화장실

男: 服务员, 这张桌子上有水。麻烦您再擦一下。
女: 抱歉! 先生。我这就去拿毛巾。
问: 他们最可能在哪儿?

남: 종업원, 이 탁자 위에 물이 있네요. 번거롭겠지만 다시 한 번 닦아주세요.
여: 미안합니다! 선생님. 제가 수건을 가지고 가겠습니다.
질문: 그들은 어디에 있을 가능성이 있는가?

해설 보기를 보면 장소를 묻고 있는 문제라는 것을 알 수 있다. 남자가 '服务员'이라고 부르면서 탁자를 닦아 달라고 말하고 있다. 장소 어휘가 직접적으로 언급되진 않았지만 '服务员', '桌子'와 같은 몇 개의 어휘로 식당임을 추측해낼 수 있다. 즉 식사를 하러 갔는데 탁자에 물이 있어 종업원에게 닦아 달라고 말하고 있는 상황이라는 것을 짐작할 수 있다.

문제 2

A 火车上	B 长城上	A 기차 안	B 만리장성
C 船上	D 高速公路上	C 배 위	D 고속도로 위

女: 到哪儿了? 我刚才太困了, 都睡着了。
男: 我们快下高速了, 估计再走5公里就到了。
问: 他们现在在哪儿?

여: 어디까지 왔어? 나 방금 너무 졸려 잠이 들었어.
남: 우리 곧 고속도로를 벗어날 거야. 5킬로미터 더 가면 도착할 거라 예상해.
질문: 그들은 지금 어디에 있는가?

해설 보기를 보고 장소 문제라는 것을 알 수 있다. 여자가 어디까지 왔는지 물어보자 남자가 대답으로 '我们快下高速了(우리 곧 고속도로를 벗어날 거야)'라고 하면서 지금의 대략적인 위치가 D '高速', 즉 고속도로라는 것을 알 수 있다. 이 문제는 정답이 되는 어휘가 그대로 녹음에서 들렸다.

문제 3

A 银行	B 厕所	A 은행	B 화장실
C 教室	D 超市	C 교실	D 슈퍼마켓

女: 不好意思, 店里的刷卡机坏了, 现在只能收现金。
男: 我带的现金恐怕不够, 我先去银行取点儿吧。
问: 男的接下来要去哪里?

여: 죄송합니다. 상점의 카드기가 고장이 나서 지금은 현금만 받을 수 있습니다.
남: 제가 가진 현금으로는 아마 부족할 듯 하니 먼저 은행 가서 (돈을) 좀 뽑아 올게요.
질문: 남자는 바로 어디를 가려고 하는가?

해설 장소를 묻는 문제이다. 여자가 '店里的刷卡机坏了(상점의 카드기가 고장이 났다)'라고 하면서 '店里'를 언급하였다. 남자는 현금이 부족해 '去银行取点儿(은행 가서 (돈을) 좀 뽑아 올게요)'이라고 하면서 '银行'이라는 어휘도 제시되었다. 쉽게 들을 수 있는 장소 어휘가 2개 나왔는데 보기에서는 '银行'만 제시되어 있어서 정답은 은행일 가능성이 높다. 이 문제는 남자가 어디를 가려고 하는지 남자의 행선지를 묻고 있기 때문에 정답은 정확히 A '银行'이다.

문제 4

A 海洋公园	B 森林公园
C 黄河边	D 长城

A 해양공원	B 삼림공원
C 황허 변	D 만리장성

女：今天阳光真好!
男：是啊，前几天一直阴天。今天终于晴了。
女：咱们去森林公园散步吧?
男：行啊。外面空气一定很好。确实应该出去走走。
问：女的建议去哪儿?

여 : 오늘 햇빛이 너무 좋아!
남 : 맞아, 며칠 전에는 계속 흐렸는데 오늘에서야 마침내 맑아졌어.
여 : 우리 삼림공원에 가서 산책할까?
남 : 좋지. 바깥 공기도 분명 좋을 테니 확실히 나가서 좀 걸어야겠어.
질문 : 여자는 어디에 가자고 건의했는가?

해설 녹음 대화에서 날씨가 좋다고 하면서 여자가 '去森林公园散步(삼림공원에 가서 산책하자)'라고 분명히 말하고 있다. 녹음에서 들리는 어휘가 그대로 정답이 되는 문제다.

문제 5

A 机场	B 大使馆
C 图书馆	D 森林公园

A 공항	B 대사관
C 도서관	D 삼림공원

女：师傅，去机场。我赶飞机，麻烦你快点儿。
男：好的，你几点的飞机?
女：两点，来得及吗?
男：没问题，保证一点之前就把你送到。
问：女的要去哪儿?

여 : 선생님, 공항에 갑시다. 제가 비행기를 타야 하는데 죄송하지만 조금 빨리 부탁 드리겠습니다.
남 : 알겠습니다. 몇 시 비행기지요?
여 : 두 시 입니다. 갈 수 있을까요?
남 : 걱정 마세요. 1시 전에 도착할 수 있다고 보장합니다.
질문 : 여자는 어디에 가는 것인가?

해설 녹음 첫 대화에서 '去机场'이라고 말하고 있는 것으로 보아 여자는 공항에 가야 한다는 것을 알 수 있다. 남자가 '几点的飞机'라고 물으면서 여자가 비행기를 타야 한다는 것을 한 번 더 언급하고 있다. 따라서 여자는 지금 공항에 가고 있는 중이라는 것을 알 수 있다.

문제 6

A 宾馆	B 电影院
C 咖啡馆	D 高速公路上

A 호텔	B 영화관
C 커피숍	D 고속도로 위

男：喂，你还在逛街吗?
女：刚逛完了，和姐姐在咖啡馆聊天儿呢，怎么了?
男：我的钥匙丢了，进不了门，你快回来吧。
女：好，我马上就回去。
问：女的现在在哪儿?

남 : 여보세요. 너 아직도 쇼핑 중이야?
여 : 막 쇼핑 끝냈고, 언니와 커피숍에서 수다 중이야. 왜?
남 : 나 열쇠를 잃어버려서 들어갈 수가 없는데 네가 빨리 와줘.
여 : 알았어, 내가 바로 갈게.
질문 : 여자는 지금 어디에 있는가?

해설 여자는 지금 어디에 있는지를 묻는 장소 문제이다. 남자가 아직도 '逛街(쇼핑)'하는지 물었고, 여자는 '刚逛完了(막 쇼핑 끝냈어)'라고 대답하고 있다. 그리고선 '和姐姐在咖啡馆儿聊天儿呢(언니와 커피숍에서 수다 중이야)'라고 말하고 있으므로 지금 여자는 커피숍에서 언니와 수다 중인 것을 알 수 있다. '逛街'는 '쇼핑하다'라는 의미이므로 '商店(상점)'일 가능성이 있었지만 보기항에 '商店'이란 어휘가 없으며, 쇼핑은 다 끝났고 커피숍에 있다고 했기 때문에 정답은 C '咖啡馆'이다.

독해 제2부분 실전 PT 정답 ▶p.127

1. A-C-B **2.** B-A-C **3.** A-C-B **4.** A-C-B **5.** A-C-B

문제 1

A 夏天的晚上，我喜欢躺在草地上 B 那种感觉真是太棒了 C 抬头看着满天的星星	A 여름 밤에 나는 잔디에 누워 있는 것을 좋아해. C 고개를 들고 하늘 가득한 별을 보면 B 그런 감정은 정말 너무 멋져.

해설 A는 시간의 표현인 '夏天的晚上'과 주어 '我'가 있기 때문에 첫 문장에 유력하다. B는 '그 느낌이 너무 멋지다'라고 말하고 있으므로 멋진 느낌을 주는 게 무엇인지 살펴보면 C에서 하늘 가득한 별을 보고 있는 상황을 말하고 있는 것으로 보아 C 다음으로 B가 온다는 것을 알 수 있다.

문제 2

A 那儿的花儿都开了，非常漂亮 B 这几天植物园特别热闹，随着天气变暖 C 吸引了很多人前去参观	B 요 며칠 식물원은 특히나 시끌벅적한데 날씨가 따뜻하게 변함에 따라 A 그곳의 꽃들이 모두 피어 너무 예뻐서 C 많은 사람들이 앞으로 가 참관하도록 매료시키고 있다.

해설 시간표현 '这几天'과 주어 '植物园'이 함께 있는 B가 첫 문장이다. A에서 '那儿'은 '植物园'을 지칭하고 있으므로 A는 B보다 더 뒤에 위치해야 한다. A는 꽃이 피어 예쁘다고 말하고 있고, C는 많은 사람들이 참관한다고 하고 있다. 꽃이 피고 예뻐야 사람들이 가서 구경할 수 있기 때문에 의미상 순서는 B-A-C가 되어야 한다.

문제 3

A 科学技术的发展拉近了城市之间的距离 B 人与人之间的交流也因此变得更加方便 C 它使人们花在路上的时间越来越短	A 과학기술의 발전은 도시 사이의 거리를 좁혀 C 사람들이 길 위에서 소비하는 시간도 점점 짧아지게 해 B 사람들 사이의 교류 또한 이에 따라 더 편리하게 변했다.

해설 C는 '它'가 있기 때문에 첫 문장에 올 수 없으며 '它'를 지칭하는 것이 무엇인지를 찾아 더 먼저 위치시켜야 한다. '它'가 사람들이 길 위에서 소비하는 시간을 단축시켰으므로 가장 적절한 것은 A의 '**科学技术**'가 될 것이다. 따라서 A가 첫 문장에 올 가능성이 크다. B는 '人与人之间的交流也因此……'라고 말하고 있는데 '也'라고 하는 것은 반복적으로 비슷한 내용을 한 번 더 제시하고 있는 어휘로 첫 문장에 잘 등장하지 않는다. 그리하여 첫 문장은 A이다. A는 도시간의 거리를 좁혔다고 하였으니 이에 길에서 소비하는 시간이 줄었다는 C가 이어서 와야 한다. 따라서 마무리 문장으로 사람과 사람간의 교류 역시 더 편해졌다고 하는 B가 위치해야 한다.

문제 4

A 对于中国人来说 B 到那时人们会举行各种各样的迎新年活动 C 春节是一年之中最重要的节日	A 중국인에게 있어서 C 춘절은 일년 중 가장 중요한 명절인데 B 그때가 되면 사람들(중국인)은 신년을 환영하는 각종 행사를 개최한다.

해설 B의 '到那时'에서 '那时'는 '그때'라는 의미로 C의 '春节'를 지칭하고 있으므로 B는 C 뒤로 와야 한다. A에서 '对于……来说'는 '~에 대해 말하자면'이라는 의미로 첫 문장에서 '~에 대해 말하겠다'는 것을 알려주는 표현으로 자주 쓰인다. 그러므로 첫 문장은 A, 다음이 C, 마지막 문장이 B라는 것을 알 수 있다.

문제 5

A 学习时，不光要知道答案是什么 B 只有这样，才能把问题真正弄懂 C 还要弄清楚答案究竟是怎么得来的	A 공부할 때에는 답이 무엇인지 알아야 할 뿐만 아니라 C 그 답을 도대체 어떻게 얻어낸 것인지 또한 정확하게 해야 하는데 B 이렇게 해야 비로소 문제를 진정으로 이해하는 것이다.

Day 6

| 해설 | 첫 문장은 어렵지 않게 A라는 것을 알 수 있다. C는 '还要'로 '또 ~해야 한다'라는 의미인데 이를 통해 앞문장에서도 '무엇인가를 해야 한다'는 내용이 와야 함을 알 수 있다. A에 '要(~해야 한다)'가 있는 것으로 보아 A를 한 번 더 반복해 뒤따라오는 문장이 C이며 이에 마지막 문장이 B라는 것을 알 수 있다. '要……, 还要……'는 '~을 해야 하고 또 ~을 해야 한다'라는 의미로 자주 출제된다.

쓰기 제1부분 실전 PT 정답 ▶p.131

1. 她丈夫是著名的京剧演员。 그녀의 남편은 저명한 경극배우이다.
2. 环境污染是我们应该关注的。 환경오염은 우리들이 반드시 관심을 가져야 한다.
3. 我孙子是去年秋天出生的。 내 손자는 작년 가을에 태어났다.
4. 这椅子是专为老年人提供的。 이 의자는 오직 노인만을 위해 제공한다.
5. 这次调查是由李经理负责的。 이번 조사는 이 사장님이 책임진다.

문제 1

| 著名的 | 是 | 她丈夫 | 京剧演员 |

| 분석 | 著名 zhùmíng 형 저명하다, 유명하다 | 京剧 jīngjù 명 경극

| 해설 | '是'와 '的'가 있으면 90%는 강조구문으로, 10%만이 기본문장구조로 출제된다. 이 문제도 '是'와 '的'가 있으므로 먼저 강조구문으로 접근해보자. 강조구문의 기본구조는 '주어 + 是……的'이다. 강조구문으로 '她丈夫是京剧演员著名的'라고 만든 후에 해석을 해 본다. '내 남편은 경극배우 저명한'으로 해석되는데 아무리 봐도 의미가 이상하다. 그렇다면 이 문장은 강조구문이 아닌 기본문장구조 인 것이다. 강조구문으로 문장을 만들어봤는데 의미가 이상하면 기본문장구조로 다시 바꾼다. 강조구문은 워낙 독특한 중국어 어법 이기 때문에 해석만으로 문장을 만들기가 어렵다. 그러므로 '是'와 '的'가 있으면 먼저 강조구문으로 만들어보고 해석에 문제가 없다면 맞는 것이고, 해석이 이상하면 바로 기본문장구조로 접근해보는 것이 강조구문에 접근하는 좋은 방법이다.

문제 2

| 环境污染 | 关注的 | 应该 | 是我们 |

| 분석 | 环境污染 huánjìng wūrǎn 명 환경오염 | 关注 guānzhù 동 관심을 가지다, 주시하다

| 해설 | '是'와 '的'가 있으므로 강조구문으로 접근해본다. 주어는 '环境污染', '是'가 포함된 '是我们'으로 강조구문을 시작해야 한다. 술어는 '关注'이고 '应该'는 조동사이므로 술어 앞으로 보낸다. 따라서 강조구문 문장은 '环境污染/是我们/应该/关注的'로 완성된다. 주 어 뒤에 '是' 문장 끝에 '的'가 오도록 문장을 만든 후 의미가 적절하면 강조구문으로 완벽하게 배열한 것이다.

TIP 주어 + 是 + (강조할 내용) + 的

문제 3

| 去年秋天 | 我孙子 | 出生的 | 是 |

| 분석 | 孙子 sūnzi 명 손자 | 出生 chūshēng 동 태어나다, 출생하다

| 해설 | '是'와 '的'가 있으므로 강조구문으로 접근한다. 주어는 '我孙子'이고, 강조구문을 위해 '是'를 이어서 넣고 시간부사와 술어를 넣어 시간을 강조하는 강조구문을 완성한다. 즉 '我孙子/是/去年秋天/出生/的'로, '내 손자가 작년 가을에 태어났다'는 태어난 시간을 강조하고 있는 강조구문이라는 것을 알 수 있다.

TIP 주어 + 是 + (강조할 내용) + 的

문제 4

专为老年人　　提供的　　这椅子　　是

분석 专为 zhuān wèi 전문적으로 ~을 위해 | 提供 tígōng 동 제공하다 | 椅子 yǐzi 명 의자

해설 시험에서 반복적으로 나온 강조구문 중 하나로 '是'와 '的' 사이에 강조하고자 하는 것을 넣어 강조하는 강조구문이다. 주어는 '这椅子'로 이 의자를 '노인에게만 제공한다'는 것을 강조하는 문장으로 만들 수 있다. 강조구문 '是……的' 안에 '专为老年人/提供'를 넣어 문장을 완성한다.

TIP 주어 + 是 + (강조할 내용) + 的

문제 5

是　　负责的　　由李经理　　这次调查

분석 负责 fùzé 동 책임지다 | 由 yóu 전 ~가, 에서, 로부터 | 调查 diàochá 동 조사하다

해설 '由'는 '~가'라는 의미의 전치사로 전치사구 '由李经理(이 사장님이)'가 등장했다. 주어는 '这次调查'이고 남은 어휘는 '是……的' 사이에 위치시키면 되는데, '的'를 포함하고 있는 동사 어휘 '负责'가 있으므로 '是……的' 구문의 가장 끝에 두고, 남은 전치사구 어휘를 동사 앞에 넣으면 문장이 완성된다.

TIP 주어 + 是 + (강조할 내용) + 的

쓰기 제2부분 실전 PT 정답　　▶p.132

1. 这朵花是我男朋友送给我的。 이 꽃은 남자친구가 내게 준 것이다.
   这朵花是昨天早上买的。 이 꽃은 어제 아침에 산 것이다.

2. 这台洗衣机是昨天修好的。 이 세탁기는 어제 수리를 끝낸 것이다.
   这台洗衣机是我结婚时妈妈送给我的。 이 세탁기는 결혼할 때 엄마가 내게 준 것이다.

3. 这个自行车是专为小孩子们提供的。 이 자전거는 오직 아이들을 위해 제공한다.
   我是骑自行车去学校的。 나는 자전거를 타고 학교에 간다.

문제 1

花

해설 제시 어휘 '花'는 '꽃'이라는 뜻의 명사 어휘로, 그림에도 꽃이 나와있다. '这朵花是……的'를 사용해 '是……的' 사이에 다양한 강조 패턴을 넣어보자 '花'의 양사는 '朵(송이)'로 '这个花' 대신에 '这朵花'로도 만들 수 있다.

문제 2

台

분석 台 tái 양 대 [가전제품 세는 양사]

해설 제시 어휘 '台'는 가전제품이나 전자제품 등을 세는 양사 어휘로 '一台电脑(한 대의 컴퓨터)', '一台电视(한 대의 텔레비전)'처럼 전자제품 관련 명사 어휘 앞에 온다. 그림에는 '洗衣机(세탁기)'가 있으므로 '这台洗衣机'로 주어를 잡는다. 그리고 강조구문을 사용해 '是昨天修的(어제 수리한 것)', '是去年购买的(작년에 구매한 것)'처럼 시간 등을 강조할 수 있다.

문제 3

自行车

분석 自行车 zìxíngchē 명 자전거

해설 남자가 신나게 자전거를 타고 있는 그림이다. 제시 어휘 '自行车'는 '자전거'라는 뜻의 명사 어휘로, 동사는 '骑'를 쓴다. 강조구문 '是……的'를 사용해 '是'와 '的' 사이에 제시 어휘를 넣어 '这个自行车是昨天买的(이 자전거는 어제 산 것이다)'라는 강조구문을 만들 수 있다.

듣기 제2·3부분 실전 PT 정답 ▶p.138

| 1. B | 2. A | 3. A | 4. A | 5. C | 6. C |

문제 1

| A 请客 | B 扔垃圾 | A 한턱내다 | B 쓰레기를 버리다 |
| C 抬沙发 | D 收拾行李 | C 소파를 옮기다 | D 짐을 정리하다 |

女：一会儿有客人要来，先别看电视了，去帮我把垃圾扔了。 男：好的，妈妈！是张阿姨要来吗？ 问：女的让男的做什么？		여：잠시 후에 손님이 오시니까 먼저 텔레비전 그만 보고 나가서 나를 도와 쓰레기를 버려주렴. 남：알았어요, 엄마! 장 이모가 오시는 거예요? 질문：여자는 남자에게 무엇을 하라고 하였는가?	

해설　행동에 관련된 문제는 녹음에서 나온 어휘가 그대로 출제되는 경우가 많기 때문에 어렵지 않게 정답을 찾을 수 있다. 여자가 '别看电视'와 '把垃圾扔了'라고 두 가지 행동을 남자에게 요구했다. 이중 보기에서는 '扔垃圾'만 제시되어 정답은 B이다.

문제 2

A 填表	B 寄东西	A 표를 작성하다	B 물건을 부치다
C 买铅笔	D 打印菜单	C 연필을 사다	D 메뉴를 인쇄하다

男：小姐，请您先填一下这张表格，姓名、性别和年龄是必须要填的。 女：好的，抱歉，我没带笔，你们这儿有笔吗？ 问：女的最可能在做什么？	남：아가씨, 먼저 이 표를 작성해 주세요. 이름, 성별과 나이는 반드시 기재하셔야 합니다. 여：알았습니다. 죄송한데 제가 펜이 없는데, 그쪽에 펜 있나요? 질문：여자는 무엇을 할 가능성이 있는가?

해설　남자가 '请您先填一下这张表格'라고 말하고 있다. '填表格'는 행동 문제에서 매번 빠지지 않고 정답으로 출제되고 있으므로 반드시 기억한다. 여자가 표를 작성해야 하는 상황에서 '没带笔'라고 하면서 펜을 빌리고 있는데 질문은 '여자가 무엇을 할 것인가'이므로 A '填表'가 정답이 된다. 표를 기재하는데 펜이 없다고 하였지 '买铅笔'라고 하지는 않았으므로 착각하면 안 된다.

문제 3

A 照相	B 推车	A 사진을 찍다	B 차를 끌다
C 关窗户	D 填表格	C 창문을 닫다	D 표를 작성하다

女：这儿的景色真美，帮我照张相吧。 男：好的，你稍微往左边站一点儿，我帮你把后面的大桥也照上。 问：女的让男的做什么？	여：이곳의 경치는 정말 아름답군요, 사진 좀 찍어주세요. 남：알았어요. 약간 왼쪽으로 서 보세요, 뒤쪽의 대교(다리)도 찍어드릴게요. 질문：여자는 남자에게 무엇을 하라고 하였는가?

해설　녹음 첫 부분부터 '帮我照张相吧'라고 하면서 사진을 찍어 달라고 하는 상황이라는 것을 알 수 있다. 그리고 남자의 말에도 '(사진을) 찍다'라는 어휘인 '照'가 또 등장했으므로 정답은 A '照相'임을 쉽게 알 수 있다.

문제 4

A 填单子	B 擦桌子	A 목록을 작성하다	B 책상을 닦다
C 倒垃圾	D 去应聘	C 쓰레기를 쏟다	D 지원하러 가다

男：你再仔细看看，是不是哪儿错了？ 女：没有啊，一共五台电脑、三张办公桌，还有…… 男：不对，你把电脑和桌子的数量写反了。 女：对不起，我写错了，我再重新填一张单子吧。 问：女的接下来要做什么？	남：네가 다시 자세히 봐봐, 어디가 틀린 거야? 여：없는데, 모두 5대의 컴퓨터와 3개의 사무실 책상 그리고 …… 남：틀렸네. 네가 컴퓨터와 책상의 수량을 반대로 적었잖아. 여：미안해, 내가 잘못 썼네. 목록을 다시 작성할게. 질문：여자는 이어서 무엇을 하려고 하는가?

해설 | 남자가 '你把电脑和桌子的数量写反了'라고 하니 여자가 '我写错了，我再重新填一张单子吧'라고 말하는 것을 통해 여자가 수량을 잘못 썼고, 다시 작성하려고 한다는 것을 알 수 있다.

문제 5

| A 取签证 | B 查成绩 | A 비자를 받다 | B 성적을 검색하다 |
| C 办收入证明 | D 交申请材料 | C 수입증명을 발급하다 | D 신청자료를 제출하다 |

男：你的出国材料准备得怎么样了?	남：너의 출국자료 준비는 어떻게 돼가니?
女：差不多了，还少一个收入证明，我明天中午去银行办。	여：그럭저럭 괜찮은데 아직 수입증명 한 부가 모자라서 내일 점심 때에 은행 가서 처리하려고 해.
男：一份恐怕不够，最好多复印几份。	남：한 부로는 아마 부족할 걸. 몇 부 더 복사하면 좋을 거야.
女：我知道了，谢谢。	여：알았어, 고마워.
问：女的明天要做什么?	질문：여자는 내일 무엇을 하려고 하는가?

해설 | '出国材料'를 통해 자료준비에 대해 이야기를 나누고 있다는 것을 알 수 있다. '差不多'는 '비슷하다'라는 의미 말고도 '그럭저럭 좋아'라는 의미로도 많이 쓰인다. 그러면서 중간 부분 여자의 '少一个收入证明, 去银行办'이라는 말을 통해 여자는 수입증명을 은행에서 처리할 예정이라는 것을 알 수 있다.

문제 6

| A 教人画画儿 | B 学弹钢琴 | A 그림을 가르치다 | B 피아노 치는 것을 배우다 |
| C 出国旅行 | D 学游泳 | C 외국으로 여행 가다 | D 수영을 배우다 |

男：你今年寒假回家吗?	남：너는 올해 겨울방학에 집에 가니?
女：不回，我打算带我父母去国外旅行。	여：아니, 나는 부모님을 모시고 해외여행을 갈 계획이야.
男：好主意！可以好好放松放松，祝你寒假愉快。	남：좋은 생각이네! 잘 쉴 수 있겠네. 네 겨울방학이 즐겁길 바라.
女：谢谢，你也是。	여：고마워, 너도.
问：女的寒假打算做什么?	질문：여자는 겨울방학에 무엇을 할 계획인가?

해설 | 여자의 '带我父母去国外旅行'이라는 말을 통해 여자는 부모님과 해외여행을 가려고 한다는 것을 알 수 있다. 보기에서 관련 어휘를 찾으면 C의 '出国旅行'이 정답이다.

독해 제2부분 실전 PT 정답 ▶p.142

1. B–A–C 2. C–B–A 3. B–A–C 4. A–C–B 5. C–B–A

문제 1

A 要是去了西安而没有去那儿尝尝小吃	B 저 간식거리는 시안에서 매우 유명해. 많은 사람들이 말하길 A '만약 시안에 갔는데 거기에 가서 간식을 맛보지 못했다면 C 시안에 갔다고 말할 수 없다'고 할 정도다.
B 那条小吃街在西安很有名，很多人都说	
C 就不能说自己到过西安	

해설 | 대명사가 있는 문장은 첫 문장에 오지 않는다는 것을 기억하자. A의 '去那儿'은 B '那条小吃街'를 지칭하고 있으므로 B가 더 먼저 온다. C는 '就'로 시작하므로 첫 문장에 올 수 없어 첫 문장은 B가 된다. '시안에 가서 간식을 맛보지 못했다면 시안에 갔다고 말할 수 없다'고 해야 의미가 성립하기 때문에 A 다음에 C가 마지막으로 위치해야 한다.

문제 2

A 您可以把包放在那儿 B 入口处有专门存包的地方 C 抱歉，小姐，您的包不能带入馆内	C 죄송합니다 아가씨, 가방은 관 내로 가지고 들어갈 수 없습니다. B 입구 쪽에 전문적으로 가방을 보관하는 장소가 있으니 A 가방을 그곳에 맡기시면 됩니다.

해설 첫 문장은 어렵지 않게 C라는 것을 알 수 있다. A의 '在那儿'이 어디를 말하고 있는 것인지 찾아보면 B의 '入口处'를 지칭하는 것으로 A가 B 뒤에 와야 한다. 하나하나 해석을 하지 않고도 이처럼 간단한 방식으로 선후관계 순서를 잡을 수 있다.

문제 3

A 说他这学期的课都合格了，有几门还得了优秀 B 我孙子给我发短信了 C 一放寒假就可以回国了	B 내 손자가 나에게 문자메시지를 보내 A 말하기를 그가 이번 학기 수업에서 모두 합격했으며 몇 과목은 매우 뛰어나 C 겨울방학이 되면 바로 귀국할 수 있을 거라고 했다.

해설 A에 대명사 '他'가 있으므로 그가 누구인지 살펴보면 B의 '我孙子'라는 것을 알 수 있어 A가 B보다 뒤에 위치해야 한다. C는 '一'로 시작하고 있는 것으로 보아 첫 문장의 느낌이 아니므로 첫 문장은 B가 된다. A는 이번 학기 수업 모두 통과했다는 내용이고 C는 귀국할 수 있다는 내용으로 A가 B의 원인이 된다는 것을 알 수 있다.

문제 4

A 王大夫今年已经60多岁了 B 这跟他平时经常锻炼身体有很大关系 C 可看上去要比他的实际年龄小很多	A 왕 의사는 올해 이미 60세가 넘었는데 C 보기에 그의 실제 나이보다 어려 보인다. B 이는 그가 평소 항상 신체를 단련했던 것과 매우 관련이 있다.

해설 첫 문장은 주어 '王大夫'와 시간 '今年'이 모두 있는 A이다. C는 실제 나이보다 어려 보인다고 말하고 있으며 이에 B는 그것은 그가 자주 운동하는 것과 관계가 있다고 말하면서 자연스럽게 문장이 연결이 된다.

문제 5

A 并且还邀请我有空儿去他那儿玩儿 B 他给我留了电话号码和地址 C 我在飞机上认识了一个特别谈得来的律师	C 나는 비행기에서 말이 너무 잘 통하는 변호사를 알게 되었는데 B 그는 나에게 전화번호와 주소를 알려주었고 A 또 시간이 있으면 본인이 있는 그곳으로 놀러 오라고 초대했다.

해설 A와 B의 대명사 '他'는 C의 '律师'를 지칭하는 것이기 때문에 첫 문장은 C가 된다. 또한 C에는 주어 '我'도 있으므로 어느 것으로 보나 첫 문장이 된다. B는 변호사가 번호와 연락처를 알려줬다는 내용이고 A는 추가로 내용을 덧붙일 때 쓰는 접속사 '并且'가 나와 게다가 놀러 오라고 했다고 하고 있으므로 A가 B 뒤에서 내용을 추가하고 있음을 알 수 있다.

쓰기 제1부분 실전 PT 정답 ▶p.147

1. 今年公司的收入比去年增加了一倍。 올해 회사의 수입은 작년보다 두 배가 증가했다.
2. 我的看法跟老师的不一样。 내 생각은 선생님의 생각과 다르다./
   老师的看法跟我的不一样。 선생님의 생각은 내 생각과 다르다.
3. 餐厅的生意比过去好多了。 식당의 장사가 예전보다 훨씬 괜찮다.
4. 我的性格没有她那么活泼。 내 성격은 그녀(의 성격)만큼 그렇게 활발하지 않다.
5. 这双皮鞋的颜色比那双稍微深一些。 이 가죽신발의 색은 저것보다 다소 좀 진하다.

문제 1

| 收入 | 增加了 | 比去年 | 今年公司的 | 一倍 |

분석 收入 shōurù 명 수입 | 增加 zēngjiā 동 증가하다 | 倍 bèi 양 배, 배수, 곱절

해설 제시 어휘 중 '比'가 있으므로 '比'자 비교문을 생각하며 문장을 만들어야 한다. '比'자 비교문의 구조는 'A + 比 + B + 술어 + 보충성분'이다. 이 구조에 대입하면 어렵지 않게 비교문을 풀어낼 수 있다. 술어는 '增加了'이고, 보충성분은 수량 '一倍'가 된다.

TIP '比'자 비교문: A + 比 + B + 술어 + 보충성분(수량/一倍)

문제 2

| 我的 | 跟 | 一样 | 看法 | 老师的 | 不 |

분석 看法 kànfǎ 명 생각, 견해

해설 제시 어휘 중 '跟'이 있으므로 '跟' 비교문으로 문장을 작성해보자. '跟' 비교문의 기본구조는 'A + 跟 + B + 一样/不一样/差不多'이다. '一样'과 '不'가 떨어져 출제되었기 때문에 '不一样'으로 묶어주어야 한다. 비교문은 비슷한 것을 비교하는 문장으로 A와 B에 오는 어휘가 중복될 수 있는데 그땐 '我的看法跟老师的(看法)'처럼 생략이 가능하다.

TIP '跟' 비교문: A + 跟 + B + 一样/不一样/差不多

문제 3

| 餐厅的 | 比 | 生意 | 过去 | 好多了 |

분석 餐厅 cāntīng 명 식당 | 生意 shēngyì 명 장사, 사업 | 过去 guòqù 명 예전, 과거

해설 제시 어휘 중 '比'가 있으므로 '比'자 비교문을 만들자. 사실 제일 많이 출제되고 있는 비교문은 '比'자 비교문이므로 'A + 比 + B + 술어 + 보충성분' 구조를 잊지 말자. 술어는 '好多了'이고 '식당의 장사가 예전보다 좋다'라는 의미이므로 '餐厅的生意比过去'로 앞부분을 잡아줘야 한다.

TIP '比'자 비교문: A + 比 + B + 술어 + 보충성분(多了)

문제 4

| 没有 | 我的 | 她 | 那么 | 性格 | 活泼 |

분석 那么 nàme 대 그렇게, 저렇게 | 性格 xìnggé 명 성격 | 活泼 huópō 형 활발하다

| 해설 | 제시 어휘에 '有'와 '没有'가 있으면 비교문일 가능성을 꼭 염두에 두자. '有/没有' 비교문의 기본구조는 'A + 有/没有 + B + (这么/那么/这样/那样) + 술어'로, 그대로 대입하면 어렵지 않게 '有/没有' 비교문을 완성할 수 있다. '我的性格没有她'를 앞 부분에 위치시킨다. 술어는 '活泼'이며 보충성분 '那么'는 술어 앞에 위치하도록 만든다. |

| TIP | '有/没有' 비교문: A + 有/没有 + B + (这么/那么/这样/那样) + 술어 |

문제 5

| 稍微深 | 比那双 | 颜色 | 这双皮鞋的 | 一些 |

분석	稍微 shāowēi 부 다소, 좀	深 shēn 형 깊다, 진하다	皮鞋 píxié 명 가죽신발
해설	제시 어휘 중 '比'가 있으므로 '比'자 비교문이다. '比'자 비교문의 구조 'A + 比 + B + 술어 + 보충성분'이므로 그대로 대입한다. 술어는 '稍微深'이고 보충성분은 '一些'로 구성한다.
TIP	'比'자 비교문: A + 比 + B + 술어 + 보충성분(一些)

쓰기 제2부분 실전 PT 정답 ▶p.148

1. 这里的房租跟那里的差不多。 이곳의 임대료는 저곳과 비슷하다./
   今年的房租比去年高了两倍。 올해의 임대료는 작년보다 세 배나 올랐다.

2. 今年的考试成绩没有去年好。 올해의 시험성적은 작년만큼 좋지 않다./
   今年的考试成绩有去年那么优秀。 올해의 시험성적은 작년만큼 그렇게 우수하다.

3. 头疼比昨天更严重了。 두통이 어제보다 더 심해졌다./
   头疼跟感冒一样难受。 두통은 감기와 똑같이 괴롭다.

문제 1

房租

| 분석 | 房租 fángzū 명 집세, 임대료 |
| 해설 | 제시 어휘 '房租'는 '방세, 임대료'라는 의미의 명사 어휘로 시험에서 자주 출제되고 있으며 앞서 배운 비교문으로 다양한 문장을 만들 수 있다. 그림은 멋진 집을 보여주고 있다. '房租' 앞에 '这里的'를 붙여 '这里的房租跟那里的差不多'처럼 이곳의 방세가 저곳과 비슷한지, 아니면 다른지, 같은지 다양한 비교문의 문장을 어렵지 않게 만들 수 있다. 비교문과 같은 특수어법 문장구조를 잘 암기하고 있으면 어떤 어휘가 나와도 어렵지 않게 문장을 만들어낼 수 있다. |

문제 2

考试

분석   考试 kǎoshì 통 시험을 치다

해설   제시 어휘 '考试'는 '시험'이라는 의미의 명사 어휘이며, 그림은 학생이 시험을 보고 있는 모습이다. '考试成绩(시험성적)'로 큰 명사를 만들어 '有'자 비교문의 부정형인 '没有'를 사용하여 '今年的考试成绩没有去年好'처럼 '올해 시험성적이 작년만큼 좋지 않다'라고 하는 비교문의 부정문을 만들 수 있다. 또한 '考试成绩好(시험성적이 좋다)', '考试成绩很差(시험성적이 매우 나쁘다)', '考试成绩很优秀(시험성적이 매우 우수하다)' 등으로 다양한 문장을 만들 수 있다.

문제 3

头疼

분석   头疼 tóuténg 명 두통 통 머리가 아프다

해설   그림은 한 여자가 머리가 아픈 듯 머리를 감싸고 있다. 제시 어휘 '头疼'은 '두통/머리가 아프다'라는 의미의 명사/동사 어휘로, 함께 자주 쓰이는 어휘로 '感冒(감기 걸리다)', '咳嗽(기침하다)', '发烧(열 나다)' 등이 있고, 이중에 하나와 비교해 '头疼比感冒更难受(두통이 감기보다 더 괴롭다)'와 같이 어떤 증상이 더 힘들고 괴로운지 등의 비교문장을 만들 수 있다.

듣기 제2·3부분 실전 PT 정답   ▶p.153

| 1. D | 2. A | 3. C | 4. C | 5. D | 6. C |

문제 1

| A 很成熟 | B 很勇敢 | A 매우 성숙하다 | B 매우 용감하다 |
| C 遇事冷静 | D 可以做翻译 | C 일이 생기면 냉정하다 | D 통역을 할 수 있다 |

男：明天上午的访问还需要一个翻译，你看谁去比较合适？
女：小马吧，她就是这个专业毕业的，而且经验丰富。
问：关于小马可以知道什么？

남：내일 오전의 방문에 통역사가 한 명 필요한데, 당신이 볼 때 누가 가는 게 비교적 적합한가요?
여：샤오마이지요. 그녀는 그 전공으로 졸업했고 경험도 풍부해요.
질문：샤오마에 관해 알 수 있는 것은 무엇인가?

> 해설 남자는 통역사가 필요하다고 하였고 누가 적합한지 물었더니 여자는 샤오마가 적합하다고 말하고 있다. '翻译'는 '번역하다, 통역하다'라는 의미로 문장에서 적절하게 해석하면 된다. 질문 샤오마에 대해 알 수 있는 것은 통역사로 적합하다는 것이다.

문제 2

A 牙疼	B 困了
C 胖了	D 肚子不舒服

A 이가 아프다	B 졸리다
C 살찌다	D 배가 아프다

男：你以前不是很喜欢吃糖吗？怎么不吃了？
女：我最近牙疼，连饼干这种稍微有点儿甜的东西都不敢吃，更别说糖了。
问：女的怎么了？

남：너 예전에는 사탕 먹는 것을 매우 좋아하지 않았어? 어째서 안 먹는 거야?
여：나 요즘 이가 아파서 과자 같은 이런 조금이라도 단 것조차도 감히 먹을 수가 없어. 사탕 얘기도 꺼내지 마.
질문：여자는 어떠한가?

> 해설 남자가 여자에게 사탕을 좋아하면서 왜 먹지 않는지 물었더니 여자가 '牙疼'으로 단 것을 먹지 못한다고 하는 것으로 보아 여자는 지금 이가 아프다는 것을 알 수 있다. '连……都……'는 '~조차도 모두 ~하다'라는 의미로 '连饼干这种稍微有点儿甜的东西都不敢吃(과자 같은 이런 조금이라도 단 것초자도 감히 먹을 수가 없어)'라고 표현했다.

문제 3

A 哭了	B 没睡醒
C 没带钥匙	D 敲错门了

A 울었다	B 잠에서 깨지 못했다
C 열쇠를 가지고 오지 않았다	D 문을 잘못 두드렸다

男：喂，你在哪儿呢？我忘带钥匙了。
女：我在对面的超市，正好我买了一箱矿泉水。你来接我一下吧。
问：男的怎么了？

남：여보세요, 너 어디야? 나 열쇠 가져오는 것을 잊었어.
여：나 맞은편 슈퍼마켓에 있어. 마침 광천수 한 박스 샀는데, 와서 좀 받아줘.
질문：남자는 어떤 상황인가?

> 해설 남자가 여자에게 어디에 있는지 묻고 있으며 '我忘带钥匙了'라는 내용을 통해 열쇠를 가져 오지 않았다는 것을 알 수 있다. 나머지 보기항의 어휘들은 여자의 말에서도 언급되지 않았으니 헷갈리지 않고 정답 C '没带钥匙'를 고를 수 있다.

문제 4

A 网速慢	B 电话占线
C 网址没错	D 密码错误

A 인터넷 속도가 느리다	B 통화 중이다
C 사이트 주소가 틀리지 않았다	D 비밀번호가 잘못됐다

女：这个网站地址是不是错的？试了好几遍都打不开。
男：你把网址发过来，我试一下。
女：怎么样？你那儿能打开吗？
男：可以，速度挺快的。是不是你电脑有问题？
问：根据对话可以知道什么？

여：이 웹사이트 주소 틀린 거 아닌가? 몇 번을 시도해도 안 열리네.
남：사이트 주소를 내게 보내봐, 내가 한번 해볼게.
여：어때? 너는 열리니?
남：응, 속도도 무척 빨라. 네 컴퓨터에 문제가 있는 거 아냐?
질문：대화에서 알 수 있는 것은 무엇인가?

| 해설 | 대화가 길기 때문에 메모하는 습관을 길러야 한다. 녹음의 대화를 통해 '网站地址'에 관한 대화를 나누고 있다는 것을 알 수 있다. 녹음 첫 부분에 여자가 '这个网站地址是不是错的?'를 통해 웹사이트 주소가 틀린 것 같다는 상황을 알 수 있다. 그러나 마지막 남자의 말 '速度挺快的, 是不是你电脑有问题?'를 통해서 웹사이트 주소가 틀린 것이 아니라 네 컴퓨터에 문제가 있는 것 같다고 말하고 있는 것으로 보아 웹사이트 주소는 틀리지 않았다는 것을 알 수 있다. 내용이 길어 듣기가 어려웠다면 그래도 반복적으로 여러 번 등장한 어휘인 '网站地址'에서 힌트를 얻자. |

문제 5

| A 迷路了 | B 丢了护照 | A 길을 잃었다 | B 여권을 잃어버렸다 |
| C 没换登机牌 | D 打不开行李箱 | C 탑승권을 바꾸지 못했다 | D 트렁크가 안 열린다 |

男: 行李箱怎么打不开了?
女: 是不是密码错了?
男: 不会啊, 就是这几个数字。
女: 别着急, 你再仔细想想。
问: 男的怎么了?

남: 여행가방이 어째서 안 열리는 거지?
여: 비밀번호가 틀린 거 아니야?
남: 아닐 텐데, 바로 이 숫자인데.
여: 조급해하지 말고 다시 자세히 생각 좀 해봐.
질문: 남자는 어떤 상황인가?

| 해설 | 첫 부분에 남자의 '行李箱怎么打不开了?'라는 말을 통해 여행가방이 열리지 않는다는 것을 알 수 있다. 마지막에 여자가 '别着急, 你再仔细想想'이라며 서두르지 말고 잘 생각해보라고 하는 말을 통해 여행가방이 어떤 이유인지 열리지 않는 상황이라는 것을 알 수 있다. |

문제 6

| A 个子很高 | B 是位教授 | A 키가 매우 크다 | B 교수이다 |
| C 博士毕业了 | D 刚留学回来 | C 박사를 졸업했다 | D 막 유학을 마치고 돌아왔다 |

男: 看不出来, 你这么年轻就博士毕业了?
女: 我上学比较早, 硕士毕业后就直接读了博士。
男: 你博士读的什么专业?
女: 我学的是医学, 主要研究儿童医学。
问: 关于女的可以知道什么?

남: 못 알아봤네, 너 이렇게 어린데 벌써 박사를 졸업했다는 거야?
여: 학교를 비교적 일찍 다녀서 석사 졸업 후 바로 박사를 들어갔어.
남: 너 박사는 무슨 전공을 공부했어?
여: 내가 공부한 것은 의학이야, 주로 아동 의학을 연구해.
질문: 여자에 관해 알 수 있는 것은 무엇인가?

| 해설 | 첫 부분 '你这么年轻就博士毕业了?'라는 남자의 말을 통해 여자는 지금 박사를 졸업했다는 것을 알 수 있다. 남자가 다시 '你博士读的什么专业?'라면서 박사과정 중에 전공이 무엇인지 묻고 있는 것으로 보아 중심어휘는 '博士'이며, 여자는 박사를 졸업한 상황이라는 것을 어렵지 않게 알 수 있다. |

독해 제2부분 실전 PT 정답   ▶p.160

1. B-A-C **2.** B-A-C **3.** B-C-A **4.** B-A-C **5.** C-A-B

문제 1

A 这次的招聘会就由他来负责
B 既然大家都觉得小高合适
C 希望大家在今后的工作中也多多支持他

B 기왕에 모두 샤오까오가 적합하다고 생각한다면 A 이번 채용회는 그가 책임지겠으니 C 모두가 오늘 이후의 업무에서도 그를 많이 지지해 주기를 바란다.

| 해설 | 접속사로 문제를 쉽게 접근할 수 있다. A와 C에는 대명사 '他'가 있으므로 첫 문장이 될 수 없기 때문에 자연스럽게 B가 첫 문장에 위치한다. B에는 문제를 쉽게 접근할 수 있는 접속사 '既然'이 있다. '既然……就……'는 '이왕 ~한 바에야, 곧 ~하겠다'라고 하는 의미의 접속사로 짝꿍 '就'가 있는 A가 바로 뒤에 위치해야 한다. 남은 C는 제일 마지막에 위치한다. 이 문제는 해석을 하지 않고도 접속사와 대명사만으로 문제를 풀 수 있었다. |

문제 2

| A 但我知道肯定是哥哥来了
B 尽管还没有看到人
C 因为我在房间里已经听到了他的声音 | B 설령 사람을 보지 못했어도 A 그러나 나는 분명 오빠가 왔다는 것을 안다. C 왜냐하면 방에서 이미 그의 목소리를 들었기 때문이다. |

| 해설 | C를 보면 대명사 '他'가 있으므로 첫 문장이 될 수 없으며, A도 '但'으로 시작하여 첫 문장에 올 수 없으므로 B가 제일 앞 문장으로 위치해야 한다. B의 '尽管'은 '尽管……但……'으로 호응하며 '설령 ~할 지라도 ~하겠다'라는 의미의 접속관계를 나타내는 접속사이다. 그러므로 A가 B 뒤에 연결된다는 것을 알 수 있다. C는 자연스럽게 마지막 문장에 위치해야 한다. |

문제 3

| A 所以生意一直很不错
B 我亲戚开的那个饭馆虽然地方不大
C 但因为离火车站很近、交通很方便 | B 내 친척이 오픈 한 저 식당은 비록 규모가 크지는 않지만 C 기차역에서 매우 가깝고 교통이 편리해 A 장사가 줄곧 정말 잘 된다. |

| 해설 | 주어 '我亲戚'가 있으므로 첫 문장이다. C와 A는 '因为……所以……'로 서로 호응되는 접속사로 이루어져 있다. '~이기 때문에, 그래서 ~하다'라는 의미로 C 다음으로 A가 바로 와야 한다는 것을 알 수 있다. 이 문제도 해석을 하지 않고도 문장의 선후관계를 잡을 수 있는 문제였다. |

문제 4

| A 那您最好办一张会员卡
B 如果您经常来我们这儿理发
C 这样，一年下来可以节约不少钱 | B 만약 당신이 자주 우리한테서 머리를 한다면 A 그럼 회원카드를 발급 받는 게 가장 좋습니다. C 이렇게 하면 일년 동안 적지 않은 금액을 절약할 수 있습니다. |

| 해설 | '如果……那……'는 시험에서 매번 빠지지 않고 출제되고 있는 '만약 ~한다면, 곧 ~한다'라는 의미를 가진 가정관계 접속사이다. 그러므로 B 다음 A가 바로 온다는 것을 해석하지 않고도 알 수 있다. C의 '这样'은 '이렇다면'이라는 의미로 첫 문장에 올 수 없다. 그러므로 B와 A는 붙어있어야 하므로 C는 자연스럽게 마지막에 오게 된다. 이처럼 접속사만으로도 어렵지 않게 문장의 선후관계를 잡아 정답을 찾을 수 있었다. |

문제 5

| A 不但能看到小鱼在河里游来游去
B 还能看到河底绿绿的水草
C 这儿的河水非常干净，站在河边 | C 이곳의 강물은 매우 깨끗해 강가에 서 있으면 A 물고기가 물속에서 이리저리 헤엄치는 것을 볼 수 있을 뿐만 아니라 B 강 바닥의 푸른 수초도 볼 수 있다. |

| 해설 | '不但……还……'는 '~할 뿐만 아니라, 또 ~하다'라는 의미의 접속사이므로, 이 접속사로 A의 다음 문장으로 B가 위치한다는 것을 알 수 있다. C는 '이곳 강물이 매우 깨끗해서 강가 쪽으로 서있으면'이라는 문장으로 뒤에서 물고기도 볼 수 있고, 수초도 볼 수 있다는 문장을 이어받아야 내용이 자연스러워지기 때문에 첫 문장에 제시되어야 A와 B가 뒤를 이어 의미가 어울린다. |

쓰기 제1부분 실전 PT 정답 ▶p.166

1. 他能准确地算出数量。 그는 정확하게 수량을 계산해낼 수 있다.
2. 我把客厅收拾好了。 나는 거실을 잘 정리하였다.
3. 你们商量出解决问题的方法了吗? 너희들은 문제를 해결하는 방법을 상의해냈니?
4. 这个故事发生在上世纪末。 이 이야기는 지난 세기 말에 발생했다.
5. 我实在猜不出答案。 나는 정말로 답을 알아맞히지 못하겠다.

문제 1

| 能 | 数量 | 算出 | 准确地 | 他 |

분석 数量 shùliàng 명 수량 | 算 suàn 동 계산하다 | 准确地 zhǔnquè de 정확하게

해설 제시 어휘 중에 '算出'가 있는데 여기서 '出'는 '나오다'라는 뜻의 방향성을 나타내는 방향보어. 보어는 술어 뒤에 위치하기 때문에 '算'이 술어라는 것을 알 수 있다. 이 문제에서 중요한 것은 '准确地'로 '……地'는 '~하게'라는 의미로 술어 바로 앞에서 술어를 꾸며주는 성분이다. 술어 앞 부사어의 순서는 '부사 + 조동사 + 전치사구 + ……地'이므로 조동사 '能', 다음으로 '准确地'가 와야 한다.

TIP 주어 + [조동사/……地] + 술어 + 보어 + 목적어

문제 2

| 好了 | 客厅 | 把 | 我 | 收拾 |

분석 客厅 kètīng 명 거실 | 收拾 shōushi 동 청소하다

해설 제시 어휘 중에 '好了'는 '잘 ~하다'라는 의미의 결과보어로 술어 뒤에서 '술어를 잘했다'라는 표현을 만든다. 따라서 '收拾好了'는 '정리를 잘했다'라는 의미이다. 여기서 목적어는 '客厅'이므로 '收拾好了'의 뒤에 위치해야 한다. 그러나 이 문제에서는 중요한 어휘가 있는데 바로 '把'이다. 이는 '~을/를'이라고 하는 전치사로 목적어를 술어 앞으로 가져와 처리를 강조할 때 쓰인다. 따라서 '把' 뒤에는 명사가 붙어 술어 앞에 와야 한다. 그러므로 여기서는 목적어 '客厅'은 술어 뒤에 위치하는 것이 아니라 '把客厅'으로 묶여 전치사구 위치인 술어 앞으로 이동해야 한다.

TIP 주어 + [把 + 목적어] + 술어 + 보어

문제 3

| 方法了吗 | 商量出 | 你们 | 解决问题的 |

분석 方法 fāngfǎ 명 방법 | 商量 shāngliang 동 상의하다 | 解决 jiějué 동 해결하다

해설 제시 어휘 중에 '出'는 방향성을 나타내는 방향보어로 술어 뒤에 위치한다. '解决问题的'에는 구조조사 '……的'가 있는 관형어로 어울리는 명사성 성분을 찾아 그 앞에 위치시켜야 하는데 '문제를 해결하는 방법'이 어울리므로 '方法了吗'의 앞에 위치해야 한다.

TIP 주어 + 술어 + 보어 + [관형어] + 목적어

문제 4

| 发生在 | 这个故事 | 上世纪末 |

분석 发生 fāshēng 동 발생하다, 벌어지다 | 故事 gùshi 명 이야기 | 上世纪末 shàng shìjì mò 지난 세기 말

| 해설 | 주어는 '这个故事', 술어는 '발생하다'라는 의미의 동사 '发生'이다. 술어 뒤에 '在'가 붙어있는 것으로 보아, 이는 보어라는 것을 알 수 있으며 술어 뒤에서 발생한 시기를 보충해주는 결과보어 중 하나이다. '在' 뒤에는 명사성 어휘가 와야 하기 때문에 '在上世纪末'로 문장의 뒷부분을 완성시킨다.

TIP 주어 + 发生 + 보어 在 + 보충성분

문제 5

答案　　实在　　我　　猜不出

| 분석 | 答案 dá'àn 명 답안 | 实在 shízài 부 정말로 | 猜不出 cāibuchū 알아맞힐 수 없다

| 해설 | 주어는 '我'이고 '猜不出'는 술어 '猜'와 방향보어 '出' 사이에 부정부사 '不'가 있는 것으로 보아 '~할 수 없다'라는 의미의 가능보어의 부정형임을 알 수 있다. 목적어는 명사 '答案'이다. 여기서 중요한 어휘는 '实在'로 '정말로'라는 의미의 부사이므로 술어 앞에 위치해야 한다.

TIP 주어 + [부사] + 술어 + 보어 + 목적어

쓰기 제2부분 실전 PT 정답　　▶p.167

1. 我想不起来信用卡的密码。 나는 신용카드의 비밀번호가 생각이 나지 않는다./
   她拿出来了妈妈的信用卡，可不知道密码是多少。
   그녀는 엄마의 신용카드를 가지고 왔으나 비밀번호가 몇 번인지 모른다.

2. 我男朋友买来了这朵花。 내 남자친구가 이 꽃을 사왔다./
   这朵花我买得很好。 나는 이 꽃을 잘 샀다.

3. 她一个人吃光了那个小吃。 그녀 혼자서 저 간식을 싹 다 먹어치웠다./
   我实在吃不下这个小吃。 나는 정말 이 간식을 먹을 수가 없다.

문제 1

密码

| 분석 | 密码 mìmǎ 명 비밀번호

| 해설 | 그림은 은행 ATM 기기에 카드를 넣고 있는 모습이다. 제시 어휘 '密码'는 '비밀번호'라는 의미의 명사 어휘로, '信用卡的密码(신용카드의 비밀번호)', '银行卡的密码(은행카드의 비밀번호)' 등으로 표현할 수 있다. '비밀번호'라는 어휘는 '생각이 안 난다'라는 의미의 '想不起来'와 함께 자주 쓰여, '我想不起来信用卡的密码(신용카드의 비밀번호가 생각나지 않는다)', '我想不起来银行卡的密码(은행카드의 비밀번호가 생각나지 않는다)'라고 표현할 수 있다.

문제 2

朵

분석 | 朵 duǒ [양] 송이 [꽃 등을 세는 양사]

해설 | 그림에는 예쁜 꽃다발이 하나 있다. 제시 어휘 '朵'는 꽃을 세는 양사로 '一朵花(한 송이의 꽃)'라고 표현한다. '남자친구에게 꽃을 받았다'는 의미의 문장을 만들기 위해 방향보어 '来'를 사용해 '사오다'라는 표현 '买来了'를 만들어 '我男朋友买来了这朵花(내 남자친구가 이 꽃을 사왔다)'라고 표현할 수 있다. 술어 '买' 뒤에 방향보어 '来'를 넣으면 '사오다'라는 방향성이 더해져 문장이 더 정확해진다.

문제 3

小吃

분석 | 小吃 xiǎochī [명] 간식

해설 | 그림은 핫도그 등 간식이 놓여 있는 모습이다. 제시 어휘 '小吃'는 '간식'이라는 의미의 명사 어휘로, 음식 명사에는 동사 '吃'를 사용한다. 술어 뒤에 결과보어 '술어 + 好了(잘 ~하다)', '술어 + 光了(싹 다 ~하다)' 등을 사용하여 '我吃光了这个小吃(나는 이 간식을 싹 다 먹어치웠다)'라고 표현할 수 있다. 혹은 음식 어휘가 출제되면 가능보어 중에 '배불러서 먹을 수 없다'라는 의미의 '吃不下'를 사용해 문장을 만들 수 있다.

듣기 제2·3부분 실전 PT 정답						▶p.172
1. D	2. D	3. C	4. C	5. B	6. B	

문제 1

A 他们在客厅 B 女的在借钱 C 男的没带钱 D 男的想刷卡	A 그들은 거실에 있다 B 여자는 돈을 빌리고 있다 C 남자는 돈을 가지고 오지 않았다 D 남자는 카드로 결제하고 싶어한다
女：一共40块钱，您付现金还是刷卡？ 男：我的零钱不够，还是刷卡吧。 问：根据对话下列哪个正确？	여：모두 40위안입니다. 현금으로 지불하시겠습니까 아니면 카드로 하시겠습니까? 남：제가 잔돈이 모자라니 카드로 하죠. 질문：대화를 근거로 아래 보기에서 정확한 것은 무엇인가?

해설 듣기는 녹음에서 나온 내용이 그대로 정답이 되는 경우가 많기 때문에 녹음에 나왔던 어휘를 놓치지 말고 체크해야 한다. 여자가 '付现金还是刷卡'라고 물었고 남자는 잔돈이 부족하니 '刷卡'라는 방법으로 결제를 하겠다고 말하고 있다. 여기서 주의할 점은 보기 C이다. '没带钱(돈을 가지고 오지 않았다)'은 '零钱不够(잔돈이 부족하다)'라고 한 부분 때문에 정답이 될 수 없다. 따라서 정답은 D가 된다.

문제 2

A 破了　　　　B 很旧 C 是空的　　　D 里面有盘子	A 깨졌다　　　　B 매우 오래됐다 C 비어있다　　　D 안에는 쟁반이 있다
男：盒子里面是什么？还挺重的。 女：是我从网上买的盘子和勺子，你小心点儿。 问：关于那个盒子下列哪个正确？	남：상자 안에 뭐가 있는 거야? 굉장히 무겁네. 여：내가 인터넷에서 구매한 쟁반과 수저야, 조심해. 질문：저 상자에 관해 보기에서 정확한 것은 무엇인가?

해설 상자 안에 있는 것이 무엇이냐고 묻는 남자의 질문에 여자는 '从网上买的盘子和勺子'라고 말하고 있는 것으로 보아 상자 안에는 '盘子(쟁반)'와 '勺子(수저)'가 있다는 것을 알 수 있다. 정답은 D이다.

문제 3

A 口渴了　　　B 没睡醒 C 觉得很热　　D 想关空调	A 목마르다　　　　B 잠에서 깨지 못했다 C 굉장히 덥다고 느낀다　D 에어컨을 끄고 싶다
男：开一下窗户吧，热得我有点儿受不了了。 女：是你穿得太多了，把外面那件衣服脱了吧。 问：关于男的下列哪个正确？	남：창문 좀 열어 줘, 나 더워서 조금도 참을 수가 없어. 여：너 옷을 너무 많이 입어서 그래, 겉에 그 옷을 벗어. 질문：남자에 관해 보기에서 정확한 것은 무엇인가?

해설 남자는 창문을 열어달라고 말하면서 덥다는 표현을 '热得我有点儿受不了了'라고 말하고 있다. '热(덥다)'라는 어휘는 어렵지 않게 들을 수 있었으므로 남자는 지금 굉장히 더운 상태라는 것을 짐작할 수 있다. 정답은 C가 된다.

문제 4

A 没起床　　　B 写完作业了 C 在做题　　　D 戴着眼镜	A 일어나지 못했다　B 숙제를 다했다 C 문제를 풀고 있다　D 안경을 착용하고 있다

女: 两个之间的距离是多少公里？做出来了吗？
男: 我还是没明白怎么做这个题。
女: 别着急，我再给你讲一遍。
男: 谢谢您。
问: 关于男的，下列哪个正确？

여: 두 개 사이의 거리가 몇 킬로미터야? 풀 수 있겠니?
남: 저는 아직도 이 문제를 어떻게 풀어야 하는지 잘 모르겠어요.
여: 조급해할 필요 없어, 내가 다시 너에게 알려줄게.
남: 감사합니다.
질문: 남자에 관해 보기에서 정확한 것은 무엇인가?

해설 여자가 남자에게 문제를 풀 수 있는지 물어보는 상황에서 남자는 '没明白怎么做这个题'라고 말하고 있다. 문제를 푸는 방법을 이해하지 못하고 있는 상황이라는 것을 알 수 있다. 남자의 '做这个题'라는 표현을 통해 문제를 풀고 있다는 것을 짐작할 수 있기에 정답은 C이다.

문제 5

A 签证有问题　　B 要赶飞机
C 要去聚会　　　D 登机牌丢了

A 비자에 문제가 있다　　B 비행기를 타야 한다
C 모임에 가야 한다　　　D 탑승권을 잃어버렸다

女: 师傅，麻烦您开快点儿，我要赶9点的飞机。
男: 按照现在的速度，肯定能赶上，您就放心吧。
女: 大概还要多久？
男: 从这里到机场的距离就三十几公里，最多半个小时。
问: 关于女的，下列哪个正确？

여: 기사님, 죄송한데 조금만 빨리 부탁 드립니다. 저는 9시 비행기를 타야 해요.
남: 지금 속도면 확실히 갈 수 있습니다. 걱정 마세요.
여: 대략 얼마나 걸릴까요?
남: 여기서 공항까지의 거리가 30여 킬로미터로 최대 30분 정도 걸립니다.
질문: 여자에 관해 보기에서 정확한 것은 무엇인가?

해설 여자가 첫 부분에 '我要赶9点的飞机'라고 말하는 부분을 통해 여자는 지금 9시의 비행기를 타야 한다는 것을 알 수 있다. '赶'은 '따라잡다'라는 의미의 어휘로 급하게 시간에 쫓겨 빨리 따라잡아야 하는 느낌을 준다. 그러므로 '赶飞机'는 시간에 맞춰 빨리 비행기를 타야 한다는 의미라는 것을 알 수 있다. 그러므로 비행기를 타야 한다는 B가 정답이 된다.

문제 6

A 很得意　　　B 缺少锻炼
C 想吃西瓜　　D 把裤子弄脏了

A 매우 만족한다　　B 운동이 부족하다
C 수박이 먹고 싶다　D 바지를 더럽혔다

女: 在这儿稍微休息一下吧，我没力气爬了。
男: 一看就知道你不经常锻炼。
女: 是，我好久没运动了，有点儿受不了。
男: 那你先坐会儿，我去那边买两瓶水。
问: 关于女的，下列哪个正确？

여: 여기서 잠깐만 쉬자. 나 오를 힘이 없어.
남: 딱 보면 네가 자주 운동을 하지 않는다는 것을 알겠어.
여: 맞아, 나 오랫동안 운동을 안 했더니 좀 힘들어.
남: 그럼 너 먼저 잠시 앉아있어, 내가 저쪽에서 물을 두 병 사 올게.
질문: 여자에 관해 보기에서 정확한 것은 무엇인가?

해설 첫 부분의 '我没力气爬了'라는 여자의 말을 통해 여자는 지금 등산을 하고 있다는 것을 알 수 있다. '爬'는 '爬山'의 줄임 표현으로 '등산하다'라는 의미의 어휘이다. 이에 남자는 '知道你不经常锻炼'이라고 말하면서 자주 운동을 하지 않은 것 같다고 하였고 여자는 또 다시 '好久没运动'이라고 대답하면서 여자는 자주 운동을 하지 않아 힘들다는 것을 대화를 통해 계속해서 언급하고 있다. 녹음에서 '爬', '不经常锻炼', '没运动' 등 운동과 관련된 어휘를 어렵지 않게 들을 수 있다. 이를 통해 여자는 등산할 힘이 없을 정도로 운동을 하지 않는다는 것을 알 수 있으므로 정답은 B이다. 같은 의미의 어휘가 여러 번 반복되었지만 빠르게 지나가면 놓칠 수 있다. 반드시 들리는 단어를 집중하고 체크하면서 녹음을 들어야 한다.

독해 제2부분 실전 PT 정답 ▶p.176

1. C-A-B　**2.** B-C-A　**3.** B-C-A　**4.** C-B-A　**5.** C-A-B

문제 1

A 相反，做自己不喜欢的事 B 即使再简单也会觉得很累 C 做自己喜欢的事，即使再困难，也不会觉得辛苦	C 자기가 좋아하는 일을 하면, 설령 어려워도 고생이라고 느끼지 않지만 A 반대로 자기가 싫어하는 일을 하면 B 설령 간단하더라도 매우 피곤하다고 느낀다.

해설　A의 '相反'은 '반대로'라는 의미로 첫 문장에 올 수 없다. 그러나 A를 해석해보면 '반대로 자기가 좋아하지 않는 일을 한다면'이라는 의미로 이 문장 앞 '자기가 좋아하는 일을 하면'이라는 반대되는 내용의 문장이 와야 한다. 그러므로 A 앞은 C가 된다. 또한 A에서 끝이 난다면 '좋아하지 않는 일을 한다면'에 대한 가정만 있을 뿐 결과가 없기 때문에 뒤에 보충문장이 와야 한다. 그러므로 정답은 어렵지 않게 C-A-B가 된다.

문제 2

A 带来一天的好心情 B 一个笑话 C 也许就能带走我们的烦恼	B 농담은 C 아마도 우리들의 고민을 가지고 가고 A 하루의 좋은 마음을 가지고 올 수 있을 것이다.

해설　첫 문장은 '一个笑话'이다. 그리고 C와 A를 자세히 보면 비슷한 구조라는 것을 알 수 있다. C는 '带走我们的烦恼(우리의 고민을 가지고 간다)'이고, A는 '带来一天的好心情(하루의 좋은 마음을 가지고 온다)'으로 문장의 구조가 비슷하다는 것을 알 수 있다. 문장의 패턴이 유사하면 이어서 나란히 나올 가능성이 크다고 하였다. 그러므로 C와 A는 나란히 위치할 가능성이 크다. 그러나 C의 앞에 '也许就能……(아마도 ~할 수 있다)'이라는 표현이 있는 것으로 보아 '아마도 우리의 고민을 가지고 가고, 하루의 좋은 마음도 가지고 올 수 있을 것이다'라는 표현으로 C가 A 끝까지 다 받고 있다는 것을 알 수 있다. 그러므로 첫 문장은 B이고, C는 A까지 묶인다는 것을 알 수 있다.

문제 3

A 在原有的基础上，增加了一部分文化交流的内容 B 王校长，根据您的要求 C 我把这篇报道稍微改了一下	B 왕 교장선생님, 당신의 요구에 따라, C 제가 이 한 편의 보도를 좀 고쳐봤습니다. A 원래 있던 기초 위에 일부 문화교류의 내용을 추가하였습니다.

해설　주어 '王校长'이 있는 B가 첫 문장이 된다. A는 '增加了一部分文化交流的内容'이라는 표현을 통해 구체적으로 어떤 부분을 수정하였는지 설명하고 있다면 C는 '稍微改了一下'라는 표현으로 수정을 진행한다고 말하고 있다. 문장의 순서는 포괄적인 내용에서 구체적인 내용으로 배열이 되기 때문에 수정을 한다는 포괄적인 표현인 C가 먼저 오고, 어디를 어떻게 수정할 것인지 구체적으로 말하고 있는 A가 그 뒤를 이어야 한다.

문제 4

A 后来这成了一个笑话，大家经常拿来开玩笑 B 飞机起飞时，我一直抱着前面的椅子不放 C 我第一次乘坐飞机的时候心里害怕极了	C 내가 처음 비행기를 탔을 때에는 마음속으로 너무 무서웠다. B 비행기가 이륙할 때, 나는 계속 앞의 의자를 잡고 놓지 못했는데 A 이후에 이는 웃긴 이야기가 되어 모두가 자주 농담으로 꺼내곤 한다.

해설　시간의 흐름에 따라 문장의 순서를 어렵지 않게 잡을 수 있는 문제이다. '我第一次乘坐飞机的时候(내가 처음 비행기를 탔을 때)' → '飞机起飞时(비행기가 이륙할 때)' → '后来(이후에)'의 순서로 이 문장의 선후관계를 잡을 수 있다.

문제 5

| A 人就容易梦到什么内容
B 例如，一个人脚冷时就可能会梦见在雪地里行走
C 晚上睡觉时，身体感觉到什么 | C 저녁에 잠을 잘 때, 몸에서 무엇인가를 느끼면 A 사람은 쉽게 그 내용을 꿈으로 꾼다. B 예를 들어 한 사람이 (잠을 잘 때) 다리가 춥다고 느끼면, 설원 위를 걷고 있는 꿈을 꿀 가능성이 있다. |

해설 시간 표현이 있는 C가 첫 문장이 된다. 그리고 C와 A를 자세히 보면 문장의 구조가 유사하다는 것을 알 수 있는데, 예를 들어 C는 '感觉到什么', A는 '梦到什么'로 두 문장이 같은 패턴을 보이고 있음을 알 수 있다. 이런 문장은 연달아 올 가능성이 있다. 그러므로 첫 문장은 C, C와 유사한 문장이 A이므로 C 뒤에 바로 A가 오고, 자연스럽게 B가 마지막 문장으로 오게 된다. 해석을 하지 않고도 문장의 패턴을 파악한다면 정답을 쉽게 찾을 수 있었다.

쓰기 제1부분 실전 PT 정답

▶ p.181

1. 他的普通话说得不太标准。 그의 표준어는 그다지 정확하지 않다.
2. 这次调查进行了三个月左右。 이번 조사는 3개월 가량 진행되었다.
3. 她咳嗽得十分厉害。 그녀는 기침하는 정도가 매우 심하다(심하게 기침한다).
4. 我把回国的时间推迟了两个半小时。 나는 귀국시간을 두 시간 반 미뤘다.
5. 他的动作做得很标准。 그의 동작은 매우 표준적이다.

문제 1

| 普通话 | 他的 | 不太标准 | 说得 |

분석 普通话 pǔtōnghuà 몡 (중국 언어의) 표준어 | 标准 biāozhǔn 혱 표준이다

해설 제시 어휘 중에 '得'가 있으면 99%는 정도보어이다. 정도보어의 기본 순서는 '주어 + (술어) + 목적어 + 술어 + 得 + ……'이다. 그러나 4급 시험에서 정도보어가 출제되면 90% 이상이 목적어가 없는 형태로 출제된다. 그래서 정도보어라는 판단이 선다면 목적어가 없는 '주어 + 술어 + 得 + ……'의 패턴으로 먼저 문장을 배열해보자. 주어는 '他的普通话', '술어 + 得'는 '说得', 나머지는 '得' 뒤에 위치시키면 된다. 이 문제는 목적어가 없는 정도보어 문장을 만들면 된다.

TIP 주어 + 술어 + 得 + 정도보어

문제 2

| 调查 | 这次 | 三个月左右 | 进行了 |

분석 调查 diàochá 몡 조사 | 左右 zuǒyòu 몡 가량, 안팎 | 进行 jìnxíng 동 진행하다

해설 '三个月左右'는 '3개월 가량'이라는 의미로 시간의 양을 나타낸다. 그러므로 이 문제는 시간의 양, 즉 '시량보어'를 묻는 문제이다. 시량보어의 기본구조는 '주어 + 술어 + 시량보어(+ 목적어)'이다. 구조에 대입해보면 주어는 '这次调查', 술어는 '进行了'이며 시간의 양을 나타내는 시량보어 '三个月左右'는 술어 뒤에 위치한다. 복석어는 제시되지 않았다.

TIP 주어 + 술어 + 시량보어 (+ 목적어)

문제 3

| 得 | 她 | 十分 | 咳嗽 | 厉害 |

- **분석** 十分 shífēn [부] 매우, 아주 | 咳嗽 késou [동] 기침하다 | 厉害 lìhai [형] 대단하다, 심하다
- **해설** 제시 어휘 중 '得'가 있는 것으로 보아 이 문제는 정도보어를 묻는 문제이다. 주어는 '她', 술어는 '咳嗽', 술어 뒤에 '得'가 와야 하기 때문에 '咳嗽得'로 묶는다. 남은 두 어휘는 순서대로 마지막에 위치한다.
- **TIP** 주어 + 술어 + 得 + 정도보어

문제 4

| 把 | 我 | 回国的时间 | 两个半小时 | 推迟了 |

- **분석** 回国 huíguó [동] 귀국하다 | 推迟 tuīchí [동] 미루다, 연기하다
- **해설** '两个半小时'는 '두 시간 반'이라는 의미로 시간의 양을 나타낸다. 그러므로 이 문제는 시간의 양 즉 '시량보어'를 묻는 문제이다. 시량보어의 기본구조는 '주어 + 술어 + 시량보어(+ 목적어)'이다. 구조에 대입해보면 주어는 '我', 술어는 '推迟了', 시간의 양을 나타내는 시량보어 '两个半小时'는 술어 뒤에 위치한다. 그리고 목적어는 '回国的时间'이 된다. 그러나 이 문제는 '把'라는 어휘가 있다. '把'는 '~을/를'이라는 의미의 전치사로 목적어를 술어 앞으로 가져와 처치를 강조한다. 전치사는 혼자 쓰이지 않고 반드시 뒤에 명사성 성분이 붙어 전치사구를 만들어야 한다. 그러므로 명사성 성분인 목적어 '回国的时间'이 '把'와 함께 '把回国的时间'이라는 전치사구를 만들어 술어 앞으로 와야 한다.
- **TIP** 주어 + [把 + 목적어] + 술어 + 시량보어

문제 5

| 很标准 | 动作 | 做 | 他的 | 得 |

- **분석** 标准 biāozhǔn [형] 표준이다 | 动作 dòngzuò [명] 동작
- **해설** 제시 어휘에 '得'가 있는 것으로 보아 정도보어 문제이다. 목적어가 없는 경우, 기본구조 '주어 + 술어 + 得 + 정도보어'의 순서대로 문장을 배열하면 어렵지 않게 완벽한 정도보어 문장을 만들 수 있다.
- **TIP** 주어 + 술어 + 得 + 정도보어

쓰기 제2부분 실전 PT 정답 ▶p.182

1. 这次足球赛赢得很漂亮。 이번 축구시합은 매우 멋지게 이겼다./
   我们队在今年足球赛赢了很多次。 우리 팀이 올해 축구시합에서 여러 번 이겼다.

2. 她网球打得很厉害。 그녀는 테니스 치는 정도가 매우 대단하다(테니스를 굉장히 잘 친다)./
   她打了三个小时(的)网球。 그녀는 세 시간 동안 테니스를 쳤다.

3. 他汗出得很多。 그는 땀을 심하게 흘린다./
   运动之后,他汗出得很厉害。 운동한 직후, 그는 땀을 매우 심하게 흘린다.

문제 1

赢

분석 赢 yíng 동 이기다, 승리하다

해설 그림은 시합의 승리를 상징하는 트로피가 나와있다. 제시 어휘 '赢'은 '이기다'라는 의미의 동사 어휘로 '시합, 경기 등을 이겼다'라는 표현에 많이 쓰인다. '赢得……(이긴 정도가 ~하다)'라는 정도보어를 이용해 문장을 만들 수 있는데, '这次足球赛赢得很漂亮(이번 축구경기는 매우 멋지게 이겼다)'이라는 표현을 만들 수도 있다. '赢' 뒤에 동량보어를 넣어 '赢了三次(세 번 이겼다)'와 같이 몇 번을 이겼는지 동작의 횟수, 즉 동량보어를 이용해 문장을 만들 수도 있다.

문제 2

网球

분석 网球 wǎngqiú 명 테니스

해설 제시 어휘 '网球'는 '테니스'라는 의미의 명사 어휘로 '打(치다)'를 동사로 받는다. 그림에서 여성의 테니스 치는 모습이 멋져 보이므로 테니스를 잘 친다는 문장을 정도보어 '得'를 사용해 만들 수 있다. 정도보어의 기본어순인 '주어 + (술어) + 목적어 + 술어 + 得 + 정도보어' 구조로 문장을 만들어보면, '她网球打得很厉害'라고 표현할 수 있다. 또한 동사 '打' 뒤에 시량보어를 넣어 '打了一个小时(的)网球(한 시간 동안 테니스를 쳤다)'와 같이 테니스를 몇 시간 동안 쳤는지를 표현할 수도 있다.

문제 3

汗

분석 汗 hàn 명 땀

해설 제시 어휘 '汗'은 '땀'이라는 의미의 명사 어휘로 '出(흐르다)'를 동사로 받아 '出汗(땀나다)'이라고 표현한다. 그림은 운동한 후 땀이 흐르는 모습이므로, '锻炼身体后(신체단련 후)', '运动以后(운동 후)'라는 문장을 전제로 넣어줄 수 있다. 그리고 '……得很厉害(심하게 ~하다)', '……得很(매우 ~하다)'이라는 고정 정도보어 구조에 대입하여 '심하게 땀이 난다'라는 '汗出得很厉害'의 표현을 만들 수도 있다.

듣기 제2·3부분 실전 PT 정답 ▶p.187

| 1. B | 2. A | 3. D | 4. A | 5. C | 6. C |

문제 1

| A 破了 | B 很暖和 | A 파손되었다 | B 매우 따뜻하다 |
| C 非常冷 | D 特别安静 | C 매우 춥다 | D 특히 조용하다 |

女：叔叔，您觉得热就把大衣脱了吧。我给您挂起来。
男：好的，房间里是挺暖和的。开空调啦？
问：男的觉得房间里怎么样?

여: 삼촌, 더우시면 외투를 벗으세요. 제가 걸어 드릴게요.
남: 알았어. 방 안이 굉장히 따뜻하네. 에어컨 켤까?
질문: 남자는 방 안이 어떠하다고 생각하는가?

해설 남자가 '房间里是挺暖和的'라고 했으므로, '매우 따뜻하다'라는 의미의 '很暖和', B가 정답이다. 보기에서 들린 어휘가 그대로 보기에 나와 쉽게 답을 고를 수 있다.

문제 2

| A 5月 | B 6月 | A 5월 | B 6월 |
| C 11月 | D 12月 | C 11월 | D 12월 |

女：你们今天讨论得怎么样？有结果吗？
男：大家都同意把招聘会推迟到5月12号。
问：大家希望什么时候举行招聘会？

여: 너희 오늘 토론 어땠어? 결과가 있니?
남: 모두가 다 채용회를 5월 12일로 연기하는 것에 동의했어.
질문: 모두가 언제 채용회를 개최하길 희망하는가?

해설 보기 4개가 모두 숫자를 제시하고 있으므로 녹음에서 숫자 부분에 주의한다. '把招聘会推迟到5月12号'라고 하는 부분에서 채용회는 5월에 열린다는 것을 알 수 있으므로 정답은 A이다.

문제 3

| A 无聊 | B 很有名 | A 재미없다 | B 매우 유명하다 |
| C 翻译得不对 | D 太厚 | C 번역이 틀렸다 | D 너무 두껍다 |

男：这本小说这么厚，什么时候才能看完呢？
女：每天晚上看十几页，差不多一个月就可以看完。
问：男的认为这本书怎么样？

남: 이 소설은 이렇게 두꺼운데 언제 다 읽을 수 있을까?
여: 매일 저녁 열 몇 페이지씩 본다면 거의 한 달이면 다 볼 수 있을 거야.
질문: 남자는 이 소설이 어떠하다고 생각하는가?

해설 남자가 말한 '这本小说这么厚(이 소설은 이렇게 두꺼운데)'라는 부분 뒤로 '什么时候才能看完呢？(언제 다 읽을 수 있을까?)'라는 내용이 이어지므로 남자는 이 소설이 두껍다고 여긴다는 D가 정답이다.

문제 4

| A 空气湿润 | B 冬天最美 | A 공기가 촉촉하다 | B 겨울이 가장 아름답다 |
| C 适合爬山 | D 经济发展快 | C 등산하기 적합하다 | D 경제 발전이 빠르다 |

男：你去丽江玩儿了？
女：是的。丽江空气湿润，自然风景很美。
男：我寒假也想去那儿看看。
女：其实它最美的季节是春天和秋天。
问：女的认为丽江怎么样？

남：너 리장으로 놀러 갔었어?
여：응. 리장은 공기가 촉촉하고 자연풍경이 정말 아름다워.
남：나도 겨울방학에 거기로 한번 구경하러 가고 싶다.
여：사실 그곳의 가장 아름다운 계절은 봄과 가을이야.
질문：여자는 리장이 어떠하다고 생각하는가?

해설 여자가 '丽江空气湿润, 自然风景很美'라고 말하는 부분을 통해 리장은 공기도 촉촉하고 자연풍경도 정말 아름답다는 것을 알 수 있으므로 정답은 A이다.

문제 5

| A 今天 | B 月底 | A 오늘 | B 월말 |
| C 星期六 | D 明天早上 | C 토요일 | D 내일 오전 |

女：你最近忙吗？哪天有空？
男：干什么？又想让我陪你去逛街呀？
女：咱家的冰箱太旧了，制冷效果不好，我想买个新的。
男：那十七号吧，这个周六我和你去商场看看。
问：男的哪天有空？

여：너 요즘 바빠? 언제 시간 돼?
남：무슨 일인데? 또 내가 너를 데리고 쇼핑하러 가길 바라니?
여：우리 집 냉장고가 너무 오래돼서 냉각효과가 좋지 않아. 나는 새로운 것을 사고 싶어.
남：그럼 17일에 가자. 이번 주 토요일에 내가 너와 같이 상점에 가서 한번 봐줄게.
질문：남자는 언제 시간이 있는가?

해설 제시된 4개의 보기가 모두 시간 표현이라 녹음 내용에서도 시간을 확인해야 한다는 것을 알 수 있다. 마지막에 남자가 '这个周六我和你去商场看看'이라고 말하는 것으로 보아 남자는 이번 주 토요일에 시간이 빈다는 것을 알 수 있으므로 정답은 C가 된다.

문제 6

| A 可爱 | B 不漂亮 | A 귀엽다 | B 예쁘지 않다 |
| C 该换了 | D 颜色不好 | C 교환해야 한다 | D 색이 별로이다 |

女：厨房里的这个灯太暗了。
男：是，以前不觉得，你现在一说，我也觉得确实挺暗的。
女：那有时间换一个亮点儿的吧。
男：这个容易，我今天下班顺便去超市买一个。
问：他们觉得厨房的灯怎么样？

여：주방의 이 등 너무 어둡네.
남：그러네. 이전에는 몰랐는데 네가 지금 말하니 나도 확실히 어둡다고 느껴지네.
여：그럼 시간 있을 때 조금 밝은 것으로 바꾸자.
남：그거야 쉽지. 내가 오늘 퇴근 후에 슈퍼에 가는 김에 하나 사야겠다.
질문：그들은 주방의 등이 어떠하다고 생각하는가?

해설 '这个灯太暗了'라고 말하면서 '那有时间换一个亮点儿的吧'라고 말하는 부분을 통해 주방의 등이 어두워서 밝은 것으로 바꾸는 게 좋겠다고 이야기하고 있음을 알 수 있다. 그러므로 주방의 등은 어떠하냐는 질문에 정답이 될 수 있는 것은 '어둡다' 혹은 '바꿔야 한다'가 되므로, C가 정답이다.

독해 제2부분 실전 PT 정답 ▶p.191

1. B-C-A **2.** A-B-C **3.** A-C-B **4.** B-C-A **5.** B-C-A

문제 1

A 因为他们看起来更成熟 B 调查结果告诉我们 C 结了婚的人更容易获得好工作	B 조사결과가 우리에게 알려주길 C 결혼한 사람이 더 쉽게 좋은 직장을 얻는다고 하였는데 A 왜냐하면 그들이 더 성숙해 보이기 때문이다.

해설 A에서 말하는 '他们'은 C의 '结了婚的人'을 말하므로 C가 먼저 위치해야 한다. B의 '调查结果告诉我们'이라는 표현은 '지금부터 조사한 결과를 말하겠다'라는 표현으로 문장 맨 앞에 잘 오는 표현이다. 그러므로 B가 첫 문장에 와야 하고, C 다음 문장으로 A가 온다.

문제 2

A 我本来以为我妹妹会反对我读博士 B 没想到她竟然支持我 C 这真的让我很吃惊	A 나는 내 여동생이 내가 박사공부하는 것을 반대할 거라고 생각했는데 B 생각지도 못하게 그녀는 뜻밖에도 나를 지지해 주었다. C 이것은 정말 나를 너무 놀라게 했다.

해설 C를 보면 '这真的让我很吃惊'이라는 표현을 통해 무엇이 나를 놀라게 했는지 앞 문장에서 제시되어야 한다는 것을 알 수 있다. A에서 박사공부를 반대할 것이라 생각했는데 B에서 생각지도 못하게 지지해 주었기 때문에 C에서 이것이 나를 놀라게 했다는 내용으로, 원인과 결과에 따라 문장을 어렵지 않게 나열할 수 있다.

문제 3

A 昨天下午的会议上 B 马教授他们不得不放弃了这个计划 C 超过半数的代表都表示反对	A 어제 오후의 회의에서 C 대표들 반 이상이 모두 반대를 표시하여 B 마 교수 쪽 그들은 어쩔 수 없이 이 계획을 포기하였다.

해설 A에 시간 표현인 '昨天下午的会议上'이 있는 것으로 보아 첫 문장이 유력하다. B는 '어쩔 수 없이 포기했다'는 내용이고 C는 '대표자들이 반대를 표시했다'는 내용이다. 두 문장을 보면 반대를 했기 때문에 어쩔 수 없이 포기한 상황으로 전개되어야 하므로 C 다음으로 B가 마지막으로 와야 한다.

문제 4

A 请您查收一下 B 喂，蓝律师，您好 C 您要的那些证明材料，我已经给您传真过去了	B 여보세요, 란 변호사님, 안녕하세요? C 당신이 요구한 그 증명자료들을 제가 이미 당신의 팩스로 보내놓았으니 A 당신이 한번 확인해주시기 바랍니다.

해설 주어 '蓝律师'가 있는 것을 통해 B가 첫 문장임을 알 수 있다. A는 '당신이 한번 확인해주시기 바랍니다'라는 의미의 문장이며, C는 자료를 팩스로 보냈다는 내용이다. 의미의 선후관계를 살펴보면, 팩스를 보내야 확인이 가능하기 때문에 C 다음으로 A가 와야지만 의미가 정확하게 성립한다.

문제 5

A 他兴奋极了 B 儿子从来没去过南方 C 所以当听说我们下学期要去海南后	B 아들은 지금까지 남방에 가본 적이 없어서 C 우리가 다음 학기에 하이난으로 간다는 말을 들은 후 A 그는 너무 흥분했다.

| 해설 | A에 '他'는 B의 '儿子'를 말하고 있는 것이므로 B가 A보다 앞에 위치해야 한다. C는 '所以'로 첫 문장이 될 수 없으므로 첫 문장은 B이다. 문장의 선후순서를 파악하기 위해 문장을 살펴보면 B에서 아들은 남방에 가본 적이 없는데 C에서 하이난으로 간다는 이야기를 듣고 A에서 그는 매우 흥분했다는 내용으로 문장이 이어져야 한다.

쓰기 제1부분 실전 PT 정답 ▶p.196

1. 教授竟然把这次机会放弃了。 교수님은 뜻밖에도 이번 기회를 포기했다.
2. 能把详细地址发到我手机上吗? 상세한 주소를 내 휴대전화로 보내줄 수 있겠니?
3. 你们先把客厅里的家具搬下去吧。 너희들은 먼저 거실에 있는 가구를 옮겨라.
4. 儿子把那盒饼干吃光了。 아들은 저 비스킷을 싹 다 먹어치웠다.
5. 她不小心把眼镜掉在地上了。 그녀는 조심하지 않아서 안경을 바닥에 떨어뜨렸다.

문제 1

这次机会　　把　　教授　　竟然　　放弃了

| 분석 | 机会 jīhuì 명 기회 | 竟然 jìngrán 부 뜻밖에도 | 放弃 fàngqì 동 포기하다

| 해설 | 술어는 '放弃了'이고 포기한 주체인 주어는 '教授'이다. 제시 어휘에 '把'가 있으므로 '把 + 목적어' 형태인 '把这次机会'로 만들어 술어 앞에 위치시킨다. 나머지 '竟然'은 '뜻밖에도'라는 의미의 부사로 '把자문'에서 부사는 일반적으로 '把' 앞에 위치한다.

| TIP | 주어 + 부사 + [把 + 목적어] + 술어

문제 2

我手机上　　能　　详细地址　　把　　发到　　吗

| 분석 | 手机 shǒujī 명 휴대전화 | 详细地址 xiángxì dìzhǐ 상세한 주소 | 发 fā 동 보내다

| 해설 | 제시 어휘에 '把'가 있으므로 '把자문'으로 접근하면 뒤에 먼저 목적어를 잡아 '把详细地址'를 만들어 술어 앞에 위치시킨다. 술어는 '发到'로 술어 뒤에 '到'가 붙은 형태이다. '把자문'에서 술어 뒤에 '到'가 오면 그 뒤에 장소 목적어가 와서 '到 + 장소'의 형태를 만들어준다. 즉 '发到我手机上'으로 술어 뒤에 배열한다. 남은 어휘 '吗'는 문장의 맨 끝에 넣어 의문문을 만들어 준다. '能'은 조동사로 '把자문'에서 부사와 조동사는 일반적으로 '把' 앞이라는 것을 잊지 말자.

| TIP | 주어 + 조동사 + [把 + 목적어] + [술어 + 到] + 장소

문제 3

搬下去　　先　　客厅里的家具　　你们　　把　　吧

| 분석 | 搬 bān 동 이사하다 | 客厅 kètīng 명 객실, 응접실 | 家具 jiājù 명 가구

| 해설 | 제시 어휘에 '把'가 있으므로 '把 + 목적어'를 잡으면 '把客厅里的家具'이고 이를 술어 앞에 위치시킨다. 술어는 '搬下去'이다. 가구를 옮긴 주체인 주어는 '你们'이고, '吧'는 문장 끝에서 '~하자'라는 청유형을 나타낸다. 마지막 남은 부사 '先'은 '把자문' 구조에 따라 '把' 앞에 위치시킨다.

| TIP | 주어 + 부사 + [把 + 목적어] + 술어

문제 4

吃光了   那盒饼干   把   儿子

분석   **吃光** chīguāng 다 먹어치우다 | **饼干** bǐnggān 명 비스킷

해설   술어는 '吃光了'이고, 제시 어휘에 '把'가 있어 '把 + 목적어' 형태를 만들어야 하므로 '把那盒饼干'을 술어 앞에 위치시킨다. 주어는 '儿子'로 어렵지 않게 '把자문'을 완성시킬 수 있는 문제이다.

TIP   주어 + [把 + 목적어] + 술어 + 기타성분

문제 5

不小心   地上了   掉在   眼镜   她   把

분석   **不小心** bù xiǎoxīn 조심하지 않다 | **掉** diào 동 떨어뜨리다 | **眼镜** yǎnjìng 명 안경

해설   주어는 '她'이고 술어는 '掉在'로 술어 '掉' 뒤에 보어 '在'가 붙어 있으므로 '在 + 장소' 형태로 만들어 주어야 한다. 장소어휘가 있는 '地上了'를 붙여 '掉在地上了'로 만들어 술어 뒷부분을 완성시킨다. '把'는 '把 + 목적어' 형태로 술어 앞에 위치하기 때문에 '把眼镜'을 술어 앞에 놓는다. 남은 어휘 '不小心'은 '조심하지 않아서'라는 의미의 부사이므로 '把 + 목적어'의 앞에 위치해야 한다.

TIP   주어 + 부사 + [把 + 목적어] + 술어 在 + 장소

쓰기 제2부분 실전 PT 정답 ▶p.197

1. 快把毛巾挂起来吧。 빨리 수건을 걸어라./
   妈妈把毛巾放在地上了。 엄마는 수건을 바닥에 놓았다.

2. 请您把垃圾扔在垃圾桶里。 쓰레기를 쓰레기통에 버려주십시오./
   不要把垃圾扔在地上了。 쓰레기를 바닥에 버리지 마세요.

3. 她把这本书翻译成汉语。 그녀는 이 책을 중국어로 번역한다./
   你们能把汉语翻译成韩语吗? 너희들은 중국어를 한국어로 번역할 수 있니?

문제 1

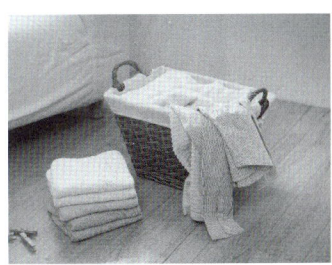

毛巾

분석   **毛巾** máojīn 명 수건, 타월

해설   그림에는 수건이 여러 장 보인다. 제시 어휘 '毛巾'은 '수건'이라는 명사 어휘로 '挂毛巾(수건을 걸다)', '洗毛巾(수건을 빨다)' 등의 동사 어휘와 어울린다. 제시 어휘 '毛巾'을 '把자문'으로 만들어보면 '把毛巾洗了(수건을 빨았다)', '把毛巾挂了(수건을 걸었다)'로 만들 수 있다. '把자문'은 부사와 조동사가 '把 + 목적어' 앞에 위치하므로 '快把毛巾洗了吧(빨리 수건을 빨아라)'라는 표현을 만들 수도 있다.

문제 2

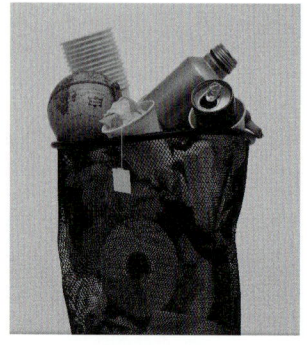

扔

분석 扔 rēng 동 버리다

해설 그림은 쓰레기통에 쓰레기가 잔뜩 쌓여있는 모습이다. 제시 어휘 '扔'은 '버리다'라는 의미의 동사 어휘로, '扔垃圾(쓰레기를 버리다)'라는 표현으로 많이 쓰인다. 앞에 부사 '~하지 말아라'라는 의미의 '不要……' 혹은 '别……'를 넣어 '不要扔垃圾(쓰레기를 버리지 마세요)'라는 표현을 만들 수도 있다. '把자문'으로 바꾸어 보면 '不要/把垃圾/扔在/地上了(쓰레기를 바닥에 버리지 마세요)'라는 표현을 만들 수도 있다.

문제 3

翻译

분석 翻译 fānyì 동 번역하다

해설 그림은 도서관으로 보이는 곳에서 한 여자가 무언가 쓰면서 공부를 하는 모습이다. 제시 어휘 '翻译'는 '번역하다'라는 의미의 동사 어휘로 '把자문'으로 많이 쓰이는 어휘이다. '把……翻译成……(~을 ~으로 번역하다)'이라는 표현을 사용해 문장을 만들면 '把中文翻译成英语(중국어를 영어로 번역하다)', '把这个材料翻译成中文(이 자료를 중국어로 번역하다)'으로 표현할 수 있다. '翻译'라는 어휘는 시험에서 자주 출제되므로 '把자문'으로 많이 활용된다는 것을 기억하고 적용해보자.

듣기 제3부분 실전 PT 정답 ▶p.203

| 1. D | 2. C | 3. C | 4. D | 5. D | 6. C |

문제 1-2

1. A 哭了　　　　　　B 困了
   C 还很饿　　　　　D 肚子不舒服

2. A 自信　　　　　　B 不放弃
   C 适合自己　　　　D 养成好习惯

1. A 울었다　　　　　　B 졸리다
   C 여전히 배가 고프다　D 배가 너무 불편하다

2. A 자신감　　　　　　B 포기하지 않는다
   C 자신에게 알맞다　　D 좋은 습관을 기른다

小亮发现哥哥有三个面包而自己只有一个，他很不高兴。于是又跟爸爸要了两个，¹·ᴰ 都吃完后他觉得肚子很难受。爸爸说"你多吃了两个，没有得到它们的好处。记住！²·ᶜ 重要的不是得到多少，而是适合自己。"
1. 问：小亮吃完面包后怎么了？
2. 问：根据这段话什么才是最重要的？

샤오량은 형에게는 빵이 세 개가 있고 자신은 오직 하나만 있다는 것을 발견하고선 기분이 매우 좋지 않았다. 그래서 아빠에게 두 개를 더 요구하였고 ¹·ᴰ 다 먹은 후 그는 배가 무척 아팠다. 아빠가 말씀하시길 "네가 두 개를 더 먹는다고 해도 좋을 건 없어. 기억해! ²·ᶜ 중요한 것은 얼마를 얻느냐가 아니라 자기에게 알맞느냐야."
1. 질문 : 샤오량은 빵을 다 먹은 후 어떻게 되었나?
2. 질문 : 이 단락을 근거로 무엇이 비로소 가장 중요한 것인가?

해설
1. 녹음 중간의 '都吃完后他觉得肚子很难受'라고 말하는 부분을 통해 샤오량은 빵을 다 먹은 후 배가 무척 괴로웠다는 것을 알 수 있으므로, 즉 '배가 괴롭고 안 좋다'는 표현인 D가 정답이다.

2. 빵을 많이 먹고 배가 아픈 상황에서 마지막에 아빠가 '重要的不是得到多少，而是适合自己'라고 말하는 부분을 통해 '중요한 것은 얼마나 먹느냐가 아닌 적당히 자신에게 알맞게 먹는 것이다'라는 것을 알 수 있다. 즉 이 녹음 내용을 통해 무엇이 중요한지를 찾는다면 정답은 자신에게 알맞느냐는 C가 정답이다.

문제 3-4

3. A 很感动
   B 买了辆新车
   C 得到了老张的原谅
   D 应该7点前到

4. A 刮风了
   B 下雨了
   C 开车要小心
   D 不允许再迟到

3. A 매우 감동했다
   B 새 차를 구매했다
   C 라오장의 용서를 구했다
   D 7시 전에 도착해야 한다

4. A 바람이 불었다
   B 비가 내렸다
   C 운전할 땐 조심해라
   D 또 지각하는 것을 허락하지 않겠다

老张和司机约好每天早上七点来接老张上班，可是 ³ 司机经常迟到。这天，司机又迟到了十几分钟，³·ᶜ 他感到很抱歉，于是向老张解释说，他的手表又出问题了。老张回答："⁴·ᴰ 恐怕你得换一块儿表了，否则，我要换一个司机了。"
3. 问：关于司机，可以知道什么？
4. 问：老张的话是什么意思？

라오장은 기사와 매일 아침 7시에 자신을 태워 출근하기로 약속하였으나 ³ 기사는 항상 늦었다. 하루는 기사가 또 십여 분을 지각했고 ³·ᶜ 그는 매우 미안해 하며 라오장에게 손목시계가 또 말썽이라고 설명했다. 라오장은 "⁴·ᴰ 아마도 시계를 바꾸셔야겠어요. 그렇지 않으면 제가 기사님을 바꾸려고 하니까요."라고 대답했다.
3. 질문 : 기사에 관해 알 수 있는 것은 무엇인가?
4. 질문 : 라오장의 말은 어떤 의미인가?

해설
3. 녹음 첫 부분에 '司机经常迟到', '他感到很抱歉'이라고 말하는 부분을 통해 기사는 항상 지각을 하며 매우 미안하다고 느끼고 있는 것을 알 수 있다. 이를 통해 기사에 관해서 알 수 있는 것은 라오장에게 미안해하는 상황과 상응하는 C가 정답이 된다.

4. 마지막 부분에 라오장이 '恐怕你得换一块儿表了，否则，我要换一个司机了'라고 말하는 부분을 통해 '시계를 바꾸지 않는다면 제가 기사를 바꿀 것입니다'라고 하며 라오장은 기사에게 한 번 더 늦으면 기사를 바꾸겠다는 의미로 말을 한 것을 알 수 있다. 즉 라오장의 말 속의 의미가 무엇인지 묻는 질문에 대한 정답은 '다시는 지각하지 말아라'라는 표현인 D가 된다.

문제 5-6

5. A 想当导游　　　　B 支持同学
   C 赢得奖金　　　　D 锻炼身体

6. A 可怜　　　　　　B 有趣
   C 都成功了　　　　D 值得同情

5. A 가이드가 되고 싶어서　　B 친구를 지지하려고
   C 상금을 획득하려고　　　 D 신체를 단련하려고

6. A 가엽다　　　　　　　　　B 재미있다
   C 모두 성공했다　　　　　　D 동정할 필요가 있다

有三个人参加长跑比赛，他们很努力，却都没有得第一。这是不是说明三个人都失败了？肯定不是，因为他们的目的不同。 5.D 第一个人是想通过跑步锻炼身体；第二个人以前参加过长跑，这次是想得到一个更好的成绩；第三个人是第一次参加，只要能跑完，他就很高兴。 6.C 这样看来，三个人都成功了。
5. 问：第一个人为什么参加比赛？
6. 问：说话人认为这三个人怎么样？

세 명이 장거리 경주 시합에 참가했다. 그들은 매우 노력하였지만 1등을 하진 못했다. 이를 두고 세 명 모두가 실패했다고 말할 수 있는가? 분명 그렇지는 않을 것이다. 왜냐하면 그들의 목적은 다르기 때문이다. 5.D 첫 번째 사람은 달리기를 통해 운동을 하고자 한 것이고, 두 번째 사람은 예전에 장거리 경주에 참가한 적이 있었으나 이번에 더 좋은 성적을 얻고 싶은 것이고, 세 번째 사람은 처음으로 참가한 것으로 완주만 할 수 있다면 매우 기쁜 상황이다. 6.C 이렇게 보면 세 사람은 모두 성공한 것이다.
5. 질문 : 첫 번째 사람은 왜 시합에 참가하였는가?
6. 질문 : 말하는 사람은 이 세 사람이 어떻다고 생각하는가?

> 해설　5. 시합에 세 명이 참가를 했는데 '第一个人是想通过跑步锻炼身体'를 통해 첫 번째 참가자는 신체 단련 즉, 운동을 위해 참가했다고 말하고 있으므로 정답은 D가 된다.
>
> 6. 세 사람의 시합 참가는 각자의 이유가 있지만 마지막 부분에 화자가 '这样看来，三个人都成功了'라고 말하고 있는 것으로 보아 세 사람이 모두 성공했다고 생각하는 것을 알 수 있으므로 정답은 C가 된다.

독해 제3부분　실전 PT 정답　　　▶p.207

1. D　　**2.** A　　**3.** C　　**4.** B　　**5.** C

문제 1

选择职业时，我们首先应该对自己有清楚的认识，不仅要知道自己想做什么，还要根据自己的性格、爱好去判断什么样的工作适合自己，这样才能找到满意的工作。

직업을 선택할 때, 우리는 가장 먼저 자신에 대하여 정확한 인식을 가져야 한다. 자신이 무엇을 하고 싶어하는지 또한 자신의 성격과 취미를 근거로 어떠한 직업이 본인에게 어울릴지 판단해야 한다. 이렇게 해야 비로소 만족하는 직업을 찾을 수 있는 것이다.

★ 选择职业时，应该：
　A 多调查　　　　　B 打好基础
　C 及时总结　　　　D 先认清自己

★ 직업을 선택할 때 반드시:
　A 많이 조사하라　　　B 기초를 잘 다져라
　C 바로 결론을 내라　　D 먼저 자신을 정확히 인식해라

> 해설　문제를 먼저 보자. '选择职业时，应该'라고 질문하고 있다. 그렇다면 본문에서 질문과 같은 부분을 체크한다. 맨 앞 '选择职业时，我们首先应该对自己有清楚的认识'이다. 이 부분에서 우리는 정답을 찾을 수 있는데 '직업을 선택할 때에는 자기에 대해 정확히 알아야 한다'라고 하였으므로 관련 표현을 보기에서 찾으면 정답은 D가 된다.

문제 2

有些人通过节食的方法来减肥，虽然有效，但是时间长了身体会受不了。真正健康的减肥方法应该是多锻炼，这样做既对身体好，还能让自己看起来更有精神。	어떤 사람들은 절식이라는 방법을 통해 다이어트를 한다. 비록 효과는 있지만 시간이 지나면 신체가 견디지 못할 것이다. 진정으로 건강한 다이어트 방법은 운동을 많이 하는 것이다. 이렇게 하면 몸에도 좋을 뿐만 아니라 본인도 더 생기 있어 보이게 할 수 있다.
★ 想要健康减肥，应该： 　A 多运动　　　　B 少吃米饭 　C 经常站着　　　D 多玩儿电子游戏	★ 건강한 다이어트를 하고 싶다면 반드시: 　A 운동을 많이 해라　B 쌀밥을 적게 먹어라 　C 자주 서있어라　　D 전자게임을 많이 해라

해설 질문이 그대로 본문에 녹아있는 부분을 찾으면 중간 부분의 '真正健康的减肥方法应该是多锻炼'이다. '진정으로 건강한 다이어트 방법은 많이 단련하는 것'이라고 말하고 있는 것으로 보아 정답은 '단련하다'와 같은 의미인 A '多运动(운동을 많이 해라)'이 정답이 된다.

문제 3

语言是人们交流的工具，音乐也是一种语言，人们可以用它来表达自己的感情，而且和其他语言比起来，音乐表达的感情有时更容易让人听懂。	언어는 사람들의 교류 수단으로 음악 역시 일종의 언어이다. 사람들은 그것을 사용하여 자신의 감정을 드러낸다. 게다가 다른 언어와 비교했을 때 음악이 표현하는 감정은 가끔 더 쉽게 사람을 이해시켜 주기도 한다.
★ 根据这段话，音乐表达的感情： 　A 复杂多变　　　B 让人难过 　C 更容易理解　　D 让人印象更深	★ 이 단락에 근거하여 음악이 표현하는 감정은: 　A 복잡하고 많이 변한다　B 사람을 괴롭게 만든다 　C 더 쉽게 이해한다　　D 사람을 더 인상 깊게 만든다

해설 질문이 그대로 녹아있는 부분을 찾아보니 맨 마지막 문장으로 정답은 그 부분에 있다. 마지막 문장 '音乐表达的感情有时更容易让人听懂'을 통해 음악은 더 쉽게 사람을 이해시킨다고 말하고 있는 것을 알 수 있으므로 정답은 C이다.

문제 4-5

关于读书，有两点必须要注意：第一，书不可不读。4. B 读书会让你的知识更丰富，生活更精彩。第二，不能读死书。5. C 读书的时候，如果没有一点儿自己的想法和判断，完全相信书本上的内容，那么读书对自己什么帮助都没有。	독서에 관하여 반드시 주의해야 할 두 가지가 있는데 첫째는 책을 읽지 않으면 안 된다는 것이다. 4. B 독서는 당신의 지식을 풍부하게 해주며 생활도 더 멋지게 만들어준다. 두 번째는 생각 없이 책을 읽어서는 안 된다는 것이다. 5. C 책을 읽을 때 만약 자신의 생각과 판단 없이 완전히 책의 내용만을 믿는다면 그러면 독서는 자신에게 어떤 도움도 되지 않을 것이다.
★ 阅读可以使人： 　A 很快变富　　　B 增长知识 　C 更有耐心　　　D 变得有礼貌	★ 독서는 사람을 어떻게 만드는가: 　A 빠르게 부자로 변화시킨다　B 지식을 높여준다 　C 인내심을 길러 준다　　D 예의 바르게 변화시킨다
★ 根据这段话，读书要： 　A 相信作者　　　B 多做笔记 　C 有自己的看法　D 向失败者学习	★ 이 단락에 근거하여 독서는 어떻게 해야 하는가: 　A 작가를 믿어라　　B 필기를 많이 해라 　C 자기의 생각을 가져라　D 실패자에게서 배워라

해설 4. '读书会让你的知识更丰富，生活更精彩'라는 부분을 통해 '독서는 지식을 높여주고 생활을 멋지게 만들어준다'는 것을 알 수 있다. 그러므로 정답은 B 增长知识이다. A 很快变富는 '빠르게 부자로 만들어준다'는 의미로 독서는 지식을 풍부하게 해준다고 하였지, 부자로 만들어준다고 하진 않았다. '富'라는 어휘가 중복되기 때문에 혼동하기 쉽다.

TIP ‘读死书’는 '공부는 하지만 실제로 써먹을 줄 모르다'라는 의미이다.

5. 마지막 단락 '读书的时候，如果没有一点儿自己的想法和判断……'이라는 부분에서 '독서할 때 자신의 생각과 판단이 없이 ~한다면'이라고 말하고 있는 것으로 보아 독서할 때에는 자신의 생각과 판단이 필요하다고 하는 것을 알 수 있다. 정답은 '독서할 때에는 자신의 생각을 가져라'라는 표현인 C 有自己的看法이다.

쓰기 제1부분 실전 PT 정답 ▶p.212

1. 这个消息很快就被亲戚朋友们知道了。　이 소식은 매우 빠르게 친척과 친구들에 의해 알려졌다.
2. 那个饼干已经被妈妈吃光了。　저 비스킷은 이미 엄마에 의해 싹 다 먹어졌다.
3. 我的自行车被老师推走了。　내 자전거는 선생님에 의해 끌려갔다.
4. 详细地址被办公室的老板写错了。　자세한 주소가 사무실의 사장님에 의해 잘못 쓰여졌다./
   办公室的详细地址被老板写错了。　사무실의 자세한 주소가 사장님에 의해 잘못 쓰여졌다.
5. 我今天被那部电影感动了。　나는 오늘 저 영화에 의해 감동 받았다.

문제 1

| 亲戚朋友们 | 很快就被 | 这个消息 | 知道了 |

분석 亲戚 qīnqi 명 친척 | 消息 xiāoxi 명 소식

해설 제시 어휘에 '被'자가 있다. '被'자는 '~에 의해 ~을 당하다'라는 표현을 만드는 구문으로 '被 + 행위자 주체'의 패턴을 만든다. 술어는 '知道了'이고, 소식이 많은 사람들에 의해 알려진 것이기 때문에 주어는 '这个消息'이고, 알린 주체가 '亲戚朋友们'으로 '被亲戚朋友们'이 되야 한다.

TIP 주어 + [被 + 행위자 주체] + 술어

문제 2

| 妈妈 | 吃光了 | 被 | 那个饼干 | 已经 |

분석 吃光 chīguāng 다 먹어 치우다 | 饼干 bǐnggān 명 비스킷

해설 제시 어휘에 '被'자가 있다. '被'자는 '~에 의해 ~을 당하다'라는 표현을 만드는 구문으로 '被 + 행위자 주체'의 패턴을 만든다. 술어는 '吃光了'이고 비스킷이 엄마에 의해 다 먹어진 상황이므로 주어는 '那个饼干', 다 먹은 주체는 '妈妈'로 '被妈妈'가 되야 한다. 또한 '被자문'에서 부사와 조동사가 있을 때에는 '被' 앞에 와야 하므로 부사 '已经'은 '被妈妈' 앞에 위치한다.

TIP 주어 + 부사 + [被 + 행위자 주체] + 술어

문제 3

| 老师 | 推走了 | 我的自行车 | 被 |

분석 推走 tuīzǒu 밀고 나가다

해설 제시 어휘에 '被'자가 있으므로 '被자문'을 만들면 된다. '被'자는 '~에 의해 ~을 당하다'라는 표현을 만드는 구문으로 '被 + 행위자 주체'의 패턴을 만든다. 술어는 '推走了'이고 '자전거가 선생님의 의해 끌려간 것'이기 때문에 주어는 '我的自行车', 자전거를 끌고 간 주체는 '老师'이므로 '被老师'가 된다.

TIP 주어 + [被 + 행위자 주체] + 술어

문제 4

写错了   办公室的   被   详细地址   老板

분석 写错 xiěcuò 오기하다, 잘못 쓰다 | 办公室 bàngōngshì 명 사무실 | 详细地址 xiángxì dìzhǐ 명 상세한 주소 | 老板 lǎobǎn 명 사장님

해설 제시 어휘에 '被'자가 있다. '被'자는 '~에 의해 ~을 당하다'라는 표현을 만드는 구문으로 '被 + 행위자 주체'의 패턴을 만든다. 술어는 '写错了'이고 '주소가 선생님에 의해 잘못 쓰였다'는 의미이므로 주어는 '详细地址', 잘못 쓴 주체는 '老板'이므로 '被老板'이 된다. '办公室的'는 의미상 '办公室的详细地址(사무실의 상세한 주소)'도 가능하고, '办公室的老板(사무실의 사장님)'도 가능하다. 그러므로 어디에 위치해도 의미적으로 어울리기 때문에 둘 다 정답이 된다.

TIP 주어 + [被 + 행위자 주체] + 술어

문제 5

今天   感动了   我   被   那部电影

분석 感动 gǎndòng 동 감동하다 | 电影 diànyǐng 명 영화

해설 술어는 '感动了'이고 '내가 그 영화에 의해 감동을 받았다'는 의미이므로 주어는 '我'이며, 감동을 준 주체는 '那部电影'이므로 '被那部电影' 형태로 잡아야 한다. '今天'은 시간부사로 '被' 앞에 와야 하므로 '今天被那部电影'이 되어야 한다.

TIP 주어 + 부사 + [被 + 행위자 주체] + 술어

쓰기 제2부분 실전 PT 정답   ▶p.213

1. 那个孩子被老师批评了。 저 아이는 선생님에 의해 비평 받았다./
   她竟然被妈妈批评了。 그녀는 뜻밖에도 엄마에 의해 비평 받았다.

2. 他今天早上被那个闹钟吵醒了。 그는 오늘 아침 저 알람시계에 의해 깼다./
   他不得不被闹钟吵醒了。 그는 어쩔 수 없이 알람시계에 의해 (시끄러워) 깼다.

3. 她今天被妈妈的礼物感动了。 그녀는 오늘 엄마의 선물에 의해 감동 받았다./
   我女儿被生日礼物感动了。 내 딸은 생일선물에 의해 감동 받았다.

문제 1

批评

분석 批评 pīpíng 동 비평하다

해설 그림은 엄마 또는 선생님으로 보이는 여자가 아이를 혼 내는 모습이다. 제시 어휘 '批评'은 '비평하다'라는 의미의 동사 어휘로, '批评'의 반의어 '表扬(칭찬하다)'과 함께 자주 출제되는 어휘이다. '~가 ~에 의해 비평 받다'라는 의미의 피동구문 '被'자를 사용해 문장을 만들어보자. 사진은 여자아이가 엄마 혹은 선생님에 의해 비평을 받고 있는 분위기이므로 '那个女孩了/被汉语老师/批评了(저 여자아이는 중국어 선생님에게 비평 받았다)'라는 피동구문을 만들 수 있다.

문제 2

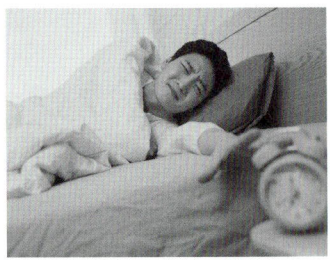
吵醒

분석 **吵醒** chǎoxǐng 동 시끄러워 (잠에서) 깨다 | **闹钟** nàozhōng 명 자명종, 알람시계

해설 제시 어휘 '吵醒'은 '시끄러워 깨다'라는 의미의 동사 어휘로, 그림에는 자명종 시계 때문에 잠에서 깬 남자의 모습이 보인다. '~가 ~에 의해 시끄러워 깼다'라는 의미의 피동구문 '被'자를 사용해 문장을 만들어보면 '他/被闹钟/吵醒了(그가 알람시계에 의해 시끄러워 깼다)'라고 문장을 만들 수 있다. 부사 '不得不(어쩔 수 없이)'를 '被闹钟' 앞에 넣어 자명종 때문에 어쩔 수 없이 깼다는 의미를 추가할 수도 있다. 만약 그림에는 '闹钟(자명종)'이 있지만 어떻게 써야 하는지 생각나지 않는 명사는 '东西'로 대체하여 표현할 수 있다.

문제 3

感动

분석 **感动** gǎndòng 동 감동하다

해설 제시 어휘 '感动'은 '감동하다'라는 의미의 동사 어휘로, 그림은 여자아이가 엄마에게 선물을 받고 감동을 한 모습이라는 것을 추측할 수 있다. '~가 ~에 의해 감동 받았다'라는 의미의 피동구문 '被'자를 사용해 문장을 만들어보면 감동을 받은 주어는 '小女孩子(여자아이)'이고, 감동을 준 행위의 주체는 '妈妈的礼物(엄마의 선물)'이다. 그러므로 여자아이가 엄마의 선물에 감동 받았다는 문장을 '被 자문'으로 만들면 '小女孩子/被妈妈的礼物/感动了'라고 어렵지 않게 표현할 수 있다.

듣기 제3부분 실전 PT 정답						▶p.219
1. D	2. D	3. D	4. A	5. B	6. A	

문제 1-2

1.	A 睡觉时长	B 健康
	C 生活质量	**D 心情**
2.	A 到室外去	B 多看外面景色
	C 多运动	**D 离窗户近些**

1.	A 수면시간이 긴 것	B 건강
	C 삶의 질	**D 기분**
2.	A 실외로 나가라	B 바깥 풍경을 많이 봐라
	C 운동을 많이 해라	**D 창문 가까이 있어라**

研究发现，**1.D 窗户的大小能影响人的心情**。人在窗户大的房间里心情会更好，工作起来也会更认真，这是因为窗户大的房间里阳光更多，所以研究者建议，**2.D 最好在窗户大的房间里工作或者学习，并且让座位离窗户近一些**。
1. 问：窗户的大小会影响人的什么？
2. 问：研究者建议人们学习时怎么做？

연구에서 **1.D 창문의 크기는 사람의 기분에 영향을 미친다**는 것을 발견했다. 사람은 창문이 큰 방에 있을 때 더 기분이 좋았으며 일을 할 때에도 더 성실했다. 이는 창문이 큰 방의 태양이 더 많이 들어오기 때문이다. 그래서 연구자들은 **2.D 창문에는 큰 방에서 일하고 공부하는 것이 가장 좋고, 게다가 자리도 창문과 좀 더 가깝게 하라**고 건의했다.
1. 질문 : 창문의 크기는 사람의 무엇에 영향을 미치는가?
2. 질문 : 연구자는 사람들에게 공부할 때에는 어떻게 하라고 건의하였는가?

해설
1. 녹음 첫 부분에 연구를 진행한 결과 '窗户的大小能影响人的心情'이라고 말하고 있는 부분을 통해 우리는 창문의 크기가 사람의 감정, 기분 등에 영향을 준다는 것을 알 수 있으므로 정답은 D 心情이다.
2. 연구자가 우리들에게 건의한 것이 무엇인지는 녹음의 가장 마지막에 나오는데 연구자는 '最好在窗户大的房间里工作或者学习，并且让座位离窗户近一些'라고 말하고 있는 부분을 통해 일과 공부를 할 때에는 창이 큰 곳에, 그리고 창문과 가까운 곳에 앉아서 하라고 말하고 있는 것을 알 수 있다. 그러므로 연구자들은 공부할 때 창문 근처에 앉으라고 말한 D 离窗户近些가 정답이 된다.

문제 3-4

3.	A 很失望	B 很无聊
	C 演得很自然	**D 演员功夫棒**
4.	**A 很受欢迎**	B 观众在减少
	C 很难学	D 出现于20世纪

3.	A 매우 실망했다	B 매우 재미없다
	C 연기가 매우 자연스럽다	**D 연기자의 재주가 훌륭하다**
4.	**A 매우 인기가 많다**	B 관중들이 줄고 있다
	C 배우기 매우 어렵다	D 20세기에 시작되었다

4.A 京剧是中国特有的一种表演艺术一直深受人们的喜爱。**3.D 我第一次看京剧时，完全听不懂演员在唱什么，只觉得他们的功夫非常厉害**。后来随着我的中文越来越好，我对中国文化也有了更多的了解，我现在再看京剧，理解起来也不那么困难了。
3. 问：她第一次看京剧时，觉得怎么样？
4. 问：关于京剧，可以知道什么？

4.A 경극은 중국 특유의 공연예술의 한 종류로 줄곧 사람들의 사랑을 깊이 받고 있다. **3.D 내가 처음 경극을 봤을 때는 배우가 뭐라고 노래하는지 아예 알아듣지 못했고 단지 그들의 재주가 매우 대단하다고만 생각했다**. 나중에 내 중국어 실력이 점점 좋아지면서 나는 중국문화에 대해서도 더 많은 이해를 하게 되었다. 내가 지금 다시 경극을 보고 있으면 이해하는 데 그렇게 어렵지 않다.
3. 질문 : 그녀가 처음 경극을 봤을 때 어떻게 느꼈는가?
4. 질문 : 경극에 관해 알 수 있는 것은 무엇인가?

해설
3. 녹음 중간 부분에 '我第一次看京剧时, ……. 只觉得他们的功夫非常厉害。'라는 부분을 통해 그녀는 경극을 처음 봤을 때 그들의 공연 재주가 매우 멋지다고 느꼈다는 것을 알 수 있다. '功夫非常厉害'와 같은 의미를 보기에서 찾아야 한다. D 演员功夫棒에서 '棒'은 '멋지다, 훌륭하다'라는 의미이므로 '연기자의 공연이 훌륭하다'라는 의미의 D가 정답이다.
4. 전반적인 내용이 중국 경극에 대한 이야기이다. 경극은 중국 특유의 공연예술이므로 경극에 대해 좋은 의미가 답이 될 가능성이 크다. 녹음 첫 부분에 '京剧是中国特有的一种表演艺术一直深受人们的喜爱'라고 하는 것을 통해 경극은 중국 특유의 공연예술이며, 사람들의 사랑을 많이 받는다는 것을 알 수 있다. 정답은 '경극은 매우 인기가 많다'라고 말하고 있는 A 很受欢迎이 정답이다.

문제 5-6

5. A 更聪明 　 B 更自信 　 C 养成好习惯 　 D 学会尊重人	5. A 더 똑똑하다 　 B 더 자신 있다 　 C 좋은 습관을 기르게 한다 　 D 사람을 존중하는 것을 배우게 한다
6. A 教育　　　　B 友谊 　 C 批评的作用　D 孩子的缺点	6. A 교육　　　　　B 우정 　 C 비평의 작용　 D 아이의 단점
6.A 父母教育孩子时，批评是少不了的。但更多的时候，应该给孩子鼓励与表扬。当孩子遇到难题时，5.B 父母的鼓励与支持，会让他们重新自信起来。当孩子取得成绩的时候，父母的肯定和表扬，可以让他们今后更加努力。 5. 问：父母的鼓励会使孩子怎么样？ 6. 问：这段话主要谈的是什么？	6.A 부모가 아이를 교육할 때 비평이 없어서는 안 된다. 그러나 대부분은 아이들에게 격려와 칭찬을 해주어야 한다. 아이가 어려운 문제에 맞닥뜨릴 때 5.B 부모의 격려와 지지는 그들을 다시 자신 있게 만들어준다. 아이가 성공을 했을 때 부모가 해주는 확신과 칭찬은 그들이 오늘 이후로 더 노력하게끔 해준다. 5. 질문: 부모의 격려는 아이가 어떻게 하도록 만드는가? 6. 질문: 이 단락에서 주로 말하고 있는 것은 무엇인가?

해설　5. 녹음 중간에 '父母的鼓励与支持，会让他们重新自信起来'를 통해 부모의 격려와 지지는 아이들이 다시 자신감이 생기도록 한다는 것을 알 수 있으므로 정답은 B 更自信이다.

　　　6. 이 녹음의 주제를 묻고 있다. 주제를 묻는 문제는 녹음의 맨 앞, 혹은 맨 뒤에 주로 나온다는 것을 공부했다. 녹음 첫 부분에 '父母教育孩子时, ……'라는 부분을 통해 이 녹음의 주제는 부모가 아이를 교육하는 것에 관련된 내용이라는 것을 알 수 있다. 그러므로 주제는 교육이다. 정답은 A 教育이다.

독해 제3부분 실전 PT 정답　　　　　　　　　　　　　　　　▶p.224

1. A　　**2.** A　　**3.** B　　**4.** C　　**5.** B

문제 1

盐在我们生活中十分重要，谁也离不开它。其实，盐除了可以吃以外，还有很多用处，比如可以用来洗脸。用盐水洗脸洗得更干净，同时还可以使皮肤更白。	소금은 우리들의 삶에서 매우 중요하며 그 누구도 소금 없이는 살 수 없다. 사실 소금은 먹는 것 이외에도 더 많은 용도가 있는데, 예를 들어 소금으로 세수를 하는 것이다. 소금물로 세수를 하면 더 깨끗하고 동시에 피부를 더 하얗게 만들어 준다.
★ 这段话主要谈的是： 　A 盐水洗脸的好处　B 盐的发现 　C 每日用盐量　　　D 盐水刷牙	★ 이 단락에서 주로 말하고 있는 것: 　A 소금물 세안의 장점　B 소금의 발견 　C 매일 사용하는 소금의 양　D 소금물로 양치한다

해설　질문을 먼저 보면 '这段话主要谈的是'이라고 질문하고 있다. 질문에 '主要'가 있으면 주제를 묻는 문제이다. 본문의 주제는 항상 문장의 맨 앞, 혹은 맨 뒤에 위치한다. 첫 문장에서는 '盐在我们生活中十分重要'라고 말하고 있는 부분을 통해 소금은 생활에서 매우 중요하다는 것을 알 수 있다. 마지막 부분에 '用盐水洗脸洗得更干净，同时还可以使皮肤更白'라는 부분을 통해 소금물로 세안을 하면 좋은 점을 말하고 있다. 즉, 이 문장의 주제는 '소금'이며 소금으로 세수하면 피부에 좋다는 장점까지 말하고 있으므로 이 문장의 주제는 A 盐水洗脸的好处가 된다.

문제 2

无论做什么事情，都应该选好方向再出发。有的人提前上路，却因为没有目的，浪费了许多时间，最终还赶不上后出发的人。因此，对于没有方向的人来说，一切努力都是白费。

어떤 일을 하든지 반드시 방향을 잘 선택해 나아가야 한다. 어떤 사람은 길을 나서기 전부터 목적지가 없이 많은 시간을 낭비하여 결국 나중에 출발한 사람도 따라잡지 못하게 된다. 이에 방향이 없는 사람은 모든 노력이 다 헛수고인 것이다.

★ 这段话告诉我们要:
 A 选好方向　　　B 学会安排时间
 C 多听意见　　　D 对自己严格

★ 이 단락이 우리에게 말하고자 하는 것:
 A 방향을 잘 선택해라　　B 시간 짜는 법을 배워라
 C 의견을 많이 들어라　　D 자신에 대해 엄격해라

해설　질문을 보면 '这段话告诉我们要'라고 질문하고 있다. 질문에 '告诉' 혹은 '主要'가 있으면 주제를 묻는 문제이므로 문장의 맨 앞, 혹은 맨 뒤에서 주제를 찾자. 본문의 첫 분분에 '无论做什么事情，都应该选好方向再出发'라고 말하고 있는 부분을 통해 어떤 일을 하든지 방향을 잘 선택해야 한다는 것을 알 수 있다. 즉, 이 문장의 주제는 방향을 잘 선택하라고 말하고 있는 A 选好方向이 정답이다.

문제 3

日记是对每天的总结，它积累的不仅有回忆，也有经验。你现在记下的一句话，也许会对你将来做的事情有很大的帮助。

일기는 매일의 결론으로 그것이 쌓이면 추억이 될 뿐만 아니라 경험도 된다. 네가 지금 기록하는 한 구절이 아마 너의 장래에 할 일에 매우 큰 도움이 될 것이다.

★ 这段话主要谈的是:
 A 职业　　　　　B 写日记的好处
 C 怎样写总结　　D 阅读方法

★ 이 단락이 주로 말하고자 하는 것:
 A 직업　　　　　　　　　B 일기를 쓰는 장점
 C 어떻게 결론을 작성하는가　D 독서 방법

해설　질문을 보면 주제를 묻고 있다는 것을 알 수 있다. 본문의 주제는 문장의 맨 앞, 혹은 맨 뒤에 제시된다. 문장 첫 부분에 '日记是对每天的总结，……'라고 말하고 있는 부분을 통해 이 본문의 주된 내용은 '일기'라는 것을 알 수 있다. 본문을 다 해석하지 않고 문장 첫 줄만 확인하고도 정답이 B 写日记的好处라는 것을 알 수 있다.

문제 4-5

5.B 保护地球环境，并不是离我们很远、很难做到的事情。实际上，我们只需注意一下身边的小事就可以。例如，出门时记得关空调和电脑，节约用电；少开车，多骑车或者坐公共汽车，降低空气污染；买菜时自备购物袋，4.C 少用塑料袋，减少白色污染……这些虽然都是小事，却有实实在在的效果。

5.B 지구 환경을 보호하는 것은 우리에게서 매우 멀거나 실천하기 매우 어려운 일이 결코 아니다. 실제로 우리 주변의 작은 일들을 조심하기만 하면 된다. 예를 들어 외출할 때에는 에어컨과 텔레비전을 꺼서 전기 사용을 절약해야 한다는 것을 기억해라. 또한 운전은 적게 하고 자전거와 대중교통을 많이 이용하여서 공기오염을 줄인다. 장을 볼 때에는 직접 장바구니를 준비하여서 4.C 비닐봉투의 사용을 줄이면 백색오염이 감소한다. …… 이런 것들은 비록 작은 행동이지만 오히려 실질적인 효과가 있다.

★ 为了减少白色污染，我们应该：
 A 少说多做
 B 节约用水
 C 少用塑料袋
 D 少用一次性筷子

★ 백색오염을 줄이기 위해 우리들은 반드시:
 A 말보다 행동으로 해라
 B 물 사용을 절약해라
 C 비닐봉투를 적게 사용해라
 D 일회용 젓가락을 적게 사용해라

★ 这段话主要谈什么？
 A 社会责任   B 环境保护
 C 节约与浪费   D 经济的发展

★ 이 단락이 주로 말하고 있는 것은?
 A 사회적 책임   B 환경보호
 C 절약과 낭비   D 경제의 발전

해설 4. 질문을 보면 '白色污染'이 핵심어휘라는 것을 알 수 있다. 본문에서 이 핵심어휘가 있는 부분을 체크하고 그 부분에서 정답을 찾는다. '少用塑料袋，减少白色污染'이라는 부분을 통해 비닐봉투를 적게 사용하면 백색오염을 줄일 수 있다는 것을 알 수 있으므로 정답은 C 少用塑料袋이다.

5. 질문을 보면 주제를 묻는 문제라는 것을 알 수 있다. 주제는 본문의 맨 앞, 혹은 맨 뒤에서 찾을 수 있다. 앞부분 '保护地球环境，……。'이라는 부분을 통해 이 본문의 주된 내용은 환경보호에 관련된 내용이라는 것을 알 수 있으므로 정답은 B 环境保护이다.

쓰기 제1부분 실전 PT 정답   ▶p.229

1. 沙发上坐着一对恋人。 소파에는 한 쌍의 연인이 앉아 있다.
2. 张教授家的院子里有两棵苹果树。 장 교수님 댁의 정원 안에는 두 그루의 사과나무가 있다.
3. 客厅里挂着一张地图。 거실에는 한 장의 지도가 걸려 있다.
4. 云南省生活着许多少数民族。 윈난성에는 많은 소수민족들이 생활하고 있다.
5. 外边停着一辆汽车。 바깥에는 한 대의 자동차가 세워져 있다.

문제 1

| 着 | 一对 | 沙发上 | 坐 | 恋人 |

분석 沙发 shāfā 명 소파 | 恋人 liànrén 명 애인

해설 제시 어휘에 지속의 표현인 '着'가 있으므로 술어를 찾아서 그 뒤에 붙이면 된다. 술어는 '坐'이고 술어 뒤에 '着'를 붙여 '坐着'를 만든다. 어디에 누군가가 앉아 있는지를 표현하는 존현문으로 만들어보면, 존현문에서는 주어가 '시간' 혹은 '장소'가 되므로 주어는 '沙发上', 나머지가 바로 목적어 '一对恋人'이다.

TIP 장소/시간 + [술어 + 着] + 사람/사물

문제 2

| 里 | 有两棵 | 张教授家的院子 | 苹果树 |

분석 棵 kē 양 그루 [나무를 세는 양사] | 教授 jiàoshòu 명 교수 | 院子 yuànzi 명 정원 | 苹果树 píngguǒshù 명 사과나무.

해설 제시 어휘에 동사 '有'가 있고 장소가 나왔으므로, '어디에 무엇이 있다'라는 표현을 만드는 '有'자 존현문을 만들면 된다. 존현문은 주어가 '시간' 혹은 '장소'가 되므로 '张教授家的院子里'가 주어, 술어는 '有', 목적어는 장 교수님 댁에 있는 사과나무인 '两棵苹果树'가 된다.

TIP 장소/시간 + 有 + 사물/사람

문제 3

| 一张 | 挂着 | 客厅里 | 地图 |

분석 挂 guà 동 걸다 | 地图 dìtú 명 지도

해설 제시 어휘에 '걸려 있다'라는 의미의 '挂着'가 있으므로 '어디에 무엇이 걸려있다'라는 존재를 나타내는 존현문을 만들 수 있다. 존현문은 주어 자리에 '장소 혹은 '시간'이 온다는 것을 잊지 말자. 따라서 주어는 장소 표현인 '客厅里', 술어는 '挂着', 거실에 걸려있는 것은 '지도'이므로 '地图'가 목적어가 된다.

TIP 장소/시간 + [술어 + 着] + 사물/사람

문제 4

| 许多 | 生活 | 云南省 | 着 | 少数民族 |

분석 许多 xǔduō 형 매우 많다 | 云南省 Yúnnán Shěng 지명 윈난성 | 少数民族 shǎoshùmínzú 명 소수민족 [중국의 '汉族(한족)' 이외의 기타 민족]

해설 제시 어휘에 지속의 표현인 '着'가 있으므로 술어를 찾아서 그 뒤에 붙이면 된다. 술어는 '生活'로 '생활하다'라는 의미의 동사이고, 술어 뒤에 지속을 나타내는 '着'를 붙여 '生活着'를 만든다. '어디에 누군가가 생활하고 있다'라는 의미의 존재를 나타내므로 존현문을 만들면 된다. 존현문의 주어는 장소 표현인 '云南省'이 되고, 술어는 '生活着'이다. 윈난성에 생활하고 있는 사람은 '많은 소수민족'이므로 목적어는 '许多少数民族'이다.

TIP 장소/시간 + [술어 + 着] + 사물/사람

문제 5

| 汽车 | 停着 | 一辆 | 外边 |

분석 汽车 qìchē 명 자동차 | 停 tíng 동 멈추다, 정지하다 | 辆 liàng 양 대, 량 [차량을 세는 양사] | 外边 wàibian 명 밖, 바깥

해설 제시 어휘에 '세워져 있다'라는 의미의 '停着'가 있으므로 '어디에 무엇이 세워져 있다'라는 의미의 존재를 나타내는 존현문을 만들 수 있다. 존현문은 주어 자리에 '시간' 혹은 '장소가 오므로, 장소 표현인 '外边'이 주어가 되며, 술어는 '停着'이다. 바깥에 세워져 있는 것은 '한 대의 자동차'이므로 목적어는 '一辆汽车'가 된다.

TIP 장소/시간 + [술어 + 着] + 사물/사람

쓰기 제2부분 실전 PT 정답 ▶p.230

1. 冰箱里有很多水果。 냉장고 안에 많은 과일이 있다./
   冰箱里放着许多水果。 냉장고 안에 많은 과일이 놓여져 있다.

2. 桌子上放着一本书。 책상 위에 한 권의 책이 놓여져 있다./
   桌子上放着很多东西。 책상 위에 많은 물건들이 놓여져 있다.

3. 家里来了很多客人。 집에 많은 손님들이 오셨다./
   咖啡厅坐着很多客人。 커피숍에 많은 손님들이 앉아 있다.

문제 1

冰箱

분석 冰箱 bīngxiāng 명 냉장고

해설 제시 어휘 '冰箱'은 '냉장고'라는 뜻의 명사 어휘로, 그림을 보면 과일 등의 물건이 냉장고 안에 많이 있는 것을 볼 수가 있으므로 '냉장고 안에 많은 과일이 있다'라는 존현문을 쉽게 만들어볼 수 있다. 존현문의 주어 자리에는 장소나 시간이 오므로 주어는 '冰箱里', 술어는 '有', 목적어는 '很多水果'로 '冰箱里/有/很多水果'라는 존현문 표현을 어렵지 않게 만들 수 있다.

문제 2

放

분석 放 fàng 동 놓다

해설 제시 어휘 '放'은 '놓다'라는 의미의 동사 어휘로, 그림을 보면 책상 위에 책 등의 물건들이 놓여져 있는 것으로 보아 존현문을 통해 어렵지 않게 그림을 표현할 수 있겠다. 술어 '放' 뒤에 지속을 나타내는 '着'를 붙여 '놓여져 있다'라는 의미의 '放着'를 만들고 주어는 '桌子上', 목적어는 책상 위에 놓여져 있는 '一本书' 혹은 '很多东西'로 하여 문장을 만들 수 있다.

문제 3

客人

분석 客人 kèrén 명 손님

해설 그림은 손님으로 보이는 여러 명의 남녀가 앉아서 이야기하는 모습이다. 제시 어휘 '客人'은 '손님'이라는 의미의 명사 어휘로, '집(혹은 카페 등)에 손님들이 앉아 있다'라는 의미의 존현문으로 문장을 어렵지 않게 만들어낼 수 있다. '커피숍에 많은 손님들이 앉아 있다'라는 '咖啡厅里坐着很多客人' 혹은 '집에 많은 손님이 오셨다'라는 의미의 문장을 만들기 위해 '家里来了很多客人'이라고 표현할 수도 있다.

듣기 제3부분 실전 PT 정답 ▶p.236

1. D **2.** A **3.** A **4.** C **5.** C **6.** D

문제 1-2

1. A 是最好的
   B 让人失望
   C 得不到支持
   D 不一定适合我

2. A 方法是关键
   B 什么是友谊
   C 要互相关心
   D 要懂得感谢

1. A 가장 최고인 것이다
   B 사람을 실망시킨다
   C 지지를 얻을 수 없다
   D 반드시 나에게 적합하지는 않다

2. A 방법이 관건이다
   B 무엇이 우정인가
   C 서로 관심을 기울여야 한다
   D 감사할 줄 알아야 한다

2.A 无论做什么事情，都要注意方法，学习尤其是这样。如果方法对了，就会取得很好的效果；相反，如果方法错了，不管你怎么努力，也很难取得成功。另外，还有一点需要提醒大家，1.D 别人的方法也许很有效，但是并不一定适合所有人。
1. 问：对别人有效的方法，说话人怎么看？
2. 问：这段话主要谈什么？

2.A 어떤 일을 하든지 방법에 신경 써야 하는데, 공부할 때 특히 그렇다. 만약 방법이 옳으면 매우 좋은 효과를 얻을 수 있고, 반대로 방법이 잘못되면 네가 어떻게 노력했든지 간에 성공을 얻긴 매우 어렵다. 그밖에 우리가 반드시 알아야 할 것이 있는데 1.D 다른 사람의 방법이 무척 효과 있다 할지라도 결코 모든 사람에게 반드시 적합한 것은 아니라는 것이다.
1. 질문: 다른 사람에게 효과 있는 방법이 화자에게는 어떻게 보이는가?
2. 질문: 이 단락이 주로 말하고 있는 것은 무엇인가?

| 해설 | 1. 마지막 '别人的方法也许很有效，但是并不一定适合所有人'이라고 말하는 부분에서 다른 사람의 방법도 효과적일 수 있지만 그것이 모든 사람에게 적합한 것은 아니라고 하고 있으므로, 다른 사람에게는 효과적이라고 하여도 나에게 반드시 맞지는 않다는 의미인 D 不一定适合我가 정답이 된다.
2. 주제를 묻는 문제는 문장의 맨 앞, 맨 뒤를 확인해야 하는데 녹음 첫 부분 '无论做什么事情，都要注意方法，……'라고 말하는 부분에서 어떤 일을 하든지 방법에 주의해야 한다는 것을 알 수 있으므로 즉, 방법이 중요하다라고 말하고 있는 A가 정답이 된다.

문제 3-4

3. A 拿上伞   B 多喝水
   C 穿凉鞋   D 穿短裤

4. A 怎样打扮   B 太阳与月亮
   C 要保护皮肤 D 刷牙的好处

3. A 우산을 챙겨라   B 물을 많이 마셔라
   C 샌들을 신어라   D 반바지를 입어라

4. A 어떻게 화장을 하는가 B 태양과 달
   C 피부를 보호해야 한다   D 양치질의 장점

4.C 夏季，长时间在阳光下对皮肤不好。医生提醒大家，夏季要特别注意保护皮肤。要经常洗脸，保证皮肤干净，别让汗水留在脸上。另外，白天要减少户外活动，3.A 出门时最好带上伞或者戴上帽子。
3. 问：根据这段话，夏天出门时应该怎么做？
4. 问：这段话主要谈什么？

4.C 여름에 오랜 시간 태양 아래에 있으면 피부에 좋지 않다. 의사는 우리에게 여름에는 특히 피부를 보호하는 데 신경 쓰라고 한다. 자주 세안하고 피부를 깨끗하게 해야 하며 땀이 얼굴로 흐르지 않게 해야 한다. 그밖에도 대낮에 외부 활동을 줄여야 하고 3.A 외출할 때에는 우산을 챙기거나 혹은 모자를 착용하는 것이 가장 좋다.
3. 질문 : 이 단락에서 여름에 외출할 때에 반드시 어떻게 해야 하는가?
4. 질문 : 이 단락에서 주로 말하고 있는 것은 무엇인가?

> 해설
> 3. 녹음 마지막 부분에 '出门时最好带上伞或者戴上帽子。'라고 말하고 있는 부분에서 외출할 때에는 우산을 챙기거나 혹은 모자를 쓰는 게 좋다고 하는 것을 알 수 있다. 보기에서 '모자를 착용하다'라는 표현이 없으므로 정답은 자연스럽게 A 拿上伞이 된다.
> 4. 주제를 묻는 문제는 문장의 맨 앞, 맨 뒤를 잘 들어야 한다. 녹음 첫 시작에 '夏季，长时间在阳光下对皮肤不好'라고 하는 부분을 통해 '여름에 장시간 태양 아래 있는 것은 피부에 좋지 않다'는 것이 이 녹음 내용의 주제라는 것을 알 수 있다. 즉, '여름에는 피부를 보호해라', '외출할 때에는 피부를 보호하는 데 신경 써야 한다' 등의 내용이 주제가 되어야 하므로 정답은 C 要保护皮肤가 된다.

문제 5-6

5. A 不堵车　　　B 座位舒服
   C 可以看风景　D 不会被打扰

5. A 차가 막히지 않아서　B 자리가 편해서
   C 풍경을 볼 수 있어서　D 방해 받지 않아서

6. A 坐火车免费
   B 北京人热情
   C 北方春季热
   D 南北气候不同

6. A 기차를 타는 것은 무료이다
   B 베이징 사람은 친절하다
   C 북방의 봄은 덥다
   D 남북의 기후는 다르다

5.C 我喜欢坐火车旅游，是因为在火车上可以看到外面的风景。如果坐火车从北方到南方，一路上你会发现，不同的地方有不同的风景，6.D 北方也许还在下着雪，南方却已经到处都是绿色了。
5. 问：说话人为什么喜欢坐火车旅游？
6. 问：根据这段话，下列哪个正确？

5.C 나는 기차를 타고 여행하는 것을 좋아하는데, 그 이유는 기차에서는 바깥의 풍경을 볼 수 있기 때문이다. 만약 기차를 타고 북방에서 남방까지 간다면 가는 길에서 당신은 지역마다 다른 풍경이 있고, 6.D 북방에는 눈이 내리고 있지만 남방은 오히려 이미 온 사방이 푸르르다는 것을 발견할 수 있을 것이다.
5. 질문 : 화자는 왜 기차를 타고 여행하는 것을 좋아하는가?
6. 질문 : 이 단락을 근거로 아래 보기 중 어떤 것이 정확한가?

> 해설
> 5. 녹음 첫 부분에 기차를 타고 여행하는 것을 좋아하는 이유에 대해 '是因为在火车上可以看到外面的风景'이라고 설명하고 있는데 즉, 기차를 타고 여행을 하면 바깥의 풍경을 볼 수 있기 때문이라는 것을 알 수 있다. 그러므로 정답은 C 可以看风景이 된다.
> 6. 보기 중에 녹음의 내용과 일치하는 것을 찾는 문제이다. 녹음의 전체적인 내용을 정확하게 파악하는 것이 중요하다. 마지막 부분에 '北方也许还在下着雪，南方却已经到处都是绿色了'라고 말하고 있는 부분을 통해서 '북방지역은 눈이 내리고, 남방지역은 도처에 다 푸르다'라는 것을 알 수 있는데 즉, '북방과 남방의 기후가 서로 다르다'는 이야기이므로 녹음과 일치하는 보기는 D 南北气候不同이 된다.

독해 제3부분 실전 PT 정답 ▶p.241

1. D **2.** C **3.** B **4.** D **5.** A

문제 1

小孙最近心情不太好，可能是上次比赛失败，受了影响。你最好找个时间跟他谈一下，让他不要有压力，鼓励他好好准备下次比赛。	샤오순이 최근 마음이 그다지 좋지 않은데 아마도 지난번 경기에서 실패하여 영향을 받은 것 같아. 네가 시간을 내서 그와 이야기를 나눠보는 것이 가장 좋겠어. 그에게 스트레스를 주지 말고 그가 다음 경기에 잘 준비할 수 있도록 독려해줘.
★ 小孙: A 瘦了许多 B 被禁止参赛 C 不适应新学校 D 上次比赛输了	★ 샤오순은: A 살이 많이 빠졌다 B 경기에 참가 금지를 당했다 C 새 학교에 적응이 안 된다 D 지난번 시합에서 졌다

해설 질문을 보면 샤오순에 대해 묻고 있다. 샤오순에 대해 무엇을 묻고 있는지 질문이 광범위하다는 것은 전체적인 내용을 다 파악해야 하는 문제라는 것이다. 한 단락씩 본문을 보면서 정답과 매치해나가 본다. 문장 첫 부분 '小孙最近心情不太好，可能是上次比赛失败，受了影响'이라고 말하는 부분을 통해 샤오순이 기분이 안 좋은 이유는 지난번 시합에서 졌기 때문이라는 것을 알 수 있는데 보기에서 보면 D 上次比赛输了와 일치하므로 정답은 D가 된다.

문제 2

我本来很爱吃巧克力，但三个月之后我就要结婚了，我希望那时候的自己是最美丽的，所以我决定从现在开始减肥，不再吃糖、巧克力等一切甜的东西。	나는 원래 초콜릿을 무척 좋아하지만 3개월 뒤에 곧 결혼이라 나는 그때의 내 자신이 가장 아름답기를 바라서 지금부터 다이어트를 시작하기로 결심했다. 다시는 사탕, 초콜릿 등의 모든 단 것은 먹지 않겠다.
★ 她: A 很聪明　　　B 喜欢打扮 C 想变瘦些　　D 爱开玩笑	★ 그녀는: A 매우 똑똑하다　　B 화장하는 것을 좋아한다 C 살을 빼고 싶다　　D 농담을 좋아한다

해설 질문이 '她'로 그녀에 대해 무엇을 묻고 있는지 질문이 굉장히 광범위하다는 것을 알 수 있다. 그녀에 대한 내용을 본문에서 찾아야 하는데 '所以我决定从现在开始减肥'라고 말하는 부분에서 그녀는 지금부터 다이어트를 하기로 결심했다는 것을 알 수 있다. 즉, 여자는 살을 빼고 싶다는 것이므로 보기에서 정답은 C 想变瘦些가 답이다.

문제 3

我来南京以前，已经学过一段时间汉语。所以对我来说，一年级的汉语课，听和说很容易，只是写汉字有点儿难，需要多练习几遍。	나는 난징에 오기 전, 이미 중국어를 잠시 배운 적이 있다. 그래서 나는 1학년 중국어 수업에서 듣고 말하는 것은 매우 쉬운데, 단지 한자를 쓰는 것이 조금은 어려워 몇 번의 많은 연습이 필요할 것 같다.
★ 关于他，可以知道什么? A 是北京人　　　B 学过汉语 C 是历史老师　　D 不会说中文	★ 그에 관하여 알 수 있는 것은 무엇인가? A 베이징 사람이다　　B 중국어를 배운 적이 있다 C 역사 선생님이다　　D 중국어를 할 줄 모른다

해설 본문 첫 부분에 '我来南京以前，已经学过一段时间汉语'라고 말하는 부분을 통해 그는 중국어를 어느 정도 배운 적이 있다는 것을 알 수 있다. 보기에서 일치하는 것을 고르면 정답은 B 学过汉语가 된다.

문제 4-5

小周，⁴·ᴮ 你这个总结写得不错，尤其是公司这一年的发展情况和取得的成绩这两部分，内容很详细。⁴·ᴰ 但是还有几个地方需要改一下，比如一些大事的排列顺序等等。我都帮你画出来了，⁵·ᴬ 你改完再发我一份。

샤오저우, ⁴·ᴮ 당신의 이번 총 결론은 매우 잘 작성하였습니다. 특히 회사 올(해) 1년의 발전상황과 취득한 성적, 이 두 부분은 내용이 무척 자세합니다. ⁴·ᴰ 그러나 몇 군데 조금 고쳐야 할 부분이 있습니다. 예를 들어 큰 일들의 배열 순서 등등입니다. 제가 당신을 도와 체크해 드리겠으니 ⁵·ᴬ 당신은 다 고친 후에 다시 저에게 한 부를 보내주세요.

★ 关于这份总结，可以知道：
A 有点儿短　　　B 写得一般
C 缺少重点　　　D 有不准确之处

★ 이 총 결론에 관해 알 수 있는 것은:
A 조금 짧다　　　B 평범하게 작성하다
C 중점이 부족하다　　　D 정확하지 않은 부분이 있다

★ 他希望小周：
A 再改改　　　B 全部重写
C 减少字数　　　D 按时完成

★ 그가 샤오저우에게 바라는 것은:
A 다시 고쳐라　　　B 전부 다시 써라
C 글자 수를 줄여라　　　D 제 시간에 완성해라

해설
4. 이 총 결론에 관하여 '但是还有几个地方需要改一下'라고 말하고 있는 부분을 통해 아직 몇 부분은 수정이 필요하다는 것을 알 수 있다. 그러므로 정답은 '정확하지 않은 부분이 있다'라고 하는 D 有不准确之处가 정답이 된다. 또한 본문 첫 부분에 '你这个总结写得不错'라고 말하는 부분을 통해 '이 총 결론은 잘 쓰여졌다'라는 것을 알 수 있다. 그러므로 '평범하게 쓰였다'라는 의미인 B 写得一般은 정답이 될 수 없다.

5. 마지막 문장 '你改完再发我一份'이라는 부분을 통해 부족한 부분을 다 고친 후에 다시 보내라고 말하고 있음을 알 수 있으므로 샤오저우에게 바라는 것은 '다시 고쳐 보내라'라는 의미인 A 再改改가 정답이다.

쓰기 제1부분 실전 PT 정답　　　　▶p.248

❶
1. 爷爷有方法解决这样的问题。　할아버지는 이런 문제를 해결할 방법이 있다.
2. 父亲总是领着我们去香山看红叶。　아빠는 늘 우리를 데리고 시앙산에 가서 단풍잎을 보여주신다.
3. 不要用手机办信用卡。　휴대전화를 사용해 신용카드를 개설하지 말아라.
4. 我看到这部电影很感动。　나는 이 영화를 보고 매우 감동했다.
5. 你应该找律师好好谈谈情况。　너는 반드시 변호사를 찾아 상황을 잘 이야기해봐야 한다.

❷
1. 他做的菜使我们十分满意。　그가 만든 요리는 우리를 매우 만족시켰다.
2. 妈妈让我查成绩了。　엄마는 나에게 성적을 찾아보라고 하였다.
3. 请大家翻到第189页。　모두 189페이지를 펴세요.
4. 这个孩子的记忆力让人很吃惊。　이 아이의 기억력은 사람을 매우 놀라게 한다.
5. 妈妈让我收拾一下房间。　엄마는 나에게 방을 정리하게 하셨다.

❶

문제 1

方法　　有　　这样的问题　　解决　　爷爷

분석　解决 jiějué 통 해결하다 | 爷爷 yéye 명 할아버지

해설 제시 어휘에 '有'와 '解决'라는 동사 어휘가 두 개 있다. 술어가 두 개 이상 보이면 연동문일 가능성이 높다. 연동문 중에서도 첫 번째 술어가 '有'인 연동문으로, 각자 술어 뒤에 어울리는 목적어를 넣는다. '有'와 어울리는 목적어는 '方法', 두 번째 술어 '解决'와 어울리는 목적어는 '这样的问题', 주어는 '爷爷'로 '할아버지는 이러한 문제를 해결할 방법이 있다'라는 '爷爷/有方法/解决这样的问题'로 문장을 만든다.

TIP 주어 + 有 + 목적어 + 술어 + 목적어

문제 2

| 总是 | 看红叶 | 父亲 | 领着我们 | 去香山 |

분석 **总是** zǒngshì 부 언제나, 늘 | **红叶** hóngyè 명 단풍잎 | **领着** lǐngzhe 모시다, 데리고 가다 | **香山** Xiāngshān 지명 시앙산, 향산 [베이징에 있는 산]

해설 술어가 두 개 이상 보이면 연동문일 가능성이 높다. 제시 어휘 중 술어 부분은 세 개가 보이는데 '看红叶'와 '领着我们', '去香山'이다. 술어가 여러 개인 연동문은 술어의 위치 순서를 잡는 것이 중요한데, 연동문은 일의 진행 순서대로 술어를 배치해주는 것이 기본이다. 즉 주어인 '父亲'이 제일 먼저 한 일은 우리들을 데리고 시앙산에 간 후 단풍을 본 것이기 때문에 이 순서로 나열하면 '领着我们/去香山/看红叶'가 된다. 그리고 연동문에서 부사 '总是'는 첫 번째 술어 앞에 위치하므로 올바른 자리를 잡아주면 된다.

TIP 주어 + 부사 + 술어① + 목적어 + 술어② + 목적어 + 술어③ + 목적어

문제 3

| 用手机 | 信用卡 | 不要 | 办 |

분석 **手机** shǒujī 명 휴대전화 | **信用卡** xìnyòngkǎ 명 신용카드 | **办** bàn 동 개설하다

해설 제시 어휘에 '用手机'와 '办'이라는 술어가 될 수 있는 어휘가 두 개 있다. 술어가 두 개 이상 보이면 연동문일 가능성이 높다. 첫 번째 술어 부분은 '用手机', 두 번째 술어 부분은 '개설하다'라는 의미의 '办'이고, 이 '办'과 어울리는 목적어는 '信用卡'이므로 '办信用卡'로 두 번째 술어 부분을 완성시킨다. 연동문에서 부사와 조동사는 일반적으로 첫 번째 술어 앞에 위치하므로 '不要'는 첫 번째 술어 '用手机' 앞에 위치시킨다.

TIP 주어 + 부사 + 조동사 + 술어① + 목적어 + 술어② + 목적어

문제 4

| 看到 | 我 | 很感动 | 这部电影 |

분석 **感动** gǎndòng 동 감동하다

해설 제시 어휘에 '看到'와 '很感动'이라는 술어가 될 수 있는 어휘가 두 개 있는데, 술어가 두 개 이상 보이면 연동문일 가능성이 높다. 보고 감동했기 때문에 '看到'가 더 먼저 위치하게 된다. 또한 '看到'와 어울리는 목적어는 '这部电影'이므로 '看到这部电影'으로 묶는다.

TIP 주어 + 술어① + 목적어 + 술어②

문제 5

| 你应该 | 好好谈谈 | 找 | 律师 | 情况 |

분석 **应该** yīnggāi 조동 ~해야 한다, ~하는 것이 마땅하다 | **谈谈** tántan 이야기하다 | **律师** lǜshī 명 변호사 | **情况** qíngkuàng 명 상황

해설 술어가 두 개 이상 보이면 연동문일 가능성이 높다. 제시 어휘에 술어는 '找'와 '好好谈谈'이 있는데 '~를 찾아 잘 이야기해보다'라는 의미이기 때문에 찾는다는 의미인 '找'가 먼저 위치하며 찾는 사람은 '律师'이므로 '找律师'를 먼저 묶어준 후 앞의 술어 자리에 오게 한다. 뒤에 남은 술어 '好好谈谈'을 위치시키고, 역시 두 번째 술어도 어울리는 목적어를 찾아 '好好谈谈情况'으로 묶어준다.

TIP 주어 + 술어① + 목적어 + 술어② + 목적어

문제 1

| 菜 | 使我们 | 十分 | 他做的 | 满意 |

분석 十分 shífēn [부] 매우, 아주 | 满意 mǎnyì [형] 만족하다, 만족스럽다

해설 제시 어휘에 사역동사 '使'가 있으므로 겸어문의 사역구문을 만들면 된다. '~이 ~을 ~시키다'라는 의미의 사역구문으로 '주어 + [使 + 겸어] + 술어'의 구조로 문장을 배열한다. '그가 만든 요리가 우리를 매우 감동시킨다'는 내용이므로 주어는 '他做的菜', 술어 부분은 '满意'이다. 겸어문에서 부사는 의미가 어울리는 술어 앞에 위치하므로 부사 '十分'은 '매우 만족하다'라는 의미로 '十分满意' 앞에 붙어야 한다.

TIP 주어 + [使 + 겸어] + 술어

문제 2

| 查 | 让我 | 妈妈 | 成绩了 |

분석 成绩 chéngjì [명] 성적, 성과

해설 제시 어휘에 사역동사 '让'이 있으므로 겸어문의 사역구문이다. '~이 ~을 ~시키다'라는 의미의 사역구문으로 '주어 + [让 + 겸어] + 술어'의 구조로 문장을 배열한다. 엄마가 나에게 성적을 찾으라고 시킨 내용이므로 주어는 '妈妈'이고, 술어 부분은 '查'이다. 술어 '查'와 어울리는 목적어 '成绩了'가 뒤에 같이 붙어 '성적을 찾다'라는 의미의 '查成绩了'를 만들어준다.

TIP 주어 + [让 + 겸어] + 부사 + 술어

문제 3

| 翻到 | 页 | 请大家 | 第189 |

분석 翻到 fāndào ~까지 펴다 | 页 yè [명] 페이지

해설 제시 어휘에 사역동사 '请'이 있으므로 겸어문의 사역구문이다. '~이 ~을 ~하도록 청하다'라는 의미의 사역구문으로 '주어 + [请 + 겸어] + 술어'의 구조로 문장을 배열한다. 모두에게 189 페이지를 펼치라고 부탁한 내용이다. 사역동사가 첫 번째 술어로 와야 하므로 '请大家'가 먼저 위치하고, 두 번째 술어 '펼치다'라는 의미의 '翻到'가 뒤에 위치한다. '翻到' 뒤에는 '189페이지'라고 하는 의미의 '第189页'가 목적어로 붙는다. 여기서 '页'는 '페이지'라는 의미로 앞에 숫자가 와서 '쪽수'를 나타낸다. 또한 '请'은 사역동사로 주어가 생략되어, 주로 문장 처음에 위치한다.

TIP [请 + 겸어] + 술어

문제 4

| 记忆力 | 的 | 让人 | 这个孩子 | 很吃惊 |

분석 记忆力 jìyìlì [명] 기억력 | 吃惊 chījīng [동] 놀라다

해설 제시 어휘에 사역동사 '让'이 있으므로 겸어문의 사역구문이다. '~이 ~을 ~시키다'라는 의미의 사역구문으로 '주어 + [让 + 겸어] + 술어'의 구조로 문장을 배열한다. 이 아이의 기억력은 사람을 매우 놀라게 한다는 의미이므로 주어는 '这个孩子的记忆力'이며, 술어는 '很吃惊'이므로 사역구문 구조에 대입하면 '这个孩子的记忆力/让人/很吃惊.'이라는 문장을 어렵지 않게 만들 수 있다.

TIP 주어 + [让 + 겸어] + 술어

문제 5

让我 收拾 妈妈 一下 房间

분석 收拾 shōushi 동 정리하다, 정돈하다 | 房间 fángjiān 명 방

해설 사역동사 '让'이 있으므로 겸어문의 사역구문이라는 것을 알 수 있다. '~이 ~을 ~시키다'라는 의미의 사역구문은 '주어 + [让 + 겸어] + 술어 + 목적어'의 구조로 문장을 배열한다. 먼저 술어를 찾아보자. '收拾(정리하다)'이다. 술어 뒤에 붙는 동량보어 '一下'를 묶어 '收拾一下'를 먼저 만든다. 술어 뒤에 방을 정리하는 것으로 목적어까지 함께 묶어 '收拾一下房间'을 완성시킨다. 마지막으로 누가 누구에게 방을 정리하게 시켰는지 의미에 맞게 배열하면 된다. '让我'가 묶여 제시되었기 때문에 주어는 '妈妈'이고 엄마가 나에게 방을 정리하도록 시켰다는 것을 알 수 있다.

TIP 주어 + [让 + 겸어] + 술어 + 목적어

쓰기 제2부분 실전 PT 정답 ▶p.249

①
1. 我们去长城看看吧。 우리 만리장성에 가서 구경하자./
   我们陪妈妈去看长城吧。 우리 엄마를 모시고 만리장성을 보러 가자.
2. 他听到那个消息十分难受了。 그는 그 소식을 듣고 매우 괴로웠다./
   他吃晚饭后，身体很难受了。 그는 저녁밥을 먹은 후, 몸이 무척 불편했다.
3. 我去百货商店买了一台电视。 나는 백화점에 가서 한 대의 텔레비전을 샀다./
   我用电脑买了一台电视。 나는 컴퓨터를 이용하여 한 대의 텔레비전을 샀다.

②
1. 他的汗水让我很感动。 그의 땀이 나를 매우 감동시켰다./
   锻炼身体使她出了一身汗。 신체단련은 그녀가 온몸에 땀이 흐르게 했다.
2. 一个人住让她感觉很孤单。 혼자 사는 것은 그녀를 매우 외롭게 느끼게 한다./
   人越成长越觉得孤单。 사람은 성장할수록 외로워지는 것 같다.
3. 我的肚子让我很难受。 내 배가 나를 매우 괴롭게 한다./
   他做的晚饭让我肚子不舒服。 그가 만든 저녁요리가 내 배를 매우 아프게 했다.

문제 1

   长城

분석 长城 Chángchéng 명 만리장성

해설 그림은 만리장성의 모습을 보여주고 있다. 제시 어휘 '长城'은 '만리장성(만리장성)'이라는 의미의 장소명사 어휘로 연동문을 사용해 행위를 여러 개로 만들어볼 수 있다. '去……看看'이라는 표현을 사용해 '~에 가서 구경하다'라는 연동문 표현을 만들 수 있다. 제시 어휘를 대입해보면 '去长城看看'으로 '만리장성에 가서 구경하다'라는 의미의 연동문을 만들 수 있다.

문제 2

难受

분석　难受 nánshòu [형] 괴롭다

해설　그림은 한 남자가 몹시 괴로워하고 있는 모습이다. 제시 어휘 '难受'는 '괴롭다'라는 의미의 형용사 어휘로 심리 형용사는 '听到……很难受(~을 듣고 매우 괴로웠다)' 혹은 '看到……很难受(~을 보고 매우 괴로웠다)'라고 하는 연동문 표현을 사용하여 문장을 쉽게 만들 수 있다. 그림 속 남자는 무엇인가를 듣고 무척 괴로워하는 듯 보이므로 '听到这个消息很难受'라는 문장을 만들 수 있다.

문제 3

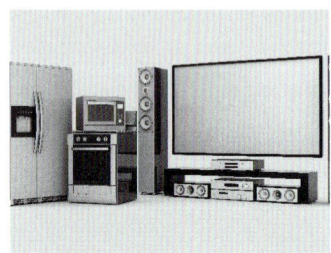

台

분석　台 tái [양] 대 [가전제품을 세는 양사]

해설　그림에는 다양한 가전제품들이 보인다. 제시 어휘 '台'는 '대'라는 의미의 가전제품 등을 세는 양사 어휘로 뒤에 명사가 와서 '一台电视(한 대의 텔레비전)'의 형태를 만든다. '台'가 쓰이는 명사는 대부분 '电视(텔레비전)', '洗衣机(세탁기)', '冰箱(냉장고)' 등을 세는 양사로 많이 출제되고 있다. '一台电视'를 사용해 연동문 문장을 만들어보자. '백화점에 가서 한 대의 텔레비전을 샀다'라는 의미의 연동문 표현을 만들어보면, 먼저 '去百货商店'을 앞에 위치시킨 후, 뒷부분에 '买了一台电视'를 사용해 어렵지 않게 연동문 문장을 만들어낼 수 있다.

문제 1

汗

분석　汗 hàn [명][동] 땀/땀이 나다

해설　그림에는 운동 후 땀을 흘리는 한 여성이 있다. 제시 어휘 '汗'은 '땀이 나다'는 뜻의 동사 어휘로, '出汗(땀이 나다)'으로 많이 쓰인다. '~이 ~을 ~시키다'라는 의미의 사역구문 '주어 + [让 + 겸어] + 술어'의 구조로 문장을 만들어보자. '그녀의 땀이 우리를 감동시켰다'라는 사역구문 표현을 만들기 위해 주어는 '她的汗水'가 되고, 그것이 우리를 감동시킨 것이기 때문에 '让我们很感动'을 만들어 함께 배열하면 '她的汗水让我很感动'이라는 표현이 완성된다.

문제 2

孤单

분석 孤单 gūdān [형] 외롭다, 쓸쓸하다

해설 그림에는 몹시 외롭고 쓸쓸해보이는 한 여성이 보인다. 제시 어휘는 '孤单'은 '외롭다'라는 의미의 형용사 어휘이다. 제시 어휘를 사용하여 겸어문의 사역구문으로 문장을 만들어보자. 그림은 집안에 여자 혼자서 무척 외로워하고 있는 모습으로 추측할 수 있다. '혼자 사는 것은 그녀를 매우 외롭게 느끼게 한다'라는 내용의 사역구문으로 문장을 만들어 보면, 주어는 '一个人住(혼자서 살다)'이고, '매우 외롭게 느낀다'라는 표현을 만들기 위해 먼저 '느끼다'라는 의미의 '感觉'를 두고, 뒤에 느끼는 것은 '매우 외로움'이므로 '感觉很孤单'으로 뒷부분을 완성시킨다. 이렇게 하여 '一个人住/让她/感觉很孤单'이라는 문장을 완성시킬 수 있다.

문제 3

肚子

분석 肚子 dùzi [명] (사람이나 동물의) 복부, 배

해설 그림의 여성은 배가 몹시 아픈 듯한 모습이다. 제시 어휘 '肚子'는 '배, 복부'라는 의미의 명사 어휘로, '肚子很难受', '肚子不舒服', '肚子疼'과 같이 '배가 아프다'라는 의미로 시험에서 자주 출제되고 있다. 그림을 보면 그녀의 배가 그녀를 무척 괴롭게 만들고 있는 상황이라는 것을 추측할 있다. 이에 사역구문으로 문장을 만들면, 주어는 '她的肚子'이고, 그녀의 배가 그녀를 매우 힘들게 하고 있다는 표현인 '让我很难受'를 만들어 '她的肚子/让我/很难受'라는 사역구문 문장을 완성할 수 있다.

듣기 제1부분 실전 PT 정답				▶p.258
1. ✓	2. ✗	3. ✗	4. ✗	5. ✓
6. ✗	7. ✓	8. ✗	9. ✗	10. ✓

문제 1

★ 做错事要及时道歉。　　　（　　）	★ 일을 잘못했을 때에는 즉시 사과해야 한다.
当自己做错事，而影响到别人时，一定要及时道歉。道歉不仅是对别人的尊重，也是对自己负责。	본인이 일을 잘못하여 다른 사람에게 영향을 끼쳤을 때에는 반드시 바로 사과해야 한다. 사과는 다른 사람에 대한 존중일 뿐만 아니라 자기에 대한 책임이기도 하다.

해설 질문만 보고도 이 문제는 상식문제라는 것을 알 수 있다. 당연히 일을 잘못했을 때에는 바로 사과해야 한다. 녹음 첫 부분에서도 '当自己做错事，而影响到别人时，一定要及时道歉'이라는 표현을 통해 정답은 √라는 것을 알 수 있다.

문제 2

★ 他会发邮件通知大家。　　　（　　）	★ 그는 이메일로 모두에게 통지할 것이다.
应聘结果暂时还没有出来，请大家先回去等消息吧。我会在三天之内打电话通知大家的。	지원 결과가 아직 나오지 않았으니 모두들 우선 돌아가 소식을 기다려주세요. 3일 내에 전화로 모두에게 통지하겠습니다.

해설 질문에서는 '邮件' 즉, 이메일로 통지한다고 하였다. 그러나 녹음 마지막 부분에 '打电话通知大家'라고 말하는 부분을 통해 이메일이 아니라 전화로 통지한다고 한 것을 알 수 있으므로 정답은 X이다.

문제 3

★ 他读的是新闻专业。　　　（　　）	★ 그가 공부한 것은 신문방송학 전공이다.
小时候，我有一个理想，长大以后能够使用法律来帮助别人。所以，上大学的时候，我选择了法律专业，后来，我成为了一名律师。	어렸을 때 나에게 꿈이 하나 있었는데 커서 법으로 다른 사람을 도와주는 것이었다. 그래서 대학에 입학했을 때 나는 법률 전공을 선택하였고 후에, 나는 변호사가 되었다.

해설 질문에 그의 전공은 신문방송학이라고 하였는데 녹음 마지막 부분에 '我选择了法律专业，后来，我成为了一名律师'라는 부분을 통해 그는 법률 전공을 선택하였고 나중에 변호사가 되었다는 것을 알 수 있다. 그는 신문방송학이 아니라 법률을 전공한 것이므로 정답은 X이다.

문제 4

★ 他大学刚刚毕业。　　　（　　）	★ 그는 대학을 막 졸업하였다.
明年我就要大学毕业了，这是我的最后一个暑假了。所以我要提前计划好，做一些自己感兴趣的事，去一些自己一直想去的地方。	내년에 나는 곧 대학 졸업이라 이것이 나의 마지막 여름방학이다. 그래서 나는 미리 계획을 잘 짜서 내가 흥미로운 일을 하고 줄곧 가고 싶었던 곳을 갈 것이다.

해설 녹음 첫 부분에 '明年我就要大学毕业了'라는 부분을 통해 그는 내년에 대학을 졸업한다는 것을 알 수 있다. 질문의 내용처럼 그는 지금 막 졸업한 것이 아니므로 정답은 X이다.

문제 5

★ 做事情方法很重要。　　　　（　　）	★ 일을 할 때에는 방법이 매우 중요하다.
无论做什么事都要注意方法，正确的方法可以帮我们节约时间。但如果方法不对，可能花五倍甚至十倍的时间都不能完成任务。	어떤 일을 하든 방법을 중요하게 여겨야 한다. 정확한 방법은 우리가 시간을 절약하도록 도와줄 수 있다. 그러나 방법이 틀리면 5배, 심지어 10배의 시간을 써도 임무를 완성할 수 없을 것이다.

해설 녹음의 첫 부분에 '无论做什么事都要注意方法'라고 말하는 부분을 통해서 어떤 일을 하든지 방법을 중시해야 한다는 것을 알 수 있다. 즉, 어떤 일을 하든 방법이 매우 중요하다라는 것이다. 또한 녹음 마지막에 '花五倍甚至十倍的时间都不能完成任务'라고 말하는 부분을 통해 방법이 옳지 않으면 5배, 10배의 시간을 써도 임무를 완성하기 어렵다는 것을 알 수 있다. 즉 녹음의 처음과 끝 부분에서 방법이 중요하다는 것을 계속 언급하고 있는 것으로 보아 정답은 √이다.

문제 6

★ 女儿晚上要加班。　　　　　（　　）	★ 딸은 저녁에 야근해야 한다.
女儿说，她今天下班后有约会，要跟同学去看电影。晚上不回来吃饭了。	딸이 말하기를 그녀는 오늘 퇴근 후 약속이 있어 친구와 영화를 보러 가야 하니 저녁은 집에서 먹지 못할 거라고 말했다.

해설 녹음의 중간 부분에 '跟同学去看电影'이라고 말하는 부분을 통해 딸은 퇴근 후 친구와 영화를 보러 간다는 것을 알 수 있다. '加班(야근하다)'과 '看电影(영화를 보다)'은 전혀 다른 상황이므로 정답은 X이다.

문제 7

★ 地图上蓝色表示海洋。　　　　（　　）	★ 지도상의 파란색은 바다를 나타낸다.
儿子，你看，地图上不同的颜色表示不同的地方，绿色的是森林、蓝色的是海洋。这是黄河，它像不像一个大大的几字？	아들아, 봐봐. 지도상의 다른 색은 다른 곳을 나타내는데 녹색은 삼림, 파란색은 바다를 나타낸단다. 이것은 황허로 하나의 큰 '几'자를 닮지 않았니?

해설 시험에 반복적으로 나왔던 지문이다. 질문만 보고도 정답은 당연히 √라는 것을 알 수 있고 또 녹음 중 '蓝色的是海洋'라는 부분을 통해서도 지도상에서 파란색은 바다를 표시한다는 것을 알 수 있다. 상식 문제에 속하기도 하므로 이런 문제는 녹음을 듣지 않고도 쉽게 정답을 맞힐 수 있다.

문제 8

★ 复印机坏了。　　　　　　　（　　）	★ 복사기가 고장 났다.
黄先生，很抱歉。我们办公室的传真机坏了，现在还在修理，可能过一会儿才能把材料传给您。	황 선생님, 정말 죄송합니다. 우리 사무실의 팩스기가 고장이 나서 지금 수리 중에 있습니다. 잠시 후에야 자료를 보내드릴 수 있습니다.

해설 시험에서 반복적으로 출제되었던 문제이다. 녹음에서 '我们办公室的传真机坏了'라고 말하는 부분을 통해 지금 사무실의 팩스기가 고장이 났다는 것을 알 수 있다. 질문에서는 복사기가 고장 났다고 하였으므로 정답은 X이다. 녹음을 들을 때에는 질문을 먼저 보고 핵심어휘를 체크한 후, 그 어휘가 들리지는 정확히 들어내려고 노력하자.

문제 9

★ 那儿的饺子很便宜。　　　　（　　）	★ 그곳의 교자는 매우 저렴하다.
我们公司旁边有家小吃店，非常有名。那儿的包子和鸡蛋汤都不错，价格也不贵。我经常去那儿吃早餐。	우리 회사 옆에는 분식점이 있는데 매우 유명하다. 그곳의 만두와 계란탕은 정말 맛있으며 가격도 비싸지 않다. 나는 자주 그곳에 가서 아침을 먹곤 한다.

해설　'那儿的包子和鸡蛋汤都不错, 价格也不贵'라고 말하고 있는 부분을 통해 그곳은 '만두'와 '계란탕'이 맛있고 값도 저렴하다는 것을 알 수 있다. 질문에서는 '包子'가 아니라 '饺子'라고 하고 있으므로 주어가 일치하지 않기 때문에 정답은 X이다.

문제 10

★ 张师傅对人很热情。　　　　（　　）	★ 장 선생은 사람에게 매우 친절하다.
每次自行车坏了，我都去我门口的修车师傅老张。他不但修车技术好，而且对人也很热情。	매번 자전거가 고장 나면 나는 입구 쪽의 수리기사 라오장을 찾는다. 그는 자전거 수리 기술이 좋을 뿐만 아니라 사람들에게도 매우 친절하다.

해설　질문을 통해 장 선생, 즉 라오장이 사람들에게 친절한지 아닌지를 잘 들어봐야 한다는 것을 알 수 있다. 녹음의 마지막 부분에 '对人也很热情'이라고 말하는 부분을 통해서 장 선생은 사람에게도 무척 친절하다는 것을 알 수 있다. 질문이 그대로 녹음에 녹아 있었던 문제로 질문을 먼저 잘 파악했다면 어렵지 않게 정답을 맞출 수 있었다.

독해 제1부분 실전 PT 정답　▶p.263

1. A　　2. F　　3. E　　4. B　　5. C
6. B　　7. E　　8. A　　9. C　　10. F

문제 1-5

A 重点	B 航班	C 打扰	D 坚持	E 引起	F 份
A 중점	B 항공편	C 방해하다	D 유지하다	E 불러 일으키다	F 부(양사)

문제 1

讲话应先讲（　　），这样才能使别人更快地了解你想表达的意思。	이야기할 때는 먼저 (중점)을 말해야 한다. 이렇게 해야만 다른 사람이 더욱 빠르게 당신이 표현하고 싶은 뜻을 이해하게 할 수 있다.

해설　빈칸의 위치는 문장의 가장 마지막에 위치하고 있으며 앞에는 술어 '讲'이 있다. 술어 뒤에 오는 것은 목적어로 '명사'일 가능성이 높다. '讲'은 '말하다'라는 의미로 무엇을 말하는 것인지 어울리는 명사를 찾으면 '重点'으로 '讲重点'은 '중점을 말하다'라는 의미이다.

문제 2

先生，请您先在入口处填一（　　）表格。	선생님, 먼저 입구에서 한 (부)의 서식을 작성해주세요.

해설 문제를 보면 수사 뒤에 빈칸이 있다는 것을 알 수 있다. 수사는 반드시 뒤에 양사가 같이 붙어 '수량사', 즉, '一个(한 개)', '三本(세 권)'의 형태를 만든 후 그 뒤에는 '一个手机(한 대의 휴대전화)', '三本书(세 권의 책)'와 같이 명사가 와서 '수사 + 양사 + 명사'의 형태를 만들어야 한다. 즉, 빈칸 앞에 수사가 있으므로 빈칸의 들어가야 하는 적절한 어휘는 양사이다. 보기에서 양사는 F 份 하나뿐이다.

문제 3

人与人之间如果缺少交流，可能就会（　　）误会。	사람과 사람 간에 만약 교류가 부족하면, 아마도 오해를 (불러 일으킬수 있다).

해설 빈칸 앞에는 '会'라는 조동사가 있으므로 그 뒤에는 동사 즉, 술어 자리라는 것을 알 수 있다. 빈칸 뒤에는 '误会'라는 목적어가 있으므로 '오해를 ~할 수 있다'라는 의미와 어울리는 적절한 어휘가 와야 한다. 앞문장을 함께 살펴보면 '교류가 부족하면 오해가 ~할 수 있다'로 정답은 '불러 일으키다'라는 의미의 E 引起가 된다. '引起误会'는 '오해를 불러 일으키다'라는 의미로 두 어휘가 짝꿍 어휘로 자주 출제된다.

문제 4

万阿姨乘坐的（　　）还有半个小时左右才会降落。	완 아주머니가 탑승한 (항공편)은 아직 30분 정도 있어야 비로소 착륙한다.

해설 빈칸 앞에 구조조사 형태 '……的'로 이루어진 것으로 보아 빈칸은 명사성 어휘가 올 것이라는 것을 알 수 있다. 탑승할 수 있는 느낌의 명사 어휘는 항공편뿐으로 정답은 B 航班이다. 또한 문장 마지막에 '착륙하다'라는 의미의 '降落'가 있는 것으로 보아 비행기와 관련된 어휘가 정답이라는 것을 한 번 더 확인할 수 있다.

문제 5

（　　）一下，大家都在，那我通知一件事情。	잠시 (실례하겠습니다). 여러분이 모두 계시니 제가 한 가지 일을 통지하겠습니다.

해설 '打扰一下'는 관용적으로 '잠시 실례합니다'의 의미로 쓰인다. 뒤의 내용이 '모두 자리에 있으니 한 가지 통지하겠다'라는 의미이므로 맨 앞에는 '잠시 실례합니다'의 '打扰'가 오는 것이 의미상 자연스럽다.

문제 6-10

A 顺便	B 页	C 袜子	D 温度	E 辛苦	F 乱
A ~하는 김에	B 페이지	C 양말	D 온도	E 수고하다	F 어지럽다

문제 6

A: 我现在去打印申请表，要不要顺便帮你打印出来？ B: 不用了，我才填到第二（　　），我一会儿自己去就行。	A: 저 지금 신청서를 인쇄하러 가는 김에 당신의 인쇄를 도와 드릴까요? B: 괜찮아요, 저는 이제야 두 (페이지) 작성했으니 제가 잠시 후에 직접 가면 됩니다.

해설 숫자 뒤에 빈칸이 있다. 숫자를 받을 수 있는 어휘가 나와야 하는데 '页'는 '페이지'라는 의미로 앞에 숫자가 와서 몇 페이지인지를 나타낼 수 있으므로 정답은 B 页이다.

문제 7

A: 那个房间又脏又乱，星期六我去打扫，整理了一下。 B: 原来是你啊，（　　　）了，谢谢你！	A: 그 방은 지저분하고 번잡스러워서 토요일에 제가 청소하러 가서 정리 좀 했어요. B: 알고 보니 당신이었군요. (수고했어요), 고마워요!

해설 시험에서 반복적으로 출제되었던 문제이다. 빈칸 뒤에 '了'가 있는 것으로 보아 빈칸은 술어라는 것을 알 수 있다. 뒤에 '고맙다'라는 표현이 있으므로 문장과 어울릴 만한 관련 어휘를 살펴보면 '수고했어, 고마워'라는 의미가 어울리므로 정답은 E 辛苦가 된다.

문제 8

A: 家里没有啤酒了，我去趟超市。 B: 你下楼的时候（　　　）把垃圾扔了。	A: 집에 맥주가 떨어졌네요, 저 슈퍼에 다녀올게요. B: 당신 내려갈 때, (가는 김에) 쓰레기를 버리세요.

해설 빈칸 뒤에 '把'자가 있으므로 '把자문'이라는 것을 알 수 있다. '把자문'의 특징은 '把' 앞에 부사와 조동사 같은 수식성분이 오므로 빈칸은 부사와 조동사가 위치할 가능성이 크다. 제시 어휘 중에 부사는 '顺便……(~하는 김에)'뿐이며 의미상 '네가 맥주 사러 내려가면서 그 김에 쓰레기도 버려라'라는 의미가 성립하므로 정답은 A 顺便이다.

문제 9

A: 你怎么买了这么多（　　　）? B: 商场在做活动，10块钱3双，我就多买了些。	A: 당신은 어째서 이렇게 많은 (양말)을 샀어요? B: 상점에서 행사 중인데, 10위안에 3켤레이길래, 제가 많이 좀 샀어요.

해설 빈칸이 있는 A문장을 보면 술어 '买了' 뒤에 빈칸이 있는 걸 알 수 있다. 무엇을 샀는지 목적어, 즉 명사성 어휘가 올 가능성이 크다. '~을 샀다'라는 의미를 만들 수 있는 어휘는 '양말'이라는 명사성 어휘 C 袜子가 정답이 된다.

문제 10

A: 我刚搬了家，还没来得及收拾，有点儿（　　　）。 B: 我下午没事，帮你收拾吧。	A: 제가 방금 이사를 해서, 아직 정리할 새가 없었어요, 좀 (어수선해요). B: 제가 오후에 일이 없으니, 당신이 정리하는 걸 도울게요.

해설 빈칸이 '有点儿' 뒤에 위치한다. '有点儿'은 '조금'이란 의미로 뒤에 부정적인 느낌의 형용사가 위치한다는 것을 꼭 기억하자! 자주 쓰이는 패턴으로는 '有点儿紧张(조금 긴장되다)', '有点儿热闹(조금 번잡하다)', '有点儿乱(조금 어수선하다)', '有点儿累(조금 피곤하다)' 등이 많이 출제된다. 앞에서 '이사를 해서 아직 정리가 안 돼서 좀 ~해'라는 의미에 부합하는 형용사 어휘는 '어지럽다, 어수선하다'라는 의미의 F 乱이다.

쓰기 제1부분 실전 PT 정답 ▶p.267

1. 多吃水果对皮肤有好处。 과일을 많이 먹는 것은 피부에 장점이 있다.
2. 我妻子是一个十分浪漫的人。 내 아내는 한 명의 매우 낭만적인 사람이다.
3. 他的话引起了警察的怀疑。 그의 말이 경찰의 의심을 불러 일으켰다.
4. 饭后散步对身体有好处。 식사 후 산책은 신체에 장점이 있다.
5. 夏季外出时要注意保护皮肤。 여름에 외출할 때에는 피부를 보호하는 데 신경 써야 한다.
6. 他是一个很有礼貌的小伙子。 그는 한 명의 매우 예의 바른 젊은이다.
7. 所有的人都反对这样做。 모든 사람들이 다 이렇게 하는 것을 반대한다.
8. 这盒饼干是过年时爸爸送给妈妈的。 이 비스킷은 명절에 아빠가 엄마에게 선물한 것이다.
9. 这里到底发生了什么事情？ 이곳에서 도대체 무슨 일이 발생한 것인가?
10. 所有的人都没有猜出来答案。 모든 사람들이 다 답을 알아 맞히지 못했다.
11. 医院里不允许抽烟。 병원 안에서는 담배 피우는 것을 금지한다.
12. 冰箱里还剩了两个西红柿。 냉장고 안에는 아직 두 개의 토마토가 남아있다.
13. 观众对今天的演讲十分失望。 관중은 오늘의 강연에 대해 매우 실망했다.
14. 祝你俩永远幸福。 너희 둘이 영원히 행복하기를 바라.
15. 姐妹俩的性格完全不同。 자매 둘의 성격은 완전히 다르다.
16. 飞机不得不提前降落。 비행기가 부득이하게 착륙을 앞당겼다.
17. 船上的乘客几乎都来自亚洲。 배 위의 승객들은 거의 모두 아시아에서 왔다.
18. 这双袜子是父亲给我的。 이 양말은 아빠가 나에게 준 것이다.
19. 我们最后不得不改变主意。 우리들은 최후에 어쩔 수 없이 생각을 바꾸었다.
20. 那个地方的景色很美。 저곳의 풍경은 매우 아름답다.

문제 1

| 好处 | 水果 | 有 | 对皮肤 | 多吃 |

단어 好处 hǎochù 명 이로운 점, 장점 | 水果 shuǐguǒ 명 과일 | 皮肤 pífū 명 피부

해설 '对'는 전치사로 뒤에 명사가 와서 '对 + 명사' 형태의 전치사구를 만들어 술어 앞에 온다. '对皮肤' 뒤에 술어는 '有'이며 목적어는 '好处'이다. 피부에 장점이 있는 것이 무엇인지 주체를 찾으면 바로 '과일을 많이 먹는 것'이므로 '多吃水果'가 주어가 된다. '对……有好处'는 '~에 장점이 있다'라는 의미로 고정형태로 많이 출제된다는 것을 기억하자.

TIP 주어 + 对…… + 有好处

문제 2

| 是 | 我妻子 | 十分浪漫的 | 一个 | 人 |

단어 妻子 qīzi 명 아내 | 十分 shífēn 부 매우, 아주 | 浪漫 làngmàn 형 낭만적이다

해설 '是 판단문'으로, '~은 ~이다'라는 의미의 기본문장구조로 배열하는 문제이다. 주어는 '我妻子'이고 술어는 '是', 목적어는 '人'이며, 수량사 '一个'와 구조조사 형태의 '十分浪漫的'는 목적어를 꾸며주는 관형어로 목적어 앞에 위치해야 하는데 관형어 순서는 '수량사 + ……的'의 순서로 위치한다.

TIP 주어 + 是 + (수량사 + ……的) + 목적어

문제 3

| 警察的 | 他的 | 引起了 | 话 | 怀疑 |

단어 警察 jǐngchá 몡 경찰 | 引起 yǐnqǐ 동 (주의를) 끌다, 야기하다 | 怀疑 huáiyí 동 의심하다, 의심을 품다

해설 술어는 '引起了'로 문장의 중심에 둔다. 나머지 어휘를 보면 '……的' 형태가 두 개 보이므로 관형어라는 것을 알 수 있다. 그러므로 하나는 주어 앞, 하나는 목적어 앞에 위치할 거라는 것을 추측할 수 있다. '어떤 말이 의심을 불러 일으킨 것'이므로 주어는 '话', 목적어는 '怀疑'가 되며, 주어와 목적어 앞에 의미에 맞게 관형어를 배열한다.

TIP (……的 +) 주어 + 술어 + (……的 +) 목적어

문제 4

| 饭后 | 对 | 散步 | 身体 | 有好处 |

단어 散步 sànbù 동 산보하다 | 有好处 yǒu hǎochù 장점이 있다

해설 '对……有好处'는 '~에 장점이 있다'라는 의미로 고정형태로 많이 출제된다. '식사 후 산책이 신체에 장점이 있다'는 의미이므로 주어는 '饭后散步'이고, 전치사 '对' 뒤에 오는 명사는 '身体'가 된다.

TIP 주어 + 对…… + 有好处

문제 5

| 保护皮肤 | 注意 | 夏季外出时 | 要 |

단어 保护 bǎohù 동 보호하다 | 注意 zhùyì 동 주의하다, 조심하다 | 夏季 xiàjì 몡 여름 | 外出 wàichū 동 (밖으로) 나가다, 외출하다

해설 술어를 먼저 찾으면 '注意'이고 조동사는 술어 앞에 위치하므로 '要注意'로 배열한다. 피부를 보호하는 것을 주의해야 하므로 목적어는 '保护皮肤'가 되며, '夏季外出时'는 시간부사 형태로 부사어 자리 즉, 술어 앞 혹은 문장 앞에 놓는다.

TIP (시간부사) + 주어 + (시간부사) + 조동사 + 술어

문제 6

| 他 | 很有礼貌的 | 是一个 | 小伙子 |

단어 有礼貌 yǒu lǐmào 예의가 있다, 예의 바르다 | 小伙子 xiǎohuǒzi 몡 젊은이, 청년

해설 '是 판단문'으로, '~은 ~이다'라는 의미의 기본문장구조로 배열하는 문제이다. 주어는 '他'이고 술어는 '是', 목적어는 '小伙子'이며, 구조조사 형태의 '很有礼貌的'는 관형어로 의미상 목적어 앞에 위치한다.

TIP 주어 + 是 + (……的 +) 목적어

문제 7

| 都 | 这样做 | 所有的人 | 反对 |

단어 这样做 zhèyàng zuò 이렇게 하면 | 所有 suǒyǒu 형 모든, 전부의 | 反对 fǎnduì 동 반대하다

해설 술어는 '反对'이다. '모든 사람들이 다 이렇게 하는 것을 반대한다'는 의미이므로 반대하는 주체인 '所有的人'이 주어가 되며, 반대하는 것은 '这样做'로 주어와 목적어를 잡아준다. '都'는 부사로 술어 앞에 위치한다.

TIP 주어 + 부사 + 술어 + 목적어

문제 8

| 是过年时 | 这盒 | 送给妈妈的 | 饼干 | 爸爸 |

단어 过年 guònián 동 설을 쇠다, 새해를 맞다 | 送给 sònggěi 주다, 선물하다 | 饼干 bǐnggān 명 비스킷, 과자

해설 제시 어휘에 '是'와 '的'가 있는 것으로 보아 '是……的' 강조구문일 가능성이 있다. '是' 뒤에 '过年时'라는 시간표현이 있으므로 시간을 강조한 강조구문을 만들면 된다. '是……的' 강조문은 주어 + 是……的'의 형태로 주어 뒤에 '是', 문장 끝에 '的'가 쓰여 강조성을 나타낸다. 주어는 '这盒饼干'이고, 이 비스킷은 아빠가 준 것이므로 '爸爸'가 '是……的' 사이에 위치하면 된다.

TIP 주어 + 是 + 부사 + 목적어 + 的

문제 9

| 发生了 | 什么 | 到底 | 这里 | 事情 |

단어 发生 fāshēng 동 (원래 없던 현상이) 생기다, 발생하다 | 到底 dàodǐ 부 도대체 | 事情 shìqing 명 일, 사건

해설 제시 어휘 중 술어는 '发生了'이며, 어떤 일이 발생했다는 '什么事情'이 목적어가 된다. 주어는 장소표현인 '这里'가 위치한다. '到底'는 부사로 술어 앞에서 '到底发生了'로 배열한다. 시험에서 반복적으로 출제되고 있는 문장이므로 반드시 기억하자.

TIP 주어(장소 표현) + 부사 + 술어 + 목적어

문제 10

| 猜出来 | 所有的人 | 答案 | 没有 | 都 |

단어 猜 cāi 동 추측하다, 알아맞히다 | 答案 dá'àn 명 답안, 답

해설 제시 어휘에 술어로 보이는 어휘가 두 개가 있다. '没有'와 '猜出来'이다. 그러나 '没有'는 술어이기 이전에 부정을 나타내는 부정부사로 술어 앞에 쓰이는 표현일 수 있다는 것도 기억한다. 그러므로 술어는 '猜' 뒤에 방향보어 '出来'가 붙은 '猜出来'일 가능성이 크다. 무엇을 추측하는지 목적관계를 찾으면 '答案'이고, 답을 추측하는 주체는 '所有的人'이므로 주어가 된다. 남은 어휘는 '都'와 '没有'로 모두 부사로 보면 된다. 부사는 술어 앞에 위치하는데 부사가 두 개이므로 부사의 순서에 따라 배열해야 한다. '都'는 범위부사, '没有'는 부정부사로 부사의 순서는 '어기 → 시간 → 빈도 → 범위 → 정도 → 부정'이므로 '都没有'로 배열한 후 술어 앞에 위치시킨다.

TIP 주어 + (어기부사 → 시간부사 → 빈도부사 → 범위부사 → 정도부사 → 부정부사) + 술어 + 목적어

문제 11

| 不允许 | 医院 | 抽烟 | 里 |

단어 允许 yǔnxǔ 동 동의하다, 허가하다 | 医院 yīyuàn 명 병원 | 抽烟 chōuyān 동 담배(를) 피우다, 흡연하다

해설 제시 어휘 중 술어는 '不允许'로 '금지하다'라는 의미이다. 병원에서 담배 피우는 것을 금지한다는 의미이므로 주어는 장소표현인 '医院里', 목적어는 '抽烟'이다. '不允许'는 '(~에서는) ~을 금지하다'는 의미로 '这里不允许停车(이곳은 주차를 금지합니다)', '这里不允许吃饭(이곳에서 식사를 금지합니다)'이라는 고정표현으로 시험에 자주 출제된다는 것을 기억하자.

TIP 주어(장소 표현) + 술어 + 목적어

문제 12

| 西红柿 | 还 | 冰箱 | 剩了 | 里 | 两个 |

단어 西红柿 xīhóngshì 명 토마토 | 冰箱 bīngxiāng 명 냉장고 | 剩 shèng 동 남다, 남기다

해설 제시 어휘 중 술어는 '剩了'로 '남다'라는 의미이다. 어디에 무엇이 남아있는지 주어와 목적어를 찾으면 '冰箱里'가 주어가 되며, '西红柿'가 목적어가 된다. '两个'는 수량사로 뒤에 셀 수 있는 명사가 와야 하므로 토마토 앞에서 '两个西红柿'로 만들어준다. '还'는 부사로 술어 앞에 위치하면 문장이 완성된다.

TIP 주어(장소 표현) + 술어 + 목적어

문제 13

| 对今天的 | 观众 | 演讲 | 十分失望 |

단어 观众 guānzhòng 명 관중, 시청자 | 演讲 yǎnjiǎng 명 강연, 연설 | 失望 shīwàng 동 실망하다

해설 '对'는 전치사로 '对 + 명사' 형태의 전치사구를 만들어 술어 앞에 놓는다. 술어는 '十分失望'으로 '对……十分失望'이라는 구조에 남은 어휘를 대입한다. 관중이 오늘의 강연에 실망한 것이므로 주어는 '观众', 전치사구는 '对今天的演讲', 그 뒤에 술어를 위치시킨다.

TIP 주어 + 对…… + 十分失望

문제 14

| 幸福 | 你俩 | 祝 | 永远 |

단어 祝 zhù 동 기원하다, 축복하다 | 永远 yǒngyuǎn 부 영원히, 길이길이

해설 '祝'는 '기원하다'라는 의미의 술어로 고정표현으로 많이 쓰인다. '祝'가 시험에 출제되면 '생일 축하합니다'라는 표현인 '祝你生日快乐'를 기억하고 같은 형태로 대입해보는 것도 한 방법이다. '祝' 뒤에 누구에게 기원하는지 대상이 붙어 '祝你俩'를 만든 후에, 그 뒤에 무엇을 기원하는지에 대한 내용이 온다. '영원히 행복해라'라는 의미이므로 '幸福'라는 형용사 술어 앞에 '永远'이라는 부사가 와 '永远幸福'라고 표현한다.

TIP 祝 + 기원의 대상 + 기원의 내용

문제 15

| 不同 | 姐妹俩的 | 完全 | 性格 |

단어 完全 wánquán 부 완전히, 전적으로 | 性格 xìnggé 명 성격

해설 제시 어휘 중 주어를 찾아보면 '性格'이고 술어는 '不同'이다. 그래서 '성격이 다르다'라는 기본문장틀이 완성된다. '完全'은 '완전히'라는 부사로 술어 앞에 오므로 '完全不同'으로 배열하고, 구조조사 형태인 '姐妹俩的'는 명사 앞에 위치해야 하므로 주어 '性格' 앞에서 주어를 꾸며주는 관형어로 배치한다.

TIP (……的 +) 주어 + 부사 + 술어

문제 16

| 降落 | 飞机 | 提前 | 不得不 |

단어 降落 jiàngluò 동 내려오다, 착륙하다 | 飞机 fēijī 명 비행기 | 提前 tíqián 동 (예정된 시간·위치를) 앞당기다 | 不得不 bùdébù 부 어쩔 수 없이, 반드시

| 해설 | 제시 어휘 중 주어는 '飞机'이고 부사는 '不得不'이다. 비행기가 부득이하게 어떻게 됐는지를 표현해야 하는데 남은 어휘는 '提前'과 '降落'이다. 두 어휘는 모두 동사 어휘로 둘 중에 하나가 술어가 되고, 하나는 목적어 형태로 배열해야 한다. '착륙을 앞당기다'인지, '앞당김을 착륙하다'인지 의미적으로 적절한 것은 '착륙을 앞당기다'이므로 술어가 '앞당기다'라는 의미의 '提前'이고 무엇을 앞당겼는지에 대한 목적관계는 '降落'이므로 '提前降落'로 배열해야 의미가 정확해진다.

TIP 주어 + 부사 + 서술어 + 목적어

문제 17

亚洲   船上的   几乎都   来自   乘客

| 단어 | 亚洲 Yàzhōu 〔지명〕 아시아주 | 几乎 jīhū 〔부〕 거의, 거의 모두 | 来自 láizì 〔동〕 ~(로)부터 오다, ~에서 나오다 | 乘客 chéngkè 〔명〕 승객

| 해설 | 이 문제는 '来自'라는 어휘를 파악하는 것이 중요하다. '来自……'는 '~에서 오다'라는 표현으로 주어 + 来自 + 장소의 형태를 만든다. 주어는 '船上的乘客'이고 '亚洲'는 '아시아'라는 장소 어휘이므로 '来自亚洲'로 배열한다. '几乎都'는 '거의 모두'라는 의미로 부사이므로 술어 앞에 위치한다. 술어는 '来自'의 '来'가 술어이므로 '几乎都来自'로 배열하여 완성한다.

TIP 주어 + 부사 + 来自(술어) + 장소

문제 18

这双袜子   给我的   是   父亲

| 단어 | 袜子 wàzi 〔동〕 양말, 스타킹 | 父亲 fùqīn 〔동〕 부친, 아버지

| 해설 | 제시 어휘에 '是'와 '的'가 있는 것으로 보아 '是……的' 강조문일 가능성이 있다. '是……的' 강조문은 '주어 + 是……的'의 형태로 주어 뒤에 '是', 문장 끝에 '的'가 쓰여 강조성을 나타낸다. 주어는 '这双袜子'이고, 이 양말은 아빠가 준 것이기 때문에 '父亲'이 '是……的' 사이에 위치하여 '이 양말은 아빠가 준 것'이라는 것을 강조하는 '是……的' 강조구문을 완성할 수 있다.

TIP 주어 + 是 + 강조 내용 + 的

문제 19

不得不   主意   改变   我们最后

| 단어 | 不得不 bùdébù 〔부〕 어쩔 수 없이, 반드시 | 主意 zhǔyi 〔명〕 방법, 생각 | 改变 gǎibiàn 〔동〕 변하다, 바뀌다 | 最后 zuìhòu 〔명〕 최후, 제일 마지막

| 해설 | 제시 어휘 중 먼저 술어를 찾으면 '바꾸다'라는 의미의 '改变'이다. 무엇을 바꾸었는지 목적관계를 찾으면 '생각, 아이디어'라는 의미의 '主意'로 '改变主意'라고 배열할 수 있다. 생각을 바꾼 주체는 '우리'이므로 '我们'이 주어가 되며, 부사 '不得不'는 술어 앞에 놓인다.

TIP 주어 + 부사 + 서술어 + 목적어

문제 20

景色   那个   很美   地方的

| 단어 | 景色 jǐngsè 〔명〕 풍경, 경치 | 地方 dìfang 〔명〕 장소, 곳

| 해설 | 제시 어휘 중 주어와 술어를 먼저 찾으면, '풍경이 아름답다'라는 의미이므로 명사 어휘 '景色'가 주어, 형용사 어휘 '美'가 술어가 된다. '很'은 부사로 술어 앞에 위치하며, 구조조사 형태의 '地方的'는 명사 앞에서 명사를 꾸며주는 표현으로 명사 어휘 '景色' 앞에서 주어를 꾸며주는 관형어로 배치하고 '지시대명사 + 양사'의 형태인 '那个'는 명사인 '地方的' 앞에 놓아 '那个地方的景色'로 완성한다.

TIP 지량사 + 구조조사(……的 +) + 명사(주어) + 부사 + 술어

Day 15

듣기 제2부분 실전 PT 정답 ▶p.272

| 1. A | 2. C | 3. A | 4. B | 5. A |
| 6. C | 7. A | 8. C | 9. C | 10. D |

문제 1

| A 多休息 | B 戴帽子 | A 많이 쉬어라 | B 모자를 착용해라 |
| C 多穿衣服 | D 打扫客厅 | C 옷을 많이 입어라 | D 거실을 청소해라 |

男：你这几天在办公室加班呢，我觉得你需要多休息。
女：放心吧！我能照顾好自己。别忘了，我可是个护士。
问：男的让女的做什么？

남: 너 요 며칠 사무실에서 야근하던데, 내가 볼 땐 너 많이 쉬는 게 필요해.
여: 걱정 마! 나 스스로 잘 돌볼 수 있어! 잊지 마, 나는 간호사 잖아.
질문: 남자는 여자에게 무엇을 하라고 하였는가?

해설 남자가 '我觉得你需要多休息'라고 말하는 부분을 통해 여자는 지금 휴식이 필요하다는 것을 알 수 있다. 정답은 A 多休息이다.

문제 2

A 不爱热闹	A 시끄러운 것을 좋아하지 않아서
B 要去见房东	B 집주인을 보러 가야 해서
C 亲戚找他	C 친척이 그를 찾아서
D 心情不好	D 기분이 안 좋아서

女：昨晚同学聚会，你怎么提前离开了？
男：有个亲戚突然有事找我帮忙，我就先走了。
问：男的为什么提前走了？

여: 어제 저녁 동기모임에서 너 어째서 일찍 간 거야?
남: 친척이 갑자기 일이 생겨 나를 찾아서 먼저 갔어.
질문: 남자는 왜 먼저 갔는가?

해설 여자가 남자에게 왜 일찍 갔냐는 물음에 남자가 '有个亲戚突然有事找我帮忙'이라고 대답하는 부분을 통해 친척이 갑자기 그에게 도와달라고 했다는 것을 알 수 있으므로, 일찍 모임에서 빠져 나온 이유는 '친척이 그를 찾아서'라는 것을 알 수 있다. 정답은 C 亲戚找他이다.

문제 3

| A 网址 | B 答案 | A 웹사이트 주소 | B 답안 |
| C 国籍信息 | D 航班号 | C 국적 정보 | D 항공편 번호 |

男：你说的那个眼镜，我前两天在一个购物网站上看到过。
女：真的吗？你快把网址发给我。
问：女的让男的发什么？

남: 네가 말한 그 안경을 내가 이틀 전에 한 인터넷 쇼핑몰에서 봤어.
여: 정말이야? 너 빨리 그 웹사이트 주소를 내게 보내봐.
질문: 여자는 남자에게 무엇을 보내라고 하였는가?

> **해설** 여자가 남자에게 '你快把网址发给我'라고 말하고 있는 부분을 통해 여자는 남자에게 웹사이트 주소를 자신에게 보내라고 하고 있다는 것을 알 수 있으므로 정답은 A 网址이다.

문제 4

A 宾馆	B 餐厅	A 호텔	B 식당
C 邮局	D 医院	C 우체국	D 병원

女：你想吃什么? 烤鸭怎么样?
男：我都行。你拿主意吧。我先去趟洗手间。
问：他们最可能在哪儿?

여：너 뭐 먹고 싶어? 오리구이(베이징덕) 어때?
남：난 다 좋아. 네가 정해. 나 먼저 화장실에 갔다 올 테니까.
질문：그들은 어디에 갈 가능성이 있는가?

> **해설** 여자가 남자에게 무엇이 먹고 싶은지 물으면서 '烤鸭怎么样?'이라고 말하고 있는 것으로 보아 오리구이를 먹으러 갈 것이라는 것을 추측할 수 있으므로 정답은 음식을 먹는 장소인 B 餐厅이다.

문제 5

A 姐姐	B 阿姨	A 언니	B 이모
C 妈妈	D 女儿	C 엄마	D 딸

男：听说，你姐搬来和你一起住了?
女：对。不过，她只住一周左右，等签证办下来就走。
问：女的现在和谁一起住?

남：듣자 하니 네 언니가 와서 너와 같이 산다던데?
여：맞아. 그런데 언니는 일주일 정도 머무르다가 비자가 나오면 다시 갈 거야.
질문：여자는 지금 누구와 함께 사는가?

> **해설** 보기를 보면 인물파악 문제라는 것을 알 수 있으므로 녹음을 들을 때에는 인물을 중심으로 들으려고 해야 한다. 남자가 여자에게 '你姐搬来和你一起住了'라고 말하는 부분을 통해 여자는 지금 언니와 함께 살고 있다는 것을 추측할 수 있다. 정답은 A 姐姐이다.

문제 6

A 没电梯	B 楼层低	A 엘리베이터가 없다	B 층이 낮다
C 价格高	D 比较旧	C 가격이 높다	D 비교적 오래됐다

女：这儿不是郊区吗? 怎么房价也这么高?
男：可能是因为这周围学校多，孩子上学方便，而且离地铁站也很近。
问：那儿的房子怎么样?

여：여기 변두리 아니야? 어째서 집값이 이렇게나 높은 거야?
남：아마 이 주변에 학교가 많아서 아이들이 등교하기 편하고, 지하철역에서도 매우 가까워서 그럴거야.
질문：그곳의 집은 어떠한가?

> **해설** 집에 관하여 여자가 '怎么房价也这么高?'라고 말하는 부분을 통해 이곳의 집값이 무척 높다는 것을 알 수 있으므로 정답은 '가격이 높다'라는 의미의 C 价格高이다.

문제 7

| A 在打折 | B 售货员不多 | A 할인 중이다 | B 판매원이 많지 않다 |
| C 顾客少 | D 服务好 | C 고객이 적다 | D 서비스가 좋다 |

| 男：这家店门前，怎么有这么多人排队？
女：店里在做活动，全场打五折。我们也进去看看吧！
问：关于那家店，可以知道什么？ | 남：이 매장 문 앞에 어째서 이렇게 많은 사람들이 줄을 서있는 거야？
여：매장에서 행사 중인데 모든 상품을 50% 할인하거든. 우리도 들어가서 한번 구경해보자！
문제：저 매장에 관해 알 수 있는 것은 무엇인가？ |

해설 매장 앞에 많은 사람들이 줄을 서고 있는데 그 이유는 여자가 '全场打五折'라고 말하고 있는 부분을 통해서 지금 매장이 50% 할인 행사 중이라는 것을 알 수 있다. 정답은 A 在打折이다.

문제 8

| A 擦黑板 | B 申请留学 | A 칠판을 닦아라 | B 유학을 신청해라 |
| C 翻译材料 | D 寄信 | C 자료를 번역해라 | D 편지를 부쳐라 |

| 女：钱教授让你翻译的材料，全都弄完了？
男：差不多了，我明天上午打印出来，就可以交给他了。
问：钱教授让男的做什么？ | 여：치엔 교수가 네게 번역하라고 시킨 자료, 전부 끝냈니？
남：거의 다했어. 내가 내일 오전에 인쇄해서 바로 교수님께 보낼 수 있어.
질문：치엔 교수는 남자에게 무엇을 하라고 하였는가？ |

해설 여자가 남자에게 '钱教授让你翻译的材料'라고 말하고 있는 부분을 통해서 치엔 교수가 남자에게 자료를 번역하라고 시켰다는 것을 알 수 있으므로 정답은 C 翻译材料이다.

문제 9

| A 15号 | B 10号 | A 15일 | B 10일 |
| C 30号 | D 1号 | C 30일 | D 1일 |

| 男：小王上个礼拜出差了，估计月底才能回来。你找他有急事吗？
女：也不太着急，等他回来，我再联系他吧。打扰了！
问：小王可能哪天回来？ | 남：샤오왕은 지난주에 출장 갔습니다. 월말이 되어야 돌아올 것으로 예상되는데 무슨 급한 일이 있어서 그를 찾는 건가요？
여：별로 급한 건 아닙니다. 그가 돌아오면 제가 다시 그에게 연락하겠습니다. 실례했습니다！
질문：샤오왕은 언제 돌아오는가？ |

해설 샤오왕은 지난주에 출장을 떠났는데 남자가 '估计月底才能回来'라고 말하는 부분을 통해 샤오왕은 월말에 돌아올 예정임을 알 수 있다. '月底'는 그 달의 말일, 30일을 말하는 것으로 정답은 C 30号이다. 보기에 나온 숫자가 아닌 '月底'라는 다른 표현을 썼기 때문에 답을 고르기 다소 까다로울 수 있다.

문제 10

A 勺子　　　B 传真机 C 茶杯　　　D 沙发	A 국자　　　B 팩스기 C 찻잔　　　D 소파
女：这个家具城竟然这么大！我还是第一次来。 男：我也是。咱们慢慢儿看！一定要选到合适的沙发。 问：他们打算买什么？	여: 이 가구거리가 이렇게나 크다니 뜻밖이야! 나는 처음 와봤어. 남: 나도 그래. 우리 천천히 둘러보자! 반드시 적합한 소파를 골라야 해. 질문: 그들은 무엇을 사려고 하는가?

> 해설 여자가 처음에 '这个家具城'이라고 말하는 것을 통해 지금 이곳은 가구를 파는 거리라는 것을 예측할 수 있다. 마지막 남자의 말 '一定要选到合适的沙发'를 통해서 이들은 지금 가구거리에서 소파를 보고 있다는 것을 알 수 있다. 정답은 D 沙发이다.

독해 제2부분 실전 PT 정답　　　▶p.275

1. B-C-A　**2.** B-A-C　**3.** B-C-A　**4.** A-B-C　**5.** C-A-B
6. A-C-B　**7.** B-A-C　**8.** A-C-B　**9.** B-C-A　**10.** B-A-C

문제 1

A 否则很容易有味道 B 夏天天气热 C 垃圾要及时倒，有汗的衣服也要马上换洗	B 여름 날씨는 더워서 C 쓰레기는 제때에 버려야 하고, 땀이 젖은 옷도 곧장 빨아야 한다. A 그렇지 않으면 냄새 나기 쉽다.

> 해설 시간 관련 표현은 첫 문장에 잘 오는 패턴이므로 B가 첫 문장이 된다. A는 그렇지 않으면 냄새가 나기 쉽다고 하였는데 첫 문장 B '여름 날씨는 덥다'에서 바로 A로 의미가 이어지지 않기 때문에 중간에 C가 들어가야 한다는 것을 알 수 있다.

문제 2

A 老师建议我平时多听听汉语广播 B 我的中文不太好 C 没事就和周围的中国朋友聊聊天儿	B 나의 중국어(실력)는 그다지 좋지 않아 A 선생님께서 건의하시길 나에게 평소에 중국어 방송을 많이 듣고 C 일이 없으면, 주변의 중국친구들과 이야기를 하라고 하셨다.

> 해설 A는 선생님이 나에게 무엇인가를 건의했다는 내용인데, 그전에 B에서 '나의 중국어 실력은 좋지 않다'라고 하고 있기 때문에 실력이 좋지 않으니 건의를 한 것이므로 첫 문장은 B가 된다. 그리고 선생님이 건의한 것은 A의 중국어 방송 많이 듣기와 C의 중국인과 많이 이야기를 나누라는 것이므로 A가 C까지 받아야 한다. 그러므로 첫 문장은 B, 그 다음 문장은 A, 마지막 문장이 C가 된다.

문제 3

A 还能帮助你快速入睡 B 晚饭后散散步 C 不仅可以起到锻炼身体的作用	B 저녁식사 후에 산책하는 것은 C 신체단련의 작용을 일으킬 뿐만 아니라 A 또한 당신이 빨리 잠들 수 있도록 도와준다.

> 해설 첫 문장은 시간 관련 표현이 있는 B가 된다. 그리고 남은 문장을 보면 접속관계로 이루어져 있는데 C의 '不仅'은 '还/而且/也'와 호응을 이루는 접속관계로 '~할 뿐만 아니라, 또 ~하다'라는 뜻이다. C에 '不仅'이 있고, A에 '还'가 있는 것으로 보아 C 다음으로 A가 온다는 것을 알 수 있다.

문제 4

A 不管做任何事 B 都应该考虑清楚再下判断、做决定 C 不要等到将来再后悔	A 어떠한 일을 하든 상관없이 B 확실하게 생각한 다음 판단을 내리고 결정을 해야 한다. C 나중에 다시 후회해서는 안 된다.

해설   B는 '都'로 시작하므로 첫 문장이 될 수 없으며, A를 보면 '不管'이 있는데 이는 접속사로 B의 '都'와 호응관계를 이룬다. 의미는 '~와 상관없이 모두 ~하다'라는 뜻으로 A 다음에 바로 B가 온다는 것을 접속사로 알 수 있다. 그리고 C는 '미래에 후회해서는 안 된다'는 의미로 첫 문장에 오면 어떤 내용인지 이해할 수가 없게 된다. 어떻게 해야 미래에 후회를 하면 안 되는지 앞에서 미리 언급이 되어야 하므로 C는 마지막에 와야 의미가 성립된다.

문제 5

A 连东西都没整理完就直接出发了 B 结果我却是第一个到的 C 我原以为来不及了	C 나는 원래 늦었다고 생각해서 A 물건도 다 정리하지 못하고 바로 출발했는데 B 결과적으로 내가 오히려 첫 번째로 도착했다.

해설   주어 '我'가 있는 C가 첫 문장에 오며, 의미는 내가 늦었다고 여겼다는 것이다. 늦었다고 여겼기에 A에서 물건도 챙기지 못하고 바로 출발을 한 것인데, 마지막 결론은 B에서 결과적으로는 내가 일등으로 도착했다는 내용으로 이어질 수 있다. B의 '结果'는 결과를 나타내는 어휘로 마지막 문장에 올 가능성이 크다.

문제 6

A 差点儿忘了跟你说，北京这几天连着降温 B 你来的时候穿厚点儿，别感冒了 C 突然冷了很多	A 하마터면 당신한테 말하는 걸 잊을 뻔했는데, 베이징은 요 며칠 계속 기온이 떨어져서 C 갑자기 많이 추워졌어요. B 당신 올 때 두껍게 좀 입으세요. 감기에 걸리지 않게요.

해설   A를 보면 '요즘 기온이 떨어지고 있다'고 말하고 있다. 기온이 떨어지니 C에서 '갑자기 많이 추워졌다'라고 의미가 이어질 수 있다. 비슷한 의미 구조는 연이어 나올 수 있고 또 기온이 떨어져 날씨가 추워졌다는 것은 의미적으로 연관관계가 있으므로 나란히 오게 된다. B는 옷을 두껍게 입어야 감기에 안 걸린다고 하는 것으로 보아 앞에서 기온이 떨어지고 날씨가 추워졌으니 옷을 따뜻하게 입어야 한다라는 내용으로 이어진다는 것을 알 수 있다.

문제 7

A 有些方面做得还不够好 B 这是我们第一次举办这么大的活动 C 欢迎大家多提意见，我们会继续努力的	B 이는 저희가 처음으로 이렇게 큰 행사를 주최한 것으로 A 어떤 방면은 아직 부족합니다. C 여러분의 많은 의견을 환영하며, 저희는 계속 노력하겠습니다.

해설   B는 이 행사를 처음 개최했다는 것으로, 처음 개최하였기 때문에 당연히 A에서 아직 어떤 부분은 부족할 수 있다는 내용이 이어질 수 있다. 그러니 C에서 여러분이 많은 의견을 내주길 바라고, 노력하겠다고 마무리하는 것으로 문장이 완벽하게 이어질 수 있다.

문제 8

A 喂，我对这儿不太熟悉，到处找 B 麻烦你过来接我吧 C 也没看到你说的加油站	A 여보세요, 저는 이곳에 그다지 익숙하지 않습니다. 곳곳을 찾아 보아도 C 당신이 말한 주유소도 보지 못했습니다. B 실례지만 당신이 저를 마중 나와주세요.

해설   A의 '喂'는 '여보세요'라는 의미로 통화 중에 쓰이며 첫 문장에도 나올 수 있다. 통화를 하는 중으로 보이고, 통화하면서 이야기가 전개될 가능성이 있다. 그러므로 전화를 거는 첫 마디 '喂'가 있는 A가 첫 문장에 올 수 있다. A에서 이곳이 익숙하지 않고 무엇인가를 찾는다고 하였는데 C에서 주유소가 있으므로 찾는 것이 주유소라는 것을 알 수 있다. 그러므로 A 다음으로 C가 온다는 것을 짐작할 수 있다. 이렇게 길을 찾지 못하겠으니, 마지막 B에서 마중 나와 달라는 것으로 문장을 마무리 지을 수 있다.

문제 9

A 一共是4050元 B 小秋，早上房东打电话了 C 让我们交7月和8月的房租	B 샤오치우, 아침에 집주인이 전화했는데 C 우리에게 7월과 8월 방세를 내라고 해요. A 모두 합쳐 4,050위안이에요.

해설 사람 이름이 문장 처음에 나온 것은 B가 첫 문장이라는 것을 쉽게 알 수 있게 해준다. B에서 집주인이 전화해서 한 말은 C의 임대료를 내라는 것이라는 것을 알 수 있다. 마지막으로 그 임대료가 얼마인지를 A에서 말하고 있다. A에서는 금액만을 언급하고 있기 때문에 어떤 돈인지 알 수 없으므로, 앞에서 그 돈이 어떤 돈인지 먼저 제시되어야 하므로 C 다음으로 A가 마지막에 위치한다는 것 또한 알 수 있다.

문제 10

A 这里的工作就先交给你了 B 小张，我下礼拜要出差 C 有什么情况及时给我发电子邮件	B 샤오장, 제가 다음 주에 출장을 가야 합니다. A 여기 업무는 우선 당신에게 보내드릴게요. C 무슨 일 있으면 바로 저에게 이메일을 보내주세요.

해설 시험에서 반복적으로 출제되었던 문제이므로 더욱 자세히 확인해보자. 사람 이름이 문장 처음에 있는 것으로 보아 B가 첫 문장이라는 것을 쉽게 알 수 있게 해준다. A는 업무를 넘긴다는 내용이고, C는 무슨 일이 있으면 연락하라는 내용이다. 업무를 넘겨야 문제가 있을 시 연락을 취하라고 하는 것이므로 A 다음으로 마지막 문장은 C가 온다.

쓰기 제1부분 실전 PT 정답

1. 信封里只有三张纸。 편지봉투 안에는 단지 세 장의 종이만이 있다.
2. 商店的生意比过去好多了。 상점의 장사가 예전보다 훨씬 괜찮다.
3. 这个词用得不太准确。 이 단어는 그다지 정확하게 사용되지 않았다.
4. 这个结果让张律师很吃惊。 이 결과는 장 변호사님을 매우 놀라게 했다.
5. 我不小心把眼镜掉在地上了。 나는 조심하지 않아서 안경을 바닥에 떨어뜨렸다.
6. 不要把手巾挂在那里。 수건을 저기에 걸지 말아라.
7. 自行车被教授推走了。 자전거는 교수님에 의해 끌려 갔다.
8. 谁把邻居家的窗户打破了。 누군가가 이웃집의 창문을 쳐서 깼다.
9. 弟弟紧张得出了一身汗。 남동생은 긴장해서 온몸에 땀이 흐를 정도다.
10. 我打算陪叔叔去长城看看。 나는 삼촌을 모시고 만리장성에 가서 한번 구경할 계획이다.
11. 儿子的复习笔记整理得很详细。 아들의 복습 필기노트는 정리된 정도가 매우 자세하다.
12. 重感冒让他不得不请假休息。 심한 감기는 그가 어쩔 수 없이 휴가를 신청해 쉬도록 만들었다.
13. 他做的那些事使我感动。 그가 한 저 일들은 나를 감동시켰다.
14. 麻烦您把这封信交给张律师。 번거롭겠지만 이 편지를 장 변호사님에게 건네주시길 부탁드립니다.
15. 西红柿汤被她喝光了。 토마토탕은 그녀에 의해 싹 다 마셔졌다.
16. 还没寄过来杂志吗？ 아직 잡지를 부치지 않았니?
17. 郊区的空气比市区好得多。 외곽의 공기는 시내보다 훨씬 좋다.
18. 那家的饺子没有以前的好了。 저 집의 교자는 예전 것만큼 맛있지 않다.
19. 弟弟把裤子弄脏了。 남동생은 바지를 더럽혔다.
20. 活动举办得非常成功。 행사가 개최된 정도는 매우 성공적이었다.

문제 1

| 信封 | 只有 | 里 | 纸 | 三张 |

해설 제시 어휘에 '有'자가 있어 '有'자 존현문을 만들 수 있으므로, '~에 ~이 있다'라는 의미의 문장을 만든다. 존현문은 주어 자리에 '장소' 혹은 '시간'이 온다는 것을 잊지 말자. '里'는 앞에 명사성 어휘가 붙어 장소를 만드는데 '信封里'가 바로 장소가 되므로 주어 자리에 위치한다. '三张'은 수량사로 뒤에 셀 수 있는 명사가 와야 하므로 '三张纸'를 묶어 문장을 완성한다.

TIP 존현문: 장소/시간 + 有 + 사물/사람

문제 2

| 商店的 | 比 | 生意 | 过去 | 好多了 |

해설 제시 어휘에 '比'가 있는 것으로 보아 '比'자 비교문을 만들어야 한다는 것을 알 수 있다. '比'자 비교문의 구조는 'A + 比 + B + 술어 + 기타성분'으로, 이 구조에 그대로 대입하면 된다. 구조조사 '商店的'는 명사성 어휘를 수식하므로 '商店的生意'를 만들고, 술어와 기타성분이 묶인 '好多了'를 마지막에 위치시킨다.

TIP '比'자 비교문: A + 比 + B + 술어 + 보충성분(多了)

문제 3

| 不太 | 这个 | 用得 | 词 | 准确 |

해설 제시 어휘 중 '得'가 있는 것으로 보아 정도보어라는 것을 알 수 있다. 정도보어는 매달 단 한 번도 빠지지 않고 출제되고 있는 어법으로 절대 잊어서는 안 된다. 정도보어의 기본구조는 '주어 + (술어) + 목적어 + 술어 + 得 + 정도표현'이다. 그러나 시험에서 정도보어가 출제되면 80% 이상 목적어가 없는 구조가 출제되므로 '주어 + 술어 + 得 + 정도표현'의 이 구조를 먼저 떠올리자. 주어는 '这个词'이고, '술어 + 得'는 '用得'이며 나머지 어휘는 맨 뒤에서 정도표현을 만들어 준다. '不太……'는 '그다지 ~하지 않다'라는 표현으로 '不太准确'로 묶어준다.

TIP '得' 정도보어: 주어 + 술어 + 得 + 정도보어

문제 4

| 这个 | 让 | 结果 | 很吃惊 | 张律师 |

해설 제시 어휘 중 '시키다'라는 의미의 '让'이 있는 것으로 보아 겸어문의 하나인 '사역구문'이라는 것을 알 수 있다. 사역구문은 '~가 ~을 ~시키다'라는 의미를 만드는 표현으로 'A + [让 + B] + 술어' 구조이다. 이 결과가 장 변호사님을 매우 놀라게 한 상황이므로 '这个结果'가 문장 맨 앞에, '很吃惊'은 술어로 문장 마지막에 배열한다.

TIP '让' 사역구문: 주어 + [让 + 겸어] + 술어

문제 5

| 把 | 我 | 地上了 | 掉在 | 眼镜 | 不小心 |

해설 제시 어휘 중 '把'가 있는 것으로 보아 '把자문'이라는 것을 알 수 있다. '把자문'은 목적어를 술어 앞으로 이동시키면서 목적어를 강조하는 성질을 가진다. '把자문'의 기본구조는 '주어 + [把 + 목적어] + 술어 + 기타성분'이다. 구조에 그대로 대입해보면, 주어는 '我', '把 + 목적어'는 '把眼镜'이고, 술어는 '떨어뜨리다'라는 의미의 '掉'인데 뒤에 '在'가 붙어있다. '在' 뒤에는 장소성 기타성분이 붙어야 하므로 '掉在地上了'로 묶어 뒷부분을 완성시킨다. 그리고 남은 어휘는 '不小心'으로 '조심하지 않아서'라는 부사 어휘이다. '把자문'은 부사가 '把' 앞에 위치한다는 것까지 완벽하게 숙지하자.

TIP '把'자문: 주어 + 부사 + [把 + 목적어] + 술어 在 + 장소

문제 6

| 不要 | 挂在 | 手巾 | 把 | 那里 |

해설 제시 어휘 중 '把'가 있는 것으로 보아 '把자문'이라는 것을 알 수 있다. '把자문'은 목적어를 술어 앞으로 이동시키면서 목적어를 강조하는 성질을 가진다. '把자문'의 기본구조는 '주어 + [把 + 목적어] + 술어 + 기타성분'이다. 구조에 그대로 대입해보면, '把' 뒤에 목적어가 와야 하므로 명사성 어휘인 '手巾'이 온다. 술어는 '挂'이다. 그러나 술어 뒤에 '在'가 있으므로 장소성 어휘가 붙어 뒷부분을 마무리해야 한다. 장소는 '那里'로 '挂在那里'로 묶는다. '不要'는 부사, 조동사의 구조로 '把자문'에서 부사와 조동사는 '把' 앞에 위치한다는 것까지 완벽하게 숙지하자. 이 문장은 주어가 없는 '무주어문'이다.

TIP '把'자문: 주어 + 부사/조동사 + [把 + 목적어] + 술어 在 + 장소

문제 7

| 推走了 | 教授 | 自行车 | 被 |

해설 제시 어휘 중 '被'가 있는 것으로 보아 '被자문'이라는 것을 알 수 있다. '被자문'은 '~이 ~에 의해 ~당하다'라는 의미로 '被자문'의 기본구조는 '주어 + [被 + 행위자 주체] + 술어'이다. 구조에 그대로 대입해보면, 술어가 '끌고 가다'라는 의미의 '推走了'이므로 끌고 간 행위의 주체는 '教授'이다. 그러므로 '被教授'로 만들어준다. 끌려간 것은 '自行车'로 문장 앞에 위치한다.

TIP '被'자문: 주어 + [被 + 행위자 주체] + 술어

문제 8

| 谁 | 打破了 | 邻居家的 | 把 | 窗户 |

해설 제시 어휘 중 '把'가 있는 것으로 보아 '把자문'이라는 것을 알 수 있다. '把자문'은 목적어를 술어 앞으로 이동시키면서 목적어를 강조하는 성질을 가진다. '把자문'의 기본구조는 '주어 + [把 + 목적어] + 술어 + 기타성분'이다. 구조에 그대로 대입해보면, 술어는 '打破了'로 '깨부수다'라는 의미이다. '~이 ~을 깨부쉈는지' 의미적으로 접근해보면 누군가가 이웃집의 창문을 부순 상황이므로 주어는 '谁'이고, '把' 뒤에 목적어가 와야 하므로 '邻居家的窗户'가 와서 문장을 완성한다.

TIP '把'자문: 주어 + [把 + 목적어] + 술어 + 기타성분

문제 9

| 一身汗 | 紧张 | 出了 | 得 | 弟弟 |

해설 제시 어휘 중 '得'가 있는 것으로 보아 정도보어 문장이라는 것을 알 수 있다. 정도보어는 매달 단 한 번도 빠지지 않고 출제되고 있는 어법으로 절대 잊어서는 안 된다. 정도보어의 기본구조는 '주어 + 목적어 + 술어 + 得 + 정도표현'이다. 그러나 시험에서 정도보어가 출제되면 80% 이상이 목적어가 없는 구조가 출제되므로 '주어 + 술어 + 得 + 정도표현'의 이 구조를 먼저 떠올리자. 제시 어휘를 보면 '남동생이 긴장한 정도가 땀이 흐를 정도이다'라는 의미의 문장이 만들어져야 하므로 주어는 '弟弟'이고, 남동생이 긴장한 정도를 표현해야 하므로 '술어 + 得'는 '紧张得'이며, 긴장한 정도가 어느 정도인지 문장 뒤에 표현해준다. '땀이 흐를 정도'였으므로 '땀이 흐르다'라는 표현을 만들면 '出了一身汗'이므로 문장 뒤에 위치시킨다. '出汗'은 '땀나다'라는 의미로 자주 출제된다.

TIP '得' 정도보어: 주어 + 술어 + 得 + 정도보어

문제 10

我打算　　去长城　　陪叔叔　　看看

해설　술어가 하나가 아니라 두 개 이상이면 행동이 두 개 이상인 '연동문'이다. 즉 연동문은 술어가 여러 개 있는 표현으로 하나의 주어가 여러 행동을 하는 것이다. 술어가 하나가 아니므로 술어의 순서를 잡는 것이 중요한데, 술어들은 행위의 진행 순서대로 위치시키면 된다. 즉 주어는 '我打算'이고 남은 어휘들을 살펴보면 술어가 '去', '陪', '看'으로 총 3개가 있다. 그러므로 진행 순서대로 배열해보자. 먼저 삼촌을 모셔야 하기 때문에 '陪叔叔'가 먼저 위치하고, 삼촌을 모시고 만리장성에 가야 하기에 '去长城'이 그 다음으로 위치한다. 삼촌을 모시고 만리장성에 가서 구경하는 것이므로 '한번 구경하다'라는 의미의 '看看'이 마지막에 위치한다.

TIP　연동문: 주어 + 부사 + 술어① + 목적어 + 술어② + 목적어 + 술어③

문제 11

复习笔记　　整理　　儿子的　　得　　很详细

해설　제시 어휘 중 '得'가 있는 것으로 보아 정도보어라는 것을 알 수 있다. 정도보어는 매달 단 한 번도 빠지지 않고 출제되고 있는 어법으로 절대 잊어서는 안 된다. 정도보어의 기본구조는 '주어 + (술어) + 목적어 + 술어 + 得 + 정도표현'이다. 그러나 시험에서 정도보어가 출제되면 80% 이상이 목적어가 없는 구조가 출제되므로 '주어 + 술어 + 得 + 정도표현'의 이 구조를 먼저 떠올리자. 주어는 '儿子的复习笔记'이고 술어는 '정리하다'라는 의미의 '整理'이므로 '整理得'로 묶은 후, 나머지 어휘 '很详细'는 마지막에 위치시켜 정리된 정도를 나타낸다.

TIP　'得' 정도보어: 주어 + 술어 + 得 + 정도보어

문제 12

请假休息　　重感冒　　让他　　不得不

해설　제시 어휘 중 '시키다'라는 의미의 '让'이 있는 것으로 보아 겸어문의 하나인 '사역구문'이라는 것을 알 수 있다. 사역구문은 '~가 ~을 ~시키다'라는 의미를 만드는 표현으로 'A + [让 + B] + 술어'의 구조로 쓴다. 먼저 두 번째 술어를 찾으면 '휴가를 신청해 쉬다'라는 의미의 '请假休息'이다. 그러므로 '~이 ~을 请假休息'라는 기본구조가 잡힌다. 심한 감기가 그를 쉬게 만든 것이므로 '重感冒/让他/请假休息'로 문장을 만들 수 있다. 남은 어휘는 부사 '不得不'로 술어 앞에 위치해야 하는데 사역구문은 술어가 2개로 '让'도 술어, '请假休息'도 술어이다. 의미적으로 '어쩔 수 없이 시키다'인지 '(감기로) 어쩔 수 없이 휴가를 신청해 쉬다'인지 생각해보면 후자가 어울리므로 '不得不'는 두 번째 술어 앞에 위치해야 한다.

TIP　'让' 사역구문: 주어 + [让 + 겸어] + 부사 + 술어

문제 13

感动　　他做的　　使　　那些事　　我

해설　제시 어휘 중 '시키다'라는 의미의 '使'가 있는 것으로 보아 겸어문의 하나인 '사역구문'이라는 것을 알 수 있다. 사역구문은 '~가 ~을 ~시키다'라는 의미를 만드는 표현으로 'A + [使 + B] + 술어'의 구조로 쓴다. 먼저 두 번째 술어를 찾으면 '감동하다'라는 의미의 '感动'이다. 그러므로 '~이 ~을 感动'이라는 기본구조가 잡힌다. 의미상 '그가 한 일들이 나를 감동시킨 것'이 적절하므로 '他做的那些事/使我/感动'이라고 배열하여 완성한다.

TIP　'使' 사역구문: 주어 + [使 + 겸어] + 술어

문제 14

| 这封信 | 张律师 | 麻烦您把 | 交给 |

해설 제시 어휘 중 '把'가 있는 것으로 보아 '把자문'이라는 것을 알 수 있다. '把자문'은 목적어를 술어 앞으로 이동시키면서 목적어를 강조하는 성질을 가진다. '把자문'의 기본구조는 '주어 + [把 + 목적어] + 술어 + 기타성분'이다. 구조에 그대로 대입해보면, '把' 뒤에 목적어가 와야 하므로 명사성 어휘인 '这封信'이 온다. 술어는 '건네다'라는 의미인 '交'이다. 그러나 술어 뒤에 '给'가 있으므로 대상(사람) 어휘가 붙어 뒷부분을 마무리 해야 한다. 대상은 '张律师'로 '交给张律师'를 묶는다.

TIP '把'자문: 麻烦您 + [把 + 목적어] + 술어 给 + 대상

문제 15

| 她 | 西红柿汤 | 被 | 喝光了 |

해설 제시 어휘 중 '被'가 있는 것으로 보아 '被자문'이라는 것을 알 수 있다. '被자문'은 '~이 ~에 의해 ~당하다'라는 의미로 '被자문'의 기본구조는 '주어 + [被 + 행위자 주체] + 술어'이다. 구조에 그대로 대입해보면, 술어가 '싹 다 마시다'라는 의미의 '喝光了'이고, 싹 다 마신 행위의 주체는 '她'이기에 '被她'로 만든 후, 다 마셔진 것 '西红柿汤'은 문장 맨 앞에 위치한다.

TIP '被'자문: 주어 + [被 + 행위자 주체] + 술어

문제 16

| 吗 | 杂志 | 寄过来 | 还没 |

해설 먼저 술어를 찾으면 '부치다'라는 의미의 '寄'이다. 그러나 술어 뒤에 '过来'라는 방향성이 붙은 것으로 보아 방향보어가 붙었다는 것을 알 수 있다. '还没'는 부사로 술어 '寄过来' 앞에 위치시킨다. 남은 어휘 '杂志'의 위치가 중요한데, '잡지'는 술어 '寄' 뒤에서 무엇을 부치는 것인지 목적관계를 나타내므로 '寄过来杂志'로 위치시켜야 한다. '吗'는 문장 끝에 놓여 의문문을 만든다. 이 문제는 주어가 없는 '무주어문'이다.

TIP 무주어문/방향보어: [부사] + 술어 + 보어 + 목적어

문제 17

| 比市区 | 郊区的 | 得多 | 空气 | 好 |

해설 ['比'자 비교문] 제시 어휘에 '比'가 있는 것으로 보아 '比자 비교문'이라는 것을 알 수 있다. '比자 비교문'의 구조는 'A + 比 + B 술어 + 기타성분'이다. 이 구조에 그대로 대입하면 된다. '比市区'가 있으므로 그 앞에서 이와 비교할 수 있는 어휘가 와야 하므로 '郊区的 空气'가 맨 앞에 위치한다. 술어는 '好'이고 남은 '得多'는 '훨씬'이라는 의미로 술어 뒤에서 기타성분으로 쓰인다.

TIP '比'자 비교문: A + 比 + B + 술어 + 보충성분(得多)

문제 18

| 饺子 | 以前的 | 那家的 | 没有 | 好了 |

해설 제시 어휘에 '有' 혹은 '没有'가 있으면 비교문으로 쓰였을 가능성이 있다는 것을 잊지 말자. 제시 어휘에서 '以前的'와 '那家的'는 비슷한 느낌의 어휘로 비교의 성분이라는 것을 추측할 수 있다. 바로 비교문으로 '有/没有' 비교문은 '~는 ~만큼 ~하다/~하지 않다'라는 의미를 나타내며 기본구조는 'A + 有/没有 + B + 술어'이다. 그대로 대입해 문장을 만들어보자. 주어는 '那家的饺子'이고, 비교 대상은 '没有以前的'이며 술어는 '好了'로 부정형의 '有/没有' 비교문 문장을 완성시킨다.

TIP '有/没有' 비교문: A + 有/没有 + B + (这么/那么/这样/那样) + 술어

문제 19

| 弟弟 | 弄脏了 | 把 | 裤子 |

해설 제시 어휘 중 '把'가 있는 것으로 보아 '把자문'이라는 것을 알 수 있다. '把자문'은 목적어를 술어 앞으로 이동시키면서 목적어를 강조하는 성질을 가진다. '把자문'의 기본구조는 '주어 + [把 + 목적어] + 술어 + 기타성분'이다. 구조에 그대로 대입해보면, '把' 뒤에 목적어가 와야 하므로 명사성 어휘인 '裤子'가 와서 '把裤子'가 된다. 술어는 '더럽히다'라는 의미인 '弄脏了'이다. 바지를 더럽힌 주체는 '弟弟'로 주어가 된다.

TIP '把'자문: 주어 + [把 + 목적어] + 술어 + 기타성분

문제 20

| 得 | 活动 | 非常 | 举办 | 成功 |

해설 제시 어휘 중 '得'가 있는 것으로 보아 정도보어라는 것을 알 수 있다. 정도보어는 매달 단 한 번도 빠지지 않고 출제되고 있는 어법으로 절대 잊어서는 안 된다. 정도보어의 기본구조는 '주어 + (술어) + 목적어 + 술어 + 得 + 정도표현'이다. 그러나 시험에서 정도보어가 출제되면 80% 이상이 목적어가 없는 구조가 출제되므로 '주어 + 술어 + 得 + 정도표현'의 이 구조를 먼저 떠올리자. 주어는 명사인 '活动'이며, 술어는 '举办'과 '成功'으로 압축되는데, '개최된 정도가 성공적이다'인지 '성공한 정도가 개최된다'인지 살펴보면 전자가 의미적으로 어울리므로 술어는 '举办'으로 '举办得'로 배열한다. 나머지 어휘는 뒤에서 차례로 '非常成功'으로 놓아 문장을 완성시킨다.

TIP '得' 정도보어: 주어 + 술어 + 得 + 정도보어

듣기 제3부분 실전 PT 정답   ▶p.286

1. A   2. C   3. D   4. B   5. A
6. A   7. B   8. B   9. A   10. A

문제 1

| A 很暖和 | B 太厚了 |
| C 很便宜 | D 容易脏 |

| A 매우 따뜻하다 | B 너무 두껍다 |
| C 매우 저렴하다 | D 쉽게 더러워진다 |

女：这双皮鞋穿着挺暖和的。就是不知道质量怎么样？
男：这您完全可以放心，我们店里所有的鞋，都是有质量保证的。
女：哪儿有镜子？我想好好照一下。
男：您跟我来。
问：女的觉得那双鞋怎么样？

여：이 가죽신발은 신어보니 정말 따뜻한데 품질은 어떤지 잘 모르겠네요.
남：그건 완전히 안심하셔도 됩니다. 우리 매장의 모든 신발은 다 품질보증이 된 것입니다.
여：거울은 어디에 있나요? 좀 비춰보고 싶어요.
남：저를 따라오세요.
질문：여자가 생각하기에 저 신발은 어떠한가?

해설 여자는 녹음 첫 부분에 신발에 대해 '这双皮鞋穿着挺暖和的。就是不知道质量怎么样？'이라고 언급하고 있는 부분을 통해 '신발은 따뜻하지만 품질은 잘 모르겠다'라고 한 것을 알 수 있다. 즉 여자는 신발에 대해 '따뜻하다', 혹은 '품질은 알 수 없다'고 생각하므로 정답은 A 很暖和이다.

문제 2

A 约会	B 爬山	A 약속	B 등산
C 体检	D 看电影	**C 신체검사**	D 영화보기

男: **明天我要去体检, 不吃早餐了。**
女: 那附近有吃早饭的地方吗? 用不用带包饼干?
男: 不用, 那儿免费提供早餐。我检查完, 就可以吃了。
女: 那就好。
问: 男的明早要去干什么?

남: 내일 저 신체검사 하러 가야 해서 아침을 못 먹어요.
여: 거기 근처에 아침 먹을 수 있는 곳 있니? 과자라도 싸가지고 갈래?
남: 아니에요, 거기서 무료로 아침을 제공해줘서 검사 끝나면 바로 먹을 수 있어요.
여: 그럼 됐구나.
질문: 남자는 내일 무엇을 하러 가야 하는가?

해설 남자가 첫 문장에서 '明天我要去体检, 不吃早餐了'라고 말하는 것을 통해 '내일은 신체검사가 있어서 밥을 먹을 수 없다'는 것을 알 수 있다. 그러므로 남자는 내일 무엇을 하러 가는가에 대한 질문의 정답은 C 体检이다.

문제 3

A 电视新闻	B 音乐节目	A 텔레비전 뉴스	B 음악 프로그램
C 电子游戏	**D 网球比赛**	C 전자게임	**D 테니스 경기**

女: **昨晚的网球比赛, 谁赢了?**
男: 李娜。你没看吗?
女: 别提了, 我家停电了。我只看了半个小时。
男: 真可惜! 后面打得挺精彩的。
问: 他们在聊什么?

여: 어제 저녁의 테니스 경기는 누가 이겼니?
남: 리나. 너 못 봤어?
여: 말도 마. 우리집 정전이 돼서 나 30분밖에 못 봤어.
남: 정말 안타깝다! 후반부에 정말 멋지게 쳤는데.
질문: 그들은 무엇에 대해 이야기하고 있는가?

해설 녹음 첫 부분 여자의 '昨晚的网球比赛, 谁赢了?'라는 말을 통해서 지금 대화의 주제는 어제 저녁의 테니스 경기라는 것을 알 수 있다. 녹음 마지막 부분 남자의 대화 '后面打得挺精彩的'를 통해 후반부에는 더욱 잘 쳤다는 것으로 보아 테니스에 대해 계속 이야기를 나누고 있는 것을 알 수 있으므로 정답은 D 网球比赛이다.

문제 4

A 啤酒	**B 矿泉水**	A 맥주	**B 광천수**
C 巧克力	D 果汁	C 초콜릿	D 과일주스

女: **你怎么在车里放了这么多瓶矿泉水?**
男: 口渴的时候喝起来方便呀。
女: 这个季节, 车里温度高。这种塑料瓶的饮料, 放久了就不能喝了。
男: 是吗? 那我以后不买这么多了。
问: 男的在车里放了什么?

여: 너 왜 차 안에 이렇게 많은 광천수를 놔둔 거야?
남: 목 마를 때 마시기 편하니까.
여: 이 계절에는 차 안의 온도가 높아서 이런 플라스틱 병 음료는 오래 놔두면 마실 수 없어.
남: 그래? 그럼 다음에는 이렇게 많이 사면 안 되겠네.
질문: 남자는 차 안에 무엇을 놔두었는가?

해설 녹음 첫 부분 여자의 '你怎么在车里, 放了这么多瓶矿泉水?'라는 말을 통해 차 안에 많은 광천수를 놔두고 있다는 것을 알 수 있으므로 정답은 B 矿泉水이다.

문제 5

A 公园入口	B 街道对面
C 海洋馆	D 使馆门前

A 공원 입구	B 도로 맞은편
C 해양관	D 대사관 앞

男：喂！导游，我刚才去卫生间了。出来就找不到你们了。
女：我也正找你呢。打你电话一直占线。
男：那你们现在在哪儿呢？
女：公园入口这儿。你过来吧。
问：女的让男的去哪儿找她？

남：여보세요! 가이드님, 저 방금 화장실에 갔다 왔는데 나와 보니 당신들을 찾을 수가 없어요.
여：저도 당신을 찾고 있었어요. 전화를 거니 계속 통화 중이더라고요.
남：그럼 당신들은 지금 어디에 있어요?
여：공원 입구 쪽이요. 당신이 와주세요.
질문：여자는 남자에게 어디로 가서 그녀를 찾으라고 하였는가?

해설 제시된 보기를 보아하니 모두 장소 어휘이다. 녹음을 들을 때 보기에 나온 장소가 모두 들리는지 확인해야 하는데 녹음 첫 부분에 남자가 '我刚才去卫生间了'라는 말을 통해 화장실에 갔다 왔다는 즉, '화장실'이라는 어휘가 언급이 되었으나 보기에는 보이지 않으므로 정답이 아니다. 마지막의 여자의 '公园入口这儿'라고 말하는 부분을 통해 '공원 입구'로 오라는 것을 알 수 있으며 보기에도 정확하게 '公园入口'가 있으므로 정답은 A 公园入口이다.

문제 6

A 肚子不舒服	B 有点儿咳嗽
C 不想打针	D 胳膊疼

A 배가 불편하다	B 기침을 조금 한다
C 주사 맞기 싫다	D 팔이 아프다

男：你不舒服吗？
女：中午的菜实在太辣了！我肚子有点儿难受。
男：严不严重？我送你去医院吧？
女：不用，我已经吃过药了。躺一会儿就好了。
问：女的怎么了？

남：너 불편하니?
여：점심식사가 정말 너무 매웠어! 배가 좀 괴로워.
남：심해 안 심해? 내가 너를 데리고 병원에 가줄까?
여：괜찮아. 나 이미 약 먹었어. 조금 누워있으면 나아질 거야.
질문：여자는 어떠한가?

해설 시험에서 매번 꼭 출제되는 내용이다. 남자가 여자에게 어디가 불편한지를 물었더니 여자가 '我肚子有点儿难受'라고 말하는 부분을 통해 지금 여자는 배가 무척 안 좋다는 것을 알 수 있다. '肚子难受(배가 괴롭다)'와 '肚子不舒服(배가 불편하다)'는 같은 의미이므로 정답은 A 肚子不舒服이다.

문제 7-8

7. A 地图	B 照片	7. A 지도	B 사진
C 毛巾	D 国画	C 수건	D 중국화
8. A 是红色的	B 在当时很流行	8. A 빨간색이다	B 당시에 매우 유행했다
C 样子简单	D 破了	C 디자인이 간단하다	D 찢어졌다

奶奶的房间里，**7.B 挂着一张她年轻时穿花裙子的照片**。奶奶说："那条裙子是爷爷送给我的第一份礼物，**8.B 在当时非常流行**。"每当谈起这些，奶奶都是一脸幸福的样子。
7. 问：奶奶的房间里，挂着什么？
8. 问：关于那条裙子，可以知道什么？

할머니 방에는 **7.B 그녀가 젊었을 때 꽃무늬 치마를 입었던 사진 한 장이 걸려있다**. 할머니께서는 "저 치마는 할아버지가 나에게 처음으로 사준 선물로 **8.B 그 당시에 굉장히 유행했던 거야**."라고 말씀하셨다. 매번 이런 말씀을 하실 때마다 할머니는 온 얼굴이 행복한 모습이다.
7. 질문 : 할머니의 방에는 무엇이 걸려있는가?
8. 질문 : 저 치마에 관해 알 수 있는 것은 무엇인가?

해설 7. 녹음 첫 부분 '挂着一张她年轻时穿花裙子的照片'이라는 부분을 통해 할머니의 방에는 꽃무늬 치마를 입고 찍은 사진이 걸려있다는 것을 알 수 있으므로 정답은 B 照片이다.

8. 앞부분에서 할머니 방에는 꽃무늬 치마를 입고 찍은 사진이 걸려있다는 것을 알 수 있었고, 녹음 중간에 그 꽃무늬 치마에 대해 '在当时非常流行'이라고 말하고 있는 것을 통해 그 치마는 당시에 굉장히 유행했던 치마라는 것을 알 수 있으므로 정답은 B 在当时很流行이다.

문제 9-10

9. A 动物	B 月亮	9. A 동물	B 달
C 太阳	D 船	C 태양	D 배
10. A 十分可爱	B 特别甜	10. A 매우 귀여워서	B 특히 달아서
C 很香	D 颜色奇怪	C 매우 향기로워서	D 색이 이상해서

糖人不仅好看、好玩儿，还能吃。糖人师傅们，**9.A 常把糖做成各种动物的样子**。例如：小马、小鸟等。**10.A 糖人不但可爱，价格也不贵。所以，总能吸引很多小朋友**。即使是不爱吃糖的孩子，也会围着师傅观看做糖人的过程。
9. 问：最常见的糖人像什么？
10. 问：为什么糖人能使孩子感兴趣？

탕런(사람 형상을 한 설탕과자)은 예쁘고, 갖고 놀기에도 좋고 또 먹을 수도 있다. 탕런 기술자들은 **9.A 항상 설탕으로 각종 동물의 모양을 만들어낸다**. 예를 들어 조랑말, 작은 새 등등. **10.A 탕런은 귀여울 뿐만 아니라 가격도 비싸지 않아 늘 어린이들을 매료시킨다**. 설령 사탕을 좋아하지 않는 아이들도 탕런 기술자를 둘러싸고 탕런을 만드는 과정을 지켜본다.
9. 질문 : 가장 자주 볼 수 있는 탕런은 어떤 모양인가?
10. 질문 : 왜 탕런은 아이가 흥미를 느끼도록 할 수 있는 것인가?

해설 9. 녹음의 중간 부분 '常把糖做成各种动物的样子'라고 말하고 있는 부분을 통해서 항상 설탕으로 동물의 모양을 만들어낸다는 것을 알 수 있으므로, 자주 볼 수 있는 탕런은 동물의 모양, A 动物이다.

10. 녹음의 중간 부분 '糖人不但可爱，价格也不贵。所以，总能吸引很多小朋友'라고 하는 부분이 있다. 즉, 귀엽고 가격도 저렴해 아이들이 많이 찾는다는 것을 알 수 있으므로 탕런은 귀여워서 아이들이 흥미를 느낀다는 것을 추측할 수 있다. 정답은 A 十分可爱이다.

독해 제3부분 실전 PT 정답 ▶p.290

| 1. A | 2. B | 3. D | 4. A | 5. D |
| 6. A | 7. B | 8. D | 9. C | 10. C |

문제 1

今天的会就先开到这里，大家回去再仔细考虑一下这几个问题，有什么意见咱们下次会议上接着讨论。
★ 根据这段话，可以知道：

오늘 회의는 여기까지 하겠습니다. 모두 돌아가서 다시 자세하게 이 문제를 좀 생각해보세요. 어떤 의견이 있으면 우리 다음 회의에서 계속 논의합시다.
★ 이 단락에 근거하여, 알 수 있는 것은:

A 问题还没解决
B 有人请假
C 会议刚开始
D 会议很无聊

A 문제가 아직 해결되지 않았다
B 휴가를 낸 사람이 있다
C 회의가 막 시작되었다
D 회의는 매우 무료하다

해설 문장의 중간 부분 '大家回去再仔细考虑一下这几个问题'라고 말하는 부분을 통해서 회의는 끝이 났지만 모두 집으로 돌아가 이 문제를 다시 생각해봐야 한다는 것을 알 수 있다. 즉 회의는 끝이 났지만 문제는 아직 해결되지 않았다는 것을 알 수 있으므로 정답은 A 问题还没解决이다.

문제 2

飞机很快就要起飞了，乘务员正在进行安全检查。请您收起小桌板，并再次检查您的手机是否已关机。
★ 说话人希望乘客：

비행기가 곧 이륙합니다. 승무원이 안전검사를 진행하고 있습니다. 테이블을 올리고 휴대전화가 이미 꺼졌는지 다시 한번 확인해주시기 바랍니다.
★ 말하는 사람이 탑승객에게 바라는 것은:

A 站起来　　　　B 关上手机
C 填写表格　　　D 关上窗户

A 일어서는 것　　　B 휴대전화를 끄는 것
C 표를 작성하는 것　D 창문을 닫는 것

해설 비행기가 곧 이륙하는 상황이다. 마지막 부분에 승무원이 '并再次检查您的手机是否已关机'라고 말하는 부분을 통해서 휴대전화가 이미 꺼져 있는지 검사를 한다는 것을 알 수 있으므로 승객들에게 바라는 것은 '휴대전화를 꺼라'인 B 关上手机이다.

문제 3

妹妹口口声声说要减肥，可是又难以拒绝美味的小吃。刚才我们路过一家饺子馆儿，她拉着我就往里走，还一边走一边说："吃饱了才有力气减肥啊！"真拿她没办法，我知道她吃完肯定又会后悔的。
★ 说话人认为妹妹：

여동생은 말끝마다 다이어트를 하겠다고 하지만 맛있는 간식을 거절하는 것을 힘들어한다. 방금 우리가 한 만두가게를 지나고 있는데 여동생이 나를 끌고 안으로 들어가면서 말하길 "배가 불러야 힘이 나서 다이어트를 하지!"라고 했다. 정말 그녀는 방법이 없다. 나는 여동생이 다 먹고 나면 분명히 또 후회하리란 걸 안다.
★ 말하는 사람은 여동생을 어떻게 여기는가:

112 해설 PART 2

A 很诚实	A 매우 성실하다
B 不用减肥	B 다이어트를 할 필요가 없다
C 应该多吃水果	C 과일을 많이 먹어야 한다
D 既想吃又想变瘦	D 먹고 싶기도 하고 마르고 싶기도 하다

해설 문장 첫 부분 '妹妹口口声声说要减肥，可是又难以拒绝美味的小吃'라고 말하는 부분을 통해 여동생은 다이어트를 해야 하지만 또 맛있는 음식을 거절하기도 힘들어한다는 것으로 보아 즉 다이어트도 해야 하고, 맛있는 간식도 먹고 싶어한다는 것을 알 수 있다. B 不用减肥는 다이어트를 할 필요가 없다는 의미로 정답이 될 수 없다. 정답은 '먹고도 싶고, 살도 빼고 싶다'는 D 既想吃又想变瘦이다.

문제 4

| 有两种生活态度千万不能要：一种是活给别人看；一种是看别人生活。要知道，生活是自己的，你不需要向别人证明什么，也不必和别人比较，只要自己过得开心就好。
★ 这段话主要想告诉我们： | 절대로 해서는 안 될 두 가지 생활태도가 있다. 하나는 남에게 보여주기 위해 사는 것이고, 하나는 다른 사람의 생활을 보는 것이다. 생활이란 것은 자기의 것임을 알아야 한다. 당신이 다른 사람에게 무언가 증명할 필요도 없고 또한 다른 사람과 비교할 필요도 없다. 스스로 즐겁게 지내기만 하면 되는 것이다.
★ 이 단락에서 주로 우리에게 말하고자 하는 것은: |
| A 为自己而活　　B 要敢于竞争
C 幸福来之不易　　D 要积极 | A 자신을 위해 살아라　　B 용감하게 경쟁해야 한다
C 행복은 쉽게 오지 않는다　　D 적극적이어야 한다 |

해설 생활태도에 관한 내용으로 문장의 중간 부분 '生活是自己的'를 통해 생활은 자신의 것이라고 말하고 있다. 또한 본문의 마지막 부분 '只要自己过得开心就好'에서 보면 오직 자신만이 즐겁게 살면 되는 것이라고 말하고 있다. 즉, 삶의 생활태도에 대해 이야기하면서 삶은 자신의 것, 자신이 즐거우면 된다는 내용이 나오고 있으므로 이 본문이 우리에게 말하고자 하는 것은 '자기 삶을 살아라'라는 의미로 추측할 수 있다. 정답은 '자신을 위해 살아라'라는 뜻의 A 为自己而活이다.

문제 5

| 这家公司正在招聘，要求中文专业，年龄在30岁以下，至少有两年工作经验，月工资5000到7000元。你正好符合条件，要不要试试？
★ 那家公司要招聘什么样的人？ | 이 회사는 지금 채용 중으로 중국어를 전공하고 나이는 30세 이하, 최소 2년의 업무경력을 요구하고 있어. 월급은 5,000위안에서 7,000위안 사이야. 네가 마침 조건에 부합하니, 한번 지원해보는 건 어때?
★ 그 회사는 어떤 사람을 채용하려고 하는가? |
| A 广告专业　　B 数学水平高
C 硕士毕业　　D 不超过30岁 | A 광고 전공자　　B 수학 실력이 높은 자
C 석사 졸업자　　D 30세를 넘지 않는 자 |

해설 회사가 어떤 사람을 채용하려는지 잘 찾아내야 하는데 문장의 중간 '中文专业，年龄在30岁以下，至少有两年工作经验'이라고 하는 부분을 통해 이 회사의 채용조건은 '중국어 전공, 나이 30세 이하, 최소 2년의 경력자'라는 것을 알 수 있다. 보기에는 '중국어 전공'과 '최소 2년의 경력자'라는 것이 없으므로 정답은 '30세를 넘지 않는다'는 D 不超过30岁이다.

문제 6

这地方离市区远，本来就不好打车，现在又下这么大的雨，更叫不到出租车了。咱们还是先在这儿坐一会儿，等雨小了再走吧。
★ 那个地方：

A 很难打到车　　　B 经常下雪
C 没有公共汽车　　D 总是堵车

이곳은 도심에서 멀어서 본래 택시 잡기가 어려운데 지금은 또 이렇게 큰 비가 내리니 더욱 택시를 부를 수가 없다. 우리 차라리 우선 여기에서 잠시 앉아 있다가 비가 잦아들면 다시 움직이자.
★ 그곳은:

A 택시를 잡기 어렵다　　B 자주 눈이 내린다
C 버스가 없다　　　　　D 늘 차가 막힌다

> 해설　문장 첫 부분에 이곳은 도심과 멀어서 '不好打车' 즉, 택시 잡기가 어렵다고 말했다. '打车'는 '出租车'와 같은 '택시 타다'라는 표현이다. 게다가 중간 부분에 비가 내려 '叫不到出租车了' 즉, 택시 잡기 어렵다고 하고 있다. 지금 상황은 어떠한 이유에서든지 택시 잡는 것이 무척 어려운 상황으로 보이므로 정답은 A 很难打到车이다.

문제 7-8

8.D 中国人喜欢数字"6"和"8"，却讨厌"4"。这是为什么呢？原来，在汉语中，"4"与"死"的读音很像，让人听了很不舒服。而 7.B "6"有"顺"的意思，指事情进行得很顺利；"8"跟"发"的读音很像，"发"有赚钱多的意思。这些都是能让人高兴的事。

★ "6"有什么意思：
　A 愉快　　　　　B 顺利
　C 精彩　　　　　D 穷

★ 这段话主要谈的是什么：
　A 加减法　　　　B 密码与性格
　C 中国人的生活习惯　D 数字文化

8.D 중국인들은 숫자 '6'과 '8'은 좋아하지만 오히려 '4'는 싫어한다. 이것은 왜 그런 것일까? 알고 보면 중국어에서 '4'와 '死(죽다)'의 발음이 비슷해 사람으로 하여금 듣기 불편하게 하기 때문이다. 그러나 7.B '6'은 '顺(순조롭다)'의 의미가 있어 일이 순조롭게 진행되는 것을 가리킨다. '8'은 '发(벌다)'의 발음과 비슷한데 '发(벌다)'는 돈을 많이 번다는 의미가 있다. 이러한 것들은 모두 사람을 재미있게 해주는 것이다.

★ "6"은 무슨 의미가 있는가:
　A 즐겁다　　　　B 순조롭다
　C 멋지다　　　　D 가난하다

★ 이 단락에서 주로 말하고 있는 것은 무엇인가:
　A 덧셈과 뺄셈　　B 비밀번호와 성격
　C 중국인의 생활습관　D 숫자문화

> 해설　7. 문장 중간 부분 '"6"有"顺"的意思'를 통해 중국어의 숫자 6은 '顺(순조롭다)'이라는 의미를 가진다는 것을 알 수 있으므로 정답은 B 顺利이다.
>
> 8. 주제를 묻는 문제로 문장의 첫 부분과 마지막 부분에서 찾을 수 있는데 첫 부분을 먼저 보면 '中国人喜欢数字"6"和"8"，却讨厌"4"'라는 부분을 통해 중국인들이 숫자 6과 8은 좋아하지만 4는 싫어한다는 것을 말하고 있다는 것을 알 수 있다. 즉, 첫 문장을 보니 중국의 숫자문화에 대해 말하고 있는 것을 짐작할 수 있으므로 정답은 D 数字文化이다.

문제 9-10

这部小说讲的是一个女孩儿到大城市工作的故事，书中写了她在工作、生活和爱情等方面的经历。9.C 小说也指出了当时一个普遍的社会问题：许多年轻人一直拒绝长大，他们害怕走出去了解这个世界，但又不知道这种感觉从何而来。作者说："我只想告诉他们，只要你愿意走出第一步，自然就知道下一步怎么走。"作者希望自己的小说能帮助 10.C 这些年轻人勇敢地"走出第一步"。	이 소설에서 이야기하는 것은 한 소녀가 대도시에 와서 일하는 이야기로 책에서는 그녀의 일, 생활 그리고 연애 등 방면의 경험이 쓰여있다. 9.C 소설은 당시의 보편적인 사회문제도 지적하고 있는데, 많은 젊은이들이 계속 성장하기를 거부하고 이 세상을 이해해나가는 것을 두려워하지만, 이러한 감정이 어디에서 오는지는 또한 모른다는 것이다. 작가는 말하길 "나는 그저 그들에게 알려주고 싶을 뿐입니다. 당신이 첫걸음을 내딛길 원하기만 한다면 자연스럽게 다음 한 걸음을 어떻게 걸어나갈지를 알게 될 것입니다."라고 했다. 작가는 자신의 소설이 10.C 이 청년들이 용감하게 '첫걸음을 내딛는 것'을 도울 수 있기를 희망한다.
★ 关于书的内容，可以知道： 　A 很浪漫　　　　B 不吸引人 　C 与社会问题有关　D 有点儿假	★ 책의 내용에 관해서 알 수 있는 것은: 　A 매우 낭만적이다　　B 매력이 없다 　C 사회문제와 관련이 있다　D 약간 허구이다
★ 作者想告诉年轻人，应该： 　A 学会冷静 　B 懂得原谅 　C 勇敢走出第一步 　D 接受批评	★ 작가가 젊은이들에게 말하고 싶은 것은 반드시: 　A 냉정할 줄 알아야 한다 　B 용서할 줄 알아야 한다 　C 용감하게 첫 걸음을 내딛어야 한다 　D 비평을 받아들여야 한다

해설　9. 책에 관해 알 수 있는 것을 묻고 있는데 '可以知道'라고 묻는 질문은 대부분 문장을 모두 파악해야 할 가능성이 높다. 보기를 미리 보고 매치되는 것을 찾아가 보면 중간 부분 '小说也指出了当时一个普遍的社会问题'라고 하는 부분을 통해 소설이 보편적 사회문제를 지적하고 있다는 것을 알 수 있으므로 이 소설에서 알 수 있는 것은 '사회문제와 관련이 있다'는 C 与社会问题有关가 정답이다.

10. 본문의 마지막 부분에 작가가 말하고 있는 부분이 있는데 그 중 맨 마지막 부분 '这些年轻人勇敢地"走出第一步"'를 통해 작가는 이러한 청년들이 용감하게 한 걸음 걸어나가길 바란다는 것을 알 수 있으므로 정답은 C 勇敢走出第一步이다.

쓰기 제2부분 실전 PT 정답

▶p.295

1. 今天的会议很顺利吗？　오늘 회의는 순조로웠나요?/
   今天的会议进行得很顺利。　오늘 회의는 매우 순조롭게 진행되었다.

2. 他在这次比赛中取得了很好的成绩。　그는 이번 경기에서 매우 좋은 성적을 얻었다./
   他取得了好成绩就很开心了。　그는 좋은 성적을 얻고 매우 기뻤다.

3. 不管你吃不吃，我都要吃。　네가 먹든 안 먹든 나는 먹겠다./
   不管你吃什么，我都无所谓。　네가 무엇을 먹든 간에, 나는 상관하지 않겠다.

4. 妈妈鼓励我努力学习。　엄마는 나에게 열심히 공부하라고 격려해주신다./
   妈妈给了我极大的鼓励。　엄마는 나에게 매우 큰 격려를 해주셨다.

5. 他刚才把衬衫洗好了。　그는 방금 셔츠를 다 빨았다./
   我购买的衬衫有点儿厚。　내가 구매한 서츠는 조금 두껍다.

6. 你把护照放在信封里吧。 당신은 여권을 편지봉투 안에 넣으십시오./
   我把信写好了，可是没有信封。 나는 편지를 다 썼지만 편지봉투가 없다.

7. 他中午吃很多糖，肚子很难受。 그는 점심에 사탕을 많이 먹어서 배가 매우 괴롭다./
   我决定从今天开始减肥，所以不能吃糖。
   나는 오늘부터 다이어트 하기로 결심했기에 사탕을 먹을 수 없다.

8. 这朵花香得很。 이 꽃은 무척 향기롭다./
   我男朋友给我很香的花。 내 남자친구가 나에게 매우 향기로운 꽃을 주었다.

9. 她玻璃擦得很干净。 그녀는 매우 깨끗하게 유리를 닦는다./
   她在擦自己房间的窗户呢。 그녀는 자신의 방 창문을 닦고 있다.

10. 不要把衣服挂在那里。 옷을 그곳에 걸지 말아라./
    这里挂着很多衣服。 이곳에는 많은 옷이 걸려있다.

11. 这双袜子破了。 이 양말은 찢어졌다./
    没有时间，不得不穿了破的袜子。 시간이 없어 어쩔 수 없이 찢어진 양말을 신었다.

12. 她照着镜子打扮。 그녀는 거울을 보면서 화장을 하고 있다./
    她每天照镜子打扮。 그녀는 매일 거울을 보면서 화장을 한다.

13. 他的手里有许多零钱。 그의 손 안에는 많은 잔돈이 있다./
    我们用零钱买了饼干。 우리는 잔돈을 사용해 비스킷을 샀다.

14. 她感冒得很厉害。 그녀는 감기에 걸린 정도가 매우 심하다./
    你得感冒了吗？快吃药吧！ 너 감기에 걸렸니? 빨리 약 먹어!

15. 她今天大学毕业了。 그녀는 오늘 대학을 졸업했다./
    他们是去年大学毕业的。 그들은 작년에 대학을 졸업했다.

문제 1

顺利

해설 제시 어휘 '顺利'는 '순조롭다'라는 의미의 형용사 어휘로 술어 부분에 올 수 있다. 그림은 여러 사람이 웃으며 회의를 하는 모습이므로, 부사를 붙여 '很顺利(매우 순조롭다)'를 만들고 무엇이 순조로웠는지 주어를 잡아보자. 지금 그림에서는 세 명이 회의를 하고 있는 것으로 보이므로 '오늘 회의가 매우 순조로웠다'는 문장을 어렵지 않게 만들 수 있으며, 문장 끝에 '吗'를 넣어 '今天的会议很顺利吗？'라는 의문문을 만들 수도 있다.

문제 2

取得

해설 제시 어휘 '取得'는 '취득하다'라는 의미의 동사 어휘로 뒤에 오는 목적어로는 '好成绩(좋은 성적)'가 자주 쓰인다. 그림은 남자가 상을 받아 좋아하는 모습이다. 그림의 주체는 남자이기 때문에 주어를 '他'로 잡아주고, '이번 시합에서 좋은 성적을 얻었다'라는 문장을 만들기 위해 전치사구를 사용해 '在这次比赛'를 만들어주고 술어 앞에 자리 잡아주면 '他在这次比赛中取得了很好的成绩'라는 좋은 문장을 간단하게 만들어낼 수 있다.

문제 3

不管

해설 제시 어휘 '不管'은 접속사 어휘로 '不管……都……'가 호응관계이며 '~하든 관계없이 모두 ~하다'라는 의미를 가진다. 한 여자가 음식 앞에서 행복해하는 모습을 볼 수 있다. '네가 뭘 먹든 상관 안 해'라는 문장을 접속사에 대입해보면, '네가 무엇을 먹다'는 '你吃什么'로 앞에 '不管'을 넣어 다시 '不管你吃什么'를 만들면 '네가 무엇을 먹든 관계 없이'라는 앞 구절이 만들어진다. 뒤에서 '상관 없다'라는 표현 '我都无所谓'를 넣어주면 접속사를 활용한 완벽한 문장을 만들어낼 수 있다.

문제 4

鼓励

해설 제시 어휘 '鼓励'는 '격려하다, 독려하다'라는 의미의 동사 어휘로 그림을 보면 엄마가 딸이 공부하는 것을 격려해주는 것으로 보이므로 엄마가 격려를 하고 있는 주체이기 때문에 주어는 '妈妈'로 잡고, 술어는 동사인 '鼓励', 목적어로는 '我努力学习'를 넣어 '내가 열심히 공부하는 것'을 격려한다고 만들면 완벽한 문장이 된다.

문제 5

衬衫

해설 　제시 어휘 '衬衫'은 '셔츠'라는 의미의 명사 어휘이다. 사진을 보면 셔츠가 깨끗하게 걸려있는 것을 볼 수 있으므로 존현문 형태로 '이곳에 한 벌의 셔츠가 걸려있다'라는 문장을 만들어볼 수 있다. 주어는 '这里(이곳)'이고, 술어는 '挂着(걸려있다)'이며, 목적어는 '一件衬衫(한 벌의 셔츠)'이라는 문장을 어렵지 않게 만들어낼 수 있다.

문제 6

信封

해설 　제시 어휘 '信封'은 '편지봉투'라고 하는 명사 어휘이다. 그림에는 편지봉투가 몇 개 보인다. '信封' 뒤에 '里'를 넣어 '信封里'라고 만들면 '편지봉투 안'이라는 장소 표현을 만들 수 있는데, 이를 가지고 '把자문'을 사용해 '여권 혹은 자료 등을 편지봉투 안에 넣어라'라는 문장을 만들어보자. '把자문'의 기본구조는 '주어 + [把 + 목적어] + 술어 + 기타성분'으로 '把'자 뒤에 '무엇을'이라는 명사 어휘가 와야 하므로 '把护照(여권을)'를 만들고, 뒤에 술어는 '放(놓다)'으로 만든다. 뒤에 기타성분으로 '放在'를 만들어 장소를 대입하면 '放在信封里(편지봉투 안에 넣다)'라는 뒷부분이 완성된다. 마지막에 '吧'를 넣어 청유형 문장으로 마무리한다.

문제 7

糖

해설 　제시 어휘 '糖'은 '설탕, 사탕' 등을 뜻하는 명사 어휘이다 그림에는 막대사탕이 몇 개 있다 이 어휘로 '사탕을 많이 먹어 배가 아프다'라는 문장을 만들어보자. 술어는 '吃'이고 목적어는 '很多糖'으로 '吃很多糖'을 만들 수 있다. 그리고 '배가 아프다'는 '肚子疼'으로 이와 관련된 표현이 시험에 많이 출제되고 있는데, 예를 들어 '肚子很难受' 혹은 '肚子不舒服'로 바꿔 표현할 수 있다. 문장을 합치면 '吃很多糖，肚子很难受(사탕을 많이 먹어 배가 괴롭다)'라는 표현을 만들어낼 수 있다.

문제 8

香

해설 제시 어휘 '香'은 '향기롭다'라는 형용사 어휘로, 술어로 쓰여 '很香(매우 향기롭다)'이라는 의미를 만들어낸다. 그림을 보면 여자가 꽃 향기를 맡고 있는데, 향기로운 것은 '꽃'이므로 주어를 '花'로 놓고, 꽃을 세는 양사는 '송이'라는 의미의 '朵'로, '이 한 송이 꽃은 매우 향기롭다'라는 문장을 만들면 '这朵花很香'으로 간단한 형용사 술어 문장을 만들어낼 수 있다.

문제 9

擦

해설 제시 어휘 '擦'는 '닦다'라는 의미의 동사 어휘로, 연관 어휘로는 '打扫(청소하다)', '收拾(정리하다)', '整理(정리하다)' 등의 동사 어휘가 있다. 우선 그림을 보면 여자가 무언가를 닦고 있으므로 '窗户(창문)' 혹은 '玻璃(유리)' 등으로 목적어를 만들 수 있다. '닦고 있는 중이다'라는 진행형 표현을 만들기 위해서는 '(正)在……呢'의 표현을 사용할 수 있는데, 여기서는 '在擦窗户呢'라고 하면 '창문을 닦고 있는 중이다'라는 표현이 된다.

문제 10

挂

해설 제시 어휘 '挂'는 '걸다'라는 의미의 동사 어휘로 그림을 보면 옷이 옷걸이에 걸려있는 상황이므로 '挂着很多衣服(많은 옷들이 걸려 있다)'라는 문장을 만들 수 있다. 주어는 장소 표현을 사용해 '这里(이곳에)', '那里(저곳에)', '这个地方(이곳에)' 등으로 어디에 옷이 걸려있는지에 대한 장소 표현을 이용하여 문장을 만들 수 있다. 간혹 문장을 만들 때, 어떤 장소를 표현하고 싶은데 어휘가 생각나지 않는다면 '这里(이곳에)', '那里(저곳에)', '这个地方(이곳에)' 등으로 대체하여 사용할 수 있다는 것을 기억하자.

문제 11

破

해설 제시 어휘 '破'는 '찢어지다'라는 의미의 동사 어휘로 그림에서 양말이 헤진 모습을 볼 수 있다. 따라서 '양말이 헤졌다'라는 의미를 만들기 위해 주어 '袜子'를 넣어 '袜子破了'라는 문장을 만들 수 있다. 양말은 '쌍'으로 이루어져 있으므로 '쌍, 짝, 켤레'라는 의미의 양사 '双'을 써 '这双袜子破了'라는 표현으로 마무리 짓는다.

문제 12

镜子

해설 제시 어휘 '镜子'는 '거울'이라는 뜻의 명사 어휘로 그림에서는 여자가 거울을 보면서 화장을 하고 있는 중인 것을 알 수 있다. 여자가 두 가지의 행동을 함께 하고 있으므로 연동문을 사용하여 문장을 만들어보자. '거울을 보다'는 '照镜子'이고, '화장하다'는 '打扮'으로 두 어휘를 묶어 '照镜子打扮'이라는 문장을 만들 수 있다. 연동문에서 첫 번째 술어 뒤에 지속의 의미인 동태조사 '着'를 넣어 '照着镜子打扮'이라고 표현하면, 두 가지 행위를 동시에 하고 있는 표현을 만들어낼 수 있다.

문제 13

零钱

해설 제시 어휘 '零钱'은 '잔돈'이라는 뜻의 명사 어휘로 그림 속에는 누군가의 손 안에 잔돈이 있으므로 존현문을 사용하여 '손 안에 많은 잔돈이 있다'라는 표현을 만들어볼 수 있다. 존현문의 주어는 장소 혹은 시간이 오기 때문에 주어는 '他的手里', 술어는 '有', 목적어는 '许多零钱'으로 존현문 표현을 어렵지 않게 만들어낼 수 있다. '许多零钱'에서 '许多'는 '很多'와 같은 의미인 '매우 많은'이란 뜻으로 4급에서 '很多' 대신에 많이 출제되고 있다.

문제 14

感冒

해설 제시 어휘 '感冒'는 '감기' 또는 '감기에 걸리다'라는 뜻의 명사 또는 동사 어휘이다. 그림은 한 여성이 심한 감기로 힘들어 하는 모습이다. 감기와 관련하여 '发烧(열 나다)', '咳嗽(기침하다)' 등의 연관 어휘가 있다. 고정형식으로 정도보어를 사용한 '感冒得很厉害'가 많이 출제되고 있으니 꼭 기억하자. '……得很厉害'는 '~한 정도가 매우 심하다'라는 의미의 정도보어 고정형식으로, 앞에 '咳嗽(기침하다)'를 넣어 '咳嗽得很厉害'라고 표현하면 '기침하는 정도가 매우 심하다'라는 정도보어 표현을 만들 수 있다. '感冒'를 대신해 '咳嗽', '发烧'를 넣어서 정도보어 표현을 만들 수도 있다.

문제 15

毕业

해설 제시 어휘 '毕业'는 '졸업하다'라는 의미의 동사 어휘이다. '毕业'는 특히 뒤에 목적어가 이미 포함된 이합동사 어휘이기에 목적어가 올 수 없다. 따라서 '대학을 졸업하다'라는 표현을 할 때에는 반드시 '**大学毕业**'라고 표현하므로 이를 반드시 묶어서 기억하자. 그림은 졸업식 모습이므로, '그들은 오늘 대학을 졸업한다'라는 의미를 만들기 위해서는 '**他们今天大学毕业了**'라고 표현할 수 있다.

Day 17

듣기 제1부분 실전 **PT** 정답   ▶p.302

| 1. X | 2. X | 3. ✓ | 4. X | 5. ✓ |
| 6. ✓ | 7. X | 8. X | 9. ✓ | 10. ✓ |

문제 1

★ 快要放寒假了。　　　　　　(　　　)	★ 곧 겨울방학이다.
马上放暑假了，学校组织老师去外地旅游。我本来打算参加，但是我爱人说她要出差，所以我得在家照顾孩子。	곧 여름방학이라 학교의 기관 선생님께서 외지로 여행을 가신다. 나는 원래 참가하려고 하였으나 내 아내가 출장을 가야 한다고 해서 나는 집에서 아이를 돌봐야 한다.

| 단어 | 放寒假 fàng hánjià 동 겨울방학을 하다 | 暑假 shǔjià 명 여름방학 | 组织 zǔzhī 동 조직하다 | 出差 chūchāi 동 출장 가다 | 照顾 zhàogu 동 돌보다, 보살피다 |

| 해설 | 녹음 첫 부분 '马上放暑假了'를 통해 곧 여름방학이라는 것을 알 수 있다. '寒假'라고 한 질문과 일치하지 않으므로 정답은 X이다. |

문제 2

★ 他们在搬空调。　　　　　（　　）	★ 그들은 에어컨을 옮기고 있다.
这个沙发这么大，我们两个人恐怕不行。你去对面再叫两个人过来，一起抬。	이 소파는 이렇게 커서 우리 두 사람으로는 아마도 못 옮길 것 같아. 네가 맞은 편으로 가고 다시 두 사람을 불러와서 같이 들자.

| 단어 | 空调 kōngtiáo 명 에어컨 | 恐怕 kǒngpà 부 아마 ~일 것이다 | 抬 tái 동 (두 사람 이상이) 맞들다, 함께 들다 |

| 해설 | 질문에서는 '空调(에어컨)'를 옮기고 있다고 하였으나 녹음에서는 '沙发(소파)'를 옮기고 있다고 하고 있다. 명사 어휘가 일치하지 않으므로 정답은 X이다. |

문제 3

★ 飞机没按时起飞。　　　　　（　　）	★ 비행기가 제시간에 이륙하지 못했다.
喂，夏叔叔，我是小东，我乘坐的航班还没起飞呢，机场通知推迟了一个小时。我估计下午六点才能到首都机场，您别着急啊。	여보세요, 시아 삼촌, 저 샤오둥이에요. 제가 탑승한 항공편이 아직 이륙하지 못하고 있어요. 공항에서는 한 시간 연착이라고 통지했어요. 저는 오후 6시에나 서우두 공항에 도착할 수 있을 거라고 예상되니 걱정하지 마세요.

| 단어 | 按时 ànshí 부 제때에, 시간에 맞추어 | 起飞 qǐfēi 동 (비행기·로켓 등이) 이륙하다 | 乘坐 chéngzuò 동 (자동차·배·비행기 등을) 타다 | 航班 hángbān 명 항공편 | 推迟 tuīchí 동 미루다, 연기하다 | 估计 gūjì 동 추측하다, 예측하다 |

| 해설 | 비행기가 제시간에 이륙했는지 아닌지를 잘 들어야 하는데 녹음 중간 부분에 '我乘坐的航班还没起飞呢，机场通知推迟了一个小时'를 통해 아직 이륙하지 못했으며 한 시간 미루어졌다는 것을 알 수 있으므로 제시간에 이륙이 이루어지지 않았다는 것을 알 수 있다. 정답은 √이다. |

문제 4

★ 他介绍得很详细。　　　　　（　　）	★ 그는 매우 자세하게 소개한다.
由于时间限制，这份材料我就不向大家详细介绍了，我只对其中的重点简单说明一下。有什么问题，请大家一会儿讨论。	시간 제한 때문에 저는 이 자료들을 모두에게 자세하게 소개해주지 못했습니다. 단지 그 중의 중요한 부분에 대해서만 간단하게 설명했을 뿐입니다. 어떤 문제가 있으면 우리 다같이 잠시 토론합시다.

| 단어 | 限制 xiànzhì 동 제한하다 | 对…说明 duì…shuōmíng ~에 대해 설명하다 |

| 해설 | 자세하게 소개했는지 아닌지를 녹음을 듣고 판단해야 한다. 녹음의 앞부분 '我就不向大家详细介绍了'라고 말하는 부분을 통해 소개를 자세하게 하지 못했다는 것을 알 수 있다. 이 부분에서 부정의 표현 '不'를 놓치면 안 된다. 또한 다시 한번 '简单说明一下'라고 말하고 있는 것으로 보아 자세하지 않고 간단하게 설명했다는 것을 알 수 있으므로 정답은 X이다. |

문제 5

| ★ 老黄对人特别热情。　　　　　（　　） | ★ 라오황은 사람에게 굉장히 친절하다. |

老黄是个非常热情的人，从来不怕麻烦。每当我遇到困难的时候，他几乎都能在第一时间出现，帮助我解决问题。	라오황은 매우 친절한 사람으로 지금까지 귀찮은 것을 두려워하지 않았다. 매번 내가 곤란한 일에 맞닥뜨리면 그는 거의 대부분 제일 먼저 나타나 내 문제가 해결되도록 도와주곤 한다.

단어 热情 rèqíng 형 친절하다 | 遇到困难 yùdào kùnnan 난관에 부딪히다 | 解决问题 jiějué wèntí 문제를 해결하다

해설 녹음의 첫 부분에 '老黄是个非常热情的人'이라고 말하고 있는 부분을 통해 우리는 그가 사람에게 굉장히 친절한 사람이라는 것을 파악할 수 있었다. 정답은 √이다.

문제 6

★ 态度比聪明更重要。　　　（　　）	★ 태도가 똑똑함보다 더 중요하다.
我认为态度决定一切。如果一个人做事情积极、努力，那么他就更容易成功。如果一个人不积极、不努力、不认真，他再聪明也很难成功。	나는 태도가 모든 것을 결정한다고 여긴다. 만약 한 사람이 일을 하는 데 있어서 적극적이고 열심히 한다면, 그러면 그는 쉽게 성공할 것이다. 만약에 어떤 사람이 적극적이지 못하고 노력도 하지 않으며 성실하지도 않다면 그는 더 똑똑할지라도 성공하기는 무척 어려울 것이다.

단어 积极 jījí 형 적극적이다 | 如果…那么… rúguǒ…nàme… 접 만약 ~한다면, 그렇다면 ~하다

해설 질문을 보면 태도가 똑똑함보다 더 중요하다라고 하고 있는데 이 문제는 질문만 보고도 상식선에서 정답을 찾을 수 있어 보인다. 노력이 천재를 이긴다고 하지 않는가? 녹음의 첫 부분에서도 '我认为态度决定一切'라고 말하고 있는 것으로 보아 태도가 모든 것을 결정한다, 즉 태도가 중요하다는 것을 알 수 있으므로 정답은 √이다.

문제 7

★ 他们在图书馆。　　　（　　）	★ 그들은 도서관에 있다.
您是要参加招聘会吗？这件就挺合适的，很正式。您可以试一试，试衣间在这边。	당신은 채용회에 참가하려고 합니까? 이 옷이 무척 적합하고 매우 차려 입은 듯 합니다. 한번 입어 보세요. 탈의실은 이쪽입니다.

단어 招聘会 zhāopìnhuì 명 채용설명회 | 挺…的 tǐng…de 굉장히 ~하다 | 合适 héshì 형 적합하다 | 试衣间 shìyījiān 명 피팅룸

해설 질문을 보면 '도서관'이라는 장소 어휘를 중요하게 들어야 한다는 것을 알 수 있다. 도서관과 연관된 어휘가 나오는지 들어야 하는데 녹음에서 마지막에 '试衣间在这边'이라고 말하고 있는 부분을 통해 그들은 지금 도서관이 아니라 옷을 고르고 있다는 것을 추측할 수 있으므로 정답은 X이다.

문제 8

★ 他现在是大夫。　　　（　　）	★ 그는 현재 의사이다.
博士毕业后，他主动放弃了留在大学工作的机会，选择去西部当老师，很多人为他感到可惜，但他从来没有后悔过。	박사 졸업 후, 그는 자발적으로 학교에 남아 일할 기회를 포기하고 서부로 가서 선생님이 되는 것을 선택하였다. 많은 사람들은 안타깝게 여겼지만 그는 지금까지 후회한 적이 없다.

단어 主动 zhǔdòng 부 자발적으로 | 放弃机会 fàngqì jīhuì 찬스를 놓치다

해설 그가 의사인지 아닌지 잘 들어야 한다. 녹음 중간 부분 '选择去西部当老师'를 통해 그는 서부로 가서 선생님이 되는 것을 선택했다는 것을 알 수 있다. 어휘가 어렵지 않아 그가 '大夫'가 아니라 '老师'라는 것을 어렵지 않게 알 수 있었다. 정답은 X이다.

문제 9

★ 理解是互相的。　　　　（　　）	★ 이해는 서로 해야 하는 것이다.
人们常说："理解万岁。"每个人都希望获得别人的理解。因此，我们也要学会理解他人，遇到事情多替别人考虑一些。	사람들은 항상 '서로 이해하고 존중하자.'라고 말한다. 모든 사람들은 다른 사람의 이해를 얻길 바란다. 이에 우리도 다른 사람을 이해하는 것을 익혀야 한다. 일이 생기면 다른 사람을 위해 조금 더 생각해야 한다.

단어 理解万岁 lǐjiě wànsuì 서로 이해하고 존중할 것을 외치는 구호 | 替…考虑 tì…kǎolǜ ~를 대신하여 생각하다

해설 질문을 보면 녹음을 듣지 않고도 상식선에서 정답을 추측할 수 있다. 이해는 서로 하는 것이라는 말은 당연한 소리이기 때문이다. 녹음의 첫 부분에 '理解万岁'라는 것은 신조어로 서로 이해하고 존중할 것을 알리는 구호이다. 그러므로 이해는 서로 해야 하는 것이 맞다. 정답은 √이다.

문제 10

★ 唱京剧是这些老人的爱好。　　（　　）	★ 경극을 부르는 것은 이런 노인들의 취미이다.
每天晚上，公园里都有一群老人在唱京剧。他们很喜欢唱京剧，虽然不是专业的演员，不过，他们唱得不错，听起来很有味道。	매일 저녁 공원에는 한 무리의 노인들이 경극을 부른다. 그들은 경극을 부르는 것을 무척 좋아하는데 비록 전공을 한 배우는 아니지만 그들은 매우 잘 부르며 들어보면 무척이나 맛깔스럽다.

단어 群 qún 명 무리, 떼 | 虽然…不过… suīrán…búguò… 접 비록 ~지만, 그러나 ~하다 | 听起来 tīngqǐlai 동 듣자하니 ~인 것 같다 | 有味道 yǒu wèidao 흥미진진하다

해설 녹음의 첫 부분 '公园里都有一群老人在唱京剧，他们很喜欢唱京剧'라는 부분을 통해 공원에는 노인들이 경극을 부르는데 그들은 경극 부르는 것을 무척이나 좋아한다는 것을 알 수 있다. 즉 이러한 노인들의 취미는 경극을 부르는 것임을 알 수 있으므로 정답은 √이다.

듣기 제2부분 실전 PT 정답　　▶p.303

| 11. B | 12. B | 13. A | 14. B | 15. A |
| 16. C | 17. D | 18. A | 19. D | 20. B |

문제 11

A 感冒了　　B 肚子疼 C 没吃饱　　D 口渴了	A 감기에 걸렸다　　B 배가 아프다 C 배부르게 먹지 못했다　D 목이 마르다
男：怎么一回家就躺床上了？起来洗洗手吃饭。 女：你们先吃吧，我肚子疼，估计中午吃坏肚子了。 问：女的怎么了？	남：어째서 집에 오자마자 바로 침대에 눕는 거야? 일어나서 손 씻고 밥 먹어. 여：너희들 먼저 먹어, 나 배가 아파. 정오에 먹은 게 배에 안 좋았나 봐. 질문：여자는 어떠한가?

| 단어 | 肚子疼 dùzi téng 배가 아프다 | 口渴 kǒukě 형 목이 마르다 | 躺 tǎng 동 눕다, 드러눕다 |

해설 여자가 '我肚子疼'이라고 말하고 있으므로 여자는 지금 배가 아프다는 것을 알 수 있다. 정답은 B 肚子疼이다.

문제 12

A 观众数量	B 儿童节目	A 관중의 수	B 아동 프로그램
C 新闻报道	D 座位顺序	C 뉴스 보도	D 자리 순서

男: 对不起, 让您久等了, 我们刚才聊到哪儿了?	남: 죄송합니다, 오래 기다리게 해서요. 저희 방금 어디까지 이야기했었지요?
女: 刚说到儿童节目数量太少的问题。	여: 방금 아동 프로그램 수량이 너무 적은 문제까지 말했어요.
问: 他们在谈哪方面的问题?	질문: 그들은 어느 방면의 문제에 대해 이야기하는 중인가?

단어 观众 guānzhòng 명 관중 | 节目 jiémù 명 프로그램 | 座位 zuòwèi 명 좌석, 자리 | 顺序 shùnxù 명 순서

해설 여자가 '说到儿童节目数量太小的问题'라고 말하는 부분을 통해서 지금 그들은 아동 프로그램에 관한 이야기를 나누고 있었다는 것을 알 수 있으므로 정답은 B 儿童节目이다.

문제 13

A 发传真	B 不用打印	A 팩스로 보내라	B 인쇄할 필요 없다
C 寄信给他	D 发电子邮件	C 그에게 편지를 부쳐라	D 이메일로 보내라

女: 申请表我已经填好了, 怎么给您呢? 是寄给您吗?	여: 저는 신청표를 이미 다 작성했는데 당신에게 어떻게 보내드리죠? (우편으로) 부쳐 드릴까요?
男: 不用寄, 传真给我就可以。	남: 부칠 필요 없어요, 팩스로 내게 보내주면 됩니다.
问: 男的是什么意思?	질문: 남자는 어떤 의미인가?

단어 发传真 fā chuánzhēn 팩스를 보내다 | 填 tián 동 기입하다 | 打印 dǎyìn 동 인쇄하다 | 电子邮件 diànzǐyóujiàn 명 이메일

해설 신청표를 어떻게 보내주냐는 여자의 물음에 남자가 '传真给我就可以'라고 말하는 부분을 통해 팩스로 보내라는 것을 알 수 있으므로 정답은 A 发传真이다.

문제 14

A 走路	B 打车	A 길을 걸어서	B 택시 타고
C 坐地铁	D 坐公共汽车	C 지하철을 타고	D 버스를 타고

男: 姐, 外面下雨了, 我去给你送伞吧。你在哪儿呢?	남: 누나, 밖에 비가 내리는데 내가 누나한테 우산 가져다 줄게. 어디야?
女: 不用了, 我刚下出租车, 已经到楼下了。	여: 괜찮아, 나 방금 택시에서 내려서 벌써 아래층에 왔어.
问: 女的是怎么回来的?	질문: 여자는 어떻게 왔는가?

단어 打车 dǎchē 동 택시 타다 | 伞 sǎn 명 우산 | 不用了 búyòng le 됐어요, 괜찮아요 | 到楼下 dào lóuxià 아래층에 오다

해설 여자가 '我刚下出租车'라고 말하는 부분을 통해 택시를 타고 집에 왔다는 것을 알 수 있다. 하지만 보기에는 '出租车'라는 어휘가 없다. 택시의 동의어는 '打车', '打的'로 정답은 B 打车가 정답이다. '택시'의 동의어는 시험에서 굉장히 많이 출제되고 있으므로 반드시 기억하자.

문제 15

A 2000元	B 10000元	A 2,000위안	B 10,000위안
C 20000元	D 20500元	C 20,000위안	D 20,500위안

| 女：钱已经打过去了，一共两千，你查收一下。
男：谢谢你，我下个月发了工资就还给你。
问：男的向女的借了多少钱？ | 여：돈 이미 보냈어, 모두 2,000위안이야, 네가 확인해봐.
남：고마워, 내가 다음 달 월급 받으면 바로 너에게 돌려줄게.
질문：남자는 여자에게 얼마를 빌렸는가? |

단어 查收 cháshōu 동 (주로 편지에 쓰여) 확인하고 받다 | 发工资 fā gōngzī 월급을 받다

해설 보기를 보면 금액을 나타내고 있으므로 녹음을 들을 때 금액 부분을 정확히 들어내는 것이 중요하다. 여자가 '一共两千'이라고 말하는 부분을 통해 남자는 여자에게 2,000위안을 빌렸다는 것을 알 수 있다. 정답은 A 2000元이다.

문제 16

A 爱游泳	B 爱看京剧	A 수영을 좋아한다	B 경극 보는 것을 좋아한다
C 每周都打球	D 喜欢聊天儿	C 매주 구기운동을 한다	D 잡담하는 것을 좋아한다

| 男：你羽毛球打得真好！你平时经常练习吗？
女：是，我每个周末都会和同事们来打球，每次打两个小时。
问：关于女的，可以知道什么？ | 남：너 배드민턴을 정말 잘 치는구나! 평소에도 자주 연습하니?
여：응, 나 주말마다 동료들과 매번 2시간씩 쳐.
질문：여자에 관하여 알 수 있는 것은 무엇인가? |

단어 聊天儿 liáotiānr 동 수다 떨다, 잡담하다 | 和…打球 hé…dǎqiú ~와 공을 치다

해설 남자가 여자에게 배드민턴을 잘 친다고 말했고 이에 여자는 '我每个周末都会和同事们来打球'라고 말하면서 매주 배드민턴을 치고 있다는 것을 알 수 있다. 여자에 관해 우리가 알 수 있는 것은 매주 구기운동을 한다는 것으로 정답은 C 每周都打球이다.

문제 17

A 变懒了	B 变黑了	A 게을러졌다	B 까매졌다
C 更热情了	D 更好看了	C 더 친절해졌다	D 더 예뻐졌다

| 女：好几年没见，你还是这么爱开玩笑。
男：没有，我说的是真的，你确实比以前更年轻、更漂亮了。
问：男的觉得女的怎么样？ | 여：오랫동안 보지 못했는데도 넌 여전히 이렇게나 농담을 잘 하는구나.
남：아니야, 내가 말하는 것은 진짜야. 너 확실히 예전보다 더 젊어지고, 더 예뻐졌어.
질문：남자는 여자가 어떠하다고 생각하는가? |

단어 懒 lǎn 형 게으르다 | 爱开玩笑 ài kāi wánxiào 농담하는 것을 좋아하다 | 比…更… bǐ…gèng… ~보다 더 ~하다

해설 남자는 여자에 대해 '你确实比以前更年轻、更漂亮了'라고 말하고 있는 부분을 통해서 여자는 지금 예전보다 더욱 젊어지고 더욱 예뻐졌다는 것을 알 수 있다. 보기에 '好看'은 '예쁘다'라는 의미로 본문 '漂亮'과 같은 뜻이므로 정답은 D 更好看了가 된다.

문제 18

A 高校长 B 戴博士 C 关小姐 D 司机小马	A 까오 교장 B 따이 박사 C 관 아가씨 D 기사 샤오마
男：我刚才去洗手间了，你给我打电话了？ 女：没事，我就是提醒你不要忘了中午高校长请客的事。 问：中午谁要请客？	남 : 나 방금 화장실에 갔다 왔는데 너 나에게 전화했니？ 여 : 별일은 아니고, 정오에 까오 교장이 대접한다는 일을 잊지 말라고 너에게 알려주려고. 질문 : 정오에 누가 초대했는가？

단어 提醒 tíxǐng 동 일깨우다, 알리다 | 请客 qǐngkè 동 초대하다, 한턱 쏘다

해설 여자가 남자에게 '不要忘了中午高校长请客的事'라고 말하는 부분을 통해 여자가 남자에게 전화를 한 이유는 까오 교장이 초대한 일을 잊지 말라는 것임을 알 수 있다. 그러므로 정오에 누가 초대하는가에 대한 질문에 정답은 바로 A 高校长이다.

문제 19

A 太暗 B 没家具 C 不好收拾 D 有点儿吵	A 너무 어둡다 B 가구가 없다 C 정리가 되지 않았다 D 조금 시끄럽다
女：我现在租的这个房子有点儿吵，我想重新找个房子。 男：我有个邻居正好要出租房子，我们那儿还挺安静的。 问：女的现在租的房子怎么样？	여 : 내가 지금 임대한 이 집은 조금 시끄러워서 다시 집을 구하고 싶어. 남 : 내 이웃이 마침 방을 세놨어. 우리 동네는 정말 조용해. 질문 : 여자가 지금 임대한 집은 어떠한가？

단어 收拾 shōushi 동 정리하다, 정돈하다 | 重新 chóngxīn 부 다시, 재차 | 出租房子 chūzū fángzi 집을 세놓다 | 挺…的 tǐng…de 굉장히 ~하다

해설 여자는 본인이 방금 구한 집이 '有点儿吵' 즉, 조금 시끄럽다고 말했다. 정답은 D 有点儿吵이다.

문제 20

A 长城 B 宾馆 C 火车站 D 国家大剧院	A 만리장성 B 호텔 C 기차역 D 국가대극장
女：您好，请问世纪宾馆怎么走？ 男：从这儿往西走大约五百米，过了一个加油站就能看到。 问：女的要去哪儿？	여 : 안녕하세요, 실례지만 스지 호텔은 어떻게 가요？ 남 : 여기서 서쪽으로 대략 500미터 가서 주유소를 지나면 바로 보입니다. 질문 : 여자는 어디에 가려고 하는가？

단어 大剧院 dàjùyuàn 명 대극장 | 往 wǎng 전 ~을 향해

해설 여자가 '世纪宾馆怎么走'라고 남자에게 묻고 있는 것을 통해 여자는 지금 스지 호텔을 찾아가야 한다는 것을 알 수 있으므로 정답은 B 宾馆이다.

듣기 제3부분 실전 PT 정답				▶p.304
21. B	**22.** D	**23.** A	**24.** D	**25.** C
26. A	**27.** B	**28.** D	**29.** B	**30.** D

문제 21

A 医院	B 体育场	A 병원	B 운동장
C 饭馆儿	D 办公室	C 식당	D 사무실

男：妈，我去打篮球了。
女：等一下，你帮我把这袋垃圾扔楼下垃圾桶里。
男：好的，再见。
女：带手机了吗？早点儿回来。
问：男的最可能去哪儿？

남：엄마, 저 농구하러 갈게요.
여：기다려봐. 너 나를 도와 이 쓰레기를 아래층의 쓰레기통에 버려줘.
남：알겠어요. 저 갈게요.
여：휴대전화는 챙겼니? 일찍 돌아오렴.
질문：남자는 어디를 갈 가능성이 높은가?

단어 垃圾桶 lājītǒng 명 쓰레기통

해설 남자가 엄마에게 '我去打篮球了'라고 말하고 있는 것을 통해 남자는 농구를 하러 간다는 것을 알 수 있다. 따라서 남자는 지금 농구를 하기 위해 운동장으로 향할 것이라는 것을 추측할 수 있다. 정답은 B 体育场이 된다.

문제 22

A 发烧了	B 感冒了	A 열이 나다	B 감기에 걸리다
C 口渴了	D 肚子难受	C 목이 마르다	D 배가 괴롭다

女：你怎么了？脸色不太好。
男：没关系，我肚子有点儿不舒服。
女：是不是饿了？我那儿有饼干和巧克力，你吃吗？
男：不用了，我不饿，谢谢。
问：男的怎么了？

여：너 무슨 일이니? 안색이 좋지 않아.
남：괜찮아, 배가 조금 불편할 뿐이야.
여：배고픈 거 아니야? 나한테 비스킷이랑 초콜릿이 있는데, 너 먹을래?
남：아니야, 배고프진 않아. 고마워.
질문：남자는 어떠한가?

단어 发烧 fāshāo 동 열이 나다 | 口渴 kǒukě 형 목이 마르다 | 不舒服 bùshūfu 형 불편하다, 아프다

해설 여자가 남자에게 안색이 좋지 않다고 하였더니, 남자는 '我肚子有点儿不舒服'라고 말하고 있다. 여기서 우리는 남자가 지금 배가 무척 안 좋아 안색이 별로라는 것을 알 수 있으므로 정답은 '배가 괴롭다'라는 의미인 D 肚子难受가 정답이 된다.

문제 23

A 寒假	B 月底	A 겨울방학	B 월말
C 明天	D 下午	C 내일	D 오후

男：附近有没有条件好一点儿的宾馆？ 女：有啊，怎么了？ 男：我叔叔一家寒假要来旅游，家里住不下。 女：对面就有一家，条件好，价格也不算贵。 问：叔叔一家什么时候来？	남：근처에 조건이 좀 괜찮은 호텔이 있을까? 여：있지, 무슨 일인데? 남：내 삼촌 가족이 겨울방학에 여행을 오시는데 집에서는 묵을 수 없어서. 여：맞은편에 하나가 있는데 조건도 좋고 가격도 비싸지 않은 편이야. 질문：삼촌 가족은 언제 오는가?

단어 月底 yuèdǐ 명 월말 | 附近 fùjìn 명 근처, 부근 | 住不下 zhùbuxià 묵을 수 없다 | 算 suàn 동 ~한 셈치다, ~에 속하다

해설 남자가 삼촌 네 가족에 대해서 '我叔叔一家寒假要来旅游'라고 말하는 부분을 통해 삼촌 가족이 겨울방학에 여행을 온다는 것을 알 수 있으므로 삼촌은 겨울방학에 온다는 A 寒假가 정답이다.

문제 24

A 很粗心	B 放假了	A 매우 부주의하다	B 방학을 했다
C 在看电影	D 小说还没看完	C 영화를 보고 있다	D 소설을 아직 다 보지 못했다

女：那本小说你看完了吗？ 男：没呢，还有几十页。 女：你看完了借我看看？ 男：没问题，我估计明天就能看完。不过月底前你要还我，我要还图书馆。 问：关于男的，下列哪个正确？	여：저 소설 너 다 봤니? 남：아니, 아직 몇 십 페이지 남았어. 여：너 다 보면 나 좀 보게 빌려줄 수 있어? 남：그럼, 내일이면 다 볼 수 있을 것 같아. 그런데 월말 전에 나에게 돌려줘야 해, 도서관에 반납해야 하거든. 질문：남자에 관해, 어느 것이 정확한가?

단어 粗心 cūxīn 형 세심하지 못하다 | 页 yè 명 페이지 | 借 jiè 동 빌리다, 빌려주다 | 估计 gūjì 동 추측하다 | 还 huán 동 돌려주다

해설 남자에게 소설을 다 보았냐는 여자의 물음에 남자는 '没呢，还有几十页'라고 대답하고 있다. 즉, 아직 다 보지 못했으며 몇 십 페이지가 남았다는 것을 알 수 있다. 남자는 아직 소설을 다 보지 못했다는 것으로 정답은 D 小说还没看完이다.

문제 25

A 看京剧	B 打乒乓球	A 경극을 보러	B 탁구를 치러
C 参观长城	D 打扫街道	C 만리장성을 참관하러	D 도로를 청소하러

男：这次一共有多少个学生去参观长城？ 女：现在有二十个。 男：好的，这次谁跟着去？ 女：我和国际交流处的王老师一块儿去。 问：他们准备组织学生做什么？	남：이번에 모두 몇 명의 학생들이 만리장성을 참관하지? 여：지금 20명이 있어. 남：알겠어, 이번에는 누가 데리고 가는 거야? 여：나와 국제교류처의 왕 선생님이 같이 가. 질문：그들은 학생들을 모집해 어디에 가려고 하는가?

단어 街道 jiēdào 명 도로 | 和⋯一块儿去 hé⋯yíkuàir qù ~와 함께 가다

해설 남자가 '这次一共有多少个学生去参观长城'이라고 말하고 있는 부분을 통해 이번에 학생들을 모집해 만리장성을 참관하러 간다는 것을 알 수 있으므로 정답은 C 参观长城이다.

문제 26

| A 男的困了 | B 他们刚起床 | A 남자는 졸리다 | B 그들은 막 일어났다 |
| C 今天星期日 | D 现在是早上 | C 오늘은 일요일이다 | D 지금은 아침이다 |

男：都十二点了，你还不睡啊？
女：我不困，你先睡吧。
男：好吧，我实在困得受不了了，我先睡了。
女：好，晚安。
问：根据对话，可以知道什么？

남 : 벌써 12시인데 너 아직 안 자니?
여 : 나 졸리지가 않아, 너 먼저 자.
남 : 알았어, 나 정말 피곤해 견딜 수가 없어서 먼저 잘게.
여 : 응, 잘자.
질문 : 대화를 근거로 알 수 있는 것은 무엇인가?

단어 困 kùn 동 졸리다 | 都…了 dōu…le 벌써 ~이다 | 实在 shízài 부 정말로

해설 여자는 졸리지 않다고 남자에게 먼저 자라고 하고 있다. 이에 남자는 '我实在困得受不了了，我先睡了'라고 말을 통해 남자는 너무 피곤해 먼저 자야 한다고 말한 것을 알 수 있으므로 지금 남자는 무척 졸린 상황임을 알 수 있다. 정답은 A 男的困了이다.

문제 27-28

27. A 照相机	B 洗衣机	27. A 사진기	B 세탁기
C 复印机	D 洗碗机	C 복사기	D 식기세척기
28. A 箱子上	B 说明书上	28. A 상자 위에	B 설명서에
C 合格证上	D 保修卡上	C 합격증에	D 수리보증서에

王先生您放心，只要是 27.B 在我们店购买的洗衣机，一年以内出现任何质量问题我们都会免费给您修。28.D 这是保修卡，使用中遇到什么问题您可以通过上面的电话联系我们。
27. 问：王先生在买什么？
28. 问：联系电话写在哪儿？

왕 선생님 안심하세요, 27.B 우리 가게에서 구매한 세탁기가 1년 안에 어떠한 문제가 발생하게 되면 무료로 고쳐드리겠습니다. 28.D 이것은 수리보증서로 사용하다가 어떤 문제가 생기면 윗쪽의 전화번호로 우리에게 연락하십시오.
27. 질문 : 왕 선생님은 무엇을 사고 있는가?
28. 질문 : 연락처는 어디에 있는가?

단어 洗碗机 xǐwǎnjī 명 식기세척기 | 合格证 hégézhèng 명 합격증 | 放心 fàngxīn 동 마음을 놓다, 안심하다 | 免费 miǎnfèi 동 돈을 받지 않다, 무료로 하다 | 修 xiū 동 수리하다 | 保修卡 bǎoxiūkǎ 수리보증서

해설 27. 녹음의 앞부분 '在我们店购买的洗衣机'라고 말하는 것을 통해 왕 선생님은 세탁기를 구매했다는 것을 알 수 있으므로 정답은 B 洗衣机이다.

28. 녹음 마지막 부분 '这是保修卡，……通过上面的电话联系我们'을 통해 수리보증서에 연락처가 있다는 것을 알 수 있다. 보기에서도 어휘가 그대로 출제되었기 때문에 어렵지 않게 정답이 D 保修卡上이라는 것을 알 수 있다.

문제 29-30

29. A 发脾气
    B 替孩子做
    C 说孩子懒
    D 故意咳嗽

30. A 仔细
    B 多阅读
    C 主动预习
    D 会安排时间

29. A 화를 낸다
    B 아이를 대신해 해준다
    C 아이에게 게으르다고 말한다
    D 고의로 기침을 한다

30. A 세심함
    B 독서를 많이 하는 것
    C 자발적으로 예습하는 것
    D 시간을 짤 수 있는 것

29.B 有些父母觉得孩子做事情慢，总想替他们做，这样做其实很不好。孩子做事慢往往是因为他们 30.D 不会安排自己的时间，因此父母应该让孩子学会管理时间、自己的事情自己做，而不要让他们养成总说"来不及了，我没办法"这些话的坏习惯。
29. 问：有些父母看到孩子做事慢会怎么做?
30. 问：根据这段话应让孩子养成什么好习惯?

29.B 어떤 부모들은 아이가 하는 행동이 느리다고 생각해 늘 그들 대신 해주고 싶어하지만 이렇게 하는 것은 사실 매우 좋지 않다. 아이가 행동하는 게 느린 것은 그들이 30.D 자신의 시간을 안배하지 못한다는 것이기 때문에 이에 부모들은 반드시 아이가 시간을 관리하고, 자신의 일은 본인이 직접 해야 한다는 것을 알려 주어야 한다. 또한 아이들이 '늦었어, 방법이 없어'라고 말하는 나쁜 습관이 들지 않도록 해야 한다.
29. 질문: 어떤 부모들은 아이가 행동하는 것이 느린 것을 보면 어떻게 하는가?
30. 질문: 이 단락에 근거하여 아이에게 어떤 좋은 습관을 길러주어야 하는가?

단어 发脾气 fā píqì 동 화를 내다 | 替…做… tì…zuò… ~를 대신하여 ~을 하다 | 咳嗽 késou 동 기침하다 | 这样做 zhèyàng zuò 이렇게 하는 것은 | 安排时间 ānpái shíjiān 시간을 짜다 | 管理时间 guǎnlǐ shíjiān 시간을 관리하다 | 养成…坏习惯 yǎngchéng… huài xíguàn ~한 나쁜 습관을 기르다

해설 29. 녹음의 첫 부분에 '有些父母觉得孩子做事情慢，总想替他们做'라고 말하는 부분을 통해 아이가 행동하는 것이 느리면 부모가 아이를 대신해 직접 해주려고 한다는 것을 알 수 있으므로 정답은 B 替孩子做이다.

30. 녹음의 중간에 '不会安排自己的时间'이라고 말하고 있는 부분을 통해 아이가 행동하는 것이 느린 이유는 자신의 시간을 짜지 못하고 있기 때문이라는 것을 알 수 있다. 그러면서 '让孩子学会管理时间'이라며 즉, 아이에게 시간 관리하는 법을 익히게 해야 한다고 하고 있다. 이에 아이에게 어떠한 습관을 길러주어야 하냐는 질문에 정답은 아이 스스로 시간을 잘 짤 수 있게 해야 한다는 의미의 D 会安排时间이 정답이 된다.

독해 제1부분 실전 PT 정답 ▶p.309

| 1. A | 2. C | 3. F | 4. E | 5. B |
| 6. D | 7. E | 8. F | 9. A | 10. B |

문제 1-5

A 后悔	B 熟悉	C 理发	D 坚持	E 既	F 误会
A 후회하다	B 잘 알다, 익숙하다	C 이발하다	D 유지하다	E ~할 뿐만 아니라	F 오해하다

문제 1

什么时候结束不重要，重要的是结束了就不要（　　）。	언제 끝나는지는 중요하지 않다. 중요한 것은 끝나면 (후회) 하지 않는 것이다.

단어 不要后悔 búyào hòuhuǐ 후회하지 말아라

해설 빈칸 앞에 '不要'는 '~하지 말아라'라는 금지를 나타낸다. '어떤 일이든 끝나면 ~하지 말아라'라는 의미에 어울리는 어휘는 A 后悔이다.

문제 2

儿子，你的头发有点儿长了，该去（　　）了。	얘야, 너 머리카락이 좀 길구나, 가서 (이발)을 해야겠다.

단어 头发 tóufa 몡 머리카락 | 该 gāi 조동 반드시 ~해야 한다

해설 빈칸 앞에 '머리가 길다'고 말하고 있으므로 무엇을 하러 가야 하는지 생각하면 '이발하다'라는 의미의 C 理发가 정답이다.

문제 3

你（　　）儿子了，他其实不是那个意思。	당신이 아들을 (오해했네요). 그는 사실 그런 뜻이 아니에요.

단어 其实 qíshí 부 사실

해설 빈칸의 위치를 보면 주어 '你'와 목적어 '儿子'의 사이로, 술어가 없기 때문에 빈칸은 술어의 자리로 동사 어휘가 와야 한다. '당신이 아들을 ~했다'에 어울리는 동사 어휘는 '오해하다'라는 의미의 F 误会이다. 뒷문장도 '그런 뜻이 아니다'라고 하는 것으로 보아 오해한 상황임을 확신할 수 있다.

문제 4

发展教育，（　　）要关心数量，更要关心质量。	교육이 발전하려면 양에도 관심을 기울여야 (할 뿐만 아니라) 질도 더욱 신경 써야 한다.

단어 教育 jiàoyù 몡 교육 | 关心 guānxīn 동 관심을 갖다 | 质量 zhìliàng 몡 품질

해설 빈칸이 두 번째 단락 앞쪽에 위치하고 있다. 빈칸이 앞에 위치하면 '접속사'일 가능성이 크다. 빈칸이 있는 문장과 그 다음 문장의 구조가 비슷한 것으로 보아 반복적인 나열 문장이라는 것을 알 수 있으므로 정답은 '~할 뿐만 아니라 또 ~하다'라는 의미의 E 既가 정답이 된다.

문제 5

这个事你最好先问一下白教授，这方面他肯定比我（　　）。	이 일은 당신이 먼저 바이 교수님께 좀 물어보는 게 좋겠어요. 이 방면에서는 그가 분명히 당신보다는 (잘 알 거예요).

단어 肯定 kěndìng 부 확실히

해설 빈칸이 있는 문장을 보면 '이 방면은 그가 너보다 ~하다'라는 의미로 의미상 어울리는 어휘는 '잘 알다, 익숙하다'라는 의미의 B 熟悉가 정답이다.

문제 6-10

A 猜	B 随便	C 温度	D 既然	E 到底	F 出差
A 알아맞히다	B 마음대로	C 온도	D 이왕 ~한 바에	E 도대체	F 출장 가다

문제 6

A: 外面风刮得这么大，你弟弟会来吗？ B: 放心吧，（　　　）说好了，就一定会来的。	A: 밖에 바람이 이렇게 세게 부는데, 당신 남동생이 올까요? B: 걱정 마세요, (이왕) 오겠다고 했으니, 꼭 올 거예요.

단어 刮风 guāfēng 바람이 불다

해설 빈칸의 위치가 문장의 앞쪽에 위치하고 있으므로 '주어' 혹은 '접속사'일 가능성이 있다. 접속사 '既然'은 '이왕 ~하기로 했으니 곧 ~하겠다'라는 의미로 짝꿍 어휘 '就'가 같이 쓰인다. 빈칸 다음 문장에 '就'가 있으므로 빈칸은 '既然'이 와서 호응관계를 만든다. 정답은 D 既然이다.

문제 7

A: 我们后天就出发了，你（　　　）去不去？ B: 你让我再考虑考虑，晚上我给你打电话。	A: 우리는 모레 바로 출발하는데, 당신은 (도대체) 가는 건가요, 안 가는 건가요? B: 제가 다시 생각 좀 해보고, 저녁에 당신에게 전화 드릴게요.

단어 给…打电话 gěi…dǎ diànhuà ~에게 전화를 걸다

해설 빈칸의 위치를 보면 '주어'와 '술어' 사이로, 부사 어휘가 정답이 된다. 제시 어휘 중 부사는 '随便(마음대로)'과 '到底(도대체)'가 있는데 의미상 '너 도대체 갈 거니 안 갈거니?'가 어울리므로 정답은 E 到底이다.

문제 8

A: 最近怎么没看见您女儿过来？ B: 她（　　　）了，这个月25号才回来。	A: 요즘 어째서 당신 딸이 지나가는 것을 보지 못하는 거죠? B: 그녀는 (출장 갔어요). 이번 달 25일에야 돌아와요.

단어 怎么 zěnme 때 어째서 | 才 cái 부 비로소

해설 '그녀가 ~해서 이번 달 25일에야 돌아온다'라고 하는 것으로 보아, 그녀는 지금 어디에 갔다는 것을 알 수 있다. '출장 가다'라는 의미의 F 出差가 정답이다.

문제 9

A: 你（　　　）我给你带什么礼物了。 B: 是巧克力吗？谢谢爷爷！	A: 내가 무슨 선물을 가져왔는지 (알아맞혀보렴). B: 초콜릿이에요? 감사해요, 할아버지!

단어 带礼物 dài lǐwù 선물을 가져오다

해설 '어떤 선물을 가지고 왔을까?'라고 말하면서 대답으로 '초콜릿인가요?'라고 대화를 하고 있는 것으로 보아 A가 어떤 선물을 가지고 왔는지 알아맞혀보라고 한 것이라 짐작할 수 있다. 정답은 A 猜이다.

문제 10

A: 都6点半了，今天晚上想吃什么？ B: 我不是很饿，咱们（　　）吃点儿就可以。	A: 벌써 6시 반이네, 오늘 저녁에 뭘 먹고 싶어? B: 나는 별로 배고프지 않으니 (마음대로) 먹어도 다 좋아.

단어 都…了 dōu…le 벌써 ~이다

해설 빈칸의 위치를 보면 주어 '咱们'과 술어 '吃' 사이이므로 부사 어휘가 위치해야 한다. '나는 배가 고프지 않으니 뭘 먹어도 좋다'라고 하는 것으로 보아 '아무거나', '마음대로'라는 의미의 부사 B 随便이 정답이다.

독해 제2부분 실전 PT 정답　　　▶p.311

11. B-C-A　**12.** C-B-A　**13.** C-A-B　**14.** A-C-B　**15.** A-C-B
16. B-A-C　**17.** B-A-C　**18.** B-A-C　**19.** B-C-A　**20.** B-A-C

문제 11

A 否则，误会就可能越来越深 B 两个人在一起，总会出现误会 C 这种情况下，就需要及时解释	B 두 사람이 함께 있으면 늘 오해가 생길 수 있으므로 C 이런 상황에서는 바로 풀어야 한다. A 그렇지 않으면, 오해는 아마도 점점 깊어질 것이다.

단어 否则 fǒuzé 접 그렇지 않으면 | 越来越… yuèláiyuè… 부 점점 ~하다 | 需要 xūyào 동 필요하다 | 解释 jiěshì 동 설명하다

해설 주어 '两个人'이 있으므로 B가 첫 문장으로 위치한다. '오해가 생기면 즉시 해결해야 오해가 점점 깊어지지 않는다'라는 의미로 문장이 흘러가야 하므로 C 다음으로 마지막 문장은 A가 된다.

문제 12

A 就能看到希望 B 因此，只要勇敢地向前走 C 困难只是暂时的	C 어려움은 잠시일 뿐 B 그래서, 용감하게 앞으로 걸어나가기만 하면 A 희망을 볼 수 있다.

단어 只要…就… zhǐyào…jiù… 접 오직 ~하기만 하면, 곧 ~이다 | 勇敢 yǒnggǎn 형 용감하다 | 困难 kùnnan 명 어려움

해설 A의 '就'와 B의 '因此'는 첫 문장에 올 수 없으므로 첫 문장은 C의 '困难(어려움이란)'으로 시작하는 문장이 된다. 나머지 문장 B와 A는 '오직 ~하기만 하면 곧 ~할 것이다'라는 의미의 '只要……就……'라는 접속사의 호응구조로 이루어지고 있다는 것을 알 수 있다. 이에 해석하지 않고도 B 다음으로 마지막 문장은 A가 온다는 것을 알 수 있다.

문제 13

A 可是还是不太适应这儿的气候 B 一到冬季，就觉得皮肤特别干燥，不舒服 C 张阿姨来北方好几年了	C 장 아주머니는 북방에 온 지 몇 년이 되었지만 A 그러나 여전히 이곳의 기후에 그다지 적응하지 못해서 B 겨울만 되면, 피부가 특히 건조해지고 불편함을 느낀다.

단어 适应气候 shìyìng qìhòu 기후에 적응하다 | 干燥 gānzào 형 건조하다

해설 주어 문장은 '张阿姨'가 있는 C가 첫 문장이다. A는 '아직 기후에 적응을 못했다'라는 내용이고, B는 '피부가 건조함을 느낀다'라는 내용으로 포괄적인 내용인 A가 먼저 위치한 후, 적응이 안 되는 구체적인 이유를 제시하고 있는 B가 마지막에 위치해야 한다. 의미의 순서는 '포괄적 → 구체적'으로 배열한다.

문제 14

A 中国是一个多民族的国家 B 其中汉族人数最多 C 共有56个民族	A 중국은 다민족 국가로 C 모두 합쳐 56개 민족이 있는데 B 그 중 한족이 가장 많다.

단어 共 gòng 분 모두, 합쳐서

해설 첫 문장은 A이며, B에서 '其中(그중에)'은 C의 '56个民族(56개 민족)'를 가리키고 있는 것이므로 C 다음으로 B가 마지막 문장으로 위치한다.

문제 15

A 这几本日记是对我近些年生活的总结 B 值得回忆的事 C 它们帮我记住了很多让我感动的	A 이 몇 권의 일기는 나의 최근 몇 년 동안 생활의 총결로 C 그것들은 나를 감동시키고 B 기억할 가치가 있는 일을 기억하도록 도와준다.

단어 总结 zǒngjié 명 총정리 | 值得… zhídé… 동 ~할 가치가 있다 | 记住 jìzhù 동 기억하다

해설 이 문장의 주제는 '这几本日记'로 A가 첫 문장으로 위치한다. C에서 '它们'은 A의 '일기장'을 가리키고 있으므로 A보다는 뒤에 위치해야 한다. C는 '일기가 기억하도록 도와준다'는 의미로 도와주는 것이 C의 '나를 감동시킨 많은 것들'과 B의 '기억할 가치가 있는 일'로 이 두 문장을 C가 모두 받아야 하므로 C 뒤에 B가 위치하여, C가 B까지 모두 받는다.

문제 16

A 就要懂得互相信任和尊重 B 两个人既然已经决定共同生活 C 不能乱发脾气	B 두 사람이 이왕 이미 함께 살기로 결정한 바에야 A 서로 믿고 존중할 줄 알아야 하며 C 함부로 화를 내서는 안 된다.

단어 懂得 dǒngde 동 이해하다, 알다 | 既然…就… jìrán…jiù… 접 기왕 ~한 바에야, ~하겠다 | 发脾气 fā píqì 동 화를 내다

해설 주어 '两个人'이 있는 B가 첫 문장에 올 수 있다. 나머지 문장을 보면 B에 접속사 '이왕 ~한 바에야'라는 의미의 '既然'이 있다. '既然'은 '就'와 호응관계 접속사로 A에 '就'가 있는 것으로 보아 B 다음이 A라는 것을 알 수 있다. B가 첫 문장이므로 남은 C는 자연스럽게 마지막에 위치한다.

문제 17

A 才会真正成熟起来 B 人只有把酸、甜、苦、辣都经历一遍 C 成为一个优秀的人	B 사람은 시고, 달고, 쓰고, 매운 것을 모두 한 번씩 경험해야만 A 비로소 진정으로 성숙해질 수 있고 C 우수한 사람이 될 수 있는 것이다.

단어 成熟 chéngshú 형 성숙하다 | 酸甜苦辣 suān tián kǔ là 신맛·단맛·쓴맛·매운맛 등 각양각색의 맛, 여러 가지 맛 | 优秀 yōuxiù 형 우수하다

해설 주어 '人'이 있으므로 B가 첫 문장이라는 것을 알 수 있다. B에는 '오직 ~해야만 비로소 ~하다'라는 의미의 접속사 '只有……才……'의 '只有'가 있다. 호응하는 '才'는 A에 있으므로 B 다음 A가 바로 위치한다는 것을 알 수 있다. B가 첫 문장에 위치하므로 남은 문장 C는 자연스럽게 마지막 문장으로 위치한다. 해석하지 않고도 접속사 호응관계만으로 문제를 풀어낼 수 있다.

문제 18

A 可是由于种种原因 B 叔叔一直很想去武汉看看长江大桥 C 直到今天，他还没去过	B 외삼촌은 줄곧 우한에 가서 창장대교를 보고 싶어했으나 A 몇몇 이유들 때문에 C 지금까지도 그는 여전히 가본 적이 없다.

단어 由于 yóuyú 접 ~때문에 | 原因 yuányīn 명 이유

해설 주어 '叔叔'가 있는 B가 첫 문장이 된다. C에서 '他'는 '叔叔'를 가리킨다. 첫 문장에서 삼촌이 창장대교에 가고 싶어했다고 하였으나 몇몇 이유들로 가보지 못한 상황이기 때문에 첫 문장 B 다음으로 A가 위치하고, 마지막으로 C가 와야 의미가 성립한다는 것을 알 수 있다.

문제 19

A 一定不要到处乱扔 B 小朋友，你们都吃好了吗 C 吃好了就把盒子、饮料瓶子、塑料袋都扔垃圾桶里	B 어린이 여러분, 모두 잘 먹었나요? C 다 먹었으면 도시락통, 음료수병, 비닐봉지를 모두 쓰레기통에 버리세요. A 절대 도처에 함부로 버리면 안 돼요.

단어 到处 dàochù 명 곳곳, 도처에 | 乱扔 luànrēng 함부로 버리다 | 盒子 hézi 명 작은 상자

해설 첫 문장은 '小朋友'로 시작하는 B이다. A에서는 도처에 함부로 버리지 말라고 하였고 C는 각종 쓰레기들을 나열하고 있는데, 함부로 버리지 말라는 것은 쓰레기이므로 쓰레기가 먼저 제시가 되어야 그것들을 함부로 버리지 말라는 의미가 성립할 수 있다. 그러므로 첫 문장은 B, 그 다음 문장은 C, 마지막 문장이 A가 된다.

문제 20

A 它更需要两个人互相理解和接受 B 结婚？我认为只有爱情是远远不够的 C 不但要接受他的优点，还要接受他的缺点	B 결혼? 나는 단지 사랑만으로는 많이 부족하다고 생각한다. A 그것은 두 사람이 서로 이해하고 받아들이는 것이 더욱 필요한데 C 그의 장점을 받아들여야 하는 것은 물론이고 또한 그의 결점도 받아들여야 한다.

단어 需要 xūyào 동 필요하다 | 接受 jiēshòu 동 받아들이다

해설 첫 문장은 '结婚?'으로 시작하는 B로, 이 문장은 결혼에 관한 내용을 서술하고 있을 것으로 판단할 수 있다. A에서는 결혼이란 두 사람의 이해와 받아들임이 필요하다고 말하고 있고 C는 그의 장점과 결점을 모두 받아들이라고 말하고 있다. 먼저 A에서 받아들여야 한다는 큰 조건을 제시하고, 그 다음 C에서 무엇을 받아들여야 하는지 구체적으로 설명하고 있음을 알 수 있다. 그러므로 A의 다음 문장으로 C가 와야 한다. 의미의 순서는 항상 포괄적인 내용에서 구체적이고 세부적으로 나열된다는 것을 잊지 말자.

독해 제3부분 실전 PT 정답 ▶p.313

| 21. C | 22. A | 23. B | 24. D | 25. C |
| 26. C | 27. A | 28. A | 29. B | 30. C |

문제 21

我孙女儿是去年秋天出生的，到今年9月20日，正好满一岁。到时候，我们准备请亲戚朋友们到家里来吃顿饭，算是给她过生日，希望她能健康快乐地长大。
★ 他孙女儿：

| A 很粗心 | B 喜欢音乐 |
| C 快一岁了 | D 会弹钢琴 |

나의 손녀는 작년 가을에 태어났고 올해 9월 20일이 되면 딱 만 1세이다. 그때가 되면 우리는 친척과 친구들을 집으로 초대해 식사준비를 하면서 손녀의 생일을 보내려 한다. 손녀가 건강하고 즐겁게 성장할 수 있기를 희망한다.
★ 그의 손녀는:

| A 매우 덜렁댄다 | B 음악을 좋아한다 |
| C 곧 1살이다 | D 피아노를 칠 줄 안다 |

단어 正好 zhènghǎo 부 마침, 딱 | 长大 zhǎngdà 동 성장하다, 자라다 | 粗心 cūxīn 형 세심하지 못하다

해설 첫 문장의 '到今年9月20日，正好满一岁'를 통해 그녀의 손녀가 9월 20일이 되면 딱 만 1세가 된다는 것을 알 수 있으므로 손녀에 관해 우리가 알 수 있는 것은 곧 1살이 된다는 C 快一岁了가 정답이다.

문제 22

北京动物园是中国最大的动物园，D 那里有450多种动物，你在那儿不但 A 可以看到大熊猫，还可以去海洋馆参观海底世界。
★ 北京动物园：

| A 值得去看 | B 门票免费 |
| C 离海边近 | D 有450多只熊猫 |

베이징 동물원은 중국의 제일 큰 동물원이다. D 그곳에는 450여 종의 동물이 있는데 당신은 그곳에서 A 판다를 볼 수 있을 뿐 아니라 해양관에서 해저세계를 볼 수도 있다.
★ 베이징 동물원은:

| A 가볼 만하다 | B 입장권이 무료이다 |
| C 해변에서 가깝다 | D 450여 마리의 판다가 있다 |

단어 不但…还… búdàn…hái… 접 ~할 뿐만 아니라, 게다가 ~하다 | 海底世界 hǎidǐ shìjiè 명 해저세계 | 值得… zhídé… 동 ~할 가치가 있다 | 免费 miǎnfèi 동 무료이다

해설 베이징 동물원에 대해서 질문하고 있다. 본문에서 '那里有450多种动物'라는 부분을 통해 450여 마리의 동물이 있다는 것을 알 수 있는데 보기 D는 '有450多只熊猫'로 450여 마리의 판다가 있다고 하였으므로 숫자는 일치하나 판다가 450여 마리는 아니므로 정답이 될 수 없다. 본문 마지막에 '可以看到大熊猫，还可以去海洋馆参观海底世界'를 통해 베이징 동물원에서는 판다 뿐만 아니라 해저세계도 볼 수 있다고 말하고 있으므로 베이징 동물원은 볼 것이 많아 가볼 만하다는 것을 추측할 수 있다. 정답은 A 值得去看이다.

문제 23

如果3分钟读一页书，半个小时就可以读10页；每天花半个小时来读书，一个月就可以读300页，差不多就是一本书了。
★ 这段话主要想告诉我们什么？

| A 要诚实 | B 要坚持读书 |
| C 要有同情心 | D 阅读要有选择 |

만약 3분 동안 책 한 페이지를 읽는다면, 30분이면 10페이지를 읽을 수 있다. 매일 30분을 써서 독서를 하면 한 달이면 300페이지를 읽을 수 있게 되어 거의 책 한 권이 된다.
★ 이 단락에서 주로 우리에게 말하고자 하는 것은 무엇인가?

| A 성실해야 한다 | B 독서를 계속 해야 한다 |
| C 동정심을 가져야 한다 | D 독서는 선택이어야 한다 |

단어 如果…就… rúguǒ…jiù… 접 만약 ~한다면, 곧 ~이다 | 花 huā 동 (돈·시간 등을) 소비하다 | 差不多 chàbuduō 부 거의, 대체로 | 诚实 chéngshí 형 성실하다

해설 질문을 보니 본문의 주제를 묻고 있다는 것을 알 수 있다. 주제를 묻는 문제는 문장의 맨 처음과 맨 끝에서 찾을 수 있으므로 먼저 문장 첫 부분을 확인하자. '如果3分钟读一页书，半个小时就可以读10页'라고 말하고 있는 부분을 통해 3분씩, 30분씩 책을 읽으라는 내용이라는 것을 알 수 있다. 즉, 주제는 '책을 조금씩이라도 계속 읽어라'라는 것으로 정답은 독서를 계속 하라는 의미인 B 要坚持读书가 된다.

문제 24

人们常说"机会只留给有准备的人",这句话虽然不假,然而光有准备是不够的,你还要主动去找机会,因为机会永远都不是等来的。 ★ 这段话主要告诉我们,应该:	사람들이 자주 말하길 "기회는 준비가 된 사람에게만 온다"라고 한다. 이 말이 비록 거짓은 아니지만 단지 준비만으로는 부족하고 네가 자발적으로 기회를 찾아야 한다. 왜냐하면 기회는 영원히 기다려주지 않기 때문이다. ★ 이 단락에서 우리에게 말하고자 하는 것은 반드시:
A 有耐心 B 节约时间 C 多鼓励别人 D 自己去找机会	A 인내심을 가져라 B 시간을 절약해라 C 다른 사람을 많이 격려해라 D 스스로 기회를 찾아가라

단어 虽然…然而… suīrán…rán'ér… 접 비록 ~지만, 그러나 ~이다 | 找机会 zhǎo jīhuì 기회를 찾다 | 耐心 nàixīn 형 참을성이 있다 | 节约 jiéyuē 동 절약하다 | 鼓励 gǔlì 동 격려하다

해설 문장의 중간 부분인 '你还要主动去找机会'라고 말하고 있는 부분을 통해 이 문장은 우리가 자발적으로 기회를 찾아나서야 한다고 말하고 있으므로 정답은 D 自己去找机会이다.

문제 25

人一生最幸福的事情是有父亲母亲的爱和保护,这种爱和保护是没有任何条件的,也是永远都不会改变的。 ★ 父母对孩子的爱:	사람의 일생에서 가장 행복한 일은 아버지와 어머니의 사랑과 보호가 있다는 것이다. 이런 사랑과 보호는 어떠한 조건도 없고 또한 영원히 모두 변하지 않는 것이다. ★ 부모의 아이에 대한 사랑은:
A 很复杂　　　　B 需要证明 C 是不变的　　　D 受环境影响	A 매우 복잡하다　　B 증명이 필요하다 C 변하지 않는 것이다　D 환경의 영향을 받는다

단어 任何 rènhé 대 어떠한, 어떤 | 改变 gǎibiàn 동 바꾸다 | 受…影响 shòu…yǐngxiǎng ~영향을 받다

해설 질문을 보면 부모가 아이에게 주는 사랑에 대해 묻고 있다는 것을 알 수 있다. 이런 문제는 사실 본문을 읽어내지 않아도 정답을 어느 정도 추측할 수 있다. 부모의 사랑은 영원하고 변하지 않는다는 것은 너무나 상식적인 것이다. 마지막 부분 '永远都不会改变的'를 통해 부모가 아이에게 주는 사랑은 영원히 변하지 않는 것이라고 말하고 있으므로 정답은 C 是不变的이다.

문제 26

这本小说的作者是医院的一位护士,她通过本小说告诉我们发生在医院里的许多有趣的故事,让我们对护士、医生这些职业有了更多的了解。 ★ 关于这本小说,可以知道:	이 소설의 작가는 병원의 한 간호사로, 그녀는 이 소설을 통해 우리에게 병원에서 발생한 많은 재미있는 일을 알려주었고 우리가 간호사, 의사라는 이런 직업에 대해 더욱 많은 이해를 할 수 있도록 해주었다. ★ 이 소설에 관해서, 알 수 있는 것은:
A 比较贵　　　　B 卖光了 C 很有意思　　　D 作者很有名	A 비교적 비싸다　　B 다 팔렸다 C 매우 재미있다　　D 작가는 유명하다

단어 有趣 yǒuqù 형 재미있다 | 故事 gùshi 명 이야기 | 卖光 màiguāng 동 매진되다. 남김없이 다 팔(리)다

해설 문장의 중간 부분 '她通过这本小说告诉我们发生在医院里的许多有趣的故事'를 통해 그녀는 소설을 통해 재미있는 이야기를 우리에게 알려주고 있다고 하였으므로 이 소설은 무척 재미있는 이야기를 담고있다는 것을 알 수 있다. '有趣'는 '재미있다'라는 뜻으로 '有意思'와 동의어이다. 그러므로 정답은 C 很有意思이다.

문제 27

人之所以会累，就是因为常常停留在坚持和放弃之间，难以选择。改变能改变的，接受不能改变的，这样，生活就会变得简单而快乐。 ★ 学会放弃，你会变得：	사람이 피곤한 까닭은 항상 계속 할 것인가, 포기할 것인가 그 사이에 놓여져 선택하기 어렵기 때문이다. 바꿀 수 있는 것은 바꾸고, 바꿀 수 없는 것은 받아들여라. 이렇게 하면 생활은 간단하고 즐겁게 변할 것이다. ★ 포기할 줄 알면 당신은 어떻게 변할 수 있는가:
A 更快乐　　　　B 更准时 C 更有信心　　　D 越来越后悔	A 더욱 즐거워진다　　B 더 정확해진다 C 더 자신감이 생긴다　D 갈수록 후회하게 된다

단어 之所以…是因为… zhī suǒyǐ…shì yīnwèi… 접 ~인 것은, ~때문이다 | 停留 tíngliú 동 정체하다, 침체하다 | 快乐 kuàilè 형 즐겁다

해설 문장 중간부터 끝까지의 문장을 보면, '……生活就会变得简单而快乐'라고 하면서 바꿀 수 있는 것은 바꾸고 바꿀 수 없는 것은 받아들이면 즐거워진다고 하였으므로 답은 A 更快乐이다.

문제 28

那个男孩子不但长得帅，而且性格也很好，我从来没见他和谁发过脾气。如果你不反对，这个周末我就介绍你们俩认识好不好？ ★ 那个男孩子：	그 남자아이는 잘생겼을 뿐만 아니라 성격도 매우 좋아. 나는 지금까지 그가 누구에게 화 내는 것을 본 적이 없어. 만약 네가 반대하지 않는다면 이번 주말에 내가 너희 둘에게 소개해 주려고 하는데 어떠니? ★ 그 남자아이는:
A 脾气好　　　　B 个子高 C 结婚了　　　　D 在读研究生	A 성격이 좋다　　　B 키가 크다 C 결혼했다　　　　D 대학원에서 공부 중이다

단어 不但…而且… búdàn…érqiě… 접 ~할 뿐만 아니라, 게다가 ~하다 | 和…发脾气 hé…fā píqi ~에게 화를 내다 | 脾气 píqi 명 성격

해설 본문 첫 부분에 '那个男孩子不但长得帅，而且性格也很好'라고 말하고 있는 부분을 통해 그 남자는 잘생기고, 성격도 좋다는 것을 알 수 있다. '性格很好'는 '성격이 좋다'라는 의미로 동의어 '脾气好'로 많이 바꿔 출제되고 있다. 같은 뜻의 동의어라는 것을 잊지 말자. 그러므로 정답은 '性格很好'와 동의어인 A 脾气好가 정답이다.

문제 29-30

目的地也许只有一个，但是通往目的地的道路却有很多条。所以，29.B 当一条路走不通时，我们可以换另外一条试试。30.C 只要我们不放弃努力，总会找到一条合适的路，通往成功的目的地。	목적지는 아마도 하나뿐이겠지만 목적지로 통하는 길은 매우 많다. 그래서 29.B 하나의 길이 통하지 않으면 우리는 또 다른 길로 바꾸어 시도할 수 있다. 30.C 우리가 포기하지 않고 노력만 다하면 언제나 성공의 목적지로 통하는 적합한 길을 찾을 수 있을 것이다.
★ 当一条路走不通时，我们应该： 　A 看地址　　　　B 试试别的路 　C 向当地人问路　D 给朋友打电话 ★ 这段话主要想告诉我们： 　A 要有理想 　B 工作要积极 　C 成功需要坚持 　D 做事要有计划	★ 하나의 길이 통하지 않는다면 우리는 반드시: 　A 주소를 본다　　　　B 다른 길로 시도한다 　C 현지인에게 길을 묻는다　D 친구에게 전화한다 ★ 이 단락에서 주로 우리에게 말하고자 하는 것: 　A 꿈이 있어야 한다 　B 적극적으로 일해야 한다 　C 성공은 지속이 필요하다 　D 일할 때에는 계획이 있어야 한다

| 단어 | 目的地 mùdìdì 명 목적지 | 也许 yěxǔ 부 아마도 | 总 zǒng 부 언제나, 늘 | 试试 shìshì 동 시도하다 | 有计划 yǒu jìhuà 계획이 있다

해설 29. 본문에서 '当一条路走不通时，我们可以换另外一条试试'라고 말하고 있는 부분을 통해 길이 통하지 않으면 다른 길로 시도하라고 하고 있는 것으로 보아 정답은 B 试试别的路이다.

30. 주제를 묻는 문제는 문장의 처음과 마지막 부분에서 찾을 수 있다. 본문의 마지막 부분 '只要我们不放弃努力，总会找到一条合适的路，通往成功的目的地'를 통해 포기하지 말고 노력하면 길을 찾을 수 있고 그 길이 성공으로 가는 목적지라고 말하고 있으므로 보아 이 단락의 주제는 포기하지 않고 계속 노력하면 성공할 수 있다는 것을 알 수 있다. 정답은 C 成功需要坚持이다.

쓰기 제1부분 실전 PT 정답 ▶p.317

1. 我们保证按时完成任务。 우리들은 제때에 임무를 완성할 것을 보증합니다.
2. 那个法律节目很受欢迎。 저 법률 프로그램은 매우 인기가 많다.
3. 这场雨下得真及时。 이 비는 매우 시기적절하게 내린다.
4. 这个句子翻译得不对。 이 문장은 틀리게 번역되었다.
5. 每个人都希望获得别人的尊重。 모든 사람들은 다른 사람의 존중을 얻길 바란다.
6. 火车上不提供免费的饮料。 기차에서는 무료음료를 제공하지 않는다.
7. 小孩子把裙子弄脏了。 아이가 치마를 더럽혔다.
8. 地球是我们共同的家。 지구는 우리 모두의 집이다.
9. 这个消息让所有人都大吃一惊。 이 소식은 모든 사람들을 크게 놀라게 했다.
10. 坚持写日记对提高表达能力有好处。 일기를 지속적으로 쓰는 것은 표현능력을 높이는 것에 장점이 있다.
11. 瓶子里的水满了。 병 안의 물이 가득하다.
12. 我们将逐渐扩大招聘范围。 우리들은 점차적으로 채용범위를 넓힐 것이다.
13. 入口处不允许停车。 입구에는 주차를 금지합니다.
14. 你把信用卡的密码改了。 네가 신용카드의 비밀번호를 바꿔라.
15. 考生的数量比去年增长了5倍。 시험을 보는 학생의 수가 작년보다 5배가 증가했다.
16. 夫妻应该相互信任。 부부는 반드시 서로 믿어야 한다.
17. 我弟弟的性格比较活泼。 내 남동생의 성격은 비교적 활발하다.
18. 窗户旁边那个座位有人吗？ 창가 옆의 저 자리에 사람 있습니까?
19. 这本书的作者是位著名的历史教授。 이 책의 작가는 저명한 역사 교수님이다.
20. 很多网站都对这次活动进行了报道。 많은 웹사이트들은 이번 행사에 대해 보도를 진행하였다.

문제 1

| 我们 | 完成任务 | 保证 | 按时 |

단어 保证 bǎozhèng 동 보증하다 | 按时 ànshí 부 제때에

| 해설 | 주어는 '我们'이고, 술어가 될 만한 동사는 '完成'과 '保证'이 있으나, 완성할 것을 보증한다는 의미이기 때문에 술어는 '保证'이 된다. 무엇을 보증하는지 목적어를 의미에 맞게 배열하면 '完成任务'가 목적어가 된다. 이 문제에서 중요한 단어는 남아있는 부사 '按时'인데 '제시간에'라는 의미로 부사는 술어 앞에 위치해야 하나, '제때에 보증한다'라는 의미가 성립되지 않는다. 제시간에 무엇을 한다는 것인지 어울리는 어휘를 찾아보면 제시간에 임무를 완성한다는 '按时完成任务'가 어울린다. 부사 '按时'가 술어 앞이 아닌, 목적어에 있는 동사 앞에 쓰인 구조이다. |

TIP 주어 + 술어 + 목적어
　　　　　[부사 + 술어 + 목적어]

문제 2

| 欢迎 | 那个 | 法律节目 | 很 | 受 |

| 단어 | 受欢迎 shòu huānyíng 인기가 많다 | 节目 jiémù 명 프로그램 |

| 해설 | 술어는 '受'로 '받다'라는 의미의 동사이다. 받는 주체인 주어는 '法律节目'이며, 받는 것이 무엇인지에 관한 목적어는 '欢迎'이다. 부사 '很'은 술어 앞에 쓰이며, '那个'는 뒤에 가리키는 명사가 와야 하므로 '那个法律节目'로 묶어준다. '受欢迎'은 '인기가 많다'라는 파생의미로 많이 쓰이므로 같이 묶여 많이 쓰인다는 것을 기억하자. |

TIP 주어 + 부사 + 受欢迎

문제 3

| 真 | 及时 | 下得 | 这场雨 |

| 단어 | 及时 jíshí 형 시기가 적절하다 |

| 해설 | 제시 어휘를 보면 '得'가 보인다. 정도보어라는 것을 알 수 있다. 정도보어의 기본 순서는 '주어 + (술어) + 목적어 + 술어 + 得 + 정도표현'으로 시험에서는 90% 이상 목적어가 없는 정도보어 '주어 + 술어 + 得 + 정도표현'의 형태가 출제된다. 구조에 따라 주어는 '这场雨', '술어 + 得'는 '下得', 나머지 어휘는 맨 뒤에 배열하면 정도보어 문장이 완성된다. |

TIP 정도보어: 주어 + 술어 + 得 + 정도표현

문제 4

| 翻译 | 得 | 不对 | 这个句子 |

| 단어 | 翻译 fānyì 동 번역하다 | 句子 jùzi 명 문장 |

| 해설 | 제시 어휘를 보면 '得'가 보이므로 정도보어 문장이라는 것을 알 수 있다. 정도보어의 기본 순서는 '주어 + (술어) + 목적어 + 술어 + 得 + 정도표현'으로 시험에서는 90% 이상 목적어가 없는 정도보어 '주어 + 술어 + 得 + 정도표현'의 형태가 출제된다. 구조에 따라 배열하면 주어는 '这个句子'이고, '술어 + 得' 부분은 '翻译得'이며, 이 문장이 번역된 정도가 어떠한지에 대한 정도표현 부분은 '不对'가 된다. 목적어가 없는 정도보어이다. |

TIP 정도보어: 주어 + 술어 + 得 + 정도표현

문제 5

| 每个人 | 别人的尊重 | 都 | 希望获得 |

| 단어 | 获得尊重 huòdé zūnzhòng 존중을 얻다 |

| 해설 | 기본문장구조 '주 + 술 + 목' 배열 문제이다. 주어는 '每个人'이고, 술어는 '얻기를 희망한다'라는 의미의 '希望获得', 무엇을 얻길 바라는지 목적 관계를 찾으면 '别人的尊重'이 된다. 남은 어휘 부사 '都'는 술어 앞에 위치시킨다. |

TIP 주어 + 부사 + 술어 + 목적어

문제 6

| 饮料 | 火车上 | 不提供 | 免费的 |

단어 　饮料 yǐnliào 명 음료 | 提供 tígōng 동 제공하다 | 免费 miǎnfèi 동 무료로 하다

해설 　기본문장구조 '주＋술＋목' 배열 문제이다. 술어를 먼저 찾으면 '不提供'이고, 제공하지 않는 목적 대상은 '免费的饮料'이다. 무료음료를 제공하지 않는 주체는 '火车上'이므로 주어가 된다.

TIP 　주어(장소 표현) + 부정부사 + 술어 + 목적어

문제 7

| 弄脏了 | 小孩子 | 把 | 裙子 |

단어 　把…弄脏了 bǎ…nòngzāng le ~을 더럽히다

해설 　제시 어휘에 '把'자가 있는 것으로 보아 '把자문' 파악 문제라는 것을 알 수 있다. '把자문'의 기본구조는 '주어 + [把 + 목적어] + 술어 + 기타성분'이므로, 구조에 그대로 대입하면 주어는 '小孩子', 술어는 '弄脏了'로 어렵지 않게 문장을 배열할 수 있다.

TIP 　'把'자문: 주어 + [把 + 목적어] + 술어 + 기타성분

문제 8

| 地球是 | 共同的 | 家 | 我们 |

단어 　地球 dìqiú 명 지구 | 共同 gòngtóng 형 공동의

해설 　기본문장구조 '주 + 술 + 목' 배열 문제이다. 제시 어휘가 어렵지 않기 때문에 대략적인 내용을 파악할 수 있다. '지구는 ~이다'라는 의미의 문장이 성립되어야 하므로 목적어는 '我们共同的家'로 배열할 수 있다. 시험에서 반복적으로 출제되고 있는 문제로 반드시 기억하자.

TIP 　주어 + 술어 + (……的 +) 목적어

문제 9

| 这个消息 | 大吃一惊 | 让 | 都 | 所有人 |

단어 　大吃一惊 dàchī yìjīng 성 크게 놀라다, 깜짝 놀라다 | 让…吃惊 ràng…chījīng ~을 놀라게 하다

해설 　제시 어휘에 '시키다'라는 의미의 사역동사 '让'이 있으므로 겸어문의 사역구문이라는 것을 알 수 있다. 사역구문은 '~가 ~을 ~시키다(하게 하다)'라는 의미로 기본구조는 '주어 + [让 + 겸어] + 술어'이다. 제시 어휘를 보면 소식이 모든 사람들을 모두 놀라게 한 상황이므로 그대로 대입하면, 주어는 '这个消息', 술어는 '大吃一惊', 모든 사람을 놀라게 했기 때문에 '让所有人'이 된다.

TIP 　겸어문: 주어 + [让 + 겸어] + 술어

문제 10

| 提高 | 表达能力 | 坚持写日记 | 对 | 有好处 |

단어 　表达能力 biǎodá nénglì 표현능력 | 对…有好处 duì…yǒu hǎochù ~에 대해 장점이 있다

해설 　'对……有好处'는 매번 출제되는 '전치사구' 구조로 '~에 대해 장점이 있다'라는 의미를 나타낸다. '일기를 쓰는 것이 표현능력을 높이는 데에 장점이 있다'는 의미이므로 주어는 '坚持写日记'이고, '표현능력을 높이다'를 표현하려면 '提高' 뒤에 무엇을 높이는지에 해당하는 '表达能力'가 위치하여 '提高表达能力'를 만들어 구조에 대입하면 완성된다.

TIP 　주어 + [对 + 명사] + 有好处

문제 11

| 水 | 瓶子里 | 的 | 满了 |

단어 瓶子 píngzi 명 병 | 满 mǎn 형 가득 차다, 가득하다

해설 술어는 '满了', 주어는 '水'로 '물이 가득하다'라는 기본문장을 만든다. '的'는 두 어휘 사이를 이어주는 표현으로 '瓶子里的水'로 만들어 주어를 꾸며주는 관형어로 배치한다.

TIP (……的 +) 주어 + 술어(형용사)

문제 12

| 我们将 | 扩大 | 逐渐 | 招聘范围 |

단어 逐渐 zhújiàn 부 점차적으로 | 扩大范围 kuòdà fànwéi 범위를 넓히다

해설 기본문장구조 '주 + 술 + 목' 배열 문제이다. 먼저 문장의 중심인 술어를 찾으면 '扩大'이고, 넓힌 목적 대상을 찾으면 '招聘范围'로 '채용범위를 넓혔다'라는 '술어 + 목적어' 부분을 완성시킬 수 있다. 채용범위를 넓힌 주체는 '我们'으로 주어가 되며, 남은 어휘 부사 '将逐渐'은 술어 앞에 위치시킨다.

TIP 주어 + 부사 + 술어 + 목적어

문제 13

| 不 | 入口处 | 停车 | 允许 |

단어 不允许 bù yǔnxǔ 동 금지하다

해설 이 문제의 중요한 어휘는 '允许'로 항상 '不'가 같이 붙는 '不允许' 형태로 '금지하다'라는 의미를 나타낸다. 무엇을 금지한다는 것인지 그 목적관계를 찾으면 주차를 금지한다는 '停车'가 목적어가 되며, 주어는 '入口处'로 '입구에는 주차를 금지한다'라는 의미가 성립한다.

TIP 주어(장소 표현) + 부정부사 + 술어 + 목적어

문제 14

| 密码 | 你把 | 信用卡的 | 改了 |

단어 密码 mìmǎ 명 비밀번호 | 把…改了 bǎ…gǎi le ~을 고치다

해설 제시 어휘에 '把'자가 있는 것으로 보아 '把자문' 파악 문제라는 것을 알 수 있다. '把자문'의 기본구조는 '주어 + [把 + 목적어] + 술어 + 기타성분'이다. '把'자 뒤에 목적어는 '信用卡的密码'를 묶어 표현해야 의미가 성립한다.

TIP '把'자문: 주어 + [把 + 목적어] + 술어 + 기타성분

문제 15

| 考生的数量 | 增长了 | 5倍 | 比去年 |

단어 增长 zēngzhǎng 동 증가하다

해설 제시 어휘에 '比'가 있으므로 대표적인 '비교문'이라는 것을 알 수 있다. 비교문의 구조 'A + 比 + B + 술어 + 보충성분'으로 문장을 그대로 대입한 후, '5倍'는 보충성분으로 문장 마지막에 위치해야 한다.

TIP '比' 비교문: A + 比 + B + 술어 + 보충성분

문제 16

应该　　夫妻　　相互　　信任

단어　相互信任 xiānghù xìnrèn 서로 믿다

해설　'相互'는 '서로'라는 의미로 뒤에 2음절 어휘가 붙어 술어를 만드는 독특한 형태를 나타낸다. 즉, '相互' 뒤에 2음절 어휘 '信任'이 와서 '相互信任'이 술어가 되고 '应该'는 조동사로 술어 앞에 위치시켜 문장을 완성한다.

TIP　주어 + 조동사 + 술어 + 목적어

문제 17

比较　　我弟弟的　　性格　　活泼

단어　比较 bǐjiào [부] 비교적 | 活泼 huópō [형] 활발하다

해설　주어는 '性格'이고, 성격이 '활발하다'라는 의미의 '活泼'가 술어가 된다. '我弟弟的'는 관형어로 주어 혹은 목적어 앞에 위치하는데, 의미상 주어 앞 '我弟弟的性格'에 위치해야 한다. '比较'는 '비교적'이라는 의미의 부사 어휘로 술어 '活泼' 앞에 온다.

TIP　(……的 +) 주어 + 술어(형용사)

문제 18

那个座位　　窗户旁边　　吗　　有人

단어　座位 zuòwèi [명] 좌석 | 旁边 pángbiān [명] 옆, 근처

해설　제시 어휘에 '有'가 있다. '有'는 존현문으로 쓰이면 '장소/시간 + 有 + 사람/사물'의 구조를 만든다. '어디에 사람이 있습니까?'라는 의미를 만들어야 하므로 존현문으로 접근해야 한다. 존현문은 주어가 장소가 되므로 '窗户旁边'과 '那个座位'라는 두 어휘 중에 큰 순서대로 배열해야 하므로 '窗户旁边那个座位'가 주어가 된다.

TIP　존현문: 장소/시간 + 有 + 사람/사물

문제 19

历史教授　　著名的　　是位　　这本书的作者

단어　教授 jiàoshòu [명] 교수님 | 著名 zhùmíng [형] 저명하다

해설　기본문장구조 '주＋술＋목' 배열 문제이다. 문장의 뼈대인 술어를 먼저 찾으면 '是'로 '〜은 〜이다'라는 어렵지 않은 기본 '판단문'이라는 것을 알 수 있다. 주어는 '这本书的作者'이고, 술어는 '是位'이며, 이 책의 작가가 누구인지에 해당하는 목적관계는 '历史教授'이다. '著名的'는 의미상 목적어 앞에서 목적어를 꾸며주는 관형어로 '著名的历史教授'를 만들어야 한다.

TIP　'是' 판단문: 주어 + 是 + (……的 +) 목적어

문제 20

很多网站　　进行了　　报道　　都对这次活动

단어　网站 wǎngzhàn [명] 웹사이트 | 进行报道 jìnxíng bàodào 보도를 진행하다

해설　기본문장구조 '주＋술＋목' 배열 문제이다. 술어 '进行了'를 어렵지 않게 찾을 수 있고, 진행한 것이 무엇인지 목적어를 찾으면 '进行了报道'로 '보도를 진행하다'라는 의미를 만들 수 있다. 보도를 진행한 주체는 '很多网站'이므로 주어가 된다. 나머지 문장 '都对这次活动'은 부사 '都'와 전치사구 '对 + 명사'로 이루어져 있다. 해석을 안 해도 부사와 전치사는 술어 앞에 위치시키면 문장은 완성된다.

TIP　주어 + 부사 + (对 + 명사) + 술어 + 목적어

쓰기 제1부분 실전 PT 정답

1. 这些饼干是昨天妈妈送给我的。 이 비스킷들은 어제 엄마가 내게 준 것이다. /
   我刚才把那些饼干吃光了。 나는 방금 저 비스킷들을 싹 다 먹어치웠다.

2. 他在办公室里复印好了材料。 그는 사무실에서 자료를 다 복사했다. /
   老板让我复印了这些材料。 사장님은 나에게 이 자료들을 복사하게 했다.

3. 那个小孩子的手挺脏的。 저 어린아이의 손은 굉장히 더럽다. /
   他把自己的手弄脏了。 그는 자신의 손을 더럽혔다.

4. 她给朋友们发短信呢。 그녀는 친구들에게 문자를 보내고 있다. /
   她用手机发短信。 그녀는 휴대전화로 문자를 보낸다.

5. 他们看到足球赛很激动了。 그들은 축구경기를 보고 매우 흥분했다. /
   那个足球赛使他们十分激动了。 저 축구경기는 그들을 매우 흥분시켰다.

6. 冬天喝什么茶能变得暖和？ 겨울에 어떤 차를 마셔야 따뜻해질까? /
   她一喝茶身体就变得暖和了。 그녀는 차를 마시자마자 몸이 매우 따뜻해졌다.

7. 他们每天早上跑三公里。 그들은 매일 아침 3킬로미터를 달린다. /
   咖啡厅离这里大约有两公里。 커피숍은 여기로부터 대략 2킬로미터가 된다.

8. 这种药特别苦。 이 약은 특히나 쓰다. /
   这些药又大又苦。 이 약들은 크기도 하고 또 쓰기도 하다.

9. 你把垃圾扔到垃圾桶里去。 너는 쓰레기를 쓰레기통에 버려라. /
   请不要乱扔垃圾。 함부로 쓰레기를 버리지 마세요.

10. 她打扮得很漂亮。 그녀는 매우 예쁘게 화장을 한다. /
    她现在照着镜子打扮。 그녀는 지금 거울을 보면서 화장을 하고 있다.

11. 这起事故，我不是故意的。 이 사고는 내 고의가 아니다. /
    谁故意把我的汽车砸破了。 누군가 고의로 내 차를 부쉈다.

12. 我的胳膊疼得厉害。 내 팔이 너무 아프다. /
    我的胳膊被玻璃弄伤了。 내 팔이 유리에 의해 상처가 났다.

13. 我女儿喝着果汁笑了。 내 딸은 과일주스를 마시면서 웃었다. /
    她很喜欢喝苹果汁。 그녀는 사과주스 마시는 것을 좋아한다.

14. 这次短跑赛赢得很漂亮。 이번 단거리 시합에서 너무 멋지게 이겼다. /
    这次比赛，谁赢了？ 이번 시합은 누가 이겼어?

15. 她现在出发也来不及了。 그녀는 지금 출발해도 늦는다./
现在起床也来不及。 지금 일어나도 늦는다.

> 문제 1

饼干

> 단어 饼干 bǐnggān 명 비스킷 | 小吃 xiǎochī 명 간식 | 吃光 chīguāng 싹 다 먹어치우다

> 해설 제시 어휘 '饼干'은 '비스킷'이라는 명사 어휘로 관련 어휘로는 '巧克力(초콜릿)', '小吃(간식)' 등이 자주 출제된다. 음식과 관련된 어휘가 나오면 '把자문'을 사용해 '把……吃光了(~을 다 먹어치웠다)'를 활용하면 간단하게 문장을 만들 수 있다.

> 문제 2

复印

> 단어 复印 fùyìn 동 복사하다 | 材料 cáiliào 명 자료 | 老板 lǎobǎn 명 사장님 | 科长 kēzhǎng 명 과장

> 해설 제시 어휘 '复印'은 '복사하다'라는 의미의 동사 어휘로 '会议材料(회의자료)', '申请表(신청표)', '杂志(잡지)' 등이 목적어로 많이 온다. 그림은 한 남자가 자료를 복사하고 있는 모습이므로, 사역구문 '让'을 사용해 '让……复印了(~가 ~에게 복사를 시켰다)'라는 표현을 만들 수 있다. '公司的同事(회사동료)', '老板(사장님)', '科长(과장)' 등이 복사를 시켰다는 표현을 '公司的同事让我复印了(회사동료가 나에게 복사를 하게 했다)'로 만들 수 있다.

> 문제 3

脏

> 단어 脏 zāng 형 더럽다 | 挺…的 tǐng…de 굉장히 ~하다

> 해설 제시 어휘 '脏'은 '더럽다'라는 형용사 어휘이다. 그림은 어린아이의 손이 매우 더러운 상황이므로, '他的手很脏(그의 손은 매우 더럽다)'이라는 형용사 술어 문장을 어렵지 않게 만들 수 있다. 형용사 술어는 '挺……的(굉장히 ~하다)'라는 표현을 사용해 '挺好的(굉장히 좋다)', '挺重的(굉장히 무겁다)', '挺贵的(굉장히 비싸다)'라는 표현을 만들어낼 수도 있다.

문제 4

短信

단어   短信 duǎnxìn 명 문자메시지 | 发短信 fā duǎnxìn 문자메시지를 보내다

해설   제시 어휘 '短信'은 '문자메시지'라는 명사 어휘로 동사 '发(보내다)'가 같이 쓰여 '发短信(문자메시지를 보내다)'이라는 표현을 만든다. 전치사 '给'를 사용해 '给……发短信(~에게 문자메시지를 보내다)'이라는 표현의 문장을 만들 수 있다. 또한 그림에서 문자메시지를 휴대전화로 보내고 있는 것으로 추측할 수 있으므로 '用手机发短信'이라는 표현을 만들 수도 있다.

문제 5

激动

단어   激动 jīdòng 동 흥분하다, 격분하다 | 兴奋 xīngfèn 형 흥분하다 | 伤心 shāngxīn 동 상심하다 | 足球赛 zúqiúsài 축구시합

해설   제시 어휘 '激动'은 '흥분하다'라는 동사 어휘이다. 그림은 젊은 남녀 여럿이 무언가를 보며 매우 흥분하고 있는 모습이다. 감정, 심리 등을 나타내는 어휘의 예를 들면 '兴奋(흥분하다)', '激动(흥분하다)', '伤心(상심하다)' 등이 있는데 '看到……很激动了(~을 보고 매우 흥분했다)', '听到……很激动了(~을 듣고 매우 흥분했다)'라는 표현을 사용해 감정어휘를 사용한 적절한 문장을 만들 수 있다.

문제 6

暖和

단어   暖和 nuǎnhuo 형 따뜻하다 | 一…就… yī…jiù… 접 ~하자마자, 곧 ~하다

해설   제시 어휘 '暖和'는 '따뜻하다'라는 형용사 어휘로 '房间很暖和(방이 매우 따뜻하다)', '天气很暖和(날씨가 매우 따뜻하다)'라는 표현으로 많이 쓰인다. 그림은 여성이 따뜻해보이는 차를 마시고 있는 모습이므로, '她在暖和的房间喝着绿茶'라는 표현을 통해 '그녀는 따뜻한 방에서 녹차를 마시고 있다'라는 문장을 만들 수 있다. 접속사 '一……就……(~하자마자 바로 ~하다)'를 사용해 '一喝茶身体就变得暖和了(차를 마시자마자 몸이 따뜻해졌다)'라는 표현을 만들 수도 있다.

문제 7

公里

단어 　公里 gōnglǐ 킬로미터 | 咖啡厅 kāfēitīng 명 커피숍 | 大约 dàyuē 부 대략

해설 　제시 어휘 '公里'는 '킬로미터'라는 단위를 나타내는 어휘로 4급에서 'A离B大约有……公里(A는 B로부터 대략 ~킬로미터가 된다)'라는 고정 문장으로 매번 출제되고 있다. 제시 어휘 '公里' 혹은 장소 어휘가 출제되면 어렵지 않게 'A离B大约有……公里' 표현에 대입해 문장을 만들어낼 수 있다. 예를 들면 '学校离这儿大约有三公里(학교는 여기로부터 대략 3킬로미터가 된다)'라고 표현할 수 있다. 그림은 사람들이 운동을 열심히 하고 있는 모습이므로, '그들은 매일 아침 3킬로미터를 달린다'는 의미의 '他们每天早上跑了三公里'라는 문장을 만들 수 있다.

문제 8

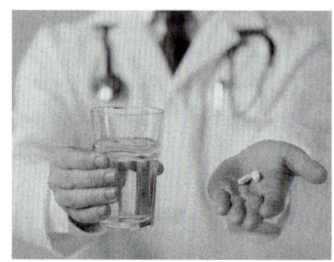

苦

단어 　苦 kǔ 형 쓰다 | 特别 tèbié 부 특별히, 특히 | 又…又… yòu…yòu… 접 또 ~하고, 또 ~하다

해설 　제시 어휘 '苦'는 '쓰다'라는 형용사 어휘이고 그림은 의사가 약과 물을 건네는 모습이므로, '这种药特别苦(이 약은 특히나 쓰다)'라는 형용사 술어 문장을 만들 수 있다. 또한 접속사 '又A又B(A하고 또 B하고)'를 사용해 '这些药又大又苦(이 약들은 크기도 하고 또 쓰기도 하다)'라고도 표현할 수 있다.

문제 9

扔

단어 　扔 rēng 동 버리다 | 垃圾桶 lājītǒng 명 쓰레기통 | 请不要… qǐng búyào… ~하지 말아주세요 | 扔垃圾 rēng lājī 쓰레기를 버리다

해설 　제시 어휘 '扔'은 '버리다'라는 의미의 동사 어휘로 목적어는 '垃圾(쓰레기)'가 짝꿍 어휘로 자주 함께 쓴다. 그림은 쓰레기가 잔뜩 버려진 모습이므로, '请不要……(~하지 마세요)'라는 금지 표현을 사용해 '请不要扔垃圾(쓰레기를 버리지 마세요)'라는 표현을 만들 수 있다. 혹은 고정표현으로 '把垃圾扔到垃圾桶里去'라는 문장을 통해 '쓰레기를 쓰레기통 안에 버리세요'라는 문장도 시험에서 자주 출제되고 있는 구문이다.

문제 10

打扮

단어 　打扮 dǎban 동 화장하다, 꾸미다 | 镜子 jìngzi 명 거울 | 照着…打扮 zhàozhe…dǎban ~을 보면서 화장을 하다

해설 　제시 어휘 '打扮'은 '화장, 치장하다'라는 동사 어휘로 그림을 보면 여자가 거울을 보며 화장을 하고 있는 모습임을 알 수 있으므로 '照着镜子打扮(거울을 보면서 화장을 하고 있다)'이라는 표현을 만들 수 있다. 정도보어 '得'를 사용해 '화장을 매우 예쁘게 한다'는 표현인 '打扮得很漂亮'을 만들 수도 있다.

문제 11

故意

단어 　故意 gùyì 부 고의로, 일부로 | 事故 shìgù 명 사고 | 砸破 zápò 깨부수다 | 汽车 qìchē 명 자동차

해설 　제시 어휘 '故意'는 '고의로, 일부로'라는 의미의 부사 어휘로, 사고가 난 자동차의 그림을 보면서 관련 어휘를 생각해보면 '事故(사고)', '汽车(자동차)', '砸破(때려 부수다)' 등의 어휘를 사용해 문장을 만들 수 있겠다. '누군가가 고의로 차를 때려 부수다'라는 문장을 만들기 위해 주어는 누구인지 모르는 상황이므로 '谁', '차를 부수다'라는 표현은 '把자문'을 사용해 '把我的汽车砸破了'라고 만들 수 있다. '把자문'에서 부사는 '把' 앞에 위치하므로 '故意'는 '把'자 앞에서 '谁故意把我的汽车砸破了'라는 문장을 표현해낼 수 있다.

문제 12

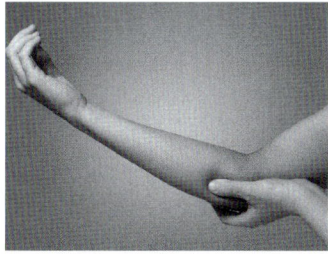

胳膊

단어 　胳膊 gēbo 명 팔 | 玻璃 bōli 명 유리 | 弄伤 nòngshāng 상처가 나다

해설 　제시 어휘 '胳膊'는 '팔'이라는 명사 어휘이고 그림은 사람이 팔이 아파 움켜쥐고 있는 모습이다. '我的胳膊很疼(나의 팔이 매우 아프다)'이라는 기본문장을 만들 수 있다. 사역구문을 사용해 '被……弄伤了(~에 의해 상해를 입다)'라는 표현을 만들 수도 있는데, '내 팔이 유리에 의해 다쳤다'라는 표현을 만들기 위해 '我的胳膊被玻璃弄伤了'라고 표현할 수 있다. '玻璃' 대신에 '桌子(책상)', '瓶子(병)' 등으로 상해를 입힌 주체를 바꿀 수 있다.

문제 13

果汁

단어 果汁 guǒzhī 명 과일주스 | 苹果汁 píngguǒzhī 명 사과주스

해설 제시 어휘 '果汁'는 '과일주스'라는 뜻의 명사 어휘로 앞에 과일 이름을 넣어 '苹果汁(사과주스)'이라는 표현으로 확장하여 다양한 단어를 만들 수 있다. 그림을 보면 여자아이가 과일주스를 마시며 너무 좋아하고 있는 모습이라는 것을 알 수 있으므로 '她很喜欢喝苹果汁(그녀는 사과주스 마시는 것을 매우 좋아한다)'이라는 기본문장을 만들어낼 수 있으며, 또한 '喝着果汁笑了'라는 연동문을 통해 '과일주스를 마시면서 웃고 있다'라는 두 가지 행동 상황을 표현해낼 수도 있다.

문제 14

赢

단어 赢 yíng 동 이기다 | 输赢 shūyíng 명 승패 | 短跑 duǎnpǎo 명 단거리 경주 | 比赛 bǐsài 명 시합

해설 제시 어휘 '赢'은 '이기다'라는 뜻의 동사 어휘이다. 관련 어휘로 반의어 '输(지다)'라는 표현도 함께 기억하자. '输赢'이 함께 쓰이면 '승패'라는 명사 어휘가 탄생한다. 그림에서는 달리기 시합을 하는 것으로 보이므로 '这次短跑比赛，谁赢了？'라는 문장과 같이 '단거리 시합에서 누가 이겼지?'라는 표현을 어렵지 않게 만들 수 있다. 혹은 '……赢得很漂亮'이라는 정도보어를 통해 '~에서 너무 멋지게 이겼다'라는 고정표현으로 많이 출제되는 문장을 사용하는 것도 좋다.

문제 15

来不及

단어 来不及 láibují 동 제시간에 댈 수 없다, 늦다(= 没来得及) | 来得及 láidejí 동 제시간에 댈 수 있다, 늦지 않다 | 起床 qǐchuáng 동 일어나다

해설 제시 어휘 '来不及'는 '제시간에 댈 수 없다, 늦었다'라는 동사 어휘로 반의어 '来得及(제시간에 댈 수 있다, 늦지 않았다)'도 함께 기억하자. 그림을 보아하니 여자가 늦은 상황으로 보이므로 '지금 출발해도 늦었다'라는 표현을 만들어 보면 '现在出发也来不及了'라는 표현을 만들 수 있고, 혹은 '지금 일어나도 늦었다'라는 표현인 '现在起床也来不及了'를 어렵지 않게 만들 수 있다.

실전 모의고사 1회

听力

第一部分
1. X 2. ✓ 3. X 4. X 5. ✓ 6. X 7. X 8. ✓ 9. X 10. X

第二部分
11. B 12. A 13. A 14. C 15. D 16. D 17. B 18. C 19. C 20. B
21. A 22. A 23. D 24. A 25. B

第三部分
26. C 27. D 28. C 29. A 30. B 31. B 32. C 33. A 34. B 35. C
36. D 37. A 38. B 39. A 40. A 41. D 42. B 43. D 44. D 45. C

阅读

第一部分
46. B 47. E 48. C 49. A 50. F 51. D 52. A 53. F 54. B 55. E

第二部分
56. C B A   57. A C B   58. C B A   59. A C B   60. C A B
61. A C B   62. B A C   63. B A C   64. C A B   65. C B A

第三部分
66. C 67. C 68. B 69. A 70. C 71. C 72. A 73. D 74. A 75. C
76. D 77. A 78. C 79. D 80. C 81. C 82. B 83. C 84. D 85. A

书写

第一部分
86. 那个瓶子被儿子打破了。 저 병은 아들에 의해 깨졌다.
87. 方向比速度更重要。 방향이 속도보다 더 중요하다.
88. 她邀请我一块儿去打网球。 그녀가 나를 초청해 같이 테니스 치러 간다.
89. 祝你一切顺利。 네가 모든 것이 순조롭기를 바란다.
90. 您乘坐的航班马上就要起飞了。 당신이 탑승한 항공편은 곧 이륙합니다.
91. 他在农村生活过一段时间。 그는 농촌에서 잠시 생활한 적이 있다.
92. 我已经把材料整理好了。 나는 이미 자료를 잘 정리하였다.
93. 你们公司的传真号码是多少? 그들의 회사 팩스 번호가 어떻게 되지?
94. 这种药对头疼很有效。 이 약은 두통에 매우 효과적이다.
95. 那本杂志的内容十分丰富。 저 잡지의 내용은 매우 풍부하다.

第二部分

96. 我刚才水果吃多了，所以肚子不舒服。 나는 방금 과일을 많이 먹었더니 배가 아프다.

97. 他说的话引起了误会。 그가 말한 말은 오해를 불러일으켰다.

98. 公园里禁止抽烟。 공원 안에서 담배 피우는 것을 금지합니다.

99. 这里的风景真美啊！ 이곳의 풍경은 정말 아름답구나!

100. 他们看起来很愉快。 그들은 매우 즐거워 보인다.

실전 모의고사 1회 - 듣기 제1부분

문제 1

★ 他们想学羽毛球。　　　　（　　）	★ 그들은 배드민턴을 배우고 싶다.
你不是一直想学打网球吗？下学期正好有网球课，每周两节。我们一起选吧。	너는 줄곧 테니스 배우고 싶어하지 않았어? 다음 학기에 마침 테니스 수업이 매주 2번씩 있던데. 우리 같이 신청하자.

단어 羽毛球 yǔmáoqiú 명 배드민턴 | 一直 yìzhí 부 줄곧, 계속 | 打网球 dǎ wǎngqiú 테니스를 치다 | 正好 zhènghǎo 부 마침, 딱

해설 녹음 도입 부분에서 '你不是一直想学打网球吗?'라고 말하는 부분을 통해 지금 그들은 배드민턴이 아닌 테니스를 배우고 싶어한다는 것을 알 수 있으므로 정답은 X이다.

문제 2

★ 他建议去咖啡馆等小云。　　（　　）	★ 그는 커피숍에 가서 샤오윈을 기다리자고 건의했다.
小云打电话说，她堵车了，让我们稍微等一会儿。这里风大，我们别站在这儿，去对面的咖啡馆等她吧。	샤오윈이 전화를 걸어 말하길 그녀가 차가 막히니 우리 보고 조금 기다려 달라고 했어. 이곳은 바람이 많이 부니 우리 이곳에 앉아있지 말고 맞은편 커피숍에 가서 그녀를 기다리자.

단어 咖啡馆儿 kāfēiguǎnr 명 커피숍 | 堵车 dǔchē 동 차가 막히다 | 稍微 shāowēi 부 다소, 약간

해설 녹음의 마지막 부분에서 '去对面的咖啡馆等她吧'라고 말하는 부분을 통해 남자는 커피숍에서 그녀를 기다리자고 했다는 것을 확인할 수 있으므로 정답은 √이다.

문제 3

★ 他想报名参加普通话考试。　（　　）	★ 그는 표준어 시험에 참가등록을 하고 싶다.
我是南方人，普通话说得不太标准。月底我就要去北京读书了。我想在开学前，好好儿练习一下普通话，方便以后交流。	나는 남방사람이라 표준어가 그다지 표준적이지 못하다. 월말에 나는 곧 베이징으로 가서 공부할 것이다. 나는 개학 전에 나중에 교류하기가 편해지도록 표준어를 열심히 연습하고 싶다.

단어 报名 bàomíng 동 등록하다 | 普通话 pǔtōnghuà 명 현대 중국 표준어(북경어) | 标准 biāozhǔn 형 표준의, 표준적이다 | 读书 dúshū 동 공부하다

| 해설 | 녹음의 도입 부분에서 '普通话说得不太标准'이라고 말하는 부분을 통해 표준어 실력이 좋지 않다는 것을 알 수 있었다. 마지막에 '好好儿练习一下普通话'라고 말하는 부분에서 표준어 연습을 더 많이 하고 싶다는 것을 알 수 있다. 표준어 시험에 참가하겠다는 내용은 한 번도 언급된 적이 없으므로 관련 어휘가 나온다고 할지라도 끝까지 참가한다는 것인지를 확인하면서 들어야 한다. 정답은 X이다. |

문제 4

★ 他在国家图书馆工作。　　　　（　　　）	★ 그는 국가도서관에서 일한다.
这张照片是我和妻子刚认识的时候照的。那时候，我刚到大使馆工作，而她还在读博士。由于我们都很忙，所以往往一个月都见不了几次面。	이 사진은 나와 아내가 막 알게 되었을 때 찍은 것으로 그때는 내가 막 대사관에 와서 일할 때였고, 그녀는 박사과정 중이었다. 우리는 둘 다 매우 바빠서 종종 한 달에 몇 번도 보지 못했다.

| 단어 | 大使馆 dàshǐguǎn 명 대사관 | 读博士 dú bóshì 박사공부를 하다 |
| 해설 | '国家图书馆'이라는 어휘가 들리는지 확인을 하는 것이 중요한데, 그는 '我刚到大使馆工作'라고 말하는 것으로 보아 '국가도서관'에서 일을 한 것이 아니라 '대사관'에서 일을 했다는 것을 알 수 있으므로 장소 어휘가 일치하지 않아 정답은 X이다. |

문제 5

★ 葡萄有很多吃法。　　　　　（　　　）	★ 포도는 먹는 방법이 매우 많다.
葡萄是种很常见的水果，几乎世界各地都有。新鲜的葡萄既可以直接吃，又可以做成葡萄酒、葡萄汁或者葡萄干等。	포도는 매우 자주 볼 수 있는 과일로 거의 세계 어디에나 다 있다. 신선한 포도는 바로 먹을 수도 있지만 포도주나 포도즙 혹은 건포도로 만들어 먹을 수도 있다.

| 단어 | 常见 chángjiàn 형 늘 보이는, 흔한 | 新鲜 xīnxiān 형 신선하다 | 世界各地 shìjiè gèdì 세계 각지 | 葡萄干 pútáogān 명 건포도 |
| 해설 | '포도'에 관한 내용이 나오고 있다. 녹음의 중간 부분에서 끝부분까지 '新鲜的葡萄既可以直接吃，又可以做成葡萄酒、葡萄汁或者葡萄干'이라고 말하는 부분을 통해 포도는 바로 먹기도 하고, 포도주 혹은 포도주스, 건포도 등으로 먹는 방법이 다양하다고 말하고 있다는 것을 알 수 있으므로 포도는 먹는 방법이 다양하다는 질문에 대한 대답은 √이다. |

문제 6

★ 他们来不及收拾行李。　　　（　　　）	★ 그들은 짐을 제때에 정리하지 못했다.
行李箱已经整理好了。你再仔细检查一下你的包。千万别忘了带护照！我们是晚上八点的航班。司机半个小时后会来接我们去机场。	여행가방은 이미 다 정리했다. 너는 다시 자세히 네 가방을 좀 살펴보아라. 여권 챙기는 것을 절대 잊어서는 안 된다! 우리는 저녁 8시 비행기로, 기사가 30분 후에 우리를 태워 공항으로 갈 것이다.

| 단어 | 行李 xíngli 명 짐 | 行李箱 xínglixiāng 명 트렁크, 여행가방 | 仔细 zǐxì 형 세심하다, 꼼꼼하다 | 检查 jiǎnchá 동 검사하다, 점검하다 | 千万 qiānwàn 부 부디, 제발, 아무쪼록 | 护照 hùzhào 명 여권 | 航班 hángbān 명 항공편 |
| 해설 | 질문에서 '来不及'는 '제시간에 하지 못하다'라는 의미로 '늦었다'라는 표현이다. 즉 '来不及收拾行李'는 '짐 정리가 아직 되지 않았다'라는 의미인데, 녹음 도입 부분에 '行李箱已经整理好了'라고 말하고 있는 부분을 통해서 짐은 이미 정리가 다 끝난 상황이라는 것을 알 수 있으므로 질문과 일치하지 않아 정답은 X이다. |

문제 7

| ★ 他读了介绍黄河的文章。　　（　　　） | ★ 그는 황허를 소개하는 문장을 읽었다. |

我最近阅读过两篇跟中国有关的文章，一篇介绍的是长城，另外一篇介绍的是京剧，都很有特点，让我学到了很多知识。	나는 최근에 두 편의 중국과 관련 있는 문장을 읽은 적이 있는데, 한 편은 창청을 소개하는 것이었고, 다른 한 편은 경극을 소개하는 것이었다. 모두 특색이 있어서 나로 하여금 많은 지식을 배우게 했다.

단어 阅读 yuèdú 동 독서하다 | 有特点 yǒu tèdiǎn 특징이 있다

해설 그가 읽은 책은 '一篇介绍的是长城'과 '另外一篇介绍的是京剧'로 '창청을 소개하는 책'과 '경극을 소개하는 책'을 읽었다는 것을 알 수 있으므로 황허를 소개한 문장을 읽은 것이 아니라는 것을 알 수 있다. 정답은 X이다.

문제 8

★ 环保要从身边小事做起。（　　）	★ 환경보호는 주변의 작은 일부터 시작하는 것이다.
保护环境可以从小事做起，例如少用塑料袋，将垃圾丢进垃圾桶，夏天把空调的温度开得高一点等等，这些是我们每个人都能够做到的。	환경을 보호하는 것은 작은 일부터 시작할 수 있는데 예를 들어 비닐봉투를 적게 사용하는 것, 쓰레기는 쓰레기통에 버리는 것, 여름에는 에어컨의 온도를 조금 높게 (설정하여) 켜는 것 등등이다. 이러한 것들은 우리 모든 사람들이 충분히 할 수 있는 것들이다.

단어 环保 huánbǎo 명 환경보호 ['环境保护'의 약칭] | 保护环境 bǎohù huánjìng 환경을 보호하다 | 塑料袋 sùliàodài 명 비닐봉투 | 垃圾 lājī 명 쓰레기 | 垃圾桶 lājītǒng 명 쓰레기통 | 空调 kōngtiáo 명 에어컨

해설 질문만 보고도 상식 선에서 정답을 맞출 수 있는 문제다. 환경보호는 주변의 작은 일부터 시작하는 것이 당연하므로 정답은 녹음을 듣지 않고도 ✓라는 것을 추측할 수 있다. 녹음 첫 부분에서도 '保护环境可以从小事做起'를 통해 정답을 확신할 수 있다.

문제 9

★ 他们要坐地铁。（　　）	★ 그들은 지하철을 타야 한다.
姐，咱们弄错方向了，去西边的公共汽车该在对面坐，正好前边有个天桥，我们从那儿过马路吧。	언니, 우리 방향이 틀렸어. 서쪽으로 가는 버스를 타려면 맞은편에서 타야 해. 마침 앞쪽에 육교가 있으니 우리 저쪽에서 길을 건너자.

단어 弄错 nòngcuò 동 실수하다 | 天桥 tiānqiáo 명 육교 | 过马路 guò mǎlù 길을 건너다

해설 교통수단에 관한 내용으로 녹음 중간 부분 '去西边的公共汽车该在对面坐'라고 말하고 있는 것을 통해 버스를 타야 한다는 것을 알 수 있다. 질문에서는 '坐地铁'라고 하였으므로 교통수단 관련 어휘가 일치하지 않아 어렵지 않게 정답은 X라는 것을 알 수 있다.

문제 10

★ 他知道怎么办签证。（　　）	★ 그는 어떻게 해야 비자를 발급받을 수 있는지 안다.
办签证需要准备什么材料我也不太清楚，不过我有大使馆的电话号码，我可以帮你问一下。	비자를 발급받으려면 어떤 자료를 준비해야 하는지 나도 잘 모르겠으나 나에게 대사관 연락처가 있으니 내가 너를 도와 한번 물어봐줄게.

단어 办签证 bàn qiānzhèng 비자를 발급받다 | 材料 cáiliào 명 자료

해설 녹음 도입 부분에 '办签证需要准备什么材料我也不太清楚'라고 말하는 부분을 통해 비자 발급 방법을 잘 모른다고 하고 있으므로 정답은 X이다.

실전 모의고사 1회 - 듣기 제2부분

문제 11

A 舞跳得很好　　B 外语流利
C 很浪漫　　　　D 很聪明

A 춤을 매우 잘 춘다　　B 외국어가 유창하다
C 매우 낭만적이다　　　D 매우 똑똑하다

男 : 9号上午公司要举办记者会，缺一名翻译，你觉得谁去合适？
女 : 让小张去吧，她的外语很流利。
问 : 女的觉得小张怎么样？

남 : 9일 오전에 회사에서 기자회가 열리는데 통역사 한 명이 부족해. 너는 누가 가는 게 적합하다고 생각하니?
여 : 샤오장더러 가라고 해, 그녀의 외국어 실력은 매우 유창하거든.
질문 : 여자는 샤오장이 어떠하다고 생각하는가?

단어 流利 liúlì [형] 유창하다 | 举办 jǔbàn [동] 거행하다, 개최하다 | 记者会 jìzhěhuì [명] 기자회 | 翻译 fānyì [동] 번역하다 | 合适 héshì [형] 적합하다, 알맞다

해설 남자가 통역사를 구하는데 누가 적합한지 물었더니, 여자가 이어서 '샤오장'이라고 말했다. 그러면서 샤오장이 '外语很流利'라고 말하는 것을 통해 그녀는 샤오장의 외국어가 유창하다고 하고 있다는 것을 알 수 있으므로 정답은 B이다.

문제 12

A 出差了　　　B 水果难吃
C 肚子不舒服　D 刚刷完牙

A 출장 가서　　　　　B 과일이 먹기 힘들어서
C 배가 아파서　　　　D 방금 양치를 해서

女 : 冰箱里的香蕉和西红柿都快要坏了，你怎么没吃呢？
男 : 我上个礼拜出差了，一直没来得及吃。
问 : 男的为什么没吃水果？

여 : 냉장고 안에 바나나와 토마토가 곧 상하려고 하는데 너 어째서 먹지 않았니?
남 : 나 지난주에 출장 가서 계속 먹을 시간이 없었어.
질문 : 남자는 왜 과일을 먹지 않았는가?

단어 香蕉 xiāngjiāo [명] 바나나 | 西红柿 xīhóngshì [명] 토마토 | 坏 huài [형] 상하다 | 上个礼拜 shàng ge lǐbài [명] 지난주 | 来得及 láidejí [동] 늦지 않다, (시간이 있어서) 돌볼 수가 있다

해설 녹음 첫 부분 여자의 말 '你怎么没吃呢'라는 물음에 남자는 '我上个礼拜出差了'라고 말하는 것을 통해 지난주에 출장을 가게 되어서 먹지 못했다는 것을 알 수 있으므로 정답은 A이다.

문제 13

A 用牙膏刷鞋　B 穿皮鞋
C 别用水洗　　D 把鞋扔掉

A 치약으로 신발을 닦아라　B 가죽신발을 신어라
C 물로 닦지 말아라　　　　D 신발을 버려라

男 : 这双白色的球鞋太脏了，不知道能不能刷干净。
女 : 我有办法，你用牙膏刷，刷完后，又白又干净。
问 : 女的是什么意思？

남 : 이 하얀색 운동화가 너무 더러운데, 솔로 깨끗하게 닦일지 모르겠어.
여 : 나한테 방법이 있어, 치약으로 닦아봐. 다 닦고 나면 하얗고 깨끗해질 거야.
질문 : 여자는 어떤 의미인가?

단어 牙膏 yágāo [명] 치약 | 刷 shuā [동] 솔질하다 | 球鞋 qiúxié [명] 운동화 | 脏 zāng [형] 더럽다

해설 여자의 '你用牙膏刷，刷完后，又白又干净'이라는 말을 통해서 치약을 사용해 닦으면 깨끗해질 것이라는 것을 알 수 있으므로 정답은 A이다.

문제 14

A 李大夫 B 李校长 C 高律师 D 高教授	A 리 의사 B 리 교장 C 까오 변호사 D 까오 교수
女：对不起，先生，会议还在进行中，您不能进去。 男：可是，我现在有重要的事情要跟高律师谈。 问：男的要找谁？	여: 미안합니다, 선생님. 회의가 진행 중이라 당신은 들어갈 수 없습니다. 남: 그런데, 제가 지금 중요한 일이 생겨서 까오 변호사와 이야기를 해야 합니다. 질문: 남자는 누구를 찾아야 하는가?

단어 进行 jìnxíng 동 진행하다 | 谈 tán 동 이야기하다

해설 제시된 보기의 어휘를 보면 모두 인물이다. 따라서 녹음을 들을 때 4명의 인물 중 누가 언급이 되는지 확인해야 하는데 남자의 대화 '我现在有重要的事情要跟高律师谈'에서 까오 변호사와 이야기를 나눠야 한다는 것을 알 수 있으므로 지금 남자는 까오 변호사를 찾아야 한다는 것을 짐작할 수 있다. 정답은 C이다.

문제 15

A 该换护照了 B 有新安排 C 女儿要结婚 D 工作很顺利	A 여권을 바꿔야 해서 B 새로운 일정이 생겨서 C 딸이 곧 결혼을 해서 D 일이 매우 순조로워서
男：你怎么提前回国了？那边的工作都结束了？ 女：对，全部都完成了，比我想的要顺利。 问：女的为什么提前回国了？	남: 너 어째서 귀국을 앞당긴 거야? 그쪽 일 다 끝났어? 여: 응, 전부 다 끝났어. 내가 생각했던 것보다 순조로웠거든. 질문: 여자는 왜 귀국을 앞당겼는가?

단어 换护照 huàn hùzhào 여권을 바꾸다 | 新安排 xīn ānpái 새로운 일정 | 顺利 shùnlì 형 순조롭다 | 结束 jiéshù 동 끝나다 | 提前 tíqián 동 (예정된 시간·위치를) 앞당기다

해설 여자가 마지막 '比我想的要顺利'라고 말하고 있는 부분을 통해 일이 순조로워서 빨리 귀국했다는 것을 알 수 있다. 정답은 D이다.

문제 16

A 照顾好爸妈 B 打一针 C 多喝牛奶 D 按时吃药	A 부모님을 잘 모셔라 B 주사를 맞아라 C 우유를 많이 마셔라 D 제시간에 약을 먹어라
女：这个药你一定得按时吃，否则会影响效果。 男：我记住了，谢谢你，护士小姐。 问：女的让男的做什么？	여: 당신은 이 약을 반드시 제시간에 먹어야 합니다. 그렇지 않으면 효과에 영향이 미칠 거예요. 남: 기억하겠습니다. 감사합니다, 간호사 선생님. 질문: 여자는 남자에게 무엇을 하라고 하였는가?

단어 照顾 zhàogù 동 보살피다 | 打针 dǎzhēn 동 주사를 놓다, 주사를 맞다 | 按时 ànshí 부 제때에 | 否则 fǒuzé 접 그렇지 않으면 | 影响 yǐngxiǎng 동 영향을 주다(끼치다) | 效果 xiàoguǒ 명 효과 | 记住 jìzhù 동 확실히 기억해 두다

해설 녹음의 첫 부분 '这个药你一定得按时吃'라고 말하고 있는 것을 통해 여자는 남자에게 약을 제시간에 먹으라고 하는 것을 알 수 있으므로 정답은 D이다.

문제 17

| A 书被弄脏了 | B 书没复印完 | A 책이 더러워졌다 | B 책이 다 복사되지 않았다 |
| C 女的生气了 | D 男的很笨 | C 여자가 화가 났다 | D 남자는 매우 멍청하다 |

男：这本书一共有302页，你少复印了几页。
女：真是抱歉，我太粗心了。
问：根据对话，可以知道什么？

남：이 책이 모두 302페이지인데, 당신은 몇 페이지를 덜 복사했네요.
여：정말 죄송합니다. 제가 너무 세심하지 못했습니다.
질문：대화에 근거해 알 수 있는 것은 무엇인가?

단어 复印 fùyìn 동 복사하다 | 笨 bèn 형 멍청하다 | 几页 jǐyè 몇 페이지 | 粗心 cūxīn 형 세심하지 못하다

해설 녹음의 첫 부분 남자의 말 '这本书一共有302页，你少复印了几页'를 통해 여자가 몇 페이지를 덜 복사했다는 것을 알 수 있으므로 정답은 책을 다 복사하지 않았다는 의미인 B이다.

문제 18

| A 招聘要求 | B 怎么开证明 | A 채용 요구 | B 어떻게 증명하는가 |
| C 怎么填表格 | D 数学作业 | C 어떻게 표를 작성하는가 | D 수학숙제 |

女：你知道这个表格该怎么填吗？
男：我也不太清楚，小王刚发给我，我还没来得及看呢。
问：他们在讨论什么？

여：너 이 표를 어떻게 작성해야 하는지 알아？
남：나도 잘 모르겠어. 샤오왕이 방금 나에게 보내왔는데 나도 아직 보지 못했어.
질문：그들은 무엇을 토론하고 있는 중인가?

단어 填 tián 동 기입하다 | 表格 biǎogé 명 표, 양식, 도표 | 开证明 kāi zhèngmíng 증명하다 | 招聘 zhāopìn 동 모집하다, 채용하다

해설 녹음 첫 부분 여자의 '你知道这个表格该怎么填吗'라는 말을 통해 표를 어떻게 작성해야 하는지에 대해 묻고 있는 것을 알 수 있으므로 지금 그들은 표 작성법에 대해 이야기를 하고 있다는 것을 알 수 있다. 정답은 C이다.

문제 19

| A 邮局关门了 | B 没有信封了 | A 우체국이 문을 닫았다 | B 편지봉투가 없다 |
| C 地址要详细 | D 字要写清楚 | C 주소는 상세해야 한다 | D 글자를 정확하게 써야 한다 |

男：地址这样写可以吗？
女：不行，要写上街道名，否则寄不到。
问：女的是什么意思？

남：주소는 이렇게 쓰면 됩니까?
여：아니요, 도로명을 쓰셔야 합니다. 그렇지 않으면 전달되지 않습니다.
질문：여자는 무슨 의미인가?

단어 详细 xiángxi 형 상세하다 | 街道名 jiēdàomíng 명 도로명 | 寄 jì 동 (우편으로) 부치다, 보내다

해설 남자가 주소를 쓰는 법을 물었더니 여자의 대답으로 '要写上街道名'이라고 하는 부분을 통해 도로명까지 써야 물건이 간다는 것을 알 수 있으므로 주소를 좀 더 자세하게 써야 한다는 것을 추측할 수 있다. 정답은 C이다.

158 해설

문제 20

A 厕所	B 银行	A 화장실	B 은행
C 宾馆	D 火车站	C 호텔	D 기차역

男：对不起! 让你久等了。银行那边排队的人实在太多了!	남：미안해! 오래 기다리게 했네. 거기 은행에 줄 서있는 사람이 정말 너무 많았어!
女：没关系，我正好在书店逛逛。顺便买几本书。	여：괜찮아, 나 마침 서점에서 둘러보고 있었어. 겸사겸사 책도 몇 권 사고.
问：男的刚才去哪儿了?	질문：남자는 방금 어디에 갔었는가?

단어 厕所 cèsuǒ 명 화장실 | 排队 páiduì 동 줄을 서다 | 逛逛 guàngguang 동 구경하다, 둘러보다 | 顺便 shùnbiàn 부 겸사겸사

해설 제시된 보기 어휘 4개를 보면 모두 장소 어휘라는 것을 알 수 있다. 이 중 들리는 것이 정답일 가능성이 있다. 남자가 '银行那边排队的人实在太多了'라고 말하고 있는 부분을 통해 지금 은행에 줄이 길었다는 것을 말하고 있는 것으로 보아 남자는 은행에 갔다 왔다는 것을 알 수 있으므로 정답은 B이다.

문제 21

A 网站上	B 电视上	A 웹사이트에서	B 텔레비전에서
C 杂志上	D 报纸上	C 잡지에서	D 신문에서

女：你从哪儿看到的? 消息准确吗?	여：너 어디서 본 거야? 정보는 정확한 거야?
男：在学校网站上，我把网址发给你，你自己看看吧。	남：학교 웹사이트에서. 내가 웹사이트 주소를 너에게 보낼 테니 네가 직접 봐.
问：男的在哪儿看到消息?	질문：남자는 어디에서 정보를 보았는가?

단어 网站 wǎngzhàn 명 (인터넷) 웹사이트 | 杂志 zázhì 명 잡지 | 报纸 bàozhǐ 명 신문 | 消息 xiāoxi 명 정보 | 准确 zhǔnquè 형 확실하다, 정확하다

해설 여자가 그 정보를 어디에서 봤는지 묻는 질문에 남자의 '在学校网站上'이라는 말을 통해 학교 웹사이트에서 봤다는 것을 알 수 있으므로 정답은 A이다.

문제 22

A 商店	B 电影院	A 상점	B 영화관
C 理发店	D 照相馆	C 미용실	D 사진관

男：卖手表的这层有卫生间吗?	남：시계를 파는 이 층에 화장실이 있습니까?
女：不知道，咱们去问问售货员吧。	여：몰라요. 우리 가서 판매원에게 좀 물어봅시다.
问：他们最可能在哪儿?	질문：그들은 어디에 있을 가능성이 있는가?

단어 卫生间 wèishēngjiān 명 화장실 | 售货员 shòuhuòyuán 명 판매사원

해설 남자의 '卖手表的这层有卫生间吗'라는 말을 통해 지금 그들이 시계를 파는 층에서 화장실을 찾고 있다는 것을 알 수 있으므로 지금 그들은 시계를 파는 곳, 즉 '商店(상점)'일 것이라는 것을 추측할 수 있으므로 정답은 A이다.

문제 23

| A 推车 | B 扔垃圾 | | A 차를 밀어라 | B 쓰레기를 버려라 |
| C 关窗户 | D 照相 | | C 창문을 닫아라 | D 사진을 찍어라 |

女: 这儿的景色真美，帮我照张相吧。
男: 好的，你稍微往左边站一点儿。我帮你把后面的大桥也照上。
问: 女的让男的做什么？

여: 이곳 풍경 정말 아름답네. 나를 도와 사진 한 장 찍어줘.
남: 알았어. 너 조금만 왼쪽으로 서봐. 내가 너를 도와서 뒤에 있는 다리도 찍어 줄게.
질문: 여자는 남자에게 무엇을 하라고 하였는가?

단어 扔 rēng 동 버리다 | 垃圾 lājī 명 쓰레기 | 大桥 dàqiáo 명 큰 다리, 교량

해설 여자는 이곳의 풍경이 무척 아름답다고 하면서 남자에게 '帮我照张相吧'라고 말하고 있는 것으로 보아 여자가 남자에게 사진을 찍어 달라고 하고 있다는 것을 알 수 있으므로 정답은 D이다.

문제 24

| A 已经毕业了 | B 准备留学 | | A 이미 졸업을 했다 | B 유학을 준비한다 |
| C 要去应聘 | D 正在报名 | | C 지원하러 가야 한다 | D 등록하고 있다 |

男: 真是没想到，四年的大学生活竟然这么快就结束了。
女: 是啊，以后去外地工作，估计很难常回学校了。
问: 关于男的，可以知道什么？

남: 4년의 대학생활이 이렇게 빨리 끝날 거라고는 정말 생각지도 못했어.
여: 맞아. 나중에 외지에 가서 일하게 되면 학교에 자주 오기 정말 어려울 거야.
질문: 남자에 관하여 알 수 있는 것은 무엇인가?

단어 应聘 yìngpìn 동 초빙에 응하다, 지원하다 | 没想到 méixiǎngdào 생각지도 못하다 | 竟然 jìngrán 부 뜻밖에도 | 估计 gūjì 동 추측하다, 예측하다

해설 남자의 '四年的大学生活竟然这么快就结束了'라는 대화를 통해 지금 그는 4년의 대학생활이 이렇게 빨리 끝났다는 것을 아쉬워하고 있다는 것을 알 수 있으므로 남자에 관해 알 수 있는 것은 졸업을 했다는 A가 정답이다. 녹음의 '大学生活'라는 어휘로도 '毕业'와 연관해서 생각할 수 있다.

문제 25

| A 送杂志 | B 谈广告的事 | | A 잡지를 주려고 | B 광고 이야기를 하려고 |
| C 道歉 | D 打针 | | C 사과하려고 | D 주사를 맞으려고 |

女: 经理，外面有位客人找您，说是来和您谈广告的。
男: 是叶小姐吧？请她进来吧。
问: 叶小姐来做什么？

여: 사장님, 바깥에 한 손님이 찾으시는데, 사장님과 광고에 대해 이야기를 나누려 왔다고 말했습니다.
남: 이에 아가씨인가요? 그녀에게 들어오라고 하세요.
질문: 이에 아가씨는 무엇을 하러 왔는가?

단어 杂志 zázhì 명 잡지 | 打针 dǎzhēn 동 주사를 맞다, 놓다

해설 여자가 사장님에게 '来和您谈广告的'라고 말하는 부분을 통해 누군가가 사장님과 광고에 대해 이야기를 나누려고 왔다는 것을 알 수 있다. 이에 사장님이 '叶小姐吧'라고 말하는 것으로 그녀는 바로 '이에 아가씨'라는 것을 알 수 있으므로 그녀는 사장과 광고에 대해 이야기를 나누려고 왔다는 것을 알 수 있다. 정답은 B이다.

실전 모의고사 1회 - 듣기 제3부분

문제 26

A 污染严重	B 交通不便	A 오염이 심하다	B 교통이 불편하다
C 很热闹	D 很富	**C 매우 번잡하다**	D 매우 부유하다

男: 我虽然在这儿出生，可八岁就搬走了。
女: 你觉得这儿变化大吗？
男: 挺大的，以前这条街道很破，商场也少。你看现在多热闹。
女: 那你还能找到当时住的地方吗？
男: 能，我带你去看看。
问: 男的觉得那儿现在怎么样？

남: 나는 비록 이곳에서 태어났지만 8살에 이사를 갔어.
여: 네가 생각하기에 이곳이 많이 변했니?
남: 굉장히 변했지. 예전에 이 도로는 매우 후졌었고 상점도 적었었어. 봐봐, 지금은 정말 번화하지.
여: 그럼 너는 그 당시에 살던 곳을 찾을 수 있겠어?
남: 찾을 수 있지. 내가 너를 데리고 가볼게.
질문: 남자가 생각하기에 그곳은 지금 어떠한가?

단어 污染 wūrǎn 명 오염 | 严重 yánzhòng 형 심하다 | 热闹 rènao 형 시끌벅적하다 | 搬走 bānzǒu 이동하다, 이사 가다 | 破 pò 동 파손되다, 부식되다 | 当时 dāngshí 명 당시, 그때

해설 여자가 이곳의 변화가 어떠냐고 묻는 질문에 '挺大的'라고 하는 것으로 변화가 크다는 것을 알 수 있다. 또한 '现在多热闹'라고 말하는 것으로 지금 그곳은 굉장히 변화하고 시끌벅적하다는 것을 알 수 있으므로 정답은 C이다.

문제 27

A 新闻	B 证明	A 뉴스	B 증명
C 通知	**D 总结**	C 통지	**D 총결서**

女: 那份总结明天中午能写完吗？
男: 您放心，保证写完。
女: 好，你写完后发到我的信箱里，我先看看。
男: 明白，没问题。
问: 男的在写什么材料？

여: 저 총결서, 내일 정오까지 다 작성할 수 있어요?
남: 걱정하지 마세요, 다 작성할 수 있습니다.
여: 좋아요. 다 작성한 후에 내 이메일로 보내주면 내가 먼저 좀 볼게요.
남: 알겠습니다, 문제 없어요.
질문: 남자는 어떤 자료를 작성하고 있는가?

단어 新闻 xīnwén 명 뉴스 | 总结 zǒngjié 명 총결산 | 放心 fàngxīn 동 마음을 놓다, 안심하다 | 保证 bǎozhèng 동 보증하다, 담보하다

해설 녹음 첫 부분에 여자가 '那份总结明天中午能写完吗？'라고 말하는 부분을 통해 여자가 남자에게 총결서를 내일 정오까지 다 작성할 수 있는지 묻고 있으므로 지금 남자가 작성하고 있는 것은 총결서라는 것을 알 수 있다. 정답은 D이다.

문제 28

A 要加班	B 很瘦	A 야근을 해야 한다	B 매우 날씬하다
C 有行李	D 在船上	**C 짐이 있다**	D 배 위에 있다

男: 你几点到？我去火车站接你。
女: 不用麻烦，我自己回去就可以了。
男: 你不是带行李箱了吗？
女: 没关系，没多少东西，很轻，我自己拿得动。
问: 关于女的，可以知道什么？

남: 너 몇 시에 도착해? 내가 기차역으로 너를 마중 나갈게.
여: 그러지 마. 나 혼자 돌아가도 괜찮아.
남: 너 트렁크도 가지고 있지 않아?
여: 괜찮아. 물건 많이 없어서 매우 가벼워. 나 혼자 들고 갈 수 있어.
질문: 여자에 관하여 알 수 있는 것은 무엇인가?

| 단어 | 加班 jiābān 동 야근하다 | 麻烦 máfan 형 귀찮다, 번거롭다 | 行李箱 xínglǐxiāng 명 트렁크, 여행가방 | 拿得动 nádedòng 동 (물건을) 들 수 있다, 들어서 움직일 수 있다 |

해설 | 녹음의 중간 부분에 '你不是带行李箱了吗?'라고 여자에게 묻는 질문을 통해 지금 여자는 트렁크를 가지고 있다는 것을 추측할 수 있으므로 여자에 관해 알 수 있는 것은 짐이 있다는 C가 된다.

문제 29

| A 镜子 | B 啤酒 | A 거울 | B 맥주 |
| C 椅子 | D 洗衣机 | C 의자 | D 세탁기 |

女: 动作轻一点儿, 那是镜子。	여: 좀 살살 움직여, 그거 거울이니까.
男: 知道, 你说放哪儿吧?	남: 알아, 어디에 두라고 했지?
女: 先放在桌子上, 你去看看还有没有什么东西。	여: 우선 책상 위에 두고 가서 다른 물건이 있는지 없는지 좀 봐줘.
男: 没啦, 全都搬上来啦。	남: 없어. 전부 다 옮겨왔어.
问: 男的在搬什么东西?	질문: 남자는 어떤 물건을 옮기고 있는 중인가?

단어 | 镜子 jìngzi 명 거울 | 椅子 yǐzi 명 의자 | 搬 bān 동 (비교적 크거나 무거운 것을) 옮기다, 운반하다

해설 | 여자가 남자에게 '动作轻一点儿, 那是镜子'라고 말하고 있는 부분을 통해 옮기는 물건이 거울이라 살살 움직이라고 한 것이므로 정답은 A이다.

문제 30

| A 做汤 | B 做蛋糕 | A 탕 만들기 | B 케이크 만들기 |
| C 儿童音乐 | D 民族文化 | C 아동음악 | D 민족문화 |

女: 你尝了吗? 这次蛋糕做得怎么样?	여: 너 맛 봤어? 이번에 만든 케이크는 어때?
男: 很好吃, 糖也放得正好。没想到你的水平提高了这么多。	남: 정말 맛있어, 설탕도 딱 알맞게 넣었네. 네 수준이 이렇게 많이 향상됐을 거라 생각지도 못했어.
女: 那当然了, 我专门找了这方面的书来学习呢。	여: 당연하지. 나는 전문적으로 이쪽 방면의 책을 찾아 공부한 것이거든.
男: 太厉害啦。	남: 정말 대단하네.
问: 女的看了哪方面的书?	질문: 여자는 어떤 방면의 책을 보았는가?

단어 | 蛋糕 dàngāo 명 케이크 | 水平 shuǐpíng 명 수준 | 提高 tígāo 동 향상시키다 | 厉害 lìhai 형 대단하다

해설 | 녹음 첫 부분 여자의 '这次蛋糕做得怎么样?'이라는 말을 통해 케이크를 만들었다는 것을 알 수 있다. 또한 마지막 부분 여자의 '我专门找了这方面的书来学习呢'라는 말을 통해 이 방면에 책을 찾아 공부를 했다는 것으로 보아 지금 여자는 케이크 만드는 것에 노력했다는 것을 추측할 수 있으므로 정답은 B이다.

문제 31

A 护照 B 钥匙 C 登机牌 D 照相机	A 여권 B 열쇠 C 탑승권 D 사진기
男：你的包里没有，是不是忘在办公室了？ 女：不会，刚才是我开的门。 男：那你到底放在哪儿了？你再仔细找找。 女：我去门口看看，是不是掉在那儿了。 问：他们最可能在找什么？	남：네 가방 안에는 없는데 사무실에 놓고 온 거 아니야？ 여：아니야, 방금 내가 문을 열었는데. 남：그럼 도대체 어디에 놔둔 거야? 너 다시 자세히 찾아봐. 여：내가 입구에 가서 좀 볼게, 거기에 떨어졌나 봐. 질문：그들은 무엇을 찾고 있는 중인가？

단어 登机牌 dēngjīpái 명 탑승권 | 到底 dàodǐ 부 도대체 | 仔细 zǐxì 형 세심하다

해설 녹음 첫 부분 남자가 '是不是忘在办公室了'라고 말하는 것을 통해 무엇인가를 사무실에 놔두고 온 상황이라는 것을 알 수 있다. 그것이 무엇인지 대화를 통해 찾아내야 하는데 바로 여자의 대답으로 '不会, 刚才是我开的门'라고 말하고 있는 것을 통해 그럴 리가 없다면서 방금 내가 문을 열었다고 하는 것을 알 수 있다. 즉 문을 열었으므로 그것이 사무실에 있지는 않을 것이라는 내용이므로 그들이 지금 찾고 있는 것은 문을 열 수 있는 것, 즉 열쇠라는 것을 추측할 수 있다. 정답은 B이다.

문제 32

A 没功夫吃 B 懒得做 C 想减肥 D 中午吃多了	A 먹을 시간이 없어서 B 하기 귀찮아서 C 다이어트 하고 싶어서 D 점심에 많이 먹어서
男：你不是要睡觉吗？怎么又吃起饼干来了？ 女：我太饿了。 男：你是不是为了减肥，没吃晚饭？ 女：你猜对了。不过我觉得，我以后还是按时吃饭比较好。 问：女的为什么没吃晚饭？	남：너 자려고 한 거 아냐? 어째서 또 비스킷을 먹는 거야? 여：나 너무 배고파서. 남：너 다이어트 하려고 저녁 안 먹은 거 아니야? 여：네 말이 맞아, 그런데 내가 생각해보니 앞으로는 제때에 먹는 것이 좋은 거 같아. 질문：여자는 왜 저녁을 먹지 않는가?

단어 没功夫 méi gōngfu 시간이 없다 | 懒 lǎn 형 게으르다 | 减肥 jiǎnféi 동 다이어트 하다 | 饼干 bǐnggān 명 비스킷

해설 녹음의 중간 부분 남자의 '你是不是为了减肥, 没吃晚饭？'이라는 말을 통해서 여자는 지금 다이어트를 위해서 저녁을 먹지 않았다는 것을 알 수 있으므로 정답은 C이다.

문제 33

A 可以分期 B 打折 C 不用排队 D 更快	A 기간을 나눌 수 있다 B 할인을 한다 C 줄을 서지 않아도 된다 D 더 빠르다
女：先生，这台笔记本电脑，可以使用信用卡分期付款。 男：这和现金付款有什么区别？ 女：价格一样。但使用信用卡的话，您可以分12个月还这些钱。 男：好。那我用信用卡买。 问：使用信用卡付款的优点是什么？	여：선생님, 이 노트북은 신용카드로 분할납부가 가능합니다. 남：이게 현금지불과 어떤 차이가 있나요? 여：가격은 같습니다. 그러나 신용카드를 사용하시면 12개월로 나누어 돈을 내실 수 있습니다. 남：좋습니다. 그럼 제가 신용카드로 사겠습니다. 질문：신용카드로 돈을 지불하는 것의 특징은 무엇인가?

단어 打折 dǎzhé 동 할인하다 | 分期 fēnqī 동 기간을 나누다 | 付款 fùkuǎn 동 돈을 지불하다 | 区别 qūbié 명 구별, 차이

해설 녹음의 중간 부분 여자의 '使用信用卡的话, 您可以分12个月还这些钱'이라는 말을 통해 신용카드를 사용할 경우 12개월로 나누어 돈을 지불할 수 있다는 것을 알 수 있으므로 정답은 A이다.

문제 34

A 教室	B 饭店		A 교실	B 식당
C 游泳馆	D 银行		C 수영장	D 은행

男：打网球真累! 我的胳膊都抬不起来了。 女：是啊，我现在一点儿力气也没有了。 男：咱们去吃点儿东西吧? 女：好啊! 我知道有家餐厅的羊肉做得不错。而且离这儿很近。 问：他们要去哪儿?	남：테니스 쳤더니 정말 피곤해! 나 팔도 못 올리겠어. 여：맞아, 나 지금 조금의 힘도 없어. 남：우리 뭐 좀 먹으러 갈까? 여：좋아! 나 양고기 잘하는 식당을 알고 있어. 게다가 여기서도 무척 가까워. 질문：그들은 어디에 가려고 하는가?

단어 胳膊 gēbo 몡 팔 │ 抬 tái 동 들어올리다, 들다 │ 力气 lìqi 몡 힘

해설 남자가 뭐 좀 먹으러 가자는 말에 여자는 '我知道有家餐厅的羊肉做得不错'라고 하는 것으로 보아 여자가 양고기를 잘하는 식당을 알고 있으니 그곳으로 가자고 하는 것을 알 수 있으므로 지금 그들이 가려고 하는 곳은 식사를 하는 곳, 즉 식당이라는 것을 알 수 있다. 정답은 B이다.

문제 35

A 少吃水果	B 多洗几遍		A 과일을 적게 먹는다	B 여러 번 씻는다
C 少买些	D 不要乱放		C 적게 산다	D 아무 데나 놓지 않는다

女：冰箱里的葡萄都坏了。真可惜! 男：放太久都忘记吃了。 女：以后，我们应该少买一些。 男：行。这样每次都能吃新鲜的。 问：女的觉得，以后应该怎么做?	여：냉장고 안의 포도가 모두 상했어, 정말 아깝다! 남：너무 오랫동안 놔두고선 먹는 걸 잊었어. 여：다음에는 우리 반드시 적게 사자. 남：좋아, 이렇게 하면 매번 신선한 것을 먹을 수 있어. 질문：여자가 생각하기에, 나중에 어떻게 해야 하는가?

단어 乱放 luànfàng 널브러뜨리다, 아무 데나 놓다 │ 可惜 kěxī 형 애석하다 │ 忘记 wàngjì 동 잊어버리다

해설 여자가 냉장고 안의 포도가 모두 상했다고 말하면서 다시 중간 부분에서 '以后，我们应该少买一些'라고 말하고 있다. 이 말은 바로 다음에는 적게 사자라고 말하는 것으로 정답은 C이다.

문제 36-37

36. A 很干净	B 以汤为主		36. A 매우 깨끗하다	B 국을 위주로 한다
C 不贵	D 数量多		C 비싸지 않다	D 종류가 많다
37. A 很热闹	B 上过新闻		37. A 매우 시끌벅적하다	B 뉴스에 나온 적이 있다
C 历史久	D 非常老旧		C 역사가 오래됐다	D 매우 낡았다

你别看这个城市不大，但却有一条全国有名的小吃街。36.D 那里的小吃数量多，味道丰富，酸的、甜的、辣的都可以找到，不管白天还是晚上，37.A 那里总是人山人海，热闹极了。 36. 那里的小吃有什么特点? 37. 关于那条小吃街，下列哪个正确?	당신은 이 도시가 크지 않다고 보지 말아라, 오히려 전국적으로 유명하다는 먹자골목이 있다. 36.D 그곳은 간식 종류가 많고, 맛도 풍부해서 시고 달고 매운 것들을 모두 찾을 수 있다. 낮이든 저녁이든 상관없이 37.A 그곳은 늘 인산인해를 이루고 무척 시끌벅적하다. 36. 그곳의 간식은 어떤 특징이 있는가? 37. 그 먹자골목에 관해 아래에서 어느 것이 정확한가?

| 단어 | 以…为主 yǐ…wéizhǔ ~이 주가 되다 | 老旧 lǎojiù 형 낡다, (시대에) 뒤떨어지다 | 小吃街 xiǎochījiē 명 간식거리, 먹자골목 | 不管 bùguǎn 접 ~에 관계없이 | 人山人海 rénshānrénhǎi 명 인산인해 | …极了 …jíle 보 매우 ~하다 |

| 해설 | 36. 녹음의 중간 부분 '那里的小吃数量多'라고 말하는 것을 통해 그곳은 간식의 종류가 다양하다는 것을 알 수 있으므로 정답은 D이다. |

37. 녹음의 마지막 부분 '那里总是人山人海，热闹极了'를 통해 그 먹자골목은 언제나 사람으로 인산인해를 이루고 무척 시끌벅적하다는 것을 정확히 알 수 있으므로 정답은 A이다.

문제 38-39

38. A 引起误会   B 浪费时间
    C 增加压力   D 影响判断

39. A 要学会放弃
    B 要有理想
    C 能力最重要
    D 遇事要冷静

38. A 오해를 불러일으킨다   B 시간을 낭비한다
    C 스트레스를 높인다   D 판단에 영향을 미친다

39. A 포기할 줄 알아야 한다
    B 꿈을 가져야 한다
    C 능력이 가장 중요하다
    D 일이 생기면 냉정해져야 한다

做到坚持很不容易，但如果我们坚持的东西是无用的，甚至是错误的，38.B 那坚持到底的结果只能是浪费时间。39.A 只有放弃那些不实际的理想，我们才能找到真正应该坚持的东西。
38. 坚持错误的东西，会怎么样？
39. 这段话告诉我们什么？

버텨내는 것은 정말 쉽지 않다. 그러나 만약에 우리가 버텨내려고 하는 것이 소용이 없고, 심지어 잘못된 것이라면 38.B 끝까지 버텨내는 그 결과는 단지 시간낭비일 뿐이다. 39.A 그 현실적이지 않은 꿈은 포기해야만 우리들은 진정으로 버텨야 하는 것을 찾을 수 있다.
38. 잘못된 것을 버텨내는 것은 어떠할 수 있는가?
39. 이 단락이 우리에게 말하고자 하는 것은 무엇인가?

| 단어 | 误会 wùhuì 동 오해하다 | 浪费 làngfèi 동 낭비하다, 허비하다 | 压力 yālì 명 스트레스 | 判断 pànduàn 동 판단하다, 판정하다 | 放弃 fàngqì 동 포기하다 | 遇事 yùshì 동 일이 생기다 | 坚持 jiānchí 동 견지하다, 어떠한 상태나 행위를 계속 지속하게 하다 | 无用 wúyòng 동 쓸데 없다, 소용없다 | 甚至 shènzhì 부 심지어 |

| 해설 | 38. 녹음의 중간 부분 '那坚持到底的结果只能是浪费时间'을 통해 잘못된 것을 끝까지 하게 되면 그것은 단지 시간낭비일 뿐이라고 한 것을 알 수 있다. 그러므로 정답은 B이다. |

39. 주제를 묻는 문제는 녹음의 첫 부분과 끝 부분에서 찾을 수 있는데 녹음 마지막 부분에 '只有放弃那些不实际的理想，我们才能找到真正应该坚持的东西'라는 말을 통해 현실적이지 못한 꿈은 포기해야만 진정으로 해야 할 일을 찾을 수 있다는 것으로 보아 포기할 것은 빨리 포기해야 더 중요한 것들을 할 수 있다는 것을 짐작할 수 있으므로 이 녹음이 우리에게 말하고자 하는 것은 포기할 줄도 알아야 한다는 것으로 보인다. 정답은 A이다.

문제 40-41

40. A 担心堵车
    B 车内太冷
    C 不允许带行李
    D 车内很黑

41. A 票价低   B 座位多
    C 有电梯   D 速度快

40. A 막히는 것이 걱정되어서
    B 차 안이 너무 추워서
    C 짐을 가지고 탈 수 없어서
    D 차 안이 매우 어두워서

41. A 표 값이 싸다   B 자리가 많다
    C 엘리베이터가 있다   D 속도가 빠르다

尽管北京地铁的票价提高了不少，但选择乘坐地铁的人数仍然没有减少，一方面是 40.A 因为乘坐公共汽车或出租车很容易遇到堵车，另一方面是，由于现在正是夏季，天气实在太热，所以人们还是更愿意 41.D 选择又快又凉快的地铁出行。 40. 人们为什么不愿意乘坐公共汽车？ 41. 下列哪个是地铁的优点？	비록 베이징 지하철의 표 값이 적지 않게 올랐지만 지하철 탑승자의 수는 여전히 줄지 않았다. 한편으로는 40.A 버스를 타거나 택시를 타면 쉽게 막히기 때문이며, 또 한편으로는 지금이 마침 여름철이라 날씨가 정말 너무 더워 사람들이 41.D 빠르고 시원한 지하철로 이동하는 것을 선택하길 더 원하기 때문일 것이다. 41. 사람들은 왜 버스 타기를 원하지 않는가？ 40. 아래에서 어느 것이 지하철의 장점인가？

단어 不允许 bù yǔnxǔ 금지하다 | 座位 zuòwèi 명 좌석 | 尽管 jǐnguǎn 접 비록 ~라 하더라도 | 仍然 réngrán 부 변함없이, 여전히 | 愿意 yuànyì 동 원하다 | 出行 chūxíng 동 외출하다

해설 40. 녹음의 중간 부분 '因为乘坐公共汽车或出租车很容易遇到堵车'를 통해 버스 혹은 택시를 타면 쉽게 차가 막힌다고 하는 것으로 보아 사람들이 버스를 타지 않는 이유가 차가 막히기 때문이라는 것을 알 수 있으므로 정답은 A이다.

41. 녹음의 마지막 '选择又快又凉快的地铁出行'을 통해 지하철을 타기로 결정하는 큰 이유는 '빠르고 시원해서'라는 것을 알 수 있으므로 정답은 D이다.

문제 42-43

42. A 很害怕　　　B 很困难 　　C 非常得意　　D 很有意思	42. A 매우 두렵다　　　B 매우 어렵다 　　C 매우 만족해 한다　D 매우 재미있다
43. A 边听边写　　B 要特别仔细 　　C 多练习　　　D 要坚持	43. A 듣고 써라　　　　B 특히 세심하게 해라 　　C 많이 연습해라　　D 계속 유지해라

学习一种语言不是简单的事情，42.B 许多人在开始学的时候觉得很困难，于是就放弃了。43.D 但是只要坚持下来，从最基础的东西学起，慢慢就会发现自己的变化。这时候就会增加我们的信心，离学好这种语言也就越来越近了。 42. 很多人开始学习一种语言时，会觉得怎么样？ 43. 怎样才能学好一种语言？	한 언어를 공부하는 것은 간단한 일이 아니다. 42.B 많은 사람들이 배우기 시작할 때 매우 어렵다고 느껴 포기하곤 한다. 43.D 그러나 지속적으로 가장 기초적인 것부터 배워나가야 천천히 자기의 변화를 발견할 수 있는데, 이때 바로 우리들의 자신감도 높아지며 언어를 잘 배우는 것으로부터 점점 가까워지는 것이다. 42. 많은 사람들이 언어를 배우기 시작할 때, 어떻게 느끼는가？ 43. 어떻게 해야 언어를 잘 배울 수 있는가？

단어 得意 déyì 형 대단히 만족하다 | 困难 kùnnan 형 어렵다 | 仔细 zǐxì 형 세심하다 | 基础 jīchǔ 명 기초

해설 42. 녹음의 첫 부분 '许多人在开始学的时候觉得很困难'을 통해 많은 사람들은 외국어를 배우기 시작하면 매우 어렵다고 느낀다는 것을 알 수 있으므로 정답은 B이다.

43. 녹음의 중간 부분 '但是只要坚持下来，从最基础的东西学起, ……'라는 부분을 통해 아무리 외국어를 배우는 것이 어려워도 계속 해나가면서 가장 기초의 것을 배워 나간다면 언어를 잘 배우게 되는 것이라고 하고 있는 것으로 보아 포기하지 말고 계속 기초부터 해나가라는 것을 알 수 있으므로 정답은 D이다.

문제 44-45

44. A 研究普通话　B 听京剧 　　C 做生意　　　D 写小说	44. A 표준어를 연구해라　B 경극을 들어라 　　C 장사를 해라　　　D 소설을 써라
45. A 成为一名导游　B 长高了 　　C 出名了　　　　D 考上博士了	45. A 가이드가 되었다　B 키가 컸다 　　C 유명해졌다　　　D 박사에 합격했다
小王原来是位演员，但是演了十几年也没几个人记住他。**44.D** 后来在妻子的鼓励下，他开始试着在网上写小说，没想到他的小说很受欢迎。越来越多的人通过小说认识了他，**45.C** 他也因此成了人们眼中的名人。 44. 妻子鼓励小王做什么？ 45. 小王后来怎么了？	샤오왕은 원래 연기자였다. 그런데 십 수년 동안 몇 명도 그를 기억하지 못했다. **44.D** 이후에 아내의 독려로 그는 인터넷에서 소설을 쓰기 시작했고 생각지도 못하게 그의 소설은 매우 인기를 끌었다. 점점 많은 사람들이 소설을 통해 그를 알게 되었고 **45.C** 그도 사람들의 눈 속에 기억되는 유명인이 되었다. 44. 아내는 샤오왕에게 무엇을 하라고 독려하였는가? 45. 샤오왕은 후에 어땠는가?

단어 研究 yánjiū 동 연구하다 | 做生意 zuò shēngyì 장사하다 | 导游 dǎoyóu 명 관광가이드 | 演员 yǎnyuán 명 연기자, 배우 | 记住 jìzhù 동 똑똑히 기억하다 | 鼓励 gǔlì 동 독려하다 | 受欢迎 shòu huānyíng 인기 있다

해설 44. 녹음의 중간 부분 '后来在妻子的鼓励下，他开始试着在网上写小说'를 통해 남자는 아내의 독려로 인터넷에서 소설을 쓰기 시작했다는 것을 알 수 있으므로 여자는 남편에게 소설을 써보라고 했다는 것을 짐작할 수 있다. 정답은 D이다.

　　45. 인터넷에 소설을 쓴 이후 '他也因此成了人们眼中的名人'이라고 하는 마지막 부분을 통해 사람들의 기억에 남는 유명한 사람이 되었다는 것으로 보아 나중에 유명해졌다는 것을 알 수 있으므로 정답은 C이다.

실전 모의고사 1회 – 독해 제1부분

문제 46-50

A 麻烦	B 世纪	C 不管	D 坚持	E 响	F 熟悉
A 귀찮다	B 세기	C ~을 막론하고	D 유지하다	E 소리가 나다	F 익숙하다

문제 46

从上个（　　）末开始，这条街道就很有名了。	지난 (세기) 말부터 시작해 이 거리는 매우 유명해졌다.

단어 街道 jiēdào 명 도로 | 有名 yǒumíng 명 유명하다

해설 빈칸 뒤의 '末'는 '말'이라는 표현으로 '끝'을 의미한다. 주로 날짜 표현에서 '月末(월말)', '一月末(1월 말)' 등의 표현으로 많이 출제된다. '上个（　　）末'에서 빈칸은 '世纪'가 들어가 '지난세기 말'이라는 표현을 만든다. '上个世纪'는 '지난세기'라는 의미로 4급에서 많이 출제되고 있다.

문제 47

手机早上7:05就（　　　）了，可是她一直躺到8点半才起床。	휴대전화가 아침 7시 5분에 (울렸으나) 그녀는 줄곧 8시 반까지 누워있다가 겨우 일어났다.

단어 起床 qǐchuáng 동 일어나다

해설 빈칸 뒤에 '了'가 있으므로 빈칸은 술어 자리이다. 동사 혹은 형용사 어휘가 위치한다. '휴대전화가 (　　)하다'라는 의미에 어울리는 어휘는 '울리다'라는 표현인 '响'으로 '手机响了'는 '휴대전화가 울리다'라는 뜻이다.

문제 48

（　　　）出现什么问题，请及时与我们联系。	어떤 문제가 생기든 (상관 없이) 바로 우리에게 연락주십시오.

단어 及时 jíshí 부 즉시, 제때에 | 与…联系 yǔ…liánxì ~와 연락하다

해설 문장 처음에 빈칸이 있는 경우는 접속사 혹은 부사일 가능성이 높다. '不管'은 '~와 상관없이'라는 접속관계 접속사로 문장 처음에 위치하므로 정답은 '不管'이다.

문제 49

很抱歉给大家带来了（　　　），同时也非常感谢各位的理解与支持。	모두에게 (번거롭게) 해드린 것에 매우 죄송합니다. 동시에 각 분들의 이해와 지지에 감사 드립니다.

단어 抱歉 bàoqiàn 동 미안합니다 | 支持 zhīchí 동 지지하다

해설 '带来了'라는 술어 뒤에 빈칸이 있으므로 목적어 자리이다. 문장 앞에 '很抱歉(미안합니다)'이라는 표현이 있으므로 미안한 상황을 가지고 온 어휘가 와야 하므로 '麻烦'이 와서 '번거로움을 가져와 죄송합니다'라는 의미를 만들어야 한다.

문제 50

我俩是邻居，从小一起长大，互相都很（　　　）。	우리 둘은 이웃으로, 어렸을 때부터 같이 성장해 서로 굉장히 (익숙하다).

단어 邻居 línjū 명 이웃 | 互相 hùxiāng 부 서로, 상호

해설 빈칸 앞에 부사 '很'이 있으므로 빈칸은 술어 자리라는 것을 알 수 있다. 앞문장을 살펴보면 '우리 둘은 이웃이라 서로 (　　)하다'라는 의미에 적절한 어휘를 넣어야 하므로 '이웃으로 서로 잘 안다'라는 의미가 어울린다. 정답은 F '熟悉'이다.

문제 51-55

A 复杂	B 准时	C 温度	D 合格	E 陪	F 推迟
A 복잡하다	B 제때에	C 온도	D 합격하다	E 동반하다	F 미루다

문제 51

A: 昨晚我梦到我这次的考试成绩不（　　）。 B: 别担心，那只是个梦，你一定会考得很好。	A: 어제 저녁에 내가 이번 시험 성적이 (합격하지) 못하는 꿈을 꾸었어. B: 걱정 마, 그건 단지 꿈일 뿐이잖아. 너는 반드시 시험을 매우 잘 볼 거야.

단어 成绩 chéngjì 명 성적 | 担心 dānxīn 동 걱정하다

해설 빈칸 앞에 부정부사 '不'가 있으므로 빈칸은 술어 자리이다. 앞에서 '考试成绩(시험 성적)'가 있으므로 시험 성적과 관련한 어휘를 찾으면 '合格'가 정답이 된다. '考试成绩不合格(시험 성적이 불합격이다)', '考试成绩合格(시험 성적이 합격이다)'라는 표현을 기억하자.

문제 52

A: 那件事情有些（　　），你到底要怎么解决？ B: 我想先跟我妻子商量一下再说。	A: 그 일은 조금 (복잡한데) 너 도대체 어떻게 해결하려고 하는 거니? B: 나 우선 내 아내와 상의 좀 해보고 나서 다시 얘기해줄게.

단어 解决 jiějué 동 해결하다 | 跟…商量 gēn…shāngliang ~와 상의하다

해설 빈칸 앞에 부사 '有些'가 있으므로 술어 자리에 위치하는 동사 혹은 형용사 어휘가 정답이 된다. '일이 조금 (　　)한데 어떻게 해결할 거야?'라는 의미에 적절한 어휘를 찾아야 하는데 일이 무척 안 좋은 상황이라 해결하기 어려운 상황으로 보이므로 정답은 A '复杂'이다.

문제 53

A: 你怎么这么早就回来了？比赛结束了？ B: 不是，比赛（　　）了，也不知道什么原因。	A: 너 어째서 이렇게 일찍 왔니? 경기가 끝났니? B: 아니, 경기가 (연기되었어). 어떤 이유인지는 모르겠어.

단어 结束 jiéshù 동 끝나다 | 原因 yuányīn 명 이유

해설 A가 '왜 일찍 왔느냐?'라고 물었고 대답으로 '시합이 (　　)했다'라고 대답했다. 빈칸 뒤에 '了'가 있으므로 술어 자리이며, 일찍 온 이유는 시합이 연기되었다는 표현이 적절하므로 정답은 F '推迟'이다.

문제 54

A: 明晚聚会的地点改到友谊饭店了，时间不变，别迟到啊。 B: 没问题，我一定（　　）到。	A: 내일 저녁모임 장소가 여우이호텔로 변경되었습니다. 시간은 바뀌지 않았으니 늦지 마세요. B: 알겠습니다. 저는 반드시 (제시간에) 도착하겠습니다.

단어 聚会 jùhuì 명 모임 | 地点 dìdiǎn 명 장소 | 迟到 chídào 동 지각하다

해설 빈칸 앞에 부사 '一定(반드시)'이 있고 빈칸 뒤에는 술어 '到'가 있으므로 부사와 술어 사이는 역시 부사 어휘가 와야 한다. 부사는 술어 앞에서 여러 개가 올 수 있다. 제시 어휘 중에 부사는 '准时'가 있다. 또한 A 마지막에 '别迟到啊(늦지 말아라)'라고 했으므로 대답으로는 의미상 '반드시 제시간에 도착하겠다'가 어울린다.

문제 55

A: 我（　　）你一起去吧，可以顺便活动活动。 B: 太好了，我们现在就出发。	A: 내가 너를 (동반해) 같이 가줄게. 겸사겸사 움직일 수 있겠어. B: 너무 좋아. 우리 지금 바로 출발하자.

단어	顺便 shùnbiàn 〔부〕 겸사겸사
해설	빈칸이 있는 문장을 확인해보면 '내가 너를 ( ) 같이 가겠다'라는 의미로 '陪'가 와야 한다. '陪'는 '동반하다'라는 의미로 '陪 + 대상'이 와서 '~를 모시다, ~를 동반하다'라는 표현을 만든다.

실전 모의고사 1회 – 독해 제2부분

문제 56

A 这些家具很多都是他帮忙抬上来的 B 力气却大得很 C 别看小黄个子不高，人也瘦	C 샤오황의 키가 크지 않고 사람이 말랐다고 생각하지 말아라. B 힘은 오히려 매우 세다. A 이 가구들 대부분 그가 도와 들어올려준 것이다.

단어	家具 jiājù 〔명〕 가구 | 力气 lìqi 〔명〕 힘 | 却 què 〔부〕 오히려 | 别看 biékàn 〔접〕 (말하는 것 혹은 생각하는 것처럼) 그렇지 않다. ~라고 생각하지 마라
해설	① A를 보면 중간에 대명사 '他'가 있다. 그가 누구인지 앞에서 정확한 인물이 소개되었어야 하므로 첫 문장에 올 수 없으며, C에 '小黄'이 있는 것으로 보아 '그'는 바로 '샤오황'이라는 것을 알 수 있으므로 C가 A보다 앞에 위치해야 한다. ② B의 '힘은 오히려 세다'라는 의미로 '却(오히려)'라는 단어는 앞의 문장에 반대되는 느낌을 주는 표현이다. 그러므로 B 앞에는 '힘이 세다'와 반대 느낌인 '약하다'는 표현이 와야 하는데 C에서 '키가 작고 말랐다'고 하고 있으므로 C 뒤에 B가 오게 되며, 마지막 문장은 자연스럽게 A가 된다.

문제 57

A 我家离北京很近 B 所以周末和节假日我一般都会回家 C 只有100多公里，开车的话大约一个小时就到了	A 우리집은 베이징에서 매우 가깝다. C 오직 100여 킬로미터로, 운전해서 가면 대략 한 시간이면 도착한다. B 그래서 주말과 명절, 휴일에 나는 보통 집에 갈 수 있다.

단어	节假日 jiéjiàrì 〔명〕 명절과 휴일 | …的话 …de huà ~하다면, ~이면 | 大约 dàyuē 〔부〕 대략
해설	① B의 '所以'는 '그래서'라는 의미로 첫 문장이 될 수 없으며, C의 '오직 100여 킬로미터다' 역시 무엇이 100여 킬로미터인지 주어가 보이지 않으므로 첫 문장이 될 수 없기에 A가 맨 처음에 오게 된다. ② A는 '우리집이 베이징에서 가깝다'라고 거리를 언급하고 있으니 그 다음 문장은 거리에 대한 구체적인 문장이 올 가능성이 크므로 C가 바로 그 뒤로 위치해야 한다. 자연스럽게 B는 마지막이다.

문제 58

A 后来就交给我来做了 B 由于他突然生病住院了 C 这次招聘会本来是由小李负责的	C 이번 채용회는 원래 샤오리가 책임지는 것이었다. B 그가 갑자기 병이 나 입원했기 때문에 A 후에 나에게 건네져 내가 하게 되었다.

단어	由于 yóuyú 〔접〕 ~때문에 | 突然 tūrán 〔부〕 갑자기 | 住院 zhùyuàn 〔동〕 입원하다 | 招聘会 zhāopìnhuì 〔명〕 채용설명회 | 由…负责 yóu…fùzé ~가 책임지다
해설	① A의 '后来'는 '나중에'라는 의미로 시간상 뒷부분을 표현하기에 첫 문장에 오지 않는다. B에는 대명사 '他'가 있으므로 첫 문장에 올 수 없으며, C에 '그'를 지칭하는 '小李'라는 주어가 있으므로 첫 문장은 C이다. ② B의 '由于'는 '~때문에'라는 의미의 접속사로 원인을 나타내므로 뒤의 문장에서 결과를 언급해주어야 하므로 B 다음에 A가 마무리 문장으로 온다는 것을 알 수 있다.

문제 59

A 让我们一起举杯祝贺这对新人 B 一切顺利，永远幸福 C 希望他们在今后的生活中	A 우리 다같이 잔을 들어 이 한 쌍의 신혼부부를 축하해줍시다. C 그들이 오늘 이후의 생활에서 B 모든 것이 순조롭고 영원히 행복하기를 바랍니다.

단어 举杯 jǔbēi 잔을 들다 | 祝贺 zhùhè 동 축하하다

해설
① C에 대명사 '他们'이 가리키는 사람은 A의 '这对新人(이 한 쌍의 신혼부부)'이므로 C는 첫 문장이 될 수 없다. 또한 C는 '生活中(생활 중)'이라는 표현으로 끝나서 생활 중에 어떻게 하겠다는 것인지 뒤에 부연설명이 와야 하므로 C 뒤에 또 다른 문장이 와야 한다는 것을 알 수 있다.
② 그러므로 C는 첫 문장도 될 수 없으며, 마지막 문장도 될 수 없기에 가운데에 위치하며, C보다 앞에 A가 와야 하므로 마지막 문장은 자연스럽게 B가 된다.

문제 60

A 估计是用电脑时间过长引起的 B 同事建议我没事多在办公室走走，少看电脑 C 我最近眼睛疼得厉害	C 나는 최근에 눈이 매우 아프다. A 컴퓨터를 사용하는 시간이 길었던 것이 원인이었던 것으로 예측된다. B 동료가 나에게 일이 없을 때에는 사무실에서 많이 걸어다니고 컴퓨터는 적게 보라고 건의하였다.

단어 估计 gūjì 동 추측하다, 예측하다 | 引起 yǐnqǐ 동 불러 일으키다

해설
① 주어와 시간의 표현이 모두 있는 C가 첫 문장으로 '최근에 눈이 아프다'고 하였는데 그 이유를 A에서 설명하고 있으므로 C 뒤에 A가 오게 된다.
② B는 눈이 좋아지려면 어떻게 해야 하는지 동료가 건의하고 있는 문장으로 마지막에 위치하여 문장을 완성시킨다.

문제 61

A 这种植物叶子很大 B 所以我就买了两棵回来 C 听说放在室内，能起到让空气质量变好的作用	A 이 식물은 잎이 굉장히 크다. C 듣자 하니 실내에 두면 공기의 질이 좋아지는 작용을 일으킬 수 있다고 한다. B 그래서 나는 바로 두 그루를 샀다.

단어 植物 zhíwù 명 식물 | 起到…作用 qǐdào…zuòyòng ~한 작용을 일으키다

해설
① A의 '这种植物(이 식물)'가 이 문장의 중심 주제인 주어가 되므로 첫 문장에 온다.
② B는 '두 그루를 샀다'는 의미이고 C는 '공기를 좋게 하는 작용을 한다'라는 의미인데 공기를 좋게 하기 때문에 두 그루를 산 것이므로 C가 원인 문장, B는 결과 문장이 된다. 그러므로 C가 먼저 위치하고 마지막에 B가 와야 한다.

문제 62

A 您的年龄超过了活动规定的35岁 B 很抱歉，我刚才看了您的报名表 C 因此我们不能接受您的报名	B 정말 죄송합니다. 제가 방금 당신의 신청서를 봤더니 A 당신의 나이가 행사 규정인 35세를 넘었습니다. C 이에 우리는 어쩔 수 없이 당신의 등록을 받아들일 수 없습니다.

단어 超过 chāoguò 동 초과하다 | 规定 guīdìng 명 규정, 규칙 | 接受 jiēshòu 동 받아들이다

해설
① A는 '당신의 나이가 35세를 넘었다'라는 내용이고, B는 '신청서에서 봤다'라는 표현으로 신청서에서 본 후에 나이가 35세가 넘은 것을 알 수 있는 것이므로 B가 먼저 위치한다.
② C는 '이에 신청을 받을 수 없다'는 내용으로 무엇 때문에 신청을 받을 수 없는지 앞에서 언급되어야 하는데 그것은 A의 '35세가 넘은 것' 때문이므로 A가 먼저 제시되어야 C가 올 수 있다.

문제 63

A 打好基础的同时，还要找到学习的重点
B 要想取得好成绩
C 这样才能收到好的效果

B 좋은 성적을 얻고 싶다면 A 기초를 잘 다지는 것과 동시에 학습의 중점을 찾아야 하는데 C 이렇게 해야 비로소 좋은 효과를 거둘 수 있다.

단어 打好基础 dǎhǎo jīchǔ 기초를 잘 다지다 | 重点 zhòngdiǎn 명 중점 | 取得 qǔdé 동 취득하다

해설 ① B의 '要想'은 '~하고 싶다면'이란 의미로 뒤에 '~해야 한다'라는 의미의 표현이 와야 한다. '좋은 성적을 얻고 싶다면'이라고 하였으므로 좋은 성적을 얻기 위해서는 A의 '기초를 잘 다지고, 학습의 중점을 찾아야 한다'라는 의미의 A가 뒤를 이어야 한다.
② C는 '이렇게 해야 효과적이다'라는 의미로 이렇게 하는 것은 바로 B와 A의 내용을 말하고 있는 것으로 문장 마지막에 와야 한다.

문제 64

A 就不会有这么大的误会
B 事情也不会变得这么复杂了
C 要是你俩早点儿解释清楚

C 만약 너희 둘이 애초에 정확하게 설명했다면 A 이렇게 큰 오해가 생기진 않았을 것이고 B 일도 이렇게 복잡하게 변하지 않았을 것이다.

단어 误会 wùhuì 명 오해 | 复杂 fùzá 형 (사물의 종류나 두서가) 복잡하다 | 要是…就… yàoshì…jiù… 접 만약 ~한다면, 곧 ~한다 | 解释 jiěshì 동 설명하다, 해명하다

해설 ① C의 '要是'는 '만약 ~한다면'이라는 조건관계 접속사로 A의 '就'와 호응관계를 이룬다.
② B는 '事情也'라고 말하고 있는 것으로 보아 '也' 때문에 첫 문장이라기보다는 두세 번째 문장에서 반복의 의미를 주고 있다는 것을 짐작할 수 있다. 그러므로 C 다음은 A, 마지막은 B가 된다.

문제 65

A 直到自己满意了，她才会出发
B 每次出门前大约都要花一个小时的时间来打扮
C 妹妹非常爱美

C 여동생은 아름다운 것을 매우 좋아해서 B 매번 외출하기 전에 대략 1시간을 소비해 화장을 한다. A 자신이 만족하면 그녀는 그제서야 출발한다.

단어 满意 mǎnyì 형 만족하다, 만족스럽다 | 花时间 huā shíjiān 시간을 소비하다 | 打扮 dǎban 동 화장하다, 치장하다

해설 ① 주어 표현인 '妹妹'가 문장 처음에 있는 C가 첫 문장이 된다.
② A는 '자신이 만족해야 출발한다'는 내용이고, B는 '화장하는 데 1시간이 걸린다'라는 내용인데 A에서 만족해야 하는 것이 무엇인지 생각해보면 B의 '화장'이라는 것을 알 수 있다. 그러므로 화장이 만족해야 출발하는 것으로 B가 먼저 오고 마지막으로 A가 위치한다.

실전 모의고사 1회 - 독해 제3부분

문제 66

他本来有机会出国演出的，但由于身体原因不得不放弃了。虽然这有点儿可惜，但健康最重要，而且机会以后还会再有。
★ 根据这段话，可以知道什么：

그는 원래 해외로 나가서 공연할 기회가 있었으나 건강 때문에 어쩔 수 없이 포기했다. 비록 조금 아쉽지만 건강이 제일 중요하고 또 기회는 나중에 또 다시 있을 것이다.
★ 이 단락에 근거하여 알 수 있는 것은:

A 没有观众　　B 没报上名 C 放弃演出　　D 没爬长城	A 관중이 없다　　B 등록하지 못했다 C 공연을 포기했다　　D 만리장성에 오르지 못했다

단어 演出 yǎnchū 동 공연하다 | 由于 yóuyú 접 ~때문에 | 虽然…但… suīrán…dàn… 접 비록 ~하지만, 그러나 ~하다 | 观众 guānzhòng 명 관중, 구경꾼

해설 문장의 첫 부분에서 그는 원래 해외공연의 기회가 있었지만, '由于身体原因不得不放弃了'라고 말하는 부분을 통해 건강상의 이유로 공연을 포기했다는 것을 알 수 있다. 정답은 C이다.

문제 67

我从小就爱写日记，遇到开心的事我会写下来，不开心的事我也会记下来。日记里有我的快乐和烦恼。现在回头再看，还挺有趣的。 ★ 说话人觉得写日记：	나는 어렸을 때부터 일기 쓰는 것을 좋아했다. 기쁜 일을 맞닥뜨리면 나는 일기를 써내려 갔고, 기쁘지 않은 일이 있을 때에도 나는 일기를 썼다. 일기 속에는 나의 즐거움과 걱정이 있다. 지금 돌이켜서 다시 보니, 정말 재미있다. ★ 말하는 사람은 일기를 쓰는 것이 어떠하다고 생각하는가:
A 让人伤心　　B 不用太详细 C 很有意思　　D 不值得表扬	A 사람을 상심하게 만든다　　B 너무 자세할 필요는 없다 C 매우 재미있다　　D 칭찬할 필요가 없다

단어 开心 kāixīn 형 기쁘다, 즐겁다 | 烦恼 fánnǎo 형 번뇌하다, 걱정하다 | 挺…的 tǐng…de 굉장히 ~이다 | 有趣 yǒuqù 형 재미있다 | 详细 xiángxì 형 상세하다 | 不值得 bùzhíde 동 ~할 만한 가치가 없다 | 表扬 biǎoyáng 동 칭찬하다

해설 일기 속에는 많은 내용이 들어가 있다고 하면서 마지막 부분 '现在回头再看，还挺有趣的'를 통해 지금 돌이켜봐도 여전히 매우 재미있다는 것을 알 수 있다. '有趣'는 '재미있다'라는 의미로 '很有意思'와 같은 뜻이다. 그러므로 정답은 C이다.

문제 68

在中国，虽然法律允许大学生结婚，但实际上选择在读书时结婚的人非常少。大多数人表示，应该先找到一份好工作，有份不错的收入，然后再考虑结婚、生孩子的事情。 ★ 多数人坚持什么想法？	중국에서는 비록 대학생의 결혼을 허가하는 법률이 있지만 실제로 학생 때 결혼을 선택하는 사람은 매우 적다. 대다수의 사람들은 우선 좋은 직업을 찾아 괜찮은 수입을 벌게 되었을 때, 그때 다시 결혼하고 아이를 낳는 일에 대해 고민하라고 말한다. ★ 대다수의 사람들은 어떠한 생각을 가지고 있는가？
A 去北京读书 B 先工作后结婚 C 读博士 D 冬天不结婚	A 베이징으로 공부하러 가라 B 먼저 일한 후에 결혼해라 C 박사를 공부해라 D 겨울에는 결혼하지 않는다

단어 法律 fǎlǜ 명 법률 | 允许 yǔnxǔ 동 허락하다 | 考虑 kǎolǜ 동 고려하다, 생각하다 | 收入 shōurù 명 수입, 소득

해설 본문 중간 부분에 대다수 사람들의 의견이 나오고 있는데 '大多数人表示，应该先找到一份好工作，有份不错的收入，然后再考虑结婚'이라고 하는 부분을 통해 우선 좋은 직장을 먼저 구한 후, 결혼을 하라고 하는 것을 알 수 있다. 정답은 B이다.

문제 69

夏月这段舞跳得真棒，每个动作都很标准，<u>看来她课后没少下功夫，我们也应该像她那样，多加练习</u>。 ★ 说话人觉得夏月：	샤위에는 이 춤을 정말 멋지게 추며 모든 동작이 다 매우 표준적이다. 보아하니 그녀는 수업이 끝난 후 적지 않은 시간을 노력한 것 같은데, 우리도 그녀처럼 그렇게 더 많이 연습을 해야 한다. ★ 말하는 사람은 샤위에가 어떠하다고 생각하는가:
A 练习很努力　B 很懒 C 不热情　　　D 不够聪明	A 연습을 매우 열심히 한다　B 매우 게으르다 C 친절하지 않다　　D 똑똑함이 부족하다

단어 跳舞 tiàowǔ 동 춤을 추다 | 棒 bàng 형 (성적이) 좋다, (수준이) 높다 | 看来 kànlái 부 보아하니 | 像…那样 xiàng…nàyàng ~처럼 그렇게 | 懒 lǎn 형 게으르다 | 热情 rèqíng 형 열정적이다, 친절하다

해설 샤위에는 춤을 잘 추는데 그 이유에 대해 본문 마지막에 설명하고 있다. '看来她课后<u>没少下功夫</u>，我们也应该像她那样，<u>多加练习</u>'를 통해 그녀는 적지 않은 시간 동안 공을 들였고, 그녀처럼 그렇게 많이 연습해야 한다는 것을 알 수 있으므로 정답은 연습을 매우 열심히 했다는 A이다.

문제 70

保护环境不能只是一句空话，我们每个人都要从身边的小事做起，<u>不浪费水、电</u>，少使用空调，多乘坐公共交通，养成节约的好习惯。 ★ 为了保护环境，我们要：	단지 빈말로 환경을 보호할 수 없다. 우리 모두가 주변의 작은 일부터 시작해야 한다. <u>물과 전기를 낭비하지 않으며</u>, 에어컨 사용을 줄이고, 대중교통을 많이 이용하는 등의 절약하는 좋은 습관을 길러야 한다. ★ 환경을 보호하기 위해 우리들은 어떻게 해야 하는가:
A 少用纸袋　　　B 不抽烟 C 节约用电　D 偶尔跑步上班	A 종이봉투를 적게 사용한다　B 담배를 피우지 않는다 C 전기 사용을 절약한다　D 가끔은 걸어서 출근한다

단어 空话 kōnghuà 빈말 | 养成…习惯 yǎngchéng…xíguàn ~습관을 기르다 | 偶尔 ǒu'ěr 부 때때로

해설 본문의 중간 부분 '不浪费水、电……'을 통해 환경보호를 위해서는 물과 전기를 낭비하지 말아야 한다는 것을 알 수 있다. '不浪费(낭비하지 않는다)'는 '节约(절약하다)'와 같은 의미로 정답은 C이다.

문제 71

研究证明，3到12岁是儿童学习语言的关键期。如果父母能在此时让孩子学一门外语，<u>他们将来可能会比同龄的孩子说得更流利</u>。 ★ 孩子在12岁之前学外语，有什么好处?	연구에서는 3세에서 12세까지가 아동이 언어를 학습하는 데 매우 중요한 시기라는 것을 증명했다. 만약 부모가 이때 아이에게 하나의 언어를 학습하게 한다면 <u>그들은 장래에 또래 아이들보다 말하는 것이 훨씬 유창할 것이다</u>. ★ 아이가 12세 전에 외국어를 배우면 어떠한 장점이 있는가?
A 更自信　　　　B 会的词语多 C 说得更流利　D 学语法更快	A 더 자신이 있다　　B 배운 언어가 많다 C 더 유창하게 말한다　D 어법을 배우는 것이 더 빠르다

단어 儿童 értóng 명 아동, 어린이 | 关键期 guānjiànqī 중요한 시기 | 同龄 tónglíng 형 동갑의, 동년배의 | 自信 zìxìn 명 자신(감)

해설 본문 첫 부분 '3到12岁是……'로 시작하는 부분에서 맨 마지막 '他们将来可能会<u>比同龄的孩子说得更流</u>'를 통해 3세부터 12세 사이에 어린이들이 외국어를 배우면 또래 친구들보다 더 유창하게 외국어를 구사할 수 있다고 말하고 있는 것으로 보아 정답은 C이다.

문제 72

这篇课文的内容和语法知识全部讲完了，接下来我们做几个练习题，请同学们看第65页。 ★ 说话人：	이 본문의 내용과 어법지식 전부 배웠습니다. 이어서 우리는 몇 개의 연습문제를 풀어야 하니 학생들은 65페이지를 보십시오. ★ 말하는 사람은:
A 是老师　　　B 在和人讨论 C 在发通知　　D 让大家预习	A 선생님이다　　　B 사람과 토론 중이다 C 통지하고 있다　　D 모두에게 예습을 하게 한다

단어 篇 piān 양 장, 편[문장 등을 세는 단위] | 页 yè 명 페이지, 쪽수

해설 마지막 부분 '做几个练习题，请同学们看第65页'를 통해 연습문제를 풀어야 하니 학생들은 65페이지를 보라고 말하는 것을 알 수 있다. 중요하게 체크해야 할 어휘는 '练习题'와 '同学们'으로 이런 말을 할 수 있는 사람은 선생님이라는 것을 알 수 있다. 그러므로 정답은 A이다.

문제 73

他是当时中国最有名的男演员之一，演的每部电影都非常受欢迎。即使现在他已不再演电影了，但仍然有许多观众喜欢他。 ★ 那位男演员：	그는 당시에 중국에서 가장 유명한 남자연기자 중 한 명이었다. 연기한 모든 영화에서 다 매우 인기가 있었다. 설령 현재 그가 다시는 영화에서 연기를 하진 않지만 여전히 많은 관중들이 그를 좋아한다. ★ 저 남자배우는:
A 演技一般　　　B 很有礼貌 C 当过作家　　　D 很受欢迎	A 연기 실력이 평범하다　　B 매우 예의가 있다 C 작가였던 적이 있다　　　D 매우 인기가 있다

단어 受欢迎 shòu huānyíng 인기가 많다 | 即使…但… jíshǐ…dàn… 접 설령 ~할지라도, 그러나 ~하다 | 演技 yǎnjì 명 연기 | 有礼貌 yǒu lǐmào 예의 있다

해설 본문의 중간 부분 '演的每部电影都非常受欢迎'을 통해 그가 연기한 모든 영화는 인기가 있었다라는 것을 알 수 있다. 정답은 D이다.

문제 74

我爸妈是第一次出国旅游，他们又不懂外语，所以我请朋友帮忙联系了一个中文流利，又比较幽默的导游。 ★ 关于导游，可以知道：	나의 부모님은 처음으로 외국여행을 가신다. 그들은 외국어를 이해하지 못해서 내가 친구에게 중국어가 능통하고 비교적 유머러스 한 가이드에게 연락해주기를 부탁했다. ★ 가이드에 관하여 알 수 있는 것은:
A 汉语很好　　　B 不爱开玩笑 C 会三种语言　　D 很有责任心	A 중국어를 잘한다　　　B 농담을 싫어한다 C 3개의 언어를 할 수 있다　D 책임감이 있다

단어 幽默 yōumò 형 유머러스 하다 | 开玩笑 kāi wánxiào 동 농담하다 | 责任心 zérènxīn 명 책임감

해설 부모님이 해외여행을 가시는데 외국어를 못 하신다고 하면서 친구에게 '一个中文流利，又比较幽默的导游'를 부탁하고 있는 것을 알 수 있다. 즉, 중국어가 유창하며 유머러스 한 가이드를 원한다는 것을 알 수 있으므로 정답은 A이다.

문제 75

小夏，按照你现在的速度，体育恐怕很难合格。你必须在9秒内跑完50米。接下来这几个月，你要多多练习。
★ 说话人希望小夏：

A 熟悉动作　　B 偶尔跑跑步
C 加快速度　　D 别怕辛苦

샤오시야, 너의 현재 속도로 보자면 체육은 아마도 합격하기가 굉장히 어려울 것 같구나. 너는 반드시 9초 내에 50미터를 뛰어야 하니 이 몇 개월 동안 너는 많이 연습을 해야 해.
★ 말하는 사람이 샤오시아에게 바라는 것은:

A 동작에 익숙해져라　　B 가끔 좀 뛰어라
C 속도를 높여라　　D 고생을 두려워 말아라

단어 按照 ànzhào 젠 ~에 따라 | 恐怕 kǒngpà 튀 아마도 | 熟悉 shúxī 혱 잘 알다, 익숙하다

해설 본문 처음 부분에 샤오시아의 지금 속도에 관해 이야기를 하고 있다는 것을 알 수 있는데 중간 부분 '你必须在9秒内跑完50米'라고 말하고 있는 부분을 통해 샤오시아는 반드시 9초 내로 50미터를 완주해야 한다는 것을 알 수 있으므로 속도를 좀 더 높여야 한다는 것을 짐작할 수 있다. 정답은 C이다.

문제 76

我开车时习惯听交通广播，这主要是为了能及时了解道路情况，提前知道前方是否堵车，然后选择比较好走的路，以节约时间。
★ 他开车听广播，是想知道：

A 国际新闻　　B 天气情况
C 加油地点　　D 道路信息

나는 운전할 때 교통방송을 듣는 습관이 있다. 이것은 주로 도로의 상황을 즉시 이해하기 위해서 이고, 전방에 차가 막히는지 미리 알려는 것이다. 그런 후에 비교적 좋은 길을 선택해 시간을 절약하기 위함이다.
★ 그가 운전하면서 방송을 듣는 것은 무엇을 알고 싶어서 인가:

A 국제 뉴스　　B 날씨 상황
C 주유소 위치　　D 도로 정보

단어 听广播 tīng guǎngbō 방송을 듣다 | 道路情况 dàolù qíngkuàng 몡 도로 상황 | 是否 shìfǒu 튀 ~인지 아닌지 | 信息 xìnxī 몡 정보

해설 그가 운전을 하면서 방송을 듣는 이유에 대해 녹음 처음 부분에 '这主要是为了能及时了解道路情况'을 통해 운전하면서 도로의 상황을 즉시 이해하기 위함이라는 것을 알 수 있으므로 정답은 '道路情况(도로상황)'과 같은 의미인 '道路信息(도로정보)'로 D가 정답이다.

문제 77

他们俩来自不同的国家，由于相同的爱好和理想走到了一起，文化上的不同并没有让他们觉得不合适，这也说明爱情是不分国籍的。
★ 根据这段话可以知道，他们俩：

A 国籍不同　　B 都是亚洲人
C 感情不太好　　D 性格相反

그들 둘은 서로 다른 나라에서 왔지만 같은 취미와 꿈으로 함께 나아간다. 문화상에서의 차이점은 그들이 서로 맞지 않는다고 느끼게 하지 못하는데, 이것은 다시 말하면 사랑은 국적을 초월한다라고 한다.
★ 이 단락에 근거하여 그들 둘에 대해 알 수 있는 것은:

A 국적이 다르다　　B 모두 아시아인이다
C 감정이 그다지 좋지 않다　　D 성격이 반대다

단어 来自… láizì… ~에서 오다 | 亚洲人 Yàzhōurén 몡 아시아인 | 相反 xiāngfǎn 젭 반대로

해설 본문의 첫 부분 '他们俩来自不同的国家, ……'라고 말하고 있는 것을 통해 그들 둘은 다른 나라에서 왔다는 것을 알 수 있으므로 국적이 다르다는 것을 짐작할 수 있다. 정답은 A이다.

문제 78

机场离我们要住的宾馆很远，我查过了，乘坐地铁的话，中间要转两次。我们带了这么多行李，很不方便，还是找辆出租车吧。 ★ 说话人建议：	공항은 우리가 머무는 호텔에서 매우 멀다. 내가 검색해본 바로는 지하철을 탄다면 중간에 두 번 갈아 타야 한다. 우리는 이렇게 많은 짐을 들고 있어 매우 불편하니, 차라리 택시를 찾아보자. ★ 말하는 사람이 건의한 것은:
A 去公共汽车站　　B 提前出发 C 坐出租车　　　　D 乘飞机	A 버스정류장에 가자　　B 미리 출발하자 C 택시를 타자　　　　　D 비행기를 타자

단어 查 chá 동 검사하다 | 行李 xíngli 명 짐 | 提前 tíqián 동 앞당기다

해설 공항에서 호텔까지 지하철을 탔을 때 불편한 점을 언급하면서 마지막에 '还是找辆出租车吧'라는 말을 통해 지하철 말고 택시를 타자고 하고 있는 것을 알 수 있으므로 결국 말하는 사람이 건의한 것은 택시를 타자는 것이다. 정답은 C이다.

문제 79

有竞争才会有发展。竞争不仅能提高科学技术水平，推动社会与经济的发展，还能推动人的发展。有能力的人往往都是通过竞争才被发现和肯定的。因此，我们要学会在竞争中赢得发展。 ★ 这段话主要想告诉我们：	경쟁이 있어야 비로소 발전할 수 있다. 경쟁은 과학기술의 수준을 높여줄 뿐만 아니라 사회와 경제 그리고 사람의 발전을 촉진시킬 수 있다. 능력이 있는 사람은 자주 경쟁을 통해 발전과 확신을 얻는다. 그래서, 우리는 경쟁 중에 이겨서 발전하는 것을 배워야 한다. ★ 이 단락에서 주로 우리에게 말하고자 하는 것은 무엇인가:
A 要敢于怀疑 B 要学会判断 C 过程很重要 D 要适应竞争	A 용기 있게 의심해야 한다 B 판단할 줄 알아야 한다 C 과정은 매우 중요하다 D 경쟁에 적응해야 한다

단어 竞争 jìngzhēng 명 경쟁 | 不仅…还… bùjǐn…hái… 접 ~할 뿐만 아니라, 게다가 ~하다 | 推动 tuīdòng 동 추진하다, 촉진하다 | 敢于… gǎnyú… 동 용감하게 ~하다 | 赢 yíng 동 이익을 얻다, 이윤을 남기다/ 이기다, 승리하다 | 怀疑 huáiyí 동 의심하다, 회의하다

해설 주제를 묻는 문제로 정답은 문장의 첫 부분, 혹은 마지막 부분에 있다. 문장 첫 부분에 '有竞争才会有发展'이라는 것을 통해 경쟁이 있어야 발전이 있다는 것을 알 수 있다. 즉 발전하려면 경쟁해야 한다는 의미로 연관된 정답은 D이다.

문제 80-81

每年的5月31日是"世界无烟日"。一般来说，80.C 各个国家都会在那天举行像"远离烟草，关爱生命"这样的禁烟活动。举办这些活动的目的是为了提醒人们，抽烟 81.C 不仅对自己和周围人的健康没有好处，而且还会污染环境。	매년 5월 31일은 '세계 금연의 날'이다. 일반적으로 말하면, 80.C 모든 국가가 다 이날에는 '담배를 멀리하고 생명을 돌봐라'라고 하는 이런 금연행사를 개최한다. 이런 행사를 개최하는 목적은 사람들에게 일깨워주기 위한 것으로 흡연은 81.C 자신과 주변사람들의 건강에 좋은 점이 없을 뿐만 아니라, 게다가 환경을 오염시킬 수도 있다.

★ 无烟日那天，各个国家会： 　A 调查抽烟人数　　B 不卖烟 　C 举办禁烟活动　　D 放假一天	★ 금연의 날 당일에 각 나라에서는: 　A 흡연인 수를 조사한다　B 담배를 팔지 않는다 　C 금연활동을 개최한다　D 하루 쉰다
★ 根据这段话，抽烟会： 　A 让人变笨　　　　B 减少烦恼 　C 污染环境　　　　D 引起大火	★ 이 단락에 근거하여 흡연은: 　A 사람을 바보로 만든다　B 걱정거리가 줄어든다 　C 환경을 오염시킨다　　D 큰 불을 일으킨다

단어 举行 jǔxíng 동 거행하다, 개최하다 | 烟草 yāncǎo 명 담뱃잎 | 禁烟 jìnyān 동 흡연을 금지하다, 금연하다 | 举办 jǔbàn 동 거행하다, 개최하다 | 提醒 tíxǐng 동 일깨우다, 깨우치다 | 污染 wūrǎn 명 오염 | 笨 bèn 형 멍청하다

해설 80. 본문의 '各个国家都会在那天举行像 "远离烟草，关爱生命" 这样的禁烟活动'이라는 부분을 통해 각 국가가 금연의 날 당일에 담배를 멀리하고 생명을 돌보는 금연활동을 개최한다는 것을 알 수 있으므로 정답은 C이다.

81. 마지막 부분 '不仅对自己和周围人的健康没有好处，而且还会污染环境'을 통해 담배를 피우게 되면 주변사람의 건강에도 좋지 않고 또한 환경도 오염시킨다고 하는 것을 알 수 있다. 그러므로 정답은 C이다.

문제 82-83

一个小伙子到理发店理发，坐下之后就拿出手机开始看小说。10分钟后，他停下来抬头照了照镜子，什么也没说，又继续低下头玩儿手机。理发师见小伙子一直不说话，就开口问他："82.B 什么小说这么吸引你啊？"理发师一边说，一边看小伙子的手机，83.C 结果发现小伙子打开了一个购物网站，上面的关键词写着——帽子。	한 명의 젊은이가 이발소에 이발을 하러 왔다. 앉은 후에 휴대전화를 꺼내 소설을 보기 시작했다. 10분 후, 그는 멈추고 선 고개를 들어 거울로 비춰본 후 아무 말 없이 또 계속 고개를 숙이고 휴대전화를 보았다. 이발사가 한 마디도 하지 않는 젊은이를 보고 말했다. "82.B 어떤 소설이 당신을 이렇게 매료시킨 겁니까?" 이발사는 말하면서 젊은이의 휴대전화를 보았다. 83.C 그 결과 젊은이가 한 인터넷쇼핑몰 사이트를 열어 놓고 있는 것을 발견했고, 위쪽의 키워드 단어에는 '모자'라고 쓰여져 있었다.
★ 理发师以为小伙子在做什么？ 　A 打游戏　　　　B 看小说 　C 发短信　　　　D 看电视	★ 이발사는 젊은이가 무엇을 한다고 생각했는가？ 　A 게임을 한다　　B 소설을 본다 　C 문자메시지를 보낸다　D 텔레비전을 본다
★ 小伙子可能要买什么？ 　A 衬衫　　　　　B 裤子 　C 帽子　　　　　D 皮鞋	★ 젊은이는 무엇을 살 가능성이 있는가？ 　A 셔츠　　　　　B 바지 　C 모자　　　　　D 가죽신발

단어 小伙子 xiǎohuǒzi 명 젊은이, 총각 | 抬头 táitóu 고개를 들다 | 吸引 xīyǐn 동 매료시키다 | 购物网站 gòuwù wǎngzhàn 명 인터넷쇼핑사이트 | 关键词 guānjiàncí 명 키워드, 검색어 | 游戏 yóuxì 명 게임 | 衬衫 chènshān 명 셔츠

해설 82. 중간 부분에 이발사가 '什么小说这么吸引你啊？'라고 젊은이에게 묻는 것을 통해 이발사는 젊은이가 소설을 보고 있는 것으로 알고 있다고 판단할 수 있으므로 정답은 B이다.

83. 마지막 부분 '结果发现小伙子打开了一个购物网站，上面的关键词写着——帽子'를 통해 젊은이는 인터넷쇼핑몰 창을 켜놓고 '모자'라는 검색어를 작성했다는 것으로 즉 젊은이는 이발을 하러 왔는데 머리가 마음에 들지 않아 모자를 사려고 검색한 것이라는 것을 추측할 수 있으므로 정답은 C이다.

문제 84-85

84.D 有这样一种人，他们习惯把一些事情分成几个时间段去做，有些事情甚至被专门留到多少岁以后去做。其实，很多事情并没有一定的先后顺序，都是可以同时进行的。而且，那些被安排到将来去做的事情，往往也不会像希望的那样，在规定的时间内完成。因此，**85.A** 只要条件允许，就应该放手去做，不要等到以后。

84.D 이런 사람이 있다. 그들의 습관은 일을 몇 개의 시간대로 나누어 하는 것이다. 어떤 일은 심지어 나이대 별로 남겨두고 해 나간다. 사실, 대부분의 일들은 일정한 앞뒤 순서가 있는 것이 아니고, 모두 동시에 진행할 수 있는 것이다. 게다가 나중에 해야 할 일로 분류해 놓고서는 종종 바라던 것처럼 그렇게, 정해진 시간 안에 완성하지 못하기도 한다. 이에 **85.A** 조건만 허락이 된다면, 대범하게 해나가고 다음으로 미루지 말아라.

★ 根据这段话，那些人有什么特点?
A 做事冷静
B 准时
C 严格要求自己
D 按时间顺序做事

★ 이 단락에 근거하여 그러한 사람들은 어떤 특징이 있는가?
A 일할 때에는 냉정해진다
B 시간을 지킨다
C 자신에 대한 요구가 엄격하다
D 시간 순서에 따라 일을 한다

★ 根据这段话，有些事情:
A 别推到以后做
B 有危险
C 很无聊
D 发生得很突然

★ 이 단락에 근거하여 어떤 일은:
A 나중에 하려고 미루지 말아라
B 위험이 있다
C 매우 재미가 없다
D 매우 갑작스럽게 벌어진다

단어 甚至 shènzhì 튀 심지어 | 顺序 shùnxù 명 순서 | 只要…就… zhǐyào…jiù… 접 오직 ~하기만 하면 곧 ~이다 | 允许 yǔnxǔ 동 허락하다 | 冷静 lěngjìng 형 냉정하다, 침착하다 | 准时 zhǔnshí 튀 정시에, 제때에 | 按时 ànshí 튀 제때에, 시간에 맞추어 | 严格 yángé 형 엄격하다 | 危险 wēixiǎn 형 위험하다 | 无聊 wúliáo 형 무료하다, 따분하다

해설
84. 본문에서 말하고 있는 '그 사람'에 대해 질문하고 있는데 본문 첫 부분 '有这样一种人，他们习惯把一些事情分成几个时间段去做'을 통해 그 사람은 하나의 일을 몇 시간대로 나누어서 하는 습관이 있다고 하고 있다. 그러므로 그 사람은 시간에 따라 일을 처리한다는 의미인 D가 정답이 된다.

85. 본문 마지막 부분 '只要条件允许，就应该放手去做，不要等到以后'를 통해 일은 조건만 되다고 대범하게 해나가고 나중으로 미루지 말라고 하고 있다는 것을 알 수 있으므로 우리들은 일을 대할 때, 나중으로 미루지 말아야 한다는 것을 알 수 있다. 정답은 A이다.

실전 모의고사 1회 – 쓰기 제1부분

문제 86

被   那个瓶子   儿子   打破了

단어 瓶子 píngzi 명 병 | 打破了 dǎpò le 깨지다

해설 '被자문'으로 '~은 ~에 의해 술어를 당하다'라는 의미의 피동구조로 'A + [被 + B(행위 주체)] + 술어'의 형태를 만들어야 한다. 술어는 '打破了'이고 깨뜨린 행위의 주체는 '儿子'이므로 '被儿子'를 만들어 술어 앞에 위치시킨다. 깨짐을 당한 것은 '那个瓶子'로 처음 부분에 자리한다.

TIP 피동구문 : A + 被 + B(행위 주체) + 술어

문제 87

| 方向 | 重要 | 更 | 比速度 |

- **단어** 方向 fāngxiàng 명 방향 | 重要 zhòngyào 형 중요하다
- **해설** '比자 비교문'으로 'A + 比 + B + 술어'의 구조를 만든다. '比速度' 앞에 비교 대상이 와야 하므로 '方向'이 문장 맨앞에 위치하여 '方向比速度(방향이 속도보다)'라는 비교 대상을 완성시킨다. 마지막은 술어가 위치해야 하므로 '重要'가 문장 마지막에 온다. '更'은 부사로 술어 앞에서 문장을 완성한다.
- **TIP** 비교문 : A + 比 + B + 更 + 술어

문제 88

| 她 | 去打网球 | 一块儿 | 邀请我 |

- **단어** 一块儿 yíkuàir 부 함께 | 邀请 yāoqǐng 동 초청하다
- **해설** 술어가 '去打网球(테니스 치러 가다)'와 '邀请我(나를 초대하다)'로 두 개가 보이므로 '겸어문'으로 문제를 접근해보자. 먼저 술어의 순서를 잡아야 하는데 '나를 초대해 테니스를 치러 간다'라는 의미이기 때문에 '초대하다'라는 '邀请我'가 먼저 위치한다. '一块儿'은 '함께'라는 의미의 부사로 술어 앞에 위치해야 하는데 의미적으로 '一块儿去打网球(함께 테니스 치러 가자)'와 어울리므로 두 번째 술어 앞에 위치해야 한다.
- **TIP** 겸어문 : A + 邀请 + B + 술어

문제 89

| 你 | 祝 | 顺利 | 一切 |

- **단어** 祝 zhù 동 기원하다, 축원하다 | 一切 yíqiè 부 모든 것이
- **해설** '祝'는 '축하하다, 기원하다'라는 의미의 동사로 독특한 패턴을 보인다. '祝'가 시험에 등장하면 대표적인 문장 '祝你生日快乐(생일 축하합니다)'라는 문장을 기억하고 대입해본다. '祝' 뒤에 누구에게 기원하는지 대상이 와야 하므로 '祝你'가 문장 앞에 위치하며, 술어는 '顺利'이고, '一切'는 부사로 술어 앞에 위치하므로 '一切顺利'로 문장을 완성한다.
- **TIP** 祝 + 你生日 + 快乐

문제 90

| 您乘坐的 | 马上就要 | 航班 | 起飞了 |

- **단어** 乘坐 chéngzuò 동 탑승하다 | 马上就要…了 mǎshàng jiùyào…le 곧 ~이다 | 起飞 qǐfēi 동 이륙하다 | 航班 hángbān 명 (배나 비행기의) 운항편, 항공편
- **해설** 술어는 '起飞了(이륙하다)'이고, 이륙하는 주체는 '航班(항공편)'으로 주어가 된다. '马上就要'는 부사와 조동사로 이루어진 구문으로 술어 앞에 위치하며, '您乘坐的'는 구조조사로 뒤에 명사성 어휘를 받아야 하므로 주어 '航班' 앞에서 '您乘坐的航班'으로 배열한다.
- **TIP** 관형어(……的) + 주어 + 부사어(부사/조동사) + 술어

문제 91

| 他在农村 | 一段时间 | 生活 | 过 |

- **단어** 一段时间 yíduàn shíjiān 잠깐, 얼마간의 시간

| 해설 | 술어를 먼저 찾으면 '生活(생활하다)'이다. '过'는 술어 뒤에서 과거의 경험을 나타내므로 '生活过'를 문장의 중심에 놓는다. 주어와 전치사구가 함께 쓰인 '他在农村'은 문장 맨앞에 위치하며, '一段时间'은 '약간의 시간, 얼마 동안'이라는 의미로 시간을 보충하는 '시량보어'이다. 보어는 술어 뒤에서 술어의 시간을 보충하므로 '生活过一段时间'으로 배열한다. |

TIP 시량보어 : 주어 + 부사어(전치사구) + 술어 + 시량보어

문제 92

材料   我已经   把   整理好了

| 단어 | 材料 cáiliào 명 자료 | 整理 zhěnglǐ 동 정리하다 |
| 해설 | '把자문'으로 문장 끝에 위치하는 목적어를 술어 앞으로 전치시켜 목적어를 강조하는 표현으로 '주어 + [把 + 목적어] + 술어' 형태의 구조를 보인다. 술어는 '整理好了'이고, 주어는 '我已经'으로 문장 앞에 위치한다. '把'자 뒤에 목적어가 와야 하므로 명사 어휘인 '材料'가 '把'자 뒤에 위치하여 '把材料'의 형태를 만들어 술어 앞에 놓인다. |

TIP 把자문 : 주어 + [把 + 목적어] + 술어

문제 93

传真   是   你们公司的   号码   多少

| 단어 | 传真号码 chuánzhēn hàomǎ 명 팩스번호 |
| 해설 | '是 판단문'으로 '~은 ~입니다'의 의미를 가진다. 술어는 '是'이고, '传真'은 '号码'와 함께 묶여 '传真号码(팩스번호)'를 만든다. '你们公司的'는 구조조사로 뒤에 명사성 어휘가 붙어 관형어가 되므로 '你们公司的传真号码'로 배열한다. '회사의 팩스번호는 무엇입니까?'라는 의미로 '多少'는 문장 끝에서 '무엇입니까?'라는 표현을 만든다. |

TIP ……是多少?

문제 94

很有效   这种药   对   头疼

| 단어 | 对…很有效 duì…hěn yǒuxiào ~에 대해 매우 효과가 있다 |
| 해설 | 전치사 '对'의 문제로 전치사는 뒤에 명사성 어휘가 붙어 '对 + 명사'와 같이 전치사구를 만든 후, 술어 앞에 위치한다. 술어는 '很有效(매우 효과가 있다)'이므로 '对……很有效'로 문장의 틀을 잡는다. 무엇이 무엇에 효과가 있는지 살펴보면 '이 약'이 '두통'에 효과가 있다는 의미이므로 주어는 '这种药', 전치사구는 '对头疼'이라고 배열하여 완성시킨다. |

TIP 주어+ 对 + 명사 +술어

문제 95

内容   那本杂志的   十分   丰富

| 단어 | 十分 shífēn 부 매우, 아주 | 丰富 fēngfù 형 풍부하다 |
| 해설 | 술어는 '丰富'로 형용사 어휘이다. 풍부한 것은 '内容'이므로 주어가 되어 '内容丰富(내용이 풍부하다)'라는 기본문장을 완성한다. '十分'은 부사로 술어 '丰富' 앞에 위치하며, '那本杂志的'는 구조조사로 명사성 어휘 앞에 놓여 관형어를 만드므로 주어 '内容' 앞에 위치하여 '那本杂志的内容'으로 문장을 완성한다. |

TIP 관형어(……的) 주어 + 부사 + 술어(형용사)

실전 모의고사 1회 - 쓰기 제2부분

문제 96

肚子

| 단어 | 肚子 dùzi 명 배, 복부 | 不舒服 bù shūfu 불편하다 |

| 해설 | 제시 어휘 '肚子'는 '배, 복부'라는 명사 어휘로, 자주 쓰이는 표현으로는 '肚子不舒服(배가 불편하다)', '肚子难受(배가 아파 못 참겠다)', '肚子疼(배가 아프다)' 등이 있다. 이는 모두 '배가 아프다'라는 의미로 반드시 기억하자. 많이 먹어 배가 아픈 상황의 문장을 표현하기 위해 '水果吃多了(과일을 많이 먹는다)' 혹은 '饭吃多了(밥을 많이 먹는다)'을 주어로 잡아 '饭吃多了，肚子不舒服(밥을 많이 먹어 배가 아프다)'라는 문장을 만들 수 있다.

문제 97

误会

| 단어 | 误会 wùhuì 동 오해하다 | 引起误会 yǐnqǐ wùhuì 오해를 불러일으키다 |

| 해설 | 제시 어휘 '误会'는 '오해하다'라는 동사 어휘로 '引起(불러일으키다)'라는 동사 어휘와 묶여 '引起误会(오해를 불러일으키다)'라는 표현으로 자주 쓰인다. 그가 하는 말이 오해를 불어 일으킨 상황의 문장을 표현하기 위해 주어를 '他说的话'로 잡아 문장을 완성할 수 있다.

문제 98

禁止

| 단어 | 禁止 jìnzhǐ 동 금지하다 | 抽烟 chōuyān 동 담배를 피우다 |

| 해설 | 제시 어휘 '禁止'는 '금지하다'라는 의미의 동사 어휘로 '어디에서(장소) 무엇을 금지한다'라는 표현으로 많이 출제된다. '장소 + 禁止 + 금지 대상'의 구조로 '这里/禁止/抽烟(이곳에서는 담배 피우는 것을 금지합니다)', '公园里/禁止/停车(공원 안에서는 주차를 금지합니다)', '这里/禁止/用餐(이곳에서는 식사를 금지합니다)' 등의 문장을 기억하고 사용해보자. '禁止'의 유의어로 '不允许(금지하다)'도 자주 출제되므로 함께 기억한다.

문제 99

风景

단어 风景 fēngjǐng 명 풍경 | 真…啊 zhēn…a 감 정말 ~하구나!

해설 제시 어휘 '风景'은 '풍경'이라는 명사 어휘로, '풍경이 아름답다'라는 표현인 '风景美'로 기본문장을 만든다. 감탄사 '真……啊! (정말 ~하구나!)'라는 표현을 써서 '风景真美啊!'라는 감탄문을 만들 수 있다. 또한 어느 곳의 풍경인지 주어 앞에 관형어를 추가하여 좀 더 구체적인 장소를 만들 수도 있는데 '这里的(이곳의)', '公园的(공원의)', '我家院子的(우리집 정원의)' 등의 장소표현을 주어 '风景' 앞에 추가하여 문장을 확장시킬 수 있다.

문제 100

愉快

단어 愉快 yúkuài 형 유쾌하다 | 看起来 kànqǐlái 부 보아하니

해설 제시 어휘 '愉快'는 '유쾌하다'라는 의미의 형용사 어휘로, 주어 '他们'을 사용해 '他们愉快(그들은 유쾌하다)'라는 기본문장을 만들 수 있다. 형용사 술어는 부사 '看起来……'를 사용해 '~해 보인다'라는 의미를 만들 수 있어서 자주 쓰이는데 '他们看起来很愉快'라고 하여 '그들은 매우 유쾌해 보인다'라는 표현을 만들 수 있다. 비슷한 어휘로 '开心', '高兴', '幸福' 등도 '他们看起来很幸福(그들은 매우 행복해 보인다)'와 같이 표현할 수 있다.

실전 모의고사 2회

听力

第一部分
1. ✓ 2. ✓ 3. ✗ 4. ✓ 5. ✗ 6. ✗ 7. ✓ 8. ✓ 9. ✗ 10. ✗

第二部分
11. C 12. D 13. A 14. A 15. D 16. C 17. B 18. B 19. A 20. D
21. A 22. B 23. B 24. A 25. B

第三部分
26. D 27. A 28. A 29. C 30. D 31. A 32. C 33. D 34. B 35. A
36. C 37. B 38. C 39. B 40. B 41. A 42. A 43. C 44. B 45. A

阅读

第一部分
46. C 47. B 48. F 49. A 50. E 51. D 52. E 53. F 54. B 55. A

第二部分
56. C B A 57. A C B 58. C B A 59. B C A 60. B A C
61. B C A 62. B C A 63. A C B 64. A C B 65. A C B

第三部分
66. B 67. D 68. C 69. D 70. A 71. B 72. A 73. B 74. C 75. D
76. C 77. A 78. B 79. B 80. D 81. D 82. D 83. A 84. B 85. C

书写

第一部分
86. 我已经适应了这里的气候。 나는 이미 이곳의 기후에 적응했다.

87. 今年所有的任务都完成了。 올해의 모든 임무가 다 끝났다.

88. 您女儿钢琴弹得真棒。 당신의 딸은 피아노를 정말 멋지게 친다.

89. 你把那些旧杂志整理一下。 너는 저 오래된 잡지들을 좀 정리해라.

90. 每个人都有自己的优点和缺点。 모든 사람들에게는 모두 자신의 장점과 단점이 있다.

91. 我暂时还不打算留学。 나는 잠시도 유학을 생각하지 않았다.

92. 飞机将于15分钟后降落在首都机场。 비행기는 곧 15분 후 서우두공항에 착륙한다.

93. 你最好重新换一个手机号码。 너는 휴대전화 번호를 새로 바꾸는 것이 가장 좋겠다.

94. 这里的情况一切正常。 이곳의 상황은 모든 게 정상적이다.

95. 这道题的答案好像错了。 이 문제의 답은 틀린 것 같다.

第二部分

96. 飞机马上就要降落了。　비행기가 곧 착륙한다.
97. 我的钥匙在哪里呢？　나의 열쇠는 어디에 있는거지?
98. 动物园里有三只老虎。　동물원 안에는 세 마리의 호랑이가 있다.
99. 这次面试让我十分紧张。　이번 면접은 나를 매우 긴장시켰다.
100. 她看起来十分无聊。　그녀는 굉장히 심심해 보인다.

실전 모의고사 2회 - 듣기 제1부분

문제 1

★ 睡太久对身体不好。　（　　）	너무 오래 자는 것은 건강에 좋지 않다.
很多人一到周末就喜欢睡懒觉，而且一睡就是大半天。医生提醒我们，睡觉时间太长并不好，有时甚至会引起头疼，一般睡够八小时就可以了。	많은 사람들이 주말만 되면 늦잠 자는 것을 좋아한다. 게다가 한 번 잤다 하면 반나절이다. 의사가 우리에게 경고하길, 수면 시간이 너무 긴 것은 결코 좋지 않으며, 어떤 때는 심지어 두통을 일으키기도 한다고 하였다. 일반적으로 8시간 잠을 자면 충분하다.

단어　对…不好 duì…bùhǎo ~에 좋지 않다 | 一…就… yī…jiù… 접 ~하자마자, 곧 ~하다 | 睡懒觉 shuìlǎnjiào 늦잠을 자다 | 大半天 dàbàntiān 명 한나절 이상, 반일 이상 | 提醒 tíxǐng 동 일깨우다, 깨우치다

해설　질문만 보고도 어느 정도 상식문제라는 것을 알 수 있어 녹음을 듣지 않고도 정답이 √라는 것을 추측할 수 있다. 녹음 중간 '医生提醒我们，睡觉时间太长并不好'라는 의사의 말을 통해 잠을 너무 오래 자는 것은 좋지 않다고 하고 있는 것을 알 수 있다. 정답은 √이다.

문제 2

★ 他希望大家能提些意见。　（　　）	그는 모두가 의견을 제시할 수 있기를 희망한다.
希望通过这次交流会，大家能给我们的工作提一些意见或者建议，无论是哪方面的，我们都会认真考虑。	이번 교류회를 통해 모두가 우리의 업무에 의견이나 건의사항을 제시해줄 수 있기를 희망합니다. 어떤 방면이든 상관없이 우리는 모두 성심껏 고려할 것입니다.

단어　提意见 tí yìjiàn 의견을 언급하다 | 无论 wúlùn 접 ~을 막론하고

해설　녹음의 중간 '大家能给我们的工作提一些意见或者建议'라는 부분을 통해 모두가 의견을 제시하기를 바란다는 것을 알 수 있으므로 정답은 √이다.

문제 3

★ 在入口处换礼物。　　　（　　）	입구에서 선물을 받으세요.
购物满四百元的顾客可免费获得一份小礼物，请您在付款后，拿着购物小票到一楼出口处换取。	400위안 어치를 구매한 고객은 작은 선물을 무료로 얻을 수 있으니, 계산 후 구매영수증을 가지고 1층 출구에서 교환해주십시오.

단어 购物 gòuwù 동 구매하다 | 免费 miǎnfèi 동 무료로 하다 | 付款 fùkuǎn 동 돈을 지불하다 | 购物小票 gòuwù xiǎopiào 명 구매영수증

해설 질문에서 장소가 '入口处'라고 하면서 입구에서 선물을 바꾸라고 하였으나, 녹음 마지막 부분 '楼出口处换取'를 통해 녹음에서는 '입구'가 아닌 '출구'에서 선물을 바꾸라고 하는 것을 알 수 있으므로 장소가 일치하지 않아 정답은 X이다.

문제 4

★ 他认为输赢并不重要。　　　（　　）	★ 그는 승패가 결코 중요하지 않다고 여긴다.
在我看来，比赛输赢并不是最重要的，在与他人竞争的过程中使自己获得提高，才是参赛的最终目的。	내가 보기에, 시합의 승패는 결코 가장 중요한 것이 아니다. 타인과의 경쟁 과정에서 스스로 향상을 얻을 수 있는 것이야말로 시합 참가의 최종 목적이다.

단어 输赢 shūyíng 명 승패 | 竞争 jìngzhēng 동 경쟁하다 | 参赛 cānsài 동 시합에 참가하다, 경기에 나가다 | 目的 mùdì 명 목적

해설 녹음 첫 부분은 '比赛输赢并不是最重要的'를 통해 시합에서 승패는 결코 가장 중요한 것이 아니라는 것을 알 수 있으므로 정답은 √이다.

문제 5

★ 舞会将在这个礼拜天举行。　　　（　　）	무도회는 이번 주 일요일에 개최된다.
黄律师，下周六晚上我们公司要举办一场舞会，我们经理想邀请您和您妻子参加，您那时候有时间吗？	황 변호사님, 다음 주 토요일 저녁에 저희 회사에서 무도회를 개최하려고 합니다. 저희 사장님께서 당신과 당신의 아내 분을 초청하고 싶어하시는데 그때 시간 괜찮으신가요?

단어 礼拜天 lǐbàitiān 명 일요일 | 举行 jǔxíng 동 거행하다 | 和…参加 hé…cānjiā ~와 참가하다

해설 질문의 '礼拜天'이라는 표현은 '일요일'을 뜻하는 단어로 우리는 일반적으로 일요일을 '星期天'으로 많이 알고 있다. '礼拜'와 '星期'는 같은 표현이므로 '礼拜天'은 '星期天'과 같은 '일요일'이란 의미이다. 반드시 기억하자. 녹음에서는 '下周六'이라고 하고 있으므로 요일이 전혀 일치하지 않으므로 정답은 X이다.

문제 6

★ 九江市历史很短。　　　（　　）	지우쟝시의 역사는 짧다.
九江市在长江的南边，是江西省第二大城市。它有两千二百多年的历史，既是一座文化名城，也是著名的旅游城市。	지우쟝시는 창쟝의 남쪽에 있으며, 쟝시성 제2의 대도시이다. 2천 2백여 년의 역사를 가지며 문화명성지이기도 하고, 또한 유명한 여행도시이기도 하다.

단어 九江 jiǔjiāng 지 지우쟝[쟝시성 북부의 도시] | 江西省 Jiāngxī Shěng 지 쟝시성[강서성] | 既…也… jì…yě… 접 ~하고, 또 ~하다 | 著名 zhùmíng 형 저명하다, 유명하다

| 해설 | 중국과 관련된 문제가 나오면 100% 좋은 의미가 정답이 된다. 질문에서 보면 지우장시의 역사는 짧다고 하였는데 설마 중국어 시험에서 중국의 유명한 지역 중의 하나인 지우장시의 역사가 짧다고 하지는 않았을 것이다. 이런 문제는 녹음을 듣지 않고도 정답은 X라는 것을 알 수 있다. 녹음의 중간 '它有两千二百多年的历史'라는 부분을 통해 지우장시는 2천 2백여 년의 역사를 가진다는 것을 알 수 있으므로 정답은 정확하게 X이다. |

문제 7

★ 有误会要及时解释清楚。　　　(　　)	오해가 생기면 즉시 확실하게 해명해야 한다.
两个人之间有了误会一定要及时解释清楚，否则时间一长误会就会更深，到那时再去解决恐怕就不容易了。	두 사람 사이에 오해가 생기면 반드시 제때에 확실하게 해명해야 한다. 그렇지 않으면 시간이 지나 더욱 깊어질 수 있다. 그때가 되어서 해결하는 것은 아마도 쉽지 않을 것이다.

| 단어 | 解释 jiěshì 동 해명하다, 설명하다 | 否则 fǒuzé 접 그렇지 않으면 | 深 shēn 형 깊다 | 恐怕 kǒngpà 부 아마 ~일 것이다 |
| 해설 | 질문만 보고도 정답이 √라는 것을 알 수 있다. 오해가 생기면 바로 해명해야 하는 것은 당연한 상식이기 때문이다. 녹음 첫 부분 '两个人之间有了误会一定要及时解释清楚'를 통해서도 오해가 생기면 제때에 해결해야 한다는 것을 알 수 있으므로 정답은 √이다. |

문제 8

★ 那份工作要求有留学经历。　　　(　　)	그 업무의 요구사항은 유학 경험이 있어야 하는 것이다.
这份工作的要求很高，既要求是法律专业的硕士或博士，又必须有留学经历，同时符合这些条件的人恐怕不多。	이 업무의 요구사항은 매우 높다. 요구하는 것은 법률 전공의 석사 혹은 박사여야 하며, 또한 반드시 유학 경험이 있어야 한다. 동시에 이 조건들에 부합하는 사람은 아마도 많지 않을 것이다.

| 단어 | 经历 jīnglì 명 경험 | 既⋯也⋯ jì⋯yě⋯ 접 ~하고, 또 ~하다 | 符合 fúhé 동 부합하다, (들어)맞다, 일치하다 | 条件 tiáojiàn 명 조건 |
| 해설 | 녹음의 중간 부분 '必须有留学经历'를 통해 이 업무를 수행하기 위해서는 반드시 유학 경험이 있어야 한다는 것을 알 수 있으므로 정답은 √이다. |

문제 9

★ 小云以前很活泼。　　　(　　)	샤오윈은 예전에 매우 활발했다.
在我的印象中，小云是个一开口说话都会脸红的女孩儿，可没想到几年不见，她的性格活泼多了，就好像完全变了个人一样。	내 기억에 샤오윈은 한 마디만 해도 얼굴이 빨개지는 여자아이였는데, 그러나 뜻밖에도 몇 년 보지 못한 사이에 그녀의 성격이 훨씬 활발해졌다. 마치 완전히 사람이 변한 것 같다.

| 단어 | 没想到 méixiǎngdào 뜻밖에도, 생각지도 못하게 | 好像 hǎoxiàng 부 마치 ~인 듯 하다 |
| 해설 | 샤오윈의 원래 성격은 녹음 첫 부분 '小云是个一开口说话都会脸红的女孩儿'을 통해 말 한 마디에도 얼굴이 빨개지는 아이라는 것을 알 수 있다. 몇 년이 지난 후 요즘에 '性格活泼多了'라고 하고 있어 예전에는 얼굴이 빨개지는 수줍음이 많은 아이였고 지금은 많이 활발해졌다는 것을 알 수 있으므로 정답은 X이다. |

문제 10

★ 他们参加比赛是为了增进友谊。（　　　）	그들이 시합에 참가한 이유는 우정을 쌓기 위함이다.
我们参加这次比赛的目的不是要获得第一或者拿到奖金，而是为了锻炼自己，所以只要我们努力了，无论结果是输还是赢都没有关系。	우리가 이번 시합에 참가한 목적은 1위 혹은 상금을 얻으려는 것이 아니라, 스스로를 단련하기 위함입니다. 그래서 우리는 열심히 하기만 한다면 결과가 패이든 승이든 모두 상관 없습니다.

단어 增进 zēngjìn 동 증진하다 | 友谊 yǒuyì 명 우정 | 奖金 jiǎngjīn 명 상금 | 无论 wúlùn 접 ~을 막론하고

해설 그들이 시험에 참가한 목적에 관하여 녹음 중간 부분 '为了锻炼自己'를 통해 자신 스스로의 단련을 목적으로 한다는 것을 알 수 있으므로 질문의 '增进友谊(우정을 쌓다)'와 일치하지 않아 정답은 X이다.

실전 모의고사 2회 – 듣기 제2부분

문제 11

A 奖金少　　B 来不及了 C 专业不符　D 要经常加班	A 상여금이 적어서　B 때를 놓쳐서 C 전공이 부합하지 않아서　D 자주 야근을 해야 해서
男：这家互联网公司还不错，你没发一封求职信试试？ 女：没，我的专业不太符合他们的要求。 问：女的为什么没发求职信？	남 : 이 인터넷회사는 꽤 괜찮은데 당신은 이력서를 보내보지 않았나요? 여 : 네, 제 전공이 그들의 요구와 그다지 부합하지 않아서요. 질문 : 여자는 왜 이력서를 보내지 않았나?

단어 专业 zhuānyè 명 전공 | 来不及 láibují 동 제시간에 댈 수 없다. 늦었다 | 加班 jiābān 동 야근하다 | 求职 qiúzhí 동 구직하다, 직업을 찾다

해설 여자가 이력서를 내지 않은 이유는 '我的专业不太符合他们的要求'를 통해 전공이 회사의 요구에 부합하지 않아서라는 것을 알 수 있으므로 정답은 C이다.

문제 12

A 堵车了　　B 马上出发 C 手机坏了　D 没到时间	A 차가 막힌다　B 곧 출발한다 C 휴대전화가 고장 났다　D 시간이 되지 않았다
女：都五点一刻了，你怎么还不去接孙女？ 男：你忘了？孩子今天参加乒乓球比赛，六点半才结束。 问：男的是什么意思？	여 : 벌써 5시 15분인데 당신은 어째서 아직 손녀를 데리러 가지 않나요? 남 : 당신 잊었어요? 아이는 오늘 탁구시합에 참가해서 6시 반이 되어야 끝나요. 질문 : 남자는 무슨 의미인가?

단어 堵车 dǔchē 동 차가 막히다 | 都…了 dōu…le 벌써 ~다 | 接 jiē 동 마중하다

해설 시간이 되었는데 왜 손녀를 마중하러 가지 않느냐는 여자의 질문에 남자가 '参加乒乓球比赛，六点半才结束'라고 하는 부분을 통해 탁구시합이 6시 반이 되어야 끝난다고 하고 있으므로 아직 시간이 되지 않아 손녀를 마중하러 가지 않고 있다는 것을 알 수 있다. 정답은 D이다.

문제 13

A 很聪明	B 太紧张	A 매우 똑똑하다	B 매우 긴장했다
C 不热情	D 很积极	C 친절하지 않다	D 매우 적극적이다

男：你对新来的那个小伙子印象怎么样?
女：不错，**人很聪明**，学东西也快，就是缺少经验，还需要多锻炼锻炼。
问：女的觉得那个小伙子怎么样?

남：당신은 새로 온 그 청년에 대한 인상이 어떤가요?
여：괜찮아요. **사람이 똑똑하고**, 뭘 배우든 빨라요. 단지 경험이 부족하니 많이 단련할 필요가 있어요.
질문：여자가 생각하기에 그 청년은 어떠한가?

단어 紧张 jǐnzhāng 형 (정신적으로) 긴장해 있다, 불안하다 | 积极 jījí 형 적극적이다 | 缺少经验 quēshǎo jīngyàn 경험이 부족하다

해설 여자는 그 청년에 대해 '**人很聪明**，学东西也快'라고 표현하는 부분을 통해 그 청년은 매우 똑똑하고 무엇을 배우든지 빠르다고 생각하고 있다는 것을 알 수 있으므로 정답은 A이다.

문제 14

A 房东	B 叔叔	A 집주인	B 삼촌
C 妹妹	D 邻居	C 여동생	D 이웃

女：刚刚是谁敲门?
男：**房东**，他来提醒我们月底交下半年的房租。
问：敲门的人是谁?

여：방금 누가 노크를 한 거죠?
남：**집주인이요**. 그가 우리에게 월말에 하반기의 임대료를 내야 한다는 것을 알려주러 왔어요.
질문：노크한 사람은 누구인가?

단어 房东 fángdōng 명 집주인 | 邻居 línjū 명 이웃 | 交房租 jiāo fángzū 임대료를 지불하다 | 敲门 qiāomén 동 노크하다

해설 여자가 누가 노크했는지 묻는 질문에 남자는 정확하게 '房东'이라고 하고 있으므로 노크한 사람은 집주인이라는 것을 알 수 있다. 정답은 A이다.

문제 15

A 没预习	B 没考好	A 예습을 못했다	B 시험을 잘 보지 못했다
C 填空题难	D 复习得不错	C 빈칸 채우기 문제는 어렵다	D 복습을 잘 했다

男：下个星期就考国际法了，你复习得怎么样?
女：**差不多了**，这几天再把重点内容看一遍就行了。
问：女的是什么意思?

남：다음 주면 곧 국제법 시험이네. 너 복습은 어때?
여：**그럭저럭 하고 있어**. 며칠간 다시 중점내용을 쭉 한 번 보면 돼.
질문：여자는 무슨 의미인가?

단어 填空题 tiánkòngtí 명 빈칸 채우기 문제 | 差不多 chàbuduō 형 그런대로 괜찮다

해설 녹음 첫 부분 남자가 복습이 어떻게 되어가고 있는지 묻는 질문에 여자가 '差不多了'라고 대답하고 있다. '差不多了'는 '비슷하다'라는 의미도 있지만 '그럭저럭 괜찮다'라는 의미도 함께 가지고 있으므로 여자는 복습이 그럭저럭 괜찮게 잘 되어가고 있다는 것을 알 수 있다. 정답은 D이다.

문제 16

A 非常冷	B 热极了	A 매우 춥다	B 매우 덥다
C 很凉快	D 十分暖和	C 매우 시원하다	D 매우 따뜻하다

女: 下了雨凉快多了，前几天实在是太热了。
男: 是啊，前两天晚上热得都睡不着，今天终于能睡个好觉了。
问: 现在天气怎么样?

여: 비가 내리니 훨씬 시원해졌네. 지난 며칠은 정말 너무 더웠어.
남: 맞아, 지난 이틀은 저녁에 잠도 못 잘 정도로 덥더니 오늘에서야 마침내 잘 잘 수 있게 되었어.
질문: 지금 날씨는 어떤가?

단어 凉快 liángkuai [형] 시원하다 | 实在 shízài [부] 정말로 | 睡不着 shuìbuzháo [동] 잠들지 못하다

해설 여자가 '下了雨凉快多了'라는 말을 통해 비가 내려 시원하다는 것을 알 수 있다. 또한 여자의 '前几天实在是太热了'라는 말을 통해 며칠 전에는 무척 더웠다는 것을 알 수 있다. 지금은 비가 내려 시원하고, 며칠 전에는 너무 더웠다고 말하고 있는 것으로 보아 지금의 날씨는 무척 시원하다는 C가 답이다.

문제 17

A 体育馆	B 家具店	A 체육관	B 가구점
C 图书馆	D 洗手间	C 도서관	D 화장실

男: 现在买沙发，能免费送货上门吗?
女: 可以，您留下电话和地址，我们三日内给您送到。
问: 他们最可能在哪儿?

남: 지금 소파를 사면 무료 배송이 되나요?
여: 됩니다. 전화번호와 주소를 남겨주시면 저희가 3일 이내로 보내드리겠습니다.
질문: 그들은 아마도 어디에 있는가?

단어 送货上门 sònghuò shàngmén [명] 배송, 배달 | 留地址 liú dìzhǐ 주소를 남기다

해설 녹음 첫 부분 남자의 '现在买沙发'라는 말을 통해서 지금 소파를 사고 있다는 것을 추측할 수 있으므로 그들은 지금 소파를 사기 위해 가구점에 있다는 것도 함께 알 수 있다. 정답은 B이다.

문제 18

A 饿了	B 胳膊疼	A 배고프다	B 팔이 아프다
C 没休息好	D 咳嗽得厉害	C 잘 쉬지 못했다	D 기침이 심하다

女: 我昨天打了会儿网球，结果今天胳膊疼得都抬不起来了。
男: 你平时运动太少，突然一运动当然会受不了。
问: 女的怎么了?

여: 내가 어제 테니스를 잠깐 쳤는데, 결국 오늘 팔도 들 수 없을 정도로 아프네.
남: 너는 평소에 운동을 너무 안 해서 갑자기 운동하면 당연히 괴로울 거야.
질문: 여자는 어떠한가?

단어 胳膊 gebo [명] 팔 | 咳嗽 késou [동] 기침하다 | 突然 tūrán [부] 갑자기 | 受不了 shòubuliǎo [동] 견딜 수 없다

해설 여자가 '今天胳膊疼得都抬不起来了'라고 말하는 부분을 통해 테니스를 쳐서 팔이 들어올릴 수 없을 정도로 아프다는 것을 알 수 있으므로 정답은 B이다.

문제 19

A 以前是长发	B 更漂亮了		A 예전에는 긴 머리였다	B 더 예뻐졌다
C 变化不大	D 变胖了		C 변화가 크지 않다	D 뚱뚱해졌다

男：要不是你和我打招呼，我都没认出来你。你怎么理成短发了？
女：长发留久了，所以想换一换。
问：关于女的，可以知道什么？

남：네가 나에게 인사를 하지 않았다면 나는 너를 알아보지 못했을 거야. 너 어째서 머리카락을 단발로 자른거야?
여：긴 머리는 오랫동안 해서 좀 바꿔보고 싶었어.
질문：여자에 관하여, 알 수 있는 것은 무엇인가?

단어 打招呼 dǎzhāohu 동 인사하다 | 没认出来 méi rènchūlái 알아보지 못하다 | 变胖 biàn pàng 살이 찌다 | 留久 liú jiǔ 오래 지속하다

해설 녹음의 첫 부분 남자가 여자에게 '你怎么理成短发了?'라고 질문하는 것을 통해 여자가 머리카락을 단발로 잘랐다는 것을 알 수 있는데, 이에 여자가 '长发留久了, 所以想换一换'이라고 말하는 것으로 보아 긴 머리를 오랫동안 해서 바꾸고 싶어 단발로 잘랐다는 것을 알 수 있다. 그러므로 여자의 지금 머리스타일은 단발이고, 예전까지는 긴 머리 스타일이었다라는 것이므로 정답은 A가 된다.

문제 20

A 要学做生意	B 要复习		A 장사를 배워야 해서	B 복습해야 해서
C 租到房子了	D 要去调研		C 집을 임대해서	D 연구조사를 하러 가야 해서

女：你暑假什么时候回家？
男：我不回去了，我准备和老师去云南做调研。
问：男的暑假为什么不回家？

여：너는 여름방학 때 언제 집에 가니?
남：안 갈 거야. 나는 선생님과 연구조사를 진행하러 윈난에 갈 예정이야.
질문：남자는 여름방학 때 왜 집에 가지 않는가?

단어 做生意 zuò shēngyì 동 장사하다 | 调研 diàoyán 동 조사·연구하다 | 暑假 shǔjià 명 여름방학

해설 남자가 여름방학에 집에 가지 않는 이유에 대해 '我准备和老师去云南做调研'이라고 말하는 부분을 통해 알 수 있는데, 바로 선생님과 윈난에 연구조사를 하러 가야 한다는 것을 알 수 있으므로 정답은 D이다.

문제 21

A 有礼貌	B 很可怜		A 예의가 있다	B 불쌍하다
C 很厉害	D 非常帅		C 대단하다	D 매우 잘생겼다

男：你对小黄这个小伙子印象怎么样？
女：我感觉他很有礼貌，说话也很幽默，和他聊天儿挺轻松的。
问：女的认为小黄怎么样？

남：당신은 샤오황 이 청년에 대한 인상이 어떤가요?
여：제가 느끼기에 그는 예의가 있고, 말하는 것도 유머러스해서 그와 이야기하는 게 아주 좋아요.
질문：여자가 생각하기에 샤오황은 어떠한가?

단어 有礼貌 yǒu lǐmào 예의가 있다 | 可怜 kělián 형 가엽다, 불쌍하다 | 幽默 yōumò 형 유머러스 하다 | 和…聊天儿 hé…liáotiānr ~와 잡담하다 | 挺…的 tǐng…de 굉장히 ~하다

해설 남자가 여자에게 '小伙子印象怎么样?'이라고 묻는 것을 통해 샤오황의 인상이 궁금해서 물어보고 있다는 것을 알 수 있다. 이에 여자의 대답 '他很有礼貌, 说话也很幽默'라는 부분을 통해 샤오황은 매우 예의가 바르고 유머러스 하다는 것을 알 수 있으므로 정답은 A이다.

문제 22

A 脾气好	A 성격이 좋다
B 成绩好	B 성적이 좋다
C 爱讲笑话	C 재미있는 이야기를 하는 것을 좋아한다
D 喜欢阅读	D 독서를 좋아한다

| 女: 真羡慕你! 成绩这么好，每次都能拿到奖学金。
男: 我这叫笨鸟先飞，只要你平时稍微努力点儿，肯定就会超过我的。
问: 关于男的，可以知道什么? | 여: 정말 네가 부러워! 성적이 이렇게나 좋아 매번 장학금을 받을 수 있잖아.
남: 나는 둔한 새가 먼저 나는 격이지. 네가 평소에 조금 노력하기만 한다면 분명히 나를 넘어설 수 있을 거야.
질문: 남자에 관하여 알 수 있는 것은 무엇인가? |

단어 脾气 píqi 명 성격 | 羡慕 xiànmù 동 부럽다 | 奖学金 jiǎngxuéjīn 명 장학금 | 笨鸟先飞 bènniǎo xiānfēi 성 둔한 새가 먼저 난다 | 肯定 kěndìng 부 확실히, 틀림없이

해설 녹음 첫 부분 여자의 '真羡慕你! 成绩这么好'라는 말을 통해 여자가 남자를 부러워하고 있는 이유가 성적이 좋아서라는 것을 알 수 있으므로 남자는 성적이 좋다는 것을 추측할 수 있다. 정답은 B이다.

문제 23

| A 不想参观 | B 迟到了 | A 참관하고 싶지 않다 | B 지각했다 |
| C 迷路了 | D 没睡醒 | C 길을 잃었다 | D 잠에서 깨지 못했다 |

| 男: 抱歉! 我来晚了。活动开始了吗?
女: 没关系! 刚开始。门口的材料你拿了吗?
问: 男的怎么了? | 남: 미안합니다! 제가 늦었어요. 행사는 시작했나요?
여: 괜찮아요! 막 시작했어요. 입구의 자료는 가지고 왔나요?
질문: 남자는 어떠한가? |

단어 迷路 mílù 동 길을 잃다 | 睡醒 shuìxǐng 동 잠에서 깨다

해설 남자가 '抱歉! 我来晚了'라고 말하고 있는 부분을 통해 남자는 지금 행사에 늦었다는 것을 알 수 있으므로 정답은 B이다.

문제 24

| A 植物园 | B 动物园 | A 식물원 | B 동물원 |
| C 海洋馆 | D 大使馆 | C 해양관 | D 대사관 |

| 男: 请问去植物园是坐331路车吗?
女: 对。不过方向错了。您得去对面坐车。
问: 男的打算去哪儿? | 남: 실례지만, 식물원에 가려면 331번 버스를 타나요?
여: 맞아요. 하지만 방향이 틀렸어요. 당신은 맞은편에 가서 버스를 타야 합니다.
질문: 남자는 어디를 갈 계획인가? |

단어 不过 búguò 접 그러나 | 得 děi 조동 ~해야 한다

해설 제시된 보기를 보면 모두 장소 어휘라는 것을 알 수 있으므로 녹음을 들을 때에 장소 어휘에 집중해서 들어야 한다. 녹음 첫 부분 남자의 '请问去植物园是坐331路车吗?'라는 부분을 통해 남자는 지금 식물원에 가야 한다는 것을 알 수 있으므로 정답은 어렵지 않게 A라는 것을 알 수 있다.

문제 25

| A 没吃饱 | B 担心浪费 | A 배불리 먹지 못했다 | B 낭비를 걱정한다 |
| C 把菜倒掉 | D 小吃太辣 | C 요리를 쏟아버린다 | D 간식이 매우 맵다 |

女：菜点多了，还剩不少呢! 这个烤鸭几乎都没吃，太浪费了!
男：没关系。咱们一会儿带走。
问：女的是什么意思？

여 : 음식을 많이 주문해서 아직 적지 않게 남았어! 이 카오야는 거의 먹지도 못하고, 너무 낭비야!
남 : 괜찮아, 우리 이따가 포장해 가자.
질문 : 여자는 무슨 의미인가?

단어 浪费 làngfèi 동 낭비하다 | 倒掉 dàodiào 쏟아버리다 | 剩 shèng 동 남다 | 太…了 tài…le 매우 ~하다

해설 녹음 첫 부분에서 여자는 음식을 너무 많이 주문하여 많이 남았다고 하면서 '太浪费了!'라고 하였다. 즉 음식이 많이 남아 너무 낭비라고 하고 있는 것으로 보아 여자는 음식을 낭비한 것이 걱정된다는 것을 알 수 있으므로 정답은 B이다.

실전 모의고사 2회 - 듣기 제3부분

문제 26

| A 衬衫破了 | B 男的感冒了 | A 셔츠가 찢어졌다 | B 남자는 감기에 걸렸다 |
| C 药店关门了 | D 女的现金不够 | C 약국이 문을 닫았다 | D 여자는 현금이 부족하다 |

女：我的钱不够，你有四百块吗？
男：我也没带多少现金，这家店不能刷卡吗？
女：他们的刷卡机坏了。
男：没关系，附近应该有银行，你等我一下。
问：根据对话，下列哪个正确？

여 : 내가 돈이 부족한데 너 400위안 있니?
남 : 나도 현금을 많이 가져오지 않았어. 이 가게 카드 안 되나?
여 : 이 가게 카드기가 고장이래.
남 : 괜찮아, 근처에 분명 은행이 있을 거야. 너 잠깐 기다려.
질문 : 대화에 근거하여 아래에서 어느 것이 정확한가?

단어 刷卡 shuākǎ 동 카드를 긁다 | 坏 huài 동 고장 나다

해설 녹음의 첫 부분 '我的钱不够，你有四百块吗？'라는 말을 통해 여자는 지금 돈이 부족하여 400위안을 빌리고 있다는 것을 추측할 수 있다. 그러므로 정답은 D이다.

문제 27

| A 郊区 | B 医院后面 | A 변두리 | B 병원 뒤쪽 |
| C 火车站右边 | D 高速公路旁 | C 기차역의 오른쪽 | D 고속도로 옆 |

男：听说小高在郊区开了家饭馆儿。
女：是吗？怎么开在郊区了？
男：那边租金便宜，而且附近有几个学校，很多学生都去他那儿吃饭。
女：那生意一定不错。
问：那个饭馆儿在哪儿？

남 : 듣기로 샤오까오가 변두리에 식당을 열었다더라.
여 : 그래? 어째서 변두리에 열었지?
남 : 그쪽이 임대료도 저렴하고, 게다가 근처에 학교가 몇 개 있어서 많은 학생들이 거기로 가서 밥을 먹나봐.
여 : 그렇다면 장사는 확실히 괜찮겠네.
질문 : 식당은 어디에 있는가?

단어 郊区 jiāoqū 명 외곽, 변두리 | 租金 zūjīn 명 임대료 | 生意 shēngyì 명 장사, 사업

해설 녹음의 첫 부분 남자의 말 '听说小高在郊区开了家饭馆儿'에서 샤오까오가 변두리 쪽에 식당이 오픈했다는 소식을 알리고 있으므로 식당이 변두리 근처라는 것을 추측할 수 있다. 정답은 A이다.

문제 28

| A 很值得 | B 十分精彩 | A 매우 가치가 있다 | B 매우 훌륭하다 |
| C 让人难受 | D 比较无聊 | C 사람을 힘들게 했다 | D 비교적 지루하다 |

女：你学功夫多长时间了?
男：从六岁开始，到现在已经二十多年了。
女：一定很苦、很累吧?
男：确实是，不过回头想想，虽然辛苦，但都是值得的。
问：男的怎么看自己学功夫的经历?

여 : 당신은 무술을 얼마 동안 배웠나요?
남 : 6살 때 시작해서 지금까지 벌써 20여 년이 되었네요.
여 : 분명히 힘들고 수고스러웠죠?
남 : 확실히 그렇죠. 하지만 돌이켜 생각해보면 비록 힘들었지만 다 가치가 있어요.
질문 : 남자는 자신이 무술을 배운 경험을 어떻게 보는가?

단어 值得 zhíde 동 가치가 있다 | 精彩 jīngcǎi 형 훌륭하다, 멋지다 | 难受 nánshòu 형 괴롭다 | 功夫 gōngfu 명 무술 | 从…开始 cóng…kāishǐ ~에서부터 시작하다

해설 여자는 남자가 무술을 배운 것에 대해 궁금해하고 있는데 녹음의 중간 부분 여자의 '一定很苦、很累吧?'라고 묻는 것을 통해 무술 배우는 것이 매우 고생스럽지 않냐고 묻고 있다는 것을 알 수 있다. 이에 남자는 대답으로 '虽然辛苦，但都是值得的'라고 말하는 것으로 보아 무술을 배우는 것은 확실히 고생스러웠지만 가치는 있다 라고 하는 것으로 보아 남자는 자신이 무술을 배운 경험을 가치가 있다고 생각하고 있으므로 정답은 A이다.

문제 29

| A 很爱笑 | B 比较胖 | A 웃는 것을 매우 좋아한다 | B 비교적 뚱뚱하다 |
| C 刚出生不久 | D 今天过生日 | C 태어난 지 오래 되지 않았다 | D 오늘 생일을 보냈다 |

男：小王的孩子出生了? 男孩儿还是女孩儿?
女：女孩儿，两周前出生的。
男：我还没来得及去祝贺他呢。
女：我也没去，哪天我们一起去吧。
问：关于小王的孩子，下列哪个正确?

남 : 샤오왕의 아이는 태어났나요? 남자아이인가요 여자아이인가요?
여 : 여자아이예요. 2주 전에 태어났어요.
남 : 제가 아직 그를 축하하러 가지 못했어요.
여 : 저도 못 갔어요. 언제 우리 같이 가요.
질문 : 샤오왕의 아이에 관하여 아래에서 어느 것이 옳은가?

단어 没来得及 méi láidejí 제시간에 댈 수 없다, 늦었다 | 祝贺 zhùhè 동 축하하다

해설 남자가 여자에게 샤오왕의 아이가 태어났는지 묻는 질문에 여자는 '两周前出生的'라고 말하고 있다. 즉 샤오왕의 아이는 2주 전에 태어났다고 하고 있으므로 태어난 지 오래 되지 않았다는 것을 알 수 있다. 정답은 C이다.

문제 30

| A 毛巾 | B 帽子 | A 수건 | B 모자 |
| C 眼镜盒 | D 塑料袋 | C 안경집 | D 비닐봉투 |

女：我们去趟超市吧，明天出去玩儿得买点儿饼干和面包。
男：好，还有矿泉水、果汁什么的。
女：对。你记得拿几个塑料袋放车里，到时候用。
男：好的。
问：女的提醒男的带什么?

여 : 우리 슈퍼에 한 번 갑시다. 내일 나가서 놀려면 비스킷과 빵을 좀 사야 해요.
남 : 좋아요. 그리고 생수, 주스 등도 필요해요.
여 : 맞아요. 당신이 비닐봉투 몇 개를 챙겨 차 안에 놓는 것을 기억하세요. 그때 쓰게요.
남 : 알았어요.
질문 : 여자는 남자에게 무엇을 가져오라고 하였는가?

| 단어 | 塑料袋 sùliàodài 명 비닐봉투 | 趟 tàng 양 차례, 번[왕래한 횟수를 세는 양사] |

해설 | 녹음의 중간 부분 여자의 '你记得拿几个塑料袋放车里'라는 말을 통해 남자에게 비닐봉투 몇 개를 챙겨 차 안에 두라고 부탁하는 것을 알 수 있으므로 여자가 남자에게 가지고 오라고 하는 것은 바로 비닐봉투, D가 정답이다.

문제 31

A 抬箱子　　　B 挂衣服
C 取报纸　　　D 扔盒子

A 상자를 들다　　　B 옷을 걸다
C 신문을 수령하다　　　D 상자를 버리다

女:箱子都搬上来了吗?
男:还剩一个，那个有点儿重。我自己抱不动。你得和我一起抬一下。
女:行。我先把外衣挂起来。
男:好的。不着急。
问:男的想让女的做什么?

여:상자를 모두 옮겼나요?
남:아직 하나가 남았는데 그건 조금 무거워서 저 혼자 옮길 수 없어요. 당신이 저와 같이 들어야 해요.
여:알았어요. 제가 우선 외투 좀 걸게요.
남:그래요. 급하지 않아요.
질문:남자는 여자에게 무엇을 하게 하고 싶은가?

단어 | 抬 tái 동 (두 사람 이상이) 맞들다, 함께 들다 | 挂 guà 동 걸다 | 抱 bào 동 안다, 껴안다 | 着急 zháojí 동 조급하다

해설 | 남자가 여자에게 '你得和我一起抬一下'라고 말하는 부분을 통해 여자가 자신과 함께 상자를 들어줬으면 하는 것을 알 수 있으므로 정답은 A이다.

문제 32

A 个子　　　B 力气
C 性格　　　D 声音

A 키　　　B 힘
C 성격　　　D 목소리

男:你和你姐长得真像!
女:是。经常有人把我俩认错。
男:你们在其他方面也这么像吗?
女:其实，我俩的性格有很大的区别。我比较活泼，我姐就比较害羞。
问:女的和姐姐在哪方面不像?

남:당신은 당신 언니와 정말 닮았어요!
여:맞아요. 저희 둘을 못 알아보는 사람이 자주 있어요.
남:당신들은 다른 부분에서도 이렇게 닮았나요?
여:사실, 저희 둘의 성격은 매우 큰 차이가 있어요. 제가 비교적 활발하고, 제 언니는 비교적 수줍은 성격이에요.
질문:여자와 언니는 어느 부분에서 다른가?

단어 | 长 zhǎng 동 (얼굴의 생김새가) 생기다 | 像 xiàng 동 닮았다 | 有区别 yǒu qūbié 차이가 있다 | 活泼 huópo 형 활발하다, 활달하다 | 害羞 hàixiū 형 부끄러워하다

해설 | 녹음의 마지막 부분 여자의 '我俩的性格有很大的区别'라는 말을 통해 그녀들은 성격에 있어 매우 큰 차이가 있다는 것을 알 수 있으므로 정답은 C이다.

문제 33

A 邮局没开门	B 没带零钱	A 우체국이 문을 열지 않았다	B 잔돈을 가지고 오지 않았다
C 没拿信封	D 地址忘家了	C 편지봉투를 챙기지 않았다	D 주소를 집에 두고 갔다

女:这么快就回来了? 信寄出去了?
男:没有。我把地址忘在家里了，只好回来一趟。
女:你这马虎的缺点可真得改改了。
男:知道了。下次一定注意!
问:男的为什么很快就回来了?

여:이렇게 빨리 돌아왔네? 편지는 부쳤어?
남:아니. 내가 주소를 깜빡 하고 집에 두고 갔어. 어쩔 수 없이 다시 왔다 가야 해.
여:너의 이 덜렁대는 단점은 정말 고쳐야 해.
남:알아. 다음 번엔 꼭 주의할 거야!
질문:남자는 왜 빨리 돌아왔는가?

단어 零钱 língqián 명 잔돈 | 只好 zhǐhǎo 부 어쩔 수 없이 | 缺点 quēdiǎn 명 결점, 단점 | 马虎 mǎhu 형 덜렁거리다

해설 여자가 남자에게 어떻게 이렇게 일찍 왔느냐고 물었더니 남자가 '我把地址忘在家里了'라고 대답하고 있다. 즉, 일찍 온 이유가 주소를 깜빡 하고 집에 두고 갔다는 것을 알 수 있다. 정답은 D이다.

문제 34

A 邻居家	B 超市	A 이웃집	B 슈퍼마켓
C 医院	D 药店	C 병원	D 약국

男:带200块钱够了吧?
女:不用带现金，我拿信用卡了。
男:好。那咱们快点儿走吧。超市要关门了。
女:等一下。我拿个购物袋。
问:他们要去哪儿?

남:200위안 가져가면 충분하겠지?
여:현금 가져갈 필요 없어, 내가 신용카드를 가져갈게.
남:좋아. 그럼 우리 빨리 가자. 슈퍼가 곧 문을 닫아.
여:잠깐만, 내가 장바구니 가져올게.
질문:그들은 어디를 가려고 하는가?

단어 信用卡 xìnyòngkǎ 명 신용카드 | 购物袋 gòuwùdài 명 장바구니, 쇼핑백

해설 제시된 보기의 어휘들 모두가 장소 어휘이므로 녹음을 들을 때 장소 어휘를 집중해서 들어야 한다. 녹음의 중간 부분 남자의 '那咱们快点儿走吧。超市要关门了'라는 말을 통해 슈퍼마켓이 곧 문을 닫으니 빨리 출발하자고 하는 것으로 보아 지금 그들은 슈퍼마켓에 가려고 한다는 것을 알 수 있다. 정답은 B이다.

문제 35

A 沙发	B 镜子	A 소파	B 거울
C 塑料桶	D 皮鞋	C 플라스틱 통	D 가죽 신발

男:你在网上看上的那个沙发，买了吗?
女:没有。我还没付款呢。
男:你最好多看几家再决定。不要着急。
女:对。我也想多比较几家。选个质量好的。
问:女的想买什么?

남:당신이 인터넷에서 봤던 그 소파, 샀어요?
여:아니요. 아직 결제하지 않았어요.
남:몇 군데 더 보고 결정하는 게 좋을 것 같아요. 서두르지 말아요.
여:맞아요. 저도 몇 군데 더 비교해보고 싶어요. 품질이 좋은 것을 선택하게요.
질문:여자는 무엇을 사고 싶어 하는가?

단어 塑料桶 sùliàotǒng 명 플라스틱 통 | 付款 fùkuǎn 동 돈을 지불하다 | 质量 zhìliàng 명 품질

해설 녹음의 첫 부분 남자의 '你在网上看上的那个沙发，买了吗?'를 통해 여자가 인터넷으로 본 소파를 사려고 했다는 것을 알 수 있으므로 여자가 구매하려고 하는 것이 소파라는 것을 추측할 수 있다. 정답은 A이다.

문제 36-37

36. A 很漂亮	B 很正式	36. A 예쁘다	B 차려 입었다
C 有点儿大	D 稍微瘦了点儿	C 조금 크다	D 다소 말랐다
37. A 很吃惊	B 正在减肥	37. A 놀랍다	B 다이어트 중이다
C 不爱打扮	D 要去约会	C 치장을 좋아하지 않는다	D 약속에 가야 한다

王小姐在商场买裙子。她从试衣间出来后，36.C 售货员说："您穿这条裙子有点儿大。"王小姐却说："那太好了，我就买这条。"售货员感到很奇怪，王小姐解释说："37.B 我穿上它，朋友见了肯定会说我减肥成功了。"

36. 售货员觉得那条裙子王小姐穿怎么样?
37. 关于王小姐，可以知道什么?

왕 아가씨가 상점에서 치마를 사는데, 그녀가 피팅룸에서 나오자 36.C 판매원이 말했다. '당신이 입은 이 치마는 조금 크네요.' 왕 아가씨가 뜻밖에 말했다. '그럼 잘됐네요. 저 이걸로 살게요.' 판매원이 매우 이상하게 여기자 왕 아가씨가 해명하며 말했다. '37.B 제가 그걸 입으면, 친구들이 보고서 분명히 제가 다이어트에 성공했다고 할 거예요.'

36. 판매원이 생각하기에 그 치마를 입은 왕 아가씨는 어떠한가?
37. 왕 아가씨에 관해서 알 수 있는 것은 무엇인가?

단어 吃惊 chījīng 동 놀라다 | 试衣间 shìyījiān 명 피팅룸, 탈의실 | 奇怪 qíguài 형 이상하다 | 解释 jiěshì 동 (함의·원인·이유 등을) 설명하다, 해명하다

해설 36. 녹음의 첫 부분 '售货员说："您穿这条裙子有点儿大。"'라는 말을 통해 판매원이 생각하기에 저 치마는 왕 아가씨에게 조금 크다고 생각한다는 것을 알 수 있으므로 정답은 C이다.

37. 녹음 마지막의 왕 아가씨가 말하는 부분 '我穿上它，朋友见了肯定会说我减肥成功了'를 통해 조금 큰 옷을 입게 되면 친구들이 자신을 보고 살이 빠졌다고 생각할 것이라고 말하고 있으므로 여자는 친구들에게 살이 빠져 보이고 싶다는 것을 알 수 있다. 즉, 여자는 다이어트 중이라는 것을 추측할 수 있으므로 정답은 B이다.

문제 38-39

38. A 冰箱	B 空调	38. A 냉장고	B 에어컨
C 照相机	D 传真机	C 사진기	D 팩스기
39. A 很复杂	B 用处大	39. A 매우 복잡하다	B 쓸모가 있다
C 语言简单	D 不太准确	C 언어가 간단하다	D 그다지 정확하지 않다

38.C 我刚看了这个照相机的使用说明书，介绍得非常详细，尤其是"常见问题"那部分，总结了许多使用过程中容易出现的错误，39.B 我觉得很有用，你也看看吧。

38. 那份说明书是关于什么的?
39. 说话人觉得那份说明书怎么样?

38.C 제가 방금 이 사진기의 사용설명서를 봤는데, 매우 상세하게 소개하고 있습니다. 특히 '자주 묻는 질문'이라는 그 부분은 사용하면서 쉽게 나타날 수 있는 많은 실수들에 대해 총정리가 되어 있어요. 39.B 제가 보기에 매우 유용한 것 같으니 당신도 한번 보세요.

38. 그 설명서는 무엇에 관한 것인가?
39. 말하는 사람이 생각하기에 그 설명서는 어떠한가?

단어 详细 xiángxì 형 상세하다, 자세하다 | 尤其 yóuqí 부 더욱이, 특히 | 总结 zǒngjié 동 총정리하다 | 错误 cuòwù 명 잘못 | 很有用 hěn yǒuyòng 매우 쓸모 있다

해설 38. 녹음의 첫 부분 '我刚看了这个照相机的使用说明书'를 통해 이 사용설명서는 사진기에 관한 것이라는 것을 알 수 있으므로 정답은 C이다.

39. 녹음의 마지막 부분 '我觉得很有用，你也看看吧'를 통해 말하는 사람이 생각하기에 사진기의 사용설명서는 매우 쓸모가 있다고 느낀다는 것을 알 수 있으므로 정답은 B이다.

문제 40-41

40. A 吃烤鸭   B 唱京剧
     C 打羽毛球   D 修理自行车
	40. A 카오야를 먹는다 B 경극을 부른다
	     C 배드민턴을 친다 D 자전거를 수리한다

41. A 教课   B 爬长城
     C 办演出   D 收拾房子
	41. A 강의하는 것 B 만리장성에 오르는 것
	     C 공연을 담당하는 것 D 방을 정리하는 것

40.B 爷爷非常喜欢京剧，每晚都会和朋友去公园唱上几段。尽管他们并不专业，但唱得很认真，每次都会吸引很多人在一旁观看，甚至还有人想跟着他们学。41.A 最近，他们正商量教课的事情呢。 40. 爷爷晚上常去公园做什么？ 41. 爷爷和朋友最近在商量什么事情？	40.B 할아버지는 경극을 매우 좋아하셔서 매일 밤 친구와 공원에 가서 몇 가락을 부르신다. 그들은 결코 전문적이지는 않지만, 매우 열심히 부르신다. 매번 많은 사람들이 매료되어 한쪽에 앉아서 구경하는데, 심지어 그들을 따라서 배우고 싶어하는 사람도 있다. 41.A 최근 그들은 강의하는 일을 상의 중이다. 40. 할아버지는 저녁에 항상 공원에 가서 무엇을 하는가? 41. 할아버지와 친구는 최근에 무슨 일을 상의 중인가?

단어 教课 jiāokè 동 강의하다, 수업하다 | 尽管…但… jǐnguǎn…dàn… 접 비록 ~하더라도, 그러나 ~하다 | 认真 rènzhēn 형 진지하다 | 吸引 xīyǐn 동 매료시키다

해설
40. 녹음의 첫 부분 '爷爷非常喜欢京剧，每晚都会和朋友去公园唱上几段'을 통해 할아버지는 경극을 좋아하시며 매일 저녁마다 공원에 가서 몇 가락 부르신다고 하고 있는 것으로 보아 정답은 B이다.

41. 녹음의 마지막 부분 '最近，他们正商量教课的事情呢'를 통해 할아버지와 친구들은 최근에 강의하는 일에 대해 상의를 하고 있다는 것을 알 수 있으므로 정답은 A이다.

문제 42-43

42. A 能见到名人   B 干净卫生
     C 啤酒免费   D 广告做得好
	42. A 유명인을 볼 수 있다 B 깨끗하고 위생적이다
	     C 맥주가 무료이다 D 광고를 잘 한다

43. A 无需排队   B 卖烤鸭
     C 饭菜贵   D 在郊区
	43. A 줄을 설 필요가 없다 B 카오야를 판다
	     C 음식값이 비싸다 D 변두리에 있다

这家餐厅之所以有名，除了饭菜好吃以外，42.A 在这里，你偶尔还能遇到名人。所以，尽管 43.C 这里的饭菜价格普遍较高，但来吃饭的客人还是很多。我们每次来都要排队。 42. 那家餐厅为什么很有名？ 43. 关于那家餐厅，可以知道什么？	이 식당은 유명해서 음식이 맛있는 것 이외에도, 42.A 이곳에서 가끔 유명인을 만날 수도 있다. 그래서, 43.C 이곳의 음식값은 일반적으로 꽤 높지만, 식사하러 오는 손님은 여전히 많다. 우리는 매번 올 때마다 줄을 서야 한다. 42. 그 식당은 왜 유명한가? 43. 그 식당에 관하여 알 수 있는 것은 무엇인가?

단어 卫生 wèishēng 명 위생 | 无需 wúxū 동 ~할 필요가 없다 | 排队 páiduì 동 줄을 서다 | 郊区 jiāoqū 명 외각, 변두리 | 偶尔 ǒu'ěr 부 때때로, 가끔 | 普遍 pǔbiàn 부 보편적으로

해설
42. 이 식낭이 유명한 이유에 대해 녹음의 중간 부분 '在这里，你偶尔还能遇到名人'을 통해 알 수 있는데 이곳에는 가끔 유명한 사람을 만날 수 있다고 하고 있으므로 정답은 A이다.

43. 녹음의 중간 부분 '尽管这里的饭菜价格普遍较高'라고 말하고 있는 부분을 통해 이 식당의 음식 가격이 비교적 높다라는 것을 알 수 있으므로 우리가 이 식당에 대해 알 수 있는 것은 음식값이 비싸다는 C이다.

문제 44-45

44. A 很无聊　　　　B 更有趣
　　C 让人变懒　　D 很辛苦

45. A 包饺子　　　　B 包包子
　　C 洗碗筷　　　　D 擦窗户

44. A 지루하다　　　B 더욱 재미있다
　　C 사람을 게으르게 한다　　D 고생스럽다

45. A 교자를 빚는다　　B 만두를 빚는다
　　C 밥그릇과 젓가락을 닦는다　　D 창문을 닦는다

比起暑假，44.B 我觉得寒假更有意思。45.A 因为能和家人一起过节。我不但可以和父母包饺子，帮他们做一大桌丰富的饭菜，还能见到平时不常见的亲人。大家聚在一起，别提多热闹了。

44. 说话人觉得寒假怎么样？
45. 过春节时，说话人会帮父母做什么？

여름방학과 비교하면 44.B 나는 겨울방학이 더 재미있다고 생각한다. 45.A 왜냐하면 가족들과 함께 설을 쇨 수 있기 때문이다. 나는 부모님과 교자를 빚을 수도 있고 그들을 도와 푸짐한 요리 한 상을 차리고, 평소에 자주 볼 수 없던 친척들도 만날 수도 있다. 모두가 한자리에 모이면 얼마나 시끌벅적한지 말할 것도 없다.

44. 말하는 사람이 생각하기에 겨울방학은 어떠한가?
45. 설을 쇨 때, 말하는 사람은 부모님을 도와 무엇을 하는가?

단어 有趣 yǒuqù 형 재미있다 | 比起 bǐqǐ ~와 비교하면 | 过春节 guò Chūn Jié 설을 쇠다, 보내다 | 别提 biétí 동 제기하지도 말아라

해설 44. 녹음의 첫 부분 '我觉得寒假更有意思'를 통해 말하는 사람은 겨울방학이 더 재미있다고 생각하고 있다는 것을 알 수 있다. 정답은 '有意思'와 같은 의미를 가진 '有趣'로 B이다.

45. 녹음의 중간 부분 '因为能和家人一起过春节，我不但可以和父母包饺子'를 통해 가족과 설을 보낼 때, 그는 부모님과 함께 교자를 빚는다고 하고 있으므로 정답은 A이다.

실전 모의고사 2회 – 독해 제1부분

문제 46-50

A 脏	B 公里	C 文章	D 坚持	E 精彩	F 往往
A 더럽다	B 킬로미터	C 문장	D 견지하다	E 훌륭하다	F 때때로, 종종

문제 46

这篇（　　　）是由李教授和他的学生一起写的。

이 한 편의 (문장)은 리 교수님과 그의 학생이 함께 쓴 것이다.

단어 由…一起写的 yóu…yìqǐ xiě de ~와 함께 작성한 것이다

해설 빈칸 앞의 '篇'은 '글, 문장' 등을 세는 양사이므로 빈칸은 명사 '文章(문장)'이 와야 한다. 또한 문장 마지막에 '一起写的'라고 하는 것으로 보아 문장을 같이 작성했다고 해야 의미가 성립한다. 정답은 C이다.

문제 47

| 这种飞机的速度一般在每小时700到1000（　　）之间。 | 이 비행기의 속도는 일반적으로 시간당 700에서 1,000 (킬로미터) 사이이다. |

단어 一般 yībān 튄 일반적으로 | …之间 …zhījiān 명 ~의 사이

해설 빈칸 앞에 숫자 표현이 있으므로 빈칸은 숫자 표현이 붙어야 하는 어휘가 올 수 있다. '公里'는 '킬로미터'라는 의미로 단위를 나타낸다. 앞에 숫자가 와야 '몇 킬로미터'인지 완벽한 형태를 만들 수 있으므로 정답은 B이다.

문제 48

| 人们常说："最危险的地方（　　）也是最安全的地方。" | 사람들은 항상 '가장 위험한 곳이 (때때로) 가장 안전한 곳이다.'라고 말한다. |

단어 危险 wēixiǎn 동 위험하다

해설 빈칸은 '地方'이라는 장소 표현인 주어와 '是'라는 술어 사이에 있다. 빈칸에 들어가야 하는 어휘는 부사가 와야 한다. 제시 어휘 중 부사는 '往往'뿐이므로 정답은 F이다.

문제 49

| 抱歉，把你的衣服弄（　　）了，我不是故意的。 | 미안합니다, 당신의 옷을 (더럽혔네요). 제 고의가 아닙니다. |

단어 弄脏 nòngzāng 동 더럽히다 | 故意 gùyì 명 고의

해설 전체 문장은 '미안합니다, 당신의 옷을 (　　)했습니다'라는 의미로 여기에 적절한 어휘를 찾아야 하는데 옷을 어떻게 했기에 미안하다고 하는 것인지 살펴보면 '脏(더럽다)'이라는 표현이 가장 알맞다. 정답은 A이다.

문제 50

| 这场足球赛太（　　）了，不管是大人还是小孩子都喜欢看。 | 이 축구경기는 굉장히 (훌륭해서) 어른이든 아이들이든 상관없이 모두 보는 것을 좋아한다. |

해설 '축구경기가 매우 (　　)하다'에 어울리는 어휘는 '멋지다, 훌륭하다'라는 의미의 형용사 어휘 '精彩'이다. '경기가 멋지다'라는 의미로 자주 출제되고 있으므로 꼭 기억하자. 정답은 E이다.

문제 51-55

A 正常	B 暖和	C 温度	D 作者	E 适应	F 最好
A 정상이다	B 따뜻하다	C 온도	D 작가	E 적응하다	F 가장 좋은 것

문제 51

| A：那篇文章的（　　）是谁？
B：我忘了他叫什么名字了，只记得他姓王。 | A：저 글의 (작가)는 누구니?
B：나는 그의 이름이 무엇인지 잊어버렸어, 단지 그의 성이 왕 씨라는 것만 기억해. |

단어 记得 jìde 동 기억하고 있다

| 해설 | 빈칸 뒤에 '누구니?'라는 표현으로 보아, 빈칸에 들어갈 어휘는 인물일 가능성이 크다는 것을 알 수 있다. '作者'는 '작가'라는 의미로 인물을 나타내며, 빈칸 앞 '……的'의 구조조사 형태로 뒤에 명사가 와야 하므로 정답은 명사 어휘인 D가 된다. |

문제 52

| A：你是南方人，能（   ）山东生活吗？
B：没问题，我已经在山东上了4年大学了。 | A: 너는 남방사람인데 산둥의 생활에 (적응할) 수 있니?
B: 문제 없어, 나 이미 산둥에서 4년 동안 대학을 다녔거든. |

| 단어 | 没问题 méi wèntí 문제 없다 |
| 해설 | 조동사 뒤에 빈칸이 있다. 조동사는 동사를 도와주는 어휘로 빈칸은 동사가 와야 한다는 것을 알 수 있다. '남방사람인데 산둥의 생활에 (   )할 수 있니?'라는 표현에 어울리는 어휘는 '적응하다'라는 의미의 '适应'으로 '生活'라는 어휘를 목적어로 받아 '适应生活(생활에 적응하다)'라는 표현으로 많이 출제된다. 정답은 E이다. |

문제 53

| A：咱们把沙发往窗户那儿抬一下，这样看电视更舒服些。
B：别开玩笑了，我们俩抬不动，（   ）等你爸爸回来再弄。 | A: 우리 소파를 창가 쪽으로 옮기자. 이렇게 하면 텔레비전을 보는 게 좀 더 편해질 거야.
B: 농담하지 마, 우리 둘이서는 들어서 옮길 수 없어. (가장 좋은 것은) 너희 아버지가 돌아오길 기다렸다 다시 옮기는 거야. |

| 단어 | 往 wǎng 전 ~을 향해 \| 窗户那儿 chuānghu nàr 창가 쪽 \| 舒服 shūfu 형 편안하다 \| 别开玩笑 bié kāiwánxiào 농담하지 말아라 |
| 해설 | '等(기다리다)'이라는 동사 어휘 앞에 빈칸이 있다. 동사 앞에는 부사가 올 수 있다. 또한 문장 앞에 빈칸이 있으면 접속사 혹은 부사가 자주 등장하므로 제시 어휘에서 부사를 찾으면 '最好(가장 좋은 것은)'로 정답은 F이다. |

문제 54

| A：收到我寄给你的礼物了吗？
B：收到了，谢谢你！帽子非常漂亮，戴着很（   ）。 | A: 내가 너에게 보낸 선물 받았니?
B: 받았어, 고마워! 모자가 너무 예쁘고 쓰고 있으면 매우 (따뜻해). |

| 단어 | 收到 shōudào 동 받다, 수령하다 \| 戴 dài 동 (모자 등을) 쓰다 |
| 해설 | 빈칸 앞에 부사 '很'이 있으므로 빈칸은 술어 자리이다. 술어 자리에 올 수 있는 어휘는 동사와 형용사인데 목적어가 없으므로 형용사 어휘가 정답이다. 제시 어휘에서 형용사는 '暖和(따뜻하다)'와 '正常(정상이다)'으로, '모자는 매우 예쁘고, 쓰고 있으면 매우 따뜻해'라는 의미가 더 어울리므로 정답은 B이다. |

문제 55

| A：这个学期专业课真多。
B：很（   ），第一年基础课多，第二年主要就是专业课了。 | A: 이번 학기 전공수업이 정말 많아.
B: 매우 (정상이야), 1학년은 기초과목이 많고, 2학년은 주로 전공과목이니까. |

| 단어 | 专业课 zhuānyèkè 명 전공과목 \| 基础课 jīchǔkè 명 기초과목 \| 主要 zhǔyào 부 주로 |
| 해설 | 빈칸 앞에 부사 '很'이 있으므로 빈칸은 술어 자리이다. 술어 자리에 올 수 있는 어휘는 동사와 형용사인데 목적어가 없으므로 형용사 어휘가 정답이다. 제시 어휘에서 형용사는 '暖和(따뜻하다)'와 '正常(정상이다)'으로, 앞에서 '이번 학기 전공수업이 너무 많다'라고 하였더니, 대답으로 '매우 정상이지'라는 표현이 더 적절하므로 정답은 A이다. |

실전 모의고사 2회 – 독해 제2부분

문제 56

A 你是否也有这样的特点呢 B 比如说，做事努力、对自己要求严格等 C 调查发现，优秀的人都有一些共同点	C 조사에서 발견하길, 우수한 사람에게는 다 약간의 공통점이 있는데 B 예를 들면, 일할 때 노력하고, 자신에 대한 요구가 엄격하다는 거야. A 너도 이러한 특징을 가지고 있지 않니?

단어 是否 shìfǒu [부] ~인지 아닌지 | 比如说 bǐrú shuō 예를 들어 | 对⋯严格 duì⋯yángé ~에 대해 엄격하다 | 优秀 yōuxiù [형] 우수하다

해설
① A의 '这样'이라는 표현은 '이러한'이라는 의미로 '너도 이러한 특징이 있느냐?'라고 말하고 있다. 이러한 특징이 무엇인지 앞문장에서 언급되었어야 하므로 A는 첫 문장에 올 수 없으며, B의 '比如说'는 '예를 들어'라는 의미로 첫 문장에 오지 않는다. 그러므로 C가 첫 문장이 된다.
② 첫 문장 C에서는 우수한 사람에게는 공통점이 있다고 하고 있다. 그렇다면 바로 다음 문장은 어떤 공통점이 있는지 세부내용이 나와야 하므로 B가 된다. 마지막 문장은 자연스럽게 A가 위치한다.

문제 57

A 没有人是十全十美的，有缺点很正常 B 也要试着原谅自己 C 因此我们既要学会原谅别人	A 완벽한 사람은 없다. 결점이 있는 것은 매우 정상으로 C 이에 우리는 다른 사람을 이해할 줄 알아야 하며 B 또한 나 자신을 이해하는 것도 시도해야 한다.

단어 没有人⋯ méiyǒu rén⋯ ~한 사람이 없다 | 十全十美 shíquán shíměi [성] 완벽하다 | 原谅 yuánliàng [동] 이해하다

해설
① C의 '因此'는 '이로써'라는 의미로 첫 문장에 오지 않으며, B의 '也要⋯⋯'는 '또 ~해야 한다'라는 의미로 앞문장과 연결되는 반복 문장으로 첫 문장에 오지 않는다. 그러므로 첫 문장은 A가 된다.
② B의 '也要'는 앞문장에 이어서 반복하는 문장으로 '既要⋯⋯, 也要⋯⋯'라는 문장 패턴을 보인다. '也要'가 있다면 앞문장에는 '既要'의 표현이 있어야 하는데 그 문장은 C이다. 그러므로 첫 문장은 A, 그 다음 문장은 C, 마지막 문장은 B가 된다.

문제 58

A 然而，直到最近几年它才引起人们的普遍关注 B 早在上个世纪末就开始了 C 其实，对这种技术的研究	C 사실, 이 기술에 대한 연구는 B 일찍이 지난 세기 말에 시작되었다. A 그러나, 최근 몇 년이 되어서야 비로소 사람들의 보편적인 관심을 불러일으켰다.

단어 然而 rán'ér [접] 그러나 | 引起关注 yǐnqǐ guānzhù 관심을 불러일으키다 | 其实 qíshí [부] 사실 | 对⋯研究 duì⋯yánjiū ~에 대해 연구하다

해설
① A의 '然而'은 '그러나'라는 의미로 첫 문장에 올 수 없다. B는 '지난 세기 말에 시작되었다'라고 하고 있는데 무엇이 지난 세기에 시작되었다는 것인지 주어가 없으므로 첫 문장에 오기가 어렵다. C는 '이런 기술에 대한 연구는'이라고 하는 것으로 보아 이 연구가 지난 세기부터 시작되었다는 것을 알 수 있으므로 첫 문장은 C, 다음 문장은 B가 온다.
② A는 이제서야 사람들이 관심을 가진다는 내용으로 C와 B 다음에 마지막 문장으로 위치해야 의미가 성립한다.

문제 59

A 进去后按照票上的座位号入座，谢谢 B 同学们，演出马上要开始了 C 请大家排好队	B 학생 여러분들, 공연이 곧 시작됩니다. C 모두 줄을 잘 서 주십시오. A 입장한 후에는 표의 좌석번호에 따라 착석해주시면 감사하겠습니다.

단어 按照 ànzhào [전] ~에 따라서 | 座位号 zuòwèihào [명] 좌석번호

해설
① 첫 문장은 주어의 표현 '同学们'이 정확하게 녹아있는 B이다.
② A의 마지막 부분 '谢谢'가 있는 것으로 보아 문장의 마무리라는 것을 추측할 수 있으므로 A가 마지막에 온다.

문제 60

A 意思是无论多远的路，都要从脚下这一步开始 B 人们常说"千里之行，始于足下" C 也就是说，一切成功都是慢慢积累起来的	B 사람들은 항상 '천 리 길도 한 걸음부터 시작한다'라는 말을 한다. A 의미는 아무리 먼 길이라도 한 걸음부터 시작하라는 것으로 C 다시 말하면, 모든 성공은 다 천천히 축적된다는 것이다.

단어 这一步 zhè yí bù 한 걸음 | 千里之行, 始于足下 qiānlǐ zhīxíng, shǐyú zúxià 성 천 리 길도 한 걸음부터 | 积累 jīlěi 동 쌓다

해설 ① 자주 나오는 유형 중 하나로, B와 같이 따옴표 안에 명언, 혹은 숙어가 나오게 되면 첫 문장에 위치한다. 그리고 다음 문장에서 이 내용이 무엇인지 풀어주는데, 바로 A에서 '意思是……(의미는 ~이다)'이라고 하면서 B에 나온 문장의 의미를 풀어주고 있다. 그러므로 B 다음으로 A가 온다.
② 그리고 마지막 문장은 항상 다시 한번 이 앞문장을 정리해주는 표현이 나오는데, C와 같이 '也就是说(다시 말하자면)'라는 표현을 통해 마지막으로 앞문장들의 의미를 정리해준다.

문제 61

A 如果给您带来了不便，还请原谅 B 这台取款机正在修理中 C 暂时无法使用	B 이 현금인출기는 수리 중으로 C 잠시 사용할 수 없습니다. A 만약 당신에게 불편함을 드렸다면 양해 부탁드립니다.

단어 带来不便 dàilái búbiàn 불편을 초래하다 | 原谅 yuánliàng 동 양해하다, 이해하다 | 取款机 qǔkuǎnjī 명 현금지급기 | 暂时 zànshí 명 잠깐, 잠시 | 无法 wúfǎ 동 방법이 없다

해설 ① B는 '이 현금인출기는 수리 중으로'라고 하고 있는데 수리 중이어서 어떻다는 것인지 뒤에 보충 설명이 필요한 것을 알 수 있다. C에서 '잠시 사용할 수 없습니다'라는 표현이 와야 의미가 성립한다. 그러므로 B 다음으로 C가 온다는 것을 알 수 있다.
② A는 '불편을 드려 죄송하다'라는 의미로 앞에서 현금인출기가 수리 중이라 사용할 수 없기 때문에 불편을 초래한 것이므로 그 원인이 먼저 위치해야 한다. 그러므로 B → C, 다음으로 마지막에 A가 위치하게 된다.

문제 62

A 不仅仅是由于作者的语言幽默有趣 B 这本小说之所以卖得这么好 C 更主要的是因为故事内容非常精彩	B 이 소설은 정말 많이 팔렸는데 C 그 주된 이유는 이야기의 내용이 정말 멋지기 때문이며 A 게다가 작가의 언어유희도 재미있어서이다.

단어 之所以…是因为… zhīsuǒyǐ…shìyīnwèi… 접 ~인 것은 ~때문이다

해설 ① B는 '这本小说'라는 주어가 있으므로 첫 문장이 될 수 있다. 또한, B에 '之所以'가 있는데 이는 C의 '是因为'와 호응하는 접속사로 먼저 결과를 말하고 그 이유를 뒤에서 풀어내는 '之所以……是因为……(~한 것은 ~때문이다)'하는 형태이다. 그러므로 B, 다음으로 C가 온다는 것을 알 수 있다.
② 마지막 문장은 당연히 A가 된다.

문제 63

A 海洋里生活着大量的动植物 B 但仍有很大一部分还在等着人们去发现和了解 C 其中很多已经被人们认识和熟悉	A 바다 속에는 많은 동식물이 살고 있는데 C 그중 이미 사람들에게 알려지고 익숙한 것이 많다. B 그러나 여전히 대부분은 아직도 사람들에게 발견되고 알려지게 되길 기다리고 있다.

단어 熟悉 shúxī 형 익숙하다, 잘 알다

해설 ① B의 '但(그러나)'은 첫 문장에 올 수 없으며, C의 '其中(그중에서)'도 첫 문장에 올 수 없으므로 A가 첫 문장이다.
② C의 '其中(그중에서)'은 A의 '바다 속에 살고 있는 많은 동식물'을 말하고 있는 것으로 A, 다음으로 C가 오며, B는 자연스럽게 마지막에 위치하여 의미가 완성된다.

문제 64

A 昨天我和同事去逛街 B 可惜没有我穿的号了 C 我看上了一双挺漂亮的鞋，还打折	A 어제 나는 동료와 쇼핑을 가서 C 정말 예쁜 신발을 보았고 게다가 할인도 하고 있었지만 B 아쉽게도 내가 신는 치수가 없었다.

단어 逛街 guàngjiē 동 쇼핑하다 | 可惜 kěxī 형 아쉽다, 애석하다

해설
① A는 '昨天我和同事'라고 하는 것을 통해 '시간'과 '주어'가 함께 등장하므로 첫 문장이 유력하며, A에서 쇼핑을 간다고 하였으므로, 쇼핑 가서 예쁜 신발을 봤다는 C가 이어서 위치한다.
② C에서 예쁜 신발을 봤고 할인까지 하고 있다고 하였으나, B에서 애석하게도 나에게 맞는 치수가 없었다고 해야 의미가 성립하므로 C 다음으로 B가 마지막 문장에 위치한다.

문제 65

A 茶不仅是一种饮料 B 它在中国有着几千年的历史 C 而且还是一种文化	A 차는 하나의 음료일 뿐만 아니라 C 게다가 하나의 문화이기도 하다. B 그것은 중국에서 수천 년의 역사를 지니고 있다.

단어 不仅…而且… bùjǐn…érqiě… 접 ~할 뿐만 아니라, 게다가 ~하다

해설
① B의 '它'는 A의 '茶'를 가리키므로, B는 첫 문장이 될 수 없다. C의 '而且(게다가)'도 첫 문장이 될 수 없으므로 A가 첫 문장이다.
② 첫 문장 A와 C는 생김새가 비슷하다는 것을 알 수 있다. A는 '一种饮料(일종의 음료)', C는 '一种文化(일종의 문화)'로 생김새가 비슷하면 나란히 위치한다는 것을 배웠다. 그러므로 A → C가 나란히 위치하고, B는 자연스럽게 마지막 문장이 된다.

실전 모의고사 2회 - 독해 제3부분

문제 66

王月，我有个朋友想报考你那个专业的硕士，他有些问题想问你，我能把你的手机号给他吗？ ★ 说话人的朋友想：	왕위에, 저에게 친구가 한 명 있는데 당신이 전공으로 하는 그 석사시험을 보고자 합니다. 그가 당신에게 물어볼 문제가 좀 있다고 하는데 제가 당신의 연락처를 그에게 알려주어도 될까요? ★ 말하는 사람의 친구는 무엇을 하고 싶어하는가:
A 换班级　　B 考硕士 C 读博士　　D 问价格	A 반을 바꾸고 싶다　　B 석사시험을 보고 싶다 C 박사를 공부하고 싶다　　D 가격을 묻고 싶다

단어 报考 bàokǎo 동 (시험에) 응시하다 | 班级 bānjí 명 반, 클래스, 학급

해설 질문에서 포인트 어휘는 '朋友想'으로 이 표현이 들어가 있는 부분이 정답일 가능성이 높은데 첫 부분 '我有个朋友想报考你那个专业的硕士'를 통해 친구는 그의 전공의 석사시험을 보고 싶어한다는 것을 알 수 있으므로 정답은 B이다.

문제 67

一般三岁左右的孩子就可以学习自己刷牙了。在正式教刷牙前，父母可以让孩子自己选择喜欢的杯子、牙刷和牙膏，**这样更能引起他们刷牙的兴趣**。

★ 让孩子选牙刷，能使他们：

A 学会管钱
B 养成好习惯
C 动作更标准
D 对刷牙感兴趣

일반적으로 3세 정도의 아이들은 스스로 양치하는 것을 배울 수 있다. 정식으로 양치하는 것을 가르치기 전에 부모가 아이 스스로 좋아하는 컵과 칫솔, 치약을 선택하게 한다면 **그들의 양치하는 흥미를 더 불러일으킬 수 있다.**

★ 아이로 하여금 칫솔을 선택하게 하면 그들이 무엇을 하게 할 수 있는가:

A 돈 관리하는 것을 익히게 한다
B 좋은 습관을 기르게 한다
C 동작을 더욱 표준적이게 한다
D 양치하는 것에 흥미를 느끼게 한다

단어 刷牙 shuāyá 동 양치하다 | 牙刷 yáshuā 명 칫솔 | 引起兴趣 yǐnqǐ xìngqù 흥미를 불러 일으키다

해설 아이에게 칫솔을 선택하게 하면, 마지막 문장 '这样更能**引起他们刷牙的兴趣**'를 통해 아이들의 양치하는 흥미를 더 끌어올릴 수 있다고 하고 있으므로 정답은 D이다.

문제 68

在自助餐厅里，如果你只坐在那儿等，那你什么都吃不到。你必须站起来自己去拿，才能吃饱。**生活也一样，什么都不做也就什么都得不到**。

★ 在生活中，我们要：

A 尊重他人 B 注意节约
C 自己多努力 D 多照顾别人

뷔페식당에서 만약 네가 저기에 앉아 기다린다면 너는 아무것도 먹을 수 없을 것이다. 반드시 일어서 스스로 가지고 와야지만 배불리 먹을 수 있다. **생활도 마찬가지다. 아무것도 하지 않으면 아무것도 얻을 수 없다.**

★ 생활하면서 우리는 어떻게 해야 하는가:

A 다른 사람을 존중해라 B 절약에 주의해라
C 스스로 많이 노력해라 D 다른 사람을 많이 보살펴라

단어 自助餐厅 zìzhù cāntīng 명 뷔페식당 | 如果…那… rúguǒ…nà… 접 만약 ~한다면, 그러면 ~이다 | 必须 bìxū 부 반드시 ~해야 한다 | 吃饱 chībǎo 배부르다 | 节约 jiéyuē 동 절약하다 | 照顾 zhàogù 동 돌보다

해설 질문에서 핵심 어휘는 '生活中'으로 이 단어가 녹아있는 부분을 찾으면 맨 마지막 부분이고, 그 부분에 정답이 있을 것이다. 마지막 부분 '生活也一样，**什么都不做也就什么都得不到**'을 통해 생활하면서 아무것도 하지 않으면 아무것도 얻을 수 없다. 즉, 생활하면서 우리는 무엇이라도 해야 한다는 것을 의미한다. 정답은 '무엇이라도 하자' 혹은 '스스로 노력하자'라는 의미의 C이다.

문제 69

冰心是著名的翻译家，也是深受儿童喜爱的作家。她的《寄小读者》和《再寄小读者》不仅深得中国小朋友的喜爱，在国外读者中也很受欢迎。

★ 根据这段话，可以知道冰心：

A 脾气很好 B 爱开玩笑
C 喜欢浪漫 **D 很受儿童欢迎**

빙신은 저명한 번역가로 아이들의 사랑을 깊이 받는 작가이다. 그녀의《寄小读者(어린 독자에게 부치다)》와《再寄小读者(또 다시 어린 독자에게 부치다)》는 중국 어린이들의 사랑을 깊이 받았을 뿐만 아니라 외국 독자들에게도 매우 인기가 많다.

★ 이 단락에 근거하여 빙신에 대해 알 수 있는 것은:

A 성격이 매우 좋다 B 농담을 좋아한다
C 낭만을 좋아한다 **D 어린이에게 인기가 많다**

단어 深受喜爱 shēnshòu xǐ'ài 사랑을 깊이 받다 | 受欢迎 shòu huānyíng 인기가 많다 | 脾气 píqi 명 성격 | 浪漫 làngmàn 형 낭만적이다

| 해설 | 번역가이자 작가인 '冰心'에 대해 묻고 있는데 본문의 첫 부분 '冰心是著名的翻译家，也是深受儿童喜爱的作家'를 통해 그는 유명한 번역가로 아이들의 사랑을 깊이 받는 작가라는 것을 알 수 있다. 즉 어린이에게 인기가 많다는 것을 알 수 있으므로 정답은 D이다. |

문제 70

这里面挺大的，光出口就有好几个。你先去售票窗口排队买票吧，我去那边看看有没有卖地图的。 ★ 说话人要去做什么？	이곳은 굉장히 커서 출구만 여러 개야. 네가 우선 매표소 창구로 가서 줄을 서서 표를 사면 나는 저쪽으로 가서 지도를 파는 곳이 있는지 없는지 볼게. ★ 말하는 사람은 무엇을 하러 가려고 하는가?
A 买地图　　　B 上厕所 C 买照相机　　D 买饮料	A 지도를 사려고　　B 화장실을 가려고 C 사진기를 사려고　　D 음료를 사려고

| 단어 | 售票窗口 shòupiào chuāngkǒu 명 매표소 창구 \| 厕所 cèsuǒ 명 화장실 |
| 해설 | 본문의 마지막 부분 '我去那边看看有没有卖地图的'를 통해 그는 지도를 파는 곳이 있는지 없는지 찾아보러 간다고 하고 있으므로 그는 지금 지도를 사러 간다는 것을 알 수 있다. 정답은 A이다. |

문제 71

我的孩子再过几天就要出生了，虽然不知道是儿子还是女儿，但我和我丈夫都非常激动，同时又有点儿紧张。医生建议我多走走，放松心情。 ★ 夫妻俩为什么很激动？	제 아이가 며칠 후에 곧 태어납니다. 비록 아들인지 딸인지 알 수는 없지만 저와 제 남편은 정말 감동적이며, 동시에 또 조금은 긴장됩니다. 의사는 제게 많이 걷고 마음을 느슨하게 내려놓으라고 건의하였습니다. ★ 부부 두 사람은 왜 매우 감동했는가?
A 受到邀请了　　B 孩子要出生了 C 存够钱了　　　D 工资提高了	A 초대 받아서　　B 아이가 곧 태어나서 C 돈을 충분히 모아서　　D 월급이 올라서

| 단어 | 虽然…但… suīrán…dàn… 접 비록 ~지만, 그러나 ~이다 \| 激动 jīdòng 동 흥분하다, 감동하다 \| 放松 fàngsōng 동 (마음을) 느슨하게 하다 \| 邀请 yāoqǐng 동 초대하다 \| 存钱 cúnqián 동 저금하다, 예금하다 \| 工资 gōngzī 명 월급 |
| 해설 | 본문의 첫 부분 '我的孩子再过几天就要出生了'를 통해 그들 부부의 아이가 곧 태어난다는 것을 알 수 있다. 그러므로 매우 감동적이고 조금 긴장이 된다고 하고 있으므로 부부가 긴장한 이유는 곧 아이가 태어나기 때문이라는 것을 알 수 있다. 정답은 B이다. |

문제 72

同学们，请把不要的东西都收拾一下，放进这几个垃圾袋里，一会儿咱们离开的时候把所有垃圾都带走，别污染了环境。 ★ 说话人让同学们做什么？	학생 여러분, 필요 없는 물건을 모두 정리해주세요. 이 몇 개의 쓰레기봉투에 담아놓고 잠시 후 우리가 떠날 때 모든 쓰레기를 가지고 갑시다. 환경을 오염시켜서는 안 됩니다. ★ 말하는 사람은 학생들에게 무엇을 하라고 하였는가?
A 带走垃圾　　B 打扫房间 C 节约用水　　D 随便参观	A 쓰레기를 가지고 가라　　B 방을 청소해라 C 물 사용을 절약해라　　D 마음대로 참관해라

| 단어 | 收拾 shōushi 동 정리하다 \| 垃圾袋 lājīdài 명 쓰레기봉투 \| 所有 suǒyǒu 형 모든, 전부의 \| 随便 suíbiàn 부 마음대로 |
| 해설 | 본문의 중간 부분 '一会儿咱们离开的时候把所有垃圾都带走'를 통해 떠날 때에는 모든 쓰레기를 모두 가지고 가야 한다고 하고 있으므로, 말하는 사람이 학생들에게 무엇을 하게 했는지에 대한 정답은 '쓰레기를 가지고 가라'는 의미의 A이다. |

문제 73

这种新材料的质量与过去使用的材料差不多，但价格更低。因此，它一出现，就受到了各大公司的欢迎。 ★ 那种新材料：	이 새 자료의 품질은 예전에 사용했던 자료와 비슷하나 가격은 더 낮습니다. 이에 그것이 나타나자 대기업에서 인기가 많습니다. ★ 저 새 자료는:
A 颜色丰富　　B 更便宜 C 和以前的有区别　　D 不符合标准	A 색상이 풍부하다　　B 더 저렴하다 C 예전의 것과 차이가 있다　　D 표준에 부합하지 않는다

단어 质量 zhìliàng 명 품질 | 与…差不多 yǔ…chàbuduō ~와 비슷하다 | 有区别 yǒu qūbié 차이가 있다

해설 본문의 첫 부분 '与过去使用的材料差不多, 但价格更低'를 통해 새로운 자료는 예전에 사용한 것과 비슷하지만 가격이 더 낮다고 하고 있으므로 새로운 자료에 대해 알 수 있는 것은 '예전 것과 차이가 없다', 혹은 '가격이 저렴하다'이므로 C는 정답이 될 수 없기에 정답은 B이다.

문제 74

喂，这个公园有东、西两个入口，你千万别从东边的入口进，那附近有个学校，现在是上学时间，路上车多、学生多，堵得厉害，你从西门开车进来。 ★ 说话人是什么意思?	여보세요. 이 공원은 동쪽과 서쪽, 두 입구가 있는데 당신은 절대 동쪽 입구로 들어오시면 안 됩니다. 그 근처에는 학교가 있고 지금은 수업 중이에요. 길에 차도 많고 학생도 많아 심하게 막히니 서문으로 운전하여 들어오세요. ★ 말하는 사람은 어떤 의미인가?
A 查看地图　　B 乘坐公共交通 C 从西口进　　D 把车停在南门	A 지도를 살펴봐라　　B 버스를 타라 C 서문으로 들어와라　　D 차를 남쪽에 세워라

단어 千万别… qiānwàn bié… 제발 ~하지 말아라 | 查看 chákàn 동 살펴보다, 조사하다 | 乘坐 chéngzuò 동 탑승하다

해설 마지막 부분 '你从西门开车进来'을 통해 말하는 사람은 서문으로 운전하여 진입하라고 하고 있다는 것을 알 수 있으므로 정답은 C이다.

문제 75

每个人都有自己感兴趣和适合做的事情，不用羡慕他人，更不需要跟着别人选择，只要你认为值得，那就为之努力吧。 ★ 这段话告诉我们要:	모든 사람들은 다 자신이 흥미 있어 하고 적합한 일이 있으니 다른 사람을 부러워할 필요도 없고 더욱이 다른 사람을 따라 선택할 필요도 없다. 오직 네가 가치 있다고 여긴다면 노력하면 되는 것이다. ★ 이 단락에서 우리에게 알려주고자 하는 것은:
A 多总结经验　　B 相信别人 C 积极一些　　D 坚持自己的选择	A 경험을 종합해라　　B 다른 사람을 믿어라 C 좀 더 적극적이어야 한다　　D 자기의 선택을 밀고 나가라

단어 不需要 bù xūyào 필요하지 않다 | 只要…那… zhǐyào…nà… 접 ~하기만 해도, 곧 ~하다 | 值得 zhíde 동 가치가 있다 | 总结 zǒngjié 동 종합하다

해설 주제를 묻는 문제는 문장의 맨 앞부분, 혹은 맨 뒷부분에서 찾을 수 있는데 마지막 부분 '更不需要跟着别人选择, 只要你认为值得, 那就为之努力吧'를 통해 다른 사람의 선택을 따라갈 필요 없이 네가 가치가 있다고 여기면 노력하라고 하고 있으므로, 즉 다른 사람의 결정에 신경 쓰지 말고 본인의 선택을 밀고 나가라는 것을 알 수 있다. 정답은 D이다.

문제 76

文化是民族的，各民族文化都有自己的特点；同时文化也是世界的，各国文化在发展过程中相互影响、相互学习，也会有一些相同的地方。
★ "文化也是世界的"是指各国文化：

A 区别大　　　　　B 都很流行
C 有共同之处　　　D 与科学无关

문화는 민족의 것이고 각 민족의 문화는 모두 자신만의 특징이 있다. 동시에 문화는 또한 세계의 것으로 각국의 문화는 발전과정 중에 서로 영향을 끼치고 서로 배우므로 일치하는 부분이 있을 수 있다.
★ '문화도 세계적이다'는 각국의 문화가 어떠하다는 것을 가리키는가:

A 차이가 크다　　　B 매우 유행이다
C 같은 부분이 있다　D 과학과 관련이 없다

단어 有特点 yǒu tèdiǎn 특징이 있다 | 发展过程 fāzhǎn guòchéng 명 발전과정 | 与…无关 yǔ…wúguān ~와 관계 없다

해설 질문이 그대로 본문 중간에 녹아있다. 그 뒷부분에서 정답을 찾을 수 있을 것으로 '相互影响、相互学习, 也会有一些相同的地方'라는 부분을 통해 각국의 문화는 서로 영향을 미치고, 서로 배우기 때문에 같은 부분이 있을 수 있다고 하고 있다. 즉 각국의 문화는 비슷한 부분이 있다는 것으로 정답은 C이다.

문제 77

对不起，先生，您的行李箱超重了。按照规定，您只能免费带20公斤的行李，超重的部分每公斤加收全部票价的1.5%。
★ 根据这段话，超过20公斤的行李：

A 要收费　　　　　B 不允许登机
C 需专门存放　　　D 要开箱检查

죄송합니다. 선생님. 선생님의 트렁크가 무게를 초과하였습니다. 규정에 따라 선생님은 오직 20kg의 짐만 무료입니다. 초과하는 부분은 킬로그램당 표 값의 1.5%를 더 내셔야 합니다.
★ 이 단락에 근거하여 20kg을 초과하는 짐은:

A 비용을 더 받아야 한다　B 탑승을 금지한다
C 따로 맡겨야 한다　　　 D 가방을 열어 검사해야 한다

단어 超重 chāozhòng 동 무게가 초과하다 | 加收 jiāshōu 더 받다 | 不允许 bù yǔnxǔ 금지하다 | 登机 dēngjī 명 탑승하다 | 存放 cúnfàng 동 맡기다, 보관해 두다 | 检查 jiǎnchá 동 검사하다

해설 본문의 중간 부분에서 '免费带20公斤的行李(20kg의 짐은 무료)'라고 하고 있다. 하지만 뒷부분의 '超重的部分每公斤加收全部票价的1.5%'라고 하는 부분을 통해 만약 20kg이 넘는 부분은 표 값을 더 받아야 한다는 것을 알 수 있으므로 무게가 초과하는 짐에 대해서는 비용을 더 받는다는 것을 추측할 수 있다. 그러므로 정답은 A이다.

문제 78

有的人总是不好意思拒绝朋友的要求，害怕这样会影响两个人的感情。但实际上，真正的友谊不会因为你的一次拒绝就受到影响。
★ 有的人不愿拒绝朋友，是担心会：

A 后悔
B 影响友情
C 被人笑话
D 遇到麻烦

어떤 사람들은 항상 친구의 요구를 거절하는 것을 미안해하는데, 이러면 두 사람의 감정에 영향을 미칠까 두려워서 이다. 그러나 실제로 진정한 우정은 당신의 한 번의 거절로 영향을 받지 지 않는다.
★ 어떤 사람은 친구를 거절하길 원치 않는데 이는 무엇이 걱정되는 것일까:

A 후회할까 봐
B 우정에 영향을 미칠까 봐
C 사람들에게 웃음거리가 될까 봐
D 귀찮은 일이 생길까 봐

단어 总是 zǒngshì 부 늘, 언제나 | 影响感情 yǐngxiǎng gǎnqíng 감정에 영향을 끼치다 | 后悔 hòuhuǐ 동 후회하다

| 해설 | 친구를 거절하기 힘들어 하는 이유에 대해 본문 초반의 '害怕这样会影响两个人的感情'을 통해 친구의 요청을 거절하게 되면 두 사람의 감정에 영향을 미칠까 걱정이 되기 때문이라는 것을 알 수 있다. 즉, 우리도 친구의 요구를 쉽게 거절하지 못하는 이유가 친구 사이의 우정에 영향을 미칠 수 있기 때문이므로 정답은 B이다. |

문제 79

今天下出租车时，由于着急赶时间，我不小心把照相机忘在了出租车上。司机师傅发现后马上叫住我，把照相机还给了我。 ★ 司机叫住他，是为了：	오늘 택시에서 내릴 때, 시간에 쫓겨 조심하지 못해서 사진기를 택시에다 두고 내렸다. 기사아저씨가 발견한 후 바로 나를 불러 사진기를 나에게 돌려주었다. ★ 기사는 그를 부른 이유는 무엇 때문인가:
A 停车　　　　B 还他照相机 C 找他零钱　　D 和他聊天儿	A 주차 때문에　　　　B 그에게 사진기를 돌려주려고 C 그에게 잔돈을 주려고　D 그와 잡담하려고

| 단어 | 赶时间 gǎn shíjiān 시간에 쫓기다 \| 不小心 bùxiǎoxīn 조심하지 않아서 \| 还 huán 동 돌려주다 \| 和…聊天儿 hé…liáotiānr ~와 잡담하다 |

| 해설 | 본문의 마지막 부분 '司机师傅发现后马上叫住我, 把照相机还给了我'를 통해 기사아저씨가 나를 부른 이유는 나에게 사진기를 돌려주기 위해서라는 것을 알 수 있다. 정답은 B이다. |

문제 80-81

80.D 很多人都羡慕导游，觉得他们能到处玩儿。其实，81 做导游并不像人们想的那样轻松。首先，81 导游要对景点非常地了解，而且讲解时还要想办法引起游客的兴趣。其次，81 导游每天都要走很多路，只有能吃苦，才能坚持下来。另外，旅行中会出现各种各样的问题，导游必须能够冷静地解决问题。	80.D 많은 사람들은 가이드를 부러워하는데 그들이 곳곳으로 놀러 다닐 수 있다고 생각하기 때문이다. 사실, 81 가이드는 결코 사람들이 생각하는 것처럼 그렇게 수월한 것은 아니다. 먼저, 81 가이드는 명소에 대해 굉장히 이해가 있어야 하며 게다가 설명할 때에도 관광객의 흥미를 끌어올릴 방법을 생각해서 말해야 한다. 그 다음으로, 81 가이드는 매일 많은 길을 걷기 때문에 고통으로 유지해 나가는 것이다. 그밖에도 여행 중에 발생하는 각양각색의 문제에 대해서도 가이드는 반드시 충분히 냉정하게 문제를 해결해 나갈 수 있어야 한다.
★ 很多人羡慕导游，是因为导游： 　A 工资高 　B 假期长 　C 知识丰富 　D 能去各地玩儿	★ 많은 사람들이 가이드를 부러워하는데 가이드가 어떠하다고 여기기 때문인가: 　A 월급이 높아서 　B 휴가기간이 길어서 　C 지식이 풍부해서 　D 여러 곳으로 놀러 다닐 수 있어서
★ 根据这段话，可以知道什么? 　A 门票很贵　　　B 游客没耐心 　C 信心很关键　　D 导游工作辛苦	★ 이 단락에 근거하여 알 수 있는 것은 무엇인가? 　A 입장권이 비싸다　　B 관광객은 인내심이 없다 　C 믿음이 매우 중요하다　D 가이드 업무는 고생스럽다

| 단어 | 导游 dǎoyóu 명 관광가이드 \| 羡慕 xiànmù 동 부러워하다 \| 到处 dàochù 명 도처, 곳곳 \| 不像 búxiàng ~와 같지 않다 \| 景点 jǐngdiǎn 명 명승지 \| 引起兴趣 yǐnqǐ xìngqù 흥미를 불러 일으키다 \| 吃苦 chīkǔ 동 고생하다, 고통을 맛보다 \| 冷静 lěngjìng 형 냉정하다, 침착하다 \| 工资 gōngzī 명 월급 \| 耐心 nàixīn 명 인내심 |

| 해설 | 80.본문의 첫 부분 '很多人都羡慕导游, 觉得他们能到处玩儿'을 통해 우리가 가이드를 부러워하는 이유는 그들이 곳곳으로 놀러 다닐 수 있다고 생각하기 때문이라는 것을 알 수 있다. 그러므로 정답은 D이다. |

81. 질문이 이 단락에서 우리가 알 수 있는 것은 무엇인지 묻고 있는데 이러한 질문은 사실 본문을 어느 정도 다 파악해야 하는 문제이므로 시간이 많이 소요된다. 본문의 두 번째 단락 '做导游并不像人们想的那样轻松'을 통해 가이드는 우리가 생각하는 것만큼 그렇게 수월한 것은 아니라고 하면서, 그 다음 내용도 가이드의 고충에 대해 나올 것이라는 것을 짐작할 수 있다. 세 번째 단락 '导游要对景点非常地了解'를 통해 가이드는 명승지에 대해 많은 이해가 필요하다고 하고 있고, 중간 부분 '导游每天都要走很多路'를 통해 가이드는 매일 많은 길을 걸어 다녀야 한다는 것을 알 수 있다. 즉 본문의 전반적인 내용이 가이드는 꽤 수고스럽다는 것을 말하고 있으므로 정답은 D이다.

문제 82-83

幸福是什么? 有人说, 能帮助别人就是一种幸福。也有人说, 健康才是最大的幸福。还有人说, 82.D 小时候幸福是一件东西, 比如一本书、一块儿巧克力, 得到就很幸福; 长大后幸福是一种态度, 是生活的态度决定了我们幸福感的高低。83.A 不管你认为幸福是什么, 只要你用心去找, 就一定能发现它。

행복이란 무엇인가? 어떤 사람은 다른 사람을 도와줄 수 있는 것이 행복이라고 말하고, 또 어떤 사람들은 건강이 비로소 가장 큰 행복이라고 말한다. 또 어떤 사람은 82.D 어렸을 때의 행복은 하나의 물건으로 예를 들면, 한 권의 책, 하나의 초콜릿을 얻으면 굉장히 행복했다고 말한다. 성장한 후의 행복은 일종의 태도로 생활의 태도가 우리들 행복의 크기를 결정한다고 한다. 83.A 당신이 행복이 무엇이라고 생각하든 오직 마음으로 찾아 나선다면 반드시 그것을 발견할 수 있을 것이다.

★ 有人觉得小时候幸福是:
A 获得重视
B 能玩儿游戏
C 取得好成绩
D 得到一件东西

★ 어떤 사람은 어렸을 때의 행복은 무엇이라고 여기는가:
A 얻는 것을 중요시 한다
B 게임을 즐길 수 있는 것
C 좋은 성적을 얻는 것
D 하나의 물건을 얻는 것

★ 最后一句的 "它" 指的是:
A 幸福　　　B 回忆
C 性格　　　D 态度

★ 마지막 한 단어 '它'가 가리키는 것은:
A 행복　　　B 추억
C 성격　　　D 태도

단어 态度 tàidu 명 태도 | 幸福感 xìngfúgǎn 명 행복감 | 高低 gāodī 명 고저, 높이 | 只要⋯就⋯ zhǐyào⋯jiù⋯ 접 오직 ~하기만 하면, 곧 ~이다 | 回忆 huíyì 명 기억, 추억

해설 82. 본문의 중간 부분 '小时候幸福是一件东西'를 통해 어렸을 때의 행복은 하나의 물건이었다는 것을 알 수 있으므로 정답은 D이다.

83. 이 본문의 주제는 '행복이란 무엇인가?'에 대한 것이다. '它'가 들어가 있는 마지막 부분 문장을 보면 '不管你认为幸福是什么, 只要你用心去找, 就一定能发现它'라고 하고 있는데, 즉 행복이 무엇이라고 여기든 상관없이 마음으로 찾는다면 '그것'을 찾을 수 있다고 하고 있다. 그가 찾으려고 하는 것은 행복이라는 것을 알 수 있으므로 정답은 A이다.

문제 84-85

多数情况下, 对于不太熟悉的人, 84.B 我们往往会根据周围人对他的看法来做出判断, 但这样并不一定正确。85.C 要想真正了解一个人, 不能光听别人说, 而应该多与他交流, 时间久了, 自然就会了解这个人。

많은 상황에서 잘 모르는 사람에 대해 84.B 우리들은 종종 주변사람이 그에게 가진 생각을 근거로 판단하곤 한다. 그러나 이렇게 하는 것이 결코 정확한 것은 아니다. 85.C 진정으로 한 사람을 이해하고 싶다면, 다른 사람의 말만 듣지 말고 그와 교류를 많이 해라. 시간이 오래 지나면 자연스럽게 이 사람을 이해할 수 있게 될 것이다.

★ 人们一般根据什么来判断不熟悉的人?	★ 사람들은 보통 무엇을 근거로 모르는 사람을 판단하는가?
A 自己的经历　　　B 别人的看法 C 他人的爱好　　　D 老人的经验	A 자신의 경험　　　B 다른 사람의 생각 C 그 사람의 취미　　D 노인의 경험
★ 想真正了解一个人,应该:	★ 진정으로 한 사람을 이해하고 싶다면 반드시:
A 相信他　　　　　B 同情他 C 多与他交流　　　D 少提反对意见	A 그를 믿어라　　　　B 그를 동정해라 C 그와 많이 교류해라　D 반대의견을 적게 언급해라

단어 不太熟悉的人 bútài shúxī de rén 잘 모르는 사람 | 往往 wǎngwǎng 부 종종, 자주 | 并不 bìngbù 부 결코 ~이지 않다 | 多与…交流 duōyǔ…jiāoliú ~와 많이 교류하다 | 同情 tóngqíng 동 동정하다 | 少提意见 shǎotí yìjiàn 의견을 적게 제시하다 | 经验 jīngyàn 명 경험, 체험

해설 84. 본문의 앞부분 '我们往往会根据周围人对他的看法来做出判断'을 통해 우리는 모르는 사람에 대해 주변사람의 생각으로 그를 판단하고 있다는 것을 알 수 있으므로 정답은 B이다.

85. 진정으로 한 사람을 이해하고 싶다면, 본문 중간 부분의 '不能光听别人说, 而应该多与他交流'를 통해 다른 사람의 말은 듣지 말고 반드시 그와 많이 교류하라고 말하고 있다. 즉, 다른 사람을 진정으로 이해하려면 다른 사람의 견해를 듣는 것보다 직접 교류하라는 의미이므로 정답은 C이다.

실전 모의고사 2회 - 쓰기 제1부분

문제 86

我　　适应了这里的　　已经　　气候

단어 适应 shìyìng 동 적응하다 | 气候 qìhòu 명 기후

해설 술어 부분은 동태조사 '了'가 있는 '适应了'가 있는 '适应了这里的'로 문장의 중간에 위치시킨다. '……的'로 끝나고 있으므로 뒤에 명사 어휘 '气候'가 와서 '适应了这里的气候'로 뒷부분을 완성한다. '已经'은 부사로 술어 앞에 위치시켜 문장을 완성한다.

TIP 주어 + 부사 + 술어 + 관형어(……的) + 목적어

문제 87

都　　完成了　　今年所有的　　任务

단어 所有 suǒyǒu 형 모든, 전부의 | 任务 rènwu 명 임무

해설 술어는 동태조사 '了'가 있는 '完成了'이고, '都'는 부사로 술어 앞에 위치시킨다. '今年所有的' 뒤에 명사성 어휘 '任务'가 묶여 '今年所有的任务'를 만든 후, 주어 자리에 위치시킨다.

TIP 관형어(……的) + 주어 + 부사 + 술어

문제 88

您女儿　　真　　棒　　钢琴　　弹得

단어 棒 bàng 형 대단하다, 멋지다 | 弹钢琴 tán gāngqín 피아노를 치다

해설 '得'가 있는 것으로 보아 '정도보어'라는 것을 알 수 있다. 정도보어 구조는 '주어 + 목적어 + 술어 + 得 + 정도표현'으로 그대로 대입해 보자. '弹得'를 문장 중간에 위치시킨 후, 주어는 '您女儿'이다. 목적어는 명사성 어휘인 '钢琴'으로 주어 뒤에 위치해야 하므로 '您女儿钢琴弹得'까지 앞부분을 배열할 수 있다. 남은 어휘 '真棒'을 묶어 문장의 마지막 정도표현 부분으로 배치한 후 문장을 완성한다.

TIP 정도보어: 주어 + 목적어 + 술어 + 得 + 정도표현

문제 89

| 那些 | 旧杂志 | 你 | 把 | 整理一下 |

단어 旧杂志 jiù zázhì 옛날 잡지 | 整理 zhěnglǐ 동 정리하다

해설 제시 어휘 중 '把'가 있으므로 '把자문'을 만든다. '把자문'은 목적어를 술어 앞으로 전치시키는 어법으로 구조는 '주어 + (把 + 목적어) + 술어'이다. 먼저, '把' 뒤에 목적어를 묶어야 하므로 명사성 어휘 '那些旧杂志'를 묶어 '把那些旧杂志'를 만든 후, 그 뒤에 술어 '整理一下'를 배치시켜 문장을 완성한다.

TIP 把자문: 주어 + [把 + 목적어] + 술어

문제 90

| 自己的 | 有 | 每个人 | 优点和缺点 | 都 |

단어 优点 yōudiǎn 명 장점 | 缺点 quēdiǎn 명 단점

해설 술어는 '有'이고, 주어는 '每个人'이다. 관형어 자리에 위치하는 구조조사 형태 '自己的'는 뒤에 명사성 어휘 '优点和缺点'이 붙어 목적어 자리에 위치하고, 마지막 부사 '都'는 술어 앞에서 마무리 짓는다.

TIP 주어 + 부사 + 술어 + 관형어(……的) + 목적어

문제 91

| 不打算 | 留学 | 我暂时 | 还 |

단어 暂时 zànshí 부 잠시 | 打算 dǎsuàn 동 계획하다

해설 주어 부분은 '我暂时'이고 술어는 '不打算'이다. 계획하지 않은 것은 '留学'으로 목적어 자리에 온다. '还'는 부사로 술어 앞에 배치하여 문장을 완성한다.

TIP 주어 + 부사 + 술어 + 목적어

문제 92

| 降落在 | 飞机 | 首都机场 | 将于15分钟后 |

단어 降落 jiàngluò 동 착륙하다 | 首都机场 Shǒudū Jīchǎng 명 서우두 공항

해설 주어는 '飞机'이고, '비행기가 착륙했다'는 의미이므로 '착륙하다'라는 뜻의 '降落在'가 술어 부분이 된다. 그러나 술어 뒤에 보어 성분 '在'가 붙어 있으므로 '在' 뒤에 장소 어휘 '首都机场'을 붙여 '降落在首都机场'으로 문장을 배열해야 한다. 남은 '将于15分钟后'는 시간을 표현하는 부사 성문으로 술어 앞에서 문장을 완성시킨다.

TIP 주어 + 부사 + 술어 + 在 + 장소

문제 93

你最好　　一个手机号码　　重新　　换

단어　最好 zuìhǎo 부 가장 좋은 것은 | 重新 chóngxīn 부 다시, 재차

해설　주어는 '你最好'이고, 술어는 '换'이다. 바꾸려고 하는 것은 '一个手机号码'이므로 목적어 위치에 배열한 후, 부사 '重新'은 술어 앞으로 문장을 완성한다.

TIP　주어 + 부사 + 술어 + 목적어

문제 94

情况　　的　　这里　　一切正常

단어　情况 qíngkuàng 명 상황 | 一切 yíqiè 부 모든 것이

해설　구조조사 '的'는 단어와 단어를 연결해주는 것으로 '这里的情况'으로 만든 후 주어에 위치한다. '一切正常'은 '一切(모든 것이)'라는 부사와 '正常(정상이다)'이라는 형용사 술어가 함께 묶여 출제되었으므로 주어 뒤, 술어 부분에 위치시킨다.

TIP　관형어(……的) + 주어 + 부사 + 술어

문제 95

这道题　　好像错了　　答案　　的

단어　好像 hǎoxiàng 부 마치 ~인 듯 하다 | 答案 dá'àn 명 답안

해설　술어 부분은 동태조사 '了'가 있는 '好像错了'이다. 구조조사 '的'는 단어와 단어를 연결해주는 성분으로 '这道题的答案'으로 만든 후 주어에 위치시켜 문장을 완성시킨다.

TIP　관형어(……的) + 주어 + 부사 + 술어

실전 모의고사 2회 - 쓰기 제2부분

문제 96

降落

단어　降落 jiàngluò 동 착륙하다 | 马上就要…了 mǎshàng jiùyào…le 마치 ~인 듯 하다

해설　제시 어휘 '降落'는 '착륙하다'라는 의미의 동사 어휘로 반의어 '起飞(이륙하다)'와 함께 기억하자. 사진에 비행기가 있으므로 주어는 '飞机'로 하여 '飞机降落了'라는 기본표현을 만들 수 있다. 임박한 상황을 만드는 임박태 '马上就要……了(곧 ~이다)'를 사용하여 '飞机马上就要降落了'라는 표현을 만들 수 있다. 또한 동사 '推迟(연기되다)'를 사용해 착륙이 미뤄졌다라는 표현인 '推迟降落'라는 표현도 자주 출제되므로 함께 기억하자.

문제 97

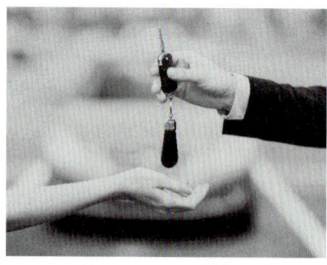

钥匙

단어 钥匙 yàoshi 명 열쇠 | 把 bǎ 양 개[열쇠, 우산 등을 세는 단위] | 桌子 zhuōzi 명 책상

해설 제시 어휘 '钥匙'는 '열쇠'라는 명사 어휘로 앞에 관형어를 붙여 '我的钥匙' 혹은 '办公室的钥匙'로 구체화시켜 표현할 수 있다. 또한 뒤에 '在哪里呢?'를 붙여 열쇠가 어디에 있는지 찾고 있는 문장을 어렵지 않게 만들 수 있다. 혹은 존현문을 사용해 '책상 위에 하나의 열쇠가 있다'라는 표현을 만들 수도 있는데, 존현문은 장소가 주어가 되므로 '桌子上'이 주어가 되며, 열쇠를 세는 양사 '把'를 써서 '一把钥匙'로 목적어를 만들어 '桌子上有一把钥匙'라는 표현을 만들 수도 있다.

문제 98

只

단어 只 zhī 양 마리[동물 등을 세는 단위] | 老虎 lǎohǔ 명 호랑이 | 动物园 dòngwùyuán 명 동물원

해설 제시 어휘 '只'는 동물을 세는 양사 어휘로 '마리'라는 의미이다. '一只动物(한 마리의 동물)', '一只老虎(한 마리의 호랑이)', '一只大熊猫(한 마리의 판다)'처럼 뒤에 동물 명사가 붙는다. 기본문장을 사용해 '这只老虎很可爱(이 호랑이는 매우 귀엽다)'라는 문장을 만들 수도 있으며 존현문을 사용해 '动物园里有三只老虎'라는 표현을 만들 수도 있다.

문제 99

紧张

단어 紧张 jǐnzhāng 형 긴장하다 | 面试 miànshì 명 면접

해설 제시 어휘 '紧张'은 '긴장하다'라는 의미의 형용사 어휘로 앞에 부사 '十分'을 붙여 '十分紧张(매우 긴장하다)'이라는 표현으로 만들어준다. 그림은 면접을 보고 있는 상황으로 추측할 수 있으므로 '这次面试'라는 표현도 함께 만들어보자. 면접이 나를 긴장시킨 상황이므로 사역구문 'A + 让 + B + 술어(A가 B를 술어 하도록 시키다)'를 사용하여 '这次面试让我十分紧张'이라는 표현을 어렵지 않게 만들 수 있다.

문제 100

无聊

단어 无聊 wúliáo [형] 따분하다, 심심하다 | 看起来 kànqǐlái [부] 보아하니

해설 제시 어휘 '无聊'는 '심심하다'라는 의미의 형용사 어휘로 앞에 정도부사를 붙여 '十分无聊(매우 심심하다)'라는 술어 부분을 만들어 준다. 그림에 그녀가 매우 심심해 보이는 것으로 추측할 수 있으므로 부사 '看起来……'를 사용해 '~해 보인다'라는 느낌의 문장을 만들어줄 수 있다. 앞에 주어 '她'를 넣어 '她看起来十分无聊'라는 완벽한 문장을 완성시킨다. 혹은 구조조사 '……的'를 사용해 '她过无聊的生活(그녀는 무료한 생활을 보낸다)' 혹은 '她是无聊的人(그녀는 무료한 사람이다)'으로 관형어의 형태로 만들어 문장을 완성할 수도 있다.

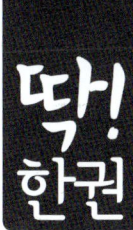

체계적인 20일 코칭 시스템

新 HSK PT
퍼스널 트레이닝

이주희 저

PT 어휘집　4급

PART 01

新HSK ❹급
시험장에서 보면
딱! 붙는
PT 어휘

1 🎧 듣기

❶ 인물·직업·다양한 관계 관련 빈출 어휘 ● Part 1-1

1	가족	妻子 qīzi 부인 ǀ 丈夫 zhàngfu 남편 ǀ 夫妻 fūqī 부부 ǀ 姐妹 jiěmèi 자매 ǀ 兄弟 xiōngdì 형제 ǀ 哥哥 gēge 형, 오빠 ǀ 姐姐 jiějie 누나, 언니 ǀ 弟弟 dìdi (친)남동생 ǀ 妹妹 mèimei (친)여동생 ǀ 孩子 háizi 아이 ǀ 儿子 érzi 아들 ǀ 女儿 nǚ'ér 딸
2	친척	家人 jiārén 가족 ǀ 爷爷 yéye 할아버지 ǀ 奶奶 nǎinai 할머니 ǀ 孙子 sūnzi 손자 ǀ 孙女 sūnnǚ 손녀 ǀ 叔叔 shūshu 삼촌 ǀ 亲戚 qīnqi 친척
3	병원	医生 yīshēng 의사(= 大夫 dàifu) ǀ 护士 hùshi 간호사 ǀ 患者 huànzhě 환자(= 病人 bìngrén)
4	상점	职员 zhíyuán 직원 ǀ 服务员 fúwùyuán 종업원 ǀ 售货员 shòuhuòyuán 판매원 ǀ 顾客 gùkè 고객 ǀ 客人 kèrén 손님
5	학교	校长 xiàozhǎng 교장 ǀ 老师 lǎoshī 선생님 ǀ 教授 jiàoshòu 교수 ǀ 学生 xuésheng 학생 ǀ 大学生 dàxuéshēng 대학생 ǀ 硕士 shuòshì 석사(학위) ǀ 博士 bóshì 박사(학위) ǀ 同学 tóngxué 학우
6	직장	同事 tóngshì 동료 ǀ 经理 jīnglǐ 사장, 매니저(= 老板 lǎobǎn) ǀ 职员 zhíyuán 직원 ǀ 秘书 mìshū 비서
7	동료	邻居 línjū 이웃 ǀ 房东 fángdōng 집주인 ǀ 朋友 péngyou 친구 ǀ 小伙子 xiǎohuǒzi 젊은이, 총각
8	다양한 직업	厨师 chúshī 요리사 ǀ 司机 sījī 기사 ǀ 警察 jǐngchá 경찰 ǀ 运动员 yùndòngyuán 운동선수 ǀ 演员 yǎnyuán 연기자, 배우 ǀ 导游 dǎoyóu 가이드 ǀ 律师 lǜshī 변호사 ǀ 观众 guānzhòng 관중 ǀ 记者 jìzhě 기자 ǀ 作家 zuòjiā 작가 ǀ 歌手 gēshǒu 가수 ǀ 播音员 bōyīnyuán 아나운서 ǀ 摄影师 shèyǐngshī 사진사 ǀ 律师 lǜshī 변호사
9	다양한 호칭	师傅 shīfu 사부, 선생님 ǀ 明星 míngxīng 스타 ǀ 球迷 qiúmí (구기종목에서의) 팬 ǀ 影迷 yǐngmí 영화광 ǀ 空中小姐 kōngzhōng xiǎojiě 승무원

❷ 자주 출제되고 있는 인물별 상황표현 ● Part 1-2

同事 동료 tóngshì	办公室 bàngōngshì 사무실 ǀ 出差 chūchāi 출장 가다 ǀ 加班 jiābān 야근하다 ǀ 开会 kāihuì 회의를 열다 ǀ 完成业务 wánchéng yèwù 업무를 완성하다
老师和同学 lǎoshī hé tóngxué 선생님과 학생	考试 kǎoshì 시험 보다 ǀ 好成绩 hǎochéngjì 좋은 성적 ǀ 毕业 bìyè 졸업하다 ǀ 合格 hégé 합격하다 ǀ 开学 kāixué 개학하다 ǀ 放学 fàngxué 방학하다 ǀ 做作业 zuò zuòyè 숙제하다 ǀ 做问题 zuò wèntí 문제를 풀다

司机和乘客 sījī hé chéngkè 기사와 승객	来不及 láibují 늦었다 | 出租车 chūzūchē 택시 | 堵车 dǔchē 차가 막히다 | 去机场 qù jīchǎng 공항에 가다 | 赶飞机 gǎn fēijī 비행기를 잡다 | 方向 fāngxiàng 방향 | 打的 dǎdī 택시 타다 | 下车 xiàchē 차에서 내리다 | 火车站 huǒchēzhàn 기차역	
医生和病人 yīshēng hé bìngrén 의사와 환자	护士 hùshi 간호사 | 感冒 gǎnmào 감기에 걸리다 | 咳嗽 késou 기침하다 | 发烧 fāshāo 열이 나다 | 看病 kànbìng 진찰 받다 | 生病 shēngbìng 병이 나다 | 打针 dǎzhēn 주사 맞다 | 头疼 tóuténg 머리가 아프다 | 肚子不舒服 dùzi bùshūfu 배가 아프다 | 胳膊疼 gēbo téng 팔이 아프다 | 休息 xiūxi 쉬다 | 吃药 chīyào 약을 먹다 | 住院 zhùyuàn 입원하다	
亲戚 qīnqi 친척	春节 Chūn Jié 춘제(설) | 回老家 huí lǎojiā 고향에 가다 | 看爷爷和奶奶 kàn yéye hé nǎinai 할머니와 할아버지를 뵙다 | 包饺子 bāo jiǎozi 만두를 빚다 | 兄弟姐妹 xiōngdì jiěmèi 형제자매 | (外)孙子 (wài)sūnzi (외)손자 | (外)孙女 (wài)sūnnǚ (외)손녀 | 叔叔 shūshu 삼촌	

❸ 시험에 나오는 것만 쏙쏙! 장소 어휘 및 관련 표현 ⦿ Part 1-3

1	公园 공원 gōngyuán	拍照 pāizhào 사진 찍다 | 散步 sànbù 산책(하다)
2	图书馆 도서관 túshūguǎn	还书 huánshū 책을 돌려주다 | 借书 jièshū 책을 빌리다 | 杂志 zázhì 잡지
3	医院 yīyuàn 병원 / 药店 yàodiàn 약국	医生 yīshēng 의사(= 大夫 dàifu) | 护士 hùshi 간호사 | 看病 kànbìng 진찰 받다 | 感冒 gǎnmào 감기에 걸리다 | 头疼 tóuténg 두통 | 咳嗽 késou 기침하다 | 发烧 fāshāo 열이 나다 | 打针 dǎzhēn 주사 맞다 | 药 yào 약 | 住院 zhùyuàn 입원(하다) | 出院 chūyuàn 퇴원(하다)
4	银行 yínháng 은행	密码 mìmǎ 비밀번호 | 卡 kǎ 카드 | 换钱 huànqián 환전(하다)
5	机场 jīchǎng 공항	飞机 fēijī 비행기 | 回国 huíguó 귀국(하다) | 旅游 lǚyóu 여행(하다) | 签证 qiānzhèng 비자 | 护照 hùzhào 여권 | 机票 jīpiào 비행기 표 | 登机牌 dēngjīpái 탑승권 | 起飞 qǐfēi 이륙(하다) | 降落 jiàngluò 착륙(하다) | 行李箱 xínglǐxiāng 트렁크, 여행가방 | 超重 chāozhòng 무게가 초과하다
6	出租车 택시 chūzūchē	司机 sījī 기사 | 师傅 shīfu 선생님 | 打的 dǎdī 택시 타다(= 打车 dǎchē) | 停车 tíngchē 차를 세우다
7	公共汽车 버스 gōnggòngqìchē	司机 sījī 기사 | 乘客 chéngkè 승객 | 501路车 wǔ líng yāo lù chē 501번 버스 | 高速公路 gāosùgōnglù 고속도로
8	餐厅 cāntīng 식당	食堂 shítáng 식당 | 菜单 càidān 메뉴판 | 服务员 fúwùyuán 종업원 | 点菜 diǎncài 요리를 주문하다 | 味道 wèidao 맛 | 请客 qǐngkè 한턱 내다
9	宾馆 bīnguǎn 호텔	饭店 fàndiàn 호텔 | 行李 xíngli 짐

10	商店 shāngdiàn 상점 / 超市 슈퍼마켓 chāoshì	打折 dǎzhé 할인하다 | 付款 fùkuǎn 돈을 지불하다 | 现金 xiànjīn 현금 | 信用卡 xìnyòngkǎ 신용카드 | 质量 zhìliàng 품질 | 价格 jiàgé 가격 | 逛街 guàngjiē 쇼핑(하다) | 购物 gòuwù 구매하다 | 小姐 xiǎojiě 아가씨 | 柜台 guìtái 계산대 | 购物小票 gòuwù xiǎopiào 영수증
11	公司 gōngsī 회사	上班 shàngbān 출근(하다) | 下班 xiàbān 퇴근(하다) | 加班 jiābān 야근(하다) | 老板 lǎobǎn 사장님(= 经理 jīnglǐ) | 同事 tóngshì 동료 | 收入 shōurù 수입 | 工资 gōngzī 월급 | 出差 chūchāi 출장 (가다) | 打印 dǎyìn 인쇄
12	邮局 yóujú 우체국	寄信 jìxìn 편지를 부치다 | 信封 xìnfēng 편지봉투 | 邮票 yóupiào 우표
13	理发店 lǐfàdiàn 이발소	理发 lǐfà 이발(하다) | 剪头 jiǎntóu 머리를 자르다 | 理发师 lǐfàshī 이발사 | 短 duǎn 짧다 | 长 cháng 길다 | 乱 luàn 지저분하다

❹ 시험에서 반복적으로 출제된 행동 관련 어휘

Part 1-4

1	일상 생활	休息 xiūxi 휴식(하다) | 穿衣服 chuān yīfu 옷을 입다 | 脱衣服 tuō yīfu 옷을 벗다 | 戴帽子 dài màozi 모자를 쓰다 | 找袜子 zhǎo wàzi 양말을 찾다 | 洗衣服 xǐ yīfu 옷을 빨다 | 理发 lǐfà 이발하다 | 请客 qǐngkè 한턱 쏘다 | 洗澡 xǐzǎo 샤워하다 | 看电视 kàn diànshì 텔레비전을 보다 | 喝矿泉水 hē kuàngquánshuǐ 광천수를 마시다
2	일 · 청소	打扫房间 dǎsǎo fángjiān 방을 청소하다 | 收拾厨房 shōushi chúfáng 주방을 정리하다 | 擦黑板 cā hēibǎn 칠판을 닦다 | 擦桌子 cā zhuōzi 책상을 닦다 | 扔垃圾 rēng lājī 쓰레기를 버리다
3	해외 · 여행	出差 chūchāi 출장 (가다) | 出国 chūguó 출국(하다) | 申请留学 shēnqǐng liúxué 유학을 신청하다 | 去旅行 qù lǚxíng 여행을 가다 | 结婚 jiéhūn 결혼하다 | 照相 zhàoxiàng 사진 찍다 | 收拾行李 shōushi xíngli 짐을 정리하다
4	배움 · 학습	复习 fùxí 복습(하다) | 预习 yùxí 예습(하다) | 学游泳 xué yóuyǒng 수영을 배우다 | 学语法 xué yǔfǎ 어법을 공부하다 | 学弹钢琴 xué tán gāngqín 피아노 치는 것을 배우다 | 学功夫 xué gōngfu 무술을 배우다
5	집 · 직장을 구하다	租房子 zū fángzi 집을 임대하다 | 找房子 zhǎo fángzi 집을 구하다 | 找工作 zhǎo gōngzuò 일을 구하다 | 面试 miànshì 면접 (보다) | 应聘 yìngpìn 지원 · 응시하다 | 招聘 zhāopìn 초빙 · 모집하다
6	정리 · 수리	抬箱子 tái xiāngzi 상자를 들다 | 抬沙发 tái shāfā 소파를 (들어) 옮기다 | 修电脑 xiū diànnǎo 컴퓨터를 수리하다 | 修理家具 xiūlǐ jiājù 가구를 수리하다
7	운동	运动 yùndòng 운동(하다) | 打球 dǎqiú 구기운동을 하다 | 打篮球 dǎ lánqiú 농구하다 | 打网球 dǎ wǎngqiú 테니스를 하다 | 锻炼身体 duànliàn shēntǐ 신체를 단련하다 | 跑步 pǎobù 달리기 하다 | 散步 sànbù 산책하다 | 爬山 páshān 등산하다 | 减肥 jiǎnféi 다이어트(하다) | 跳舞 tiàowǔ 춤 추다 | 体育馆 tǐyùguǎn 체육관

8	처리 · 예약	办签证 bàn qiānzhèng 비자를 발급 받다 ǀ 取签证 qǔ qiānzhèng 비자를 수령하다 ǀ 订机票 dìng jīpiào 비행기표를 예약하다 ǀ 填表 tiánbiǎo 표를 작성하다 ǀ 办收入证明 bàn shōurù zhèngmíng 수입증명을 발급하다 ǀ 交申请材料 jiāo shēnqǐng cáiliào 신청자료를 제출하다 ǀ 寄信 jìxìn 편지를 부치다 ǀ 寄东西 jì dōngxi 물건을 부치다
9	구매	买东西 mǎi dōngxi 물건을 사다 ǀ 买果汁 mǎi guǒzhī 과일주스를 사다 ǀ 买西红柿 mǎi xīhóngshì 토마토를 사다 ǀ 逛街 guàngjiē 쇼핑하다 ǀ 网上购物 wǎngshàng gòuwù 인터넷 쇼핑 ǀ 买沙发 mǎi shāfā 소파를 사다 ǀ 买铅笔 mǎi qiānbǐ 연필을 사다
10	행동	去饭店 qù fàndiàn 식당에 가다 ǀ 去长城 qù Chángchéng 만리장성에 오르다
11	회사 · 직장	上班 shàngbān 출근하다 ǀ 下班 xiàbān 퇴근하다 ǀ 加班 jiābān 야근하다
12	병원	看病 kànbìng 진찰 받다 ǀ 打针 dǎzhēn 주사 맞다 ǀ 吃药 chīyào 약을 먹다 ǀ 住院 zhùyuàn 입원하다 ǀ 身体不舒服 shēntǐ bùshūfu 몸이 불편하다 ǀ 肚子疼 dùzi téng 배가 아프다 ǀ 胳膊疼 gēbo téng 팔이 아프다 ǀ 牙疼 yá téng 이가 아프다

❺ 듣기 제1부분
— 시험에 반복적으로 나왔던, 무조건 √가 되는 상식 보기 문장 20개　　◯ Part 1-5

① 做错事要及时道歉。　Zuòcuò shì yào jíshí dàoqiàn. 일에 실수가 있으면, 바로 사과해야 한다.

→ 做错/ 事 / 要 / 及时道歉。

TIP 做错 + 목적어 : ~을 잘못하다

② 互联网使旅行变得更方便。　인터넷은 여행을 더 편리하게 변화시켰다.

Hùliánwǎng shǐ lǚxíng biàn de gèng fāngbiàn.

→ 互联网 / 使旅行/ 变得更方便。

TIP A 使(让) B 变得…… : A가 B를 ~하도록 변화시키다

③ 互相帮助才能共同前进。　서로 도와야만 비로소 함께 앞으로 나아갈 수가 있다.

Hùxiāng bāngzhù cáinéng gòngtóng qiánjìn.

→ 互相帮助 / 才能 / 共同前进。

TIP 互相帮助 서로 돕다 / 互相信任 서로 믿다 / 互相理解 서로 이해하다

④ 失败是成功之母。　Shībài shì chénggōng zhī mǔ. 실패는 성공의 어머니이다.

→ 失败 / 是 / 成功之母。

TIP 失败 실패 ↔ 成功 성공 / 输 지다 ↔ 赢 이기다

⑤ 笑使人更健康。 Xiào shǐ rén gèng jiànkāng. 웃음은 사람을 더 건강하게 만들어준다.

→ 笑 / 使人 / 更健康。

TIP A 使 B 更…… : A가 B를 더 ~하게 하다

⑥ 环保要从身边小事做起。 환경보호는 주변의 작은 일부터 해나가는 것이다.

Huánbǎo yào cóng shēnbiān xiǎoshì zuòqǐ.

→ 环保 / 要 / 从身边小事 / 做起。

TIP 环境保护 : 환경보호 → 环保 / 从……做起 : ~부터 해나가다

⑦ 酒后不开车是对自己负责。 술 마신 뒤 운전하지 않는 것은 자신에 대해 책임지는 것이다.

Jiǔ hòu bù kāichē shì duì zìjǐ fùzé.

→ 酒后不开车 / 是 / 对自己 / 负责。

TIP 开车 동 운전하다 / 对……负责 : ~에 대해 책임지다

⑧ 茶在中国有数千年的历史。 차는 중국에서 수천 년의 역사를 지닌다.

Chá zài Zhōngguó yǒu shù qiān nián de lìshǐ.

→ 茶 / 在中国 / 有 / 数千年的历史。

TIP 在 A 有 B : A에 B가 있다
전치사구 술어

⑨ 地图上蓝色表示海洋。 지도에서의 파란색은 바다를 나타낸다.

Dìtú shang lánsè biǎoshì hǎiyáng.

→ 地图上蓝色 / 表示 / 海洋。

TIP 地图上绿色 / 表示 / 森林。 지도에서의 녹색은 숲을 나타낸다.

⑩ 态度比聪明更重要。 Tàidù bǐ cōngming gèng zhòngyào. 태도는 총명함보다 더 중요하다.

→ 态度 / 比 / 聪明 / 更重要。

TIP A 比 B 更(还/再/都)…… : A는 B보다 더 중요하다

⑪ 多运动对身体有好处。 운동을 많이 하면 몸에 장점이 있다.

Duō yùndòng duì shēntǐ yǒu hǎochù.

→ 多运动 / 对身体 / 有好处。

TIP 对 A 有 B : A에 대하여 B가 있다
전치사구 술어

⑫ 人们可以通过音乐交流感情。 사람들은 음악을 통해 감정을 교류할 수 있다.

Rénmen kěyǐ tōngguò yīnyuè jiāoliú gǎnqíng.

→ 人们 / 可以 / 通过音乐 / 交流感情。

TIP 通过 A 술어 B : ~을 통해서 ~를 (술어)하다
전치사구

⑬ 父母对孩子要讲信用。　부모는 아이에게 신용을 지켜야 한다.
　　Fùmǔ duì háizi yào jiǎng xìnyòng.

→ 父母 / 对孩子 / 要讲信用。

TIP 对……讲信用 : ~에게 신용을 지키다

⑭ 人们的性格各不相同。　사람들의 성격은 각각 다르다.
　　Rénmen de xìnggé gè bù xiāngtóng.

→ 人们的性格 / 各 / 不相同。

TIP 各 [부] 각각 / 相同 [형] 같다, 똑같다

⑮ 成功能增加信心。Chénggōng néng zēngjiā xìnxīn.　성공은 자신감을 높여줄 수 있다.

→ 成功 / 能 / 增加 / 信心。

TIP 增加…… : ~을 높이다

⑯ 网上银行让生活变得更方便。　인터넷뱅킹은 생활을 더 편리하게 변화시켰다.
　　Wǎngshàng yínháng ràng shēnghuó biàn de gèng fāngbiàn.

→ 网上银行 / 让生活 / 变得更方便。

TIP 网上银行 인터넷뱅킹 / A 让(使) B 变得…… : A가 B를 ~하도록 변화시키다

⑰ 我们要重视身体健康。　우리들은 신체 건강을 중시해야 한다.
　　Wǒmen yào zhòngshì shēntǐ jiànkāng.

→ 我们 / 要重视 / 身体健康。

TIP 重视……健康 : 건강을 중시하다

⑱ 开空调对皮肤不好。Kāi kōngtiáo duì pífū bùhǎo.　에어컨을 켜는 것은 피부에 좋지 않다.

→ 开空调 / 对皮肤 / 不好。

TIP A 对 B 不好 : A는 B에 좋지 않다

⑲ 做事情方法很重要。Zuò shìqing fāngfǎ hěn zhòngyào.　일할 때 방법은 매우 중요하다.

→ 做事情 / 方法 / 很重要。

TIP ……很重要 : ~은 매우 중요하다

⑳ 理解是相互的。Lǐjiě shì xiānghù de.　이해는 상호간의 것이다.

→ 理解 / 是相互的。

TIP 相互 [부] 상호간, 서로

6 듣기 제2부분
- 시험에 반복적으로 나왔던 어투 관련 표현! 30개

◯ Part 1-6

① 别着急 조급해하지 말아라
bié zháojí

② 没想到 méixiǎngdào 생각지도 못했어

③ 没问题 méi wèntí 문제 없어, 걱정 마

④ 别提了 bié tí le 말도 꺼내지 마

⑤ 不怎么样 bù zěnmeyàng 별로 좋지 않아

⑥ 谁说的 누가 그래?, 말도 안 돼
shéi shuō de

⑦ 别开玩笑 bié kāiwánxiào 농담하지 마

⑧ 不行 bùxíng 안 돼, 허락하지 않아

⑨ 算了吧 suàn le ba 됐어!

⑩ 随便吧 suíbiàn ba 마음대로 해, 좋을 대로 해

⑪ 非常感谢你 네게 정말 감사해
fēicháng gǎnxiè nǐ

⑫ 真的吗 zhēn de ma 정말이야?

⑬ 挺好的 너무 좋아
tǐng hǎo de

⑭ 不好意思 bùhǎoyìsi 미안해

⑮ 应该不会 아마 아닐거야, 그렇지 않아
yīnggāi búhuì

⑯ 有可能 가능성이 있어, 그럴지도 몰라
yǒu kěnéng

⑰ 真抱歉 zhēn bàoqiàn 정말 미안해

⑱ 没关系 méiguānxi 괜찮아, 걱정 마

⑲ 是的 shì de 알았어

⑳ 没事 méishì 괜찮아, 상관 없어

㉑ 确实是 맞는 말이야!
quèshí shì

㉒ 不用 búyòng 필요 없어!

㉓ 当然 dāngrán 당연하지!

㉔ 差不多了 chàbuduō le 그런대로 꽤 괜찮아!

㉕ 我也是 wǒ yěshì 나도 그래!

㉖ 好的 좋아!
hǎo de

㉗ 你怎么了? Nǐ zěnme le? 너 어쩐 일이니?

㉘ 您放心吧! 걱정하지 마! 안심해!
Nín fàngxīn ba!

㉙ 明白 míngbai 이해했어!

㉚ 好主意 좋은 생각이다!
hǎo zhǔyi

❼ 듣기 제3부분
- 시험에 반복적으로 나왔던 바꿔 쓰인 정답 표현 20

1	那儿菜不错。 그곳은 요리가 맛있다. Nàr cài búcuò.	→	那儿菜很好吃。 그곳은 요리가 맛있다. Nàr cài hěn hǎochī.
2	坐出租车 zuò chūzūchē 택시 타다	→	打的 dǎdī 택시 타다, 잡다
3	客人很多。 손님이 매우 많다. Kèrén hěn duō.	→	生意很好。 장사가 잘 된다. Shēngyi hěn hǎo.
4	迟到了 chídào le 지각하다	→	来不及 láibují 늦다
5	地点变了 dìdiǎn biàn le 장소가 변경되다	→	地点改了 dìdiǎn gǎi le 장소가 바뀌다
6	换了个新号 새로운 번호로 바꾸다 huàn le ge xīnhào	→	换号码了 번호가 바뀌다 huàn hàomǎ le
7	灯坏了。 등이 고장 났다. Dēng huài le.	→	灯不亮了。 등이 밝지 않다. Dēng bú liàng le.
8	空气很新鲜。 공기가 신선하다. Kōngqì hěn xīnxiān.	→	空气很好。 공기가 매우 좋다. Kōngqì hěn hǎo.
9	引起误会 오해를 불러 일으키다 yǐnqǐ wùhuì	→	发生误会 오해가 발생하다 fāshēng wùhuì
10	轻松 qīngsōng 정신적으로 긴장을 풀다	→	放松 fàngsōng 마음을 놓다, 편안하다
11	表演 biǎoyǎn 연기, 공연하다	→	演出 yǎnchū 연기, 공연하다
12	没有意思 méiyǒuyìsi 재미 없다	→	无聊 wúliáo 재미 없다, 심심하다
13	有意思 yǒuyìsi 재미 있다	→	有趣 yǒuqù 재미 있다
14	不认识路 bú rènshi lù 길을 알지 못하다	→	迷路 mílù 길을 잃다
15	读硕士 dú shuòshì 석사공부를 하다	→	研究生 yánjiūshēng 대학원생, 연구생
16	没有钱 méiyǒu qián 돈이 없다	→	很穷 hěn qióng 매우 가난하다
17	粗心 cūxīn 세심하지 못하다	→	马虎 mǎhu 덜렁대다, 조심성이 없다
18	多锻炼 duō duànliàn 많이 운동하다	→	多运动 duō yùndòng 많이 운동하다
19	身体不舒服 shēntǐ bùshūfu 몸이 불편하다	→	病危 bìngwēi 매우 위중하다
20	葡萄很好吃。 포도는 매우 맛있다. Pútao hěn hǎochī.	→	葡萄很香。 포도는 매우 맛있다. Pútao hěn xiāng.

2 📖 독해

1 시험에 꼭 나오는 부사 어휘 표현

1	肯定 반드시, 확실히 kěndìng	别担心，他肯定会同意的。 정하지 마, 그는 분명 동의할 거야. Bié dānxīn, tā kěndìng huì tóngyì de.
2	确实 정말로, 확실히 quèshí	这个小伙子确实聪明。 이 아이는 정말로 총명하다. Zhè ge xiǎohuǒzi quèshí cōngmíng.
3	十分 매우 shífēn	今天的天气十分凉快。 오늘 날씨는 매우 시원하다. Jīntiān de tiānqì shífēn liángkuai.
4	挺……的 굉장히 ~하다 tǐng……de	他的性格挺好的。 그의 성격은 굉장히 좋다. Tā de xìnggé tǐng hǎo de.
5	稍微 다소, 약간 shāowēi	那条裤子稍微有点儿脏。 저 바지는 다소 좀 더럽다. Nà tiáo kùzi shāowēi yǒudiǎnr zāng.
6	尤其 특히, 더욱이 yóuqí	多吃水果对身体有好处，尤其是对皮肤。 Duō chī shuǐguǒ duì shēntǐ yǒu hǎochù, yóuqí shì duì pífū. 과일을 많이 먹는 것은 몸에 장점이 있는데, 특히 피부에 좋다.
7	互相 서로 hùxiāng	人们应该互相信任。 사람은 반드시 서로 믿어야 한다. Rénmen yīnggāi hùxiāng xìnrèn.
8	完全 완전히 wánquán	他完全有能力做好这件事。 Tā wánquán yǒu nénglì zuòhǎo zhè jiàn shì. 그는 이 일을 잘할 능력을 완전히 갖추었다.
9	专门 전문적으로, 오로지 zhuānmén	这椅子是专门为老人们提供的。 Zhè yǐzi shì zhuānmén wèi lǎorénmen tígōng de. 이 의자는 오로지 노인들만을 위해 제공된다.
10	按时 제때에 ànshí	我保证按时完成任务。 나는 제때에 임무를 완성할 것을 보증한다. Wǒ bǎozhèng ànshí wánchéng rènwù.
11	及时 즉시 jíshí	发生什么事情，及时跟我联系。 Fāshēng shénme shìqing, jíshí gēn wǒ liánxì. 어떤 일이 생기면, 즉시 나에게 연락해
12	原来 알고 보니 yuánlái	原来是你呀! 辛苦了。 알고 보니 너였구나! 수고했어. Yuánlái shì nǐ ya! Xīnkǔ le.
13	到底 도대체 dàodǐ	她到底是谁? Tā dàodǐ shì shuí? 그녀는 도대체 누구니?

14	究竟 도대체 jiūjìng	究竟问题出在哪里? Jiūjìng wèntí chū zài nǎ lǐ? 도대체 문제가 어디에서 나온 거야?
15	难道……吗? nándào……ma? 설마 ~하겠는가?	难道你一直不知道这件事吗? Nándào nǐ yìzhí bù zhīdào zhè jiàn shì ma? 설마 너 줄곧 이 사건을 몰랐던 거니?
16	千万别…… 절대 ~하지 말아라 qiānwàn bié……	你千万别晚上一个人出去。 Nǐ qiānwàn bié wǎnshang yí ge rén chūqù. 너 절대로 저녁에 혼자 외출하지 말아라.
17	竟然 뜻밖에도 jìngrán	老师竟然把这个机会放弃了。 Lǎoshī jìngrán bǎ zhè ge jīhuì fàngqì le. 선생님은 뜻밖에도 이번 기회를 포기했다.
18	恐怕 아마도 kǒngpà	你的航班恐怕不能按时起飞了。 Nǐ de hángbān kǒngpà bùnéng ànshí qǐfēi le. 당신의 항공편은 아마 제때에 이륙하지 못할 것입니다.
19	也许 어쩌면, 아마도 yěxǔ	她没有联系,也许是她太忙了。 Tā méiyǒu liánxì, yěxǔ shì tā tài máng le. 그녀가 연락이 없는 것 보니, 아마 그녀는 굉장히 바쁜 것 같다.
20	却 오히려 què	我在工作,你却在这儿休息。 Wǒ zài gōngzuò, nǐ què zài zhèr xiūxi. 나는 일하고 있는데 너는 오히려 여기서 쉬고 있네.
21	实在 정말로 shízài	我实在受不了。 나 정말 못 참겠어. Wǒ shízài shòubuliǎo.
22	最好 zuìhǎo 가장 좋은 것은	你最好重新换一个密码。 Nǐ zuìhǎo chóngxīn huàn yí ge mìmǎ. 너는 비밀번호를 다시 바꾸는 것이 가장 좋겠다.
23	不得不 어쩔 수 없이 bùdébù	飞机不得不推迟降落。 비행기는 어쩔 수 없이 착륙을 미루었다. Fēijī bùdébù tuīchí jiàngluò.
24	重新 다시, 재차 chóngxīn	你的衣服还脏,你重新洗吧! 네 옷이 아직 더러우니, 다시 빨아라. Nǐ de yīfu hái zāng, nǐ chóngxīn xǐ ba!
25	往往 자주, 종종 wǎngwǎng	感冒以后往往会咳嗽一段时间。 Gǎnmào yǐhòu wǎngwǎng huì késou yíduàn shíjiān. 감기가 걸린 후에는 종종 얼마 동안은 기침을 할 수 있다.
26	偶尔 때때로, 가끔 ǒu'ěr	我偶尔喝一次咖啡。 나는 가끔 한 번씩 커피를 마신다. Wǒ ǒu'ěr hē yí cì kāfēi.
27	大约 대략 dàyuē	加油站离这儿大约有两公里。 Jiāyóuzhàn lí zhèr dàyuē yǒu liǎng gōnglǐ. 주유소는 여기로부터 대략 2킬로미터가 된다.

28	故意 고의로, 일부러 gùyì	对不起，我不是故意迟到的。 미안해. 내가 일부러 늦은 게 아니야. Duìbuqǐ, wǒ búshì gùyì chídào de.
29	好像 마치 ~인 것 같다 hǎoxiàng	我身体不舒服，好像生病了。 Wǒ shēntǐ bù shūfu, hǎoxiàng shēngbìng le. 나 몸이 안 좋은데 마치 병이 난 거 같아.
30	逐渐 점차 zhújiàn	我们将逐渐扩大招聘范围。 Wǒmen jiāng zhújiàn kuòdà zhāopìn fànwéi. 우리는 곧 점차 채용범위를 넓힐 것이다.
31	顺便 겸사겸사 shùnbiàn	你顺便买一个西红柿吧！ 너는 겸사겸사 토마토 하나를 사라! Nǐ shùnbiàn mǎi yí ge xīhóngshì ba!

❷ 부사의 분류 및 종류

구분		부사의 종류
상태 부사	동작/행위의 상태, 혹은 수단/방법을 표현	互相 hùxiāng 서로 ｜ 亲自 qīnzì 직접 ｜ 似乎 sìhū 마치 ~인 것 같다 ｜ 逐渐 zhújiàn 점차 ｜ 渐渐 jiànjiàn 점점
어기 부사	동작/행위/사건에 대한 화자의 느낌/태도를 표현	难道 nándào 설마 ｜ 到底 dàodǐ 도대체 ｜ 顺便 shùnbiàn 겸사겸사, ~하는 김에 ｜ 也许 yěxǔ 아마도 ｜ 最好 zuìhǎo 가장 좋은 것은 ｜ 大概 dàgài 대략 ｜ 恐怕 kǒngpà 아마도 ｜ 原来 yuánlái 알고 보니 ｜ 竟然 jìngrán 뜻밖에도 ｜ 好像 hǎoxiàng 마치 ~인 듯 ｜ 差点儿 chàdiǎnr 하마터면 ｜ 不得不 bùdébù 어쩔 수 없이 ｜ 看起来 kànqǐlái ~해 보이다
시간 부사	행위/동작/사건이 일어난 시간을 표현	现在 xiànzài 현재 ｜ 最近 zuìjìn 최근 ｜ 刚才 gāngcái 막 ｜ 已经 yǐjīng 이미 ｜ 曾经 céngjīng 일찍이 ｜ 将 jiāng 장차 ｜ 早就 zǎojiù 일찍부터 ｜ (正)在 (zhèng)zài 지금 ~하고 있다 ｜ 马上 mǎshàng 곧 ｜ 一直 yìzhí 줄곧 ｜ 就 jiù 곧 ｜ 从来 cónglái 여태껏
빈도 부사	행위/동작의 발생 빈도/중복상황을 표현	再 zài 다시 ｜ 又 yòu 또 ｜ 还 hái 또, 아직 ｜ 也 yě ~도 ｜ 经常 jīngcháng 자주 ｜ 往往 wǎngwǎng 때때로, 가끔 ｜ 重新 chóngxīn 다시, 재차 ｜ 不断 búduàn 끊임없이 ｜ 常常 chángcháng 늘, 항상
범위 부사	사건/사물/사람/동작의 범위를 표현	都 dōu 모두 ｜ 全 quán 전부 ｜ 一共 yígòng 합쳐서 ｜ 一起 yìqǐ 같이 ｜ 只 zhǐ 오직 ｜ 只是 zhǐshì 단지 ｜ 一块儿 yíkuàir 함께
정도 부사	술어 앞에서 정도의 강함/약함을 표현	很 hěn 매우 ｜ 完全 wánquán 완전히 ｜ 挺……的 tǐng……de 아주 ~하다 ｜ 太……了 tài……le 매우 ~하다 ｜ 非常 fēicháng 너무 ｜ 十分 shífēn 대단히 ｜ 最 zuì 가장 ｜ 更 gèng 더 ｜ 稍微 shāowēi 다소, 약간 ｜ 不太 bútài 그다지 ~하지 않다 ｜ 有点儿 yǒudiǎnr 조금

부정부사	행위/동작/성질/상태에 대한 부정을 표현	不 bù ~이 아니다 | 没(有) méi(yǒu) 아직 ~하지 않았다 | 别 bié ~하지 말아라 | 无 wú 없다

❸ 시험에 꼭 나오는 동사 어휘 표현

1	存 cún 보관하다, 저장하다	他去银行存钱。 그는 은행에 가서 돈을 예금한다. Tā qù yínháng cúnqián.
2	扔 rēng 던지다, 버리다	我把垃圾扔掉了。 나는 쓰레기를 버렸다. Wǒ bǎ lājī rēngdiào le.
3	丢 잃어버리다 diū	我的信用卡丢了。 내 신용카드가 없어졌다. Wǒ de xìnyòngkǎ diū le.
4	脱 벗다 tuō	脱衣服 tuō yīfu 옷을 벗다 | 脱袜子 tuō wàzi 양말을 벗다
5	猜 추측하다 cāi	你猜他这么做的原因是什么? Nǐ cāi tā zhème zuò de yuányīn shì shénme? 그가 이렇게 하는 이유가 무엇인지 네가 맞혀봐.
6	寄 부치다 jì	寄东西 jì dōngxi 물건을 부치다 | 寄信 jì xìn 편지를 부치다
7	留 남기다, 머무르다 liú	她给我留下很好的印象。 그녀는 나에게 매우 좋은 인상을 남겼다. Tā gěi wǒ liúxià hěn hǎo de yìnxiàng.
8	弄 하다, 행하다 nòng	他把衣服弄脏了。 그는 옷을 더럽혔다. Tā bǎ yīfu nòngzāng le.
9	赶 서두르다, 뒤쫓다 gǎn	我赶飞机。 나는 비행기를 타야 한다. Wǒ gǎn fēijī.
10	响 xiǎng 소리가 나다, 울리다	你的电话响了，怎么不接？ 네 전화가 울리는데, 어째서 받지 않니? Nǐ de diànhuà xiǎng le, zěnme bù jiē?
11	打印 인쇄하다 dǎyìn	帮我把这张材料打印一下。 나를 도와 이 자료를 인쇄해주세요. Bāng wǒ bǎ zhè zhāng cáiliào dǎyìn yíxià.
12	反映 반영하다 fǎnyìng	反映问题 fǎnyìng wèntí 문제를 반영하다 | 反映变化 fǎnyìng biànhuà 변화를 반영하다 | 反映情况 fǎnyìng qíngkuàng 상황을 반영하다
13	复印 복사하다 fùyìn	会议内容已经复印好了。 회의 내용은 이미 다 복사했습니다. Huìyì nèiróng yǐjīng fùyìn hǎo le.
14	放弃 fàngqì 버리다, 포기하다	放弃爱情 fàngqì àiqíng 사랑을 포기하다 | 放弃理想 fàngqì lǐxiǎng 꿈을 포기하다 | 放弃计划 fàngqì jìhuà 계획을 포기하다 | 放弃专业 fàngqì zhuānyè 전공을 포기하다 | 放弃机会 fàngqì jīhuì 기회를 포기하다 | 放弃比赛 fàngqì bǐsài 시합을 포기하다

15	符合 부합하다 fúhé	符合要求 fúhé yāoqiú 요구에 부합하다 | 符合专业 fúhé zhuānyè 전공에 부합하다 | 符合标准 fúhé biāozhǔn 기준에 부합하다
16	估计 예측하다 gūjì	我估计最近这种洗衣机的价格不会有什么变化。 Wǒ gūjì zuìjìn zhè zhǒng xǐyījī de jiàgé búhuì yǒu shénme biànhuà. 나는 최근 이 세탁기의 가격이 어떤 변화도 없을 것이라고 예측한다.
17	鼓励 gǔlì 격려하다, 북돋우다	妻子鼓励我学游泳。 아내는 나에게 수영을 배우라고 독려했다. Qīzi gǔlì wǒ xué yóuyǒng.
18	后悔 후회하다 hòuhuǐ	我真后悔没能早点儿认识她。 Wǒ zhēn hòuhuǐ méi néng zǎodiǎnr rènshi tā. 나는 좀 더 일찍 그녀를 알지 못한 것을 정말 후회한다.
19	获得 huòdé 얻다, 획득하다	获得经验 huòdé jīngyàn 경험을 얻다 | 获得技术 huòdé jìshù 기술을 획득하다 | 获得好处 huòdé hǎochù 장점을 얻다 | 获得成功 huòdé chénggōng 성공을 획득하다 | 获得表扬 huòdé biǎoyáng 칭찬을 받다 | 获得机会 huòdé jīhuì 기회를 얻다 | 获得尊重 huòdé zūnzhòng 존중을 받다
20	举办 개최하다 jǔbàn	举办会议 jǔbàn huìyì 회의를 개최하다 | 举办活动 jǔbàn huódòng 행사를 개최하다 | 举办比赛 jǔbàn bǐsài 시합을 개최하다
21	拒绝 거절하다 jùjué	拒绝要求 jùjué yāoqiú 요구를 거절하다 | 拒绝条件 jùjué tiáojiàn 조건을 거절하다 | 拒绝道歉 jùjué dàoqiàn 사과를 거절하다 | 拒绝参加 jùjué cānjiā 참가를 거절하다
22	缺少 quēshǎo 부족하다, 모자르다	缺少感情 quēshǎo gǎnqíng 감정이 부족하다 | 缺少经验 quēshǎo jīngyàn 경험이 부족하다 | 缺少时间 quēshǎo shíjiān 시간이 부족하다 | 缺少能力 quēshǎo nénglì 능력이 부족하다 | 缺少信心 quēshǎo xìnxīn 자신감이 부족하다
23	适合 shìhé 적합하다, 알맞다	这件衬衫颜色很适合你。 이 셔츠 색은 너에게 정말 딱이다. Zhè jiàn chènshān yánsè hěn shìhé nǐ.
24	熟悉 shúxī 익숙하다, 잘 알다	他们互相很熟悉。 그들은 서로 매우 잘 안다. Tāmen hùxiāng hěn shúxī. 他对这里不太熟悉。 그는 이곳에 그다지 익숙하지 않다. Tā duì zhèlǐ bú tài shúxī.
25	提前 앞당기다 tíqián	如果想参加,最好提前半个小时出发。 Rúguǒ xiǎng cānjiā, zuìhǎo tíqián bàn ge xiǎoshí chūfā. 만약 참가하고 싶다면, 30분 앞당겨 출발하는 것이 좋을 거야.
26	推迟 tuīchí 미루다, 연기하다	推迟降落 tuīchí jiàngluò 착륙이 지연되다 | 推迟起飞 tuīchí qǐfēi 이륙이 지연되다 | 推迟毕业 tuīchí bìyè 졸업을 미루다 | 推迟演出 tuīchí yǎnchū 공연이 연기되다 | 推迟出发 tuīchí chūfā 출발을 미루다 | 推迟调查 tuīchí diàochá 조사를 미루다 | 推迟计划 tuīchí jìhuà 계획이 연기되다

27	填 tián 작성하다, 기입하다	填单子 tián dānzi 목록을 작성하다 | 填表 tiánbiǎo 표를 작성하다 | 填申请表 tián shēnqǐngbiǎo 신청서를 작성하다 | 填表格 tián biǎogé 표를 작성하다
28	误会 오해하다 wùhuì	你误会我了，我不是这个意思。 Nǐ wùhuì wǒ le, wǒ búshì zhè ge yìsi. 네가 나를 오해한 거야, 나는 그 뜻이 아니었어.
29	引起 yǐnqǐ 불러 일으키다	引起误会 yǐnqǐ wùhuì 오해를 불러 일으키다 | 引起关注 yǐnqǐ guānzhù 관심을 불러 일으키다 | 引起注意 yǐnqǐ zhùyì 주의를 끌다 | 引起头疼 yǐnqǐ tóuténg 두통을 일으키다
30	允许 허락하다 yǔnxǔ	这里不允许停车。 이곳은 주차를 금지합니다. Zhèlǐ bù yǔnxǔ tíngchē.
31	值得 zhídé ~할 가치가 있다	这个地方不错，值得参观。 이 곳 괜찮네, 참관할 만하다. Zhè ge dìfang búcuò, zhídé cānguān.
32	祝贺 축하하다 zhùhè	祝贺你获得成功。 네가 성공한 것을 축하해. Zhùhè nǐ huòdé chénggōng.
33	占线 통화 중이다 zhànxiàn	电话一直占线。 전화가 계속 통화 중이야. Diànhuà yìzhí zhànxiàn.
34	来得及 늦지 않다 láidejí	别走那么快，我们还来得及。 Bié zǒu nàme kuài, wǒmen hái láidejí. 그렇게 빨리 가지 마. 우리 아직 늦지 않았어.
35	来不及 늦다 láibují	快点儿走，演出马上开始了，我们来不及了。 Kuài diǎnr zǒu, yǎnchū mǎshàng kāishǐ le, wǒmen láibují le. 빨리 가자. 공연이 곧 시작해. 우리 늦겠어.
36	继续 계속하다 jìxù	继续努力 jìxù nǔlì 계속 노력하다 | 继续工作 jìxù gōngzuò 계속 일하다 | 继续加班 jìxù jiābān 계속 야근하다 | 继续支持 jìxù zhīchí 계속 지지하다 | 继续学习 jìxù xuéxí 계속 공부하다

④ 독해 제1부분에 자주 출제되는 형용사

형용사	병음	뜻	예문
难过 / 难受	nánguò/ nánshòu	괴롭다, 고통스럽다	我的心里很难过。 내 마음이 매우 괴롭다. Wǒ de xīnli hěn nánguò.
丰富	fēngfù	풍부하다	这个网站上的内容很丰富。 Zhè ge wǎngzhàn shàng de nèiróng hěn fēngfù. 이 웹사이트 상의 내용은 매우 풍부하다.

合适 / 适合 ★	héshì / shìhé	[형] 적합하다 / [동] 적합하다	时机很合适。 시기가 매우 적합하다. Shíjī hěn héshì. 这个牙膏很适合儿童使用。 Zhè ge yágāo hěn shìhé értóng shǐyòng. 이 치약은 아이들이 사용하기에 매우 적합하다. * 둘 다 의미는 같다. 하지만 품사가 다르다!! '合适'는 형용사이고, '适合'는 동사이다!
流行	liúxíng	유행하다	这件衣服最近很流行。 Zhè jiàn yīfu zuìjìn hěn liúxíng. 이 옷은 최근에 매우 유행이다.
流利	liúlì	유창하다	你的汉语说得很流利。 Nǐ de Hànyǔ shuō de hěn liúlì. 너의 중국어는 말하기가 매우 유창하다.
粗心 / 马虎	cūxīn/mǎhu	부주의하다, 조심성이 없다	做事情不能太粗心了。 Zuò shìqing bù néng tài cūxīn le. 일할 때, 너무 조심성이 없으면 안 된다.
复杂 ↔ 简单	fùzá ↔ jiǎndān	복잡하다 ↔ 간단하다	这个问题很复杂。 이 문제는 매우 복잡하다. Zhè ge wèntí hěn fùzá.
轻松	qīngsōng	수월하다, 홀가분하다	我的心情很轻松。 내 마음이 너무 홀가분하다. Wǒ de xīnqíng hěn qīngsōng.
愉快	yúkuài	유쾌하다	祝你周末愉快。 너의 주말이 매우 즐겁기를 바라. Zhù nǐ zhōumò yúkuài.
舒服	shūfu	편안하다	身体不舒服？ 몸이 안 좋니？ Shēntǐ bù shūfu?
正式	zhèngshì	정식적이다, 격식 있다	你衣服穿得怎么这么正式？ Nǐ yīfu chuān de zěnme zhème zhèngshì? 너는 어쩜 이렇게 격식 있게 옷을 차려입었니?
精彩	jīngcǎi	멋지다, 뛰어나다, 훌륭하다	这次比赛挺精彩的。 이번 시합 너무 멋졌어. Zhècì bǐsài tǐng jīngcǎi de.
脏 ★	zāng	더럽다	你的手很脏，快洗手吧！ Nǐ de shǒu hěn zāng, kuài xǐshǒu ba! 네 손 너무 더러워, 빨리 손 씻어!
乱 ★	luàn	어지럽다, 어수선하다	你的办公室很乱。 네 사무실이 너무 어수선하다. Nǐ de bàngōngshì hěn luàn.
紧张	jǐnzhāng	긴장하다	明天就考口试了，心里有点儿紧张。 Míngtiān jiù kǎo kǒushì le, xīnli yǒudiǎnr jǐnzhāng. 내일 구술시험이라 마음이 조금 긴장된다.
辛苦	xīnkǔ	고생이다, 수고하다	大家辛苦了。 모두 수고하셨습니다. Dàjiā xīnkǔ le.

无聊	wúliáo	무료하다, 재미가 없다	今天真无聊。 오늘 정말 무료하다. Jīntiān zhēn wúliáo.
幽默	yōumò	유머러스 하다	他们很幽默。 그들은 매우 유머러스 하다. Tāmen hěn yōumò.
凉快 ↔ 暖和	liángkuai ↔ nuǎnhuo	시원하다 ↔ 따뜻하다	今天天气很凉快。 오늘 날씨가 너무 시원하다. Jīntiān tiānqì hěn liángkuai.

⑤ 시험에 꼭 나오는 형용사 어휘 표현

형용사의 분류	형용사의 종류
사람·동물의 성질/상태 관련 형용사	笨 bèn 멍청하다 | 成熟 chéngshú 성숙하다 | 诚实 chéngshí 성실하다 | 粗心 cūxīn 세심하지 못하다 | 马虎 mǎhu 덜렁대다 | 活泼 huópō 활발하다 | 幽默 yōumò 유머러스 하다 | 友好 yǒuhǎo 우호적이다 | 主动 zhǔdòng 주동적이다 | 积极 jījí 적극적이다 | 勇敢 yǒnggǎn 용감하다 | 帅 shuài 잘생기다 | 懒 lǎn 게으르다 | 冷静 lěngjìng 냉정하다 | 耐心 nàixīn 인내심이 강하다 | 美丽 měilì 아름답다 | 漂亮 piàoliang 예쁘다 | 聪明 cōngming 똑똑하다
사물의 성질 관련 형용사	危险 wēixiǎn 위험하다 | 穷 qióng 가난하다, 빈곤하다 | 整齐 zhěngqí 단정하다 | 乱 luàn 어지럽다, 어수선하다 | 有趣 yǒuqù 재미있다 | 干净 gānjìng 깨끗하다 | 脏 zāng 더럽다 | 著名 zhùmíng 저명하다 | 确实 quèshí 확실하다 | 正式 zhèngshì 정식적이다 | 丰富 fēngfù 풍부하다 | 复杂 fùzá 복잡하다 | 简单 jiǎndān 간단하다 | 合格 hégé 합격하다 | 合适 héshì 알맞다, 적합하다 | 精彩 jīngcǎi 훌륭하다, 멋지다 | 浪漫 làngmàn 낭만적이다 | 厉害 lìhai 심하다, 대단하다 | 流行 liúxíng 유행이다 | 严重 yánzhòng 위급하다, 심각하다 | 优秀 yōuxiù 우수하다 | 麻烦 máfan 귀찮다, 번거롭다 | 轻 qīng 가볍다 | 重 zhòng 무겁다 | 轻松 qīngsōng 수월하다 | 热闹 rènao 시끌벅적하다 | 深 shēn 깊다, 진하다 | 顺利 shùnlì 순조롭다 | 无聊 wúliáo 무료하다 | 详细 xiángxì 상세하다 | 严格 yángé 엄격하다
감정 관련 형용사	得意 déyì 대단히 만족하다 | 烦恼 fánnǎo 걱정하다, 번뇌하다 | 感动 gǎndòng 감동하다 | 兴奋 xīngfèn 흥분하다 | 愉快 yúkuài 유쾌하다 | 孤单 gūdān 외롭다 | 紧张 jǐnzhāng 긴장하다 | 害羞 hàixiū 수줍어하다, 부끄러워하다 | 激动 jīdòng 흥분하다, 감동하다 | 可怜 kělián 불쌍하다 | 可惜 kěxī 애석하다 | 难受 nánshòu 괴롭다 | 骄傲 jiāo'ào 거만하다, 자랑스러워하다 | 伤心 shāngxīn 상심하다 | 失望 shīwàng 실망하다 | 讨厌 tǎoyàn 미워하다 | 快乐 kuàilè 즐겁다, 유쾌하다 | 幸福 xìngfú 행복하다 | 开心 kāixīn 기쁘다 | 困 kùn 졸리다 | 高兴 gāoxìng 기쁘다 | 辛苦 xīnkǔ 수고하다
음식 관련 형용사	油腻 yóunì 느끼하다 | 清淡 qīngdàn 담백하다 | 酸 suān 시다 | 辣 là 맵다 | 苦 kǔ 쓰다 | 甜 tián 달다 | 咸 xián 짜다 | 香 xiāng 맛있다
기후 관련 형용사	干燥 gānzào 건조하다 | 湿润 shīrùn 축축하다 | 凉快 liángkuai 시원하다 | 暖和 nuǎnhuo 따뜻하다

6 명사의 위치 확인

沙发 소파 shāfā	这个沙发 / 有点儿重。　　이 소파는 조금 무겁다. 　주어
网站 웹사이트 wǎngzhàn	很多网站 / 都对这次活动 / 进行了 / 报道。 　주어　　　전치사구　　　　　　목적어 많은 웹사이트들이 이번 행사에 대해 보도를 진행했다.
报道 보도 bàodào	这篇报道 / 是王教授写的。　　이 한 편의 보도는 왕 교수가 쓴 것이다. 　주어
新闻 뉴스 xīnwén	我 / 在新闻上 / 看到了 / 这个消息。　　나는 뉴스에서 이 소식을 보았다. 　　전치사구　　　　목적어
计划 계획 jìhuà	我 / 不得不放弃 / 今天的计划。　　나는 어쩔 수 없이 오늘의 계획을 포기했다. 　　　　　　　　목적어
距离 거리 jùlí	手机 / 拉近了 / 人与人之间的距离。 주어　　　　　　목적어 휴대전화는 사람과 사람 사이의 거리를 좁혔다.

7 시험에 꼭 나오는 명사 어휘 표현

장소명사	地球 dìqiú 지구 ǀ 入口 rùkǒu 입구 ǀ 出口 chūkǒu 출구 ǀ 森林 sēnlín 삼림 ǀ 老家 lǎojiā 고향 ǀ 海洋 hǎiyáng 바다 ǀ 当地 dāngdì 그 지역 ǀ 超市 chāoshì 슈퍼마켓 ǀ 厨房 chúfáng 주방 ǀ 客厅 kètīng 거실 ǀ 路上 lùshang 길 ǀ 机场 jīchǎng 공항 ǀ 大使馆 dàshǐguǎn 대사관 ǀ 亚洲 Yàzhōu 아시아 ǀ 长城 Chángchéng 만리장성
방향·범위명사	其中 qízhōng 그 중에서 ǀ 范围 fànwéi 범위 ǀ 地址 dìzhǐ 주소 ǀ 方向 fāngxiàng 방향 ǀ 周围 zhōuwéi 주변 ǀ 距离 jùlí 거리
시간명사	放假 fàngjià 방학하다 ǀ 寒假 hánjià 겨울방학 ǀ 暑假 shǔjià 여름방학 ǀ 春节 Chūn Jié 설 ǀ 过年 guònián 명절을 쇠다 ǀ 将来 jiānglái 장래 ǀ 世纪 shìjì 세기 ǀ 季节 jìjié 계절 ǀ 暂时 zànshí 잠시
교통명사	交通 jiāotōng 교통 ǀ 高速公路 gāosùgōnglù 고속도로 ǀ 航班 hángbān 항공편 ǀ 飞机 fēijī 비행기 ǀ 登机牌 dēngjīpái 탑승권
동물 관련 명사	大熊猫 dàxióngmāo 판다 ǀ 猴子 hóuzi 원숭이 ǀ 狮子 shīzi 사자 ǀ 老虎 lǎohǔ 호랑이

직업·인물 관련 명사	大夫 dàifu 의사 | 护士 hùshi 간호사 | 律师 lǜshī 변호사 | 司机 sījī (운전)기사 | 导游 dǎoyóu 가이드 | 教授 jiàoshòu 교수 | 作家 zuòjiā 작가(= 作者 zuòzhě) | 记者 jìzhě 기자 | 警察 jǐngchá 경찰 | 师傅 shīfu 선생님 | 夫妻 fūqī 부부 | 亲戚 qīnqi 친척 | 孙子 sūnzi 손자 | 硕士 shuòshì 석사 | 博士 bóshì 박사 | 顾客 gùkè 고객 | 演员 yǎnyuán 연기자 | 观众 guānzhòng 관중 | 房东 fángdōng 집주인 | 小伙子 xiǎohuǒzi 젊은이, 총각
신체명사	眼睛 yǎnjing 눈 | 腿 tuǐ 다리 | 胳膊 gēbo 팔 | 头 tóu 머리 | 肚子 dùzi 배, 복부 | 皮肤 pífū 피부 | 汗 hàn 땀 | 力气 lìqi 힘 | 生命 shēngmìng 생명 | 年龄 niánlíng 나이 | 样子 yàngzi 생김새
심리활동 명사	爱情 àiqíng 사랑 | 看法 kànfǎ 견해 | 理想 lǐxiǎng 꿈 | 信心 xìnxīn 자신감 | 印象 yìnxiàng 인상 | 意见 yìjiàn 의견 | 态度 tàidu 태도 | 脾气 píqi 성격 | 压力 yālì 스트레스 | 主意 zhǔyi 아이디어
음식 명사	小吃 xiǎochī 간식 | 巧克力 qiǎokèlì 초콜릿 | 饼干 bǐnggān 비스킷 | 面包 miànbāo 빵 | 西红柿 xīhóngshì 토마토 | 葡萄 pútáo 포도 | 盐 yán 소금 | 饮料 yǐnliào 음료 | 果汁 guǒzhī 과일주스 | 糖 táng 설탕 | 汤 tāng 탕, 국 | 饺子 jiǎozi 교자 | 包子 bāozi 만두 | 烤鸭 kǎoyā 오리구이 | 酸辣汤 suānlàtāng 쏸라탕(시고 매운탕) | 矿泉水 kuàngquánshuǐ 광천수
물건·사물 명사	牙膏 yágāo 치약 | 牙刷 yáshuā 칫솔 | 毛巾 máojīn 수건 | 衬衫 chènshān 셔츠 | 镜子 jìngzi 거울 | 钥匙 yàoshi 열쇠 | 盒子 hézi 통, 함 | 塑料袋 sùliàodài 비닐봉투 | 信用卡 xìnyòngkǎ 신용카드 | 现金 xiànjīn 현금 | 零钱 língqián 잔돈 | 杂志 zázhì 잡지 | 材料 cáiliào 자료 | 洗衣机 xǐyījī 세탁기 | 空调 kōngtiáo 에어컨 | 传真机 chuánzhēnjī 팩스기 | 洗碗机 xǐwǎnjī 식기세척기 | 座位 zuòwèi 좌석 | 家具 jiājù 가구 | 沙发 shāfā 소파 | 行李箱 xínglǐxiāng 트렁크, 여행가방 | 行李 xíngli 짐
자연 관련 명사	空气 kōngqì 공기 | 阳光 yángguāng 태양 | 气候 qìhòu 기후 | 温度 wēndù 온도 | (下)雪 (xià)xuě 눈(이 내리다) | (下)雨 (xià)yǔ 비(가 내리다) | 风景 fēngjǐng 풍경 | 四叶草 sìyècǎo 네잎 클로버 | 叶子 yèzi 잎
수량·순서 관련 명사	顺序 shùnxù 순서 | 数量 shùliàng 수량 | 数字 shùzì 숫자 | 号码 hàomǎ 번호 | 密码 mìmǎ 암호, 비밀번호 | 传真号码 chuánzhēn hàomǎ 팩스번호
활동·행사 관련 명사	活动 huódòng 행사 | 京剧 jīngjù 경극 | 比赛 bǐsài 시합, 경기 | 新闻 xīnwén 신문 | 报道 bàodào 보도 | 节日 jiérì 기념일 | 假日 jiàrì 휴일 | 社会活动 shèhuì huódòng 사회활동 | 打折活动 dǎzhé huódòng 할인행사
언어 명사	语言 yǔyán 언어 | 中文 Zhōngwén 중국어 | 语法 yǔfǎ 어법 | 句子 jùzi 문장 | 字 zì 글자 | 词 cí 단어 | 普通话 pǔtōnghuà 표준어
자주 출제되는 기타 명사들	情况 qíngkuàng 상황 | 文章 wénzhāng 문장 | 答案 dá'àn 답안 | 基础 jīchǔ 기초 | 计划 jìhuà 계획 | 经验 jīngyàn 경험 | 经历 jīnglì 경험 | 效果 xiàoguǒ 효과 | 结果 jiéguǒ 결과 | 精神 jīngshén 정신, 활력 | 信息 xìnxī 정보 | 消息 xiāoxi 소식 | 笑话 xiàohua 우스운 이야기 | 网站 wǎngzhàn 웹사이트 | 广播 guǎngbō 방송 | 原因 yuányīn 이유 | 责任 zérèn 책임 | 质量 zhìliàng 품질 | 重点 zhòngdiǎn 중점 | 建议 jiànyì 건의 | 功夫 gōngfu 무술, 재주, 시간 | 工具 gōngjù 도구, 수단 | 方法 fāngfǎ 방법 | 短信 duǎnxìn 문자메시지 | 信封 xìnfēng 편지봉투 | 区别 qūbié 차이 | 费用 fèiyòng 비용

8 명사를 세는 전용 양사 표현

	양사	양사 + 명사 표현 정리
1	场 chǎng 편, 개 공연, 체육활동 등을 세는 단위	一场演出 yì chǎng yǎnchū (하나의) 공연 ǀ 一场比赛 yì chǎng bǐsài (하나의) 시합 ǀ 一场电影 yì chǎng diànyǐng (한 편의) 영화
2	个 ge 개 사람, 사물에 두루 사용하는 단위	一个人 yí ge rén (한) 사람 ǀ 一个答案 yí ge dá'àn (하나의) 답안 ǀ 一个方法 yí ge fāngfǎ (하나의) 방법 ǀ 一个消息 yí ge xiāoxi (한 개의) 소식 ǀ 一个好处 yí ge hǎochù (하나의) 장점
3	位 wèi 분, 명 공경의 뜻으로 사람을 표현하는 단위	一位客人 yí wèi kèrén (한 분의) 손님 ǀ 一位老师 yí wèi lǎoshī (한 분의) 선생님 ǀ 一位律师 yí wèi lǜshī (한 분의) 변호사
4	本 běn 권, 부 책을 세는 단위	一本小说 yì běn xiǎoshuō (한 권의) 소설 ǀ 一本书 yì běn shū (한 권의) 책 ǀ 一本杂志 yì běn zázhì (한 권의) 잡지 ǀ 一本词典 yì běn cídiǎn (한 권의) 사전
5	件 jiàn 벌, 개 의류, 가구 등을 세는 단위	一件衣服 yí jiàn yīfu (한 벌의) 옷 ǀ 一件家具 yí jiàn jiājù (하나의) 가구
6	双 shuāng 짝, 켤레, 쌍 쌍을 이루는 사물을 세는 단위	一双袜子 yì shuāng wàzi (한 쌍의) 양말 ǀ 一双筷子 yì shuāng kuàizi (한 쌍의) 젓가락
7	朵 duǒ 송이, 개 꽃, 구름 등을 세는 단위	一朵花 yì duǒ huā (한 송이의) 꽃 ǀ 一朵白云 yì duǒ báiyún (하나의) 흰 구름
8	棵 kē 그루, 개 식물, 나무 등을 세는 단위	一棵树 yì kē shù (한 그루의) 나무 ǀ 一棵草 yì kē cǎo (하나의) 풀
9	份 fèn 조각, 세트로 된 것을 세는 단위	一份材料 yí fèn cáiliào (하나의) 자료 ǀ 一份文件 yí fèn wénjiàn (하나의) 문건 ǀ 一份礼物 yí fèn lǐwù (하나의) 선물
10	台 tái 대, 개 기계 등을 세는 단위	一台电脑 yì tái diànnǎo (한 대의) 컴퓨터 ǀ 一台照相机 yì tái zhàoxiàngjī (한 대의) 사진기 ǀ 一台洗衣机 yì tái xǐyījī (한 대의) 세탁기 ǀ 一台电视 yì tái diànshì (한 대의) 텔레비전
11	只 zhī 마리 동물을 세는 단위	一只老虎 yì zhī lǎohǔ (한 마리의) 호랑이 ǀ 一只猴子 yì zhī hóuzi (한 마리의) 원숭이 ǀ 一只狮子 yì zhī shīzi (한 마리의) 사자 ǀ 一只大熊猫 yì zhī dàxióngmāo 판다
12	篇 piān 편 문장, 종이, 글 등을 세는 단위	一篇文章 yì piān wénzhāng (한 편의) 문장 ǀ 一篇小说 yì piān xiǎoshuō (한 편의) 소설 ǀ 一篇纸 yì piān zhǐ (한 편의) 종이

13	座 zuò 큰 건물, 산 등 큰 것을 세는 단위	一座山 yí zuò shān (한 개의) 산 | 一座高楼 yí zuò gāolóu (한 개의) 고층건물
14	群 qún 무리 무리를 세는 단위	一群人 yì qún rén (한 무리의) 사람들 | 一群孩子 yì qún háizi (한 무리의) 아이들 | 一群狗 yì qún gǒu (한 무리의) 개들
15	公里 gōnglǐ 킬로미터(단위)	200公里 liǎng bǎi gōnglǐ 200킬로미터 | 30公里 sān shí gōnglǐ 30킬로미터
16	把 bǎ 우산, 열쇠 등 긴 사물을 세는 단위	一把雨伞 yì bǎ yǔsǎn (한 개의) 우산 | 一把钥匙 yì bǎ yàoshi (한 개의) 열쇠
17	片 piàn 조각 조각으로 된 사물을 세는 단위	一片叶子 yí piàn yèzi (한 조각의) 잎사귀
18	张 zhāng 장, 개 종이나 종이처럼 평평한 사물을 세는 단위	一张纸 yì zhāng zhǐ (한 장의) 종이 | 一张信用卡 yì zhāng xìnyòngkǎ (한 장의) 신용카드 | 一张表格 yì zhāng biǎogé (한 장의) 표
19	瓶 píng 병 유리병 등 병모양의 사물을 세는 단위	一瓶饮料 yì píng yǐnliào (한 병의) 음료 | 一瓶果汁 yì píng guǒzhī (한 병의) 과일주스 | 一瓶矿泉水 yì píng kuàngquánshuǐ (한 병의) 광천수 | 一瓶啤酒 yì píng píjiǔ (한 병의) 맥주
20	遍 biàn 번, 차례, 회 [왕복] 동량사로 동작의 횟수를 세는 단위	这本小说我看过一遍。 이 소설을 나는 한 번 본 적이 있다. Zhè běn xiǎoshuō wǒ kànguo yí biàn. * 한 동작의 처음부터 끝까지의 전 과정을 가리킴
21	趟 tàng 번, 차례 [왕복] 동량사로 동작의 횟수를 세는 단위	我去了一趟中国。 나는 중국을 한 번 갔다 왔다. Wǒ qù le yí tàng Zhōngguó. * 왕래한 횟수를 세는 데 쓰임

❾ 접속사가 핵심이다! 꼭 체크하고 숙지하자!

인과 관계	**因为 A, 所以 B** A 때문에 (그래서) B하다	这家饭馆儿**因为**离火车站很近，交通方便，**所以**生意一直很不错。 Zhè jiā fànguǎnr yīnwèi lí huǒchēzhàn hěn jìn, jiāotōng fāngbiàn, suǒyǐ shēngyì yìzhí hěn búcuò. 이 식당은 기차역으로부터 매우 가깝고 교통도 편리해서 장사가 줄곧 매우 잘 된다. **因为**生了重病，**所以**不能继续上班了。 Yīnwèi shēng le zhòngbìng, suǒyǐ bùnéng jìxù shàngbān le. 심한 병에 걸려서 계속 출근할 수가 없다.
	由于 A, 因此(因而/ 所以) B A 때문에 그러므로(그래서) B하다	**由于**跟他相处了多年，**因此**很了解他。 Yóuyú gēn tā xiāngchǔ le duō nián, yīncǐ hěn liǎojiě tā. 그와 오랜 시간 함께 했기 때문에 그를 잘 알고 있다. **由于**他的参与，**所以**我们队赢得了比赛。 Yóuyú tā de cānyù, suǒyǐ wǒmen duì yíngdé le bǐsài. 그의 참여로 우리 팀이 경기에서 이겼다.
	既然 A, 就(那/ 那么) B 기왕 A한 바에야, 그럼 B하다	**既然**大家都觉得小高合适，这次的招聘会**就**由他来负责。 Jìrán dàjiā dōu juéde Xiǎo Gāo héshì, zhè cì de zhāopìnhuì jiù yóu tā lái fùzé. 이왕 모두 샤오까오가 적합하다고 생각한다면, 이번 채용 설명회는 그럼 그가 책임지도록 하겠다. **既然**说干，**那就**干吧。 기왕 한다고 말했으니, 그럼 해라. Jìrán shuō gàn, nà jiù gàn ba.
전환 관계	**虽然(尽管) A, 但是(却/ 可是/ 然而) B** 비록 A하지만, 그러나(오히려) B하다	钱**虽然**能买到很多东西，**但**世界上还有很多钱买不到、也换不来的。 Qián suīrán néng mǎidào hěn duō dōngxi, dàn shìjiè shàng háiyǒu hěn duō qián mǎibudào、yě huànbulái de. 돈은 비록 많은 것들을 살 수 있지만, 그러나 세상에는 아직 돈으로도 살 수 없고, 바꿀 수도 없는 것들이 많다. **虽然**外面下着暴风雨，**但**是他还坚持上班。 Suīrán wàimiàn xiàzhe bàofēngyǔ, dànshì tā hái jiānchí shàngbān. 비록 밖에 폭풍우가 내리고 있지만 그는 여전히 출근을 유지한다.
	尽管 A, 可是 B 비록 A하지만 그러나 B하다	**尽管**有时候整理东西很麻烦，**可是**我还是觉得它能带给我很多快乐。 Jǐnguǎn yǒushíhòu zhěnglǐ dōngxi hěn máfan, kěshì wǒ háishi juéde tā néng dàigěi wǒ hěn duō kuàilè. 비록 가끔은 물건을 정리하는 것이 매우 귀찮지만, 그러나 나는 그것이 나에게 많은 즐거움을 가져다 준다는 것도 안다.

전환 관계	A, 可是(但是/ 不过/ 然而) B A이다. 그러나 B하다	这种花很美，可是没有花香。 이 꽃은 매우 예쁘지만, 향기가 없다. Zhè zhǒng huā hěn měi, kěshì méiyǒu huāxiāng.	
	否则 그렇지 않으면, 아니면	你应该努力学习，否则考不上大学。 Nǐ yīnggāi nǔlì xuéxí, fǒuzé kǎobushàng dàxué. 너는 반드시 열심히 공부해야 한다, 그렇지 않으면 대학시험에 합격할 수 없다. 你应该多穿一点儿，否则会感冒的。 Nǐ yīnggāi duō chuān yìdiǎnr, fǒuzé huì gǎnmào de. 너는 반드시 옷을 좀 많이 입어야 한다, 그렇지 않으면 감기에 걸릴 것이다.	
가설 관계	如果(要是) A, 就(那么) B 만약 A라면 곧 B하다	如果大家都同意，明天就不休息了。 Rúguǒ dàjiā dōu tóngyì, míngtiān jiù bù xiūxi le. 만약 모두 다 동의한다면 내일은 쉬지 않을 것이다. 要是有机会的话，我想去欧洲旅行。 Yàoshi yǒu jīhuì de huà, wǒ xiǎng qù Ōuzhōu lǚxíng. 만약 기회가 있다면 나는 유럽 여행을 가고 싶다.	
	即使(就算) A, 也 B 설령 A라 할지라도 B하다	做自己喜欢的事，即使再困难，也不会觉得辛苦。 Zuò zìjǐ xǐhuan de shì, jíshǐ zài kùnnan, yě búhuì juéde xīnkǔ. 자신이 좋아하는 일을 하면, 설령 더 힘들어도 고생이라고 생각되지 않을 것이다. 即使没考上名牌大学，也不要太失望。 Jíshǐ méi kǎoshàng míngpái dàxué, yě búyào tài shīwàng. 설령 명문대학에 합격하지 않더라도, 너무 실망하지 말아라.	
조건 관계	只要 A, 就 B A하기만 하면 곧 B하다	只要努力学习，就能取得好成绩。 Zhǐyào nǔlì xuéxí, jiù néng qǔdé hǎo chéngjì. 열심히 공부하면, 곧 좋은 성적을 얻을 수 있다. 只要你努力，就能学好汉语。 Zhǐyào nǐ nǔlì, jiù néng xuéhǎo Hànyǔ. 네가 노력하기만 하면 중국어를 잘 배울 수 있다.	
	只有 A, 才 B 오직 A해야만 비로소 B하다	人只有把酸、甜、苦、辣都经历一遍，才会真正成熟起来。 Rén zhǐyǒu bǎ suān、tián、kǔ、là dōu jīnglì yí biàn, cái huì zhēnzhèng chéngshúqǐlai. 사람은 오직 시고, 달고, 쓰고, 매운 것을 모두 한 번은 경험해 봐야만 비로소 진정으로 성숙해질 수 있다. 只有多听、多说，才能学好汉语。 Zhǐyǒu duō tīng、duō shuō, cáinéng xuéhǎo Hànyǔ. 오직 많이 듣고 많이 말해야 비로소 중국어를 잘 배울 수 있다.	

조건 관계	无论(不管) A，也(都) B A를 막론하고(A든지 상관없이) B하다	不管做任何事，都应该考虑清楚再下判断、做决定。 Bùguǎn zuò rènhé shì, dōu yīnggāi kǎolǜ qīngchu zài xià pànduàn、zuò juédìng. 어떤 일을 하든 상관없이, 반드시 확실하게 생각한 후에 다시 판단하고 결정을 내려야 한다. 不管遇到多大的困难，我都不会放弃的。 Bùguǎn yùdào duōdà de kùnnan, wǒ dōu búhuì fàngqì de. 아무리 힘든 어려움을 만난다 할지라도 나는 포기하지 않을 것이다.
	除了 A，都 B A를 제외하고 모두 B하다	除了中国以外，都不想去。 중국 말고는 가고 싶지 않다. Chúle Zhōngguó yǐwài, dōu bùxiǎng qù.
점층 관계	不但(不仅) A，而且(也/还) B A할 뿐만 아니라 게다가 B하다	他不但努力学习，而且还积极参加社会活动。 Tā búdàn nǔlì xuéxí, érqiě hái jījí cānjiā shèhuì huódòng. 그는 열심히 공부할 뿐만 아니라 게다가 적극적으로 사회 활동에도 참여한다. 黄山不但景色很美，空气也特别好。 Huángshān búdàn jǐngsè hěn měi, kōngqì yě tèbié hǎo. 황산은 경치가 매우 아름다울 뿐만 아니라, 공기 또한 특히 좋다.
	连 A，都(也) B A조차도 모두 B하다	难道你连这个规定都不知道。 설마 넌 이런 규정조차 모르는 거니. Nándào nǐ lián zhè ge guīdìng dōu bù zhīdào. 这个问题连小学生都能回答。 Zhè ge wèntí lián xiǎoxuéshēng dōu néng huídá. 이 질문은 초등학생조차도 모두 대답할 수 있다.
	A，而且(并且) B A이고 게다가(또한) B하다	他会说英语，并且也会说汉语。 Tā huì shuō Yīngyǔ, bìngqiě yě huì shuō Hànyǔ. 그는 영어를 할 수 있고, 게다가 중국어도 할 수 있다.
	甚至 심지어, ~조차도	老虎其实是游泳高手，它们甚至能游数十公里那么远。 Lǎohǔ qíshí shì yóuyǒng gāoshǒu, tāmen shènzhì néng yóu shùshí gōnglǐ nàme yuǎn. 호랑이는 사실 수영의 고수로, 그들은 심지어 수십 킬로미터 그렇게 먼 곳까지 수영할 수 있다.
	一 A，就 B A하자마자 곧 B하다	一看见她就知道她是谁。 Yí kànjiàn tā jiù zhīdào tā shì shéi. 그녀를 한 번 보자마자 곧 그녀가 누구인지 알았다.
	越来越 A 점점(갈수록) A하다	越来越多的人喜欢在网上写日记。 Yuèláiyuè duō de rén xǐhuan zài wǎngshàng xiě rìjì. 점점 더 많은 사람들이 인터넷 상에서 일기를 쓰는 것을 좋아한다.

병렬 관계	又(既) A, 又(也) B A하고 또 B하다	这台机器又便宜又好用。 이 기계는 저렴하고 또 쓸모 있다. Zhè tái jīqì yòu piányi yòu hǎoyòng. 我既要学习汉语，又要学习英语。 Wǒ jì yào xuéxí Hànyǔ, yòu yào xuéxí Yīngyǔ. 나는 중국어도 배워야 하고, 또 영어도 배워야 한다.
	不是 A, 而是 B A가 아니라 B이다	我不是老师，而是学生。 나는 선생님이 아니라 학생이다. Wǒ búshì lǎoshī, érshì xuésheng.
	一边(一面) A, 一边(一面) B 하면서 B하다	我一边吃饭一边看电视。 나는 밥 먹으면서 텔레비전을 본다. Wǒ yìbiān chīfàn yìbiān kàn diànshì.
	一方面 A, (另)一方面 B 한편으로는 A하고, (다른) 한편으로는 B하다	一方面他是我的老师，另一方面他是我的好朋友。 Yì fāngmiàn tā shì wǒ de lǎoshī, lìng yì fāngmiàn tā shì wǒ de hǎo péngyǒu. 한편으로 그는 나의 선생님이고, 다른 한편으로 그는 나의 좋은 친구이다.
선택 관계	A 还是 B A 아니면 B [의문문]	咱们明天去长城还是后天去长城？ Zánmen míngtiān qù Chángchéng háishi hòutiān qù Chángchéng? 우리 내일 만리장성에 가는 거니 아니면 모레 만리장성에 가는 거니?
	A 或(者) B A 혹은 B [평서문]	英语或汉语都可以。 영어 혹은 중국어 모두 가능하다. Yīngyǔ huò Hànyǔ dōu kěyǐ.
	不是 A, 就是 B A가 아니면 바로 B이다	他不是老师，就是医生。 그는 선생님이 아니면 의사이다. Tā búshì lǎoshī, jiùshì yīshēng. 他不是教授就是副教授，总之他不是普通的讲师。 Tā búshì jiàoshòu jiùshì fùjiàoshòu, zǒngzhī tā búshì pǔtōng de jiǎngshī. 그는 교수가 아니면 부교수일 것이다. 결론적으로 그는 평범한 강사는 아니다.

🔟 독해 제1부분 – 시험에 반복적으로 나왔던 품사별 짝꿍 어휘

▶동사 어휘

1	超过 chāoguò 초과하다	→	超过5倍 chāoguò wǔ bèi 5배를 초과하다
2	安排 ānpái 준비·안배하다	→	安排计划 ānpái jìhuà 계획을 짜다

3	放弃 fàngqì 포기하다	→	放弃机会 fàngqì jīhuì 기회를 포기하다
4	反对 fǎnduì 반대하다	→	反对意见 fǎnduì yìjiàn 의견에 반대하다
5	符合 fúhé 부합하다	→	符合专业 fúhé zhuānyè 전공에 부합하다
6	负责 fùzé 책임지다	→	负责工作 fùzé gōngzuò 일을 책임지다
7	改变 gǎibiàn 바꾸다	→	改变主意 gǎibiàn zhǔyi 생각을 바꾸다
8	积累 jīlěi 쌓다	→	积累经验 jīlěi jīngyàn 경험을 쌓다
9	拒绝 jùjué 거절하다	→	拒绝要求 jùjué yāoqiú 요구를 거절하다
10	适应 shìyìng 적응하다	→	适应环境 shìyìng huánjìng 환경에 적응하다
11	举行 jǔxíng 개최하다	→	举行运动会 jǔxíng yùndònghuì 운동회를 개최하다
12	增加 zēngjiā 증가하다	→	增加数量 zēngjiā shùliàng 수량이 증가하다
13	相信 xiāngxìn 믿다	→	相信他们 xiāngxìn tāmen 그들을 믿다
14	拉近 lājìn 좁히다	→	拉近距离 lājìn jùlí 거리를 좁히다
15	整理 zhěnglǐ 정리하다	→	整理行李 zhěnglǐ xíngli 짐을 정리하다
16	租 zū 세내다	→	租房子 zū fángzi 방을 구하다
17	商量 shāngliang 상의하다	→	商量意见 shāngliang yìjiàn 의견을 상의하다
18	引起 yǐnqǐ 일으키다	→	引起误会 yǐnqǐ wùhuì 오해를 불러 일으키다

▶ 명사 어휘

1	座位 zuòwèi 좌석	→	座位号 zuòwèihào 좌석번호
2	签证 qiānzhèng 비자	→	办签证 bàn qiānzhèng 비자를 수속하다
3	脾气 píqi 성질, 기질	→	发脾气 fā píqi 화 내다, 성질 내다
4	小伙子 xiǎohuǒzi 젊은이	→	一位小伙子 yí wèi xiǎohuǒzi 한 분의 젊은이
5	重点 zhòngdiǎn 중점	→	重点讨论 zhòngdiǎn tǎolùn 중점토론
6	页 yè 페이지	→	150页 yì bǎi wǔshí yè 150 페이지
7	博士 bóshì 박사	→	读博士 dú bóshì 박사공부를 하다
8	顺序 shùnxù 순서	→	按照顺序排好队 순서에 따라 줄을 잘 서다 ànzhào shùnxù páihǎo duì

9	性格 xìnggé 성격	→	性格活泼 xìnggé huópo 성격이 활발하다
10	印象 yìnxiàng 인상	→	对我留下很好的印象 나에게 매우 좋은 인상을 남기다 duì wǒ liúxià hěn hǎo de yìnxiàng
11	航班 hángbān 항공편	→	国际航班 guójì hángbān 국제 항공편
12	基础 jīchǔ 기초	→	打基础 dǎjīchǔ 기초를 다지다
13	饺子 jiǎozi 교자	→	包饺子 bāo jiǎozi 교자를 빗다
14	密码 mìmǎ 비밀번호	→	忘记密码 wàngjì mìmǎ 비밀번호를 잊어버리다
15	友谊 yǒuyì 우정	→	影响友谊 yǐngxiǎng yǒuyì 우정에 영향을 끼치다

▶부사 어휘

1	一切 yíqiè 모든, 전부	→	一切顺利 yíqiè shùnlì 모든 게 순조롭다
2	准时 zhǔnshí 정시에	→	准时到达 zhǔnshí dàodá 제때에 도착하다
3	完全 wánquán 완전히	→	完全有能力 wánquán yǒu nénglì 완전히 능력 있다
4	看样子 kàn yàngzi / 看起来 kànqǐlái 보아하니	→	他看起来很幸福。 그는 매우 행복해 보인다. Tā kànqǐlái hěn xìngfú.
5	竟然 jìngrán 뜻밖에도	→	竟然没来 jìngrán méilái 뜻밖에도 오지 않는다
6	好像 hǎoxiàng ~인 것 같다	→	他好像回家了。 그는 집으로 돌아간 듯 하다. Tā hǎoxiàng huíjiā le.
7	顺便 shùnbiàn ~하는 김에, 검사검사	→	顺便买苹果汁。 사는 김에 사과 주스도 산다. Shùnbiàn mǎi píngguǒzhī.
8	实在 shízài 정말로	→	实在受不了。 정말 견딜 수 없다. Shízài shòubuliǎo.
9	往往 wǎngwǎng 종종	→	往往有那种事。 그런 일은 종종 있다. Wǎngwǎng yǒu nà zhǒng shì.
10	互相 hùxiāng 서로	→	互相信任 hùxiāng xìnrèn 서로 믿다

▶형용사 어휘

1	顺利 shùnlì 순조롭다	→	应聘顺利吗? 지원은 순조로웠니? Yìngpìn shùnlì ma?

2	凉快 liángkuai 시원하다	→	外面很凉快。 바깥은 매우 시원하다. Wàimiàn hěn liángkuai.
3	暖和 nuǎnhuo 따뜻하다	→	今天很暖和。 오늘 매우 따뜻하다. Jīntiān hěn nuǎnhuo.
4	所有 suǒyǒu 모든	→	所有的事 suǒyǒu de shì 모든 일
5	精彩 jīngcǎi 훌륭하다	→	比赛很精彩。 경기가 매우 멋졌다. Bǐsài hěn jīngcǎi.
6	合适 알맞다 héshì	→	这件衣服对我很合适。 이 옷은 나에게 딱 맞는다. Zhè jiàn yīfu duì wǒ hěn héshì.
7	热闹 시끌벅적하다 rènao	→	大城市很热闹。 대도시는 매우 시끌벅적하다. Dàchéngshì hěn rènao.
8	骄傲 jiāo'ào 거만하다	→	他很骄傲。 Tā hěn jiāo'ào. 그는 아주 거만하다.
9	轻松 홀가분하다 qīngsōng	→	我心里很轻松。 내 마음이 매우 홀가분하다. Wǒ xīnlǐ hěn qīngsōng.
10	标准 표준적이다 biāozhǔn	→	动作很标准。 동작이 매우 표준적이다. Dòngzuò hěn biāozhǔn.
11	详细 xiángxì 상세하다	→	详细内容 xiángxì nèiróng 상세한 내용
12	正常 정상적이다 zhèngcháng	→	很正常 매우 정상이다 hěn zhèngcháng
13	著名 zhùmíng 유명하다	→	著名的演员 zhùmíng de yǎnyuán 유명한 연기자
14	危险 wēixiǎn 위험하다	→	这里很危险。 이곳은 매우 위험하다. Zhè lǐ hěn wēixiǎn.
15	礼貌 lǐmào 예의 바르다	→	不礼貌 bù lǐmào 예의가 없다
16	乱 luàn 무질서하다	→	头发很乱。 머리카락이 매우 지저분하다. Tóufa hěn luàn.

▶ 양사 어휘

1	棵 kē 그루 [나무를 세는 단위]	→	一棵树 yì kē shù 한 그루의 나무
2	篇 piān 편 [문장·글을 세는 단위]	→	一篇文章 yì piān wénzhāng 한 편의 문장
3	门 mén 개 [수업·과목 등을 세는 단위]	→	一门课 yì mén kè 한 과목
4	份 fèn 부 [표·양식 등을 세는 단위]	→	一份表格 yí fèn biǎogé 한 부의 표
5	节 jié 개 [수업 등을 세는 단위]	→	一节课 yì jié kè 한 개의 수업

11 독해 제2부분 – 시험에 반복적으로 나왔던 접속사 패턴

1	尽管……，但是(可是)…… jǐnguǎn……, dànshì(kěshì)…… 비록 ~이지만, 그러나 ~하다 예 尽管很累，但是我很幸福。　비록 너무 피곤하지만, 나는 매우 행복하다.
2	既然……，就…… jìrán……, jiù…… 이왕 ~된 이상, 그럼 ~하자 예 既然决心上大学，就应该努力学习。 이왕 대학에 다니기로 결심한 이상, 반드시 열심히 공부하겠다.
3	不仅……，也(而且，还)…… bùjǐn……, yě(érqiě, hái)…… ~할 뿐만 아니라, 또한 ~이다 예 她不仅脾气很好，还长得很漂亮。　그녀는 성격이 좋을 뿐만 아니라, 생김새도 너무 예쁘다.
4	不管……，都…… bùguǎn……, dōu…… ~에 상관없이, 모두 ~하다 예 不管你说什么，我每天都要喝咖啡。 네가 뭐라고 말하든 상관없이 나는 매일 커피를 마시겠다.
5	即使……，也…… jíshǐ……, yě…… 설령 ~일지라도, ~하다 예 即使你原谅我，我也不会原谅我自己。 설령 네가 나를 용서했을지라도, 내가 내 자신을 용서할 수 없다.
6	只要……，就…… zhǐyào……, jiù…… ~하기만 하면, ~이다 예 只要你说得慢，我就听得懂。　네가 천천히 말해준다면, 나는 알아들을 수 있어.

12 독해 제2부분 – 첫 문장에 오지 않는 연결표현

可 kě 그러나 | 却 què 오히려 | 而 ér 그래서, 그러나 | 也 yě ~도 | 甚至 shènzhì 심지어 | 否则 fǒuzé 그렇지 않으면 | 都 dōu 모두 | 就 jiù 곧, 바로 | 因此 yīncǐ 이로써

13 독해 제3부분 – 시험에 반복적으로 출제된 질문과 정답 20패턴

1	질문	想要健康减肥应该： Xiǎng yào jiànkāng jiǎnféi yīnggāi: 건강하게 다이어트 하고 싶다면:
	정답	多运动 duō yùndòng 많이 운동하다 | 多锻炼 duō duànliàn 많이 단련하다 | 节食 jiéshí 절식하다 | 别吃甜的 bié chī tián de 단 것을 먹지 말아라
2	질문	他觉得小城市： Tā juéde xiǎo chéngshì: 그는 작은 도시를 어떻게 생각하는가:
	정답	生活压力少 shēnghuó yālì shǎo 생활의 스트레스가 적다 | 生活轻松 shēnghuó qīngsōng 생활이 편안하다
3	질문	关于环境保护，可以知道： 환경보호에 관해 알 수 있는 것은: Guānyú huánjìngbǎohù, kěyǐ zhīdào:
	정답	出门时关空调和电脑 chūmén shí guān kōngtiáo hé diànnǎo 외출할 때에는 에어컨과 컴퓨터를 끄다 | 少用塑料袋 shǎo yòng sùliàodài 비닐봉투를 적게 사용하다 | 空气污染 kōngqì wūrǎn 공기오염 | 节约用电 jiéyuē yòngdiàn 전기 사용을 줄이다

4	질문	关于云南，可以知道：Guānyú Yúnnán, kěyǐ zhīdào: 윈난에 관해 알 수 있는 것은:
	정답	少数民族很多 shǎoshùmínzú hěn duō 소수민족이 매우 많다 | 空气新鲜 kōngqì xīnxiān 공기가 신선하다 | 景色很美 jǐngsè hěn měi 풍경이 매우 아름답다
5	질문	教育孩子时应该：Jiàoyù háizi shí yīnggāi: 아이를 교육할 때에는 반드시:
	정답	多表扬 duō biǎoyáng 많이 칭찬해라 | 别批评 bié pīpíng 비판하지 말아라 | 父母自己先做好 fùmǔ zìjǐ xiān zuòhǎo 부모 스스로가 먼저 잘 해라
6	질문	交流时，了解他国文化，可以：교류할 때, 타국의 문화를 이해한다면: Jiāoliú shí, liǎojiě tāguó wénhuà, kěyǐ:
	정답	减少误会 jiǎnshǎo wùhuì 오해를 줄이다
7	질문	阅读可以使人：Yuèdú kěyǐ shǐ rén: 독서는 사람을 어떻게 만들어주는가:
	정답	增长知识 zēngzhǎng zhīshi 지식을 향상시키다 | 生活精彩 shēnghuó jīngcǎi 생활이 멋지다
8	질문	飞机乘客应该：Fēijī chéngkè yīnggāi: 비행기 탑승객은 반드시:
	정답	关(手)机 guān (shǒu)jī 휴대전화를 끄다 | 系安全带 xì ānquándài 안전띠를 착용하다
9	질문	应聘时应该：Yìngpìn shí yīnggāi: (회사 등에) 지원할 때, 반드시:
	정답	不能紧张 bùnéng jǐnzhāng 긴장하지 말아라 | 详细介绍 xiángxì jièshào 자세히 소개하다 | 声音很大 shēngyīn hěn dà 목소리는 매우 크게 하다 | 别迟到 bié chídào 지각하지 말아라
10	질문	对于中国人来说，数字'6'表示：중국인에게 있어서 숫자 '6'은 무엇이 의미하는가: Duìyú Zhōngguórén láishuō, shùzì 'liù' biǎoshì:
	정답	顺利 shùnlì 순조롭다
11	질문	关于中国的茶，可以知道：중국의 차에 관해 알 수 있는 것은: Guānyú Zhōngguó de chá, kěyǐ zhīdào:
	정답	历史很长 lìshǐ hěn cháng 역사가 매우 길다 | 一种饮料 yì zhǒng yǐnliào 일종의 음료 | 作为药 zuòwéi yào 약으로 사용하다
12	질문	他为什么在网上购物：그는 왜 인터넷에서 쇼핑을 하는가: Tā wèishénme zài wǎngshàng gòuwù:
	정답	很方便 hěn fāngbiàn 매우 편리하다 | 可以免费送货上门 kěyǐ miǎnfèi sònghuò shàngmén 집앞까지 무료배송이 가능하다 | 没有时间逛街 méiyǒu shíjiān guàngjiē 쇼핑할 시간이 없다
13	질문	成功的关键是什么？Chénggōng de guānjiàn shì shénme? 성공의 관건은 무엇인가?
	정답	做适合自己的事 zuò shìhé zìjǐ de shì 자기에게 알맞은 일을 하다 | 继续努力 jìxù nǔlì 끊임없이 노력하다 | 勇敢地做起 yǒnggǎn de zuòqǐ 용감하게 해나가다

14	질문	大多数同学毕业后都： Dàduōshù tóngxué bìyè hòu dōu: 대다수의 학생들은 졸업 후에:
	정답	上班了 shàngbān le 직장을 다닌다 ǀ 直接参加工作 zhíjiē cānjiā gōngzuò 바로 일에 참가하다
15	질문	关于"外号"，可以知道： Guānyú "wàihào", kěyǐ zhīdào: '별명'에 관하여 알 수 있는 것은:
	정답	不太正式 bú tài zhèngshì 그다지 정식적이지 않다 ǀ 有开玩笑的意思 yǒu kāiwánxiào de yìsi 재미있는 뜻을 가지고 있다
16	질문	遇到不懂的词语，最好先： Yùdào bùdǒng de cíyǔ, zuìhǎo xiān: 모르는 단어를 맞닥뜨리면 가장 좋은 것은 먼저:
	정답	猜词意 cāi cíyì 단어의 의미를 추측하다 ǀ 不要马上查词典 búyào mǎshàng chá cídiǎn 바로 사전을 찾지 마라
17	질문	遇到危险时，应该： Yùdào wēixiǎn shí, yīnggāi: 위험에 맞닥뜨리면 반드시:
	정답	冷静下来 lěngjìng xiàlái 냉정해져라
18	질문	心情不好时，应该： Xīnqíng bùhǎo shí, yīnggāi: 마음이 좋지 않을 때에는 반드시:
	정답	和朋友们聊聊天儿 hé péngyǒumen liáoliao tiānr 친구들과 수다를 떤다
19	질문	巧克力的害处是容易： Qiǎokèlì de hàichù shì róngyì: 초콜릿의 해로운 점은 쉽게:
	정답	使牙变坏 shǐ yá biànhuài 이를 안 좋게 변화시키다
20	질문	幽默： Yōumò: 유머는:
	정답	成功者的特点 chénggōngzhě de tèdiǎn 성공한 사람의 특징 ǀ 交流的大门 jiāoliú de dàmén 교류의 큰 문 ǀ 就是开玩笑 jiùshì kāiwánxiào 농담거리일 뿐이다

3 ✏️ 쓰기

1 잘 나오는 특수문장 패턴 8가지

비교문 A와 B를 서로 비교하는 문장

*比자 비교문 : ~보다 (~하다)

기본형 [A+ 比 + B+ 술어 + 부가성분]

今年 比 去年 暖和 多了。　올해가 작년보다 훨씬 따뜻하다.

확장형 [A+ 比 + B+ 부사 + 술어]
[更/再/还/都]

今年 比 去年 更 暖和。　올해가 작년보다 더 따뜻하다.

TIP 비교문에서 부사 자리에는 오직 '更', '再', '还', '都'만이 올 수 있다. '很', '非常' 등 다른 부사는 올 수 없다.

*有/没有 비교문 : ~만큼 (~하다)

기본형 [A + 有 + B + 술어]

他 有 老师 聪明。　그는 선생님만큼 똑똑하다.

[A + 没有 + B + 술어]

他 没有 老师 聪明。　그는 선생님만큼 똑똑하지 않다.

확장형 [A + 有/没有 + B + 这么/那么/这样/那样 + 술어]

他 没有 老师 那么 聪明。
그는 선생님만큼 그렇게 똑똑하지 않다.

정도보어 술어 뒤에서 술어를 보충해주는 성분
보어 중 단연 시험에서 제일 잘 나온다. 다른 보어는 몰라도 정도보어는 꼭 알고 가자!

기본형 [주어 + 술어 + 得 + 정도표현]

她 说得 很流利。　그녀는 말하는 정도가 매우 유창하다. (유창하게 말한다)
小李 弹得 不太好。　샤오리는 치는 정도가 그다지 좋지 않다. (잘 못 친다)

확장형 [주어 + 목적어 + 술어 + 得 + 정도표현]

她 汉语 说得 很流利。
그녀는 중국어를 말하는 정도가 매우 유창하다. (유창하게 말한다)

小李 钢琴 弹得 不太好。
샤오리는 피아노를 치는 정도가 그다지 좋지 않다. (잘 못 친다)

TIP 목적어가 있는 표현에서는 주로 앞의 술어를 생략한다.
→ 주어 + (술어) + 목적어 + 술어 + 得 + 정도표현

把자문 목적어를 강조하고자 목적어를 술어 앞에 배치하는 문장

기본형 [주어 + 把 + 목적어 + 술어 + 기타성분]
　　　她　　　把衣服　　洗　　了。　　그녀는 옷을 빨았다.

확장형 [주어 + 把 + 목적어 + 술어 + 在(+ 장소) / 到(+ 장소) / 给(+ 사람) / 成(+ 무엇)]
　　　她　　　把衣服　　挂　　在那里。　　그녀는 옷을 저기에 걸어놨다.
　　　我　　　把文件　　交　　给小高了。　나는 문건을 샤오까오에게 건넸다.

TIP '부사/조동사'의 자리는 일반적으로 [把 + 목적어] 앞이다.
　예) 她刚才把衣服挂在那里。　그녀는 옷을 저기에 걸어놨다.

被자문 '주어가 행위자에게 술어를 당했다'라는 의미를 가지는 문장

기본형 [주어 + 被 + 행위자 + 술어 + 기타성분]
　那瓶果汁　被她　　喝　　光了。
　저 과일주스는 그녀에 의해 싹 다 마셔졌다. (그녀가 마셨다)

　这个消息　被同学　知道　了。
　이 소식은 친구들에 의해 알려졌다. (친구들이 알렸다)

　房间　　　被妈妈　打扫　得很干净。　　[정도보어]
　방은 엄마에 의해 매우 깨끗하게 청소되었다. (엄마가 청소했다)

TIP '부사/조동사'의 위치는 일반적으로 [被 + 행위자] 앞이다.
　예) 那瓶果汁已经被她喝光了。　저 과일주스는 이미 그녀에 의해 싹 다 마셔졌다.

연동문 한 문장에 동사가 2개 등장하여 '주어가 술어①하고, 술어②하다'라는 의미를 가진 문장

기본형 [주어 + 술어① [+ 목적어 ①] + 술어② + [+ 목적어 ②]]
　咱们　　去　　电影院　　看　　电影。
　우리들은 영화관에 가서 영화를 본다.

　我们　　坐　　飞机　　去　　西安。
　우리는 비행기를 타고 시안에 간다.

　我　　　有　　时间　　学习　汉语。
　나는 중국어를 공부할 시간이 있다.

확장형 [주어 + 부사/조동사 + 술어①(着) + 목적어① + 술어② 了/过 + 목적어②]
　那位服务员　现在　　笑着　　说。
　저 종업원은 지금 웃으면서 말했다.

　我　　去年　　去　　中国　　买了　　汉语书。
　나는 작년에 중국에 가서 중국어 책을 샀다.

> **TIP** '부사/조동사'의 위치는 첫 번째 술어 앞, '着(진행)'는 첫 번째 술어 뒤, '了(완료)', '过(과거의 경험)'는 두 번째 술어 뒤에 온다.

겸어문 앞 동사(술어①)의 목적어가 뒷 동사(술어②)의 주어를 겸하는 문장
4급 시험에서는 겸어문 중 하나인 사역구문이 가장 많이 출제된다.
사역구문은 겸어문의 첫 번째 술어가 '사역동사(让/使/叫/请)'로 이루어진 것이다.

기본형 [주어 + 술어① + 겸어 + 술어② + 목적어]

这个消息	让	我	非常感动。	이 소식은 나를 매우 감동시켰다.
他的话	使	我	非常生气。	그의 말은 나를 매우 화 나게 했다.

> **TIP** '부사/조동사'는 의미에 따라 첫 번째 술어 앞인지, 두 번째 술어 앞인지 자연스럽게 해석되는 곳에 배치한다.

존현문 '어디어디에 무엇이 존재한다'라는 의미를 가진 문장

有 기본형 [장소 + 有 + 사람/사물]

办公室里 **有** 两个人。 사무실 안에는 두 사람이 있다.
桌子上 **有** 汉语书。 책상 위에는 중국어 책이 있다

在 기본형 [사람/사물 + 在 + 장소]

我 **在** 家里。 나는 집에 있다.
我的手机 **在** 桌子上。 내 휴대전화는 책상 위에 있다.

확장형 [장소 + 동사 + 着 + 사람/사물]

桌子上 放**着** 一本词典。 책상 위에 한 권의 사전이 놓여있다.
墙上 挂**着** 一个空调。 벽 위에 하나의 에어컨이 걸려있다

❷ 작문에서 만능으로 사용할 수 있는 **만능표현 20패턴**

① **看起来** kànqǐlái ~해 보이다
  ▶ 他们**看起来**很凉快。 Tāmen kànqǐlái hěn liángkuai. 그들은 매우 시원해 보인다.
  ▶ 他**看起来**十分活泼。 Tā kànqǐlái shífēn huópō. 그는 매우 활발해 보인다.

② **一边……一边……** yìbiān……yìbiān…… ~하면서 ~하다
  ▶ 他一**边**喝啤酒一**边**看电视。 그는 맥주를 마시면서 티비를 본다.
  Tā yìbiān hē píjiǔ yìbiān kàn diànshì.

▶ 她一边吃饼干一边聊天儿。 그녀는 비스킷을 먹으면서 수다를 떤다.
　　Tā yìbiān chī bǐnggān yìbiān liáotiānr.

③ 对……(没)有好处 duì……(méi)yǒu hǎochù　~에 장점이 있다(없다)

▶ 抽烟对身体没有好处。 Chōuyān duì shēntǐ méiyǒu hǎochù. 흡연은 신체에 장점이 없다.

▶ 多喝果汁对皮肤有好处。 과일주스를 많이 마시는 것은 피부에 장점이 있다.
　　Duō hē guǒzhī duì pífū yǒu hǎochù.

④ 对……很感兴趣 duì……hěn gǎn xìngqù　~에 매우 흥미를 느끼다

▶ 我对汉语很感兴趣。 Wǒ duì Hànyǔ hěn gǎn xìngqù. 나는 중국어에 매우 흥미를 느낀다.

▶ 我对京剧很感兴趣。 Wǒ duì jīngjù hěn gǎn xìngqù. 나는 경극에 매우 흥미를 느낀다.

⑤ 听到(看到)……很…… tīngdào(kàndào)……hěn……　~을 듣고(보고) 매우 ~하다

▶ 我听到这个事情很吃惊。 나는 이 일을 듣고 매우 놀랐다.
　　Wǒ tīngdào zhè ge shìqing hěn chījīng.

▶ 我看到这次比赛很感动。 나는 이번 시합을 보고 매우 감동했다.
　　Wǒ kàndào zhè cì bǐsài hěn gǎndòng.

⑥ 让……很…… ràng……hěn……　~로 하여금 매우 ~시키다

▶ 这个消息让我们很失望。 이 소식은 우리들을 매우 실망시켰다.
　　Zhè ge xiāoxi ràng wǒmen hěn shīwàng.

▶ 她自己做的中国菜让我们很开心。 Tā zìjǐ zuò de Zhōngguócài ràng wǒmen hěn kāixīn.
　　그녀가 직접 만든 중국요리는 우리들을 매우 기쁘게 했다.

⑦ 比……更…… bǐ……gèng……　~보다 더 ~하다

▶ 他比我更粗心。 Tā bǐ wǒ gèng cūxīn. 그는 나보다 더 세심하지 못하다

▶ 这里的工资比那里的更高。 Zhèli de gōngzī bǐ nàlǐ de gèng gāo.
　　이곳의 월급이 저곳보다 더 높다.

⑧ ……得很厉害 ……de hěn lìhai　~한 정도가 매우 심하다

▶ 我咳嗽得很厉害。 나는 기침하는 정도가 매우 심하다. (기침을 심하게 한다)
　　Wǒ késou de hěn lìhai.

▶ 今天困得很厉害。 Jīntiān kùn de hěn lìhai. 오늘 졸린 정도가 매우 심하다. (매우 졸리다)

⑨ **挺……的** tǐng……de 굉장히 ~하다

▶ 这个牙膏**挺好的**。 Zhè ge yágāo tǐng hǎo de. 이 치약은 굉장히 좋다.

▶ 这个行李箱**挺重的**。 Zhè ge xínglǐxiāng tǐng zhòng de. 이 트렁크(여행가방)는 굉장히 무겁다.

⑩ **把……弄坏了** bǎ……nònghuài le ~을 고장 내다

▶ 我**把**洗衣机**弄坏了**。 Wǒ bǎ xǐyījī nònghuài le. 나는 세탁기를 고장 냈다.

▶ 我**把**笔记本电脑**弄坏了**。 Wǒ bǎ bǐjìběn diànnǎo nònghuài le. 나는 노트북을 고장 냈다.

⑪ **觉得……** juéde…… 생각하기에 ~인 듯 하다

▶ 我**觉得**今天的天气很凉快。 내가 생각하기에 오늘 날씨는 매우 시원한 것 같다.
Wǒ juéde jīntiān de tiānqì hěn liángkuai.

▶ 我**觉得**这个节目很有趣。 내가 생각하기에 이 프로그램은 매우 재미있는 것 같다.
Wǒ juéde zhè ge jiémù hěn yǒuqù.

⑫ **图片上有……** túpiàn shang yǒu…… 그림 속에는 ~이 있다

▶ **图片上有**许多汉语书。 그림 속에 많은 중국어 교재가 있다.
Túpiàn shang yǒu xǔduō Hànyǔ shū.

▶ **图片上有**很多杂志。 Túpiàn shang yǒu hěn duō zázhì. 그림 속에 많은 잡지들이 있다.

⑬ **打算……** dǎsuàn…… ~할 계획이다

▶ 他们**打算**去中国旅行。 Tāmen dǎsuàn qù Zhōngguó lǚxíng. 그들은 중국 여행을 갈 계획이다.

▶ 他**打算**准备毕业考试。 Tā dǎsuàn zhǔnbèi bìyè kǎoshì. 그는 졸업시험을 준비할 계획이다.

⑭ **估计……** gūjì…… ~라 예측하다

▶ 他**估计**现在出发也来得及。 그는 지금 출발해도 늦지 않을 것이라고 예측한다.
Tā gūjì xiànzài chūfā yě láidejí.

▶ 我**估计**他快要到了。 Wǒ gūjì tā kuàiyào dào le. 나는 그가 곧 도착할 것이라고 예측한다.

⑮ **又……又……** yòu……yòu…… 또 ~하고, 또 ~하다

▶ 他**又**唱歌**又**跳舞。 Tā yòu chànggē yòu tiàowǔ. 그는 노래도 부르고 또 춤도 춘다.

▶ 月亮**又**大**又**圆。 Yuèliang yòu dà yòu yuán. 달이 크고 둥글다.

⑯ **……啊！** ……a! 와 [문장 끝에 쓰여 감탄을 나타냄]

▶ 风景真美**啊**！ Fēngjǐng zhēn měi a! 풍경이 정말 아름답구나!

▶ 你的裙子多漂亮**啊**！ Nǐ de qúnzi duō piàoliang a! 네 치마는 정말 예쁘구나!

⑰ 还在……呢 hái zài……ne 아직 ~하고 있는 중이다
  ▶ 他还在洗澡呢。 Tā hái zài xǐzǎo ne. 그는 아직 목욕하고 있는 중이다.
  ▶ 他们还在聊天儿呢。 Tāmen hái zài liáotiānr ne. 그들은 아직 수다를 떨고 있다.

⑱ 跟……一起…… gēn……yìqǐ…… ~와 함께 ~하다
  ▶ 他跟朋友们一起去散步。 Tā gēn péngyǒumen yìqǐ qù sànbù. 그는 친구들과 함께 산책한다.
  ▶ 你跟我一起吃饭吧? Nǐ gēn wǒ yìqǐ chīfàn ba? 너 나와 함께 밥 먹을래?

⑲ 对……很合适 duì……hěn héshì…… ~에 매우 적합하다
  ▶ 这件衣服对她很合适。 Zhè jiàn yīfu duì tā hěn héshì. 이 옷은 그녀에게 매우 적합하다.
  ▶ 这公司对我很合适。 Zhè gōngsī duì wǒ hěn héshì. 이 회사는 나에게 매우 적합하다.

⑳ 猜猜…… cāicāi…… 추측하다
  ▶ 你猜猜这是什么? Nǐ cāicāi zhè shì shénme? 너는 이것이 무엇인지 맞혀볼래?
  ▶ 你猜猜我今年多大? Nǐ cāicāi wǒ jīnnián duō dà? 너는 내가 올해 몇 살인지 맞혀볼래?

PART 02

新HSK 4급 汉办 공식 개정 어휘 1200 DAY 20

*개정 단어는 병음 순으로 나열하였습니다.
단어 옆 숫자는 해당 급수 표시입니다.
PART 02의 MP3 음원은 Day별 단어를 묶어 폴더에 넣어 구성하였습니다.

0001	³阿姨	āyí	몡 아주머니
0002	³啊	a	조 문장 끝에 쓰여 감탄·찬탄을 나타냄
0003	³矮	ǎi	혱 (사람의 키가) 작다 (높이가) 낮다
0004	¹爱	ài	동 사랑하다, 좋아하다 (어떤 일을 취미로서) 애호하다
0005	³爱好	àihào	동 애호하다 몡 취미, 애호
0006	⁴爱情	àiqíng	몡 남녀 간의 애정, 사랑
0007	³安静	ānjìng	혱 조용하다
0008	⁴安排	ānpái	동 (인원·시간 등을) 안배하다, 일을 처리하다
0009	⁴安全	ānquán	혱 안전하다
0010	⁴按时	ànshí	부 제때에, 시간에 맞추어
0011	⁴按照	ànzhào	전 ~에 의해, ~에 따라
0012	¹八	bā	수 8, 팔, 여덟
0013	³把	bǎ	양 자루, 개 (자루 있는 물건을 세는 단위) 전 ~을[를]
0014	¹爸爸	bàba	몡 아빠, 아버지
0015	²吧	ba	조 문장 맨 끝에 쓰여, 상의·제의·청유·기대·명령 등의 어기를 나타냄
0016	²白	bái	혱 하얗다, 희다
0017	²百	bǎi	수 100, 백
0018	⁴百分之	bǎi fēn zhī	퍼센트
0019	³班	bān	몡 조, 그룹, 반
0020	³搬	bān	동 (비교적 크거나 무거운 것을) 옮기다, 운반하다
0021	³办法	bànfǎ	몡 (일을 처리하는) 방법, 수단
0022	³办公室	bàngōngshì	몡 사무실
0023	³半	bàn	수 절반, 2분의 1
0024	³帮忙	bāngmáng	동 일손을 돕다, 거들다
0025	²帮助	bāngzhù	동 돕다, 원조하다 몡 도움, 원조
0026	⁴棒	bàng	혱 (성적이) 좋다 (수준이) 높다 몡 몽둥이

0027	³包	bāo	명 주머니 가방 동 (종이나 베 혹은 기타 얇은 것으로) 싸다
0028	⁴包子	bāozi	명 (소가 든) 찐빵, 바오쯔
0029	³饱	bǎo	형 배부르다
0030	⁴保护	bǎohù	동 보호하다
0031	⁴保证	bǎozhèng	동 보증하다, 담보하다, 보장하다
0032	⁴报名	bàomíng	동 신청하다, 지원하다
0033	²报纸	bàozhǐ	명 신문
0034	⁴抱	bào	동 안다, 껴안다, 포옹하다
0035	⁴抱歉	bàoqiàn	동 미안해하다 형 죄송합니다
0036	¹杯子	bēizi	명 (술·물·차 등 음료의) 잔, 컵
0037	³北方	běifāng	명 북방, 북쪽
0038	¹北京	Běijīng	명 베이징 [중국의 수도]
0039	⁴倍	bèi	양 배, 배수, 곱절, 갑절
0040	³被	bèi	전 (피동문에서 행위자 앞 혹은 행위자를 생략한 채 동사 앞에 사용) 당하다
0041	¹本	běn	명 책, 공책 양 ~儿로 쓰여 (책의) 권을 나타냄
0042	⁴本来	běnlái	부 본래(본질), 원래(시간상)
0043	⁴笨	bèn	형 멍청하다, 우둔하다
0044	³鼻子	bízi	명 코
0045	²比	bǐ	전 ~에 비해, ~보다 동 비교하다
0046	³比较	bǐjiào	부 비교적, 상대적으로 동 비교하다
0047	⁴比如	bǐrú	동 예를 들다
0048	³比赛	bǐsài	명 경기, 시합 동 경기하다
0049	³笔记本	bǐjìběn	명 노트, 수첩
0050	³必须	bìxū	부 반드시 ~해야 한다, 꼭 ~해야 한다
0051	⁴毕业	bìyè	동 졸업하다
0052	³变化	biànhuà	동 변화하다, 달라지다 명 변화
0053	⁴遍	biàn	양 번, 차례, 회
0054	⁴标准	biāozhǔn	명 표준, 기준

0055	⁴表格	biǎogé	몡 표, 양식, 도표
0056	⁴表示	biǎoshì	동 의미하다, 가리키다
0057	⁴表演	biǎoyǎn	동 상연하다, 공연하다, 연기하다 몡 공연, 연기
0058	⁴表扬	biǎoyáng	동 칭찬하다, 표창하다
0059	²别	bié	대 그 밖에, 달리, 따로 부 ~하지 말라
0060	³别人	biérén	대 (나 또는 특정한 사람 이외의) 다른 사람

0061	²宾馆	bīnguǎn	몡 호텔
0062	³冰箱	bīngxiāng	몡 냉장고
0063	⁴饼干	bǐnggān	몡 비스킷, 과자
0064	⁴并且	bìngqiě	접 그리고, 게다가, 또한
0065	⁴博士	bóshì	몡 박사
0066	³不但…… 而且……	búdàn…… érqiě……	~뿐만 아니라, 게다가 ~
0067	⁴不过	búguò	접 그러나, 그렇지만
0068	¹不客气	bú kèqi	형 사양하지 않다
0069	¹不	bù	부 (동사·형용사 또는 기타 부사 앞에서) 부정(否定)을 나타냄
0070	⁴不得不	bùdébù	부 어쩔 수 없이
0071	⁴不管	bùguǎn	접 ~에 관계없이, ~을 막론하고
0072	⁴不仅	bùjǐn	접 ~뿐만 아니라
0073	⁴部分	bùfen	몡 (전체 중의) 부분, 일부(분)
0074	⁴擦	cā	동 (천·수건 등으로) 닦다
0075	⁴猜	cāi	동 추측하다, 알아맞히다
0076	⁴材料	cáiliào	몡 재료, 원료, 감, 자재
0077	¹菜	cài	몡 요리, 채소, 야채

44 PART 02

0078	³菜单	càidān	몡 메뉴, 식단
0079	⁴参观	cānguān	동 참관하다
0080	³参加	cānjiā	동 참가하다, 가입하다, 참여하다
0081	⁴餐厅	cāntīng	몡 식당, 레스토랑
0082	³草	cǎo	몡 풀
0083	⁴厕所	cèsuǒ	몡 화장실, 변소
0084	³层	céng	양 층, 겹
0085	¹茶	chá	몡 차
0086	³差	chà	혱 나쁘다, 표준에 못 미치다 동 부족하다, 모자라다
0087	⁴差不多	chābuduō	혱 (시간·정도·거리 등이) 비슷하다, 가깝다 부 거의, 대체로
0088	²长	cháng	혱 (길이가) 길다 몡 길이
0089	⁴长城	Chángchéng	몡 만리장성
0090	⁴长江	Chángjiāng	몡 양자강(扬子江)
0091	³尝	cháng	동 맛보다
0092	⁴场	chǎng	몡 장소, 곳 양 회, 번, 차례
0093	²唱歌	chànggē	동 노래 부르다
0094	⁴超过	chāoguò	동 초과하다, 넘다
0095	³超市	chāoshì	몡 슈퍼마켓
0096	³衬衫	chènshān	몡 와이셔츠, 셔츠, 블라우스
0097	⁴成功	chénggōng	동 성공하다 혱 성공적이다
0098	³成绩	chéngjì	몡 (일·학업상의) 성적, 성과, 수확
0099	⁴成为	chéngwéi	동 ~이[가] 되다, ~(으)로 되다
0100	⁴诚实	chéngshí	혱 진실하다, 성실하다
0101	³城市	chéngshì	몡 도시
0102	⁴乘坐	chéngzuò	동 (자동차·비행기 등을) 타다
0103	¹吃	chī	동 먹다
0104	⁴吃惊	chījīng	동 놀라다
0105	³迟到	chídào	동 지각하다
0106	⁴重新	chóngxīn	부 다시, 재차

0107	⁴抽烟	chōu yān	담배(를) 피우다
0108	²出	chū	동 나가다, 나오다
0109	⁴出差	chūchāi	동 (외지로) 출장 가다
0110	⁴出发	chūfā	동 출발하다, 떠나다
0111	⁴出生	chūshēng	동 출생하다, 태어나다
0112	⁴出现	chūxiàn	동 출현하다, 나타나다
0113	¹出租车	chūzūchē	명 택시
0114	³除了	chúle	전 ~을(를) 제외하고
0115	⁴厨房	chúfáng	명 주방, 부엌
0116	²穿	chuān	동 입다, 신다
0117	⁴传真	chuánzhēn	명 팩시밀리, 팩스
0118	³船	chuán	명 배, 선박
0119	⁴窗户	chuānghu	명 창문
0120	³春	chūn	명 봄, 춘계

0121	³词典	cídiǎn	명 사전
0122	⁴词语	cíyǔ	명 단어, 어휘
0123	²次	cì	양 차례, 번, 회
0124	³聪明	cōngming	형 똑똑하다, 총명하다
0125	²从	cóng	전 ~부터, ~을 기점으로, ~을 지나
0126	⁴从来	cónglái	부 (과거부터) 지금까지, 여태껏
0127	⁴粗心	cūxīn	형 소홀하다, 부주의하다
0128	⁴存	cún	동 보존하다, 저장하다
0129	²错	cuò	동 틀리다, 맞지 않다 명 잘못
0130	⁴错误	cuòwù	명 착오, 잘못

0131	⁴答案	dá'àn	몡 답안, 답, 해답
0132	⁴打扮	dǎban	동 화장하다, 꾸미다
0133	¹打电话	dǎ diànhuà	동 전화를 걸다
0134	²打篮球	dǎ lánqiú	농구하다
0135	⁴打扰	dǎrǎo	동 방해하다, 지장을 주다
0136	³打扫	dǎsǎo	동 청소하다
0137	³打算	dǎsuàn	동 ~하려고 하다 몡 생각, 계획
0138	⁴打印	dǎyìn	동 인쇄하다, 프린트하다
0139	⁴打招呼	dǎ zhāohu	동 인사하다 (사전에) 알리다
0140	⁴打折	dǎzhé	동 가격을 깎다, 할인하다
0141	⁴打针	dǎzhēn	동 주사를 놓다, 주사를 맞다
0142	¹大	dà	형 크다, 넓다, 많다, 세다
0143	⁴大概	dàgài	부 아마도, 대개
0144	²大家	dàjiā	대 모두, 다들
0145	⁴大使馆	dàshǐguǎn	몡 대사관
0146	⁴大约	dàyuē	부 대략, 대강, 얼추
0147	⁴大夫	dàifu	몡 의사
0148	³带	dài	동 몸에 지니다, 휴대하다 몡 띠, 벨트
0149	⁴戴	dài	동 착용하다, 쓰다, 몸에 달다
0150	³担心	dānxīn	동 걱정하다
0151	³蛋糕	dàngāo	몡 케이크
0152	⁴当	dāng	동 ~이[가] 되다, 담당하다
0153	³当然	dāngrán	형 당연하다, 물론이다 부 당연히
0154	⁴当时	dāngshí	몡 당시
0155	⁴刀	dāo	몡 칼
0156	⁴导游	dǎoyóu	몡 가이드
0157	²到	dào	동 도착하다, 어느 곳에 이르다 전 ~까지
0158	⁴到处	dàochù	몡 도처, 곳곳
0159	⁴到底	dàodǐ	부 도대체

0160	⁴倒	dǎo	동 상하·전후를 거꾸로 하다, 뒤집다, 쏟다 부 오히려
0161	⁴道歉	dàoqiàn	동 사과하다
0162	⁴得意	déyì	형 득의하다
0163	³地	de	조 ~하게 [부사어로 쓰이는 단어나 구 뒤에 쓴다]
0164	¹的	de	조 ~한, ~의 [관형어 뒤에 쓴다]
0165	²得①	de	조 결과나 정도를 나타내는 보어와 연결시킴 [동사나 형용사 뒤에 쓴다]
0166	⁴得②	děi	조동 ~해야 한다
0167	³灯	dēng	명 등, 라이트
0168	⁴登机牌	dēngjīpái	명 비행기의 탑승권
0169	⁴等②	děng	조 등, 따위
0170	²等①	děng	동 기다리다
0171	⁴低	dī	형 (높이나 등급이) 낮다
0172	⁴底	dǐ	명 밑, 바닥
0173	⁴地点	dìdiǎn	명 장소, 지점
0174	³地方	dìfang	명 장소, 곳
0175	⁴地球	dìqiú	명 지구
0176	³地铁	dìtiě	명 지하철
0177	³地图	dìtú	명 지도
0178	⁴地址	dìzhǐ	명 주소
0179	²弟弟	dìdi	명 남동생
0180	²第一	dìyī	수 제1, 제일이다

0181	¹点	diǎn	동 지명하다, 주문하다, 불을 붙이다 양 시(時)
0182	¹电脑	diànnǎo	명 컴퓨터

0183	¹电视	diànshì	명 텔레비전
0184	³电梯	diàntī	명 엘리베이터
0185	¹电影	diànyǐng	명 영화
0186	³电子邮件	diànzǐ yóujiàn	명 이메일
0187	⁴调查	diàochá	동 조사하다
0188	⁴掉	diào	동 떨어지다
0189	⁴丢	diū	동 잃다, 잃어버리다, 버리다
0190	³东	dōng	명 동쪽, 동방
0191	¹东西	dōngxi	명 물건, 물품
0192	³冬	dōng	명 겨울
0193	²懂	dǒng	동 알다, 이해하다
0194	³动物	dòngwù	명 동물
0195	⁴动作	dòngzuò	명 동작
0196	¹都	dōu	부 모두, 이미
0197	¹读	dú	동 읽다, 낭독하다
0198	⁴堵车	dǔchē	동 교통이 꽉 막히다
0190	⁴肚子	dùzi	명 복부
0200	³短	duǎn	형 짧다
0201	⁴短信	duǎnxìn	명 문자 메시지
0202	³段	duàn	양 단락, 토막
0203	³锻炼	duànliàn	동 단련하다, 제련하다
0204	²对 ①	duì	형 맞다, 옳다
0205	²对 ②	duì	전 ~에게, ~을[를] 향하여
0206	¹对不起	duìbuqǐ	동 미안합니다, 죄송합니다
0207	⁴对话	duìhuà	동 대화하다, 담판하다
0208	⁴对面	duìmiàn	명 맞은편, 반대편
0209	⁴对于	duìyú	전 ~에 대해(서), ~에 대하여
0210	¹多	duō	부 얼마나, 아무리 형 수량이 많다 수 여, 남짓
0211	³多么	duōme	부 얼마나

0212	¹多少	duōshao	⑪ 얼마, 몇
0213	³饿	è	⑱ 배고프다
0214	⁴儿童	értóng	⑲ 아동, 어린이
0215	¹儿子	érzi	⑲ 아들
0216	⁴而	ér	㉘ 그리고, ~지만, ~나
0217	³耳朵	ěrduo	⑲ 귀
0218	¹二	èr	㊴ 2, 둘
0219	³发	fā	⑧ 보내다, 건네주다, 발생하다
0220	³发烧	fāshāo	⑧ 열이 나다
0221	⁴发生	fāshēng	⑧ 생기다, 발생하다
0222	³发现	fāxiàn	⑧ 발견하다, 알아차리다
0223	⁴发展	fāzhǎn	⑧ 발전하다
0224	⁴法律	fǎlǜ	⑲ 법률
0225	⁴翻译	fānyì	⑧ 번역하다, 통역하다
0226	⁴烦恼	fánnǎo	⑱ 번뇌하다, 고민스럽다 ⑲ 걱정, 번뇌
0227	⁴反对	fǎnduì	⑧ 반대하다
0228	¹饭店	fàndiàn	⑲ 호텔, 식당
0229	³方便	fāngbiàn	⑱ 편리하다 ⑧ 편리하게 하다
0230	⁴方法	fāngfǎ	⑲ 방법, 수단
0231	⁴方面	fāngmiàn	⑲ 방면, 분야
0232	⁴方向	fāngxiàng	⑲ 방향
0233	⁴房东	fángdōng	⑲ 집주인
0234	²房间	fángjiān	⑲ 방
0235	³放	fàng	⑧ 놓아주다, 놓다, 넣다
0236	⁴放弃	fàngqì	⑧ 버리다, 포기하다
0237	⁴放暑假	fàng shǔjià	여름 방학을 하다
0238	⁴放松	fàngsōng	⑧ 늦추다, 느슨하게 하다, 긴장을 풀다
0239	³放心	fàngxīn	⑧ 마음을 놓다, 안심하다
0240	¹飞机	fēijī	⑲ 비행기

0241	²非常	fēicháng	튀 대단히, 매우, 아주
0242	³分	fēn	몡 분, 점 튕 나누다
0243	¹分钟	fēnzhōng	몡 (시간의) 분
0244	⁴份	fèn	얭 조각, 벌, 세트 몡 전체 중의 일부분
0245	⁴丰富	fēngfù	혱 많다, 풍부하다
0246	⁴否则	fǒuzé	쩝 만약 그렇지 않으면
0247	²服务员	fúwùyuán	몡 종업원
0248	⁴符合	fúhé	튕 부합하다
0249	⁴父亲	fùqīn	몡 아버지
0250	⁴付款	fùkuǎn	튕 돈을 지불하다
0251	⁴负责	fùzé	튕 책임지다
0252	³附近	fùjìn	몡 부근, 근처
0253	³复习	fùxí	튕 복습하다
0254	⁴复印	fùyìn	튕 복사하다
0255	⁴复杂	fùzá	혱 복잡하다
0256	⁴富	fù	혱 풍부하다, 부유하다
0257	⁴改变	gǎibiàn	튕 변하다, 바뀌다
0258	⁴干杯	gānbēi	튕 건배하다
0259	³干净	gānjìng	혱 깨끗하다
0260	⁴赶	gǎn	튕 쫓다, 재촉하다, 가다, 내쫓다
0261	⁴敢	gǎn	튀 감히 ~하다
0262	⁴感动	gǎndòng	튕 감동하다, 감동시키다
0263	⁴感觉	gǎnjué	튕 느끼다 몡 감각, 느낌
0264	³感冒	gǎnmào	튕 감기에 걸리다 몡 감기
0265	⁴感情	gǎnqíng	몡 감정
0266	⁴感谢	gǎnxiè	튕 고맙다, 감사하다

0267	³感兴趣	gǎnxìngqù	관심이 있다, 흥미를 느끼다
0268	⁴干	gàn	동 하다
0269	⁴刚	gāng	부 막, 바로, 가까스로, 마침, 꼭
0270	³刚才	gāngcái	명 아까, 방금 전
0271	²高	gāo	형 (높이나 기준이) 높다
0272	⁴高速公路	gāosù gōnglù	명 고속도로
0273	¹高兴	gāoxìng	형 기쁘다, 즐겁다 동 즐기다, 기뻐하다
0274	²告诉	gàosu	동 말하다, 알리다
0275	²哥哥	gēge	명 형, 오빠
0276	⁴胳膊	gēbo	명 팔
0277	¹个	gè	양 개, 사람
0278	³个子	gèzi	명 (사람의) 키
0279	⁴各	gè	대 각, 여러
0280	²给	gěi	동 주다 전 ~에게 (피동문에서 주체 혹은 동사 앞에서) ~에게 (~당하다)
0281	³根据	gēnjù	전 ~에 의거하여 명 근거
0282	³跟	gēn	전 ~와[과] 동 따라가다
0283	³更	gèng	부 더욱, 더
0284	⁴工资	gōngzī	명 월급
0285	¹工作	gōngzuò	동 일하다, 작업하다 명 직업, 일자리
0286	²公共汽车	gōnggòng qìchē	명 버스
0287	³公斤	gōngjīn	양 킬로그램(kg)
0288	⁴公里	gōnglǐ	양 킬로미터(km)
0289	²公司	gōngsī	명 회사
0290	³公园	gōngyuán	명 공원
0291	⁴功夫	gōngfu	명 실력, 능력, 무술, 시간(工夫)
0292	⁴共同	gòngtóng	형 공동의, 공통의 부 모두, 함께
0293	¹狗	gǒu	명 개
0294	⁴购物	gòuwù	동 물건을 사다

0295	⁴够	gòu	형 충분하다, 넉넉하다 부 매우, 아주 동 도달하다, 미치다
0296	⁴估计	gūjì	동 추측하다
0297	⁴鼓励	gǔlì	동 격려하다
0298	³故事	gùshi	명 이야기
0299	⁴故意	gùyì	부 고의로, 일부러
0300	⁴顾客	gùkè	명 고객, 손님

0301	³刮风	guā fēng	동 바람이 불다
0302	⁴挂	guà	동 걸다 (전화를) 끊다
0303	³关	guān	동 닫다, 가두다
0304	⁴关键	guānjiàn	명 관건 형 매우 중요한, 관건이 되다
0305	³关系	guānxì	명 관계 동 관계하다
0306	³关心	guānxīn	동 관심을 갖다, 관심을 기울이다
0307	³关于	guānyú	전 ~에 관하여
0308	⁴观众	guānzhòng	명 관중, 구경꾼, 시청자
0309	⁴管理	guǎnlǐ	동 보관하고 처리하다, 관리하다
0310	⁴光	guāng	부 단지, 다만 명 빛, 광선 동 드러내다
0311	⁴广播	guǎngbō	동 방송하다 명 방송
0312	⁴广告	guǎnggào	명 광고
0313	⁴逛	guàng	동 돌아다니다, 구경하다
0314	⁴规定	guīdìng	동 규정하다, 정하다
0315	²贵	guì	형 비싸다, 귀한
0316	⁴国籍	guójí	명 (사람의) 국적
0317	⁴国际	guójì	명 국제 형 국제적인
0318	³国家	guójiā	명 국가, 나라

0319	⁴果汁	guǒzhī	몡 과일즙
0320	³过②	guò	동 가다, 건너다
0321	⁴过程	guòchéng	몡 과정
0322	³过去	guòqù	몡 과거 동 지나가다
0323	²过①	guo	조 ~한 적이 있다 [어떤 동작이나 변화가 일찍이 발생하였음을 나타냄]
0324	²还①	hái	부 역시, 아직, 또
0325	³还是	háishi	접 또는, 아니면 부 여전히, 아직, 그래도
0326	²孩子	háizi	몡 애, 어린이
0327	⁴海洋	hǎiyáng	몡 해양, 바다
0328	³害怕	hàipà	동 겁내다, 두려워하다
0329	⁴害羞	hàixiū	동 부끄러워하다, 수줍어하다
0330	⁴寒假	hánjià	몡 겨울 방학
0331	¹汉语	Hànyǔ	몡 중국어, 한어
0332	⁴汗	hàn	몡 땀
0333	⁴航班	hángbān	몡 운항편, 항공편
0334	¹好	hǎo	형 좋다, 낫다
0335	²好吃	hǎochī	형 맛있다, 맛나다
0336	⁴好处	hǎochu	몡 이익, 이로운 점
0337	⁴好像	hǎoxiàng	부 마치 ~과 같다
0338	¹号	hào	몡 번호, 일(日)
0339	⁴号码	hàomǎ	몡 번호, 숫자
0340	¹喝	hē	동 마시다
0341	⁴合格	hégé	형 규격에 맞다, 합격이다
0342	⁴合适	héshì	형 적당하다, 알맞다
0343	¹和	hé	전 ~와[과] 접 ~와[과]
0344	⁴盒子	hézi	몡 작은 상자, 합, 곽
0345	²黑	hēi	형 검다, 까맣다
0346	³黑板	hēibǎn	몡 칠판

0347	¹很	hěn	부 매우, 대단히, 아주
0348	²红	hóng	형 붉다, 빨갛다
0349	⁴后悔	hòuhuǐ	동 후회하다
0350	³后来	hòulái	명 그 후, 그 뒤, 그 다음
0351	¹后面	hòumiàn	명 뒤, 뒤쪽, 뒷면
0352	⁴厚	hòu	형 두껍다, 두텁다
0353	⁴互联网	hùliánwǎng	명 인터넷
0354	⁴互相	hùxiāng	부 서로, 상호
0355	⁴护士	hùshi	명 간호사
0356	³护照	hùzhào	명 여권
0357	³花 ①	huā	명 꽃
0358	³花 ②	huā	동 (돈이나 시간 등을) 쓰다
0359	³画	huà	동 그림을 그리다
0360	⁴怀疑	huáiyí	동 의심하다

Day 7

0361	³坏	huài	형 나쁘다
0362	³欢迎	huānyíng	동 환영하다
0363	³还 ②	huán	동 돌아가다, 돌아오다, 갚다
0364	³环境	huánjìng	명 환경
0365	³换	huàn	동 교환하다
0366	³黄河	Huáng Hé	명 황하(강)
0367	¹回	huí	동 돌아오다(가다), 돌리다, 회답하다 양 번, 회
0368	³回答	huídá	동 대답하다, 회답하다
0369	⁴回忆	huíyì	동 회상하다, 추억하다 명 추억, 회상
0370	¹会	huì	조동 (배워서) ~을[를] 할 수 있다

0371	³会议	huìyì	몡 회의
0372	⁴活动	huódòng	동 몸을 움직이다, 운동하다
0373	⁴活泼	huópō	형 활발하다
0374	⁴火	huǒ	몡 불, 화염
0375	²火车站	huǒchēzhàn	몡 기차역
0376	³或者	huòzhě	접 ~이던가 아니면 ~이다
0377	⁴获得	huòdé	동 얻다, 취득하다
0378	³几乎	jīhū	부 거의, 하마터면
0379	²机场	jīchǎng	몡 공항, 비행장
0380	³机会	jīhuì	몡 기회
0381	²鸡蛋	jīdàn	몡 계란
0382	⁴积极	jījí	형 적극적이다, 열성적이다
0383	⁴积累	jīlěi	동 쌓이다, 누적되다
0384	⁴基础	jīchǔ	몡 기초
0385	⁴激动	jīdòng	동 격렬하다, 열성적이다
0386	⁴及时	jíshí	형 시기 적절하다 부 즉시, 곧바로
0387	³极	jí	부 아주, 극히
0388	⁴即使	jíshǐ	접 설령 ~하더라도
0389	¹几	jǐ	대 몇, 얼마 수 몇 [부정확한 수를 대신함]
0390	⁴计划	jìhuà	동 계획하다, 기획하다
0391	³记得	jìde	동 기억하고 있다
0392	⁴记者	jìzhě	몡 기자
0393	⁴技术	jìshù	몡 기술
0394	³季节	jìjié	몡 계절, 철, 절기
0395	⁴既然	jìrán	접 ~된 바에야, ~한 이상
0396	⁴继续	jìxù	동 계속하다
0397	⁴寄	jì	동 우편으로 부치다, 보내다
0398	⁴加班	jiābān	동 초과 근무를 하다
0399	⁴加油站	jiāyóuzhàn	몡 주유소

0400	¹家	jiā	명 집 양 가정, 집 [가게, 가정, 공장 등을 세는 단위]
0401	⁴家具	jiājù	명 가구
0402	⁴假	jiǎ	형 거짓의, 가짜의
0403	⁴价格	jiàgé	명 가격, 값
0404	⁴坚持	jiānchí	동 견지하다, 고수하다
0405	³检查	jiǎnchá	동 검사하다
0406	⁴减肥	jiǎnféi	동 살을 빼다, 감량하다
0407	⁴减少	jiǎnshǎo	동 감소하다, 줄다, 줄이다
0408	³简单	jiǎndān	형 간단하다, 단순하다
0409	³见面	jiànmiàn	동 만나다, 대면하다
0410	²件	jiàn	양 건, 개
0411	⁴建议	jiànyì	동 제안하다, 건의하다 명 건의
0412	³健康	jiànkāng	형 건강하다
0413	⁴将来	jiānglái	명 장래, 미래
0414	⁴讲	jiǎng	동 말하다, 이야기하다
0415	⁴奖金	jiǎngjīn	명 상금, 상여금
0416	⁴降低	jiàngdī	동 내리다, 낮추다, 인하하다
0417	⁴降落	jiàngluò	동 내려오다, 착륙하다
0418	⁴交	jiāo	동 왕래하다, 사귀다
0419	⁴交流	jiāoliú	동 서로 소통하다, 교류하다
0420	⁴交通	jiāotōng	명 교통

Day 8

0421	⁴郊区	jiāoqū	명 도시의 변두리
0422	⁴骄傲	jiāo'ào	형 오만하다, 거만하다
0423	³教	jiāo	동 가르치다

0424	³角	jiǎo	몡 뿔, 모서리, 구석 양 위안의 1/10
0425	⁴饺子	jiǎozi	몡 만두, 교자
0426	³脚	jiǎo	몡 발
0427	¹叫	jiào	동 (~라고) 하다, 부르다, ~을[를] 시키다 전 ~에 의하여 [피동문에서 주체 앞에 쓴다]
0428	²教室	jiàoshì	몡 교실
0429	⁴教授	jiàoshòu	몡 교수
0430	⁴教育	jiàoyù	몡 교육 동 교육하다
0431	³接	jiē	동 잇다, 연결하다, 받다, 마중하다
0432	⁴接受	jiēshòu	동 받아들이다, 받다
0433	⁴接着	jiēzhe	동 이어서 ~을[를] 하다
0434	³街道	jiēdào	몡 거리, 가두
0435	⁴节	jié	몡 기념일, 관절 동 절약하다 양 수업 시간
0436	³节目	jiémù	몡 프로그램
0437	³节日	jiérì	몡 경축일, 명절
0438	⁴节约	jiéyuē	동 절약하다
0439	⁴结果	jiéguǒ	몡 결과 부 결국, 끝내
0440	³结婚	jiéhūn	동 결혼하다
0441	³结束	jiéshù	동 끝나다, 마치다
0442	²姐姐	jiějie	몡 누나, 언니
0443	³解决	jiějué	동 해결하다
0444	⁴解释	jiěshì	동 해석하다
0445	²介绍	jièshào	동 소개하다
0446	³借	jiè	동 빌리다
0447	¹今天	jīntiān	몡 오늘
0448	⁴尽管	jǐnguǎn	접 비록 ~지만, ~에도 불구하고 부 얼마든지, 마음대로
0449	⁴紧张	jǐnzhāng	형 긴장해 있다, 불안하다
0450	²进	jìn	동 들다
0451	⁴进行	jìnxíng	동 진행하다

0452	²近	jìn	형 가깝다, 짧다
0453	⁴禁止	jìnzhǐ	동 금지하다, 불허하다
0454	⁴京剧	jīngjù	명 경극
0455	³经常	jīngcháng	부 언제나, 늘
0456	³经过	jīngguò	동 경유하다, 통과하다
0457	⁴经济	jīngjì	명 경제, 국민 경제
0458	³经理	jīnglǐ	명 매니저, 지배인
0459	⁴经历	jīnglì	동 체험하다, 경험하다, 겪다
0460	⁴经验	jīngyàn	명 경험, 체험 동 경험하다
0461	⁴精彩	jīngcǎi	형 뛰어나다, 훌륭하다
0462	⁴景色	jǐngsè	명 풍경, 경치
0463	⁴警察	jǐngchá	명 경찰
0464	⁴竞争	jìngzhēng	동 경쟁하다 명 경쟁
0465	⁴竟然	jìngrán	부 뜻밖에도, 의외로
0466	⁴镜子	jìngzi	명 거울
0467	⁴究竟	jiūjìng	부 도대체, 대관절 명 경위, 결말, 결과
0468	¹九	jiǔ	수 9, 아홉
0469	³久	jiǔ	형 오래다, 시간이 길다
0470	³旧	jiù	형 헐다, 낡다
0471	²就	jiù	부 즉시, 바로, 당장, 겨우
0472	⁴举	jǔ	동 들다
0473	⁴举办	jǔbàn	동 거행하다, 열다
0474	⁴举行	jǔxíng	동 거행하다
0475	³句子	jùzi	명 문, 문장
0476	⁴拒绝	jùjué	동 거절하다, 거부하다
0477	⁴距离	jùlí	명 거리, 간격
0478	⁴聚会	jùhuì	명 모임, 집회
0479	³决定	juédìng	동 결정하다
0480	²觉得	juéde	동 ~라고 여기다

Day 9

0481	²咖啡	kāfēi	명 커피
0482	¹开	kāi	동 열다, 켜다, 개업하다, 개설하다, 거행하다, 발행하다, 끓다
0483	²开始	kāishǐ	동 시작되다, 개시하다 명 처음, 시작
0484	⁴开玩笑	kāi wánxiào	동 농담하다, 놀리다
0485	⁴开心	kāixīn	형 기쁘다, 즐겁다
0486	¹看	kàn	동 보다, ~라고 생각하다, 진찰하다(받다), ~에 달려있다
0487	⁴看法	kànfǎ	명 견해
0488	¹看见	kànjiàn	동 보다, 보이다
0489	⁴考虑	kǎolǜ	동 고려하다, 생각하다
0490	²考试	kǎoshì	동 시험을 치다 명 시험
0491	⁴烤鸭	kǎoyā	명 오리구이
0492	⁴科学	kēxué	명 과학 형 과학적이다
0493	⁴棵	kē	양 그루, 포기
0494	⁴咳嗽	késou	동 기침하다 명 기침
0495	³可爱	kě'ài	형 귀엽다
0496	⁴可怜	kělián	형 가련하다, 불쌍하다
0497	²可能	kěnéng	형 가능하다 명 가능성, 가망 조동 아마도
0498	⁴可是	kěshì	접 그러나, 하지만, 그렇지만
0499	⁴可惜	kěxī	형 섭섭하다, 아쉽다
0500	²可以	kěyǐ	조동 ~할 수 있다 형 좋다, 괜찮다
0501	³渴	kě	형 목이 타다, 목마르다
0502	³刻	kè	동 새기다 양 15분
0503	³客人	kèrén	명 손님, 고객
0504	⁴客厅	kètīng	명 객실, 응접실
0505	²课	kè	명 수업, 강의, 과
0506	⁴肯定	kěndìng	부 확실히, 틀림없이 동 확언하다, 확신하다 형 확실하다

0507	⁴空	kōng	형 공허한 명 하늘 부 헛되이 / 형 비어있는 명 빈 공간, 짬
0508	⁴空气	kōngqì	명 공기
0509	³空调	kōngtiáo	명 에어컨
0510	⁴恐怕	kǒngpà	부 아마 ~일 것이다, 대체로
0511	³口	kǒu	명 입 양 식구 (돼지를 셀 때) 마리, 모금
0512	³哭	kū	동 울다
0513	⁴苦	kǔ	형 쓰다, 고생스럽다
0514	³裤子	kùzi	명 바지
0515	¹块	kuài	양 덩이, 조각, 장, 위안 [인민폐의 기본 단위]
0516	²快	kuài	형 빠르다, 날카롭다, 시원스럽다 부 곧
0517	²快乐	kuàilè	형 즐겁다, 유쾌하다
0518	³筷子	kuàizi	명 젓가락
0519	⁴矿泉水	kuàngquánshuǐ	명 광천수, 생수
0520	⁴困	kùn	형 피곤하다, 졸리다
0521	⁴困难	kùnnan	명 곤란, 어려움
0522	⁴垃圾桶	lājītǒng	명 쓰레기통
0523	⁴拉	lā	동 끌다, 당기다, 견인하다
0524	⁴辣	là	형 맵다
0525	¹来	lái	동 오다
0526	⁴来不及	láibují	동 따라가지 못하다, 제 시간에 댈 수 없다
0527	⁴来得及	láidejí	동 늦지 않다, 제 시간에 댈 수 있다
0528	⁴来自	láizì	~로부터 오다, ~에서 나오다
0529	³蓝	lán	형 푸르다
0530	⁴懒	lǎn	형 게으르다, 나태하다
0531	⁴浪费	làngfèi	동 낭비하다
0532	⁴浪漫	làngmàn	형 낭만적이다, 로맨틱하다
0533	³老	lǎo	형 늙다
0534	⁴老虎	lǎohǔ	명 호랑이
0535	¹老师	lǎoshī	명 선생님, 스승

0536	¹了	le	㨂 행위의 완성, 사건의 발생 또는 변화를 나타냄
0537	²累	lèi	휑 지치다, 피곤하다
0538	¹冷	lěng	휑 춥다, 인기가 없다
0539	⁴冷静	lěngjìng	휑 냉정하다, 침착하다
0540	²离	lí	㨂 ~로부터

Day 10

0541	³离开	líkāi	동 떠나다
0542	⁴礼拜天	lǐbàitiān	명 일요일
0543	⁴礼貌	lǐmào	명 예의, 예의범절
0544	³礼物	lǐwù	명 선물, 예물
0545	¹里	lǐ	명 가운데, 안쪽, 내부
0546	⁴理发	lǐfà	동 이발하다, 머리를 깎다
0547	⁴理解	lǐjiě	동 알다, 이해하다
0548	⁴理想	lǐxiǎng	명 이상 휑 이상적이다
0549	⁴力气	lìqi	명 힘
0550	³历史	lìshǐ	명 역사
0551	⁴厉害	lìhai	휑 사납다, 대단하다
0552	⁴例如	lìrú	동 예를 들면
0553	⁴俩	liǎ	수 두 개
0554	⁴连	lián	동 잇다 부 계속하여 전 ~조차도
0555	⁴联系	liánxì	동 연락하다, 연결하다
0556	³脸	liǎn	명 얼굴
0557	³练习	liànxí	동 연습하다, 익히다 명 연습 문제, 숙제
0558	⁴凉快	liángkuai	휑 시원하다, 서늘하다
0559	²两	liǎng	수 2, 둘

62 PART 02

0560	³辆	liàng	양 대, 량
0561	³聊天	liáo tiān	동 한담하다, 이야기하다
0562	³了解	liǎojiě	동 자세하게 알다
0563	³邻居	línjū	명 이웃집
0564	²零	líng	수 0, 영
0565	⁴零钱	língqián	명 푼돈, 잔돈
0566	⁴另外	lìngwài	대 다른 사람이나 사물 접 이외에
0567	⁴留	liú	동 남기다
0568	⁴留学	liúxué	동 유학하다
0569	⁴流利	liúlì	형 막힘이 없다, 유창하다
0570	⁴流行	liúxíng	동 유행하다 형 유행하는
0571	¹六	liù	수 6, 여섯
0572	³楼	lóu	명 다층 건물 양 층
0573	²路	lù	명 길, 도로
0574	⁴旅行	lǚxíng	동 여행하다
0575	²旅游	lǚyóu	동 여행하다, 관광하다
0576	⁴律师	lǜshī	명 변호사
0577	³绿	lǜ	형 푸르다
0578	⁴乱	luàn	형 어지럽다, 혼란하다
0579	¹妈妈	māma	명 엄마, 어머니
0580	⁴麻烦	máfan	형 귀찮다 동 폐를 끼치다
0581	³马	mǎ	명 말
0582	⁴马虎	mǎhu	형 조심성이 없다
0583	³马上	mǎshàng	부 곧, 즉시
0584	¹吗	ma	조 의문의 어기를 나타냄
0585	¹买	mǎi	동 사다, 구매하다
0586	²卖	mài	동 팔다, 판매하다
0587	⁴满	mǎn	형 가득차다, 가득하다
0588	³满意	mǎnyì	형 만족하다, 만족스럽다

0589	²慢	màn	형 느리다
0590	²忙	máng	형 바쁘다
0591	¹猫	māo	명 고양이
0592	⁴毛	máo	명 털, 깃, 깃털 양 화폐단위 [元의 1/10]
0593	⁴毛巾	máojīn	명 수건, 타월
0594	³帽子	màozi	명 모자
0595	没关系	méi guānxi	괜찮다, 상관없다
0596	¹没有	méiyǒu	동 (소유 혹은 존재가) 없다, ~만 못하다 (수량이) ~가 안 되다
0597	²每	měi	대 매, 각, ~마다
0598	⁴美丽	měilì	형 아름답다, 예쁘다
0599	²妹妹	mèimei	명 여동생
0600	²门	mén	명 문 양 과목

0601	⁴梦	mèng	명 꿈
0602	⁴迷路	mílù	동 길을 잃다
0603	³米	mǐ	명 쌀
0604	¹米饭	mǐfàn	명 쌀밥
0605	⁴密码	mìmǎ	명 암호, 비밀 번호
0606	⁴免费	miǎnfèi	동 무료로 하다
0607	³面包	miànbāo	명 빵
0608	³面条	miàntiáo	명 국수
0609	⁴秒	miǎo	양 초
0610	⁴民族	mínzú	명 민족
0611	¹名字	míngzi	명 이름, 성명
0612	³明白	míngbai	동 이해하다

0613	¹明天	míngtiān	몡	내일, 명일
0614	⁴母亲	mǔqīn	몡	엄마, 어머니
0615	⁴目的	mùdì	몡	목적
0616	³拿	ná	동	쥐다, 잡다, 가지다
0617	¹哪	nǎ	대	어느, 어느 것
0618	¹哪儿	nǎr	대	어디
0619	¹那	nà	대	저, 그, 저것, 그것
0620	³奶奶	nǎinai	몡	할머니
0621	⁴耐心	nàixīn	몡 인내심 형	참을성이 있다
0622	²男	nán	형	남자(의)
0623	³南	nán	몡	남, 남쪽
0624	³难	nán	형	어렵다, 힘들다, 곤란하다
0625	⁴难道	nándào	부	설마 ~란 말인가? 설마 ~하겠는가?
0626	³难过	nánguò	형	괴롭다, 슬프다
0627	⁴难受	nánshòu	형	몸이 불편하다, 상심하다
0628	¹呢	ne	조	의문 혹은 지속을 나타냄
0629	⁴内	nèi	몡	안, 속, 내부
0630	⁴内容	nèiróng	몡	내용
0631	¹能	néng	조동	~할 수 있다
0632	⁴能力	nénglì	몡	능력
0633	¹你	nǐ	대	너, 당신
0634	¹年	nián	몡 년, 해 양	년
0635	³年级	niánjí	몡	학년
0636	⁴年龄	niánlíng	몡	연령
0637	³年轻	niánqīng	형	젊다, 어리다
0638	³鸟	niǎo	몡	새
0639	²您	nín	대	당신 ['你'의 높임말]
0640	²牛奶	niúnǎi	몡	우유
0641	⁴弄	nòng	동	하다, 행하다, 만들다

0642	³努力	nǔlì	동 노력하다
0643	²女	nǚ	형 여자(의)
0644	¹女儿	nǚ'ér	명 딸
0645	⁴暖和	nuǎnhuo	형 따뜻하다, 따사롭다
0646	⁴偶尔	ǒu'ěr	부 때때로, 가끔
0647	³爬山	pá shān	산을 오르다
0648	⁴排队	páiduì	동 줄을 서다
0649	⁴排列	páiliè	동 배열하다, 정렬하다
0650	³盘子	pánzi	명 쟁반, 접시
0651	⁴判断	pànduàn	동 판단하다, 판정하다
0652	²旁边	pángbiān	명 옆, 곁
0653	³胖	pàng	형 뚱뚱하다
0654	²跑步	pǎobù	동 달리다, 구보하다
0655	⁴陪	péi	동 모시다, 동반하다
0656	¹朋友	péngyou	명 친구
0657	⁴批评	pīpíng	동 비판하다, 지적하다
0658	⁴皮肤	pífū	명 피부
0659	³皮鞋	píxié	명 가죽 구두
0660	³啤酒	píjiǔ	명 맥주

Day 12

0661	⁴脾气	píqi	명 성격, 기질
0662	⁴篇	piān	양 편, 장
0663	²便宜	piányi	형 값이 싸다
0664	⁴骗	piàn	동 속이다, 기만하다
0665	²票	piào	명 표

0666	¹漂亮	piàoliang	형 예쁘다, 아름답다
0667	⁴乒乓球	pīngpāngqiú	명 탁구
0668	⁴平时	píngshí	명 평소, 평상시
0669	¹苹果	píngguǒ	명 사과
0670	³瓶子	píngzi	명 병
0671	⁴破	pò	동 파손되다, 찢어지다
0672	⁴葡萄	pútao	명 포도
0673	⁴普遍	pǔbiàn	형 보편적인, 일반적인
0674	⁴普通话	pǔtōnghuà	명 현대 중국 표준어
0675	¹七	qī	수 7, 일곱
0676	²妻子	qīzi	명 아내
0677	⁴其次	qícì	대 순서상으로 부차적인 것, 그 다음
0678	³其实	qíshí	부 사실은, 실제는
0679	³其他	qítā	대 기타, 그 외
0680	⁴其中	qízhōng	대 그 중에, 그 안에
0681	³奇怪	qíguài	형 이상하다, 괴이하다
0682	³骑	qí	동 타다
0683	²起床	qǐchuáng	잠자리에서 일어나다
0684	³起飞	qǐfēi	동 이륙하다
0685	³起来	qǐlái	동 일어나다
0686	⁴气候	qìhòu	명 기후
0687	²千	qiān	수 1,000, 천
0688	⁴千万	qiānwàn	부 부디, 제발
0689	²铅笔	qiānbǐ	명 연필
0690	⁴签证	qiānzhèng	명 비자, 사증
0691	¹前面	qiánmiàn	명 앞
0692	¹钱	qián	명 돈
0693	⁴敲	qiāo	동 두드리다
0694	⁴桥	qiáo	명 다리, 교량

0695	⁴巧克力	qiǎokèlì	명 초콜릿
0696	⁴亲戚	qīnqi	명 친척
0697	⁴轻	qīng	형 가볍다
0698	⁴轻松	qīngsōng	형 수월하다, 부담이 없다
0699	³清楚	qīngchu	형 분명하다, 뚜렷하다
0700	⁴情况	qíngkuàng	명 상황, 정황, 형편, 사정
0701	²晴	qíng	형 하늘이 맑다
0702	¹请	qǐng	동 청하다, 부탁하다
0703	³请假	qǐng jià	동 휴가를 신청하다
0704	⁴穷	qióng	형 빈곤하다, 궁하다
0705	³秋	qiū	명 가을
0706	⁴区别	qūbié	명 구별, 차이 동 구별하다
0707	⁴取	qǔ	동 취하다, 받다
0707	¹去	qù	동 가다, 떠나다
0709	²去年	qùnián	명 작년
0710	⁴全部	quánbù	명 전부, 전체, 모두
0711	⁴缺点	quēdiǎn	명 결점, 단점
0712	⁴缺少	quēshǎo	동 부족하다, 모자라다
0713	⁴却	què	부 ~지만, ~하지만
0714	⁴确实	quèshí	형 확실하다 부 확실히
0715	³裙子	qúnzi	명 치마, 스커트
0716	⁴然而	rán'ér	접 그러나, 하지만, 그렇지만
0717	³然后	ránhòu	접 그런 후에, 그 다음에
0718	²让	ràng	동 사양하다, 양보하다, 시키다 전 ~에게 (~되다)
0719	¹热	rè	형 덥다, 뜨겁다 동 가열하다 명 열
0720	⁴热闹	rènao	형 번화하다, 흥성거리다

0721	³热情	rèqíng	형 열정적이다, 친절하다
0722	¹人	rén	명 사람, 인간
0723	¹认识	rènshi	동 알다, 인식하다
0724	³认为	rènwéi	동 ~라고 여기다, ~라고 생각하다
0725	³认真	rènzhēn	형 진지하다, 착실하다
0726	⁴任何	rènhé	대 어떠한
0727	⁴任务	rènwu	명 임무
0728	⁴扔	rēng	동 던지다
0729	⁴仍然	réngrán	부 변함없이, 여전히
0730	¹日	rì	명 해, 일, 날
0731	⁴日记	rìjì	명 일기
0732	³容易	róngyì	형 쉽다
0733	³如果	rúguǒ	접 만약
0734	⁴入口	rùkǒu	명 입구
0735	¹三	sān	수 3, 셋
0736	³伞	sǎn	명 우산
0737	⁴散步	sànbù	동 산보하다
0738	⁴森林	sēnlín	명 삼림, 숲
0739	⁴沙发	shāfā	명 소파
0740	⁴伤心	shāngxīn	동 상심하다, 슬퍼하다
0741	¹商店	shāngdiàn	명 상점
0742	⁴商量	shāngliang	동 상의하다, 의논하다, 협의하다
0743	¹上	shàng	명 위, 지난 동 올라가다, 가다, 내놓다, 바르다
0744	²上班	shàng bān	동 출근하다
0745	³上网	shàng wǎng	동 인터넷을 하다
0746	¹上午	shàngwǔ	명 오전, 상오

0747	⁴稍微	shāowēi	부 조금, 약간
0748	⁴勺子	sháozi	명 국자, 수저
0749	¹少	shǎo	형 적다 동 부족하다, 빠지다
0750	⁴社会	shèhuì	명 사회
0751	¹谁	shéi	대 누구
0752	⁴申请	shēnqǐng	동 신청하다
0753	²身体	shēntǐ	명 몸, 신체
0754	⁴深	shēn	형 깊다
0755	¹什么	shénme	대 무엇, 무슨
0756	⁴甚至	shènzhì	접 심지어, ~까지도
0757	²生病	shēng bìng	동 병이 나다
0758	⁴生活	shēnghuó	명 생활
0759	⁴生命	shēngmìng	명 생명
0760	³生气	shēng qì	동 화내다
0761	²生日	shēngrì	명 생일
0762	⁴生意	shēngyi	명 장사
0763	³声音	shēngyīn	명 소리, 목소리
0764	⁴省	shěng	동 절약하다
0765	⁴剩	shèng	동 남다
0766	⁴失败	shībài	동 실패하다
0767	⁴失望	shīwàng	동 실망하다
0768	⁴师傅	shīfu	명 스승, 사부, 선생님
0769	¹十	shí	수 10, 열
0770	⁴十分	shífēn	부 매우, 아주
0771	¹时候	shíhou	명 때, 시각
0772	²时间	shíjiān	명 시간
0773	⁴实际	shíjì	형 실제의 명 실제
0774	⁴实在	shízài	부 확실히, 정말, 참으로
0775	⁴使	shǐ	동 (~에게) ~시키다, ~하게 하다

0776	⁴使用	shǐyòng	동 사용하다, 쓰다
0777	⁴世纪	shìjì	명 세기
0778	³世界	shìjiè	명 세계
0779	²事情	shìqing	명 일, 사건
0780	³试	shì	동 시험삼아 해 보다, 시험하다

0781	¹是	shì	동 ~이다
0782	⁴是否	shìfǒu	부 ~인지 아닌지
0783	⁴适合	shìhé	동 적합하다, 부합하다
0784	⁴适应	shìyìng	동 적응하다
0785	⁴收	shōu	동 받다, 접수하다
0786	⁴收入	shōurù	명 수입, 소득
0787	⁴收拾	shōushi	동 정리하다, 치우다
0788	²手表	shǒubiǎo	명 손목시계
0789	²手机	shǒujī	명 휴대전화
0790	⁴首都	shǒudū	명 수도
0791	⁴首先	shǒuxiān	부 가장 먼저
0792	⁴受不了	shòubuliǎo	견딜 수 없다
0793	⁴受到	shòudào	동 얻다, 받다
0794	⁴售货员	shòuhuòyuán	명 판매원
0795	³瘦	shòu	형 마르다, 여위다
0796	¹书	shū	명 책
0797	³叔叔	shūshu	명 숙부, 작은아버지, 삼촌
0798	³舒服	shūfu	형 편안하다
0799	⁴输	shū	동 패하다, 지다

0800	⁴熟悉	shúxī	형 잘 알다, 숙지하다
0801	³树	shù	명 나무, 수목
0802	⁴数量	shùliàng	명 수량, 양
0803	³数学	shùxué	명 수학
0804	⁴数字	shùzì	명 숫자
0805	³刷牙	shuā yá	동 이를 닦다
0806	⁴帅	shuài	형 잘생기다, 멋지다
0807	³双	shuāng	양 짝, 켤레, 쌍
0808	¹水	shuǐ	명 물
0809	¹水果	shuǐguǒ	명 과일, 과실
0810	³水平	shuǐpíng	명 수준
0811	¹睡觉	shuìjiào	동 자다
0812	⁴顺便	shùnbiàn	부 ~하는 김에
0813	⁴顺利	shùnlì	형 순조롭다
0814	⁴顺序	shùnxù	명 순서, 차례
0815	¹说	shuō	동 말하다, 설명하다, 가리키다, 나무라다
0816	²说话	shuō huà	동 말하다
0817	⁴说明	shuōmíng	동 설명하다, 해설하다
0818	⁴硕士	shuòshì	명 석사
0819	³司机	sījī	명 기사, 운전사
0820	⁴死	sǐ	동 죽다
0821	¹四	sì	수 4, 넷
0822	²送	sòng	동 보내다, 배웅하다, 선물하다
0823	⁴速度	sùdù	명 속도
0824	⁴塑料袋	sùliàodài	명 비닐 봉투
0825	⁴酸	suān	형 시다
0826	²虽然…… 但是……	suīrán…… dànshì……	비록 ~이지만 그러나~
0827	⁴随便	suíbiàn	부 마음대로, 함부로, 마음대로 하다 형 제멋대로 하다

0828	⁴随着	suízhe	동 ~에 따르다
0829	¹岁	suì	명 살, 세
0830	⁴孙子	sūnzi	명 손자
0731	⁴所有	suǒyǒu	형 모든, 전부의
0832	¹他	tā	대 그, 그 사람
0833	²它	tā	대 그, 저, 그것, 저것
0834	¹她	tā	대 그녀
0835	⁴台	tái	양 (기계·차량·설비 등을 세는) 대
0836	⁴抬	tái	동 들어올리다
0837	¹太	tài	부 대단히, 매우, 지나치게
0838	³太阳	tàiyáng	명 태양, 해
0839	⁴态度	tàidu	명 태도
0840	⁴谈	tán	동 말하다

0841	⁴弹钢琴	tán gāngqín	피아노를 치다
0842	⁴汤	tāng	명 국, 탕
0843	⁴糖	táng	명 설탕, 사탕
0844	⁴躺	tǎng	동 눕다, 드러눕다
0845	⁴趟	tàng	양 차례, 번
0846	⁴讨论	tǎolùn	동 토론하다
0847	⁴讨厌	tǎoyàn	동 싫어하다, 미워하다
0848	³特别	tèbié	형 특별하다 부 특히
0849	⁴特点	tèdiǎn	명 특색, 특점
0850	³疼	téng	형 아프다
0851	²踢足球	tī zúqiú	축구를 하다

0852	⁴提	tí	동	끌어올리다, 제기하다, 들다
0853	³提高	tígāo	동	제고하다, 향상시키다
0854	⁴提供	tígōng	동	제공하다, 공급하다
0855	⁴提前	tíqián	동	앞당기다
0856	⁴提醒	tíxǐng	동	일깨우다, 깨우치다
0857	²题	tí	명	문제
0858	³体育	tǐyù	명	체육
0859	¹天气	tiānqì	명	날씨, 일기
0860	³甜	tián	형	달다, 달콤하다
0861	⁴填空	tiánkòng	동	빈칸에 써 넣다
0862	³条	tiáo	양	가늘고 긴 것을 세는 단위
0863	⁴条件	tiáojiàn	명	조건
0864	²跳舞	tiào wǔ	동	춤을 추다
0865	¹听	tīng	동	듣다, 듣고 따르다
0866	⁴停	tíng	동	정지하다, 멎다, 세우다, 체류하다
0867	⁴挺	tǐng	부	상당히, 대단히
0868	⁴通过	tōngguò	동	건너가다, 통과하다
0869	⁴通知	tōngzhī	동	통지하다
0870	⁴同情	tóngqíng	동	동정하다
0871	⁴同时	tóngshí	명	동시, 같은 시간
0872	³同事	tóngshì	명	동료
0873	¹同学	tóngxué	명	동창, 학우, 학교 친구
0874	³同意	tóngyì	동	동의하다
0875	³头发	tóufa	명	머리카락, 머리털
0876	³突然	tūrán	형	갑작스럽다 부 갑자기, 문득
0877	³图书馆	túshūguǎn	명	도서관
0878	⁴推	tuī	동	밀다
0879	⁴推迟	tuīchí	동	뒤로 미루다, 늦추다
0880	³腿	tuǐ	명	다리

0881	⁴脱	tuō	동 몸에서 벗다
0882	⁴袜子	wàzi	명 양말, 스타킹
0883	²外	wài	명 밖, 바깥
0884	²完	wán	동 마치다, 끝나다
0885	³完成	wánchéng	동 완성하다
0886	⁴完全	wánquán	부 완전히 형 완전하다
0887	²玩	wán	동 놀다, 놀이하다
0888	²晚上	wǎnshang	명 저녁
0889	³碗	wǎn	명 그릇 양 그릇
0890	³万	wàn	수 10,000, 만
0891	⁴网球	wǎngqiú	명 테니스
0892	⁴网站	wǎngzhàn	명 웹사이트
0893	²往	wǎng	동 ~로 향하다
0894	⁴往往	wǎngwǎng	부 왕왕, 자주
0895	³忘记	wàngjì	동 잊다
0896	⁴危险	wēixiǎn	형 위험하다 명 위험
0897	⁴卫生间	wèishēngjiān	명 화장실
0898	³为	wèi	전 ~을[를] 위하여, ~때문에
0899	³为了	wèile	전 ~을[를] 하기 위하여
0900	²为什么	wèishénme	왜, 어째서

Day 16

0901	³位	wèi	양 분, 명 [사람을 세는 단위]
0902	⁴味道	wèidào	명 맛
0903	¹喂	wèi	감 야, 이봐, 여보세요
0904	⁴温度	wēndù	명 온도

0905	³文化	wénhuà	몡 문화, 교육 수준
0906	⁴文章	wénzhāng	몡 글, 문장
0907	²问	wèn	동 묻다, 질문하다
0908	²问题	wèntí	몡 문제
0909	¹我	wǒ	대 나, 저
0910	¹我们	wǒmen	대 우리
0911	⁴污染	wūrǎn	동 오염시키다, 오염되다
0912	⁴无	wú	동 없다
0913	⁴无聊	wúliáo	형 심심하다
0914	⁴无论	wúlùn	접 ~에 관계 없이
0915	¹五	wǔ	수 5, 다섯
0916	⁴误会	wùhuì	동 오해하다 몡 오해
0917	³西	xī	몡 서쪽
0918	²西瓜	xīguā	몡 수박
0919	⁴西红柿	xīhóngshì	몡 토마토
0920	⁴吸引	xīyǐ	동 흡인하다, 빨아당기다
0921	²希望	xīwàng	동 희망하다 몡 희망
0922	³习惯	xíguàn	몡 버릇, 습관 동 익숙해지다
0923	²洗	xǐ	동 씻다, 빨다
0924	³洗手间	xǐshǒujiān	몡 화장실
0925	³洗澡	xǐzǎo	동 목욕하다, 몸을 씻다
0926	¹喜欢	xǐhuan	동 좋아하다
0927	¹下	xià	몡 밑, 아래 동 내려가다 (결론을)내리다, 넣다, 마치다
0928	¹下午	xiàwǔ	몡 오후
0929	¹下雨	xià yǔ	동 비가 오다
0930	³夏	xià	몡 여름
0931	³先	xiān	부 먼저
0932	¹先生	xiānsheng	몡 성인 남성에 대한 경칭
0933	⁴咸	xián	형 짜다

0934	⁴现金	xiànjīn	몡 현금
0935	¹现在	xiànzài	몡 현재, 이제
0936	⁴羡慕	xiànmù	통 흠모하다, 부러워하다
0937	⁴相反	xiāngfǎn	접 반대로 혱 상반되다
0938	⁴相同	xiāngtóng	혱 서로 같다, 일치하다
0939	³相信	xiāngxìn	통 믿다, 신임하다
0940	⁴香	xiāng	혱 향기롭다, 맛이 좋다
0941	³香蕉	xiāngjiāo	몡 바나나
0942	⁴详细	xiángxì	혱 상세하다, 자세하다
0943	⁴响	xiǎng	통 울리다 혱 소리가 크다
0944	¹想	xiǎng	조동 ~하고 싶다 통 생각하다, 그리워하다
0945	³向	xiàng	전 ~로, ~을[를] 향하여
0946	³像	xiàng	통 같다, 비슷하다, 닮다
0947	⁴橡皮	xiàngpí	몡 지우개
0948	⁴消息	xiāoxi	몡 소식
0949	¹小	xiǎo	혱 작다, 어리다 (서열이) 맨끝의
0950	⁴小吃	xiǎochī	몡 간단한 먹을거리
0951	⁴小伙子	xiǎohuǒzi	몡 젊은 청년, 총각
0952	¹小姐	xiǎojiě	몡 아가씨
0953	²小时	xiǎoshí	몡 시간
0954	⁴小说	xiǎoshuō	몡 소설
0955	³小心	xiǎoxīn	통 조심하다
0956	³校长	xiàozhǎng	몡 학교장
0957	²笑	xiào	통 웃다
0958	⁴笑话	xiàohua	몡 우스운 이야기 통 비웃다, 조소하다
0959	⁴效果	xiàoguǒ	몡 효과
0960	¹些	xiē	양 조금, 약간
0961	¹写	xiě	통 글씨를 쓰다
0962	¹谢谢	xièxie	통 감사하다, 고맙다

0963	⁴心情	xīnqíng	몡 심정, 기분
0964	⁴辛苦	xīnkǔ	휑 고생스럽다
0965	²新	xīn	휑 새로운
0966	³新闻	xīnwén	몡 뉴스
0967	³新鲜	xīnxiān	휑 신선하다, 싱싱하다
0968	⁴信封	xìnfēng	몡 편지 봉투
0969	⁴信息	xìnxī	몡 정보
0970	⁴信心	xìnxīn	몡 자신, 신념
0971	³信用卡	xìnyòngkǎ	몡 신용 카드
0972	⁴兴奋	xīngfèn	휑 격동하다, 격분하다, 흥분하다
0973	¹星期	xīngqī	몡 주일, 요일
0974	⁴行	xíng	동 유능하다, 걷다, 가다, ~해도 좋다
0975	³行李箱	xínglixiāng	몡 짐가방
0976	⁴醒	xǐng	동 잠에서 깨다
0977	⁴幸福	xìngfú	휑 행복하다 몡 행복
0978	⁴性别	xìngbié	몡 성별
0979	⁴性格	xìnggé	몡 성격
0980	²姓	xìng	몡 성, 성씨 동 성이 ~이다
0981	³熊猫	xióngmāo	몡 팬더
0982	²休息	xiūxi	동 휴식하다, 쉬다
0983	⁴修理	xiūlǐ	동 수리하다, 수선하다
0984	³需要	xūyào	동 필요하다
0985	⁴许多	xǔduō	휑 매우 많다
0986	³选择	xuǎnzé	동 고르다, 선택하다
0987	⁴学期	xuéqī	몡 학기
0988	¹学生	xuéshēng	몡 학생
0989	¹学习	xuéxí	동 공부하다, 배우다
0990	¹学校	xuéxiào	몡 학교
0991	²雪	xuě	몡 눈

0992	⁴压力	yālì	명 압력, 스트레스
0993	⁴呀	ya	조 조사 '啊'의 변형
0994	⁴牙膏	yágāo	명 치약
0995	⁴亚洲	Yàzhōu	명 아시아주
0996	⁴严格	yángé	형 엄격하다, 엄하다
0997	⁴严重	yánzhòng	형 위급하다, 심각하다
0998	⁴研究	yánjiū	동 연구하다, 고려하거나 협의하다
0999	⁴盐	yán	명 소금
1000	²颜色	yánsè	명 색, 색깔

Day 17

1001	²眼睛	yǎnjing	명 눈
1002	⁴眼镜	yǎnjìng	명 안경
1003	⁴演出	yǎnchū	동 공연하다 명 공연
1004	⁴演员	yǎnyuán	명 배우, 연기자
1005	²羊肉	yángròu	명 양고기
1006	⁴阳光	yángguāng	명 햇빛
1007	⁴养成	yǎngchéng	동 (습관 등을) 기르다, 배양하다
1008	⁴样子	yàngzi	명 모양, 모습
1009	³要求	yāoqiú	동 요구하다 명 요구
1010	⁴邀请	yāoqǐng	동 초청하다 명 초청, 초대
1011	²药	yào	명 약, 약물
1012	²要	yào	조동 ~하려 하고 있다 동 요구하다, 청구하다 접 만약
1013	⁴要是	yàoshi	접 만약 ~이라면
1014	⁴钥匙	yàoshi	명 열쇠
1015	³爷爷	yéye	명 할아버지

1016	²也	yě	튄 ~도
1017	⁴也许	yěxǔ	튄 어쩌면, 아마도
1018	⁴叶子	yèzi	명 잎
1019	⁴页	yè	명 쪽, 면
1020	¹一	yī	수 1, 하나
1021	³一般	yìbān	형 보통이다, 일반적이다
1022	³一边	yìbiān	명 한쪽, 한 편 튄 ~하면서 ~하다
1023	¹一点儿	yìdiǎnr	수량 조금
1024	³一定	yídìng	튄 반드시, 꼭
1025	³一共	yígòng	튄 모두, 전부
1026	³一会儿	yíhuìr	수량 잠시, 잠깐 튄 ~하다가 ~하다
1027	²一起	yìqǐ	튄 같이, 함께 명 같은 장소
1028	⁴一切	yíqiè	대 일체, 모든 것
1029	²一下	yíxià	수량 한번, 한차례 튄 잠깐
1030	³一样	yíyàng	형 같다
1031	³一直	yìzhí	튄 계속, 줄곧, 똑바로
1032	¹衣服	yīfu	명 옷, 의복
1033	¹医生	yīshēng	명 의사
1034	¹医院	yīyuàn	명 병원
1035	²已经	yǐjīng	튄 이미, 벌써
1036	⁴以	yǐ	전 ~로써, ~으로, ~에 의거하여
1037	³以前	yǐqián	명 이전, 예전
1038	⁴以为	yǐwéi	동 여기다, 간주하다
1039	¹椅子	yǐzi	명 의자
1040	⁴艺术	yìshù	명 예술
1041	⁴意见	yìjiàn	명 견해, 의견
1042	²意思	yìsi	명 의미, 뜻, 재미, 성의
1043	⁴因此	yīncǐ	접 이로 인하여

1044	²因为…… 所以……	yīnwèi…… suǒyǐ……	~이기 때문에 그래서 ~
1045	²阴	yīn	형 흐리다
1046	³音乐	yīnyuè	명 음악
1047	³银行	yínháng	명 은행
1048	⁴引起	yǐnqǐ	동 일으키다, 야기하다, 끌다
1049	³饮料	yǐnliào	명 음료
1050	⁴印象	yìnxiàng	명 인상
1051	³应该	yīnggāi	조동 ~해야 한다
1052	⁴赢	yíng	동 이기다, 승리하다
1053	³影响	yǐngxiǎng	명 영향 동 영향을 주다
1054	⁴应聘	yìngpìn	동 지원하다
1055	⁴永远	yǒngyuǎn	부 영원히
1056	⁴勇敢	yǒnggǎn	형 용감하다
1057	³用	yòng	동 쓰다, 사용하다
1058	⁴优点	yōudiǎn	명 장점
1059	⁴优秀	yōuxiù	형 우수하다
1060	⁴幽默	yōumò	형 유머러스하다
1061	⁴尤其	yóuqí	부 더욱이, 특히
1062	⁴由	yóu	전 ~에 의해, ~이/가, ~로부터, ~로써
1063	⁴由于	yóuyú	전 ~때문에
1064	⁴邮局	yóujú	명 우체국
1065	³游戏	yóuxì	명 게임, 놀이 동 놀다
1066	²游泳	yóuyǒng	동 수영하다, 헤엄치다
1067	⁴友好	yǒuhǎo	형 우호적이다
1068	⁴友谊	yǒuyì	명 우의, 우정
1069	¹有	yǒu	동 있다
1070	³有名	yǒumíng	형 유명하다
1071	⁴有趣	yǒuqù	형 재미있다
1072	³又	yòu	부 또, 다시

1073	²右边	yòubian	몡 오른쪽
1074	⁴于是	yúshì	젭 그래서, 그리하여
1075	²鱼	yú	몡 물고기
1076	⁴愉快	yúkuài	혱 기쁘다, 유쾌하다
1077	⁴与	yǔ	젭 ~와[과] 젠 ~와[과]
1078	⁴羽毛球	yǔmáoqiú	몡 배드민턴
1079	⁴语法	yǔfǎ	몡 어법
1080	⁴语言	yǔyán	몡 언어

Day 19

1081	⁴预习	yùxí	동 예습하다
1082	³遇到	yùdào	동 만나다, 마주치다
1083	³元	yuán	양 위안 [중국 본위 화폐 단위]
1084	⁴原来	yuánlái	부 원래, 본래, 알고 보니
1085	⁴原谅	yuánliàng	동 양해하다
1086	⁴原因	yuányīn	몡 원인
1087	²远	yuǎn	혱 멀다
1088	³愿意	yuànyì	조동 ~하기를 바라다 동 희망하다
1089	⁴约会	yuēhuì	동 약속하다 몡 약속
1090	¹月	yuè	몡 달, 월
1091	³月亮	yuèliang	몡 달
1092	⁴阅读	yuèdú	동 열독하다, 읽다
1093	³越	yuè	동 뛰어넘다 부 점점 ~하다, ~할수록 ~하다
1094	⁴云	yún	몡 구름
1095	⁴允许	yǔnxǔ	동 동의하다, 허락하다
1096	²运动	yùndòng	동 운동하다 몡 운동, 캠페인

1097	⁴杂志	zázhì	명 잡지
1098	²再	zài	부 재차, 또
1099	¹再见	zàijiàn	동 또 뵙겠습니다, 안녕
1100	¹在	zài	동 ~에 있다 전 ~에, ~에서
1101	⁴咱们	zánmen	대 우리
1102	⁴暂时	zànshí	명 잠깐, 잠시
1103	⁴脏	zāng	형 더럽다
1104	²早上	zǎoshang	명 아침
1105	⁴责任	zérèn	명 책임
1106	¹怎么	zěnme	대 어떻게, 왜, 어째서
1107	¹怎么样	zěnmeyàng	대 어떻다, 어떠하다
1108	⁴增加	zēngjiā	동 증가하다, 늘리다
1109	⁴占线	zhànxiàn	동 전화 선로가 통화 중이다
1110	³站	zhàn	동 서다, 일어서다 명 정거장, 역
1111	³张	zhāng	양 장 동 열다, 펼치다
1112	²长②	zhǎng	동 자라다, 생기다
1113	²丈夫	zhàngfu	명 남편
1114	⁴招聘	zhāopìn	동 모집하다, 초빙하다
1115	³着急	zháojí	동 조급해하다
1116	²找	zhǎo	동 찾다
1117	⁴照	zhào	동 비추다, (사진이나 영화를) 찍다
1118	³照顾	zhàogù	동 돌보다, 간호하다
1119	³照片	zhàopiàn	명 사진
1120	³照相机	zhàoxiàngjī	명 사진기, 카메라
1121	¹这	zhè	대 이, 이것
1122	²着	zhe	조 ~하고 있다, ~한 채로 있다
1123	²真	zhēn	부 확실히, 진정으로 형 진실하다
1124	⁴真正	zhēnzhèng	형 진정한, 참된 부 정말로
1125	⁴整理	zhěnglǐ	동 정리하다

1126	⁴正常	zhèngcháng	⑱ 정상적인
1127	⁴正好	zhènghǎo	⑱ 꼭 맞다 ⑼ 마침, 때마침
1128	⁴正确	zhèngquè	⑱ 정확하다, 올바르다
1129	⁴正式	zhèngshì	⑱ 정식의
1130	²正在	zhèngzài	⑼ 지금 ~하고 있다
1131	⁴证明	zhèngmíng	⑧ 증명하다 ⑲ 증명서
1132	⁴之	zhī	⑭ 이, 그, 이것, 그것 ㉠ ~의
1133	⁴支持	zhīchí	⑧ 지지하다
1134	³只①	zhī	⑱ 마리
1135	²知道	zhīdào	⑧ 알다, 이해하다
1136	⁴知识	zhīshi	⑲ 지식
1137	⁴直接	zhíjiē	⑱ 직접적인
1138	⁴值得	zhíde	⑧ ~할 만한 가치가 있다
1139	⁴职业	zhíyè	⑲ 직업
1140	⁴植物	zhíwù	⑲ 식물

1141	³只②	zhī	⑼ 단지, 다만
1142	⁴只好	zhǐhǎo	⑼ 부득이, 부득불, 어쩔 수 없이
1143	⁴只要	zhǐyào	⑳ ~하기만 하면
1144	⁴只有…… 才……	zhǐyǒu…… cái……	오로지 ~해야만 비로소 ~
1145	⁴指	zhǐ	⑲ 손가락 ⑧ 가리키다
1146	⁴至少	zhìshǎo	⑼ 적어도, 최소한
1147	⁴质量	zhìliàng	⑲ 품질
1148	¹中国	Zhōngguó	⑲ 중국

1149	³中间	zhōngjiān	명 중간, 가운데
1150	³中文	Zhōngwén	명 중국어, 중국 글
1151	¹中午	zhōngwǔ	명 정오
1152	³终于	zhōngyú	부 마침내, 결국
1153	³种①	zhǒng	양 종, 종류
1154	⁴重	zhòng	형 무겁다
1155	⁴重点	zhòngdiǎn	명 중점
1156	⁴重视	zhòngshì	동 중시하다
1157	³重要	zhòngyào	형 중요하다
1158	³周末	zhōumò	명 주말
1159	⁴周围	zhōuwéi	명 주위, 주변
1160	³主要	zhǔyào	형 주요한, 주된
1161	⁴主意	zhǔyi	명 방법, 생각
1162	¹住	zhù	동 숙박하다, 살다
1163	³注意	zhùyì	동 주의하다, 조심하다
1164	⁴祝贺	zhùhè	동 축하하다, 경하하다
1165	⁴著名	zhùmíng	형 저명하다, 유명하다
1166	⁴专门	zhuānmén	형 전문적이다 부 전문적으로, 일부러
1167	⁴专业	zhuānyè	명 전공, 전문 형 전문의
1168	⁴转	zhuǎn/zhuàn	동 회전하다, 바뀌다, 전하다 / 동 돌다, 돌아다니다
1169	⁴赚	zhuàn	동 벌다
1170	²准备	zhǔnbèi	동 준비하다
1171	⁴准确	zhǔnquè	형 확실하다, 정확하다
1172	⁴准时	zhǔnshí	형 시간에 맞다 부 제때에
1173	¹桌子	zhuōzi	명 탁자, 테이블
1174	⁴仔细	zǐxì	형 세심하다, 꼼꼼하다
1175	³自己	zìjǐ	대 자기, 자신
1176	⁴自然	zìrán	명 자연 형 천연의, 자연의
1177	⁴自信	zìxìn	동 자신하다 명 자신감

1178	³自行车	zìxíngchē	몡 자전거
1179	¹字	zì	몡 문자, 글자
1180	⁴总结	zǒngjié	동 총괄하다 몡 총결산
1181	³总是	zǒngshì	뷔 늘, 언제나
1182	²走	zǒu	동 걷다, 떠나다, 통과하다
1183	⁴租	zū	동 세내다, 임차하다
1184	³嘴	zuǐ	몡 입
1185	²最	zuì	뷔 가장, 제일
1186	⁴最好	zuìhǎo	혱 가장 좋다 뷔 ~하는 게 제일 좋다
1187	⁴最后	zuìhòu	혱 최후의
1188	³最近	zuìjìn	몡 최근, 요즈음
1189	⁴尊重	zūnzhòng	동 존중하다
1190	¹昨天	zuótiān	몡 어제
1191	²左边	zuǒbian	몡 왼쪽, 왼편
1192	⁴左右	zuǒyòu	몡 좌와 우, 좌우, 가량 동 좌우하다
1193	⁴作家	zuòjiā	몡 작가
1194	³作业	zuòyè	몡 숙제, 과제
1195	⁴作用	zuòyòng	몡 작용, 역할
1196	⁴作者	zuòzhě	몡 저자, 필자
1197	¹坐	zuò	동 앉다
1198	⁴座	zuò	몡 좌석, 자리
1199	⁴座位	zuòwèi	몡 좌석, 자리
1200	¹做	zuò	동 하다

PART 03

新HSK 4급
汉办 新大纲
추가 어휘

1 이중 조합 단어

★2개 이상의 단어를 조합하여 만든 단어

Part 3-1

	단어	병음	뜻	大纲词
1	保修期	bǎoxiūqī	보증기간, 보증수리기간	保证 修理 学期
2	餐桌	cānzhuō	명 식탁	餐厅 桌子
3	茶叶	cháyè	명 (가공을 거친) 찻잎	茶 叶子
4	长处	chángchu	명 장점, 우수한 점	长 好处
5	车窗	chēchuāng	차창	公共汽车 窗户
6	车速	chēsù	명 자동차의 속도, 차의 속력	出租车 速度
7	成败	chéngbài	명 성패, 성공과 실패	成功 失败
8	乘客	chéngkè	명 승객	乘坐 客人
9	传真机	chuánzhēnjī	명 팩스, 팩시밀리	传真 照相机
10	存放	cúnfàng	동 맡기다, 보관해 두다, 내버려 두다	存 放
11	打败	dǎbài	동 (적이나 맞수를) 싸워 이기다 동 (전투·경기 등에서) 지다, 패하다	打扫 失败
12	打印机	dǎyìnjī	명 프린터	打印 照相机
13	大海	dàhǎi	명 바다, 대해, 해양	大 海洋
14	电视剧	diànshìjù	명 텔레비전 드라마	电视 京剧
15	房租	fángzū	명 집세, 임대료	房间 租
16	肥胖	féipàng	형 뚱뚱하다, 비만하다	减肥 胖
17	丰富多彩	fēngfù duōcǎi	성 풍부하고 다채롭다, 내용이 알차고 형식이 다양하다	丰富 多 精彩
18	风速	fēngsù	명 풍속	刮风 速度
19	服务区	fúwùqū	고속도로 휴게소	服务员 郊区
20	父母	fùmǔ	명 부모	父亲 母亲
21	付费	fùfèi	비용을 지불하다	付款 免费
22	复印机	fùyìnjī	명 복사기	复印 照相机

23	富有	fùyǒu	동 충분히 가지다, 풍부하다 형 부유하다	富 有
24	购买	gòumǎi	동 사다, 구매하다, 구입하다	购物 买
25	观看	guānkàn	동 보다, 참관하다, 관람하다	参观 看
26	海水	hǎishuǐ	명 바닷물, 해수	海洋 水
27	寒冷	hánlěng	형 한랭하다, 춥고 차다	寒假 冷
28	坏处	huàichu	명 나쁜 점, 결점, 해로운 점	坏 好处
29	环保	huánbǎo	'环境保护(환경보호)'의 약칭	环境 保护
30	货物	huòwù	명 물품, 상품, 화물	售货员 购物
31	获取	huòqǔ	동 얻다, 취득하다, 획득하다	获得 取
32	加倍	jiābèi	동 배가하다 부 배로, 특히, 더더욱	增加 倍
33	加入	jiārù	동 넣다, 붙이다, 보태다, 가입하다	参加 入口
34	价钱	jiàqian	명 값, 가격	价格 钱
35	减轻	jiǎnqīng	동 (수량·중량이) 경감하다, (정도가) 내려가다	减少 轻
36	奖学金	jiǎngxuéjīn	명 장학금	奖金 学习
37	降价	jiàngjià	동 가격을 낮추다(인하하다), 할인하다	降低 价格
38	降温	jiàngwēn	동 온도를 내리다(낮추다), 기온이 떨어지다	降低 温度
39	交谈	jiāotán	동 이야기를 나누다	交流 谈
40	金钱	jīnqián	명 금전, 화폐, 돈	现金 钱
41	进入	jìnrù	동 (어떤 시기·상태·범위에) 들다, 진입하다	进 入口
42	景点	jǐngdiǎn	명 경치가 좋은 곳, 명승지, 명소	景色 地点
43	警察局	jǐngchájú	경찰서	警察 邮局
44	举例	jǔlì	동 예를 들다	举 例如
45	科技	kējì	명 과학 기술	科学 技术
46	快速	kuàisù	형 신속하다, 빠르다, 쾌속의	快 速度
47	垃圾袋	lājīdài	명 쓰레기 봉투	垃圾桶 塑料袋
48	礼拜六	lǐbàiliù	토요일	礼拜天 六

49	例子	lìzi	몡 예, 보기, 본보기	例如 句子
50	留言	liúyán	동 말을 남기다, 쪽지를 남기다 몡 메모	留 语言
51	旅程	lǚchéng	몡 여정, 여로	旅游 过程
52	美好	měihǎo	형 좋다, 아름답다, 행복하다 [주로 추상적인 사물에 쓰임]	美丽 好
53	美景	měijǐng	몡 아름다운 경치	美丽 景色
54	美味	měiwèi	몡 좋은 맛, 맛있는 음식	美丽 味道
55	能够	nénggòu	동 ~할 수 있다, ~해도 된다	能 够
56	女性	nǚxìng	형 여성의 몡 여성	女 性别
57	牌子	páizi	몡 상표, 브랜드(brand)	登机牌 筷子
58	气温	qìwēn	몡 기온	天气 温度
59	亲情	qīnqíng	몡 혈육간의 정	父亲 感情
60	取得	qǔdé	동 취득하다, 얻다	取 获得
61	全身	quánshēn	몡 전신, 온몸 동 몸을 온전히 하다	全部 完全 身体
62	入睡	rùshuì	동 잠들다	入口 睡觉
63	入学	rùxué	동 입학하다, 취학하다	入口 学校
64	山区	shānqū	몡 산간 지역, 산악 지구	爬山 郊区
65	商场	shāngchǎng	몡 백화점, 쇼핑센터	商店 机场
66	时速	shísù	몡 시속	小时 速度
67	售票员	shòupiàoyuán	몡 매표원	售货员 票
68	树叶	shùyè	몡 나뭇잎	树 叶子
69	孙女	sūnnǚ	몡 손녀	孙子 女
70	谈话	tánhuà	동 이야기하다	谈 说话
71	谈论	tánlùn	동 담론하다, 논의하다	谈 讨论
72	提交	tíjiāo	동 제출하다, 제기하다	提 交
73	体温	tǐwēn	몡 체온	身体 温度
74	听众	tīngzhòng	몡 청중	听 观众
75	停车	tíngchē	동 차량이 정차하다, 주차하다	停 出租车

76	停止	tíngzhǐ	동 멈추다, 정지하다, 머물다	停	禁止
77	网页	wǎngyè	명 인터넷 홈페이지	网站	页
78	网址	wǎngzhǐ	명 웹사이트 주소, 인터넷 주소	网站	地址
79	午餐	wǔcān	명 점심(밥), 오찬	中午	餐厅
80	细心	xìxīn	형 (생각이나 일 처리가) 세심하다, 면밀하다	仔细	小心
81	下降	xiàjiàng	동 하강하다, (정도가) 떨어지다, (수량이) 줄어들다	下	降落
82	香味	xiāngwèi	명 향, 향기, 향기로운 맛	香	味道
83	信箱	xìnxiāng	명 사서함, 우체통	信封	行李箱
84	选购	xuǎngòu	동 골라서 사다, 선택하여 사다	选择	购物
85	选取	xuǎnqǔ	동 골라 채용하다, 선택하다, 취하다	选择	取
86	研究生	yánjiūshēng	명 대학원생, 연구생	研究	学生
87	用处	yòngchu	명 용도, 쓸모	用	好处
88	友情	yǒuqíng	명 우정	友谊	爱情
89	原价	yuánjià	명 원가	原来	价格
90	暂停	zàntíng	동 잠시 중지하다, 멈추다, 일시 정지하다	暂时	停
91	增多	zēngduō	동 많아지다, 증가하다	增加	多
92	增进	zēngjìn	동 증진하다, 증진시키다	增加	进
93	增长	zēngzhǎng	동 증가하다, 늘어나다, 향상시키다	增加	长
94	之后	zhīhòu	명 ~뒤, ~다음, 그 후	之	后来
95	之间	zhījiān	명 (~의) 사이 [2음절 동사나 부사 뒤에 쓰여 짧은 시간을 나타냄]	之	中间
96	之前	zhīqián	명 ~이전, ~의 앞(전)	之	以前
97	之所以	zhīsuǒyǐ	접 ~의 이유, ~한 까닭	之	因为…所以…
98	指出	zhǐchū	동 밝히다, 지적하다, 가리키다	指	出
99	住址	zhùzhǐ	명 주소	住	地址
100	租金	zūjīn	명 임대료	租	现金
101	做梦	zuòmèng	동 꿈을 꾸다, 헛된 생각을 하다	做	梦

2 음절 축약 단어

★다음절 단어에서 음절을 생략하여 만든 단어

Part 3-2

NO	默认词			大纲词
1	按	àn	(전) ~에 의거하여, ~에 따라서 (동) (손이나 손가락 등으로) 누르다	按照
2	报	bào	(동) (서면으로 자세히) 제출하다, (은혜를) 보답하다, (원한을) 보복하다	报名
3	表	biǎo	(명) 표, 도표	表格
4	并	bìng	(동) 병렬하다, 나란히 하다 (부) 결코, 전혀, 조금도	并且
5	超	chāo	(동) 초과하다, (규정된 한도를) 벗어나다	超过
6	成	chéng	(동) ~이 되다, 완성하다, 성사시키다	成为
7	乘	chéng	(동) (교통수단·가축 등에) 타다, 오르다	乘坐
8	此	cǐ	(대) 이, 이것, 이렇게, 이 때, 이 곳	因此
9	粗	cū	(형) (길이가 긴 물건의 굵기가) 굵다	粗心
10	袋	dài	(명) 봉지, 자루, 주머니	塑料袋
11	得	dé	(동) 얻다, 획득하다, 받다, 적당하다	获得
12	登记	dēngjì	(동) 등기하다, 등록하다, 기입하다	登机牌
13	堵	dǔ	(동) 막다, 틀어막다, 가로막다, 답답하다	堵车
14	队	duì	(명) (어떤 성질을 지닌) 단체, 팀, 대열	排队
15	反	fǎn	(형) 거꾸로의, 반대의 (동) 뒤집다, 돌아가다	相反
16	放假	fàngjià	(동) 방학하다, (학교나 직장이) 쉬다	放暑假
17	费	fèi	(명) 비용, 요금, 수수료 (동) 소비하다	免费
18	封	fēng	(동) 밀봉하다, 밀폐하다	信封
19	负	fù	(동) 부담하다, (임무를) 맡다, (짐을) 지다	负责
20	付	fù	(동) 넘겨주다, 돈을 지급하다, 지불하다	付款
21	改	gǎi	(동) 고치다, 변화시키다, 바로잡다	改变

22	钢琴	gāngqín	명 피아노	弹钢琴
23	公路	gōnglù	명 (주로 차가 다니는 사외의) 도로	高速公路
24	购	gòu	동 구매하다, 사다, 사들이다	购物
25	盒	hé	명 통, 함, 갑, 곽	盒子
26	活	huó	동 살다, 생존하다, 생활하다	生活
27	货	huò	명 물품, 상품, 화물	售货员
28	获	huò	동 얻다, 획득하다, 취득하다	获得
29	既	jì	접 ~할 뿐만 아니라, (이왕) ~한 바에는	既然
30	加	jiā	동 더하다, 보태다, 첨가하다, 가하다	增加
31	加油	jiāyóu	동 힘을 내다, 격려하다, 파이팅!	加油站
32	减	jiǎn	동 빼다, 줄이다, 낮아지다, 쇠퇴하다	减少
33	江	jiāng	명 강	长江
34	将	jiāng	부 ~하게 될 것이다, 장차, 곧, 막	将来
35	奖	jiǎng	명 상(赏) 동 표창하다, 칭찬하다	奖金
36	降	jiàng	동 내리다, 내려가다, 낮추다	降低
37	仅	jǐn	부 겨우, 가까스로, 단지, ~뿐	不仅
38	竟	jìng	부 뜻밖에, 의외로, 결국, 마침내	竟然
39	距	jù	명 거리, 간격 동 떨어지다	距离
40	可	kě	동 받아들이다, ~해도 좋다, ~할 수 있다	可是
41	拒	jù	동 거절하다, 거부하다, 막아내다	拒绝
42	聚	jù	동 모이다, 회합하다, 집합하다	聚会
43	烤	kǎo	동 (불에 쬐어) 말리다, 굽다	烤鸭
44	垃圾	lājī	명 쓰레기, 오물	垃圾桶
45	凉	liáng	형 차갑다, 서늘하다, 선선하다	凉快
46	量	liàng	명 수량, 분량, 용량, 한도	数量
47	列	liè	동 배열하다, 늘어놓다	排列

48	另	lìng	대 그 밖의, 이외의 부 따로, 별도로	另外
49	落	luò	동 떨어지다, 내려가다, 하강하다, 낮추다	降落
50	美	měi	형 아름답다, 예쁘다, 훌륭하다	美丽
51	免	miǎn	동 모면하다, 벗어나다, 없애버리다	免费
52	暖	nuǎn	형 따뜻하다, 온화하다	暖和
53	排	pái	동 차례로 놓다, 배열하다	排队
54	普通	pǔtōng	형 보통이다, 평범하다, 일반적이다	普通话
55	其	qí	대 그, 그것, 그들, 그런 것	其中
56	弃	qì	동 내버리다, 방치하다, 포기하다	放弃
57	全	quán	형 전부의, 전체의, 모두 갖추다 부 모두	全部
58	缺	quē	동 결핍되다, 부족하다 형 모자라다	缺少
59	仍	réng	부 여전히, 아직도 동 따르다	仍然
60	入	rù	동 들어가다, 들어오다, 들이다	入口
61	稍	shāo	부 약간, 조금, 좀, 잠깐	稍微
62	生	shēng	동 낳다, 태어나다, 자라나다, 살다	出生
63	受	shòu	동 받다, 받아들이다, 참다, 당하다	受到
64	售	shòu	동 팔다	售货员
65	熟	shú	형 (음식이) 익다, (과일이) 여물다, 익숙하다	熟悉
66	暑假	shǔjià	명 여름방학, 여름휴가	放暑假
67	塑料	sùliào	명 플라스틱·비닐 등 가소성 있는 고분자 화합물의 총칭	塑料袋
68	填	tián	동 기입하다, 써 넣다, 채우다, 보충하다	填空
69	弹	tán	동 (악기를) 타다, 뜯다, 치다, 연주하다	弹钢琴
70	通	tōng	형 (막힘 없이) 통하다, 뚫리다 동 (길이) 통하다	通过

71	同	tóng	동 ~와 같다 부 함께 형 동일하다	相同
72	桶	tǒng	명 (물건을 담는) 통 양 통	垃圾桶
73	卫生	wèishēng	명 위생 형 위생적이다, 깨끗하다	卫生间
74	味	wèi	명 맛, 냄새	味道
75	信	xìn	명 편지, 서신	信封
76	修	xiū	동 수리하다, 보수하다, 장식하다, 꾸미다	修理
77	鸭	yā	명 (집)오리	烤鸭
78	演	yǎn	동 공연하다, 연기하다	表演
79	引	yǐn	동 일으키다, 이끌어내다, 이끌다	引起
80	羽毛	yǔmáo	명 깃털, 새의 깃과 짐승의 털	羽毛球
81	优	yōu	형 좋다, 우수하다, 풍부하다	优点
82	原	yuán	형 본래의, 원래의, 최초의, 가공하지 않은	原来
83	约	yuē	동 약속하다, 제한하다, 절약하다	大约 约会
84	增	zēng	동 늘다, 보태다, 첨가하다, 증가하다	增加
85	招	zhāo	동 손짓하다, 부르다, 모집하다, 초빙하다	招牌
86	招呼	zhāohu	동 (손짓하여) 부르다, (말·행동으로) 인사하다, 안부를 묻다	打招呼
87	折	zhé	동 꺾다, 끊다, 자르다, 좌절하다	打折
88	针	zhēn	명 바늘, 침	打针
89	值	zhí	명 가치, 가격, 값 형 ~할 만하다 동 ~의 값어치가 나가다	值得
90	祝	zhù	동 기원하다, 축복하다, 축하하다, 빌다	祝贺

3 특별 사례 단어

★인명, 지명, 서명 등의 단어

Part 3-3

	特例词			说明
1	《北京爱情故事》	《Běijīng Àiqíng Gùshì》	《베이징 러브스토리》(2014)	电影名
2	《海洋馆的约会》	《Hǎiyángguǎn De Yuēhuì》	《해양관의 약속》(2001)	电影名
3	《红楼梦》	《Hónglóu Mèng》	《홍루몽》 [사대기서(四大奇书)의 하나, 청(清)나라 조설근(曹雪芹)이 지음]	书名
4	《寄小读者》	《Jì Xiǎo Dúzhě》	《어린 독자들에게》 [중국 현대 아동문학가 빙신(冰心) 지음]	书名
5	《人与自然》	《Rén Yǔ Zìrán》	《MAN》(2012)	电影名
6	《十万个为什么》	《Shíwàn Ge Wèishénme》	《10만 가지의 왜(Why)》 [1960년대부터 출간된 아동용 과학 서적]	书名
7	《现代汉语词典》	《Xiàndài Hànyǔ Cídiǎn》	《현대한어사전》 [1978년 초판, 중국의 권위 있는 중중사전]	书名
8	《勇敢的心》	《Yǒnggǎn De Xīn》	《브레이브하트(Brave heart)》(1995)	电影名
9	《长江之歌》	《Cháng Jiāng Zhī Gē》	《장강의 노래》(1984, 季小琴)	歌名
10	《周公解梦》	《Zhōugōng Jiěmèng》	《주공해몽》 [중국 고대에 민간에서 내려오던 꿈풀이를 엮은 책]	书名
11	《走四方》	《Zǒu Sìfāng》	《조우쓰팡》(1992, 韩磊)	歌名
12	冰心	Bīngxīn	빙신 [본명: 谢婉莹(1900–1999) 산문, 소설, 아동문학 등 여러 방면에서 활동한 중국 현대 문학가]	名字
13	长白山	Chángbái Shān	명 백두산, 장백산	山名
14	长江大桥	Cháng Jiāng Dà Qiáo	장강대교	建筑名

15	电影艺术节	diànyǐng yìshùjié	영화 예술제	节名
16	广东	Guǎngdōng	지명 광둥성, 광동성	地名
17	国家大剧院	Guójiā Dàjùyuàn	국가대극원 [베이징에 위치한 세계 최대 규모의 공연장]	单位组织名
18	海南	Hǎinán	지명 하이난성, 해남성	地名
19	红叶节	Hóngyè Jié	홍엽절 [매년 10월 중순에서 11월 말에 열리는 단풍축제]	节名
20	黄奶奶	Huáng nǎinai	황 할머니	称呼
21	江西省	Jiāngxī Shěng	지명 장시성, 강서성	地名
22	九江市	Jiǔjiāng Shì	지명 주장시, 구강시	地名
23	李博士	Lǐ bóshì	이 박사	称呼
24	李洋	Lǐ Yáng	리양	名字
25	丽江	Lìjiāng	지명 리장, 여강	地名
26	丽丽	Lìli	리리	名字
27	"六一"儿童节	"Liù-Yī" Értóng Jié	명 국제 어린이날(6월 1일)	节日名
28	马记者	Mǎ jìzhě	마 기자	称呼
29	民族大学	Mínzú Dàxué	명 민족대학	单位组织名
30	南京路106号	Nánjīng Lù yāo líng liù hào	난징루(남경로) 106번	街道名
31	南京市	Nánjīng Shì	지명 난징시, 남경시	地名
32	爬山虎	páshānhǔ	명 담쟁이덩굴	植物名
33	三亚	Sānyà	지명 싼야, 삼아	地名
34	山西	Shānxī	지명 산시성, 산서성	地名
35	上海	Shànghǎi	지명 상하이, 상해	地名
36	世纪宾馆	Shìjì Bīnguǎn	센추리호텔, 세기호텔	单位组织名
37	首都机场	Shǒudū Jīchǎng	서우두공항, 수도공항 (Capital Airport)	单位组织名

38	首都体育馆	Shǒudū Tǐyùguǎn	서우두체육관, 수도체육관 (Capital Gymnasium)	单位 组织名
39	孙师博	Sūn shīfu	쑨 감독, 쑨 사부	称呼
40	汤教授	Tāng jiàoshòu	탕 교수	称呼
41	王护士	Wáng hùshi	왕 간호사	称呼
42	王小帅	Wáng Xiǎoshuài	왕샤오솨이	名字
43	西安	Xī'ān	(지명) 시안, 서안	地名
44	西山森林公园	Xīshān Sēnlín Gōngyuán	시산삼림공원 [중국 허베이성(河北省) 스자좡(石家庄)에 있는 삼림공원]	地名
45	西直门	Xīzhímén	(지명) 시즈먼	地名
46	香山	Xiāng Shān	(지명) 샹산, 향산	山名
47	小林	Xiǎo Lín	샤오린	称呼
48	小云	Xiǎoyún	샤오윈	名字
49	亚洲艺术节	Yàzhōu yìshùjié	아시아 예술제	节名
50	幽默大师	yōumò dàshī	유머 대가	称呼
51	云南	Yúnnán	(지명) 윈난성, 운남성	地名
52	张大夫	Zhāng dàifu	장 의원님, 장 (의사)선생님	称呼